203pi Foto: sg

Sibylle Geier

Piemont und Aosta-Tal

Impressum

Sibylle Geier
Piemont und Aosta-Tal

erschienen im
Reise Know-How Verlag Peter Rump GmbH
Osnabrücker Str. 79
33649 Bielefeld

3., neu bearbeitete und komplett aktualisierte Auflage 2011

Gestaltung
Umschlag: G. Pawlak, P. Rump (Layout);
André Pentzien (Realisierung)
Inhalt: Günter Pawlak (Layout);
André Pentzien (Realisierung)
Fotos: die Autorin (sg), wenn nicht anders angegeben
(siehe Fotonachweis S. 407)
Titelfoto: die Autorin
Karten: Thomas Buri, der Verlag;
world mapping project (Atlas)
Bildbearbeitung: Klaus Werner, der Verlag

Lektorat: Andrea Hesse
Lektorat (Aktualisierung): André Pentzien

Druck und Bindung
Wilhelm & Adam, Heusenstamm

ISBN 978-3-8317-2117-7
Printed in Germany

Dieses Buch ist erhältlich in jeder Buchhandlung Deutschlands, der Schweiz, Österreichs, Belgiens und der Niederlande. Bitte informieren Sie Ihren Buchhändler über folgende Bezugsadressen:

Deutschland
Prolit GmbH, Postfach 9,
D-35461 Fernwald (Annerod)
sowie alle Barsortimente

Schweiz
AVA Verlagsauslieferung AG,
Postfach 27, CH-8910 Affoltern

Österreich
Mohr-Morawa Buchvertrieb GmbH
Sulzengasse 2, A-1230 Wien

Niederlande, Belgien
Willems Adventure
www.willemsadventure.nl

Wer im Buchhandel trotzdem kein Glück hat, bekommt unsere Bücher auch über unseren **Büchershop im Internet: www.reise-know-how.de**

Wir freuen uns über Kritik, Kommentare und Verbesserungsvorschläge, gern auch per E-Mail an info@reise-know-how.de.

Sibylle Geier

Piemont und Aosta-Tal

Vorwort

Wenn ich gefragt werde, wie ich das Piemont charakterisieren würde, fallen mir viele Antworten ein. Schließlich ist es nicht das typische „Sehnsuchtsland", von dem alle Reisenden träumen. Eine Region, der nicht ein Ruf wie der Toskana vorauseilt, bedarf ein wenig mehr an Erklärung und Stichworten. Viele kennen nur Ausschnitte dieser Region, die fast alle oberitalienischen Landschaftsbilder in sich vereint: die südländisch anmutenden Seeufer des Lago Maggiore und des stillen Lago d'Orta mit ihren prächtigen Villen und blühenden Gärten, hochalpine Skiparadiese und einsame Wanderreviere in den großen und kleinen Alpentälern, das flache, intensiv bewirtschaftete Land mit seinen endlosen Reisfeldern und historischen Städten, und die bekannten Weinanbaugebiete in der Hügellandschaft von Monferrato und Langhe.

Wesensprägend sind aber vor allem die Berge, schicksalhaftes Verbindungsglied zwischen Piemont und Aosta-Tal. Sie haben Anteil an den mächtigen Alpenmassiven von Monte Bianco, Monte Rosa, Matterhorn, Gran Paradiso und Monviso. Darüber hinaus verbinden mehr als 800 Jahre savoyischer Herrschaftsgeschichte beide Regionen.

Die Grenze zur Schweiz und zu Frankreich folgt zum großen Teil der Linie des Alpenhauptkammes. Viel steiler und abrupter als auf der nördlichen Alpenseite fallen die Berge auf der Südseite ab und umschließen das Piemont in einem weiten Bogen. Die schneebedeckten Gipfel der Viertausenderkette liefern den grandiosen Hintergrund für den klassischen piemontesischen Prospekt.

Wer von Mailand nach Turin fährt, sei es mit der Bahn oder dem Auto, vor dem öffnet sich das flache Land der Po-Ebene. Wie Dämme liegen die Straßen und Gleise leicht erhöht, sie durchschneiden eine eigenartige Landschaft mit Reisfeldern und Bewässerungskanälen, nur unterbrochen von schmalen Pappelalleen und einsamen Gehöften. Im Winter bietet die Po-Ebene einen trostlosen, grauen, meist nebelverhangenen Anblick. Wenn im Frühling die rechteckigen Felder geflutet werden, gleicht die Landschaft hingegen einem spiegelnden Meer an Kästchen. Man fährt durch die alten Städte Novara und Vercelli, historisch gewachsene, lebhafte Städte der norditalienischen Provinz, die nur durch das Zugfenster abweisend wirken, um schließlich in Turin anzukommen, einer Stadt, in der sich jeder Besucher sofort wohl fühlt.

Vom Bahnhof aus gelangt man durch lange Straßenzüge ins Zentrum einer Barockstadt von außergewöhnlicher Schönheit, wo sich große Plätze mit Standbildern öffnen, gesäumt von Palästen und Kirchen. Mit Turin als Austragungsort der Olympischen Winterspiele 2006 ist die ehemalige Industriemetropole noch attraktiver geworden. Im Zuge eines großangelegten Stadtsanierungsprogrammes wurden Schlösser und Museen restauriert. Platzanlagen wie die Piazza San Carlo oder Piazza Vittorio Veneto neu angelegt und eine Untergrundbahn gebaut. Mit der Restaurierung der Reggia Venaria Reale ist seit 2007 auch wieder eines der wichtigsten Königsschlösser zu besichtigen. Nicht nur für Kunstreisende ist die ehemalige Residenz der Savoyer mit ihrer Museumslandschaft samt ihren prächtigen Königsschlössern, die sich wie ein Kranz um Turin legen, eine Reise wert. Zahlreich sind die gemütlichen Kaffeehäuser, Restaurants und Geschäfte mit vergoldeten Firmenschildern unter kilometerlangen Arkaden.

Wer Wein und gutes Essen liebt, den zieht es in die Hügel der Langhe und des Monferrato. Hier, in einer der schönsten Kulturlandschaften Oberitaliens, gedeihen die berühmten Weine Barolo, Barbaresco, Barbera und der Moscato d'Asti. Nirgendwo sonst trifft man auf so viele Genießer, Feinschmeckerlokale und ambitionierte Winzer wie hier.

Egal, ob Sie eine Rundreise unternehmen oder nur ein bestimmtes Gebiet aufsuchen, seien es die herrlichen Seen, die Weingegenden, die historischen Städte oder die beeindruckenden Bergregionen – die im vorliegenden Band beschriebenen Reisegebiete begeistern durch ihre Vielfältigkeit. Wo Sie auch hinreisen, die piemontesische Lebensart wird Sie begeistern!

Freiburg, im Mai 2011
Sibylle Geier

Inhalt

Vor der Reise

Praktische Reisetipps A–Z

Land und Leute

Das Aosta-Tal

Die Borromäischen Inseln

Lago Maggiore und nördliches Piemont

Biella, Novara und Vercelli

255pi Foto: sg

Turin und Umgebung

Das südwestliche Piemont

Im Herzen des Piemont

Anhang

Atlas nach S. 407

Exkurse

Hinweise zur Benutzung

Abkürzungen

A.T.L., A.A.P.T.	Agenzia Turistica Locale (Agenzia di Accoglienza e Promozione Turistica Locale della Provincia di ...,
A.I.A.T.	Azienda di Informazione e Accoglienza Turistica
D.O.C.	Staatlich geprüfte Herkunftsbezeichnung für Wein (Denominazione di Origine Controllata)
D.O.C.G.	Denominazione di Origine Controllata e Garantita
D.O.P.	Geschützte Herkunftsbezeichnung (Denominazione di Origine Protetta)
DZ	Doppelzimmer
HP	Halbpension
Fraz.	Frazione (Ortsteil)
I.A.T.	Informazione e Accoglienza Turistica
Loc.	Località (Ortschaft)

Internetadressen

Im Buch aufgeführte Internetadressen, die über zwei Textzeilen verlaufen, sind nur dort mit einem **Bindestrich** geschrieben, wo dieser zur Adresse gehört.

Atlas

Das gesamte im Buch vorgestellte Gebiet ist am Ende des Buches in einem Atlas im Maßstab 1:250.000 dargestellt. In den **Überschriften** zu den Ortsbeschreibungen, Regionen und Sehenswürdigkeiten wird auf den Atlas verwiesen, damit sich die entsprechende Seite schneller finden lässt. Dabei verweist die römische Zahl auf die Atlasseite, Buchstaben und arabische Ziffern geben das jeweilige Planquadrat an. So bedeutet z.B. **XX/A2,** dass der Ort auf der Atlasseite XX zu finden ist, genauer im Planquadrat A2.

Die Regionen im Überblick

Piemont (ital. Piemonte, „Am Fuß der Berge")

- **Gesamtfläche:** 25.400 km²
- **Höchster Berg:** Punta Dufour (4637 m)
- **Gesamtbevölkerung:** 4.446.230
- **Bevölkerungsdichte:** 171 Ew. je km²
- **Arbeitslosenquote:** 5,3 % (ital. Durchschnitt 8 %)
- **Wichtige Erwerbszweige:** Industrie (Fahrzeugbau, Metallverarbeitung, Lebensmittelindustrie, Elektronik), Handel und Handwerk, Landwirtschaft
- **Provinzen:** Alessándria, Asti, Biella, Cúneo, Novara, Turin, Verbano-Cusio-Ossola, Vercelli
- **Hauptstadt der Region:** Turin mit 857.433 Einwohnern

Aosta-Tal (ital. Valle d'Aosta)

Gesamtfläche: 3263 km²
Höchster Berg: Monte Blanc (4810 m)
Gesamtbevölkerung: 127.866
Bevölkerungsdichte: 38 Ew. je km²
Arbeitslosenquote: 6,9 %
Wichtige Erwerbszweige: Tourismus, Industrie, Landwirtschaft
Hauptstadt der Region: Aosta mit 35.078 Einwohnern
Amtssprachen: Italienisch, Französisch

Highlights

Aosta-Tal

Auf römischen Spuren: Aosta

Gemütliche Plätze, mittelalterliche Türme und Kirchen, schöne Geschäftsstraßen mit einladenden Cafés und Restaurants und vor allem eine der am besten erhaltenen römischen Stadtanlagen Europas mit prächtigem Triumphbogen, gewaltigen Torbauten und beeindruckender Theaterruine vor einer grandiosen Bergkulisse prägen das Gesicht der alten Savoyerstadt.

Burgen- und Schlössertour im alten Stammland der Savoyer

Mehr als 70 Burgen und Schlösser mit ihren Türmen und Zinnen bestimmen bis heute das Bild der Alpenregion. Noch in den entlegensten Dörfern trifft man auf Zeugnisse mittelalterlicher Feudalarchitektur. An den Hängen des Talgrundes reihen sich mit viel Prunk und bildreichen Fresken ausgestattete Burgen, Schlösser und gewaltige Sperrfestungen aneinander. Für Burgenfans zählt ein Besuch der Schlösser von Fénis, Issogne und Sarriod de la Tour zu den Höhepunkten einer Reise durch das Aosta-Tal.

Funivia Monte Bianco: mit der Seilbahn auf das höchste Gebirgsmassiv Europas

Abenteuerlich ist die Fahrt mit den Kabinenbahnen auf die Aiguille du Midi. In 3800 m Höhe überqueren die Kabinen der letzten Seilbahn die Grenze zwischen Italien und Frankreich. Wer die Schwindel erregenden Höhen nicht scheut, wird mit einem spektakulären Blick auf die majestätischen Gipfel von Monte Bianco, Monte Rosa, Matterhorn und Grandes Jorasses belohnt.

Wandern auf einsamen Wegen

Der „Höhenweg der Riesen", der Alta Via 1, führt am Fuße der höchsten europäischen Berggipfel von Monte Rosa, Matterhorn und Monte Bianco durch eine atemberaubend schöne alpine Landschaft. Auf bequemen und gut ausgeschilderten Pfaden, von den Walsern bereits vor Jahrhunderten begangen, geht es vorbei an kleinen, urigen Bergdörfern mit typischen Walserhäusern.

Piemont

Zauberhafte Inselwelt am Lago Maggiore

Die prächtigen Barockgärten der Borromäischen Inseln zählen zu den schönsten Gartenanlagen im Norden Italiens. Auf der Isola Bella und Isola Madre wachsen in verschwenderischer Hülle und Fülle Kamelien, Azaleen und Rhodendren, viele seltene Pflanzenarten und alte Bäume, dazwischen stolzieren Pfaue und Fasane auf romantisch verschlungenen Pfaden.

Der Meister der Spiegel: Pistolettos Cittadellarte in Biella

In einer ehemaligen Weberei erfüllte sich *Michelangelo Pistoletto* seinen Traum von einer modernen Kunst- und Denkfabrik. In den Ausstellungshallen präsentiert der berühmte Avantgardist neben Hauptwerken der ‚Arte Povera' Arbeiten junger Künstlerkollegen.

Das schönste Alpenpanorama mitten in Turin

Unverwechselbar beherrscht die 167 m hohe Mole Antonelliana die Silhouette der Stadt. Im gläsernen Aufzug, vorbei an den spiralförmig angelegten Galerien des interessanten Museo del Cinema, schwebt man hinauf zur Panoramaplattform und genießt die grandiose Aussicht über die Stadt am Po, über die Collina und den Alpenbogen.

Eisgenuss in Vollendung

An traditionsreichen Kaffeehäusern, Pasticcerie und Gelaterie herrscht in Turin wahrlich kein Mangel. Unschlagbar ist jedoch das zart schmelzende Eis der Gelateria Grom. Die jungen Eismacher kreieren mit den besten Zutaten immer wieder neue köstliche Eissorten.

Romanik pur

Eingebettet in die weite Hügellandschaft des Basso Monferrato verbergen sich einige der schönsten romanischen Landkirchen der Region wie Santi Nazario e Celso bei Montechiaro d'Asti, die Abtei Santa Maria di Vezzolano und San Secondo in Cortazzone.

Trüffel: die geheimnisvolle Knolle mit dem einzigartigen Aroma

Ausgiebig tafeln in einem der charmanten Landgasthäuser von Monferrato und Langhe, zu den Klassikern der piemontesischen Küche die berühmtesten Rotweine Italiens genießen, das bringt nicht nur Gourmets in Verzückung. Gastronomische Höhepunkte im Piemont sind die Trüffelmessen in Asti und Alba. An allen Ecken und Enden kommt einem der intensive Duft frisch ausgegrabener Trüffel entgegen.

204pi Foto: sg

Danksagung

Ringrazio gli Enti e le Associazioni locali, per la gentile collaborazione e per aver concesso il diritto di riprodurre le loro fotografie.

133pi Foto: sg

Vor der Reise

090pi Foto: sg

038pi Foto: sg

Historische Kaffeehäuser und traditionsreiche Pasticcerie, wie hier die Pasticceria Giordanini in Asti, prägen die großen und kleinen Stadtbilder im Piemont

Auch für Kunstbegeisterte hat das Piemont (hier Biella) viel zu bieten

Das Aosta-Tal, hier das Valpelline, zieht vor allem Naturfreunde an

Informationsstellen

Prospekte mit allgemeinen Informationen in deutscher Sprache sind vor der Reise beim Staatlichen Italienischen Fremdenverkehrsamt (ENIT) kostenlos im Internet unter www.enit-italia.de, www.enit.at oder www.enit.ch zu bestellen. Für mündliche Auskünfte wendet man sich telefonisch an die jeweilige ENIT-Landesvertretung (die Adressen sind unten aufgeführt).

In Deutschland

- **ENIT,** 60325 Frankfurt/Main, Barckhausstraße 10, Information und Versand v. Prospektmaterial, Tel. 069 23 74 34, frankfurt@enit.it.

In der Schweiz

- Uraniastr. 32, 8001 Zürich, Tel. 043 46 64 040, Fax 043 46 64 041, zurich@enit.it.

In Österreich

- Kärntner Ring 4, 1010 Wien, Tel. 01 50 51 639, Fax 01 50 50 248, vienna@enit.it.

Die Regionen im Internet

Das Internet bietet eine Vielzahl an Seiten, auf denen man sich vor der Reise über Piemont und Aosta-Tal informieren kann. Die Adressen der einzelnen Provinzen sind in den „Praktischen Tipps" der jeweiligen Kapitel angegeben.

Auf den Internetseiten des ENIT (⇗ oben) kann man sich auch deutschsprachige Prospekte zu vielen touristisch relevanten Themen herunterladen (z.B. Unterkunft, Sport, Kulinarisches).

Allgemeine Reiseinformationen

Auf den nachfolgenden Websites kann man u.a. Hotel- und Campingplatzverzeichnisse einsehen und sich über die Adressen der Regionen und der einzelnen Provinzen informieren:

- www.piemonteitalia.eu
- www.regione.piemonte.it
- www.regione.vda.it

Routenplaner/Suchmaschine

- **www.mappy.de** (mit Routenplanung)
- **www.it.map24.com** (mit Routenplanung)
- **www.virgilio.it** (Suchmaschine in italienischer Sprache)

Weitere Infos

- **Bahninformationen für Italien:** www.ferroviedellostato.it
- **Fahrplan der Autofähre Intra – Laveno am Lago Maggiore:** www.ferrovienord.it
- **Fahrpläne/Routen der Linienboote am Lago Maggiore:** www.navigazionelaghi.it
- **Parkverwaltung Val Grande** am Lago Maggiore: www.parcovalgrande.it. Informative Homepage in italienischer und englischer Sprache mit sämtlichen Unterkunftsmöglichkeiten im Gebiet des Naturschutzparks.
- **Informationen zu allen italienischen Naturschutzparks:** www.parks.it
- **Telefonbücher:** www.paginebianche.it, www.paginegialle.it
- **Reisewetter:** www.wetteronline.de, www.dwd.de, www.donnerwetter.de
- **Informationen zu kulturellen Events:** www.italiafestival.it
- **Agriturismo-Unterkünfte:** www.agriturist.it www.terranostra.it

Museen

- **www.museionline.it:** Hier sind italienische Museen aufgelistet, gegliedert nach Regionen und Fachgebieten, Ausstellungen und Veranstaltungen.

Ein- und Ausreisebestimmungen

Stand: Mai 2011

Ein- und Ausreisebestimmungen können sich kurzfristig ändern. Bitte informieren Sie sich kurz vor Antritt der Reise u.a. beim Auswärtigen Amt (www.auswaertiges-amt.de) nach dem aktuellen Stand.

Reisedokumente

Zur Einreise aus Deutschland und aus allen übrigen EU-Länder benötigt man einen gültigen **Personalausweis** oder **Reisepass,** Kinder unter 16 Jahren einen Kinderausweis.

In sämtlichen Übernachtungsbetrieben müssen in der Regel die Personalien aufgenommen werden. Jeder Reisende muss daher seinen Ausweis für kurze Zeit dem **Vermieter** für diesen Zweck überlassen.

Ein- und Ausfuhrbeschränkungen

In allen EU- und EFTA-Mitgliedstaaten gelten weiterhin **nationale Ein-, Aus- oder Durchfuhrbeschränkungen** und **-verbote,** z.B. für Tiere, Pflanzen, Waffen, starke Medikamente und Drogen aller Art.

Zollfrei einführen darf man persönliches, gebrauchtes Reisegut, Reiseproviant sowie alkoholfreie Getränke. Waren, die zu **gewerblichen Zwecken** verwendet werden, müssen grundsätzlich beim Finanzamt zur Umsatzsteuer und sofern sie der Verbrauchssteuer unterliegen auch beim Hauptzollamt angemeldet werden.

Freimengen innerhalb EU-Ländern

- **Tabakwaren** (für Personen über 17 Jahre): 800 Zigaretten oder 400 Zigarillos oder 200 Zigarren oder 1 kg Tabak oder eine anteilige Zusammenstellung dieser Waren.
- **Alkohol** (für Personen über 17 Jahre): 90 l Wein (davon max. 60 l Schaumwein) oder 110 l Bier oder 10 l Spirituosen über 22 Vol.-% oder 20 l unter 22 Vol.-% oder eine anteilige Zusammenstellung dieser Waren.
- **Anderes:** 10 kg Kaffee und 20 Liter Kraftstoff im Benzinkanister.

Freimengen für EU-Reisende aus einem Drittland (z.B. Schweizer)

- **Tabakwaren** (für Personen ab 17 Jahren): 200 Zigaretten oder 100 Zigarillos oder 50 Zigarren oder 250 g Tabak oder eine anteilige Zusammenstellung dieser Waren.
- **Alkohol** (für Personen ab 17 Jahren): 1 l Spirituosen (über 22 Vol.-%) oder 2 l Spirituosen (unter 22 Vol.-%) oder eine anteilige Zusammenstellung dieser Waren, und 4 l nichtschäumende Weine sowie 16 l Bier.
- **Andere Waren:** 10 Liter Kraftstoff im Benzinkanister; für See- und Flugreisende bis zu einem Warenwert von insgesamt 430 €, über Land Reisende 300 €, alle Reisende unter 15 Jahren 175 € (bzw. 150 € in Österreich).

Freimengen bei Rückkehr in die Schweiz

- **Alkohol** (für Personen ab 17 Jahren): 2 l bis 15 Vol.-% und 1 l über 15 Vol.-%.
- **Tabakwaren** (für Personen ab 17 Jahren): 200 Zigaretten oder 50 Zigarren oder 250 g Schnitttabak oder eine anteilige Zusammenstellung dieser Waren, und 200 Stück Zigarettenpapier.
- **Anderes:** neu angeschaffte Waren für den Privatgebrauch bis zu einem Gesamtwert von 300 SFr. Bei Nahrungsmitteln gibt es in-

nerhalb dieser Wertfreigrenze auch Mengenbeschränkungen.

Nähere Informationen

- **Deutschland:** www.zoll.de;
- **Österreich:** www.bmf.gv.at;
- **Schweiz:** www.ezv.admin.ch.

Hund und Katze

In den EU-Ländern muss man eine **Tollwutschutzimpfung** nachweisen und einen EU-Heimtierausweis (Pet Passport) für Hund oder Katze vorlegen können. Dieser gilt in allen EU-Staaten und in der Schweiz; er kostet 10 €. Darüber hinaus muss das Tier mit einem **Mikrochip** gekennzeichnet sein. Weitere Informationen erteilt jeder Tierarzt. Auch auf diesen Websites kann man nachschauen:

- **www.bmelv.de** (Verbraucherschutz/Reisen/Verkehr/Heimtiere);
- **www.bmf.gv.at** („Zoll/Reisen mit Tieren");
- **www.zoll.admin.ch** (allgemeine Zollinformationen/Heimtiere, Hunde und Katzen/weitere Informationen/Reisen mit Heimtieren).

Gesundheit

Die gesetzlichen Krankenkassen von Deutschland und Österreich garantieren eine Behandlung im akuten Krankheitsfall auch in Italien, wenn die Versorgung nicht bis nach der Rückkehr warten kann. Als Anspruchsnachweis benötigt man die **Europäische Krankenversicherungskarte,** die man von seiner Krankenkasse erhält.

Im Krankheitsfall besteht ein Anspruch auf ambulante oder stationäre Behandlung bei jedem zugelassenen Arzt und in staatlichen Krankenhäusern. Da jedoch die Leistungen nach den gesetzlichen Vorschriften im Ausland abgerechnet werden, kann man auch gebeten werden, zunächst die **Kosten der Behandlung selbst zu tragen.** Obwohl bestimmte Beträge von der Krankenkasse hinterher erstattet werden, kann ein Teil der finanziellen Belastung beim Patienten bleiben und zu Kosten in kaum vorhersagbarem Umfang führen.

Deshalb wird der Abschluss einer **privaten Auslandskrankenversicherung** empfohlen.

Bei Abschluss der Versicherung – die es mit bis zu einem Jahr Gültigkeit gibt – sollte auf einige Punkte geachtet werden. Zunächst sollte ein **Vollschutz ohne Summenbeschränkung** bestehen, im Falle einer schweren Krankheit oder eines Unfalls sollte auch der **Rücktransport** übernommen werden, denn der Krankenrücktransport wird von den gesetzlichen Krankenkassen nicht übernommen. Diese Zusatzversicherung bietet sich auch über einen **Automobilclub** an, insbesondere wenn man bereits Mitglied ist. Diese Versicherung bietet den Vorteil billiger Rückholleistungen (Helikopter, Flugzeug) in extremen Notfällen.

Wichtig ist auch, dass im Krankheitsfall der **Versicherungsschutz über die vorher festgelegte Zeit hinaus** automatisch verlängert wird, wenn die Rückreise nicht möglich ist.

Zur Erstattung der Kosten benötigt man ausführliche **Quittungen** (mit Datum, Namen, Bericht über Art und Umfang der Behandlung, Kosten der Behandlung und Medikamente).

An- und Rückreise

Mit der Bahn

Mit dem Wegfall der Nachtzüge via Gotthard haben sich die Zugverbindungen nach Italien deutlich verschlechtert.

Aus der Schweiz, aus Österreich und dem Süden Deutschlands ist Turin mit einigen reinen Tag-Verbindungen erreichbar. In jedem Fall geht die Reise zunächst nach Mailand, wo in Richtung Turin umgestiegen wird – z.B. auf den neuen Hochgeschwindigkeitszug „Frecciarossa" (reservierungspflichtig).

Aus dem größten Teil Deutschlands und aus der Schweiz geht die Route via **Gotthard** oder durch den 2007 in Betrieb genommenen **Lötschberg-Basistunnel.** Aus Bayern sowie aus Österreich geht die Fahrt in der Regel über den **Brenner** und Verona nach Mailand. Landschafts-Fans kommen so schon bei der Alpenquerung auf ihre Kosten.

Die Preise bei den einzelnen beteiligten Bahngesellschaften schwanken extrem, je nachdem, ob zum Reisetermin ein Sparangebot verfügbar ist oder man eine BahnCard besitzt. Das **Europa-Spezial-Ticket** ab allen deutschen Einstiegsorten gilt jeweils bis Mailand und ist schon ab 39 € zu haben. Die Schweizer Bahngesellschaften bieten mit dem **Smart-Price** ebenfalls sehr preiswerte Fahrten an.

In jedem Fall gilt die Regel: Wer früh bucht, sich festlegen kann und nicht unbedingt an einem ganz bestimmten Tag reisen muss, kann Geld sparen. Auch aus einem anderen Grund ist frühes Buchen ratsam: Alle internationalen Züge nach und alle Schnellzüge in Italien sind **reservierungspflichtig.**

Wichtig zu wissen: Die wirklich guten Preise bekommt man nicht an den Schaltern der DB und auch nicht bei www.bahn.de. Es empfiehlt sich die Beratung durch eines der spezialisierten Bahn-Reisebüros.

Mit dem Pkw

Je nachdem, über welche Ecke Süddeutschlands man anreist, fährt man entweder durch die Schweiz oder durch Österreich. Der **kürzeste Weg** von Westdeutschland aus führt über Frankfurt, Basel, Luzern, durch den Gotthard-Tunnel und weiter auf der Autobahn nach Turin. Auf allen schweizerischen Autobahnen herrscht **Mautpflicht** in Form einer Jahres-

207pi Foto: sg

vignette (40 SFr, bzw. 27,50 €), erhältlich an der Schweizer Grenze, an Tankstellen im deutschen Grenzbereich oder online bei der Deutschen Post (www.efiliale.de unter ‚Spezial'). Der Gotthard-Tunnel ist gebührenfrei. Im Hochsommer staut sich hier der Verkehr unter Umständen kilometerlang.

Ul Furmighin – Osteria con alloggio

Hoch über dem Tal, nicht weit von Chiasso und der italienischen Grenze entfernt, liegt im Valle Muggio das Tessiner Dorf *Sagno* und mit **Ul Furmighin – Osteria con alloggio,** eine der angenehmsten Rastplätze in Richtung Italien. Ein idealer Ort, um einen unbeschwerten Zwischenstopp auf der An- oder Rückreise einzulegen. Im Winter sitzt man im gemütlichen Gastraum an einem langen, blankpolierten Holztisch vor offenem Kaminfeuer, im Sommer in der Gartenwirtschaft bei herrlicher Aussicht auf den Comersee, die Po-Ebene und bei Föhn bis zum ligurischen Apennin, auf die Alpen und den Monte Rosa. Serviert wird eine gut zubereitete schmackhafte, je nach Jahreszeit wechselnde Tessiner Küche, deftig im Herbst und Winter mit Pilzen, Kastanien und Polenta. Gegründet wurde *die kleine Ameise* als Genossenschaft mit dem Ziel, in Sagno das Dorfleben wieder zu bele-

Ul Furmighin

ben. Im dazugehörigen Ladengeschäft gibt es neben Bedarfsartikeln auch Spezialitäten des Tales wie die leckeren *Formaggini* (Frischkäse aus Kuh- oder Ziegenmilch) und *Salumi* (Wurstwaren).

- **Ul Furmighin,** 6839 Sagno, Tel. 0041 916 82 01 75, furmighin.valledimuggio.ch. Doppelzimmer ohne Bad (Etagendusche) 90 CHF, mit Dusche 110 CHF. Mehrbettzimmer für 25 Personen, bei Belegung bis 5 Personen 30 CHF pro Person. Betriebsferien im Januar. Die Osteria hat im Februar nur Fr–So geöffnet. Ansonsten Ruhetag dienstags.

Alternativ bietet sich die Strecke über Bern, Martigny (Genfer See) und über den Großen St. Bernhard in das Aosta-Tal an. Weiter geht es über die Autobahn A 5 bis nach Turin. Der Vorteil: Im Vergleich zur Strecke durch den Gotthard-Tunnel ist die Passstraße in Urlaubszeiten geradezu leer und die Fahrt durch das Aosta-Tal vor dem Hintergrund des Mont Blanc landschaftlich besonders reizvoll. Nachteil: Zu den schweizerischen Autobahngebühren kommen noch diejenigen für den Tunnel durch den Großen St. Bernhard hinzu (einfach 19,60 €, hin und zurück 35,60 €, die Rückfahrt ist nur bis zu einem Monat nach Hinfahrt möglich).

Bei Anreise aus Richtung München ist die Brennerautobahn über Innsbruck die schnellste Variante. Auch hier ist in Urlaubszeiten mit langen Staus zu rechnen. **In Österreich** muss für die Autobahnnutzung eine **Vignette** gekauft werden. Diese gibt es bei den Automobilclubs oder an der Grenze für zehn Tage (7,90 €), zwei Monate (23 €) oder ein Jahr (76,50 €). Für die Brennerautobahn muss man zusätzlich eine Mautgebühr zahlen; einfache Fahrt für Pkw und Wohnmobile 8 €.

In Italien muss die Maut an Zahlstellen entrichtet werden. Akzeptiert werden alle gängigen Kreditkarten und die Viacard. Letztere wird bei Automobilclubs, an Raststätten und an der Grenze verkauft; es gibt sie im Wert von 26 und 52 €.

Fahrzeugpapiere

Autofahrer benötigen **Führerschein, Fahrzeugschein** und die internationale **Grüne Versicherungskarte.** Diese kann man kostenlos bei seiner Haftpflichtversicherung beantragen.

Mit dem Flugzeug

Zielflughafen für die Anreise ins Piemont sind Turin und Mailand. Tägliche Direktverbindung mit Lufthansa von Frankfurt nach Turin und mehrmals die Woche von Düsseldorf, München und Stuttgart nach Turin oder mehrmals täglich mit Air Dolomiti von Frankfurt und München nach Turin. Außerdem hat man die Qual der Wahl zwischen unzähligen Nonstop-Verbindungen von vielen Flughäfen im deutschsprachigen Raum nach Mailand.

Flugpreise

Ein Economy-Ticket von Deutschland, Österreich und der Schweiz hin und zurück nach Turin bekommt man je nach Jahreszeit und Aufenthaltsdauer für **ca. 130 €** (inkl. aller Steuern und Gebühren).

Mini „Flug-Know-how“

Check-in

Nicht vergessen: Ohne einen **gültigen Reisepass oder Personalausweis** kommt man nicht an Bord.

Bei den innereuropäischen Flügen muss man mindestens **eine Stunde vor Abflug** am Schalter der Airline eingecheckt haben. Viele Airlines neigen zum Überbuchen, d.h., sie buchen mehr Passagiere ein, als Sitze im Flugzeug vorhanden sind, und wer zuletzt kommt, hat dann möglicherweise das Nachsehen.

Das Gepäck

In der Economy-Class darf man in der Regel nur **Gepäck bis zu 20 kg pro Person** einchecken (Ausnahme z.B. Ryanair mit nur 15 kg) und zusätzlich ein Handgepäck von 7 kg in die Kabine mitnehmen, welches eine bestimmte Größe von 55 x 40 x 23 cm nicht überschreiten darf. In der Business Class sind es meist 30 kg pro Person und zwei Handgepäckstücke, die insgesamt nicht mehr als 12 kg wiegen dürfen. Man sollte sich beim Kauf des Tickets über die Bestimmungen der Airline informieren. Fluggäste dürfen **Flüssigkeiten** oder vergleichbare Gegenstände in ähnlicher Konsistenz (z.B. Getränke, Gels, Sprays, Shampoos, Cremes, Zahnpasta, Suppen) nur noch in der Höchstmenge von jeweils 0,1 Liter als Handgepäck mit ins Flugzeug nehmen. Die Flüssigkeiten müssen in einem durchsichtigen, wiederverschließbaren Plastikbeutel transportiert werden, der maximal einen Liter Fassungsvermögen hat.

Aus Sicherheitsgründen dürfen **Taschenmesser, Nagelfeilen, Nagelscheren,** sonstige Scheren und Ähnliches nicht mehr im Handgepäck untergebracht werden. Diese sollte man unbedingt im aufzugebenden Gepäck verstauen, sonst werden diese Gegenstände bei der Sicherheitskontrolle einfach weggeworfen. Darüber hinaus gilt, dass Feuerwerke, leicht entzündliche Gase (in Sprühdosen, Campinggas), entflammbare Stoffe (in Benzinfeuerzeugen, Feuerzeugfüllung) etc. nichts im Passagiergepäck zu suchen haben.

Aktuelle Informationen über www.auswaertiges-amt.de.

Kinder unter zwei Jahren fliegen ohne Sitzplatzanspruch für 10 % des Erwachsenenpreises, ansonsten werden für ältere Kinder die regulären Preise je nach Airline um 25–50 % ermäßigt. Ab dem 12. Lebensjahr gilt der Erwachsenentarif.

Billigfluglinien

Preiswerter geht es mit etwas Glück nur, wenn man bei einer Billigairline **sehr früh online bucht.** Es werden keine Tickets ausgestellt, sondern man bekommt nur eine Buchungsnummer per E-Mail. Zur Bezahlung wird in der Regel eine Kreditkarte verlangt.

Im Flugzeug gibt es oft **keine festen Sitzplätze.** Diese können allerdings vorab gebucht werden, wodurch zusätzliche Kosten entstehen. **Verpflegung** wird extra berechnet. Für die Region interessant sind folgende Flüge nach Mailand:

- **Air Berlin,** www.airberlin.com. Von vielen deutschen Flughäfen sowie ab Salzburg, Innsbruck, Wien und Zürich nach Mailand-Malpensa.
- **Easy Jet,** www.easyjet.com. Von Berlin und Amsterdam nach Mailand-Malpensa.
- **Germanwings,** www.germanwings.com. Von Dresden, Köln/Bonn, Berlin und München nach Mailand-Malpensa.

- **Ryan Air,** www.ryanair.com. Von Berlin, Bremen, Düsseldorf (Weeze), Frankfurt-Hahn und Hamburg-Lübeck nach Mailand (Bergamo).
- **SkyEurope Airlines,** www.skyeurope.com. Von Wien nach Milano-Bergamo.
- **TUIfly,** www.tuifly.com. Von Berlin-Tegel, Düsseldorf, Hannover, Nürnberg und Stuttgart nach Mailand Malpensa.

Last Minute

Wer sich erst im letzten Augenblick für eine Reise nach Italien entscheidet oder gern pokert, kann Ausschau nach Last-Minute-Flügen halten, die von einigen Airlines mit deutlicher Ermäßigung **ab etwa 14 Tage vor Abflug** angeboten werden, wenn noch Plätze zu füllen sind (zu buchen bei einem der zahlreichen Veranstalter im Internet).

Geldfragen

Die preiswerteste Art der Geldbeschaffung ist die Barabhebung vom Geldautomaten unter Angabe der PIN mit der **Maestro-(EC-)Karte.** Je nach Hausbank wird dieser Service nicht zusätzlich in Rechnung gestellt, sondern ist im Grundpreis der Kontoführung enthalten. Manche Banken berechnen jedoch eine Gebühr von bis zu 1 % des Abhebungsbetrags.

Innerhalb der Euro-Länder sollte die Barauszahlung per Kreditkarte nach der EU-Preisverordnung nicht mehr kosten als im Inland, aber je nach ausgebender Bank kann das Kreditkartenkonto mit bis zu 5,5 % der Abhebungssumme belastet werden (am Schalter in der Regel teurer als am Geldautomaten). Für das bargeldlose Zahlen per Kreditkarte innerhalb der Euro-Länder dürfen die ausgebenden Banken keine Gebühr für den Auslandseinsatz veranschlagen; für Schweizer Staatsangehörige wird jedoch ein Entgelt von ca. 1–2 % des Umsatzes berechnet.

In vielen Hotels, Geschäften und Restaurants werden die gebräuchlichsten Kreditkarten wie VISA, Euro-/Mastercard, DinersClub und American Express akzeptiert (signalisiert durch das Schild „Carta Si").

Hinweise zur Sperrung von Geldkarten bei Diebstahl o.Ä. ⇗„Reisetipps A–Z, Notfälle".

Versicherungen

Egal welche Versicherungen man abschließt, hier ein Tipp: Für alle abgeschlossenen Versicherungen sollte man die **Notfallnummern** notieren und mit der **Policenummer** gut aufheben! Bei Eintreten eines Notfalles sollte die Versicherungsgesellschaft sofort telefonisch verständigt werden!

Zum Thema Auslandskrankenversicherung, siehe Kapitel „Gesundheit".

Ist man mit einem Fahrzeug unterwegs, ist der **Europaschutzbrief** eines Automobilclubs eine Überlegung wert. Wird man erst in der Notsituation in der Schweiz Mitglied, gilt diese Mitgliedschaft auch nur für dieses Land und man ist in der Regel verpflichtet fast einen Jahresbeitrag zu zahlen, obwohl die Mitgliedschaft nur für einen Monat gültig ist.

181pi Foto: sg

Praktische Reisetipps von A bis Z

182pi Foto: sg

112pi Foto: sg

Auf dem Markt in Turin (Porta Palazzo)

Süßigkeiten aus dem Piemont

Anisbiskuits aus der Pasticceria Rosanna Bianco aus Refrancore

Apotheke

Einige in Deutschland **rezeptpflichtige Medikamente** sind in italienischen Apotheken *(farmacia)* frei erhältlich. Kann man eine detaillierte Quittung vorweisen, werden die Kosten von der Krankenkasse erstattet.

Eine Liste der nachts und an Wochenenden diensthabenden Apotheken hängt in jeder Apotheke aus. Die üblichen **Öffnungszeiten:** 8.30–13 und 16.15–19.45 Uhr (↗ auch „Vor der Reise, Gesundheit").

Autofahren

Autobahnen

Autobahnen sind in Italien bis auf einige Stadtautobahnen und einige Verkehrsknotenpunkte **gebührenpflichtig,** da sie von Privatunternehmen gebaut werden.

Eine **Mautstelle** *(Alt stazione)* gibt es an jeder Auffahrt. Bei Druck auf einen roten Knopf wird ein Ticket ausgegeben. Bei der nächsten *Alt stazione* wird mit diesem Ticket elektronisch abgerechnet. Auf einer Anzeigetafel beim Zahlhäuschen erscheint der zu bezahlende Betrag. Es gibt drei Möglichkeiten der Bezahlung: Bei Barzahlung sollte man Kleingeld möglichst passend bereit halten. **Viacards** sind Magnetkarten, die ähnlich wie Telefonkarten funktionieren. Es gibt sie zu 25 und 50 €; sie sind an den italienischen Grenzübergängen und Autobahnraststätten sowie bei den deutschen Automobilclubs erhältlich. Eine Viacard lohnt sich aber nur bei häufiger Benutzung der Autobahn. An den meisten Mautstellen gibt es auch eine Spur für die gebräuchlichsten Kreditkarten wie VISA, Mastercard, Diners Club und Amex (siehe Kapitel „Anreise mit dem Pkw").

Verkehrsregeln

In Italien gelten die internationalen **Geschwindigkeitsbegrenzungen:** 50 bzw. 30 km/h innerhalb geschlossener Ortschaften, 90 km/h auf Landstraßen und außerhalb geschlossener Ortschaften, auf Schnellstraßen 110 km/h. Die Höchstgeschwindigkeit auf der Autobahn hängt vom Hubraum ab: Für Pkw ab 1100 ccm und Motorräder ab 349 ccm gelten 130 km/h, Pkw bis 1099 ccm und Motorräder von 150 bis 349 ccm dürfen 110 km/h fahren. Für Pkw mit Anhänger gilt auf Land- und Schnellstraßen 70 km/h, auf der Autobahn 80 km/h, Wohnmobile dürfen auf Land- und Schnellstraßen 80 km/h und auf Autobahnen 100 km/h fahren.

Auf allen Sitzen besteht **Anschnallpflicht,** bei Kindern bis vier Jahren auf altersentsprechenden Kindersitzen. Motorradfahrer müssen bei jeder Fahrt einen Helm tragen.

Die **Promillegrenze** liegt bei 0,5 ‰. Wer darüber liegt, muss mit hohen Bußgeldern sowie einem Fahrverbot von 15 Tagen bis zu drei Monaten rechnen. Wird bei einem Unfall Alkoholeinfluss nachgewiesen (und sei er auch gering), wird das vom italienischen Gericht als Mitschuld gewertet.

Wichtige Verkehrsschilder

- **Accendere i fari** – Licht einschalten
- **Attenzione uscita veicoli** – Vorsicht Ausfahrt
- **Centro** – Zentrum
- **Divieto di accesso** – Zufahrt verboten
- **Lavori in corso** – Bauarbeiten
- **Parcheggio** – Parkplatz
- **Rallentare** – langsam fahren
- **Senso unico** – Einbahnstraße
- **Strada senza uscita** – Sackgasse
- **Traffico limitato** – eingeschränkter Verkehr zum Be- und Entladen
- **Tutti direzioni** – alle Richtungen
- **Zona disco** – Parken mit Parkscheibe
- **Zona pedonale** – Fußgängerzone
- **Zona rimorchio** – Abschleppzone

003pi Foto: sg

Auch tagsüber muss mit **Abblendlicht** gefahren werden.

Das Tragen einer fluoreszierenden **Warnweste** im Falle einer Panne oder eines Unfalls ist vorgeschrieben. Sie ist in Italien in fast jedem Supermarkt erhältlich.

Wie in Deutschland ist das **Telefonieren** während des Fahrens nur mit einer Fernsprecheinrichtung und nicht mit Handys erlaubt.

Geldbußen in Italien fallen bei Verstößen gegen die Verkehrsregeln deutlich höher aus.

Parken

Auch wenn die Polizei nicht so schnell Strafzettel ausstellt, sollte man in Städten Parken in der **zona rimorchio** (Abschleppzone) vermeiden. Diese heißt nicht umsonst so. In den meisten Städten herrscht im Zentrum chronischer **Parkplatzmangel.** Darüber hinaus behindern falsch parkende Autos in den verwinkelten Altstädten das Durchkommen von Bussen und Lastwagen.

Die weiß gekennzeichneten **Parkplätze** sind gebührenfrei. Gelbe Parkflächen sind Anwohnern vorbehalten, auf blauen Feldern kann man gebührenpflichtig parken.

Fahrweise

Für deutsche Verhältnisse scheint die italienische Fahrweise, vor allem in Großstädten, auf den ersten Blick etwas **chaotisch.** Man fährt schnell, achtet wenig auf die Verkehrsregeln, klebt dem Vordermann an der Stoßstange, und aus zwei Fahrspuren werden oft vier. Während rote Ampeln in Norditalien noch beachtet werden, wird im Süden einfach weitergefahren. Dafür achten italienische Autofahrer mehr auf die anderen Verkehrsteilnehmer und regen sich nicht so schnell auf, und die Polizei übrigens auch nicht.

Man sollte auf jeden Fall defensiv und umsichtig fahren, sich dem Verkehr so gut wie möglich anpassen und sich immer der Tatsache bewusst sein, dass im Zweifelsfall der Stärkere Vorfahrt hat.

Panne und Unfall

Bei einem Unfall mit Blechschaden notieren Sie sich unbedingt die **Versicherungsnummer** und die Versicherungsgesellschaft des Unfallgegners. Sie muss in italienischen Fahrzeugen immer an der Windschutzscheibe befestigt sein.

Informationen zur Pannenhilfe der Automobilclubs ⇗„Notfälle".

Barrierefreies Reisen

Seit einigen Jahren versucht man auch in Italien mehr auf die Bedürfnisse von Behinderten *(persone disabili)* einzugehen und z.B. die baulichen Barrieren bei den **Sehenswürdigkeiten** zu beseitigen. Trotzdem ist der Zugang meist nach wie vor beschwerlich. Oft lassen sich öffentliche Einrichtungen aufgrund der alten Bausubstanz in den verwinkelten historischen Orts- und Stadtkernen nicht vollständig barrierefrei umbauen. Viele der traditionellen **Restaurants** und **Hotels** sind ebenfalls nicht ohne Hindernisse, und nach wie vor gibt es in den meisten Städten keine für Behinderte geeigneten öffentlichen Transportmittel.

Die meisten **Museen in Turin** sind mit Rampen, Aufzügen und Toiletten gut ausgestattet, beispielsweise:

- Museo Nazionale del Cinema
- Museo Egizio
- Fondazione Sandretto Re Rebaudengo
- Galleria d'Arte Moderna e Contemporanea
- Pinacoteca Marella e Giovanni Agnelli (Lingotto)
- Castello di Rivoli
- Palazzo Madama
- Reggia di Venaria

Es gibt im gesamten Stadtgebiet zahlreiche für Rollstuhlfahrer zugängliche **Toiletten;** sie sind jedoch nicht immer geöffnet und funktionstüchtig.

Nützliche **Hinweise** erhält man bei den jeweiligen Informationsbüros der Städte.

Den **Taxiservice** für Rollstuhlfahrer (GTT) erreicht man unter der Telefonnummer 011 57 37 oder 011 57 30/ 011 33 99.

Diplomatische Vertretungen

Vertretungen in Italien

- **Deutsches Konsulat in Mailand:** Consolato di Germania, Via Solferino 40, Tel. 026 23 11 01.
- **Österreichisches Konsulat in Mailand:** Consolato di Austria, Piazza del Liberty 8, Tel. 02 78 37 43.

- **Österreichisches Konsulat in Turin:** Consolato di Austria, Coso G. Matteotti 28, Tel. 01 14 40 78 20.
- **Schweizerisches Konsulat in Mailand:** Consolato di Svizzera, Via Palestro 2, Tel. 027 77 91 61.
- **Schweizerisches Konsulat in Turin:** Consolato di Svizzera, Via della Consolata 1, Tel. 011 59 55 09 und in dringenden Notfällen 00 39 34 03 71 15 94 (mobil).

Vertretungen in Deutschland, Österreich und der Schweiz

- **Italienische Botschaft,** Hiroshimastr. 1–7, 10785 **Berlin,** Tel. 030 25 44 00, www.ambberlino.esteri.it.
- **Italienische Botschaft,** Rennweg 27, 1030 **Wien,** Tel. 01 712 51 21, www.ambvienna.esteri.it.
- **Italienische Botschaft,** Elfenstrasse 14, 3000 **Bern,** Tel. 031 350 07 77, www.ambberna.esteri.it.

Elektrizität

Das Stromnetz hat in der Regel **220 Volt.** Italienische **Stecker** mit Erdung besitzen drei Mittelstifte und sind deshalb nicht mit deutschen Schukosteckern kompatibel. Zwischenstecker gibt es im Elektrofachhandel zu Hause oder vor Ort.

Einkaufen und Souvenirs

Aosta-Tal

Die bodenständige, unverfälschte Küche des Aosta-Tals ist geprägt von den regionalen Produkten. Zu den beliebtesten Mitbringseln zählen die typischen Lebensmittel wie der weiße Speck **Lardo, Mocetta,** ein luftgetrockneter Schinken aus Wildbret, die angeräucherten Blutwurst **Boudin,** der bekannte **Fontina-Käse,** die **Tomme** aus roher Kuh- und Ziegenmilch, **Seirass,** ein leicht säuerlicher, ricotta-ähnlicher Quark, **Nussgebäck** *(tegole),* getrocknete **Esskastanien** und natürlich die verschiedenen **Weine** und **Spirituosen.**

Zu den typischen Souvenirs der Region gehören die **Holzschnitzereien,** wie z.B. die **Coppa dell'amicizia,** ein Trinkgefäß mit mehreren Schnäbeln, aus dem im Winter heißer Kaffee mit Schnaps getrunken wird, oder die **Holzpantinen,** die **Sabots,** die seit Jahrhunderten im Val d'Ayas angefertigt werden. Neben geflochtenen **Körben,** aus **Topfstein** gefertigten Gerätschaften, schmiedeeisernen **Filigranarbeiten** verdienen vor allem die feinen **Handarbeiten** aus Cogne und Valgrisenche und die aus Hanf gewebte **Wäsche** von Champorcher besondere Erwähnung.

Piemont

Aus den Alpentälern des Piemont stammen zahlreiche hervorragende und in Almwirtschaft produzierte **Käsesorten** von kleinen Erzeugern. Die bekanntesten Käsesorten des Piemont sind der Castelmagno und der Gorgonzola. Zu den Spezialitäten in den Weingegenden gehört die *Mostrada,* eine traditionell mit Trauben zubereitete Konfitüre, die zu Käse gereicht wird. Elegante **Hutmode** bietet die weltweit bekannte Firma Borsalino aus Alessándria.

Fabrikverkäufe

Edle **Haushaltswaren** der Designerfirma Alessi kann man in Omegna zu günstigeren Preisen als daheim erstehen, elegante **Designermode** der Firma Loro Piana aus dem Valsésia in Romagnano Sésia, von Fratelli Cerrutti und Zegna in Biella.

Wein und Spirituosen

- **Nebbiolo** aus Ghemme und Carema
- **Erbaluce** aus Caluso
- **Moscato** aus Castiglione Tinella, Calosso
- **Barbera** und **Grignolino** aus San Desiderio Calliano
- **Barolo** aus La Morra
- Edle **Brände** aus Altavilla Monferrato

Süßigkeiten

- **Torrone** (eine Art Nougat) aus Asti
- **Canestrelli** (Mürbegebäck) aus Borgofranco d'Ivrea
- **Biscottini** (Mandelplätzchen) aus Novara
- **Krumiri Rossi** (Buttergebäck) aus Casale Monferrato
- **Cannoncini** (gefüllte Blätterteigröllchen), **Baci di Dama** und **Baci di Gallina** (Nusskekse mit Schokoladenfüllung) aus Alessándria
- **Finocchini** (Anisgebäck) aus Refrancore

Pastiglie Leone – altmodisch, aber lecker und in ganz Italien ein Dauerbrenner, die bunten Pastillen aus Turin

Essen und Trinken

Auf den ersten Blick verwirrend sind in Italien die verschiedenen Gaststättenbezeichnungen.

Ristorante

Ein Ristorante ist in der Regel immer ein **gehobenes Speiselokal,** das nationale und regionale Gerichte im Angebot hat.

Trattoria

Im traditionellen Sinne ist die Trattoria ein **einfaches Gasthaus** mit kleiner Speisekarte, solider regionaler Küche und offenem Hauswein, mit gutem Preis-Leistungsverhältnis. Doch daran hat sich einiges geändert, in Touristenhochburgen sind diese Lokale fast gänzlich verschwunden. Nach dem Angebot und den Preisen zu urteilen, verbergen sich heute hinter vielen Trattorien hochpreisige Restaurants. Ein Blick auf die Speisekarte, die eigentlich immer aushängen sollte, genügt.

Viele sehr gute Lokale entstanden aus einer einfachen Trattoria heraus und fühlen sich noch der alten Tradition „cucina alla casalinga" (Hausmannskost, im Sinne von schlichten, aber sehr guten, mit frischen Grundprodukten zubereiteten Regionalgerichten) verpflichtet. Hier bekommt man oft ausgezeichnete Spezialitäten zu vernünftigen Preisen, und der offene Vino da tavola steht bereits auf dem Tisch. Er muss aber nicht getrunken werden. Für Weinkenner empfiehlt sich immer der Griff zur Weinkarte. Im Vergleich zu Deutschland

183pi Foto: sg

werden Flaschenweine zu günstigeren Preisen verkauft.

Osteria

In der traditionellen Osteria (die noch etwas „rustikaler“ ausgerichtet ist als die Trattoria) wurde ursprünglich nur bodenständige **Hausmannskost,** „cucina alla casalinga“, serviert. Bis heute trifft man sich in der Osteria beim Mittagstisch oder nach der Arbeit. Aus dem Ortsbild der Tourismuszentren ist die gute alte Osteria heute fast gänzlich verschwunden, und hinter dieser „nostalgischen“ Bezeichnung verbergen sich oft sehr teure Edelrestaurants.

Enoteca

Die Enoteca ist in der Regel eine **Weinhandlung,** sie kann aber auch mit einem Lokal verbunden sein und verfügt somit über ein großes Sortiment an Weinen, die man auch glas-

Kleiner kulinarischer Führer

• **Agnolotti al plin con sugo di arrosto**	kleine gefüllte Nudeltäschchen mit Bratensoße
• **Boudin/sanguinaccio**	Art Blutwurst, aus Schweinespeck, Kartoffeln, Roter Bete und Schweineblut, mit Knoblauch, Pfeffer, Zimt, Nelken und Muskatnuss gewürzt (Spezialität aus dem Aosta-Tal)
• **Baccalà/stoccafisso**	Stockfisch
• **Bagna cauda**	rohes Gemüse wird in eine Soße aus Sardellen, Knoblauch und Öl getunkt und über einer Art Stövchen heißgemacht
• **Bollito misto**	verschiedene Sorten gesottenes Fleisch
• **Brasato al barolo**	mit Gemüse und in Barolo geschmorter Rinderbraten
• **Bresaola**	luftgetrockneter Rinderschinken
• **Carbonade**	in Wein geschmortes Rindergeschnetzeltes
• **Cardo gobbo**	Distelgewächs, elementarer Bestandteil von *Bagna cauda*
• **Carne cruda**	Tatar, wird klassisch mit dem Messer gehackt
• **Coppa**	luftgetrockneter Schinken vom Hals
• **Cotechino**	Kochwurst
• **Culatello**	zarter luftgetrockneter Schinken
• **Finanziera**	Eintopfgericht aus Innereien (meist Hühnerklein)
• **Fontina**	typischer Käse aus dem Aosta-Tal, aus dem *fonduta* (Käsecreme) hergestellt wird
• **Frittata**	Omelette
• **Fritto Misto**	frittiertes Fleisch, Fisch, Gemüse, Brotteig und auch Gebäck
• **Lardo**	luftgetrockneter, sehr würziger fetter Speck; in hauchdünnen Scheiben ist er fester Bestandteil der *Antipasti affettati* im Aosta-Tal und im Piemont
• **Lumache fritte**	frittierte Schnecken
• **Mocetta**	luftgetrocknetes Rauchfleisch
• **Mostarda**	in ganz Italien bekannte, in Meerrettich-Senf-Sauce eingelegte kandierte Früchte, im Piemont eine traditionell mit Trauben zubereitete Konfitüre, die zu Käse gereicht wird
• **Mortadella di fegato**	gekochte Leberwurst
• **Nocciola/Noce**	Haselnüsse/Walnüsse
• **Panissa, Paniscia**	Eintopf mit Reis, Wurst oder Speck und weißen Bohnen
• **Polenta concia**	flüssiger Maisbrei mit Käse in einer Aufflaufform geschichtet und mit Parmesan und Butter überbacken
• **Ratafià**	Likör aus dunklen Kirschen.
• **Robiola**	Frischkäse
• **Rugash**	flüssige, mit Butter, Kräutern und Tomaten verfeinerte Polenta
• **Salame d'la duja/oja**	Salami, in einer Fettschicht gelagert und so haltbar gemacht
• **Seupa valpellinese**	kräftiger Eintopf mit Kohl, Speck und Brotscheiben
• **Sottaceti/Sottolio**	sauer eingelegtes Gemüse/in Öl eingelegtes Gemüse
• **Stinco**	Haxe
• **Stracotto/Stufato**	Schmorbraten
• **Tacchino**	Truthahn
• **Tagliata di manzo**	großes Rindersteak
• **Tajarin**	handgeschnittene, schmale Bandnudeln
• **Vitello tonnato**	gekochte dünne Scheiben Kalbfleisch mit Thunfischsoße

071pi Foto: sg

weise verkosten kann. Dazu gibt es meist kleine Gerichte.

Pizzeria

Das Angebot in einer Pizzeria ist ähnlich wie bei uns. Mit einem Unterschied: Es schmeckt viel besser, da in Italien die Pizza meist aus einem **Steinbackofen** kommt und die Zutaten frischer sind.

Rosticceria

Die Rosticceria ist ein **Selbstbedienungsrestaurant** mit warmen italienischen Gerichten, auch zum Mitnehmen. Rosticcerie sind kleine Betriebe mit zum Teil sehr guter Küche und überhaupt nicht vergleichbar mit den zahlreichen Schnellimbissketten hierzulande.

Handwerk und gute Zutaten sind das Erfolgsrezept der Pasticceria Camporelli in Novara

Tavola Calda

Die Tavola Calda gleicht einer **Imbissstube** mit warmen Tellergerichten und einer großen Auswahl an *panini* (belegte Brötchen), *focaccia* (Fladenbrot) etc.

Bar

Der wichtigste Ort sozialen Lebens ist die Bar. *Al mattino* fungiert sie als Café, wo man ein schnelles Frühstück mit *cappuccino* und *brioche* einnimmt. *Al pranzo* wird sie zum beliebten Mittagstreffpunkt für die Angestellten in der Umgebung. Dann stehen an der Theke *panini, tramezzini* oder kleine Tellergerichte bereit. Nachmittags stärkt man sich dann beim Einkaufsbummel mit einem starken Espresso und Gebäck. *Alla sera* trifft man sich hier mit seinen Freunden zu einem Aperitif. Und selbstverständlich immer *al banco,* am Tresen. Die Preise *alla tavola* sind je nach Lage und Ausstattung des Lokals deutlich höher. In vielen *bars,* vor allem in größeren Städten, ist der Andrang zu Stoßzeiten so groß, dass man zuerst an einer separaten Kasse bezahlen muss und dann mit dem Bon *(scontrino)* an der Theke bestellt.

Andere Länder, andere Sitten

In Italien sucht sich der Gast den Tisch nicht selbst aus, weder im guten Restaurant noch in der einfachen Osteria, sondern man wartet, bis die Bedienung einen **Tisch zuweist.** Bis auf einfache Osterie sind Tische immer vollständig mit einer frischen Stofftischdecke und -servietten, Wein- und Wassergläsern, Besteck und einem Brotkorb eingedeckt. Dieser Service ist nicht wie in Deutschland im Preis enthalten, sondern wird als Extrabetrag gesondert auf der Karte (*pane e coperto* = Brot und Gedeck) ausgewiesen. In Trattorien steht meist auch eine Karaffe mit offenem Rotwein auf dem

183pi Foto: sg

Tisch, den man aber nicht trinken muss. Wem der Sinn nach einem besseren Tröpfchen steht, lässt sich die Weinkarte *(lista dei vini)* geben.

Außer in einer Pizzeria besteht eine vollständige italienische Mahlzeit immer aus mehreren **Gängen:** *antipasto* (Vorspeise), *primo piatto* (Nudelgericht, Risotto oder Suppe), *secondo piatto* (Fisch oder Fleischgang, die Beilagen, *contorno,* müssen extra bestellt werden), *formaggio* (Käsegang) und *dolce* (süße Nachspeise). Deshalb sollte man auch immer mindestens zwei Gerichte bestellen. Eines davon sollte ein Primo oder Secondo sein.

In Italien ist es unüblich, getrennt zu zahlen. Die **Rechnung** wird immer pro Tisch ausgestellt. Sie beinhaltet auch das Bedienungsgeld *(servizio).* Das **Trinkgeld** lässt man auf dem obligatorischen Tellerchen liegen. Für dessen Höhe gibt es keine zuverlässige Richtgröße. Viele Italiener bezahlen mittlerweile gar kein Trinkgeld mehr (Folge des „Teuro"), was aber einen deutschen Gast auf keinen Fall veranlassen sollte, darauf zu verzichten, wenn er zufrieden das Restaurant verlässt.

Für alle, die sich in der italienischen Küche noch nicht auskennen, ist das **Menu turistico** die billigste und am einfachsten zu bestellende Variante. Empfehlenswert ist sie jedoch nicht immer. Oft handelt es sich um lieblos aneinandergereihte Standardgerichte.

Piemontesische Spezialität:
Mostarda, hier kombiniert mit Käse

Da die piemontesische Küche zu den besten Italiens gehört, lohnt es sich, sich mit Hilfe eines Sprachführers durch die Speisekarte zu kämpfen (eine Auswahl der typischsten Gerichte ⇗ auch Kasten „Kleiner kulinarischer Führer").

Die **Preise** bei den Restaurantempfehlungen in diesem Buch beziehen sich auf ein dreigängiges Menü inklusive Gedeck.

- **Buchtipp:** „Italienisch kulinarisch", erschienen in der Kauderwelsch-Reihe des Reise Know-How Verlags; begleitendes Tonmaterial ist erhältlich.

Feste und Feiertage

Ganz Italien macht im August Urlaub. Viele Betriebe (auch aus dem Dienstleistungssektor), die nicht in Feriengebieten liegen, legen ihre Betriebsferien in den August. Höhepunkt für die italienischen Urlauber ist **Ferragosto** am **15. August.** Mariä Himmelfahrt, das Hauptfest der Marienverehrung, ist zugleich das wichtigste Familienereignis in Italien. An diesem Tag sind **alle Geschäfte geschlossen**.

Weitere Feiertage

- **1. Januar:** Neujahr *(Capodanno)*
- **6. Januar:** Dreikönigsfest *(Epifania)*
- **Ostersonntag und -montag** *(Pasqua)*
- **25. April:** Tag der Befreiung vom Faschismus *(Festa nazionale)*
- **1. Mai:** Tag der Arbeit *(Festa del Lavoro)*
- **Pfingstsonntag** *(Pentecoste)*
- **2. Juni:** Tag der Republik
- **1. November:** Allerheiligen *(Ognissanti)*
- **8. Dezember:** Mariä Empfängnis *(Festa dell'Immacolata Concezione)*
- **25./26. Dezember:** Weihnachten *(Natale)*

Fotografieren

Wahl der Kamera

Welche Kamera man für seine Reise wählt, hängt hauptsächlich von den eigenen Ansprüchen ans Fotografieren und dem jeweiligen Geldbeutel ab. Daneben sollte man aber auch die Faktoren Gewicht, Robustheit, einfache und unauffällige Handhabung und den möglichen Verlust bei Beschädigung oder Diebstahl einkalkulieren. Bei digitalen Kameras sind Stromverbrauch, Auflösung und Speicherplatz von besonderer Bedeutung. Vor allem sollte man bedenken, dass gute Bilder nicht von der perfekten technischen Ausrüstung gemacht werden, sondern vom Menschen hinter der Kamera.

Ein wichtiger Begriff in der Digitalfotografie ist die **Auflösung,** die in **Megapixeln** angegeben wird und in etwa die Bildschärfe ausdrückt. Für den Gebrauch im Internet und am Bildschirm reicht ein Megapixel, zum Drucken sollten es schon mindestens zwei sein.

Verhalten und Tipps beim Fotografieren

Respekt vor dem Gegenüber ist bei der Fotografie von anderen Menschen erstes Gebot. Es handelt sich schließlich um Menschen, nicht um Fotoobjekte. Man sollte sich die **Erlaubnis** einholen, jemanden zu fotografieren. Ein Satz auf Italienisch, ein freundlicher Blick und eine entsprechende Geste können Wunder wirken und sogar der Auftakt einer kleinen Begegnung sein, an der man viel mehr Freude hat als an einem anonymen, „gestohlenen" Bild. Möchte jemand nicht fotografiert werden, ist das unbedingt zu respektieren, nicht zuletzt, um sich selber Ärger zu ersparen.

Hemmungsloses Blitzen in Situationen oder Räumen, die für andere Menschen **privat** oder gar **heilig** sind, zeugt von Respektlosigkeit, ist lästig und zieht oft Ärger nach sich, manchmal sogar handfesten.

Das Fotografieren von **Ausstellungen** und **Militäreinrichtungen, Brücken** oder **Häfen** ist in Italien verboten. Entsprechende Regeln sollte man unbedingt im Vorfeld erfragen und beherzigen.

Das **Detail** nicht vergessen – Gesamtaufnahmen werden schnell langweilig. Versteckte Reize in Kleinigkeiten oder scheinbaren Nebensächlichkeiten zu entdecken, schult den eigenen Blick für das Besondere.

Geduldig sein: Es lohnt sich, eine Situation länger zu beobachten, gute Lichtverhältnisse abzuwarten und nach geeigneten Blickwinkeln zu suchen.

- **Buchtipps:** „Reisefotografie" und „Reisefotografie digital", beide erschienen in der Praxis-Reihe des Reise Know-How Verlags.

Nachtleben

Für Nachtschwärmer bietet **Turin** ein vielfältiges Angebot. Neben Theatern, Bars mit Live-Musik, Kunst- und Kulturcafés ziehen vor allem die zahlreichen Kneipen im Quadrilatero und die Diskotheken an den Murazzi die meisten Besucher an. Wer in Turin tanzen gehen möchte, sollte bedenken, dass sich die Clubs erst sehr spät füllen, gegen 1 Uhr. In Turin fängt der Abend mit Freunden bei einem Aperitif an. Hat man sich dabei dann genügend Appetit geholt, geht man gegen 22 Uhr ins Restaurant. Danach steuert man erst nochmal eine Bar an, bevor man sich in das eigentliche Nachtleben stürzt.

Die besten Informationen über Konzerte und Veranstaltungen stehen im **Veranstaltungskalender** „Torino Sette", der Freitagsbeilage der Turiner Wochenzeitung „La Stampa".

Notfälle

In ganz Italien gelten folgende Notrufnummern:

- **Polizei-Notrufnummer: 112**
- **Notruf bei Unfällen jeglicher Art: 113**
- **Notarzt, Erste Hilfe: 118**
- **Feuerwehr: 115**

Autopanne/Unfall

Die Pannenhilfe des italienischen **Automobilclubs ACI** (Automobile Club Italiano) ist in ganz Italien unter der Nummer 80 31 16 erreichbar. Für Mitglieder in einem Automobilclub oder bei einer Autoversicherung mit Auslandsschutzbrief ist die Pannenhilfe in der Regel unentgeltlich. Wenn nicht, werden die Kosten spätestens nach der Rückkehr ins Heimatland ganz oder zu einem großen Teil zurückerstattet.

- Der **deutschsprachige Hilfsdienst** des deutschen **ADAC** und des österreichischen ÖAMTC ist in Italien unter der Telefonnummer 039 92 10 41 erreichbar; der **TCS** ist nur in der Schweiz selbst zu erreichen unter 0041 22 41 72 220.

Verlust von „Plastikkarten"

Bei Verlust oder Diebstahl der Kredit- oder Maestro-(EC-)Karte sollte man diese sofort sperren lassen. Für deutsche Karten gilt die einheitliche **Sperrnummer 0049 11 61 16** und im Ausland zusätzlich 0049 30 40 50 40 50. Für österreicherische und schweizerische Karten gelten die folgenden Nummern:

- **Maestro-(EC-)Karte,** Tel. 0043 12 04 88 00; Tel. 0041 442 71 22 30, UBS: 0041 848 88 86 01, Credit Suisse: 0041 800 80 04 88.
- **MasterCard,** internationale Tel. 001 63 67 22 71 11.
- **VISA,** internationale Tel. 0141 05 81 99 94.
- **American Express,** Tel. 0049 69 97 97 20 00; Tel. 0041 446 59 63 33.
- **Diners Club,** Tel. 0043 1501 3 50; Tel. 0041 587 50 80 80.

Geldnot

Wer dringend Geld ins Ausland überweisen lassen muss wegen eines Unfalles oder Ähnlichem, kann es sich auch nach Italien über **Western Union** schicken lassen. Für den Transfer muss man die Person, die das Geld schicken soll, vorab benachrichtigen. Diese muss dann bei einer Western Union Vertretung (in Deutschland u.a. bei der Postbank) ein entsprechendes Formular ausfüllen und den Code der Transaktion telefonisch oder auf anderem Wege übermitteln. Mit dem Code und dem Reisepass geht man zu einer beliebigen Vertretung von Western Union in Italien (siehe Telefonbuch oder unter www.westernunion.com), wo das Geld nach Ausfüllen eines Formulares binnen weniger Minuten ausgezahlt wird. Die Gebühr beträgt 4 % der Auftragssumme (mindestens aber 18 €).

Ausweisverlust/ dringender Notfall

Wird der Reisepass oder Personalausweis im Ausland gestohlen, muss man dies der örtlichen Polizei melden. Darüber hinaus sollte man sich an die nächste diplomatische Auslandsvertretung seines Landes wenden, damit einem ein Ersatz-Reiseausweis zur Rückkehr ausgestellt wird (ohne diesen kommt man nicht an Bord eines Flugzeuges).

Auch in **dringenden Notfällen,** beispielsweise medizinischer oder rechtlicher Art, Vermisstensuche, Todesfällen o.Ä. sind die Auslandsvertretungen bemüht, vermittelnd zu helfen (siehe Kapitel „Diplomatische Vertretungen").

Öffnungszeiten

Ladenöffnungszeiten werden in ganz Italien kommunal geregelt. Deshalb wird man **kein einheitliches Prinzip** erkennen können. Generell gelten folgende „Kernzeiten": montags bis freitags 8.30/9 bis 12.30/13 Uhr und mittags von 15/15.30 bis 19.30 Uhr, im Sommer nachmittags von 16/17 bis 20/20.30 Uhr. **Lebensmittelgeschäfte** *(alimentari)* haben oft am Mittwochnachmittag geschlossen, Einzelhandelsgeschäfte hingegen am Montagvormittag.

Banken sind mit kleinen regionalen Abweichungen montags bis freitags von 8.30 bis 13.30 Uhr geöffnet. Einige Banken haben auch nachmittags von 15 bis 16 Uhr geöffnet.

Postämter sind in der Regel werktags von 8.30 bis 13/13.30 Uhr und zwischen 15 und 17 Uhr geöffnet, in großen Städten oft durchgehend, in kleinen Orten meist nur vormittags.

Kirchen sind täglich zwischen 7 und 13 Uhr und nachmittags zwischen 16 und 19.30 Uhr geöffnet. Von einer Besichtigung während der Messen ist abzuraten.

Für **Museen** gibt es keine einheitlichen Öffnungszeiten, nicht einmal Kernzeiten. Von Stadt zu Stadt werden sie völlig neu festgelegt und können sich auch mehrmals im Jahr ändern. Einziger Anhaltspunkt: staatliche Museen sind meist montags geschlossen.

Tankstellen (außer an Autobahnen) haben oft über Mittag geschlossen, ungefähr von 12.30 bis 15.30 Uhr, nachts und am Wochenende.

Post

Briefmarken *(francobolli)* gibt es außer in Postämtern auch in allen Tabakläden, die durch ein schwarzes „Sali e tabacchi"-Schild mit einem weißen „T" zu erkennen sind.

Postkarten und **Briefe** (bis 20 g) ins Ausland werden nur noch mit der sogenannten *Posta prioritaria* (0,65 €) versendet. Trotz dieser „Eilpost" können Briefe und Postkarten in der Urlaubszeit lange unterwegs sein.

Rauchen

Das Rauchen ist per Gesetz **in allen öffentlichen Räumen verboten.** Wer sich nicht daran hält, dem drohen erhebliche Geldstrafen. Geraucht werden darf nur noch im Freien (nicht in der Nähe von Schwangeren) und in Restaurants, die über separate Räume mit Lüftung verfügen.

Sport

Wandern

Im Piemont und im Aosta-Tal finden sich zahlreiche reizvolle **Bergregionen,** die sich ideal zum Wandern eignen. Doch in Italien ist Wandern noch immer noch nicht so populär wie in Deutschland, und deshalb sind die Wanderwege auch noch **nicht überall gut ausgeschildert.** Man sollte immer einen Wanderführer und eine gute Karte mit sich führen. Es empfiehlt sich, zu Hause einen einschlägigen Wanderführer zu kaufen und sich direkt bei den örtlichen Fremdenverkehrsämtern nach Routen zu erkundigen. Gutes Kartenmaterial ist meist vor Ort erhältlich.

Der **Weitwanderweg Alta Via 1** im Aosta-Tal mit 13 Tagesetappen verläuft in einer Höhe zwischen 2000 und 3000 Meter von Gressoney-Saint-Jean nach Courmayeur. (⇗„Aosta-Tal, Val di Gressoney"). Der **Weitwanderweg Alta Via 2** mit insgesamt 12 Tagesetappen verläuft von Champorcher nach Courmayeur (⇗„Aosta-Tal, Val di Champorcher").

Ein schönes Wandergebiet mit kleinen Gebirgsseen und Moorlandschaften ist das oberhalb von Fontainemore im Gressoney-Tal gelegene **Naturschutzgebiet Mont Mars** (2600 m).

Ein gut ausgebautes Netz an Wanderwegen findet man im **Naturschutzpark Valgrande** oberhalb des Lago Maggiore. Wanderwege und bewirtete Berghütten gibt es im **Parco Naturale Alta Valsésia.** Schöne Wanderungen kann man auch von **Alagna** aus ins Valle d'Otro unternehmen.

Wanderwege führen rund um die fünf kleinen **Seen** Nero, Pistone, Sirio, San Michele und Campagna nördlich von **Ivrea.** Hochgebirgstouren bieten sich von **Balme** im Val di Ala aus an, gut ausgebaute Höhenwege gibt es auch im **Valle Máira.**

Wildwasserfahren im Valsésia

Ausgewiesene Kanu- und Kajakstrecken existieren auf der **Sésia** und den

254pi Foto: ko

Zuflüssen Sermenza, Egua, Mastallone, Strona und Sessera. Die befahrbare Strecke misst 54 Kilometer auf der Sésia und 35 Kilometer auf den Nebenflüssen, teils mit sehr schwierigen Passagen.

Auf dem Weitwanderweg Alta Via 2

Fahrradfahren

Radfahren ist in ganz Italien ein **beliebter Volkssport** und kommt gleich nach Fußball. Fast jedes Jahr macht auch der Giro d'Italia Halt im Piemont. Wegen der vielen Steigungen in den Gebirgstälern sollte man eine **gute Kondition** mitbringen.

Radwege sind in ganz Italien **selten.** Aber in der Regel benehmen sich Autofahrer sehr rücksichtsvoll gegenüber Radlern. Ihr Hupen dient meist nur als freundliche Warnung.

Informationen zu organisierten Radwanderreisen und Mountainbike-Touren mit Reiseleiter, Bus und Radanhänger sind im Reisebüro erhältlich.

Abfahrtski

Angenehme Skigebiete bieten die Täler **Val d'Ayas, Valle di Gressoney** und **Valsésia.** Der Skiverbund Monterosaski umfasst 86 Liftanlagen und 79 Pisten mit ca. 180 Pistenkilometern. Kleine, für Anfänger gut geeignete Skigebiete sind **Weißmatten** im Valle di Gressoney und die **Alpe Mera** im Valsésia.

Das Skigebiet von **Breuil-Cervinia** umfasst ungefähr 200 Pistenkilometer und ist durch die höchste Gondel Europas am Kleinen Matterhorn (3883 m) mit Zermatt im Wallis verbunden.

Mit einer Kabinenbahn gelangt man von **Courmayeur** auf das Plateau des Plan Chécrouit; mit einer weiteren Kabinenbahn und vier Sesselliften hat man Verbindung ins abwechslungsreiche Skigebiet von Entrèves.

La Thuile ist ein attraktives grenzüberschreitendes Skigebiet hinüber ins französische La Rosière. Das Skigebiet **Espace Bernardo** umfasst 37 Liftanlagen (eine Seilbahn, 17 Sessellifte und 19 Schlepplifte) und 73 Pisten mit insgesamt 150 Abfahrtskilometern. Die anspruchsvolleren Abfahrten liegen auf der italienischen Seite.

Langlauf

Langlaufzentrum im Aosta-Tal, sowohl mit klassischen als auch mit Skatingstrecken, ist das **Cogne-Tal.** Insgesamt gibt es hier zehn Rundloipen von drei bis 15 Kilometern Länge in allen Schwierigkeitsgraden. Besonders reizvoll ist die Spur bis ins Valnontey.

024pi Foto: sg

Bei **Gressoney-Saint-Jean** im Gressoney-Tal gibt es eine insgesamt 25 Kilometer lange Loipenspur mit sechs Rundloipen zwischen 2,2 und 7,5 Kilometern Länge.

Klassische Langlaufloipen und Skatingspuren mit drei, fünf, sieben und elf Kilometern Länge findet man im **Val Ferret.**

Rundloipen gibt es zwischen Scopa und Scopello, Riva Valdobbia und Carcoforo im **Valsésia** und im **Valle d'Egua.**

Sonnenbad vor der Skihütte am Colle Bettaforca

Sprache

Im Gegensatz zum deutschsprachigen Raum sind Fremdsprachen in Italien nicht so weit verbreitet. In den Ferienorten kann man sich aber mit **Englisch** verständlich machen. Einige Grundkenntnisse der italienischen Sprache sind natürlich immer hilfreich (⇗„Kleine Sprachhilfe" im Anhang dieses Buches).

Aufgrund der jahrhundertelangen engen Beziehungen zu Frankreich durch das savoyische Königshaus kann man sich vor allem im Aosta-Tal hervorragend auf **Französisch** verständigen.

• **Buchtipps:** Der bei REISE KNOW-HOW erschienene Sprechführer „Kauderwelsch Italienisch" vermittelt erste Sprachkenntnisse, zugeschnitten auf typische Reisesituationen. Tiefere Kenntnisse der Umgangssprache vermittelt der Band „Italienisch Slang". Begleitendes Tonmaterial ist erhältlich, ebenso eine Kombination von Buch und Audiomaterial auf CD-Rom für den heimischen PC – Kauderwelsch digital.

Telefon

Telefonzellen

Öffentliche Fernsprechgeräte funktionieren mit Telefonkarten, nur ganz selten noch mit Münzen. **Telefonkarten** *(scheda telefonica)* kann man in jedem Tabak- und Zeitschriftenladen sowie in Bars kaufen. Vor dem Gebrauch muss man die perforierte Ecke abreißen. Entwertete Karten können während des Gesprächs gewechselt werden.

Kosten

Von Italien aus sind die Tarife erheblich **teurer** als umgekehrt. Montags bis freitags gilt von 18.30 bis 22 Uhr, samstags ab 13 Uhr und sonn- und feiertags ein verbilligter Tarif. Am preiswertesten ist der Nachttarif von 22 bis 8 Uhr (hier werden nur 50 % des Normaltarifs berechnet), der auch an Sonn- und Feiertagen gilt. Ferngespräche von **Hotels** und **Ferienanlagen** aus sind erheblich teurer.

Vorwahlen

Wichtig: bei Anrufen nach Italien wählt man nach der Landesvorwahl 0039 die **Ortsvorwahl mit der Null.** Auch bei Gesprächen innerhalb Italiens muss immer die Null der Ortsvorwahl mitgewählt werden.

Von Italien nach **Deutschland** wählt man 0049 und danach die Ortsvorwahl ohne die Null; die Landesvorwahl für **Österreich** lautet 0043, für die **Schweiz** 0041.

Mobiltelefon

Das eigene Mobiltelefon lässt sich in Italien problemlos nutzen, denn die meisten Mobilfunkgesellschaften haben **Roamingverträge** mit den italienischen Gesellschaften Vodafone, TIM, Wind (alle drei GSM 900/1800 MHz und 3G) sowie H3G (3G). Wegen der hohen **Gebühren** sollte man bei seinem Anbieter nachfragen, welcher der Roamingpartner günstig ist, und diesen per **manueller Netzauswahl** voreinstellen. Nicht zu vergessen sind die **passiven Kosten,** wenn man von zu Hause angerufen wird (Mailbox abstellen!). Der Anrufer zahlt nur die Gebühr ins heimische Mobilnetz, die teure Rufweiterleitung ins Ausland zahlt der Empfänger.

Unterkunft

Hotels/Pensionen

Bei den regionalen und lokalen Fremdenverkehrsämtern kann man ein jährlich aktualisiertes **Unterkunftsverzeichnis** *(elenco degli alberghi)* anfordern. Es enthält außer Hotels und Pensionen meist auch Campingplätze, Jugendherbergen, Ferienanlagen und Agriturismo-Betriebe. Alle Infos auch über die jeweilige Homepage der betreffenden Urlaubsregion (⇗„Vor der Reise, Information").

Die direkte **Zimmerreservierung** funktioniert am schnellsten über das Internet. Wer auf Nummer sicher gehen will, verfasst seine Anfrage auf Englisch. Folgende Punkte sind dabei zu beachten: Adresse, Zeitraum, Einzel- oder Doppelzimmer, Preise, Parkmöglichkeiten und Preise für die hoteleigene Garage, gegebenenfalls ein Hotelprospekt.

In Italien gibt es eine Einteilung in fünf **Hotelkategorien.** Die Klassifizierung von Hotels und Pensionen wird von den Fremdenverkehrsämtern der Provinzen übernommen:

***** Hotels der Luxusklasse mit allem Komfort und guten Restaurants; sündhaft teuer

**** Hotels der 1. Kategorie mit gehobener Ausstattung. Dazu gehören Bad/WC, Telefon, Farbfernseher, Minibar, Klimaanlage und Heizung; teuer.

*** Hotels der gehobenen Mittelklasse. Bei einer Unterkunft dieser Kategorie liegt man meist richtig. In der Regel haben alle Zimmer ein Bad. In kleineren Orten, vor allem im Hinterland, entspricht die Ausstattung eines Drei-Sterne-Hotels oft einer Vier-Sterne-Unterkunft an der Küste. Zur Ausstattung gehören ebenfalls Bad/WC, Telefon, Farbfernseher, Minibar, Klimaanlage und Heizung.

** Hotels gehören zur unteren Mittelklasse und haben oft schon eher Pensionscharakter. Die Ausstattung ist einfach und zweckmäßig, und zum Teil gibt es hier erhebliche Qualitätsunterschiede hinsichtlich Sauberkeit und Ausstattung.

* Einfache Pensionen, an die man in punkto Komfort und Ausstattung so gut wie keine Ansprüche stellen sollte. Je nach Standort und Saison liegen die Preise und das Qualitätsniveau der verschiedenen Kategorien weit auseinander.

Hotelklassifizierungen richten sich danach, ob die Zimmer über Bad/WC, Telefon, Farbfernseher, Minibar, Klimaanlage und Heizung verfügen und ob das Hotel z.B. einen Aufzug besitzt. Allerdings werden Sterne nicht aberkannt, wenn ein Hotel schon seit geraumer Zeit nicht saniert wurde. Außerdem sagen diese Kriterien nichts über die Atmosphäre und den Service eines Hauses, geschweige denn über die Größe der Zimmer aus.

Gäste zahlen stets einen (je nach Bekanntheitsgrad des jeweiligen Ferienortes zum Teil unverhältnismäßig hohen) **„Ortszuschlag".**

Das **Frühstück** *(prima colazione)* ist nicht im Zimmerpreis enthalten *(non compresa)* und, je höher die Hotelkategorie, auch unverhältnismäßig teuer.

Wer nicht so viel Wert auf ein stereotypes italienisches Frühstücksbuffet legt, geht am besten in die nächste Bar, trinkt dort im Stehen einen Cappuccino und isst ein mit Marmelade gefülltes Hörnchen (Brioche). In der Regel ist der Kaffee viel besser, die Brioches kommen ofenfrisch vom Bäcker und schmecken ausgezeichnet.

Hoteliers sind gesetzlich verpflichtet, in jedem Zimmer die aktuellen **Preise** *(prezzi massimi giornalieri)* für die Hauptsaison *(alta stagione)* und die Nebensaison *(bassa stagione)* **auszuhängen.** Die Halb-, Vollpensions und Frühstückspreise gelten pro Person. Getränke müssen extra bezahlt werden.

Die **Hauptsaisonzeit** *(periodo di alta stagione)* ist ebenfalls auf der Karte vermerkt. Alle Preise müssen mit der

214pi Foto: sg

Eines der schönsten Walserdörfer: Mandriou im Val d'Ayas

Preisliste an der Rezeption übereinstimmen.

Bei **Direktbuchung** verlangen Hotels und auch Vermieter von Ferienwohnungen zur Sicherheit meist eine **Anzahlung** *(caparra)* von ungefähr 200 €. **Postanweisungen** sollte man besser vermeiden (stattdessen die Kreditkartennummer angeben). Für den Empfänger ist diese Zahlungsart zwar eine sehr sichere, da ihm die Summe bar ausbezahlt wird. Aber eine Postanweisung ist unverhältnismäßig teuer, denn die Post verlangt nach Italien für eine Summe von bis zu 250 € ganze 15 € Gebühren.

Vorsicht: fragen Sie bei der Reservierung immer nach, ob **Halb- oder Vollpensionspflicht** besteht!

Preisangaben im Buch

Übernachtung für zwei Personen im DZ mit Bad, ohne Frühstück in der Hauptsaison; in der Nebensaison gelten oft deutlich niedrigere Preise. Die Halbpensionspreise gelten immer nur pro Person.

183pi Foto: sg

Agriturismo

Preiswerte Alternative vor allem für Familien mit Kindern sind die Agriturismo-Unterkünfte. Agriturismo lässt sich am ehesten mit **„Urlaub auf dem Bauernhof"** übersetzen. Ländliche Idylle und rustikaler Charme machen diese Unterkünfte aus. Es handelt sich oft um restaurierte Bauernhäuser, die abseits der eigentlichen Landwirtschaftsbetriebe liegen und komplett ausgestattet sind. In der Regel werden die Apartments wochenweise vermietet. Manche Betriebe vermieten einige Zimmer auch tageweise und verfügen über ein Lokal. In den offiziellen Unterkunftsverzeichnis der Fremdenver-

In den Touristenorten werden Unterkünfte auch schon mal auf Deutsch angepriesen

kehrsämtern sind auch die Agriturismo-Unterkünfte verzeichnet.

Jugendherbergen

Die Preise liegen zwischen 15 und 25 € pro Person für Übernachtung mit Frühstück. Weitere Informationen finden sich in den jeweiligen Ortskapiteln. Jugendherbergen gibt es in Alessandria, Bergolo, Etroubles (Aosta-Tal), Lillanes (Aosta-Tal), Pontboset (Aosta-Tal), Turin und Verbania (Lago Maggiore).

- Hat man einen **internationalen Jugendherbergsausweis** aus dem Heimatland, schläft man auch in italienischen Jugendherbergen zum günstigeren Tarif, sonst muss man eine Tagesmitgliedschaft erwerben. Die Jahresmitgliedschaft bei den Jugendherbergsverbänden daheim kostet 12,50–21 € in Deutschland (www.jugendherberge.de), 10–20 € in Österreich (www.oejhv.or.at) und 22–55 SFr in der Schweiz (www.youthostel.ch). Tipp: Kann man auch als Familie beantragen.

Verkehrsmittel

Bahn (Ferrovie dello Stato)

Das schnellste, bequemste und billigste Fortbewegungsmittel ist unbestreitbar die Eisenbahn *(Ferrovie dello Stato)*. Zugfahren in Italien ist vergleichsweise günstig, und je länger die Strecke, umso günstiger der Kilometerpreis. Schnellzüge sind allerdings reservierungs- und zuschlagspflichtig!

- **Informationen im Internet:** www.ferroviedellostato.it

Busverbindungen im Aosta-Tal

Die genauen **Busfahrpläne** erhält man entweder in den örtlichen **Informationsbüros** oder über die Website der Region: **www.regione.vda.it/trasporti.** Die wichtigsten Linien im Überblick:

- Regelmäßige Busverbindung von **Aosta** über **Pont-Saint-Martin** in Richtung **Ivrea** und nach **Courmayeur.**
- Stündlicher Taktverkehr von **Pont-Saint-Martin** bis nach **Stafal** im **Gressoney-Tal.**
- Ungefähr alle 1,5 bis 2 Stunden besteht eine Busverbindung von **Verres** nach **Saint Jacques** im **Ayas-Tal,** von **Chatillon** nach **Breuil-Cervinia** im **Valtournenche,** von **Aosta** nach **Cogne** und von **Pré-Saint-Didier** nach **La Thuile.**
- Mehrmals täglich fahren Busse von **Aosta** aus nach **Ollomont/Bionaz** im **Valpelline, Pont** im **Valsavarenche, Rhêmes-Notre-Dame** im **Rhêmes-Tal,** nach **Bonne** im **Valgrisenche** und von **Hone** nach **Chardonney** im **Champorcher-Tal.**

151pi Foto: sg

Land und Leute

135pi Foto: sg

185pi Foto: sg

Im Naturpark Gran Paradiso
kann man Steinböcke beobachten

Paradies für Schlemmer:
Auf der Trüffelmesse in Asti

Königsschlösser rund um Turin:
Palazzina di Caccia di Stupinigi

Geografie

Der gewaltige Gebirgsbogen der Alpen und des Apennin umrahmt die **zweitgrößte Region Italiens.** Im Norden grenzt das Piemont an die Schweiz, im Westen an Frankreich. Zu den Binnengrenzen zählen Ligurien im Süden, die Emilia-Romagna im Südosten und die Lombardei im Osten.

Typische Gebirgslandschaften wechseln sich ab mit der dicht bewaldeten Möranenlandschaft im Norden, der landwirtschaftlich genutzten Hügellandschaft im Süden und dem Flachland.

Historisch und geografisch zählt das **Aosta-Tal** im äußersten Nordwesten zum Piemont, bildet aber eine eigene Verwaltungseinheit mit autonomem Sonderstatus. Es wird hufeisenförmig von den **Gebirgsketten** des Grand Combin (4314 m), Matterhorn (4478 m), Monte Rosa (4637 m) und Gran Paradiso (4061 m) umschlossen und endet im Westen abrupt vor den gewaltigen Gletscherwänden des Mont Blanc (4810 m).

An der West- und Nordgrenze zieht sich ein steil ansteigendes **Hochgebirge** am Rande der Alpen entlang. Alpentäler führen auf die Pässe Moncenisio, Monginevro und Sempione in Richtung Schweiz und Frankreich. 43 Prozent der Fläche nimmt die Alpenregion ein, 27 die Ebene und 30 Prozent die Hügellandschaft.

Zwischen der fruchtbaren Po-Ebene mit den größten Reisfeldern Europas und den ersten Ausläufern der Alpen liegt die weite Moränenlandschaft des **Canavese.** Vor mehr als einer Million Jahren schob sich ein riesengroßer Gletscher vom Aosta-Tal aus in Richtung Po-Ebene und hinterließ beim Abschmelzen halbmondförmige Hügel, kleine Seen und die größte Gletschermoräne Europas.

Turin und Mailand (Lombardei) sind die größten **Industriestädte** des Landes. Zusammen mit der Küstenstadt Genua bilden sie das wichtigste Wirtschaftsgebiet Italiens.

Klima und Reisezeit

Die unterschiedlichen Landschaften bestimmen auch unterschiedliche Klimata im Piemont und im Aosta-Tal. In der **Po-Ebene** herrschen **kontinentale Klimaverhältnisse** mit heißen Sommern und kalten Wintern. Im Sommer stoppen die Alpen die erfrischenden Winde aus dem Norden, und im Winter fehlen die mäßigenden Einflüsse des Meeres. Die beste Reisezeit für die Städte in der Ebene sind deshalb **Frühling** und der Monat **September.** Bedingt durch die vielen Wasserkanäle und die gefluteten Reisfelder wird es im Sommer schwül und heiß, im Winter liegt die Ebene oft im dicken Nebel.

Schneereich sind die hochgelegenen **Gebirgstäler,** ideale Jahreszeit zum Wandern ist hier der Sommer.

Imposante Grenze des Aosta-Tals: das 4478 Meter hohe Matterhorn

027pi Foto: sg

Durchschnittliche Temperaturen in °C

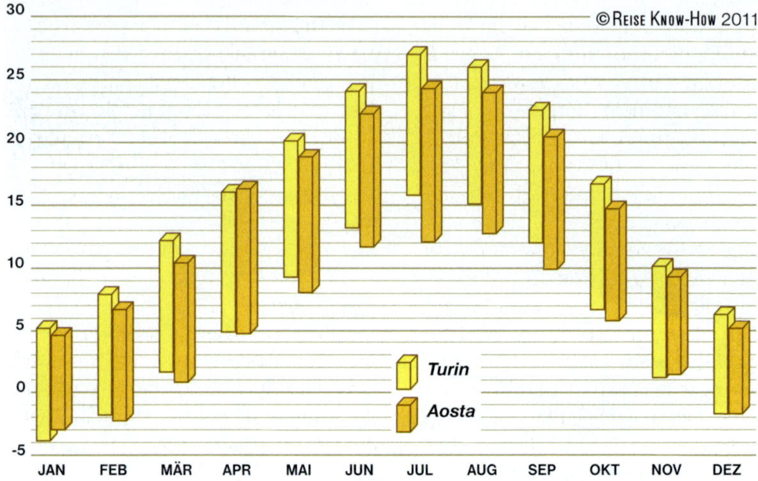

Die Berge schützen die Ufer des **Lago Maggiore** vor den kalten Winden aus dem Norden, und die Wassermengen verhindern allzu große jährliche Temperaturschwankungen, was eine für diese mitteleuropäische subalpine Landschaft ungewohnt südländische Vegetation begünstigt. Bereisen kann man den See das ganze Jahr über. Im Winter regnet es zwar häufiger, aber das Thermometer sinkt selten unter 10 C° und kann bei stabilem Hochdruckwetter schnell ansteigen.

Im Hügelland des **Monferrato** und der **Langhe** ist die beste Reisezeit der Frühling oder der Herbst. Weinlese, Trüffelzeit und die zahlreichen Volksfeste ziehen die meisten Besucher an.

Natur und Umwelt

Über 40 Prozent der Gesamtfläche des Piemont ist durch die **Alpen** geprägt. Die in diesen Gebieten vorherrschende Pflanzen- und Tierwelt ist vergleichbar mit anderen europäischen Regionen des Alpenbogens.

Bis auf eine Höhe von 800 m gehören Kastanienbäume zum typischen Landschaftsbild. Sie gehen in Mischwälder über und werden in höheren Lagen von Fichten, Kiefern und Lärchen abgelöst. Rhododendren, Wacholder, Heidelbeeren, Alpenrosen, Erika, Lilien, Narzissen und Orchideen verleihen den Gebirgshängen im späten Frühjahr und Frühsommer ein prächtiges, farbenfrohes Aussehen; sie stehen alle unter Naturschutz. Besondere Erwähnung verdienen einige der **nur im Piemont und im Aosta-Tal vorkommenden Pflanzenarten** wie die Felsenprimeln, Bergnelken, Hauswurz, Steinbrechgewächse und in Höhen über 3000 Meter der seltene Gletscher-Hahnenfuß und der Kurzblatt-Enzian.

In den Niederungen nimmt die **mediterrane Vegetation** am Westufer des Lago Maggiore und am benachbarten Lago d'Orta im nördlichsten Zipfel des Piemonts eine Ausnahmestellung ein. Bedingt durch ein sehr mildes Klima wachsen hier in subalpiner Landschaft neben Palmen und Zitrusfrüchten Mimosen, Kamelien, Azaleen, Ginster, Oleander, Jasmin und Bougainvilleen. Sie gehören allerdings nicht zur spontanen Flora, sondern wurden überwiegend im 19. Jh. importiert, als sich die ersten englischen Touristen an den Seeufern Ferienvillen erbauten und prachtvolle Gärten und Parklandschaften anlegten.

Die Hügellandschaften und die Po-Ebene werden seit Jahrhunderten kultiviert, und so kommen nur noch sehr wenige wild wachsende Pflanzenarten vor. Während im Hügelland vor allem Wein- und Obstbau vorherrscht, wird in der Po-Ebene intensiv **Reis** angebaut. Die größten Reisfelder Europas liegen in den Provinzen von Vercelli und Novara. Durch Zunahme von Landwirten, die auf **biologische Anbauweise** umstellen, ging in den letzten Jahren die Belastung der Böden durch Herbizide, Pestizide und Überdüngung zurück, wodurch sich auch die **Tierwelt** wieder erholen konnte.

Die **Reiher** auf den Feldern sind wieder zu einem alltäglichen Bild geworden. Einer privaten Aufzuchtstation in Racconigi ist es gelungen, eine Population von **Störchen** anzusiedeln. Durch die Jagd sind die **Zugvögel** im industriellen Norditalien so gut wie ausgestorben.

Ungefähr 13 Prozent des gesamten Territoriums stehen heute unter **Naturschutz.** Den größten Anteil nehmen die beiden großen **Nationalparks** Gran Paradiso und Valgrande ein. Der Parco Nazionale Gran Paradiso wurde als erster italienischer Nationalpark 1922 zum Erhalt der **Steinböcke** eingerichtet. Neben diesen Tieren verdienen Gämsen, Murmeltiere und Adler besondere Erwähnung.

Geschichte

Römerzeit

Nachweislich besiedeln ab dem 7. Jh. v. Chr. die **Ligurer** den größten Teil des westlichen Oberitalien. Über den Großen Sankt Bernhard gelangen ab dem 5. Jh. v. Chr. die in Mitteleuropa bedrohten **Kelten** in die Po-Ebene und verdrängen die Ligurer südwärts bis zu den Bergen und Küsten am Mittelmeer. Diese Region trägt heute den Namen Ligurien.

Wo sich heute Turin am Fuße der Westalpen an der Mündung der Dora Riparia in den Po ausbreitet, siedelt der keltische Stamm der **Tauriner,** in den unwegsamen Tälern des Aosta-Tals die keltischen **Salasser.** Als die Römer Ende des 3. Jh. v. Chr. mit ihren Eroberungszügen im Norden Italiens beginnen, sehen sie sich dem Widerstand dieser Stämme ausgesetzt.

Um einem römischen Angriff auf Spanien zuvorzukommen, zieht **Hannibal** im Zweiten Punischen Krieg mit einem großen karthagischen Heer und 37 Kriegselefanten etwa zeitgleich (218–201 v. Chr.) über einen heute nicht mehr genau zu bestimmenden Pass der Alpen und gelangt durch das Gebiet der Salasser nach Aosta und Ivrea. Von hier aus bedroht er das Römische Reich. Erst mit dem Ende der Punischen Kriege erobert Rom Norditalien. Als **römische Provinz Gallia Cisalpina** („Gallien diesseits der Alpen") wird praktisch das gesamte heutige Norditalien romanisiert.

Am westlichen Alpenrand ziehen sich die Auseinandersetzungen mit den Taurinern und Salassern noch bis ins späte 1. Jh. v. Chr. hin. Im Lauf seiner wechselvollen Geschichte wird das Aosta-Tal immer wieder Durchzugsgebiet von Heeren. Obwohl bereits 58 v. Chr. ganz Gallien unterworfen ist, gelingt es den Römern erst 25 v. Chr., nach jahrelangen Kämpfen gegen die Salasser, das Tal zu erobern und die beiden Alpenpässe des Großen und Kleinen St. Bernhard unter ihre Kontrolle zu bringen. Noch im selben Jahr gründet **Augustus** als sichtbares Zeichen römischer Macht am Zusammenfluss der Dora und Buthier die Festungsstadt Augusta Praetoria.

034pi Foto: sg

28 v. Chr. folgt die Gründung von **Augusta Taurinorum** (Turin).

Mehr als **300 Jahre römischer Herrschaft** prägten die Bergregion nachhaltig. Das heutige Aosta besitzt eine der am besten erhaltenen römischen Stadtanlagen Europas mit Triumphbogen, Mauern, Torbauten und Theaterruinen.

Die Völkerwanderung

Nach 375 n. Chr. beginnt mit dem Einbruch der **Hunnen** in Europa die Zeit der Völkerwanderung. Im Jahr 395 folgt die **Trennung in West- und Oströmisches Reich** und 476 das Ende des Weströmischen Reiches.

Als entscheidende neue Macht unterwerfen die **Langobarden** 568 ganz Oberitalien und bestimmen hier für zwei Jahrhunderte die Geschichte. Als nach 680 die Langobarden ihren Blick gegen Rom richten, ruft der Kirchenstaat die Franken zu Hilfe. **Karl der Große** dringt 773 über das Susa-Tal und Turin bis in die Po-Ebene vor, erobert 774 Pavia, Residenz der Langobarden, und entthronisiert den letzten Langobardenkönig *Desiderius.* Der Nordteil des Langobardenreiches wird ins Reich der Franken eingegliedert.

Im äußersten Nordwesten gelingt es 950 dem Markgrafen *Berengar von Ivrea* und 1002 seinem Nachfolger *Arduin,* sich als **Könige von Italien** krönen zu lassen; sie beenden damit die Herrschaft der karolingischen Könige.

Gut erhaltenes Relikt der Römerzeit: das Teatro Romano in Aosta

Wiederum ruft der Papst die deutschen Könige zu Hilfe und verhindert die Bildung einer Zentralmacht.

Vom Mittelmeer aus ziehen die **Sarazenen** im 10. Jh. durch das Piemont, plündern die Städte, verwüsten die Landschaft und zerstören die alten Handelswege. Zum Schutz vor den Sarazenen entstanden in fast allen Ortschaften der Langhe und des südlichen Monferrato auf den gut zu verteidigenden Hügelspitzen **Burgen,** von denen heute meist nur noch Türme erhalten sind.

Der Aufstieg von Adel, Stadtrepubliken und Burgdörfern

Während sich das Land langsam erholt, entstehen im Piemont die großen Feudalherrschaften und vom Adel unabhängige Stadtrepubliken.

Nach dem Untergang des römischen Reiches war das strategisch wichtige Aosta-Tal unter **wechselnder Herrschaft** gewesen. 1033, als der letzte Burgunderkönig *Rudolf III.* ohne Erben stirbt und *Konrad II.* das Königreich Burgund mit Deutschland vereint, wird *Humbert I. Biancamano* („Weißhand"), ein Berater *Rudolfs,* vom deutschen Kaiser zum Grafen von Aosta ernannt. Mit *Biancomano* betreten erstmals die **Savoyer,** bislang unbedeutende Grafen aus dem französischen Gebirge, die politische Bühne, deren Herrschaft bis zur Geburt des Königreichs 1861 andauert.

Das Aosta-Tal ist das erste Gebiet südöstlich der Alpen, das die Savoyer, die späteren Könige von Italien, in

137pi Foto: sg

ihren Besitz bringen. Als Ergebnis einer geschickten Heiratspolitik herrscht ab 1097 *Humbert II.* über einen Flächenstaat auf beiden Seiten der Westalpen, der sich 800 Jahre später als Keimzelle des italienischen Nationalstaates erweisen wird. Doch noch liegt der Verwaltungssitz der Savoyer weit weg in Chambery, und dieses unzugängliche und in viele kleine Lehen unterteilte Gebiet zu beherrschen, ist ein schwieriges Unterfangen. So gelingt es dem Adel im Aosta-Tal, den Savoyern eine ganze Reihe von Freiheiten abzuringen, die 1191 in einem Freibrief, der **„Carta delle Franchigie“**, besiegelt wurden. Auf ihr beruht in der Folgezeit die feudale Gliederung der Region.

Eine der schönsten Landkirchen:
Santi Nazario e Celso
bei Montechiaro d'Asti

Neun Jahrhunderte lang, sieht man von den kurzfristigen französischen Besetzungen zwischen dem 17. und 18. Jh. und während der Napoleonischen Kriege ab, ist das Aosta-Tal eng mit dem Schicksal der Fürsten des Hauses Savoyen verknüpft. Die Savoyer respektieren den valdostanischen Sonderstatus, und so kommt es, dass auch nach Gründung eines einheitlichen **piemontesischen Zentralstaates** durch *Emanuele Filiberto* nach dem Frieden von Château-Cambrésis, 1559, das Tal seine politische Sonderstellung behalten kann.

Östlich der Grafschaft Savoyen entwickeln sich im 11. Jh. die Markgrafschaft von Monferrat und im Süden die Markgrafschaft von Saluzzo als beständige politische Kräfte. Zusammen bilden die drei mächtigen Feudalstaaten seit dem 12. Jh. ein Gebiet mit dem Namen **„Al pie de monti“.**

Auslöser für den Aufstieg der bürgerlich regierten Stadtstaaten war der **Investiturstreit.** Zwischen 1075 und 1122 stritten Papst und König um die Einsetzung (Investitur) von Bischöfen und Äbten, was sich zum grundsätzlichen Konflikt zwischen geistlicher und weltlicher Macht auswuchs. Vor dem Streit wurden Bischöfe und Äbte von den Landesherren eingesetzt, danach ging die Investitur auf den Papst über. Die Bischöfe hatten keinen militärischen Schutz mehr und wurden vom Handelsbürgertum entmachtet, welches wiederum mit dem Adel zankte.

Gegen das immer stärker werdende Übergewicht der freien Kommunen erlässt **Friedrich I. Barbarossa** 1154 die Aufforderung an die Kommunen, „die kaiserlichen Rechte zu achten", und zieht nach Italien mit der Absicht, die unumstrittene Herrschaft über Italien zu sichern, insbesondere über die lombardischen Städte. Auch im Piemont werden mehrere Städte belagert und zerstört. Als Gegengewicht zur staufischen Macht schließen sich 1167 die oberitalienischen Städte zum **Lombardischen Städtebund** zusammen. *Barbarossa* wird 1176 bei Legnano geschlagen und muss den Städten im Frieden von Konstanz weitgehende Autonomie zugestehen. In der Folge erleben die Städte Oberitaliens einen gewaltigen Aufschwung.

Nicht so im Piemont. Die Städte müssen sich gegen immer noch sehr starke **Feudalherren** behaupten, die wiederum versuchen, sich untereinander die Macht streitig zu machen. Innerhalb der Städte liefern sich die verfeindeten Familien aus den Parteien der papsttreuen **Guelfen** und kaisertreuen **Ghibellinen** zwischen dem 12. und 14. Jh. Straßenschlachten und errichten festungsähnliche Wohntürme, die so genannten Geschlechtertürme, wie sie heute noch in Asti und Alba zu sehen sind.

Unter den lang anhaltenden Kämpfen mit den Feudalherren hat vor allem die Landbevölkerung zu leiden. Dörfer werden zerstört, ganze Landstriche verwüstet und entvölkert. Beide Parteien, auf der einen Seite der Landadel, auf der anderen Seite die freien Städte, gründen neue, befestigte Orte, die sogenannten **borghi franchi.** Von diesen Dörfern zeugen heute nur noch die wunderschönen romanischen Pfarrkirchen auf den Hügelkuppen (⇗„Im Herzen des Piemont").

Die Auseinandersetzungen zwischen Guelfen und Ghibellinen bestimmten in ganz Italien die Politik der Städte. Während die lombardischen Städte durch diese inneren Rivalitätskämpfe geschwächt werden, baut das Haus Savoyen verhältnismäßig ruhig das Land am Fuß der Berge zu einem stabilen **Feudal- und Militärstaat** aus. In den Burgen des Aosta-Tals und Piemonts hält die höfische **Gotik** ihren Einzug.

Durch Eingliederung Nizzas 1388 erhält auch Savoyen Zugang zum Meer. Unter **Graf Amedeo VIII.** kommen Biella, Vercelli und Domodóssola, ehemals lombardisches Gebiet der Herzöge von Visconti, hinzu, und 1416 erhebt *Kaiser Sigismund Amedeo VIII.* in den Rang eines Herzogs, ranggleich mit den Visconti. *Amedeo VIII.* gelingt damit die dauerhafte Festigung seiner Hausmacht.

In der Po-Ebene entwickelt sich bis Mitte des 15. Jh. die für diese Gegend charakteristische **Backsteingotik** sakraler und profaner Architektur, verbunden mit einer besonders virtuosen Form der europäischen Bauplastik, der **Terrakottadekoration,** die erst in der Renaissance ihren Abschluss findet.

Ab dem Jahr 1494 wird Oberitalien Kriegsschauplatz zwischen dem spanischen **Habsburg** und **Frankreich** und Piemont mehr als 50 Jahre lang zum Kriegsschauplatz durchziehender Heere.

In der zweiten Hälfte des 16. Jh. entstehen auf Betreiben des Mailänder Bischofs *Carlo Borromeo* auch im Piemont zahlreiche **Wallfahrtsstätten,** die Sacri Monti, als Reaktion gegen den aufkeimenden Protestantismus, den die katholische Kirche mit allen Mitteln bekämpft.

Der aus dem Valsésia stammende **Gaudenzio Ferrari** (1475–1546) gilt als der bedeutendste Maler der Hochrenaissance im Piemont und in der Lombardei (⇗„Varallo“).

Die Savoyer in Turin

Nach der Vertreibung der Franzosen 1559 fällt Piemont im Frieden von Cateau-Cambrésis wieder an die Savoyer, ein Herrscherhaus, das ursprünglich nur über ein kleines Gebiet in den Alpen regierte. Geschickt wussten sie ihre militärischen Fähigkeiten zu nutzen und errichteten einen mittelgroßen europäischen Staat, das spätere Königreich Sardinien-Piemont. Weitsichtig und mit Hinblick auf den Ausbau des cisalpinen Savoyerstaates verlegt *Emanuele Filiberto* 1563 die **Hauptstadt** des Herzogtums von Chambery nach **Turin.**

1588 tauscht *Carlo Emanuele I.* mit Frankreich das Gebiet zwischen Genf und Lyon gegen die Markgrafschaft Saluzzo. In wechselnden Bündnissen wird das Piemont zum Zankapfel zwischen Frankreich und Habsburg. Als Turin im **Spanischen Erbfolgekrieg** (1701–1714) von Frankreich besetzt wird, verbünden sich die Savoyer erfolgreich mit den österreichischen Habsburgern. Die Lombardei fällt an die Habsburger, und der Bündnispartner, **Vittorio Amedeo II. von Savoyen,** erhält das Monferrato, Alessandria und die Königskrone Siziliens, die er 1718 gegen das bis dahin österreichische Sardinien tauscht. Unter *Vittorio Amedeo II.* wird Turin 1720 zur Hauptstadt des **Königreichs Sardinien-Piemont.** Er beauftragt die Baumeister *Guarino Guarini, Filippo Juvarra* und *Bernardo Vittone* mit dem Ausbau der barocken Residenzstadt, heute eine der prächtigsten Barockmetropolen Europas.

Im Winter 1800 nützt **Napoleon Bonaparte** überraschend den Weg über den Sankt-Bernhard-Pass für seinen Feldzug gegen die Österreicher, die er im piemontesischen Marengo bei Alessandria in einer Schlacht besiegt.

Nach dem napoleonischen Intermezzo einer Cisalpinischen Republik werden auf dem **Wiener Kongress** (1815) wieder die alten Machtverhältnisse hergestellt. Österreich wird die Lombardei und Venetien wieder zugesprochen, und *Vittorio Emanuele I.,* unter der Schutzmacht der österreichischen Habsburger, zieht triumphal wieder in Turin ein.

Das Zeitalter des Risorgimento

Nach dem Wiener Kongress setzt in ganz Italien die **nationale Einigungsbewegung** ein, seit 1847 nach der Turiner Zeitung „Il Risorgimento“ („Wiedererhebung") genannt. Die nationalen **Unabhängigkeitsbestrebungen** werden durch die aufklärerischen Reformen im 18. Jh. und durch das Gedankengut der Französischen Revolution ausgelöst. Noch unter der Herrschaft *Napoleons* waren im ganzen Land geheime politische Gesellschaften entstanden, die so genannten **Carbonari** („Köhler"), die für nationale und liberale Ideen kämpften. Überall in Italien kommt es nun zu Aufständen, die von den Österreichern brutal niedergeschlagen werden. Die Carbonari üben auf die spanische Revolution 1820, die französische Julirevolution 1830 und die 1848er Revolution, die außer in England und Russland in allen europäischen Staaten stattfindet, großen Einfluss aus.

Wichtigstes **Ziel** des Risorgimento ist die Beseitigung der Fremdherrschaft und die Vereinigung der zahlreichen italienischen Fürstentümer zu einer politischen Einheit.

Als die liberalen Strömungen in Italien immer mehr an Einfluss gewinnen, beginnt *Großherzog Leopold II.* 1846 den Dialog mit den gemäßigt-liberalen Kräften. Unter dem Druck Englands und der Bevölkerung muss *Leopold* im Revolutionsjahr 1848 die **neue Verfassung einer konstitutionellen Monarchie** verkünden. Mit diesem Zugeständnis begnügen sich die Republikaner und Demokraten nicht. Noch im selben Jahr zwingen zahlreiche **Aufstände** gegen die habsburgische Fremdherrschaft *Leopold* zur Flucht nach Gaeta, nordwestlich Neapels. Doch dieser Erfolg ist nur von kurzer Dauer. Österreichische Truppen *Kaiser Franz Josephs I.* unter dem Feldherrn *Radetzky* schlagen die Revolution nieder, *Großherzog Leopold* kehrt zurück und löst die ihm aufgezwungene Verfassung wieder auf.

004pi Foto: sg

Die Jahre 1848 und 1849 sind von zahlreichen politischen und sozialen **Kämpfen** geprägt, die alle mit einer Niederlage enden.

Einer der führenden Politiker des Risorgimento ist der aus der Langhe stammende **Camillo Graf Benso di Cavour.** Als nüchterner Realist zieht der seit 1852 amtierende Ministerpräsident aus den politischen Fehlschlägen der Jahre 1848 und 1849 die Kon-

Wichtige Figur des Risorgimento:
Camillo Graf Benso di Cavour

sequenzen und stellt ein gänzlich neues Programm zur Realisierung einer nationalen Einigung auf: Verzicht auf einen revolutionären Umsturz, Abbau des Absolutismus, Befreiung mit auswärtiger Hilfe und Sammlung aller Patrioten gegen Österreich. Parallel dazu stärkt er die Wirtschaft seines Landes. Seine Freihandelspolitik und Reformen im Bereich der Justiz und Kirchengesetzgebung machen das Königreich zu einem liberalen Musterland. Unter der Regierung *Vittorio Emanuele II.* (1849–1878) bereitet *Graf Cavour* durch Bündnispolitik mit den Westmächten, vor allem mit Frankreich, die Voraussetzungen für die **Vertreibung Österreichs** vor. Das Ziel ist die Errichtung einer italienischen Monarchie unter der Führung Piemonts.

Der **Italienische Einigungskrieg** von 1859 führt mit Hilfe französischer Truppen zu einer Niederlage der Österreicher. Doch wieder einmal entscheiden fremde Mächte über die Geschicke Italiens. Entgegen den Versprechungen *Napoleons III.* bleibt Venetien bei Österreich, Piemont erhält nur im Tausch gegen Nizza und Savoyen die Lombardei.

1861 erfolgt der Anschluss Liguriens an das neue italienische Königreich unter der Regierung **Vittorio Emanuele II.**

Von 1865 bis 1870 ist **Florenz** Hauptstadt des neuen Staates. Seine heutigen **Grenzen** erhält Italien aber erst nach der Befreiung Venetiens 1866 und der Besetzung des Kirchenstaates 1870. **Rom** wird 1871 neue Hauptstadt. Nur der Vatikanstaat, der unter der Hoheit des Papstes steht und mit 0,44 Quadratkilometern der kleinste Staat der Welt ist, bleibt weiterhin selbstständig.

Das Königreich Italien

Mit der Einigung entwickelt sich in Italien ein deutliches **Nord-Süd-Gefälle.** Die sozialen und wirtschaftlichen Gegensätze zwischen dem reichen Norden und dem armen Süden („Mezzogiorno" genannt) treten offen zutage. In kürzester Zeit gelingt dem Piemont, wie dem gesamten Norden Italiens, der Anschluss an das Industriezeitalter.

Der landwirtschaftlich geprägte Süden hingegen entwickelt sich zum Armenhaus Italiens, woran sich bis heute nicht viel geändert hat. Anstatt die Missstände zu beseitigen und den Schwerpunkt auf die brennenden Fragen der Innenpolitik zu legen, schließt sich die Regierung unter *König Umberto I.* (1878–1900) einer auf Eroberung von Kolonialgebieten ausgerichteten europäischen Großmachtpolitik an.

Gegen Ende des 19. Jh. lösen die innenpolitischen Probleme in ganz Italien eine große **Auswanderungswelle** in die USA und nach Tunesien aus. Nach der französischen Besetzung von Tunis schließt Italien 1882 ein Bündnis mit Deutschland und Österreich-Ungarn, von dem sich das Land aber durch ein geheimes Neutralitätsabkommen mit Frankreich 1902 löst. Bei Ausbruch des Ersten Weltkrieges wird die **Neutralität** erklärt.

1915 verpflichtet sich Italien in London gegenüber Großbritannien, Frankreich und Russland, in den Krieg gegen Deutschland und Österreich einzutreten. Die **Kriegserklärung** an Österreich-Ungarn erfolgt am 23. Mai 1915, die an das Deutsche Reich erst am 28. August 1916.

Die Zeit des Faschismus

Die Kriegslasten und die nationale Enttäuschung über diesen „verstümmelten Sieg" sind der ideale Nährboden für eine neue politische Ideologie, den Faschismus (ital. *fascismo*). Die liberale italienische Führung ist dieser politischen Krise nicht gewachsen. Armut und Arbeitslosigkeit begünstigen die wachsende Radikalisierung.

Die Bezeichnung Faschismus leitet sich vom lateinischen *fascis* (Rutenbündel) her. Ursprünglich galt es als Symbol revolutionärer Bewegungen während der Französischen Revolution und der italienischen Einigungsbewegung. **Benito Mussolini** greift den Begriff wieder auf und nennt seine Kampfbünde „fasci di combattimento". 1919 erhält die von *Mussolini* gegründete Bewegung den Namen „fascismo". Die Faschisten errichten von 1922 bis 1945 einen nationalistisch-autoritären Staat. Über Italien hinaus wird der Faschismus zum Inbegriff eines totalitären Herrschaftssystems mit „Führerprinzip".

1922 ist Rapallo Schauplatz der **Friedensverhandlungen** zwischen Russland und Deutschland. Nach dem „Marsch auf Rom" im Oktober 1922 wird *Mussolini* mit der Regierungsbildung beauftragt. In Etappen vollzieht sich der Aufbau des faschistischen Regimes.

Mussolini erzielt durch die Lösung der „Romfrage", bei der es um die Klärung der päpstlichen Gebietsansprüche geht, und durch die erfolgreiche Bekämpfung einer Wirtschaftskrise in den Jahren 1930/31, eine **innenpolitische Stabilisierung.** Von 1870 bis zur Unterzeichnung der Lateranverträge, 1929, durfte kein Papst das Gebiet des Vatikans verlassen. *Mussolini* gewährt *Papst Pius XI.* etliche Privilegien. Wichtigste Punkte sind die Zusicherung einer souveränen Vatikanstadt. Der **Katholizismus** wird zur **Staatsreligion** erklärt.

Die offene Expansionspolitik der Faschisten führt zu einer Annäherung an die Politik *Adolf Hitlers* und letztendlich zum **deutsch-italienischen Vertrag** (1936). Er begründet die antikommunistische „Achse Berlin – Rom". Der Eintritt Italiens in den Zweiten Weltkrieg (1940) ist somit automatisch besiegelt.

Im Verlauf des Krieges verliert die faschistische Regierung in der Bevölkerung zunehmend an Einfluss. Nach der Landung britischer und amerikanischer Streitkräfte 1943 in Sizilien wird *Mussolini* vom Großen Faschistischen Rat und dem König **gestürzt.** Das Regime bricht zusammen, der „Duce" am 25. Juli **inhaftiert.**

Die neue Regierung unter *Pietro Badoglio* schließt am 3. September 1943 auf Sizilien einen **Waffenstillstand** mit den Alliierten. Als Gegenmaßnahme besetzen deutsche Truppen Rom. Die italienische Armee und die Truppenteile in der Ägäis und auf dem Balkan werden entwaffnet und gefangengenommen, *Mussolini* von der SS befreit. Die Regierung Badoglio und die königliche Familie flüchten zu den Alliierten. Von hier aus erfolgt die **Kriegserklärung an Deutschland.**

Mussolini schwenkt auf einen republikanisch-sozialistischen Kurs um und gründet mit deutscher Unterstützung in Salò am Gardasee eine Gegenregierung, die **„Repubblica Sociale Italiana"** (Soziale Republik Italien).

Während der Süden von den Alliierten beherrscht wird, regieren im Norden die italienischen und deutschen Faschisten. **Partisanen** *(Resistenza),* darunter auch zahlreiche ligurische Gruppen, unterstützen die Alliierten hinter der deutschen Front. Bis April 1945 kämpfen die Partisanen gegen die Wehrmacht und die SS, die zur Vergeltung wahre Massaker unter der Zivilbevölkerung anrichten. Mit der Gefangennahme und dem **Tod Mussolinis** endet im April 1945 der Faschismus Italiens.

Die „Erste Republik"

Als regionale Besonderheit hat sich im **Aosta-Tal** bis heute die **französische Sprache** erhalten. Der Kampf um ihre Erhaltung ist ein wichtiger Teil der Geschichte bis nach dem Zweiten Weltkrieg. Neben der Einführung der italienischen Sprache setzt der zentralistisch ausgerichtete italienische Staat alles daran, das Französische abzuschaffen, was in der Zeit des Faschismus in der völligen **Unterdrückung der Sprache** gipfelt. Die französischen Ortsnamen werden italianisiert, so wird beispielsweise La Thuile in Porta Littoria umbenannt.

Nach dem Sturz der faschistischen Diktatur entsteht im Aosta-Tal, ähnlich wie in Südtirol, eine starke **separatistische Bewegung,** die abwechselnd den Anschluss an Frankreich oder einen Autonomiestatus innerhalb der neu zu gründenden italienischen Republik anstrebt.

Im Februar 1948 wird das **Selbstbestimmungsgesetz** im italienischen Parlament verabschiedet und das kleine Aosta-Tal, kaum größer als eine italienische Provinz, erhält den Status einer eigenständigen Region mit beschränkter Autonomie und einem eigenen Parlament. Finanzautonomie und eine eigene Steuerhoheit sind der Grund dafür, weshalb das Aosta-Tal heute zu den **reichsten Regionen Italiens** zählt.

Mit der Ausrufung der **italienischen Republik** 1946 wird das Königshaus Savoyen abgesetzt. In einem Referendum entscheidet sich das italienische Volk 1946 mit knapper Mehrheit für die **Abschaffung der Monarchie.** *König Umberto II.* geht noch im gleichen Jahr ins Exil. Erst vor wenigen Jahren durften die Nachfahren der piemontesischen Könige wieder italienischen Boden betreten.

Nach Kriegsende sitzt Italien 1947 zwar bei den Friedensverträgen in Pa-

Zur Zeit des Faschismus wurden im Aosta-Tal französische Ortsnamen italianisiert (im Bild: Cogne)

136pi Foto: sg

ris als Überläufer auf der Seite der Sieger, muss aber den Dodekanes, eine Inselgruppe im Ägäischen Meer, an Griechenland und Istrien und Triest an Jugoslawien abtreten. Darüber hinaus verzichtet Italien auf alle Kolonien.

1948 tritt die **erste republikanische Verfassung** in Kraft. Bei den ersten Parlamentswahlen siegt mit großer Mehrheit die aus der ehemaligen katholischen Volkspartei hervorgegangene **Democrazia Cristiana** (Christdemokraten). Von 1948 bis 2001 erlebte Italien nicht weniger als 59 Regierungswechsel.

Immer wieder gelingt es der DC, entweder als Minderheitsregierung oder mit wechselnden Koalitionspartnern, an der Regierung zu bleiben. Die **Kommunisten** sind bis 1992 als zweitstärkste Fraktion in der Opposition.

Einer auf die Westmächte ausgerichteten Außenpolitik und der Zugehörigkeit zur EG verdankt Italien den Aufstieg zu einer relativ stabilen westlichen **Industrienation.** In wenigen Jahrzehnten steigt ein vom Krieg geschädigtes Agrarland zu einer Wohlstandsnation auf. 1987 übersteigt das **Pro-Kopf-Einkommen** das der Engländer.

Das Problem des wirtschaftlichen und sozialen Nord-Süd-Gefälles wird auch während der langen Amtsperiode der „Ersten Republik" nicht gelöst. Zwischen 1950 und 1970 wandern über zwei Millionen **Fremdarbeiter** aus Süditalien in die Industriegebiete im Norden und ins Ausland ab.

1969 erfasst die **Studentenbewegung** auch Italien. In Turin kommt es zu blutigen Aufständen, in deren Folge die Roten Brigaden *(Brigate Rosse)* entstehen, die bis in die 1980er Jahre politisch motivierte Anschläge ausführen.

In den 1980er Jahren beginnen in Italien die Mammut-Prozesse gegen die **Mafia.** Eine Schmiergeldaffäre nach der anderen wird aufgedeckt, die jahrzehntelang verfilzte und korrupte Parteienherrschaft *(partitocrazia)* gerät ins Wanken. Nicht nur Industriebosse, sondern auch zahlreiche Politiker sitzen auf der Anklagebank.

Die Wahlen 1992 führen noch keinen politischen Umbruch herbei. Allerdings macht sich eine deutliche Schwächung aller großen traditionellen Parteien und eine knappe Mehrheit der Christdemokraten bemerkbar. Über Jahrzehnte hinweg hat sich die Bevölkerung an die öffentlichen Missstände gewöhnt und gelernt, sich damit zu arrangieren. Ein deutliches Zeichen für die wachsende **Politikverdrossenheit** der Italiener ist der plötzliche Erfolg der **Lega Nord,** die im Piemont eine Hochburg findet. Bis heute vertritt die Lega Nord die Ablösung von der korrupten Politik Roms und die Loslösung vom subventionsbedürftigen Süden.

Wirklich schockiert und entsetzt ist die Bevölkerung erst, als die **kriminellen Machenschaften** der obersten politischen Spitze (Regierungschef *Giulio Andreotti*) ans Licht kommen. Die Herrschaft der etablierten, alten Parteien ist 1993 endgültig beendet.

Aktuelle Politik

Die „Zweite Republik“

Nach einer fast 50-jährigen Machtausübung wird bei Neuwahlen im März 1994 die gesamte politische Elite und das bestehende Parteiensystem abgelöst. Die alten Parteien taufen sich um und neue Bewegungen entstehen. Die **Forza Italia,** vom Rechtspopulisten **Silvio Berlusconi** gegründet, geht als Wahlsiegerin hervor.

Interne Querelen zwischen der Lega Nord und der Alleanza Nazionale führen im Dezember 1994 zu einem Ausscheren der Lega Nord. *Belusconi* muss abtreten.

Vorübergehend wird Mitte Januar 1995 eine **neue Regierung** eingesetzt, um die dringendsten Aufgaben, etwa die Sanierung des maroden Staatshaushaltes, Steuer- und Rentensystemreform in Angriff zu nehmen. An der Spitze der Interimsregierung steht bis Januar 1996 **Lamberto Dini.** Trotz der schwierigen politischen Situation erreicht die Regierung Dini Konsolidierung und Anerkennung im Ausland.

Am 21./28. April 1996 finden in Italien **Neuwahlen** statt. Die Regierung besteht aus einer Mitte-Links-Koalition („Ulivo“) unter **Romano Prodi.**

Nach fast zweieinhalbjähriger Regierungszeit tritt *Prodi,* der in seiner Amtszeit durch drastische Sparmaßnahmen den Eintritt Italiens in die Europäische Währungsunion erreicht hatte, am 9. Oktober 1998 vom Amt des Regierungschefs zurück. Der Sekretär der Neokommunistischen Partei Rifonda-

Berlusconi zum Dritten

Mitte der 1970er Jahre steigt der ehemalige Bauunternehmer Berlusconi (geb. 1936) aus Mailand in das italienische Privatfernsehen ein – der Anfang einer steilen Karriere. Mittlerweile gehört zu seiner FININVEST-Konzerngruppe ein schier undurchschaubares Netz an Unternehmungen. Darunter sind drei landesweite und mehrere lokale TV-Kanäle, einige der wichtigsten Verlage, verschiedene Tageszeitungen, Magazine, Sportvereine, der Fußballclub AC Mailand, Versicherungen, Kinos, Supermarktketten und mehrere Film- und Fernsehproduktionen.

Als sich im Spätherbst 1993 das Ende der *Ersten Republik* abzeichnet, bereitet Silvio Berlusconi seinen Einstieg in die **Politik** vor. Als politische Alternative zu den Altparteien gründet er im Januar 1994 die Bewegung **Forza Italia** (Vorwärts Italien). Die autokratisch geführte Privatpartei besitzt bis heute keine nennenswerten Strukturen und kein konkretes Wahlprogramm. Die politischen Aussagen der neuen Bewegung werden auf die Erwartungen der Wähler zugeschnitten, die Berlusconi mit Einsatz seines Medienimperiums selbst erst schafft – Populismus in Vollendung. Nach nur drei Monaten und mit Hilfe der Bündnispartner **Lega Nord** und der neofaschistischen Partei **Alleanza Nazionale** gewinnt Silvio Berlusconi mit absoluter Mehrheit die Neuwahlen zur Kammer 1994 und steigt zum Regierungschef auf. Sein Ansehen bekommt einen ersten Knacks, als bei den Ermittlungen gegen die Mafia eine Schmiergeldaffäre, in die der Bruder von Berlusconi verwickelt ist, ans Licht kommt, der ebenfalls an FININVEST beteiligt ist. Wegen Differenzen im Parteienbündnis muss Berlusconi schon im Dezember 1994 zurücktreten. Doch wie ein Stehaufmännchen kehrt er immer wieder auf die politische Bühne zurück. Von 2001 bis 2006 und seit April 2008 wird Italien wieder von einem Ministerpräsidenten regiert, der bereits mehrmals wegen Steuerbetrug, Bilanzfälschung, Korruption und Geldwäsche angeklagt war, dem es aber immer wieder gelang, seinen Kopf aus der Schlinge zu ziehen, sei es durch Freisprüche aus Mangel an Beweisen, durch Verjährung oder Anklagen, die aufgrund neuer von der Regierung Berlusconi verabschiedeter Gesetze keinen Tatbestand mehr erfüllen. In den Augen vieler Wähler Kavaliersdelikte. Eine Haltung, die angesichts der Tatsache, dass unter den ‚Vertretern des Volkes' im italienischen Parlament zahlreiche vorbestrafte Parlamentarier sitzen, nicht verwundert. Silvio Berlusconis Privatvermögen hat sich seit 1993 auf schätzungsweise 10 Milliarden Euro verdreifacht. Der Eintrag als **reichster Mann Italiens** ist ihm damit sicher. Doch laut eigenen Aussagen will Berlusconi als Staatsmann in die Geschichte eingehen. Mit seinem privaten Medienkonzern und seiner Macht über das staatliche Fernsehen, mit denen er 90 Prozent der italienischen Rundfunkmedien kontrolliert, wird ihm das wohl auch gelingen.

zione Comunista, **Fausto Bertinotti,** setzte bei seiner Partei einen Vertrauensantrag gegen *Prodi* durch und löste die **Regierungskrise** aus. *Prodi* scheitert bei dieser Vertrauensabstimmung mit nur knapp 312 zu 313 Stimmen.

Am 21. Oktober 1998 vereidigt Staatspräsident *Oscar Luigi Scalfaro* das neue Kabinett unter dem Vorsitzenden der Linksdemokraten *Massimo d'Alema.* Zur neuen Regierung gehören Mitglieder der Linksdemokraten, der Volkspartei, der Grünen, Rinovamento Italiano, der neu gegründeten Partei italienischer Kommunisten und der Demokratischen Union für die Republik, einer Koalition aus schwachen Kleinstparteien, die sich intern mehr bekriegen, als sich der Lösung von Sachfragen zu widmen.

Im Ausblick auf die Parlamentswahlen 2001 fungieren die **Regionalwahlen im Frühjahr 2000** als eindeutiges Politbarometer. Sie finden in 15 von insgesamt 20 Regionen statt. Dem neuen italienischen Mitte-Rechts-Bündnis mit Forza Italia, der postfaschistischen Alleanza Nazionale und populistischen Lega Nord unter Führung von *Silvio Berlusconi* gelingt es nicht nur, die drei bereits rechts regierten Regionen im Norden, Piemont, Lombardei und Veneto, zu behalten, sondern sie gewinnen auch die tradtionell links regierte Region Ligurien hinzu. *Berlusconi* weiß die Politikverdrossenheit der Bevölkerung medienwirksam auszunutzen und kehrt triumphal ins Zentrum des politischen Geschehens zurück.

Bei den Wahlen am 13. Mai 2001 geht das Mitte-Rechts-Bündnis von Berlusconi als klarer Sieger hervor.

Bei den Wahlen der **Regionalparlamente** in Piemont geht am 3./4. April 2005 die Präsidentschaftskandidatin des Mitte-Links-Bündnisses, *Mercedes Bresso,* als Siegerin hervor und löst den bisherigen Präsidenten *Enzo Ghigo* von Forza Italia ab.

Es zeichnet sich erstmals eine Trendwende ab. Doch trotz zahlreicher Skandale, Prozesse, Großsprecherei und nicht eingehaltener Wahlversprechen verliert *Silvio Berlusconi* bei den **Parlamentswahlen** am 9./10. April **2006** nur ganz knapp die Mehrheit. 44 Prozent aller Wähler stimmten immer noch für Forza Italia, für die postfaschistische Alleanza Nazionale und für die rechtspopulistisch-rassistische Lega Nord. Die neue Regierung wird vom Mitte-Links-Bündnis gestellt, Ministerpräsident wird erneut **Romano Prodi.** Die Regierungskoalition setzt sich aus fünfzehn verschiedenen Parteien mit unterschiedlichstem Wahlprogramm zusammen. Romano Prodi gelingt es nicht, sie in einem Mitte-Links-Bündnis zu einen und scheitert. Im Februar 2008 tritt die Mitte-Links-Koalition zurück. Bei Neuwahlen am 13./14. April 2008 geht ein deutlicher Rechtsruck quer durch alle Wählerschichten. In zwei Jahren Regierungszeit konnte Romano Prodi keine Veränderung herbeiführen, keines der von Berlusconi eingebrachten Gesetze konnte wieder rückgängig gemacht werden. Der gesamte linke Flügel erlebt eine katastrophale Wahlniederlage. Berlusconis neue Sammelpartei ‚Volk der Freiheit' erzielt sowohl im Abgeordnetenhaus als auch im Senat eine satte Mehrheit. Die kommunistischen Parteien schafften weder die Vierprozenthürde im Abgeordnetenhaus noch die Achtprozenthürde im Senat, zum ersten Mal seit 1945. Die Grünen sind ebenfalls nicht mehr im Parlament vertreten.

Jahrzehnte lang fungierten die vielen kleinen Parteien als Zünglein an der Waage und lösten Regierungskrisen und -neubildungen aus. Seit der Wahl 2008 sitzen sich nur noch 4 Fraktionen im Parlament gegenüber. Die beiden großen politischen Lager, Berlusconis *Popolo della Libertà* und Veltronis *Partito Democratico* gingen erstmals keine breiten Bündnisse ein. Durch eine 2005 von Berlusconi eingebrachte **Wahlrechtsreform,** erhält der Wahlsieger automatisch die Mehrheit von mindestens 340 der 630 Sitze in der Abgeordnetenkammer.

Am 7. April 2010 wird *Alberto Cota* von der Lega Nord zum Präsident des Regionalparlaments in Piemont gewählt. Im November 2010 löst der Rücktritt von 4 Kabinettsmitgliedern aus der Partei von *Gianfranco Fini,* FLI (ehemals Alleanza Nazionale), eine Regierungskrise aus. Bei einem Misstrauensvotum am 14. Dezember 2010 gewinnt Berlusconi, vermutlich durch Stimmenkauf, sowohl im Abgeordnetenhaus als auch im Senat erneut die Mehrheit.

Architektur und bildende Kunst

Piemont und Aosta-Tal gehören nicht zu den großen, für ihre reichen Kunstschätze bekannten Regionen Italiens. Wer in die zahlreichen Alpentäler, an die Seen im Norden oder in die Hügel der südlichen Langhe fährt, will vor allem die Natur und die hervorragende Gastronomie genießen. Während selbst kleinere oberitalienische Städte wie Siena, Ferrara und Urbino bereits für ihre Kunstschätze bekannt sind, fristet das Piemont in punkto Kunst noch immer ein Schattendasein. Unverdientermaßen, denn nicht nur die schöne Barockstadt Turin ist überaus reich an Kunstdenkmälern.

015pi Foto: sg

Römischer Straßenabschnitt in Donnas

Römisches Erbe

Gegen Ende des 3. Jh. v. Chr. begannen die Römer auf dem Weg nach Gallien den Norden Italiens zu erobern. Sie nutzten die günstige geografische Lage, durchzogen die Region mit militärisch nutzbaren **Straßen,** errichteten **Brücken** und **Viadukte** sowie **Festungsstädte** an den Zugängen zu den wichtigsten Alpentälern. Zur Verteidigung gegen die aus dem

Aosta-Tal in die Po-Ebene eindringenden Salasser entstand am nördlichen Rand der Po-Ebene 100 v. Chr. das Militärlager **Eporedia,** das heutige Ivrea. Unter dem Namen **Hasta** folgte 89 v. Chr. die Gründung der heutigen Stadt Asti. In **Susa,** kurz hinter den Alpenübergängen von Montgenèvre und Mont Cenis, verbündete sich der Keltenkönig *Cottius I.* mit Rom und erleichterte damit die Unterwerfung der Gallia Cisalpina. Ein **Triumphbogen** und die Überreste eines **Amphitheaters** sind in dem kleinen Provinzstädtchen heute noch zu sehen.

An einem wichtigen Knotenpunkt römischer Straßen in Richtung Gallien gründete *Augustus* 28 v. Chr. die römische Kolonie **Augusta Taurinorum.** Von der römischen Stadtbefestigung in **Turin** mit vier doppeltürmigen Toranlagen blieb die **Porta Palatina,** das nördliche Stadttor in Richtung Eporedia und Aosta-Tal, erhalten.

Am eindrücklichsten sind jedoch die Architekturzeugnisse der römischen Antike in **Aosta** und seinen Seitentälern. Zur Kontrolle der Alpenpässe Großer und Kleiner Sankt Bernhard entstand 25 v. Chr., nach dem endgültigen Sieg über die Salasser, die Festungsstadt **Augusta Praetoria.** Ein prächtiger **Triumphbogen,** die gewaltigen Torbauten und Ruinen des **Theaters** und die zum Teil noch erhaltenen **Stadtmauern** prägen heute noch das Stadtbild von Aosta.

Die Kultur und die technischen Errungenschaften der römischen Eroberer machte auch vor den tiefsten Alpentälern nicht Halt. Eines der interessantesten römischen Bauwerke liegt im abgelegenen **Cogne-Tal.** Im kleinen Weiler **Pondel** überspannt ein beeindruckender, ungefähr 50 Meter langer Bogen, gleichzeitig Brücke und Aquädukt, den Gebirgsbach Grand Eyvia. Er war Teil der antiken Straße von Aosta in Richtung Kleiner Sankt Bernhard.

Christliche Antike und Romanik

Zeugnisse aus der frühchristlichen Zeit sind nur sehr spärlich erhalten. Die Zerstörungen in der Zeit der Völkerwanderung, die wechselnde Herrschaft der Langobarden, Burgunder und Franken und schlussendlich die Einfälle der Sarazenen verwüsteten und entvölkerten das Land.

Bei Grabungen in **Aosta** entdeckte man in der Kirche von San Lorenzo die Gräber der ersten Bischöfe von Aosta. Weitere Gräber, Treppen, Fundamente, Mosaiken und Fußbodenbeläge einer frühchristlichen Basilika, errichtet auf einem römischen Gebäude aus dem 3. Jh., kamen bei Ausgrabungen unter der Kathedrale Santa Maria Assunta zum Vorschein. Beide Vorgängerkirchen stammen aus dem 5. Jh. In dieser Zeit entstand auch das Baptisterium von Novara. Unbekannt ist die interessante kleine Kirche **San Lorenzo in Settimo Vittone,** dessen Baptisterium auf das 8./9. Jh. zurückgeht.

Die berühmten Fresken von Sant'Orso in Aosta

Zeugnisse der **Malerei** werden in den Schatzkammern der Kathedralen von Aosta, Novara, Vercelli und Ivrea aufbewahrt. Die ältesten, mit Miniaturen ausgeschmückten **Codices** und **Manuskripte** besitzt das Domschatzmuseum von Vercelli. Der „Codex Vercellensis Evangeliorum" wird auf das 4. Jh. datiert. Besondere Erwähnung verdienen die erst im 20. Jh. in den Dachstühlen von Sant'Orso und der Kathedrale entdeckten spätottonischen **Fresken.**

Zahlreicher sind die Beispiele aus dem Bereich der dekorativen **Architekturplastik.** Kapitelle und Friese fanden in späteren Bauwerken, wie z.B. in der Kirche Santa Maria di Vezzolano und in den Krypten von Aosta und Asti eine neue Verwendung. Oft wurden diese so genannten **Spolien** nur aus praktischen Gründen, z.B. zur Stabilisierung des Mauerwerks, eingearbeitet, wie es beispielsweise im Kreuzgang des Doms Santa Maria Assunta von Novara, zu sehen ist.

Künstlerischer Höhepunkt im Dom von **Vercelli** ist ein großes ottonisches, mit getriebener Silberfolie bezogenes **Hohlkreuz.** Es entstand um das Jahr 1000 und beeindruckt durch die fein herausgearbeiteten Gesichtszüge der überlebensgroßen Christusfigur und die Reliefs an den Kreuzesenden.

Mittelalterliche Burgen

Nach der Vertreibung der Sarazenen lag das Land Ende des 10. Jh. völlig am Boden: Städte und Straßen waren zer-

030pi Foto: sg

stört, die Landschaften verwüstet und entvölkert. Während in anderen Regionen Oberitaliens der Landadel an Macht verlor und aufstrebende Städte sich zu mächtigen Republiken entwickelten, festigten sich hier die **feudalen Strukturen.** Während politisch und kulturell in der benachbarten Lombardei bereits die Städte den Ton angaben, hatten hier noch die unzähligen **Adelsfamilien** das Sagen. Machtzentren der vielen kleinen und großen Territorialstaaten waren die **Burgen,** von denen allein im Aosta-Tal heute noch mehr als 70 existieren.

Die Entwicklung von einer Wehr- zur Wohnburg lässt sich hier besonders gut beobachten. Am Anfang der Entwicklung stand der einfache **Turmbau,** wie er bereits seit der römischen Epoche bekannt war. Er diente nur zu Verteidigungszwecken. Eine neue wichtige Funktion erhielt der Turmbau im Mittelalter in Form der städtischen Geschlechtertürme.

Eine Vielzahl von Burgen, wie beispielsweise in Tour d'Héréraz, Graines, Châtel-Argent, Bard und Montjovet im Aosta-Tal, entstanden bereits im 11. Jh.

Aus reinen Wehrtürmen entwickelte sich vorrangig in Frankreich der so genannte **Donjon,** der auch im französisch beeinflussten Piemont seine Verbreitung fand. An der Burg von **Fénis,** die 1242 zum ersten Mal urkundlich erwähnt wird, machen sich diese Einflüsse deutlich bemerkbar. Wie bei vielen französischen Burgen, spielen die Türme auch in Fénis eine wichtige Rolle. Der große viereckige Donjon lag innerhalb der Ringmauer und außerhalb des Burgkerns und wurde vor dem Ausbau 1340 als Wohnturm genutzt.

Im 14. Jh. folgten die **Palas-Bauten.** Ein frühes Beispiel ist die Burg von **Us-**

186pi Foto: sg

sel bei Chatillon im Aosta-Tal, 1343 von *Ibleto di Challant* erbaut. Die ganze Anlage besteht nur aus einem hohen, langen Wohngebäude, dem Palas. Sie unterscheidet sich von den meisten Burgen im Tal durch die **fehlende Ringmauer.** Mit seinen drei Räumen auf jedem Stockwerk und den daran angeschlossenen Erkern ähnelt der Palas bereits einem Wohngebäude. Die glatten, fast fensterlosen Außenmauern und der hoch gelegene Standort auf einem felsigen Hügel boten genügend Schutz, sodass man auf die Ringmauer verzichtete. Abgesehen von dem quadratischen Innenhof, gleicht auch die Burg von **Verrès** einem Palas.

Diese Bauform wurde durch größere **vierflügelige Anlagen** ersetzt. Eine der frühesten Beispiele ist die Burg von **Ivrea,** ein quadratischer Backsteinbau mit vier runden Ecktürmen (ab 1358).

Nach der Einführung von Pulverwaffen im 15. Jh. nahm auch die Höhe der Türme ab. Als selbstständige Bauform kamen sie nur noch als **Geschlechtertürme** in den Städten vor. Die im Mittelalter befestigten Adelsstammsitze lösten sich in meist reich ausgestattete Residenzen der Landesherren oder mit Bastionen und Geschützanlagen versehene Festungen auf.

Welch großen Einfluss die Feudalherren auch noch in der Renaissancezeit ausübten, wird in den Schlössern von **Issogne** und **Manta** bei Saluzzo offensichtlich. Beide Wohnschlösser zeichnen sich durch ihre prächtige malerische Ausstattung aus. Humorvoll illustrieren die Fresken das höfische Leben der Ritterkultur.

Romanische Landkirchen

Der Aufschwung der Stadtrepubliken im 12. und 13. Jh. löste lang anhaltende Kämpfe mit dem Landadel aus. Zahlreiche Dörfer wurden zerstört, die Landbevölkerung in neue, befestigte Orte, so genannten **borghi franchi,** umgesiedelt. Von den einstigen Dörfern zeugen heute noch einige romanische Landkirchen auf den Hügelkuppen im Basso Monferrato. Zu den schönsten Beispielen zählen **Santi Nazario e Celso** (Mitte 12. Jh.) bei Montechiaro d'Asti, die Abteikirche Santa Maria di Vezzolano (1189) und San Secondo (erste Hälfte 12. Jh.) in Cortazzone. Ihnen allen gemeinsam ist der für das Monferrato typische **Farbwechsel** zwischen rotem Back- und hellem Naturstein und eine auffällige **Dekorationsfreude,** die auf französische Vorbilder verweist.

Im Gegensatz zu den Kirchen auf dem Land wurden die romanischen **Dombauten** in den Städten in den folgenden Jahrhunderte erheblich verändert. Einer der Höhepunkte romanischer Bauplastik sind die figürlichen Kapitellplastiken (um 1150) im Kreuzgang der Klosterkirche Sant'Orso in Aosta und eine aus schwarzem Marmor gearbeitete Kanzel (um 1140) in der Basilika San Giulio am Orta-See.

Castello Sarriod de la Tour

Piemontesische Backsteingotik

Bis Mitte des 15. Jh. entstanden die für diese Region typischen gotischen Backsteinkirchen mit steil hochgezogenen Portalwimpergen, abschließenden Fialen und virtuos gearbeitetem Terrakottaschmuck an den Fassaden. Zu den Höhepunkten zählt die Vorhalle von **San Antonio Ranverso** (ab 1430) im unteren **Susa-Tal,** die Kathedrale **Santa Maria della Scala** (1405–1436) in **Chieri** und die Pfarrkirche **Santa Maria Assunta** in **Rossana** in der Nähe des Varaita-Tals.

Renaissance und Barock

Eine der wenigen erhaltenen **Turiner** Bauwerke aus der Renaissancezeit ist die **Kathedrale San Giovanni** (1491–1506). Die Entwürfe, in Anlehnung an die Renaissancebaumeister *Filippo Brunelleschi* und *Leon Battista Alberti,* stammen vom toskanischen Architekten *Meo del Caprina* aus Settignano.

Herausragende Malerpersönlichkeit des 16. Jh. war **Gaudenzio Ferrari** (1475–1546), der vor allem in Vercelli, Novara und im Valsésia tätig war. Die künstlerische Gestaltung der Wallfahrtsstätte von Varallo wurde in erheblichem Maße von ihm beeinflusst. Als Gegenreaktion auf den Protestantismus entstanden im Piemont ab der zweiten Hälfte des 16. Jh. zahlreiche große Wallfahrtsstätten, **Sacri Monti,** die eine neue, jenseitsgerichtete Frömmigkeit auslösen sollten. Zu den berühmtesten zählen neben Varallo die Bergheiligtümer von Orta, Oropa und Crea. Von *Ferrari* stammt auch der Freskenzyklus auf der Lettnerwand der Kirche Santa Maria delle Grazie in Varallo.

Nach dem endgültigen Abzug der Franzosen aus Turin verlegte *Emanuele Filiberto* 1563 die **Hauptstadt** seines savoyischen Herzogtums vom französischen Chambery nach **Turin.** Die Savoyer entwickelten groß angelegte Pläne zu einer **Neugestaltung** der bis dahin kleinen, unbedeutenden Stadt in eine repräsentative Residenz mit ganz regelmäßigen, rasterartig angelegten Barockstraßen und Plätzen. Sie beauftragten namhafte Architekten, die zum Teil ihr ganzes Leben dem „Großprojekt" Turin widmeten. Den Anfang machte *Ascanio Vitozzi* (1539–1615) aus Orvieto mit dem Gesamtplan der Stadt und dem Bau der Zitadelle. Ihm folgten die Stadtplaner *Carlo Castellamonte* (1560–1641) und sein Sohn *Amadeo* (1610–1683). Erste Höhepunkte piemontesischer Barockarchitektur waren die beiden Kuppelkirchen **San Lorenzo** und die **Kapelle della Santa Sindone** von *Guarino Guarini* (1624–1683). Beide Projekte waren bereits begonnen, als der eigenwillige Theatinerpater aus Modena die Leitung übernahm; es gelang ihm trotzdem, seine kühnen Raumvorstellungen umzusetzen.

1720 wurde Turin **Hauptstadt des Königreichs Sardinien-Piemont.** *Vittorio Amedeo II.* beauftragte *Filippo Juvarra* (1676–1736) aus Messina mit dem Ausbau zur königlichen Residenzstadt, mit der Vergrößerung der umliegenden Schlösser und mit dem Bau der Wallfahrtskirche Superga.

Piemontesische Literatur des 20. Jahrhunderts

„Ein Dorf brauchst du, und wäre es nur, damit du es hin und wieder gern verlässt. Ein Dorf – das bedeutet: Du bist nicht allein, du weißt, in den Menschen, in den Pflanzen, in der Erde lebt ein Stück von dir, das, auch wenn du selbst nicht da bist, bleibt und auf dich wartet."

Cesare Pavese, „Junger Mond"

Die Ära des Neorealismus

Cesare Pavese, 1908 in Santo Stefano Belbo, einem kleinen Bauerndorf südlich von Asti, geboren und aufgewachsen, zählt zu den wichtigsten italienischen Nachkriegsautoren. Einfühlsam beschreibt er in seinen Romanen und Erzählungen die dörfliche Welt der Langhe. Nach dem Tod seines Vaters verbringt *Pavese* seine Jugendjahre in **Turin,** studiert dort Literaturwissenschaft und knüpft erste Kontakte zu antifaschistischen Intellektuellen wie *Antonio Gramsci, Piero Gobetti* und *Leone Ginzburg.* 1932 **promoviert** *Pavese* mit einer Arbeit über den Amerikaner *Walt Whitman.* Es folgen **Übersetzungen** der Werke von *Daniel Defoe, Charles Dickens, William Faulkner, James Joyce* und *Herman Melville* („Moby Dick") ins Italienische.

In der von *Ginzburg* geleiteten Zeitschrift „La Cultura" erscheinen *Paveses* Beiträge zur amerikanischen Literatur. Als *Leone Ginzburg* 1934 wegen seiner Mitgliedschaft in der antifaschistischen Gruppe Giustizia e Libertà verhaftet wird, übernimmt *Pavese* die **Redaktion** der Zeitschrift. Zusammen mit anderen Mitarbeitern, darunter auch *Giulio Einaudi,* wird 1935 auch *Pavese* **verhaftet** und nach Brancaleone in Kalabrien verbannt.

Nach acht Monaten kehrt *Pavese* 1936 wieder nach Turin zurück und beginnt seine Tätigkeit als **Lektor** beim Verlag Einaudi. Unter dem Titel „Lavorare stanca" („Arbeiten macht müde") erscheint 1936 die erste, zunächst kaum beachtete Sammlung von **Gedichten,** in denen *Pavese* die Stadt Turin und das Land seiner Kindheit, die Langhe, beschreibt. Auch seine späteren Romane und Erzählungen spielen entweder in der **bäuerlichen Welt** des Piemont oder in der Stadt Turin. Nahezu schicksalhaft treffen in seinem gesamten Werk immer wieder die mechanisierte Industriegesellschaft und die archaische bäuerliche Welt aufeinander. Dabei sind die Einsamkeit und die Suche nach der verlorenen Kindheit, in der die Langhe zum Symbol eines Ortes für die Rückkehr wird, die zentralen Themen.

Zur so genannten Turiner Trilogie, 1949 erstmals veröffentlicht, zählen die drei Kurzromane „La bella estate" („Der schöne Sommer"), „Il diavolo sulle Colline" („Der Teufel auf den Hügeln") und „Tra donne sole" („Die einsamen Frauen"). Der Roman „La luna e i falò" („Junger Mond") spielt in Santo Stefano Belbo. Im August 1950 nimmt sich *Cesare Pavese* in einem Turiner Hotelzimmer das Leben.

Als weiterer Vertreter des italienischen Neorealismus gilt **Beppe Fenoglio.** 1922 in Alba geboren, studiert er

Anglistik an der Universität in Turin. Noch während des Studiums wird er zum **Kriegsdienst** eingezogen. 1943, nach der Verkündung des Waffenstillstands, schlägt *Fenoglio* sich von Rom bis nach Alba durch und schließt sich den **Partisanen** an. Nach Kriegsende arbeitet *Fenoglio* als Angestellter bei einem Weinexporthändler und beginnt seine Kindheitserinnerungen und Kriegserlebnisse aufzuschreiben. 1952 erscheinen im Verlag Einaudi unter dem Titel „I ventitrè giorni della città di Alba" („Die dreiundzwanzig Tage der Stadt Alba") die mit packendem Realismus dargestellten Erzählungen des Partisanenkrieges, in denen *Fenoglio* seine eigenen Erlebnisse als Partisan in der italienischen Widerstandsbewegung schildert. Die Titelgeschichte handelt von der Befreiung Albas durch die Partisanen und ihrer 23 Tage andauernde Regierung. Der Partisanenkrieg und das bäuerliche Leben sind immer wiederkehrende Themen im gesamten erzählerischen Werk. *Beppe Fenoglio* stirbt 1963 in Alba an Lungenkrebs.

Aus dem Piemont stammen außerdem einige international bekannte italienische Schriftsteller wie der Erfolgsautor **Umberto Eco** („Der Name der Rose", „Das Foucaultsche Pendel") und das Autorenduo **Carlo Fruttero** und **Franco Lucentini** („La Donna della domenica", dt. „Die Sonntagsfrau", „A che punto è la notte", dt. „Wie weit ist die Nacht"). Ferner lebten und arbeiteten in Turin **Natalia** und **Leone Ginzburg, Italo Calvino, Carlo Levi** und **Primo Levi.**

Wirtschaft und Tourismus

Das Piemont zählt zu den **reichsten Regionen** Italiens. Neben Mailand gehört Turin noch immer zu den wichtigsten **Industriestandorten** Italiens. Zusammen mit der Küstenstadt Genua (Ligurien) bilden die Städte die Eckpunkte des Wirtschaftsdreiecks Mailand–Turin–Genua.

Aus dem Piemont stammen einige der wichtigsten italienischen Unternehmen wie der Automobilhersteller **Fiat** (die Automarke Lancia gehört mittlerweile auch zur Fiat-Gruppe), das Elektronikunternehmen **Olivetti** und der Lebensmittelhersteller **Ferrero.**

Die **Automobilindustrie** rund um Turin, die **Textil- und Bekleidungsindustrie** im Raum Biella und die **metallverarbeitende Industrie** (Badezimmerarmaturen und Haushaltswaren) im Norden der Region zählen zu den wichtigsten Wirtschaftssektoren.

Ein wichtiger Bereich ist auch der **Agrar- und Lebensmittelsektor.** Aus der Po-Ebene stammt ein Drittel der europäischen **Reisproduktion.** In den Hügelgebieten Piemonts werden einige der berühmtesten Weine Italiens angebaut, und die **Haselnussplantagen** im Südosten des Piemont liefern eines der wichtigsten Grundprodukte für die Süßwarenindustrie.

Einen immer wichtigeren Platz im Wirtschaftssystem nimmt der **Dienstleistungssektor** ein. Kleine und mittlere Betriebe profitieren vom Rückgang staatlicher Subventionen für Großbe-

Symbol der Turiner Automobilindustrie: Fiat Cinquecento

triebe. Der **regionale Handel** nimmt 41 Prozent des Wirtschaftssektors ein.

Insgesamt liegt die **Arbeitslosenquote** mit 5,3 Prozent unter dem italienischen Durchschnitt von 8 Prozent.

Die wichtigsten Erwerbsquellen im **Aosta-Tal** stammen aus den Bereichen **Tourismus, Landwirtschaft und Industrie.** Mit einer **Arbeitslosenquote** von 4,4 Prozent liegt auch das Aosta-Tal deutlich unter dem italienischen Durchschnitt. Die kleine, wohlhabende Region profitiert von ihrem Autonomiestatus, da sämtliche **Steuereinnahmen** in der Region verbleiben.

Die **Schwerpunkte des Tourismus** liegen am **Lago Maggiore** im Norden und im Weinbaugebiet **Langhe** im Süden. Mittlerweile besuchen jährlich mehr als acht Millionen Touristen die Region. Piemont belegt damit Rang 10 unter den 20 italienischen Regionen und liegt noch vor Apulien, Umbrien, Südtirol und Sardinien. Mit Turin als Austragungsort der **Olympischen Winterspiele** 2006 investierte die Region verstärkt in den Ausbau der touristischen Infrastruktur und in den **Landschafts- und Denkmalschutz.**

Unter den ausländischen Touristen (insgesamt 42 Prozent) nehmen die Gäste aus **Deutschland** mit ca. 12 Prozent den ersten Platz ein, gefolgt von Frankreich, Großbritannien und die Schweiz.

005pi Foto: sg

Das Aosta-Tal

012pi Foto: sg

138pi Foto: sg

Der Berg Gran Combin, von Aosta aus gesehen

Prachtvoll verzierter Gang im Castello di Sarre

In den Kirchen und Burgen des Aosta-Tales finden sich prächtige Fresken, hier im Innenhof von Fénis

Überblick

Im äußersten Nordwesten Italiens liegt die zweitkleinste Region des Landes, eines der schönsten Täler der Alpen. Das Aosta-Tal beginnt bei **Pont-Saint-Martin** im Süden, folgt dem natürlichen Flusslauf der schäumenden Dora Baltea und endet nach ungefähr 120 Kilometern abrupt vor den gewaltigen Felswänden des **Mont-Blanc-Gletschers** (4807 m), hufeisenförmig umschlossen von den **Gebirgsketten** des Grand Combin (4314 m), Matterhorn (4478 m), Monte Rosa (4637 m) und Gran Paradiso (4061 m).

Im Schatten dieser großartigen Gebirgsszenerie zweigen langgestreckte **Seitentäler** vom Haupttal der Dora Baltea ab. Einige davon führen in die bekanntesten **Skigebiete** Italiens. Mit Ausnahme von Breuil-Cervinia finden sich hier organisch gewachsene alte **Dörfer** mit viel Tradition und Atmosphäre, angefangen bei den noch ländlich geprägten Dörfern im Ayas-Tal bis hin zum schicken Wintersportort Courmayeur, dem italienischen Gegenstück zu Chamonix auf der französischen Seite des Monte Bianco. Der stille Reiz des Aosta-Tals sind jedoch die wilden, schluchtartigen **Täler** mit ihren ursprünglich gebliebenen, alten Bergdörfern, den angenehm familiär geführten Gasthäusern und einer von den Bergen geprägten, bodenständigen Küche, von Ende Mai bis Ende September das **Wanderparadies** schlechthin.

Der Zauber des Aosta-Tals beruht neben all seinen landschaftlichen Schönheiten aber auch auf seiner jahrtausendealten **Kultur.** Im Westen und Norden des Haupttales liegen die berühmten Alpenpässe Kleiner und Großer Sankt Bernhard, und bis ins 20. Jahrhundert galt das Aosta-Tal als wichtiges Bindeglied zwischen Mitteleuropa und dem mediterranen Raum. Die **Römer** durchzogen das Aosta-Tal auf ihrem Weg nach Gallien und hinterließen außer einem System an Straßen, Brücken und Viadukten ein Kulturgebiet, das heute noch in zahlreichen Überresten, am eindrücklichsten in der Hauptstadt Aosta, zu erkennen ist. Im **Mittelalter** diente das Tal als Schneise für zahlreiche Handels- und Pilgerrouten. Das Aosta-Tal besitzt heute noch mehr als 70 **Burgen und Schlösser,** die dem Besucher sozusagen auf Schritt und Tritt und auch noch in den entlegensten Bergdörfern begegnen.

Pont-Saint-Martin ↗ XI/C1

- **PLZ:** 11026
- **Lage über NN:** 345 m
- **Einwohnerzahl:** 3948

Bis heute ist Pont-Saint-Martin nahe an der Grenze zum Piemont allein durch seine geografische Lage an der Mündung des Gressoney-Tals ein wichtiger Ort im Aosta-Tal. Mitten in Pont-Saint-Martin überspannt eine imposante **Römerbrücke,** die fast vollständig noch aus dem 1. vorchristlichen Jahrhundert stammt, die Felsenschlucht des Flusses Lys.

006pi Foto: sg

Die Brücke ist Namensgeberin des Ortes. Die römische Straße, die Via Consolare, verband die Städte Oberitaliens mit den Alpenpässen. Ein weiteres Stück dieser alten Trasse ist in Donnas, einige Kilometer weiter nordwestlich, zu sehen. Bis zu Beginn des 19. Jh. lief der ganze Durchgangsverkehr über die alte Steinbrücke, die mit ihren fast 4,70 Metern Breite bereits so gebaut wurde, dass zwei römische Karren aneinander vorbei passten. Bis 1783 erhob man hier Wegezoll auf alle Waren.

Pont-Saint-Martin besteht aus dem Ortsteil **Marchett** und dem alten Viertel **Bourg.**

Zwischen dem 18. und 19. Jh. begann die industrielle Entwicklung des Ortes zu einem wichtigen Standort der **Eisen verarbeitenden Industrie** mit Werken entlang des Flussufers. Noch 1943 beschäftigte einer der führenden Hersteller von Inoxstahl 1350 Angestellte. In den 1980er Jahren war die hiesige Stahlherstellung endgültig beendet.

Pont-Saint-Martin wurde 1944 bei einem Luftangriff fast **vollständig zerstört** und später wieder aufgebaut.

Einst Teil eines wichtigen römischen Verkehrswegs: die Brücke von Pont-Saint-Martin

Information

• **A.I.A.T.-Büro,** Via Circonvallazione 30, Tel./Fax 01 25 80 48 43, www.laportadellaval lee.com.

Einkaufen

• **Gastronomia Macelleria,** Via Chanoux 73, Spezialitäten: *mocetta* und *lardo.*
• **Wochenmarkt:** dienstags und samstagvormittags in der Via Chanoux.

Ausflug in die Umgebung

Oberhalb von Pont-Saint-Martin liegt ungefähr auf 660 Metern Höhe **Perloz,** eine kleine Gemeinde, bestehend aus einzelnen kleinen Weilern mit insgesamt knapp 500 Einwohnern. Da man nur von Pont-Saint-Martin nach Perloz gelangt, liegt der Ort etwas abseits, aber sehr idyllisch und von ausgedehnten Kastanienwäldern umgeben. Von Perloz aus führen **Wanderwege** in die umliegenden Weiler und auf die höher gelegenen Gipfel des Col Fenêtre (1670 m), Monte Crabun (2710 m) und Croix Varfei (1638 m).

1943 wurde eine Gruppe Partisanen aus Perloz in den ersten bewaffneten Aufstand gegen den Faschismus im unteren Aosta-Tal verwickelt. Zur Erinnerung steht im Ortsteil Marine als Denkmal eine **„Partisanenglocke".** Wie in den meisten Orten des Tales, stellt die **Emigration nach Frankreich** einen weiteren zentralen Teil der Ortschronik dar. Im 19. Jh. wanderte ein Teil der Bevölkerung nach Paris aus, wo sie als Kutscher und später als Taxifahrer arbeitete. Noch vor dem Zweiten Weltkrieg unterhielten in den 1930er Jahren zwei zurückgekehrte Emigranten in ihrer alten Heimat eine private Schule, wo man für den Pariser Taxischein büffeln konnte.

Die **Pfarrkirche San Salvatore** wurde um 1600 an der Stelle einer einfachen Vorgängerkirche errichtet; hier liegen auch die Gräber der Familie *Vallaise.* Vom romanischen Bau ist der später aufgestockte Glockenturm aus dem 9./10. Jh. erhalten. Die Westfassade schmückt, wie bei vielen Kirchen im Tal, eine Darstellung des Jüngsten Gerichts, die im 17. Jh. von Malern aus dem Valsésia geschaffen wurde.

Etwas außerhalb liegt das **Castello Charles,** eine sogenannte *casa forte,* ursprünglich im 16./17. Jh. von den *Vallaise,* der Familie, die über sechs Jahrhunderte die Geschicke des Tals leitete, errichtet. Sie ist in Privatbesitz und nicht zu besichtigen. Als *casa forte* wird im Aosta-Tal ein befestigtes Wohnhaus bezeichnet, das mehr Komfort bot als eine einfache Burg.

Val di Gressoney

↗ VII/D3, XI/C–D1

Von Pont-Saint-Martin aus erschließt sich das Val di Gressoney (SR 44). Nach zwei steilen Kehren entlang des wilden Gebirgsbaches Lys, der am Monte Rosa entspringt, gelangt man zum Eingang des engen Tals, das auch **Lys-Tal** genannt wird. Nach ca. 14 Kilometern weitet sich das Tal bei **Issime,** einer der beiden noch vorhandenen Sprachinseln im Aosta-Tal, zu einer grünen Mulde.

Weiter talaufwärts, nach dem ursprünglich dem französischen Sprachraum zugehörigen **Gaby,** gelangt man in das obere Gressoney-Tal.

Wieder verengt sich das Tal, man überquert auf einer hohen Brücke die wilde Lys und fährt hinab in das saftig grüne Becken von **Gressoney-Saint-Jean,** einem der ältesten Luftkurorte des Aosta-Tals. In der Ferne kündigen sich bereits die majestätischen Gletscher des Monte Rosa an, ein Anblick, der im Sommer wie im Winter seinesgleichen sucht. Wieder steigt die Straße durch eine enge Schlucht an, und man erreicht die Senke von **Gressoney-La-Trinité,** einem bekannten Wintersport.

Bei der Fahrt durch den kleinen Weiler **Tour d'Heréraz** lohnt sich ein kurzer Halt für Kirchenliebhaber. Bereits im 11. Jh. errichteten die *Vallaise* hier am Anfang des Tales eine Burg zum Schutz ihres Territoriums. 1324 erlitten sie eine Niederlage gegen die Vormacht der Savoyer. Vom einstigen Castello blieb nicht viel übrig. Mit den Mauersteinen wurde die **Pfarrkirche** erbaut. Erhalten blieb einzig der Turm, der zum Glockenturm umfunktioniert wurde.

Lillianes

↗ XI/C1

- **PLZ:** 11020
- **Lage über NN:** 667 m
- **Einwohnerzahl:** 473

Wie fast alle Ort im Tal liegt Lillianes zu beiden Seiten des Lys. Im Ort überspannt eine malerische **Steinbrücke** den Fluss und verbindet die Kirche mit dem alten Dorf. Die große dreischiffige **Pfarrkirche San Rocco** wurde 1723 auf den Fundamenten einer Vorgängerkapelle von 1490 errichtet. Im Inneren überrascht ein sehenswerter Barockaltar von 1763.

Durch das kleine alte Borgo mit seinen typischen Bauernhäusern windet sich noch einer der alten gepflasterten Verbindungswege, eine sogenannte Mulattiera.

Feste

- **La Castagnata,** großes Kastanienfest in der zweiten Oktoberhälfte

Fontainemore

↗ XI/D1

- **PLZ:** 11020
- **Lage über NN:** 760 m
- **Einwohnerzahl:** 444

Bei der Durchfahrt zeigt sich Fontainemore von seiner schönsten Seite. Wie in Lillianes überquert bei der Pfarrkirche eine malerische mittelalterliche **Steinbrücke** (um 1200) mit einem einzigen 22 Meter langen Bogen den Fluss. Die **Kirche Sant'Antonio** geht laut einer Inschrift über dem Portal auf das Jahr 1679 zurück. Von der Vorgängerkirche (1494) stammen noch die runde Apsis und die Turmbasis.

Der alte Ortsname „Fontaine Maur" geht auf eine **Legende** zurück. Demnach kam ein Heiliger namens Mauro im 6. Jh. von Oropa, dem Wallfahrtsort im benachbarten Piemont, an diesen Ort. Auf dem Dorfplatz, wo er predigte, entsprang fortan eine Quelle.

Walserkultur im Aosta-Tal

Die Walser gehörten ursprünglich zur Volksgruppe der **Alemannen.** Auf ihrer Wanderung quer durch die Schweiz erreichten sie im frühen Mittelalter vom Berner Oberland her Goms im Wallis und besiedelten das gesamte obere Rhônetal.

Auf der Suche nach neuen Anbaugebieten begaben sich die Walser ab dem 12. Jh. erneut auf Wanderung, vor allem in Richtung Osten. Grund für die **Wanderbewegung** war wahrscheinlich ein in dieser Zeit einsetzender starker Bevölkerungsdruck.

Ihr Siedlungsgebiet erstreckte sich von der südlichen Schweiz bis nach Österreich ins Große Walsertal und ins Kleinwalsertal.

Auf der Alpensüdseite erreichten sie im 13. Jh. über den Passo del Teodulo, der Zermatt mit dem Valtournenche verbindet, die Hochtäler von **Ayas** und **Gressoney.** Ein weiterer Weg führte von Saas über den Monte-Moro-Pass (2984 m) hinab ins **Anzasca-Ta**l und weiter über den Turlo-Pass (2738 m) bis ins **Sésia-Tal.** Beide Strecken vereinten sich wieder im Sésia-Tal.

Wegen ihrer Herkunft aus dem Wallis werden die Bewohner dieser Täler bis heute Walser genannt.

Ausschlaggebend für ihren Zug über die Alpen war wohl der Bischof von Sion. Er besaß im Tal von Ayas Land und bot die schwer zu bewirtschaftenden und bewaldeten Höhenlagen der Bevölkerung von Zermatt zur Kultivierung an. Das fruchtbare Land war bereits besiedelt. Die Walser zogen zunächst weiter ins benachbarte Hochtal von Gressoney. Das wilde obere Tal der Lys war eine einzige Moorlandschaft und deshalb noch nicht bevölkert. Es war im Besitz adliger Familien, später waren es die *Challant* und die *Vallaise,* die auch Güter nördlich der Alpen besaßen. Sie begrüßten die Ankunft der Walser, trugen sie doch erheblich dazu bei, dass das unfruchtbare obere Tal gerodet, trockengelegt und urbar gemacht wurde. Im Gegenzug erhielten die Walser das sogenannte **„Walserrecht"** mit folgenden Privilegien: freie Erbleihe, persönliche Freiheit, Selbstverwaltung der Gemeinde, Schutz und Waffendienst.

Ein Teil der Walser ging wieder zurück ins Ayas-Tal, wo sie sich mit den Böden in großen Höhenlagen zufrieden gaben und Techniken entwickelten, mit denen auch noch hoch gelegene Bergregionen urbar gemacht werden konnten.

Das Holz aus den Wäldern diente zum Bau der Häuser und als Brennholz. Mühevoll wurden aus den als Acker geeigneten Parzellen die Steine entfernt. Sie dienten zum Häuserbau und für die **Trockensteinmauern,** mit denen die Hänge terrassiert und befestigt werden mussten. Sie verhinderten die Bodenerosion und ermöglichten die Anlage von weniger steilen und einfacher zu bebauendem Grund. Reste davon sind noch in Crest und Cuneaz im Ayas-Tal zu sehen. An den steilsten Hänge beließ man den Wald. Die flacheren, feuchten Hänge nutzte man als Wiesen, die trockeneren für die Äcker. Angebaut wurden Roggen, Gerste und Hafer. In den tieferen und feuchteren Gebieten wurde auch **Hanf** angebaut und verarbeitet. Jede Familie besaß einen eigenen Webstuhl, um die Stoffe für Wäsche und Kleidung selbst herstellen zu können. Heute wird nur noch im Champorchertal etwas Hanf angepflanzt, um in einer kleinen Museumskooperative in Chardonney die traditionelle Herstellung zeigen zu können (⇗„Val di Champorcher").

An den unfruchtbarsten Stellen, aber immer in sonniger und vor Wind und Erdrutschen geschützter Lage errichteten die Walser ihre Häuser.

Die **Stadel,** im Ayas-Tal „Rascard" genannt, dienten rein zur Lagerung von Heu und Getreide. Sie waren komplett aus Holz und in Blockbauweise gebaut. Zum Schutz vor Feuchtigkeit ruhten sie auf pilzförmigen Holzstützen, mit einer Steinplatte abgeschlossen, sodass die Mäuse nicht ins Innere gelangten. Die **Wohnhäuser** bestanden aus einem aus Stein errichteten Erdgeschoss mit Stall und abgeteiltem Wohn-

139pi Foto: sg

raum, um im Winter die Wärme des Stalles zu nutzen. Darüber und mit den charakteristischen pilzförmigen Holzstützen gestützt, erhob sich der eigentliche Stadel, eine Konstruktion aus waagerechten Lärchenstämmen, die ohne Nägel an den Kanten ineinandergeschoben wurden. Er diente als Heuboden und hatte oft einen oder zwei Speicherräume zur Aufbewahrung.

Ab dem 16. Jh. entstanden **mehrgeschossige Bauernhäuser.** In den oberen Stockwerken lagen die Küche, die beheizbare Wohnstube und Schlafräume, darüber Heuboden und Getreidespeicher. Auf den Holzbalkonen dienten Ständer zur Trocknung des Viehfutters und des Getreides.

Viele der im Winter komplett abgeschnittenen Dörfer besaßen gemeindeeigene Getreidemühlen, Backöfen, Molkereien und Schulen, oft auch eine eigene Kapelle.

Die Bewässerung der Wiesen und Äcker erfolgte durch ein **Kanalnetz,** die sogenannten **Ru.** Das relativ trockene Klima im Ayas-Tal ist angeblich auf die geschwungene S-Form des Tales zurückzuführen, die für besondere Windverhältnisse sorgt. Bis heute geht durch das gesamte Ayas-Tal der **Ru Cortót.** Er sammelt das Wasser der Cime Bianche und bringt es über den Jouxpass bis hinab nach Saint Vincent. Wer wann wie viel Wasser für sein Land bekommt, wird noch heute genau festgelegt.

Mittlerweile ist es nahezu unvorstellbar, in Höhen von 2000 Metern noch Landwirtschaft zu betreiben. Grund dafür waren aber auch die veränderten **klimatischen Bedingungen.** Man geht davon aus, dass die Besiedlung der Alpen in großen Höhen im Mittelalter durch ein wärmeres Klima begünstigt war. Vom 15. bis zum 19. Jahrhundert folgte die sogenannte **„Kleine Eiszeit“** mit sehr kalten Wintern und früh einsetzendem Frost. In den Alpen hatte sie ein Vordringen der Gletscher auf Ackerland und Siedlungen zur Folge.

Am besten erhalten sind die alten **Walsersiedlungen** von Gressoney und Issime, im Kanton des Alemands im Ayas-Tal und in Gettaz des Allemands bei Champdepraz.

Nach und nach verloren die Walser den Kontakt zu ihrem Herkunftsland, dem Wallis, und es entstanden sogenannte **Sprachinseln,** in denen der Dialekt erhalten blieb. Bis heute überlebt hat die Sprache der Walser im Lys-Tal. In Gressoney-La-Trinité sprechen die Älteren noch das **Titsch** und in Issime das **Töitschu.**

Im Walserdorf Mandriou

Ein schönes **Wandergebiet** mit kleinen Gebirgsseen und Moorlandschaften ist das oberhalb von Fontainemore gelegene **Naturschutzgebiet Mont Mars** (2600 m) zu Füßen des gleichnamigen Berges. Quer hindurch verläuft der alte **Prozessionsweg** von Fontainemore nach Oropa. Die zwölfstündige Prozession wird bis heute begangen.

Einkaufen

- **Cooperativa La Vallaise,** Tel. 01 25 83 21 98, bei der Brücke am Ortsausgang talaufwärts rechts abbiegen; Öffnungszeiten: Mo, Di, Do 9–12.30 Uhr, Mi 8.30–12.30, Fr–So 9–12.30 und 15.30–19 Uhr. Käserei mit sehr gutem Toma, Fontina, Ricotta und Butter.

Kirche Sant'Antonio in Fontainemore

Issime

↗ VII/D3

- **PLZ:** 11020
- **Lage über NN:** 953 m
- **Einwohnerzahl:** 411

Das kleine Issime (im Dialekt „Èischeme" ausgesprochen) ist der erste von den **Walsern** gegründete Ort im Gressoney-Tal. Ihre Sprache, das **Töitschu,** blieb jahrhundertelang isoliert und gilt als einer der ältesten Walserdialekte. Es wird heute noch von den Älteren gesprochen. Zur Comunità Walser gehören außerdem noch Niel in der Gemeinde von Gaby, Gressoney-Saint-Jean und Gressoney-La-Trinité.

Im Mittelalter gehörte Issime, wie ein großer Teil des gesamten Tales, der Familie *Vallaise.* Vom 13. bis ins späte 18. Jh. spielte der Ort eine **wichtige religiöse und politische Rolle.** Zur Gemeinde von Issime gehörten „Tiersdessus", das heutige Gaby, „La Plaine" mit dem Hauptdorf „Duarf", das heutige Issime und die höher gelegenen Ortsteile in den Seitentälern San Grato und Burrini.

Die **Pfarrkirche San Giacomo Maggiore** wurde 1683 bis 1686 wahrscheinlich auf den Fundamenten einer Kirche aus dem Frühmittelalter erbaut.

Zur Straße hin grenzen **15 Kapellennischen** (1752), ehemals die Begrenzung des Friedhofs, das Kirchengelände ab. Ein großes, farbenprächtiges Fresko mit einer theatralischen Darstellung des Jüngsten Gerichts schmückt die Fassade. Die Malereien stammen von *Francesco Biondi,* einem Maler aus dem benachbarten piemontesischen Varallo im Valsésia, der von

Aosta-Tal

008pi Foto: sg

1698 bis 1700 in Issime tätig war. Über dem Hauptportal steht in einer kleinen Nische die Figur des Apostels Jakobus, Kirchenpatron von Issime.

Im dreischiffigen Innenraum lenkt der prächtige **barocke Hochaltar** sofort den Blick auf sich. Insgesamt 182 Engel- und Heiligenfiguren schmücken das vergoldete Schnitzwerk (1697–1700). Auf der Westseite ist eine Sammlung sakraler Gegenstände und Holzfiguren, darunter auch die Originalskulptur der kleinen Jakobusfigur, ausgestellt.

Von Issime führt ein schmales Seitental hinauf nach **Saint-Grat** mit alten Stadeln inmitten einer unberührten Landschaft mit kleinen Bergseen und schönem Gebirgspanorama. Hier verlief einer der alten Verbindungswege hinüber ins Val d'Ayas. Auf der anderen Talseite bestehen **Wandermöglichkeiten** über den Monte Cresto (2546 m) nach Piedicavallo im Piemont.

Einkaufen

- **Walser Delikatessen,** Käserei mit angeschlossenem kleinen Laden, Loc. Toutinel 80, Tel. 01 25 34 41 62.

Das Portal der Kirche San Giacomo Maggiore in Issime

Gaby ⇗ VII/D3

- **PLZ:** 11020
- **Lage über NN:** 1045 m
- **Einwohnerzahl:** 491

Gaby wartet mit keinen nennenswerten touristischen Sehenswürdigkeiten auf, das Örtchen bietet sich aber aufgrund seiner Lage in der Mitte des Tales als Standort für Ausflüge und geruhsame Wanderungen in die Umgebung an.

Oberhalb von Gaby liegt der ursprünglich von den Walsern besiedelte Ort **Niel** mit seinen typischen Häusern und **Woury** mit der Wallfahrtskirche Madonna delle Grazie.

Unterkunft/ Essen und Trinken

- **Albergo Mologna****, Chef Lieu 3, Tel./Fax 01 25 34 59 39, www.albergomologna.it. Das altmodische, sympathische Berghotel wird im Sommer vor allem von Familien, viele davon Stammgäste, besucht. Im Winter geht es hier eher ruhig zu. Dann sind es kleine Gruppen von Skifahrern, die hier nicht weit weg von den großen Liftanlagen die zünftige Unterkunft und die deftige Küche zu schätzen wissen, und das alles zu äußerst reellen Preisen. Bevor das Tal in den 1960er Jahren als Skigebiet erschlossen wurde, war das Albergo Mologna nur im Sommer geöffnet. Die meisten der urig mit alten Möbeln eingerichteten Zimmer im Haupthaus sind deshalb bis heute ohne Heizung und werden nur im Sommer vermietet. Im Mologna herrscht eine sehr familiäre, gemütliche Atmosphäre. Geführt wird das Hotel von *Signora Trenta,* deren Großeltern das Haus zum Hotel umbauten. Sie kocht eine bodenständige, leckere Hausmannskost, die den hungrigsten Skifahrer zufriedenstellt. Serviert wird immer nur ein feststehendes Menü für 13 €. Di Ruhetag. DZ 42–50 €, HP 40–56 € p.P.

Einkaufen

- **Macelleria,** Loc. Kiamourseyra 27. Die Metzgerei liegt direkt an der Durchgangsstraße von Gaby. Ausgezeichnete lokale Spezialitäten wie *mocetta, lardo, salami* und *boudin* aus der eigenen Herstellung. Die Variante der *boudin* aus dem Gressoney-Tal wird mit Blut und Kartoffeln statt roter Beete zubereitet.

Gressoney-Saint-Jean ⇗ VII/C2-3

- **PLZ:** 11025
- **Lage über NN:** 1385 m
- **Einwohnerzahl:** 811

Nachdem man den gewundenen unteren Talverlauf hinter sich gelassen hat, weitet sich kurz vor dem Hauptort hier erstmalig der Blick. Noch einige Kilometer von den Gletschern des Monte-Rosa-Massivs entfernt, bekommt man hier bereits die ersten Eindrücke einer **Hochgebirgslandschaft,** die seit mehr als 100 Jahren Alpinisten in ihren Bann zieht.

Wer bereits einige Seitentäler des Aosta-Tals kennt, dem sind vor allen die trutzigen Burgen, die zum Schutz am Beginn der Täler errichtet wurden, und in höheren Lagen die bis heute meist einfach gebliebenen Bauerndörfer im Gedächtnis haften geblieben. In Gressoney präsentiert sich das Aosta-Tal von einer ganz anderen, ungewohnten und fast schon verblüffenden Seite. Diese erklärt sich aus der **Geschichte,** die mit den Walsern im 13. Jh. anfing und ihren Höhepunkt als Sommerresidenz der Savoyerkönigin *Margherita* zu Beginn des 19. Jh. fand. Sie legte den Grundstein für den heute bekannten Wintersportort. Große herrschaftliche Villen aus der Zeit der vorletzten Jahrhundertwende und gediegene Bauernhäuser mit Holzbalkonen prägen heute das Ortsbild.

Die Geschichte von Gressoney ist eng mit der Geschichte der **Walser** verbunden. Im 13. Jh. war der Talgrund wegen eines großen Moorgebietes hier an den Ausläufern des Monte Rosa noch nicht bevölkert. Die Walser wurden von den Lehnsherren hierhergeholt, um das Sumpfgebiet zu bewässern und zu bewirtschaften. Im Gegenzug erhielten sie steuerliche Vergünstigungen.

Im Gegensatz zu den benachbarten Walserdörfern im Ayas-Tal blieb hier der Kontakt in die alte Heimat im Wallis bestehen. Deshalb ist auch heute noch der **Walserdialekt Titsch** erhalten. Straßen, Plätze und Ortsteile tragen noch die alten Namen; so heißt das Gemeindegebiet von Trentostäg bis Gressoney-Saint-Jean noch immer „Onderteil", bis Lé Schelbalmò „Metteil" und in Gressoney-La-Trinité „Oberteil".

Durch die regen Handelsbeziehungen mit der Schweiz und Deutschland wurden aus dem armen Bauernvolk im Laufe der Jahrhunderte wohlhabende **Händler,** was sich auch heute noch in der Architektur widerspiegelt. Aus dieser Tradition heraus wird das Gressoney-Tal auch „Krämertal" genannt.

Gegen Ende des 19. und zu Beginn des 20. Jh. entwickelte sich in Gressoney ein kleiner, aber feiner Elitetourismus. Erst mit dem Bau der ersten Liftanlagen in den 1960er Jahren wurde Gressoney auch für ein breites Publikum zugänglich. Die Anfänge des **Tourismus** hat Gressoney *Margherita von Savoyen* zu verdanken. Die aus Turin stammende Königin von Italien, Ehefrau von *Umberto I.,* verbrachte von 1889 bis 1925 die Sommermonate in Gressoney-Saint-Jean. Bis 1904, zur Fertigstellung ihrer eigenen Residenz, dem Castello Savoia, war *Margherita* Gast der Barone *Beck Peccoz,* die in einer 1883 errichteten Villa, etwas außerhalb des Zentrums auf der rechten Flussseite, residierten. Die **Villa Margherita,** die den Namen ihres berühmten Gastes trägt, beherbergt

010pi Foto: sg

Heute Sitz des Rathauses und der Walserbibliothek: die Villa Margherita

011pi Foto: sg

heute das **Rathaus** und die **Walserbibliothek.** Die noch original mit den alten Leuchtern, schönen Holzböden und großen Kachelöfen ausgestatteten Innenräume können während der Bürozeiten besichtigt werden.

Das eigentlich Zentrum von Gressoney-Saint-Jean liegt auf der linken Seite des Flusses und konzentriert sich um zwei Plätze. Die nach *König Umberto I.* benannte **Piazza** mit ihren alten Gebäuden und einigen kleinen Geschäften und Cafés ist heute Mittelpunkt des Ortes. Nur wenige Schritte davon entfernt liegt **„De Platz"** mit seiner schmucken Kirche. Die **Pfarrkirche San Giovanni Battista** wurde ursprünglich 1515 erbaut. Aus dieser Zeit stammt noch die Turmbasis.

1753 wurde sie vergrößert und erhielt ihr heutiges Aussehen. Ähnlich wie in Issime, nur hier in Form eines richtigen Laubenganges, grenzt eine Serie von ausgemalten **Kapellen** von 1626, „D'Gheimnisse" genannt, den Kirchenbezirk vom Ort ab. Im Inneren der Kirche ist eines der ältesten **Holzkreuze** (13. Jh.) des Tales zu sehen.

Wer sich für die Geschichte der **Jagd** interessiert, sollte sich das etwas unterhalb der Villa Margherita gelegene **Alpenfaunamuseum** ansehen. Ausgestellt ist die Sammlung von 200 Jagdtrophäen und 90 Waffen des Barons *Luigi Beck Peccoz*. 1986 kaufte die Region Valle d'Aosta das Museum samt Gebäude.

Friedhof an der Pfarrkirche San Giovanni Battista

- **Alpenfaunamuseum Beck Peccoz,** Loc. Predeloasch 9, Tel./Fax 01 25 35 54 06; Öffnungszeiten: 9–12.30 und 15–18.30 Uhr; Mi Ruhetag; Eintritt 3 €.

Auf dem bewaldeten Hügel **„Belvedere"** unterhalb des Colle Ranzola, mit in der Tat schöner Aussicht und in gebührendem Abstand zum Ort, blitzen die verspielten Türmchen des **Castello Savoia** aus den Baumwipfeln hervor. 1899 bis 1904 nach den Wünschen *Margherita von Savoyens* erbaut, ist es heute zu besichtigen. Der Baustil ist ein fantasievoller, neugotischer Mix. Keines der fünf Türmchen gleicht dem anderen. Die Innenräume sind in einer Mischung aus Jugendstil und historistischen Elementen dekoriert und eingerichtet. Im Erdgeschoss lagen die Salons und im ersten Stock, dem sogenannten *piano nobile,* die königlichen Gemächer, im zweiten Stock die Herrenräume.

- **Castello Savoia** kann nur mit Führung besichtigt werden. Öffnungszeiten: 1.10.–28.2. von 10–12 und 13.30–16.30 Uhr, an Feiertagen bis 17.30 Uhr, Do Ruhetag; 1.3.–30.9. täglich von 10–12 und 13.30–17.30 Uhr, an Feiertagen bis 18.30 Uhr, Eintritt 3 €.

Von Gressoney-Saint-Jean bieten sich im Sommer zahlreiche **Wandermöglichkeiten** auf beiden Talseiten, in das benachbarte Val d'Ayas und ins Valsésia an.

Auf einer Teilstrecke des **Höhenweges Alta Via 1** ins Val d'Ayas gelangt man zu Fuß in ca. 1½ Stunden nach Alpenzu auf 1800 m, einem malerischen Walserdorf mit alten Stadeln, den typischen aus Lärchenholz und Steinen errichtete Bauernhäusern. Von hier aus genießt man einen schönen Blick auf das Monte-Rosa-Massiv. Der Höhenweg verband früher Gressoney mit den Walsersiedlungen Mascognaz, Crest und Cunéaz im Ayas-Tal.

Information

- **A.I.A.T.-Büro,** Villa Deslex, Lyskamm 8, Tel. 01 25 35 51 85, Fax 01 25 35 58 95, www.aiatmonterosawalser.it.

Unterkunft

- **Residence Blumental*****, Via Deffeyes 1, Tel. 01 25 35 54 43, Fax 01 25 35 53 94, www.blumental.it. Große, geschmackvoll restaurierte Villa aus dem 19. Jh. mit großem Garten am Ortsrand, nur wenige Minuten vom Zentrum, mit schönen Apartments unterschiedlicher Größe, komfortabel ausgestattet. Sport-/Wellnessangebote: Sauna, türkisches Bad, Hydromassage, Tennis. Park- und Garagenplätze. Im Winter (außer Weihnachten/Silvester) liegen die Wochenpreise für eine Zwei-Zimmer-Wohnung (35 m², bis zu vier Personen) bei 505–1415 €, im Sommer zwischen 470 und 1030 € (deutlich billiger in der Nebensaison).
- **Lyskamm*****, Strada Regionale 44, Nr. 1, Tel./Fax 01 25 35 54 36, www.lyskammhotel.com. Traditionsreiches Hotel aus den Anfängen des alpinen Tourismus in Gressoney, insgesamt 22 einfache, aber ordentliche Zimmer (mit Bad oder Dusche). Bar, Restaurant, 64–128 €.
- **Hotel Gran Baita*****, Fraz. Gresmatten, Strada Castello Savoia 26, Tel./Fax 01 25 35 64 41, www.hotelgranbaita.it. Altes, zum rustikalen Berghotel umgestaltetes Walserhaus von 1739, ruhig gelegen auf halbem Weg zwischen Ortszentrum (800 m) und Castello Savoia. 12 komfortabel und freundlich eingerichtete Zimmer, Restaurant, Bar, Skibusservice. 110–170 €.
- **Villa Tedaldi****, Loc. Tschemenoal, Tel. 01 25 35 51 23, Fax 01 25 35 54 96, www.villatedaldi.com. Die schöne Villa aus dem frühen 20. Jh. liegt etwas zurückversetzt an der Straße nach Gressoney-La-Trinité. Sympathisches kleines Haus mit nur acht Zimmern. Alte Kachelöfen und knarrende alte Holzböden geben dem Hotel den Charme vergangener Zeiten. Die Zimmer sind einfach, aber geschmackvoll eingerichtet. Bar, Garten mit Terrasse. Kein Restaurant, Hausgäste können im Hotel Lyskamm (derselbe Besitzer) zu moderaten Preisen (Menü 15 €) speisen. 80–100 €.

Wintersport

Als Standort eignet sich Gressoney-Saint-Jean wegen der guten Infrastruktur optimal. Allerdings muss man sich dann darüber im Klaren sein, dass man nicht direkt vor der Tür die Ski anschnallen kann.

Insgesamt 23 Kilometer lang ist die Loipenspur, mit sechs Rundloipen zwischen 1,1 und 7,5 Kilometern Länge, zum Teil verläuft die Spur am Castello Savoia und an typischen Stadeln vorbei. Jedes Jahr findet hier der Monterosa-Lauf statt.

In der Nähe des Castello Savoia liegt das kleine **Skigebiet von Weissmatten** mit zwei Sesselliften und je einer blauen, roten und schwarzen Piste.

- Wie überall in Italien und Frankreich sind die gespurten Loipen **gebührenpflichtig:**

Gressoney-Saint-Jean: Tageskarte 5 €, Wochenkarte 20 €.

Wandern

- **Ausgeschilderte Wanderrouten** von Gressoney-Saint-Jean z.B. nach Riva Valdobbia, Gehzeit ca. 3½ bis 4 Std.

Feste

- **Festa di San Giovanni,** Ende Juni. Patronatsfest mit Umzug in den alten Trachten der Walser, die hier zu den schönsten zählen.

Der Höhenweg Alta Via 1

Der Alta Via 1 wird auch „Höhenweg der Riesen" genannt, führt er doch durch eine atemberaubende alpine Landschaft am Fuße der höchsten europäischen Berggipfel des Monte-Rosa-, Matterhorn- und Mont-Blanc-Massivs. Auf bequemen und gut ausgeschilderten Pfaden, die von den Walsern bereits vor Hunderten von Jahren begangen wurden, geht es im Gressoney- und Ayas-Tal vorbei an kleinen, noch erhaltenen Walserdörfern mit ihrer typischen Architektur.

Der Alta Via verläuft durchschnittlich in Höhen zwischen 2000 und 3000 Meter und folgt dem Verlauf der Dora Baltea. Der Weitwanderweg führt **von Gressoney-Saint-Jean nach Courmayeur** und umfasst insgesamt 13 Tagesetappen mit jeweils drei bis fünf Stunden Gehzeit.

Die Etappenziele liegen entweder in einem Dorf im Tal mit Übernachtungsmöglichkeit vom Campingplatz bis zum Hotel; seit den 1970er Jahre entstanden aber auch neue **Berghütten** und nicht bewirtschaftete **Schutzhütten** (zu den gemütlichsten zählen die Berghütten Grand Tournalin, Prarayer, Crete Sèche und Reboulaz). Sie ersparen den Weitwanderern den Abstieg in die sommerlich überfüllten Talorte.

Von Gressoney-Saint-Jean aus geht es weiter über das Ayas-Tal, das Valtournenche, Valpelline und Valle del Gran San Bernardo. Über den Col de Malatra, den höchsten Punkt der Tour auf 2925 m, gelangt man schließlich ins Val Ferret und nach Courmayeur. Ein besonders schönes Panorama bietet sich in Alpenzù, am Col di Nana, Conca di Cheneil und Col Breuson.
Von allen Talorten hat man immer die Möglichkeit, per Bus wieder an den Ausgangspunkt der Wanderung zurückzukehren.

Etappenüberblick Alta Via 1

- **1: Gressoney-Saint-Jean** (1405 m) bis zur **Berghütte Vieux Crest** (1935 m) im Ayas-Tal, Gehzeit 5 Std. 15 Min.
- **2: Berghütte Grand Tournalin** (2535 m), Gehzeit 4 Std. 15 Min.
- **3: Crétaz** (1520 m) im Valtournenche, Gehzeit 4 Std. 10 Min.
- **4: Berghütte Barmasse** (2157 m), Gehzeit 2 Std. 30 Min.
- **5: Bivacco Reboulaz** (2585 m), Gehzeit 5 Std.
- **6: Oratorio Cuney Refuge** (2652 m), Gehzeit 2 Std.
- **7: Closé** (1456 m) im Valpelline, Gehzeit 5 Std. 10 Min.
- **8: Rey** (1393 m) im Tal von Ollomont, Gehzeit 4 Std. 50 Min.
- **9: Berghütte Champillon** (2375 m), Gehzeit 2 Std. 40 Min.
- **10: Saint Rhémy en Bosses** (1600 m) im Valle del Gran San Bernardo, Gehzeit 5 Std.
- **11: Berghütte Lac** (2540 m), Gehzeit 3 Std. 45 Min.
- **12: Berghütte Walter Bonatti** (2025 m) im Val Ferret, Gehzeit 3 Std.
- **13: Courmayeur** (1223 m), Gehzeit 3 Std. 50 Min.

Nähere Informationen über den Höhenweg finden sich auf der Website **www.regione.vda.it/altevie.**

Gressoney-La-Trinité ⇗ VII/C2

- **PLZ:** 11020
- **Lage über NN:** 1637 m
- **Einwohnerzahl:** 315

Der ehemalige Walserort ist heute vor allem ein wichtiges **Wintersportzentrum,** dem aber glücklicherweise das Schicksal zersiedelter französischer Wintersportorte mit gesichtslosen Betonbauten erspart blieb. In der Nähe

013pi Foto: sg

des Informationsbüros mitten im Ort gibt es einen ersten Sessellift hinauf zur Punta Jolanda und mitten hinein ins Monterosa-Skigebiet.

Information

- **Ufficio del turismo,** Località Edelboden Superiore, Tel. 01 25 36 61 43, Fax 01 25 36 63 23, gressoneylatrinite@turismo.vda.it.

Unterkunft, Essen und Trinken

- **Ristorante Capanna Carla,** Loc. Tschaval 33, Tel. 01 25 36 61 30, Ruhetag Mo (außer im Sommer). Kurz vor dem großen Parkplatz der Seilbahnen von Stafal, biegt man rechts in eine schmale, steile Straße ein, die zum Capanna Carla führt. Auf 1860 m Höhe liegt dieser alte Stadel aus dem 17. Jh. Hier wird noch traditionell auf dem Holzofen gekocht. Zu den Spezialitäten des Hauses zählen unter den *primi* die *zuppa alla valdostana,* Polenta und die hausgemachten Ravioli mit *fonduta.* Unter den *secondi* sind die Wildgerichte empfehlenswert, und als krönender Abschluss der heimische Käse Toma di Gressoney. Menü ca. 30 €. Übernachtung/DZ 70–110 €.

Stafal

↗ VII/C2

- **PLZ:** 11020
- **Lage über NN:** 1823 m

Vier Kilometer oberhalb von Gressoney-la-Trinité endet das Tal bei Stafal, der wichtigsten Skistation von Gressoney, das zum Drei-Täler-Skiverbund **Monterosaski** gehört. Das Skigebiet

Traumhafte Abfahrt vom Colle Bettaforca

umfasst 86 Liftanlagen und 79 Pisten mit 180 Pistenkilometern. Von Stafal gehen zwei große Gondeln ab. Die eine führt an der linken Talseite hinauf zum Colle Bettaforca. Von hier aus gelangt man ins Val d'Ayas. Auf der anderen Talseite geht es hinauf nach Gabiet. Von hier gibt es die Möglichkeit, nach Alagna zu queren. Am Wochenende und in Ferienzeiten herrscht hier Hochbetrieb. Wer das Skigebiet in Richtung Alagna nutzen möchte, weicht dann am besten auf die kleine Station **Orsia** ein Stück weiter unten aus. Von hier gelangt man mit zwei Sesselliften ebenfalls zur Gondelstation Gabiet. Mit einer weiteren Kabinenbahn erreicht man den **Passo Salati** (2971 m). Von hier aus bietet sich ein herrliches Panorama auf die Gipfel der Monte-Rosa-Gruppe mit Dufour-Spitze (4833 m) und den Lyskamm-Gletscher (4527 m). Auf einer schönen, langen Abfahrt (rote Piste) gelangt man hinunter nach Alagna im piemontesischen Valsésia. Echte Könner fahren hingegen auf die **Punta Indren** (3260 m) und nehmen die schwarze Piste nach Alagna. Mit einer neuen großen Kabinenbahn erreicht man von Pianalunga aus wieder in wenigen Minuten den Passo Salati.

Unterkunft

- **Residence Villa della Regina******, Fraz. Stafal 6, Tel. 01 25 36 62 01, Fax 01 25 36 69 63, www.gressoney.it. Direkt bei der Skistation, auf 1823 m Höhe, liegt das einstige Jagdschloss der Königin *Margherita*. Heute beherbergt das herrschaftliche Haus 17 komfortabel eingerichtete Ein-, Zwei- und Dreizimmer-Apartments. Tägliche Zimmerreinigung, Wäschewechsel, Garagenplatz; Aufenthaltsräume, Bar, Restaurant. Komfortables Standquartier für alle, die vorrangig Skifahren im Sinn haben. Zwei-Zimmer-Wohnung (vier Personen) 511–1932 €/Woche.

014pi Foto: sg

Wintersport

- **Skischule,** Loc. Stafal, Tel. 01 25 35 52 91, www.scuolascigressoney.net. Carving, Telemark, Snowboard, Einzelstunde 38–41 €, Gruppen (12,5 Std.) 150–170 €.
- **Tageskarte** Skigebiet Stafal 29 €, **Nachmittagskarte** 23 €.
- **Skigebiet Monterosa Ski,** hierzu gehören das Ayastal, das Gressoneytal und Alagna Valsesia. Tageskarte Erwachsene 38 €, Kinder bis 12 Jahre 27 €.

Vor allem etwas für die Kids: Snowboarden

Donnas ↗ XI/C1

- **PLZ:** 11020
- **Lage über NN:** 320 m
- **Einwohnerzahl:** 2708

Donnas liegt an einem steilen, mit Wein terrassierten Hang am Eingang zum Aosta-Tal. Die hiesige Weinproduktion geht wahrscheinlich bereits auf das 13. Jh. zurück. Der alte Ort liegt direkt an der viel befahrenen Bundesstraße und wirkt auf den ersten Blick nicht besonders interessant. Wer sich aber für die römischen Zeugnisse im Aosta-Tal interessiert, sollte hier unbedingt einen Halt einlegen. Was im Vorbeifahren kaum auffällt, ist ein großer in den Fels gehauener **Bogen,** einer der wichtigsten römischen Überreste im Aosta-Tal.

Da die Bergflanke über der Dora abzurutschen drohte, schlugen die Römer bei Donnas eine 220 Meter lange und fünf Meter breite Terrasse aus dem Hang. Am Ortsende ist dieser mit großen Steinen gepflasterte Straßenabschnitt noch zu sehen. Der Bogen, drei Meter breit und vier Meter hoch, wurde im Mittelalter als **Tor** genutzt; es konnte nachts geschlossen werden. Zu dieser Zeit unterstand Donnas den Herren von Bard und war durch seine **strategisch wichtige Position** mehrmals Mittelpunkt von Auseinandersetzungen, bis die Savoyer den Ort 1326 endgültig in ihren Besitz brachten.

Über eine Brücke und durch das mittelalterliche Stadttor gelangt man in das Straßendorf, das durch die dicken Mauern der alten Häuser vor dem Verkehrslärm geschützt ist.

Wein

- **Caves Coopératives de Donnas,** Via Roma 97, Tel. 01 25 80 70 96, www.donnasvini.it. Geöffnet Mo–Sa 9–12 und 14–17 Uhr, So 9–12 und 15–18 Uhr. Die Genossenschaftskellerei füllt jährlich ca. 150.000 Flaschen ab. Der Klassiker im Sortiment ist der *Donnas,* ein Cuvée aus Nebbiolo-, Freisa- und Neret-Trauben, oder *Vien de Nus,* der mindestens zwei Jahre im Fass reift.

Bard ↗ XI/C1

- **PLZ:** 11020
- **Lage über NN:** 400 m
- **Einwohnerzahl:** 131

Bard liegt geschützt am Fuße eines mächtigen, isolierten Felsenhügels zwischen aufsteigenden Bergflanken an einer der engsten Stellen des Aosta-Tals. Über dem Ort thront die **Festung** der Herren von Bard; sie scheint von hier aus das ganze untere Tal zu beherrschen.

Der alte Ortskern liegt an der **Via Consolare,** dem römischen Verbindungsweg von Aosta nach Ivrea. Etliche Häuser, ehemals im Besitz der Grafen von Bard, sind in ihrer Substanz aus dem 16. und 17. Jh. erhalten geblieben. Empfehlenswert ist ein Spaziergang hinauf zur Festung.

Seit dem frühen Mittelalter war der Felsen ein strategisch wichtiger Punkt am Eingang ins zentrale Aosta-Tal. Bereits in der ersten Hälfte des 11. Jh. errichtete *Ottone von Bard* auf der Felskuppe eine Burg und forderte fortan Wegegeld von den Reisenden und Händlern. Die Burg wurde **Stammsitz** der mächtigen **Familie Bard.** 1242 eroberte *Graf Amedeo IV. von Savoyen* die Burg und baute sie zur Festung aus. Das Gebiet gelangte in den Einflussbereich der Savoyer.

In den folgenden Jahrhunderten spielte die Burg immer eine wichtige **militärische Rolle** im Aosta-Tal. Bereits im 16. Jh. reichte ein System an Bastionen bis in das Dorf hinunter. Nach der Zerstörung der Festungen von Verrès und Montjovet durch den Savoyer *Carlo Emanuele II.* verlagerten sich die gesamten savoyardischen Streitkräfte des Aosta-Tals nach Bard.

Auf dem Weg in die von den Österreichern besetzte Po-Ebene belagerten die Truppen **Napoleons** 1800 die Festung. Der als Überraschungscoup gegen die Österreicher geplante Zug über die Alpen drohte zu scheitern. Mit einem großen Heer und Kanonen überschritten die Franzosen im Mai den noch verschneiten Pass des Großen Sankt Bernhard. Erst nach vier Tagen, als die Truppen eigentlich bereits in Ivrea sein sollten, gelang es ihnen, das Dorf einzunehmen. Doch die von den Österreichern besetzte Festung von Bard erschien uneinnehmbar. Um weiterziehen zu können, musste ein Teil der Truppen einen Umweg über Albard oberhalb von Donnas in Kauf nehmen. Erst nach 12 Tagen, als der Großteil der Truppen bereits vorbeigezogen war, soll die österreichische Besatzung kapituliert haben. Nachdem *Napoleon* die Österreicher in der Schlacht von Marengo am 14. Juni besiegte, ließ er wenige Tage darauf die gesamte **Burg sprengen.** Nach 1814 erhielten die Savoyer ihre Besitzungen zurück. *Carlo Felice* befürchtete einen neuen Angriff durch Frankreich und ließ die Burg von 1830 bis 1827 zur gewaltigen Zitadelle **wiederaufbauen.** Die Anlage, bestehend aus drei übereinandergestaffelten, selbstständigen Gebäuden mit Kasematten für die Artillerie und Kasernen, zieht sich den gesamten Hang hinauf.

140pi Foto: sg

Seit Ende des 19. Jh. wurde die Festung nicht mehr militärisch genutzt und verfiel. 1990 erwarb die Region die Festungsanlage und begann mit der Restaurierung der vier Gebäude. Entstanden ist ein großes **Kulturzen-**

In den engen Gassen von Bard

trum mit Kongressräumen, Museen und Restaurants und ein luxuriöses Hotel im inneren Festungsgebäude. Mit einem System an geneigten Panoramaaufzügen gelangt man vom unteren Parkhaus hinauf.

- **Forte di Bard,** Associazione Forte di Bard, www.fortedibard.it, Tel. 01 25 83 38 11, Di–Fr 10–18 Uhr, Sa/So 10–19 Uhr, Museo delle Alpi Eintritt 8 €, Parkhaus 2 €/Tag. Die drei Aufzüge sind gebührenfrei.

Unterkunft

- **Bed & Breakfast Le Bon Reveil,** Via Vittorio Emanuele II. 85, Tel. 01 25 80 39 86 oder 34 05 51 67 25, www.bonreveil.valleaosta.it. Im mittelalterlichen Borgo von Bard in der Nähe der Piazza Chiesa, unterhalb der Festung, liegt dieses kleine B&B. Die beiden Doppelzimmer sind mit rustikalen Möbeln eingerichtet. Im gemütlichen Aufenthaltsraum sorgt ein Kamin für Atmosphäre. 60 €.

Val di Champorcher ⇗ X–XI/B–C1

Bei Bard, auf der gegenüberliegenden Seite der Dora Baltea, liegt **Hône** am Eingang ins Champorchertal. Man sieht kaum, dass hier ein Tal abzweigt. Das so gut wie unbekannte Seitental liegt absolut ruhig und idyllisch und eignet sich hervorragend als Ausgangspunkt für **Wanderungen.**

Bevor man tiefer in das Seitental eindringt, lohnt sich ein Blick hinab auf den riesigen Felsklotz mit der Sperrfestung Bard, die den Talgrund versperrt.

15 Kilometer lang windet sich die Straße das enge Tal hinauf, immer am Fluss Ayasse entlang. Von hier oben wird ihre ehemals so wichtige strategische Bedeutung mehr als offensichtlich. Hinter einer steilen Klamm geht es tief hinein in eine wilde Gebirgswelt. Seit jeher schwer zugänglich, ist das Tal **touristisch nur wenig erschlossen.** Die Landschaft und die kleinen verstreut liegenden Bergdörfer, umgeben von Kastanien-, Tannen-, und Lärchenwäldern, haben ihre Ursprünglichkeit bewahrt. Es gibt nur ein kleines **Skigebiet** am Ende des Tales und nur eine Handvoll kleinerer Berghotels. Im Sommer zieht es hier nur Wanderer her, die die Ruhe dieses herben Tales und die intakte Gebirgslandschaft schätzen.

Vorbei an den verstreut liegenden alten Weilern der Gemeinde **Pontboset** im unteren Talverlauf, schraubt sich das schmale Sträßchen durch eine eindrucksvolle wilde Gebirgslandschaft, vorbei an tiefen Schluchten, die der Ayasse über Jahrtausende hier in den Felsen gegraben hat, hinauf nach Champorcher.

Im Lauf der Jahrhunderte stand das Tal unter **wechselnder Herrschaft.** Zunächst regierten hier im Mittelalter die Herren von Bard und Pont-Saint-Martin, bevor es in den Besitz der Savoyer überging. Aus dieser Zeit datiert noch ein quadratischer **Turm** mit Zinnenkranz, der unübersehbar die Ortsmitte von **Château** (1427 m), Hauptort der Gemeinde Champorcher, einnimmt. Es ist der Überrest einer Burg, die im 12. Jh. von den *Bard* errichtet wurde und 1212 abbrannte. 1320 wur-

Schiefergedeckte Häuser in Pontboset

de nur der Turm wieder aufgebaut. Daneben liegt die **Pfarrkirche San Nicola** mit barocken Altären aus dem 17. Jh.

Kurz hinter Chateau in einem ausgedehnten Waldstück liegt am Talschluss das kleine **Chardoney** mit einem kleinen Ortskern aus alten, mit Schiefer gedeckten und mit Holzbalkonen versehenen Steinhäusern. Hier liegen zwei einfache Berghotels und die Station der Seilbahn, mit der man hinauf nach **Laris** auf 1900 m und in das kleine **Skigebiet** zu Füßen des Rosa dei Banchi bis auf 2500 m Höhe gelangt. Es umfasst 14 Abfahrten mit insgesamt 21 Pistenkilometern, einige Loipen und Schneewanderwege. Alles ist klein und überschaubar, keine großen Liftanlagen ruinieren die Hänge im Sommer und trüben den Blick auf die Gebirgslandschaften.

Nach dem Parkplatz der Seilbahn endet die Straße. Über ein kleines Brückchen gelangt man zu dem kleinen **Heimatmuseum** der **Cooperativa Lou Dzeut.** Im Champorchertal geht die Herstellung und Verarbeitung von **Hanf** auf eine jahrhundertelange Tradition zurück. Früher besaßen alle Familien im Tal einen Webstuhl. Die Cooperativa zeigt eine Ausstellung historischer Kleidung aus Hanf und verkauft auch neue Tischwäsche, die heute noch auf einem alten Webstuhl traditionell hergestellt wird.

- **Tessitura Artigianale Cooperativa Lou Dzeut,** Fraz. Chardoney 42, Tel. 012 53 73 27. Geöffnet Di–So 9–12 und 14–18 Uhr.

017pi Foto: sg

018pi Foto: sg

Von hier aus gelangt man über gut ausgeschilderte Wanderwege nach **Dondena** und zu einer Hochebene mit dem malerischen Gebirgssee **Lago Miserin** (2585 m) am Fuße des Rosa dei Banchi.

Häufiger Gast im Champorchertal war im 19. Jh. der italienische König **Vittorio Emanuele II.,** der in Dondena und im benachbarten Cognetal eines seiner bevorzugten Jagdreviere unterhielt und dafür eigens eine Schotterstraße ins Cognetal anlegen ließ.

Nach einer Legende gelangte um 300 der römische Legionär *Porcerius* in das Champorchertal. Er ließ sich am Lago Miserin nieder und bekehrte die hiesige Bevölkerung zum Christentum. Das Tal, das sich unterhalb des Sees öffnete, erhielt den Namen Champs de Porcier. Neben dem See, an der Stelle, wo Porcerius gepredigt haben soll, liegt die **Wallfahrtskirche Notre Dame des Neiges.** Die heutige Kapelle soll der Überlieferung nach auf einen Vorgängerbau aus der Zeit nach 1630 zurückgehen, als die Pest im Tal wütete. Bis heute ist die Kapelle Ziel einer jährlich stattfindenden **Marienwallfahrt.**

Ausgezeichnet beschildert sind die Wanderwege im Val di Champorcher

Wanderung zum Lago Miserin

Ausgangspunkt für eine Wanderung zum Lago Miserin ist die **Talstation Chardonney** (1444 m). Bei der Cooperativa Lou Dzeut auf der linken Seite des Baches führt eine Brücke über den Ayasse. Weiter geht es auf einer Schotterstraße, die von *Vittorio Emanuele II.* angelegt wurde. Nach ca. 100 Metern steigt rechts der Wanderweg Scalette an. Vorbei an Wiesen und durch einen Wald gelangt man in einem Bogen wieder zum Ayasse. Treppen führen wieder aus dem Wald hinaus. Man durchquert die Wiesen von Brenvey. Bei der Alb Créton geht es leicht aufwärts bis zur Alb Champ Long und zu den Häusern von Dondena. Von der Berghütte Dondena durchquert man ein weites Tal und gelangt auf einen langsam ansteigenden Schotterweg. Bevor der Weg in steile Serpentinen übergeht, biegt man in einen Pfad ein, der zum Lago Miserin und zur gleichnamigen Berghütte führt. Reine **Gehzeit** ca. 5 Std. 30 Min., **Höhenunterschied** 1144 m.

Information

- Im Internet: **www.valledichamporcher.it.**
- Nächstes **Fremdenverkehrsbüro** in Pont-Saint-Martin.

Unterkunft/ Essen und Trinken

- **Agriturismo Le Moulin des Aravis,** Fraz. Savin 55 (Pontboset), Tel. 01 25 80 98 31,

Fax 01 25 801 31 84, www.valledichampor cher.it/lemoulin.htm. Der Weiler **Savin** liegt etwa drei Kilometer oberhalb von Pontboset auf rund 1000 Meter Höhe, unterhalb der Straße. Dieser sympathische Agriturismo-Betrieb wird sehr gastfreundlich von der Familie *Goutier* geführt. Die ehemalige Wassermühle liegt äußerst idyllisch direkt an einem rauschenden Bach und unterhalb einer alten Steinbrücke. Insgesamt gibt es vier schöne, mit alten Möbeln liebevoll eingerichtete Zimmer mit modernen Bädern und kleinen Balkonen, die über den Bach ragen. Von den Panoramafenstern im Gastraum genießt man einen romantischen Blick hinab ins Tal. Für Hausgäste gibt es noch einen gemütlichen Aufenthaltsraum. Fast alles, was auf den Tisch kommt, stammt aus eigenem Anbau, angefangen bei der Beerenmarmelade zum Frühstück und dem selbstgebackenen Brot aus eigenem Getreide, das immer noch in der hauseigenen Mühle gemahlen wird. Alles in allem eine echte Oase. Halbpension ist absolut zu empfehlen! 30–35 € pro Person, HP 45–50 €. Das Restaurant ist nur Fr abends, Sa abends und So mittags geöffnet. Von Mo–Do nur auf Anfrage für Gruppen. Degustationsmenü 25 € (ohne Wein), *merenda* (typisch italienische Brotzeit) 10–15 €. Restaurant nur mit Reservierung.

Feste

- Im Champorchertal werden noch insgesamt 17 Gemeindeöfen instand gehalten. Bei der **Festa del Pane Nero** am ersten Sonntag im August wird im Gemeindebackofen von **Mellier** das traditionelle, schmackhafte dunkle Brot gebacken. Früher wurde es nur einmal im Jahr gebacken, dann auf Holzgittern getrocknet und für den Rest des Jahres auf dem Dachboden oder dem Getreidespeicher aufbewahrt.
- **Processione al Santuario del Lago Miserin** am 5. August. Eindrucksvolle Wallfahrt an den Lago Miserin. Die fünfstündige Prozession mit Fackelzug beginnt bereits um 4 Uhr morgens.
- **Festa degli Artigiani al Lavoro** am letzten Sonntag im Juli. Handwerksmesse und Degustation lokaler Produkte.

019pi Foto: sg

Wieder zurück im Haupttal, lässt man am besten die Autobahn links liegen und hält sich an die fast parallel zur A 5 verlaufende Bundesstraße S 26. So hat man die Möglichkeit, rechts und links der Dora Baltea auf die kleinen Landstraßen abzubiegen, durch die Dörfer zu zuckeln, vorbei an saftigen Wiesen und den für das Tal typischen auf Pergolen gezogenen Weingärten. Oft lohnt sich ein Halt, um eine der vielen über das ganze Tal verstreuten **Burgen** oder eine der kleinen unbekannten **Kirchen** mit bemerkenswerten Fresken zu besichtigen, oder auch, um in einer der sympathischen **Landgaststätten** einzukehren, für die sich allein schon ein Abstecher lohnt.

Wunderschön gelegen:
Agriturismo Le Moulin des Aravis

Der Höhenweg Alta Via 2

Der Weitwanderweg Alta Via 2 führt von **Champorcher** nach **Courmayeur** und umfasst insgesamt 12 Tagesetappen mit jeweils vier bis fünf Stunden Gehzeit. Im Gegensatz zum Alta Via 1, bei dem die großen Gipfelketten vom Monte Rosa bis zum Monte Bianco als Kulisse dienen, führt die im Süden des Aosta-Tals gelegene Wanderroute durch die raue, äußerst reizvolle, aber durch weniger Gletscher gekennzeichnete Gebirgslandschaft der beiden **Naturschutzparks Parco Regionale del Mont Avic** und **Parco Nazionale del Gran Paradiso,** Letzterer war das erste Schutzgebiet Italiens. Auf dem Weg von den Wiesen im Tal durch Kastanien- und in höheren Lagen schöne Lärchenwälder, über saftige Almen und über Pässe wieder hinab in die Täler begegnet man nicht selten Herden von Steinböcken und Gämsen und passiert einige der spektakulärsten Gebirgsseen der Region wie den Miserin, Djovan, Rutor und Miage.

Die **Etappenziele** liegen fast immer in einem Dorf im Tal mit Übernachtungsmöglichkeit auf Campingplätzen und in Hotels oder auf Berghütten. Von den Dörfern aus hat man immer die Möglichkeit, per Bus wieder an den Ausgangspunkt der Wanderung zurückzukehren. Der Höhenweg ist nur im **Sommer** begehbar, denn frühe Schneefälle im Herbst machen die Überquerung hoch gelegener Pässe schwierig. Schönster Monat ist der Juli, wenn die Almen mit blühenden Alpenpflanzen übersät sind.

Einige Etappen enden in den touristisch gut besuchten Orten Cogne, Dégioz, Rhêmes-Notre Dame und La Thuile, was im im Juli und August zu einem Engpass bei den Unterkünften führen kann. Eine **Reservierung** ist dann ratsam.

Der Weg, der dem Lauf der Dora Baltea folgt, verläuft in durchschnittlich **2000 bis 3000 Metern Höhe,** höchster Punkt ist der Passo Col Loson auf 3299 m.

Nähere Informationen über den Höhenweg finden sich auf der Website **www.regione.vda.it.**

Etappenüberblick

- **1: Champorcher** (1422 m) zur **Berghütte Dondena** (2192 m), Gehzeit 3 Std. 45 Min.
- **2: Berghütte Sogno Péradza** (2530 m), Gehzeit 3 Std. 10 Min.
- **3: Cogne** (1540 m) im Cognetal, Gehzeit 4 Std.
- **4: Berghütte Vittorio Sella** (2584 m), Gehzeit 3 Std. 30 Min.
- **5: Eaux Rousses** (1658 m), Valsavarenche, Gehzeit 5 Std.
- **6: Rhêmes-Notre-Dame** (1722 m), Val di Rhêmes, Gehzeit 5 Std. 30 Min.
- **7: Berghütte Chalet de l'Epée** (2370 m) im Valgrisenche, Gehzeit 3 Std. 30 Min.
- **8: Planaval** (1554 m) im Valgrisenche, Gehzeit 3 Std. 15 Min.
- **9: Promoud** (2022 m), Gehzeit 5 Std. 30 Min.
- **10: La Thuile** (1435 m), Gehzeit 5 Std. 40 Min.
- **11: Berghütte Elisabetta Soldini** (2168 m) im Val Veny, Gehzeit 4 Std. 20 Min.
- **12: Courmayeur** (1223 m), Gehzeit 4 Std. 30 Min.

Arnad

↗ XI/C1

- **PLZ:** 1273
- **Lage über NN:** 340 m
- **Einwohnerzahl:** 1320

Gleich drei **Schlösser** hat die Familie *Vallaise* seit dem Mittelalter in dem kleinen alten Ort Arnad hinterlassen. Hoch oben auf einem Hügel thronen die Überreste einer zinnenbewehrten Burg aus dem 13. Jh. Im 16. Jh. errichteten sich die *Vallaise* eine bequemere Wohnstätte am Fuße des Hügels, die **Domus fortis de la Costa.** Wohl nur eine Übergangslösung, denn nur 100 Jahre später entstand zum Zeichen von Macht und Einfluss eine neue, wesentlich repräsentablere Residenz. Die Innenräume des **Castello inferiore dei Vallaise** sind noch mit den Originalwandmalereien, großen Landschaftsdarstellungen, Trompe-l'Oeil-Malerei und allegorischen Figuren ausgestattet. Das Schloss ist in **Privatbesitz** und kann nicht besichtigt werden.

In heutiger Zeit ist Arnad vor allem für eines der typischsten kulinarischen Produkte aus dem Aosta-Tal bekannt. Unter den Klassikern der Antipasti im Tal ist er nicht wegzudenken, der weiße, hauchdünn geschnittene **Lardo.**

Lardo ist der italienische Name für ein früher alltägliches Lebensmittel, einen **weißen, fetten Speck.** Er wird zwar in ganz Italien hergestellt, aber in nur zwei Gegenden (neben dem Aosta-Tal ist der Lardo aus dem toskanischen Colonnato berühmt) wird daraus eine Delikatesse gemacht. Der Lardo d'Arnad (D.O.P.) wird aus schweren Landschweinen gewonnen, Mastschweine eignen sich dafür nicht, da sie keine dicke Speckschicht besitzen. Von der Schwarte gelöst, werden sie in Schichten mit Salz, Lorbeer, Pfeffer, Salbei, Rosmarin, Nelken, Zimt, Wacholder, Muskatnuss und Knoblauch gewürzt und mit Salz und Kräutern aufgekochtem Wasser bedeckt. Dann wird der *lardo* in speziellen Behältern mindestens drei Monate gelagert, eine Konservierungsart, die sich seit Jahrhunderten bewährt hat. Bei längeren Reifezeiten bis zu 12 Monaten wird anstatt einem Wassersud Weißwein zugegeben. Mehr zum Lardo erfährt man bei Bertolin, dem größten hiesigen Lardoproduzenten, im Ortsteil Champagnolaz.

Essen und Trinken

- **L'Arcaden,** Loc. Champagnolaz 1, Tel. 01 25 96 69 28, Ruhetag Do. Vor allem am Wochenende stark frequentiertes Ausflugslokal; Skifahrer, Wanderer und Kletterer kehren hier zur *merenda* mit Lardo, Mocetta und Käse ein. Vorher reservieren empfiehlt sich. 16 €.
- **Agriturismo Lo Dzerby,** Fraz. Machaby, Loc. Pied de Ville 13, Tel. 01 25 96 60 67, geöffnet von Mai bis Oktober und nur am Wochenende. Der schön gelegene Bauernhof liegt etwas ab vom Schuss auf 720 m Höhe in der Nähe des Santuario di Machaby. Wer den Weg nicht umsonst machen will, sollte deshalb reservieren. Serviert wird die typische *merenda* mit Salumi und Käse (um die 10 €), danach kann man hausgemachte Desserts genießen. Warme regionale Gerichte (15 €) nur nach Vorbestellung.

Einkaufen

- **Caseificio Cooperativo Evançon,** Loc. Glair 7, Tel. 01 25 92 62 61, geöffnet 8.30–12.30 und 15.30–19.30 Uhr. Verkaufsstelle der genossenschaftlichen Käserei des unteren Aosta-Tals und des Ayas-Tals. Spezialitäten: Fontina, Fromadzo, Réblèque, Ricotta und Saligno.

- **Panificio Cargnino,** Arnad-Le-Vieux. Brot mit Kastanien, Rosinen, Grissini mit Nüssen.
- **Salumifico Bertolin,** Loc. Champagnolaz 10, www.bertolin.it. Täglich verkauft Bertolin neben den eigenen Produkten eine große Auswahl an heimischen Weinen, Käse, Marmelade und vieles mehr.

Das Schloss von Issogne

⇗ XI/C1

Bereits in Issogne, noch im unteren Talverlauf und auf der anderen Seite der Dora Baltea, trifft man auf eines der drei berühmtesten **Schlösser** im Aosta-Tal, die allesamt von der Familie *Challant* erbaut wurden. Von außen schlicht und eher enttäuschend, besitzt es im Inneren bedeutende **Wandgemälde.** *Ibleto von Challant,* eine der wichtigsten Figuren am Hofe Savoyens und Erbauer der gegenüberliegenden Festung Verres, gestaltete im 15. Jh. eine an dieser Stelle bereits vorhandene, einfache *casa forte* in ein elegantes Herrenhaus um. Doch erst einem seiner Nachfahren, **Giorgio Challant-Varey,** Prior der Kirche von St. Orso in Aosta und Kunstmäzen, sind die heutige außergewöhnliche malerische Ausstattung und die gut erhaltenen Kassettendecken und Kamine zu verdanken. Unter französischem Einfluss baute *Giorgio* 1494 bis 1509 die Burg zu einem Wohnschloss der Renaissance aus und machte es zu einem der prächtigsten Herrensitze Savoyens seiner Zeit. Die bestehenden Gebäude wurden vergrößert und mit neuen verbunden. Drei Gebäudeflügel mit Arkadengängen und Fenstergalerien gruppieren sich in Hufeisenform um einen Innenhof mit Blick auf einen Garten im italienischen Stil.

Ein **Brunnen** mit einem filigran geschmiedeten Granatapfelbaum, Symbol des Wohlstands, ziert die Mitte des Schlosshofes, Hochzeitsgeschenk des Priors an seinen Erben *Filiberto.* Die freskierten Wände unter den Arkaden zieren **Friese mit Heiligenfiguren.** Ein echter Hingucker sind jedoch die um 1500 entstandenen, sehr lebendig und ausdrucksvollen **Malereien** auf den sieben Lünetten mit volkstümlichen naturgetreuen Darstellungen aus dem dörflichen Leben. Sehr figurenreich ist die Marktszene, wo neben Obst und Gemüse auch Schuhe feilgeboten werden, in der Schneiderstube sitzt der Geselle im Schneidersitz bei der Arbeit auf dem Tisch, ein anderer schneidet zu und der nächste misst dem Kunden den Stoff ab, beim Metzger hängt so allerlei am Haken, und in der Hofapotheke wird gerade einer edlen Dame die richtige Mixtur zusammengemischt, während sich unten in der Ecke ein armer Taglöhner mit zerlumpten Beinkleidern an einem großen Mörser abmüht. Wahrscheinlich stammen die Malereien aus der Schule des *Maître Colin,* der auch in Sant'Orso in Aosta tätig war.

Im Inneren des Schlosses gelangt man nach Speisesaal und Küche in den Hauptempfangssaal, die **Sala baronale di Giustizia.** Der Gerichtssaal ist mit gemalten Landschaften und figurenreichen Szenen aus der Jagd

020pi Foto: sg

und dem höfischen und dörflichen Leben verziert.

Die **Kapelle** befindet sich in der ersten Etage des Ostflügels. Der Chor, durch eine Holzbalustrade abgetrennt, besitzt noch den originalen Flügelaltar. Die Fresken werden ebenfalls *Maître Colin* zugeschrieben. In der zweiten Etage liegen die Räume und die Hauskapelle *Giorgio von Challants*. Ein ganz besonders interessantes Zeitzeugnis sind die **Graffitis** im Zimmer der jungen Gräfin. Die Ritzzeichnungen, die im gesamten Gebäude immer wieder zu sehen sind, stammen nicht aus heutiger Zeit, sondern wurden von den ursprünglichen Bewohnern in die Wände geritzt, wie man anhand der Schrift und der Jahreszahlen feststellen kann. Die junge Gräfin *Filiberta* schrieb sich in ihrem Turmzimmer, in das man sie eingesperrt hatte, um sie zu einer Vernunftehe zu zwingen, an der Wand ihren Kummer von der Seele.

Im **Saal des Königs von Frankreich** erinnern die Lilien auf blauem Grund an der prächtigen Kassettendecke an den wichtigen Gast.

Als der Maler und Kunstsammler *Vittorio Avondo* das Schloss 1872 bei einer öffentlichen Versteigerung erwarb, begann er nicht nur mit der Restaurie-

Darstellungen des Alltagslebens um 1500: die Fresken im Schloss von Issogne

rung, sondern bemühte sich auch, Teile der bereits verkauften **Originalmöbel** wieder zu beschaffen; gelang ihm dies nicht, ließ er sie durch Stücke aus der gleichen Epoche ersetzen, oder er ließ Kopien von den Originalen anfertigen. Das Baldachinbett im Saal des Königs von Frankreich kaufte er von einem Bauern in Ussel zurück, der darin seine Hühner hielt.

- **Castello di Issogne,** Piazza Castello, Tel. 01 25 92 93 73, geöffnet 1.3.–30.6. und 1.9.–30.9. täglich 9–18.30 Uhr, 1.7.–31.8. täglich 9–20 Uhr, 1.10.–28.2. Mo–Sa 10–12 und 13.30–16.30 Uhr, Sa/So 10–12 und 13.30–17.30 Uhr; Eintritt alle halbe Stunde und nur mit Führung, 5 €.

Unterkunft/ Essen und Trinken

- **Al Maniero,** Fraz. Pied de Ville 58, Tel. 01 25 92 92 19, Ruhetag Mo (außer im August). Kurz nach dem Ortseingang weist nach der Brücke ein Schild nach links zum Maniero. Das einfache, aber rundum zu empfehlende Gasthaus wird seit 1984 von *Giovanni* und *Emanuela* geführt. Im Sommer gibt es auch einige Tische auf der Terrasse. Serviert wird eine bodenständige, gut zubereitete regionale Küche zu moderaten Preisen. Unbedingt probieren sollte man den Gemüsestrudel mit Fonduta. Zimmer 70–90 €, Menü 25–30 €.

Die Burg von Verrès

↗ VII/C3

Von einem Felsenhügel, der frei zwischen den Hängen des hier von Norden einmündenden Ayas-Tales steht, bewacht die Burg von Verrès den Taleingang. Ein strategisch idealer Ort, denn von hier konnte nicht nur der Durchgang in das Seitental, sondern auch das Haupttal bestens kontrolliert werden. Der gewaltige gotische Wehrbau wurde um das Jahr 1390 von *Ibleto di Challant,* einem Gouverneur und Hauptmann im Dienste Savoyens, an der Stelle eines Vorgängerbaus neu errichtet. Die *Challants* beherrschten im Mittelalter als Vizegrafen der Savoyer das Aosta-Tal.

Ganz im Gegensatz zur bis dahin üblichen Bauweise mit mehreren Gebäuden, Turm und Mauerring ließ *Ibleto* die Burg in Form eines gewaltigen, kompakten **Kubus ohne Ecktürme** um einen winzigen Hof anlegen. Diese Bauform fand erst später in der Renaissancezeit ihre Verbreitung.

Der blockhafte, wenig einladende äußere Eindruck wird auch nicht durch die gotischen Architekturelemente der mit Maßwerk gefüllten Fenster und die gotisch geformten Bogentüren abgeschwächt. Schließlich diente die Burg rein militärischen Zwecken und sollte vor allem eines: abschrecken. Die Mauerseiten sind jeweils 30 Meter lang und 2,50 Meter tief. Sie werden von zwei Reihen massiver Kragsteine mit Zinnen gekrönt. Die Zinnen tragen heute das Dach.

Ibleto von Challant starb 1409 und wurde auf dem Friedhof der Abtei Saint-Gilles in Verrès beigesetzt. Die imposante gotische **Friedhofskapelle** ließ er einige Jahre vor seinem Tod bauen. Sie ist heute Teil der **Pfarrkirche.**

1442 starb auch *Ibletos* Sohn *Francesco* und hinterließ seinen Besitz mittels Testament seinen beiden Töchtern *Caterina* und *Margherita.* Nach damaligen Recht waren Frauen jedoch von der Erbfolge ausgeschlossen. Ein über Jahre andauernder **Erbstreit** setzte ein. Denn vor allem *Caterina von Challant* wollte nicht auf ihr Erbe verzichten. Rückhalt soll sie durch die Bevölkerung erhalten haben, die die zur Vermittlung herbeigerufenen Savoyer aus dem Tal verjagten. Nach einer Legende begaben sich *Caterina* und ihr Mann *Pierre d'Introd* während des Dreifaltigkeitsfestes 1449 hinab in das Dorf, um mit der Menge zu tanzen. Diese Szene wird jedes Jahr während des Karnevals in Verrès nachgespielt.

1456 sprachen die Savoyer die Adelstitel endgültig *Giacomo von Challant* aus Aymavilles zu, und mit Waffengewalt wurde *Caterina* zur Aufgabe gezwungen.

Renato von Challant erteilte 1536 dem spanischen Militärarchitekten *Pietro de Valle* den Auftrag zur **Modernisierung** der Festungsanlage. Aus dieser Zeit stammen der Schutzwall und die Kanonenscharten. Als *Renato* 1565 ohne männlichen Erben starb, fiel die Festung dem Haus Savoyen zu. Nachdem *Herzog Carlo Emanuele II.* die Burg ungefähr ein Jahrhundert später zerstörte, blieb sie zwei Jahrhunderte ungenutzt und verfiel.

Der Architekt *Alfredo d'Andrade*, der erste **Denkmalschützer** im Piemont, Direktor eines 1884 neu geschaffenen Amtes zur Erhaltung der piemontesischen und ligurischen Denkmäler, setzte sich für den Erhalt der Burgen und Schlösser im Aosta-Tal ein. Er gehörte zu einem Kreis piemontesischer Intellektueller, die im Zuge der Zeit ihre Leidenschaft für das Mittelalter entdeckten. Auf seine Veranlassung hin erwarb das Land 1894 die Burg von Verrès und begann mit der Restaurierung.

Ein Rundgang durch das eindrucksvolle Innere der Burg lohnt sich auf jeden Fall. Die sehenswerte, um einen Innenhof gruppierte Vierflügelanlage

141pi Foto: sg

Trutzig: die Burg von Verrès

erschließt sich dem Betrachter nur von innen. Die Burg von Verrès stellt den reinsten Typus der Adelsschlösser ihrer Zeit dar, Festung und prunkvoller Fürstensitz verschmelzen hier zu einem eigenartigen Ganzen, eines der wenigen Beispiele in ganz Oberitalien.

Rundgang durch die Burg

Vom Parkplatz im Ort führt ein Fußweg an den Resten zweier Bastionsringe aus dem 16. Jh. vorbei hinauf auf den Burghügel. Zunächst gelangt man durch das Torhaus zur **Wache** vor dem Eingang der eigentlichen Burg. Nachdem man eine Durchgangshalle passiert hat, kommt man in einen zweiten, früher durch ein Fallgitter zusätzlich geschützten **Durchgang,** der in den zentralen quadratischen, ursprünglich nicht überdachten **Innenhof** führt. In der Zisterne wurde früher vor allem in Belagerungszeiten das Regenwasser gesammelt.

Über eine beeindruckende, monumentale Steintreppe, die sich, auf weit gespannten Strebebögen aufliegend, in einem komplizierten symmetrischen System nach oben schraubt, gelangt man in die **oberen Stockwerke** des dreigeschossigen Gebäudes. Haupträume im **Erdgeschoss** sind zwei große symmetrische **Hallen** auf der West- und Ostseite. Die Küche lag auf der Südseite. Ein Tonnengewölbe überspannt die ursprünglich als Waffenlager geplante Halle im Osten. In der westlichen Halle mit gotischem Gewölbe stehen heute noch zwei sehenswerte große Kamine.

Die **Wohnräume** der Burgherren und der **Speisesaal,** durch eine Durchreiche mit einer weiteren Küche verbunden, lagen im **ersten Stock.** Die Bediensteten wohnten im zweiten Stock (nicht zu besichtigen), von wo aus man über Holztreppen zu den Pechnasen gelangte.

- **Castello di Verrès,** 11029 Verrès, Tel./Fax 01 25 92 90 67, www.aostavalley.com. Öffnungszeiten: 1.10.–28.2.: Do Ruhetag, 10–12 und 13.30–16.30 Uhr, Sa/So 10–12 und 13.30–17.30 Uhr. 1.3.–30.6./1.9.–30.9.: 9–18.30 Uhr. 1.7.–31.8.: 9–19.30 Uhr, Eintritt 3 €.

Val d'Ayas

↗ VII/C2–3

Bei Verrès zweigt die SR 45 ins sonnige Val d'Ayas ab und führt 34 Kilometer am Fluss Evançon entlang, der sich in Form eines langgezogenen S bis zum Fuße des Monte-Rosa-Massivs hinaufzieht. Immer wieder öffnet sich das Tal in weite, sonnige Mulden mit grünen Wiesen und Wäldern. Im Westen wird das Tal durch die Cime Bianche (2973 m), den Grand Tournalin (3379 m) und den Monte Zerbion (2720 m) begrenzt. Die Gipfel des Breithorn (4165 m), Polluce (4091 m) und Castore (4226 m) sind die majestätischen Giganten am Talschluss. Neben der abwechslungsreichen Landschaft und dem herrlichen **Gebirgspanorama** sind es vor allem die kleinen **Dörfer** mit ihrer ursprünglichen bäuerlichen Architektur, die das Ayas-Tal so sympathisch machen. Allein im oberen Bereich des Tales liegen 35 malerische Dörfer verstreut auf den sonnenreichen und geschützten Hängen. Oft sind es nur winzige Weiler, die aus lediglich drei oder vier Häusern bestehen.

Auch noch in großer Höhe trifft man auf die charakteristischen, von den **Walsern** besiedelten und urbar gemachten Weiler mit ihren Bauernhäusern und **Rascards.** In diesen wurden das Heu und das Getreide getrocknet. Sie wurden immer nach dem gleichen Schema in Form eines Blockhauses errichtet. Charakteristisches Merkmal sind dabei die pilzförmigen Holzpfeiler, abgeschlossen durch eine runde Steinplatte. Diese verhinderte, dass Mäuse in das wichtigste Gebäude, die Getreidekammer des Ortes, gelangten. Außerdem ermöglichte diese Bauweise eine gute Luftzirkulation und erleichterte im Winter das vollständige Trocknen des Heus. Auf den Holzpfeilern liegen die gerade geschnittenen, über- und ineinandergestapelten Holzbalken auf.

Wahrscheinlich durch den gewundenen Talverlauf bedingt, fallen im Ayas-Tal weniger **Niederschläge** als im benachbarten Gressoney-Tal. Wegen des trockenen und sonnenreichen Klimas mussten bereits im 14. Jh. die ersten **Bewässerungskanäle** angelegt werden. Der Ru Cortod, ein ca. 25 Kilometer langer, zwischen 1393 und 1433 angelegter Kanal, existiert heute noch. Mit ihm konnten bei der Schneeschmelze das von den Cime Bianche herunterkommende Wasser kanalisiert und die Wiesen und Äcker bis hinab nach Saint Vincent bewässert werden.

Über Jahrhunderte hinweg lebte das Tal von der Rinderzucht, der Milchverarbeitung und ihren **Handwerkstraditionen,** zum Beispiel Holzschnitzerei. Neben Stöcken wurden vorwiegend **Sabots** hergestellt, Holzpantinen, die früher im ganzen Tal getragen wurden. Sie werden heute noch als Souvenir angefertigt. Die Bearbeitung von Topfstein ist hingegen komplett ausgestorben (⇗„St. Jacques").

Wichtigste Einnahmequelle ist heute der **Wintertourismus.** Viele italienische Familien, aber auch zahlreiche Engländer und Schweden verbringen die *settimana biancha,* den Skiurlaub, in Champoluc. Nur deutsche Skifahrer haben das Tal bisher noch nicht entdeckt. Im Sommer gibt es schöne **Wandermöglichkeiten.**

Challand-Saint-Victor ⇗ VII/C3

- **PLZ:** 11020
- **Lage über NN:** 744 m
- **Einwohnerzahl:** 631

Die ersten, verstreut liegenden Dörfer im Tal gehören zur Gemeinde Challand-Saint-Victor. Wie der Name bereits andeutet, lagen hier die Ursprünge und auch die Stammburg der mächtigen **Adelsfamilie Challand,** die über Jahrhunderte das gesamte Tal beherrschte.

Die **Pfarrkirche San Vittore** gehörte ursprünglich zum Kloster Saint-Gilles in Verrès. Die typische valdostanische Kirche mit weitvorgezogenem Giebeldach an der Westfassade wurde im 17. Jh. als einschiffige Anlage errichtet. Von der romanischen Vor-

022pi Foto: sg

gängerkirche aus dem 13. Jh. sind noch das Portal und einige Pfeiler erhalten.

Im Ortsteil Villa stehen die Ruinen der einstigen **Stammburg** der *Challants*. Nicht weit davon entfernt liegt der **Lago di Villa,** ein Moorsee in einem Naturschutzgebiet mit zahlreichen seltenen Sumpfpflanzen.

Eine der zahlreichen imposanten Burgen des Aosta-Tales: das Castello di Graines

Essen und Trinken

•**Locanda ai Ponti Romani,** Fraz. Vervaz 10–11, Tel. 01 25 96 76 08, Di Ruhetag. Altes, restauriertes Gasthaus am Eingang des Ayas-Tals. Traditionelle Küche, vorweg die typischen Antipasti des Tales, danach folgen *zuppa, risotto* und *polenta*. Zur Jagdzeit Wild, ansonsten *cotechino,* Braten. Gute Auswahl an valdostanischen Weinen. 25–30 €.

Zwischen Challand-Saint-Victor und Brusson ↗ VII/C3

Nachdem man **Challand-Saint-Anselme** hinter sich gelassen hat, weitet sich bei **Archesas,** ungefähr 15 Kilometer nach Verrès, das Tal zu einer Hochebene. Hier führt auch eine Straße mit grandioser Aussicht über den Colle di

Tsecore (1620 m) nach Emarèse und Saint-Vincent.

Rechter Hand taucht auf einer Felskuppe der Turm des **Castello di Graines** auf. Der Burgunderkönig *Sigismund* schenkte im Jahre 515 einen Teil des Ayas-Tales der im Wallis liegenden Abtei Saint Maurice d'Agaune. Die Mönche errichteten hier im 11. Jh. eine Burg. Um 1300 ging die Anlage in den Besitz der *Challants* über, die nach einer Legende in diesem Turm einen Schatz versteckt haben sollen.

Die Anlage besteht im Wesentlichen aus drei Elementen, einem unregelmäßigen, den natürlichen Gegebenheiten angepassten Mauerring, einem großen quadratischen Turm und einer einfachen romanischen Burgkapelle. Im Verteidigungsfall fanden in ihren Mauern die Bewohner der umliegenden Dörfer Schutz. Der von den Herren auch als Wohngebäude genutzte Turm war nur über ein fünf Meter hohes Tor mit einer Leiter zugänglich und diente als letzte Bastion.

Von **Brusson** aus führt linkerhand eine serpentinenreiche Straße auf den Colle di Joux (1640 m) und weiter bis nach Saint Vincent. Weiter talaufwärts gelangt man in das obere Ayas-Tal.

Wenige Kilometer, bevor man den Talschluss erreicht, lohnt sich ein kleiner Abstecher hinauf zu den alten Bergdörfern **Lignod** und Antagnod auf der sonnigen linken Talseite.

Information

- **Ufficio del turismo,** Piazza del Municipio 2, Brusson, Tel. 01 25 30 02 40, Fax 01 25 30 06 91, brusson@turismo.vda.it.

Einkaufen

- **Fromagerie Haut Val d'Ayas,** Rue Trois Villages 1, Tel. 01 25 30 11 17. 2002 gegründete Kooperative, in der sich über 50 Bauern aus Brusson und der Gemeinde Ayas zusammengeschlossen haben. An die Käserei ist auch eine Verkaufsstelle angeschlossen, die neben den zahlreichen eigenen Produkten auch Mocetta und Lardo aus dem Tal verkaufen. Geöffnet 8.30–12.30/15–19.30 Uhr.

Antagnod

↗ VII/C2

- **PLZ:** 11020
- **Lage über NN:** 1709 m
- **Einwohnerzahl:** 1348

Einer der charakteristischsten Ortschaften und Hauptsitz der Gemeinde Ayas ist Antagnod.

Bei einem Spaziergang hinauf zum Rathaus genießt man den Blick auf die Gipfel des Monte-Rosa-Massivs. Das urige alte Bergdorf mit seinen schiefergedeckten Bauernhäusern liegt auf der Sonnenseite des Tales und besitzt ein eigenes kleines **Skigebiet.**

Im Dorfzentrum erhebt sich die **Pfarrkirche San Martino** (1497). Im 19. Jh. wurde sie komplett umgestaltet und erhielt ihr heutiges Aussehen. Den Innenraum beherrscht ein prächtiges Altarretabel, von Bildhauern aus dem Valsésia zu Beginn des 18. Jh. geschnitzt. Im Stil des Rokoko umranken gewundene Säulen und dekoratives Weinlaub die zahlreichen vergoldeten Figuren und Reliefs mit Szenen aus der Heilsgeschichte. Angeschlossen ist ein kleines Museum.

- **Museo di Arte Sacra,** kleines Museum mit sakraler Kunst, geöffnet Juli/August Sa und So 9–13 Uhr.

Unterkunft/ Essen und Trinken

• **Agriturismo Goil,** Loc. Alpe Goil, Tel. 01 25 30 63 70. Der Bauernhof mit drei Gästezimmern liegt oberhalb von Antagnod auf 1900 m Höhe. Für Naturliebhaber genau das Richtige. Zum Hof gehören 12 Hektar Weiden und Wiesen. Im angeschlossenen Gastraum kommen nur die eigenen Erzeugnisse auf den Tisch. HP 50 € p./P.

Mandriou

↗ VII/C2

Auf dem Weg nach Champoluc lohnt sich noch ein Abstecher zu **einem der schönsten Dörfer** im Tal. Auf 1831 m liegt das sehenswerte kleine Walserdorf Mandriou. Wie von einem Balkon hat man hier einen besonders schönen Blick über das Tal und die Gebirgskette. Nach und nach werden hier die alten Bauernhäuser und Rascards restauriert und z.T. zu Ferienhäusern umfunktioniert. Im Sommer sollte man auf dem kleinen Parkplatz bei der Dorfkapelle das Auto stehen lassen und ein Stück auf dem **Wanderweg** in Richtung Col di Nana zu Fuß weitergehen – mit Matterhorn und Monte Rosa eine großartige Gebirgskulisse. Nach 20 Minuten erreicht man die Alpe Metzan und den **Agriturismo La Tchavana.** Der schön gelegene Biohof mit angeschlossener Käserei verkauft in einem kleinen Hofladen die eigenen Produkte. Von Mitte Juni bis Mitte September ist die Gaststube geöffnet, ein guter Platz für eine zünftige *merenda,* die typisch italienische Brotzeit.

023pi Foto: sg

Champoluc und Umgebung ⇗ VII/C2

- **PLZ:** 11020
- **Lage über NN:** 1568 m

Nur wenige Kilometer vor dem Talschluss liegt, umgeben von Wäldern, Champoluc, der wichtigste **Wintersportort** im Ayas-Tal. Die moderne Skistation verfügt über alles, was man für einen angenehmen Skiurlaub braucht, genügend Geschäfte, gute Hotels, und kurz oberhalb des Ortszentrums startet die erste Kabinenbahn ins Monterosa-Skigebiet. Vom Monte Bettaforca (2971 m) aus gelangt man hinüber ins Gressoney-Tal. Alles in allem ein sehr angenehmer italienischer Wintersportort und genau das Richtige für einen ruhigen, erholsamen Skiurlaub. Laute Diskotheken und Remmidemmi sucht man hier vergebens. Die Architektur ist zurückhaltend und passt gut in die Landschaft. Moderne Bettenburgen, wie etwa in den großen Skigebieten von Frankreich oder auch im benachbarten Breuil-Cervinia, verschandeln hier nicht die schöne Gebirgslandschaft. Keines der hiesigen Hotels hat mehr als 30 Zimmer. Vor allem italienische Familien verbringen in Champoluc ihre *settimana biancha,* ansonsten kommt das Publikum vor allem aus Frankreich, Skandinavien und England.

Noch beschaulicher geht es in den beiden letzten Dörfern des Tales, Frachey und Saint Jacques, zu. Ungefähr zwei Kilometer hinter Champoluc liegt auf 1614 m Höhe **Frachey.** Das kleine alte Walserdorf hat gerade mal 41 Einwohner. Von hier aus gelangt man mit Sesselliften ebenfalls zum Colle Bettaforca hinauf.

Eine der vielen Ausflugsmöglichkeiten im Sommer ist eine Wanderung zu den alten Walserdörfern **Cuneaz** und **Mascognaz.** Mascognaz liegt auf 1827 m Höhe und ist nur zu Fuß oder im Winter mit dem Motorschlitten erreichbar. Es liegt völlig ruhig und idyllisch, umgeben von grünen Wiesen und Wäldern. Alte Rascards wurden vom Besitzer des Breithorn Hotels (⇗ unten) wieder instand gesetzt und zu einem kleinen, aber äußerst feinen Berghotel umfunktioniert. Wer sich den Anstieg von Champoluc ersparen möchte, nimmt die **Kabinenbahn** hinauf zur Bergstation Crest und wandert von hier über Cuneaz nach Mascognaz. Über eine *mulattiera* geht es wieder hinab nach Champoluc.

Antagnod ist ein uriges Dorf mit einer sehenswerten Kirche

Information

- **Ufficio del Turismo,** Via Varasc 16, Tel. 01 25 30 71 13, Fax 01 25 30 77 85, champoluc@turismo.vda.it.

Unterkunft

•**Breithorn Hotel******, Route Ramey 27, Tel. 01 25 30 87 34, Fax 01 25 30 83 98, www.breithornhotel.com. Das traditionsreiche Grandhotel liegt im Ortszentrum, ungefähr zehn Gehminuten von den Liftanlagen entfernt. 1903 im Chaletstil erbaut, beherbergte es zunächst nur eine reiche englische Oberschicht, unter ihnen die ersten Bergsteigerpioniere. In den 1970er Jahren wurde das Hotel geschlossen. Erst nach 20 Jahren fand sich ein neuer Besitzer, der bereit war, das Gebäude komplett im alten Stil zu sanieren. 2001 wurde das Hotel unter toskanischer Leitung neu eröffnet, es ist heute wieder das erste Haus am Platz und bietet 31 elegant und rustikal eingerichtete Zimmer und Suiten, Wellnessbereich mit Türkischem Bad, Sauna und Massage. Kostenloser Minibus-Service, 200–450 €.

•**Resicence Le Chalet*****, Rue des Guides 31a, Tel./Fax 01 25 30 40 24, www.rtalechalet.com. Das ehemalige Hotel Ayas wurde renoviert und in komfortable Apartments für 2, 3 und 4 Personen umgebaut. Pro Woche ab ca. 305 €.

•**Hotellerie de Mascognaz******, Fraz. Mascognaz, Tel. 01 25 30 87 34, Fax 01 25 30 83 98, www.hotelleriedemascognaz.com. An der Stelle der früheren Dorfschule steht heute die exklusive Dependance des Breithorn Hotels, ein Chalet mit sechs Zimmern, das auch komplett, inklusive Personal, angemietet werden kann; HP 90–350 €. Mit Restaurant.

•**Castor*****, Via Ramey 2, Tel. 01 25 30 71 17, Fax 01 25 30 80 40, www.hotelcastor.eu. Das Castor gehört wie das Breithorn zu den ältesten Hotels im Ort, es liegt ungefähr zehn Gehminuten von den Liftanlagen entfernt. 1907 eröffnet, ist es seit nunmehr vier Generationen im Besitz der Familie *Fosson*. Der sympathische englische Ehemann von *Beatrice Fosson* hat neuen Wind in das ehrwürdige Berghotel gebracht und richtet für seine jüngeren Gäste aus England, Skandinavien und Frankreich gern Partys aus. Wer sich also abends etwas amüsieren will, ist im Castor genau richtig. 32 rustikal eingerichtete und mit dem üblichen Komfort ausgestattete Zimmer, kleine Hunde erlaubt, kostenloser Minibusservice, Garten, 84–184 €.

•**Petit Hotel Charmant*****, Loc. Frachey, Tel. 01 25 30 75 66, www.charmantpetithotel.com. Das sympathische, familiär geführte Hotel liegt sehr ruhig, auf halbem Weg zwischen Champoluc und Frachey. Es wurde von *Luigi Fosson* und seiner Frau *Pamela Zacco* liebevoll restauriert und 2003 neu eröffnet. Neben dem Restaurant gibt es ein gemütlich eingerichtetes Kaminzimmer, die alten Möbel stammen zum Teil noch aus der Berghütte Vieux Crest, die *Luigis* Großvater bereits bewirtete. *Pamela* ist die Chefin in der Küche, und da sie aus dem piemontesischen Monferrato stammt, kommt man im Restaurant in den Genuss einer sehr fantasievollen und kreativ verfeinerten valdostanischen Küche. Der Service ist freundlich und angenehm unaufdringlich, die 12 Zimmer, sieben davon mit Balkon, sind geschmackvoll eingerichtet. Alles in allem ein Ort, wo man sich rundum wohlfühlen kann; 60–140 €.

•**Villa Anna Maria*****, Via Croues 5, Tel. 01 25 30 71 28, Fax 01 25 30 79 84, www.hotelvillaannamaria.com. Die Villa Anna Maria liegt schön, mitten im Grünen, etwas oberhalb des Ortszentrums. 13 gut ausgestattete Zimmer, großer Garten, 80–90 € (in der Hauptsaison nur HP).

Einkaufen

•**Dolce & Salato,** Route Ramey 63. Bäckerei mit ofenfrischer Pizza, Foccaccia und Gebäck bei der Skistation von Champoluc.

•**Libreria Livre et musique,** Piazza della Chiesa, Tel. 01 25 30 76 88. Buchhandlung mit einer guten Auswahl an Wanderkarten.

•**Alimentari,** Piazza della Chiesa 1, Tel. 01 25 30 77 05. Gut sortiertes Lebensmittelgeschäft, u.a. auch frische Nudeln und Ravioli.

Saint Jacques war einst Zentrum der Topfmacher

Wintersport

Das Monte-Rosa-Skigebiet umfasst ca. 180 Pistenkilometer aller Schwierigkeitsgrade und gehört zu den besten Skigebieten Italiens. Die moderne Skischaukel verbindet das Ayas-Tal mit dem Gressoney- und dem Sésia-Tal im Piemont. Tageskarte Monterosaski 38 €, Nachmittagskarte 29 €.

Mit der Seilbahn gelangt man zunächst hinauf nach Crest, einer ehemaligen Walsersiedlung auf 1980 m. Von hier aus geht es mit dem Sessellift zum Colle Bettaforca (2672 m). Es eröffnet sich ein traumhafter Ausblick auf den charakteristischen „abgesägten" Gipfel des Matterhorn (4478 m) und die Gipfel des Monte Rosa, in der Ferne ist der Mont Blanc zu erkennen. Vom Colle Bettaforca schöne Abfahrt ins nächste Tal nach Stafal im Gressoney-Tal.

- **Skischule** bei der Seilbahnstation.

Saint-Jacques

↗ VII/C2

- **PLZ:** 11020
- **Lage über NN:** 1689 m
- **Einwohner:** 67

Am Talende kommt man in das urige Bergdorf Saint-Jacques. Hier beginnt der Aufstieg zu den Cime Bianche. Der alte Walserweg führt über den Teodulopass hinüber ins Wallis. Jahrhundertelang war Saint Jacques Marktplatz und somit Hauptort der noch heute unter der Bezeichnung „Canton des Allemands" bekannten **Walsergemeinde.** Der „Kanton" bestand aus vielen kleinen Weilern.

025pi Foto: sg

Einige davon (wie Resy und Fiery) sind noch erhalten. Die einstige wichtige Rolle Saint Jacques' ist heute noch an den schönen Bauernhäusern, ihren bemalten Hausfassaden, an der für den Ort relativ großen Kirche und dem geradezu herrschaftlich wirkenden ehemaligen Pfarrhaus zu erkennen.

Eine wichtige Einkommensquelle waren die **Steinhauerwerkstätten.** Hier wurde der „pera doutsa" (süßer Stein) oder auch „pietra ollare" (Topfstein) genannte Stein bearbeitet. Aus dem sehr weichen Steatitstein stellte man Mörser und Töpfe her.

Resy in 2072 m und **Cuneaz** in 2032 m Höhe sind die höchstgelegenen Walserdörfer. Sie waren wahrscheinlich bis um 1800 ganzjährig bewohnt. Von Cuneaz weiß man heute, dass das Dorf eine eigene Kapelle und einen eigenen Gemeindebackofen besaß. Reste einer Mühle wurden in **Sousson** gefunden.

Oberhalb von Saint Jacques steht in **Fiery** (1875 m), am alten Walserweg, das einstige **Hotel Bellevue,** das wohl **älteste Hotel im Aosta-Tal,** das gegen Ende des 19. Jh. von der Bergsteigerfamilie *Fosson* eröffnet wurde. Von hier aus starteten englische Bergsteiger ihre ersten Expeditionen in das Monte-Rosa-Massiv. Bereits am 23. August 1861 bestiegen die Briten *Matthews* und *Jacomb* als Erste den Gipfel des Castore (4226 m). Der eigentliche Klettersport begann allerdings erst im frühen 20. Jh., als im Hotel Bellevue auch Literaten, einer Modewelle entsprechend, die Sommerfrische im Gebirge verbrachten. Bis zum Bau der ersten Liftanlagen in den 1960er Jahren war das Tal nur einem sehr elitären Tourismus vorbehalten. Das Hotel Bellevue stellte seinen Betrieb in den 1960er Jahren ein. Eine Zeitlang wurde es als Erholungsheim genutzt, heute ist es im Besitz eines Ordens.

Von St. Jacques aus bieten sich schöne **Wanderungen** auf ausgeschilderten Wegen an, etwa zum Lago Blu auf 2219 m (Gehzeit 1 Std. 30 Min.), zum Gran Lago unterhalb der Cime Bianche (2806 m), Gehzeit ca. 3 Std. 30 Min., oder hinauf zur Berghütte Mezzalama auf 3004 m Höhe (Gehzeit 3 Std. 30 Min.), Ausgangspunkt für die Besteigungen des Breithorn, Castore und Polluce. Die Skistationen Frachey und Champoluc erreicht man mit dem Auto oder dem Skibus in wenigen Minuten.

Unterkunft

● **Genzianella****, Fraz. St. Jacques, Place de la Grotte 5, Tel. 01 25 30 71 56, Fax 01 25 30 81 47, www.hotelgenzianella.it. Dieses gut geführte Hotel liegt am Dorfeingang, mit traumhaftem Blick auf die Gipfel des Monte Rosa. 17 einfach, aber freundlich eingerichtete Zimmer, die meisten mit Balkon; Garten. Empfehlenswertes Restaurant. 80–120 €.

Valtournenche

↗ VI/B1–2

Anstatt wieder bis nach Verrès hinunterzufahren, gelangt man ab Brusson über den Colle di Joux (1640 m) auf kürzerem Weg hinab nach **Saint-Vincent.** Der Anblick des Kurorts ist von zahlreichen Bausünden der letzten Jahrzehnte geprägt, allen voran das moderne Gebäude der Neuen Therme, die verglaste Front des Spielcasinos und das überdimensionale Rathaus mit seinem verrosteten Metalldach. Nachdem man 1170 hier die Heilquelle Fons Salutis entdeckte, entwickelte sich der kleine Ort im 19. Jh. zu einem bekannten **Kurort.** Von der einstigen Bäderarchitektur ist jedoch fast nichts mehr zu sehen. Nur das Grand Hotel Billia, es dient heute vor allem als Kongresszentrum, erinnert an die Glanzzeiten von Saint Vincent. Eine kleine Fußgängerzone, die Via Chanoux, führt durch das Zentrum.

Bei **Chatillon,** dem zweitgrößten Ort im Tal, zweigt die Straße ins bekannte Valtournenche ab. Im **Tal des Matterhorn** liegen die Dörfer Antey-Saint-André, Torgnon, La Magdeleine, Chamois, Valtournenche und die Retortenstadt Breuil-Cervinia am Talschluss. Nach 27 Kilometern, immer am Fluss Marmore entlang, endet die Fahrt am Fuße des Matterhorn, dem berühmtesten Berg der Alpen mit seiner markanten Spitze (4478 m). Auf der anderen Seite liegt Zermatt.

Der Anblick der beeindruckenden Gebirgskulisse wird allerdings erheblich durch die riesigen Wohnsilos von **Breuil-Cervinia** getrübt, eine Skistation, die an Hässlichkeit nur noch durch Sestriere im Piemont übertroffen wird.

Was Breuil-Cervinia zu einem der meistbesuchten Wintersportorte Europas macht, ist das riesige **Skigebiet.** Es umfasst ca. 200 Pistenkilometer und ist durch die höchste Gondel Europas am Kleinen Matterhorn (3883 m) mit Zermatt im Wallis verbunden.

Die als Standort wesentlich angenehmere Skistation **Valtournenche,** Heimatort vieler berühmter Bergsteiger, liegt auf 1530 m und ist an die Pisten von Breuil-Cervinia angeschlossen.

In Antey-Saint-André zweigen Straßen in die alten Bauerndörfer **Torgnon** (1489 m) im Westen und **La Magdeleine** (1644 m) auf der Ostseite ab.

Absolut idyllisch mit traumhafter Aussicht und schönen Wandermöglichkeiten und nicht mit dem Auto zu erreichen, liegt **Chamois** (1896 m). In **Buisson,** einem kleinen Weiler zwischen Torgnon und Valtournenche, startet die Gondel hinauf in das kleine Bergdorf mit nur 127 Einwohnern.

Information

- **I.A.T.-Büro Breuil-Cervinia,** Via Guido Rey 17, Tel. 01 66 94 91 36, Fax 01 66 94 97 31, cervinia@turismo.vda.it.
- **I.A.T.-Büro Valtournenche,** Via Roma 80, Tel. 01 66 99 20 29, Fax 01 66 924 30, valtournenche@turismo.vda.it.
- **I.A.T.-Büro Antey-Saint-André,** Piazza A. Rolando, Tel. 01 66 54 82 66, Fax 01 66 54 83 88, antey@turismo.vda.it.

Unterkunft/ Essen und Trinken

- **Hotel des Roses****, Loc. Poutaz 5, Antey-Saint-André, Tel. 01 66 54 85 27, Fax 01 66 54 82 48, www.hoteldesroses.com. Kleines, familiäres Berghotel mit nur 21 einfachen Zimmern, ungefähr einen Kilometer vom Zentrum entfernt. Die Pisten von Valtournenche sind schnell erreicht. Garten, Restaurant, 55–76 €.
- **Agriturismo Boule de Neige,** Fraz. Mazod 16, Torgnon, Tel. 01 66 54 06 17, im Juni geschlossen. Der Bauernhof liegt auf 1300 m Höhe. Vermietet werden zwei Doppelzimmer 40–70 € und zwei Ferienwohnungen für je vier Personen (50–86 € pro Tag); gute Küche, 23–28 €.

Die Burg von Fénis ⇗ VI/B3

Von den über 100 Burgen, mit denen das Aosta-Tal seit dem Mittelalter gesichert war, zeichnet sich die vom savoyischen Vasallen *Aimon de Challant* ab 1340 schlossähnlich erneuerte **Burg Fénis** besonders durch ihre Architektur sowie durch die malerische Ausstattung im Stil der höfischen Gotik aus. Am rechten Ufer der Dora Baltea erhebt sich der mit Zinnen, Türmen und Schießscharten bewehrte Burgkern, umgeben von einer doppelten Zwingermauer mit Wachtürmen. Während das Äußere einer Festung gleicht, stellt das Innere den Typus eines Herrensitzes seiner Zeit dar.

Die **Challants** waren im Mittelalter die mächtigste der über 200 Adelsfamilien im Aosta-Tal. Wer bereits die zwei anderen Burgen der *Challants* besichtigt hat, die bedrohliche Festung Verrès und das höfische Wohnschloss in Issogne, begegnet hier sozusagen dem Übergang zwischen Mittelalter und Renaissance. Der Bau diente den *Challants* nicht nur zur Verteidigung ihres Machtbereiches, sondern sollte auch ihren Reichtum demonstrieren. Sie statteten die karge Festung gemäß dem höfischen Lebensstil so komfortabel wie möglich aus.

Durch drei **Torgänge,** versehen mit Vorwerken zum Herabschütten von Pech, Fallgittern und abschreckenden, in Stein gehauenen Köpfen an den Kragsteinen und unter ständiger Beobachtung durch die Wachmannschaft auf den Türmen, gelangte man erst in den eigentlichen **Innenhof** des zentralen Wohntraktes, angelegt auf dem Grundriss eines unregelmäßigen Fünfeckes. Im schmucklosen **Erdgeschoss** lagen die funktionellen Räume für das Wachpersonal, die Küche und die Lagerräume für Lebensmittel und Gerätschaften. Die den Innenhof umlaufende, zweigeschossige **Holzgalerie** und die repräsentable halbkreisförmige **Steintreppe,** die vom Innenhof in den ersten Stock führt, wurden im ersten Viertel des 15. Jh. vom Sohn *Aimons, Bonifacio,* in Auftrag gegeben. Aus dieser Modernisierungsphase stammen auch die Fenster, Türen, die Kamine und die kunstvollen Fresken.

In der zweiten Hälfte des 15. Jh. begann der **Niedergang** der Familie *Challant.* Völlig verarmt musste der letzte Erbe von Fénis 1716 das Lehen verkaufen. Nach mehrmaligem Besitzerwechsel war die Burg schließlich vollkommen heruntergekommen. Die Innenräume dienten in der zweiten Hälfte des 19. Jh. als Wirtschaftsgebäude. Bis *Alfredo d'Andrade,* der erste Denkmalschützer des Piemont, auf der Bildfläche erschien, die Anlage erwarb und sie wieder instand setzte, nicht ohne dem Geschmack seiner Zeit genüge zu tun und der Burg wieder ein mittelalterliches Erscheinungsbild, wie er es sich vorstellte, zu geben. Bereits ein Jahr zuvor war ihm die Rettung der Burg von Verrès gelungen.

Eine erneute, weniger behutsame Restaurierung in den 1930er Jahren hatte auch die Eröffnung eines **Museums** mit Originalmöbeln aus dem Aosta-Tal zur Folge, von denen jedoch nur ein kleiner Teil tatsächlich Origina-

029pi Foto: sg

le sind. Die meisten sind gefälscht bzw. stammen aus anderen Teilen Italiens.

Im Original noch sehr gut erhalten sind jedoch die **Fresken** an den Wänden des Innenhofs im ersten Stock, die sich in der Kapelle fortsetzen. Wie an vielen Burgen und Kirchen im Aosta-Tal und Piemont, empfängt auch hier der heilige Christophorus, Patron der Reisenden, über dem Eingang im Innenhof den Eintretenden. Dahinter erscheint ein gemalter Garten mit den Wappen der *Challants.* Ihm gegenüber gibt die Steintreppe den Blick frei auf eine Darstellung des heiligen Georg beim Drachenkampf, daneben die befreite Prinzessin. Darüber sieht man einen Fries mit einer Bilderfolge von weisen Männern, die jeweils eine Schriftrolle mit Schriftzügen in Altfranzösisch in den Händen halten.

Im ersten Stock lagen die Wohn- und Repräsentationsräume des Burgherren. Besonders interessant ist der Saal mit der **Kapelle.** Von der Inneneinrichtung deutet nur noch ein Christus am Kreuz auf die eigentliche Bestimmung hin. Die Fresken hier wie auch die im Innenhof entstanden um 1430 und stammen wahrscheinlich aus dem Umkreis von *Giacomo Jacquerio,* einem aus Turin stammenden Meister des „Weichen Stils". Wahr-

Die Schutzmantelmadonna nimmt Klerus und weltliche Herrscher unter ihre Fittiche

scheinlich bildete die Kreuzigungsdarstellung den Hintergrund für den Altar. Seitlich davon beeindruckt die Darstellung einer **Schutzmantelmadonna:** Maria mit einem weit ausgebreiteten, von Engeln gehaltenen Mantel. Zu Füßen Marias knien links der Klerus und rechts die weltlichen Herrscher, darunter einige Mitglieder der Stifterfamilie *Challant* in bittender Haltung. Wahrscheinlich handelt es sich bei der Figur im roten Mantel vorn um *Bonifacio I.*

Darüber und entlang der Seitenwände folgen **Apostel und Heilige,** darunter auch die heilige Katharina, leicht zu erkennen an ihren Attributen, dem Rad und Schwert als Hinweis auf ihr Martyrium, gegenüber Georg samt Drachen und daneben Antonius mit der Bettlerglocke.

• **Castello Fénis,** Tel. 01 65 76 42 63, 1.3.-30.6./1.-30.9. 9-19 Uhr, 1.7.-31.8. 9-20 Uhr, 1.10.-28.2. 10-12/13.30-17 Uhr, So 10-12/13.30-18 Uhr, Eintritt nur im Rahmen einer Führung, halbstündlich, 5 €.

Von Fénis aus erreicht man Aosta in nur acht Kilometern. Der schnellste Weg ist über die Bundesstraße S 26 auf der anderen Uferseite der Dora Baltea. Wer es nicht eilig hat, sondern lieber die schöne Landschaft genießen möchte, bleibt auf dieser Seite des Flusses und fährt gemütlich über die Landstraße S 20.

Unterkunft/ Essen und Trinken

• **Agriturismo Le Bonheur,** Fraz. Chez Croiset 53 a, Tel. 01 65 76 41 17, Fax 01 65 76 41 17, www.agriturismo-lebonheur.com. Neu erbauter Agriturismo mitten im Grünen gelegen, mit zehn Zimmern, 60 €, HP 47-50 €. Will man nur das Restaurant besuchen, muss man vorher reservieren. Gute regionale Küche. Das Fleisch und das Gemüse stammen vom eigenen Bauernhof. Angeboten wird immer ein komplettes Menü mit mehreren Antipasti, Primi, einem Secondo und Dolce, 27 €.

• **Agriturismo Maison Rosset,** Passaggio Rosset 1, Nus, Tel. 01 65 76 71 76, www.maisonrosset.it. Mo Ruhetag. Mitten im Ortszentrum von Nus (einige Kilometer nordöstlich von Fénis) führt *Camillo Rosset* dieses bemerkenswert gute Restaurant. Es hat werktags nur abends geöffnet. Unbedingt vorher reservieren, das Maison Rosset wird in der ganzen Gegend für seine gute regionale Küche zu moderaten Preisen gelobt. Die meisten Produkte wie Fleisch, Käse, Gemüse und Obst stammen vom eigenen Bauernhof. Menü 15-25 €. 5 neu ausgebaute Doppelzimmer, 70 €.

Einkaufen

• **Wein:** La Crotta di Vegneron, Piazza Roncas 2, Chambave, Tel. 016 64 66 70, Fax 016 54 65 43, www.lacrotta.it, geöffnet Mo, Di und Fr 8.30-12 und 14-17 Uhr, Sa 8.30-12 Uhr. Zwischen Chatillon und Fénis liegt das kleine Weindorf Chambave mit der Genossenschaftskellerei, der 130 Mitglieder angehören. Trotz ihrer großen Produktion von fast 300.000 Flaschen gelingt es der Genossenschaft, einen guten, sauberen Wein auszubauen. Die Weinberge liegen in den Gemeinden Chambave, Chatillon, Saint Vincent, Saint Denis, Verrayes und Pontey, Nus, Quart und Fénis. Zu den interessantesten Weinen gehört der Fumin. Der Rotwein wird traditionell hergestellt und dann im Holzfass ausgebaut; er hat eine dunkle satte rote Farbe und einen leichten Geschmack nach Kirschen.

Kapitellschmuck im Kreuzgang von Sant'Orso in Aosta

• **Käse:** Caseari Valdostani, Fraz. Septumian, Chambave, Tel. 016 64 63 30. Die Käserei von *Giuseppe Perraillon* erzeugt ausgezeichneten Bergkäse. Der kleine Ort Septumian liegt auf der anderen Flussseite, Chambave gegenüber (SR 20 in Richtung Fénis, nach Margnier links nach Septumian abbiegen).

Aosta

↗ V/D1–2, VI/A3

• **PLZ:** 11100
• **Lage über NN:** 583 m
• **Einwohnerzahl:** 35.078

Die kleine **Hauptstadt** der Autonomen Region Valle d'Aosta präsentiert sich heute als hübsche alte Savoyerstadt, mit gemütlichen Plätzen, schönen Geschäftsstraßen und einladenden Cafés und Restaurants. Umringt von hohen Bergen, breitet sich das sympathische, zweisprachige Aosta am Zusammenfluss von Buthier und Dora Baltea aus. Frankreich und die Schweiz sind nur einen Alpenpass entfernt.

Wer hier nur das provinzielle Zentrum einer abgeschiedenen Bergregion vermutet, wird überrascht sein. Aosta besitzt eine der **besterhaltenen römischen Stadtanlagen Europas** mit Triumphbogen, Stadttor, Theater und Stadtmauer. Aus der Zeit des Mittelalters sind **Türme** und **Kirchen** erhalten. Die Kathedrale und Sant'Orso gehen bereits auf frühchristliche Vorgänger zurück und bergen Schätze an ottonischer Wandmalerei, Fußbodenmosaike und archäologische Ausgrabungsstätten.

031pi Foto: sg

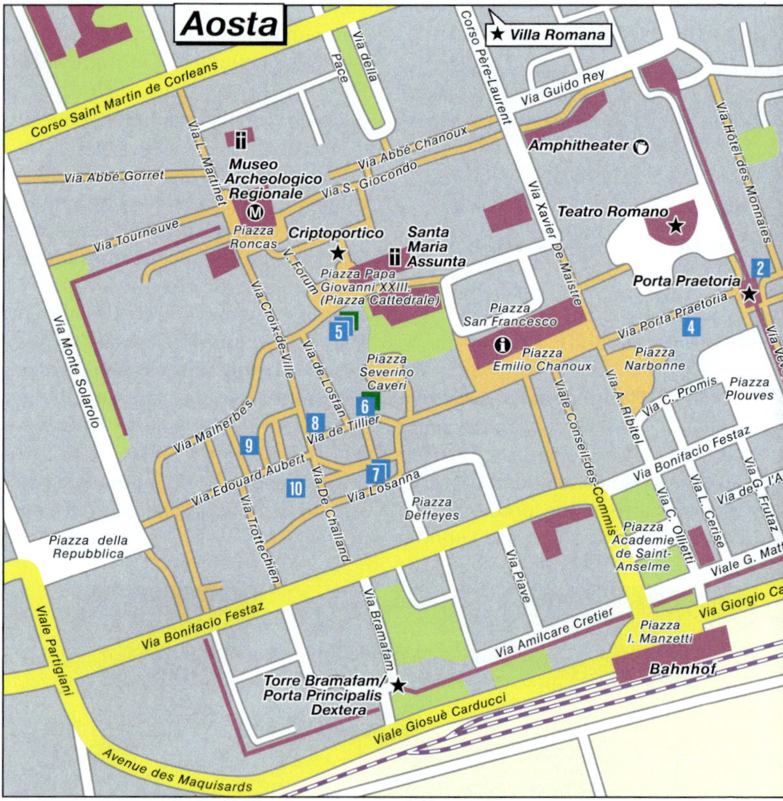

Geschichte

Wo die Passstraße vom Großen Sankt Bernhard in das Tal der Dora Baltea mündet und sich mit der Straße vom Kleinen Sankt Bernhard kreuzt, entstand 25 v. Chr. unter *Kaiser Augustus* auf dem Gebiet der unterworfenen Salasser ein **strategisches Zentrum** zur Kontrolle des neu eroberten Gebiets und der Straßen nach Gallien. *Augustus* stationierte eine 3000 Mann starke prätorianische Kohorte und gründete eine Kolonie mit dem Namen **Augusta Praetoria,** das heutige Aosta.

Während man früher immer annahm, dass die **Salasser** von den Römern vollkommen unterworfen wurden, beweisen neuere archäologische Funde, dass zwischen beiden Völkern durchaus ein Kultur- und Warenaustausch stattfand. In einem Dokument

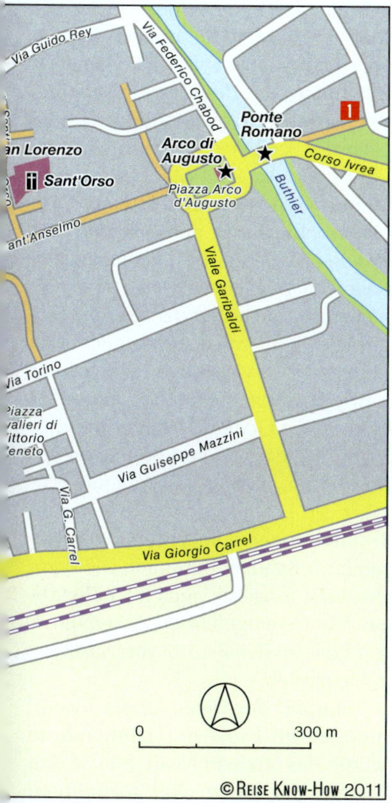

Übernachtung
1 Albergo Cecchin
3 Albergo Roma

Essen und Trinken
2 Trattoria Praetoria
4 Pasticceria Nelva
5 Enoteca Regionale, Ristorante Ad Forum
6 Enoteca La Cave
7 Le Pélerin Gourmand, Gelateria Pazzo
8 Gelateria Grom
9 Pam Pam - Trattoria degli Artisti
10 Osteria dell'Oca

Geschäfte
5 Enoteca Regionale
6 Enoteca La Cave

bezeichnen sich die Salasser als Bewohnher von Augusta Praetoria. In Consolata, einem Stadtteil von Aosta, fand man beschriebene Bleischildchen aus dem zweiten bis ersten Jh. v. Chr., ein Beweis für die Tauschgeschäfte vor der Gründung Aostas.

Insgesamt fand man bis heute außerhalb des Zentrums von Aosta die Überreste von 13 **villae,** ursprünglich einfache Landgüter mit Wirtschaftsgebäuden. Der Typus der städtisch-ländlichen Villa im Besitz eines *dominus,* der ständig auf seinem Gut lebte, entwickelte sich erst später. Eines dieser Güter liegt im heutigen Wohnviertel Consolata, ungefähr 400 Meter nördlich der römischen Stadtmauer.

Die Anlage des Römerlagers zeigt sich noch heute im **rechtwinkligen Straßennetz** in einem von Mauern umgebenen Rechteck (727 x 574 m).

Die **Stadtmauer,** aus Travertin errichtet, gehört zu den römischen Anlagen, die sich bis heute am besten erhalten haben. An den vier Ecken und dazwischen im Abstand von ungefähr 20 Metern sorgten viereckige **Türme** für die Sicherheit der Stadt. Einige dieser jahrhundertelang als Wohntürme genutzten Bauten, wie der Torre del Lebbroso (Turm des Leprakranken) und Torre Pailleron, stehen noch heute.

1025 übergab der letzte Burgunderkönig die von den Sarazenen zerstörte Stadt Aosta an **Umberto Biancamano,** auf Deutsch *Humbert Weißhand.* Dieser Graf war der Stammvater der mit ihrem Territorium übergreifenden Dynastie Savoyen. Durch geschickte Politik der Savoyer entwickelte sich die Stadt entsprechend ihrer verkehrsgünstigen Lage zum **kulturellen und politischen Zentrum** der umgebenden Alpentäler.

Besichtigung

Einen Stadtrundgang beginnt man am besten an der zentralen **Porta Praetoria.**

Das **Osttor** ist das einzige erhaltene der vier römischen Stadttore. Auf der geradlinigen Achse der Decumanus Maximus, die von Rom kommend unter dem Augustusbogen hindurch und durch die Porta Praetoria in die Stadt führte, erreichte man das gegenüberliegende Westtor.

Hier im Osten der Stadt entstand ein monumentaler **Waffenhof** mit einer doppelten Mauer, durch Fallgitter und Zwillingstürme an den Seiten zusätzlich gesichert. Verkleidet wurden die Mauern mit dem heimischen Bardiglio, einem grauen Stein mit dekorativer Zeichnung aus dem nahe gelegenen Aymavilles. Auf der Mauer verlief auf allen vier Seiten ein Wehrgang. Hatten die Feinde die erste Mauer durchbrochen, saßen sie im Hof in einer Falle eingeschlossen vor den Fallgittern der zweiten Mauer und konnten von allen Seiten beschossen werden. Die in den Stein gearbeitete Nut der eisernen Fallgitter ist heute noch zu erkennen. Der heutige große viereckige Turm stammt aus romanischer Zeit und diente den Herren von Quart als Wohnturm.

Die beiden mittleren Bögen, breiter und höher, dienten als Wagendurchfahrt, sie lagen in direkter Linie zum Triumphbogen. Die Seitenbögen waren für Fußgänger bestimmt. Die Porta Praetoria fungierte auch als **Zollstation.** Für alle eingeführten Waren mussten Zölle an den Bischof von Aosta gezahlt werden.

Aufgrund der vielen Überschwemmungen im Laufe der Jahrhunderte wurde das Straßenniveau um fast drei Meter angehoben. Tritt man durch den Bogen hindurch, sind rechter Hand zum Teil ausgegrabene Fundamente zu sehen. Sie vermitteln einen Eindruck vom einstigen Furcht einflößenden Torbau.

Die Via Sant'Anselmo verläuft auf der alten römischen Trasse. Diese führte von Ivrea nach Aosta, wo sie sich teilte, um in Richtung des Großen und Kleinen Sankt Bernhards weiterzuführen. Entlang dieser wichtigen Verkehrsader entstand im Mittelalter außerhalb der Stadtmauern das eigenständige **Handwerksviertel Saint-Ours,** das den Namen des hier bereits seit dem frühen Christentum existenten Klosters Sant'Orso erhielt. Bourg Saint-Ours besaß bis ins 18. Jh. einen eigenen Bürgermeister und eine Ratsversammlung. In den Straßen von Bourg findet seit nahezu 1000 Jahren am 30. und 31. Januar die **Fiera di Sant'Orso** statt, das wichtigste Fest im ganzen Tal.

Man muss zuerst ein Stück auf der lebhaften Fußgängerzone der Via Sant'Anselmo stadtauswärts gehen, bevor der Augustusbogen sichtbar wird. Doch bevor man sich auf der ehemaligen römischen Trasse in Richtung Triumphbogen begibt, lohnt sich ein Abstecher in den alten Stadtteil von Saint-Ours. Man biegt links ab in die Via Sant'Orso und erreicht nach wenigen Schritten die **Kollegiatskirche der Santi Pietro e Orso,** in Aosta nur Sant'Orso genannt. Neben der Kathedrale der wichtigste Sakralbau der Stadt, ist das Gotteshaus für seine Kapitellplastiken im Kreuzgang und die romanischen Fresken im Dachraum berühmt.

Wie bei der gegenüberliegenden Begräbniskirche San Lorenzo fand man auch hier bei Ausgrabungen Reste einer Vorgängerkirche, die wohl auch aus der gleichen Zeit stammen. Die Anfänge der Kirche gehen auf das 5. Jh. zurück. Die Tatsache, dass dieser neben der Kathedrale wichtigste Sakralbau **außerhalb der Stadtmauern** liegt, verwundert nicht, wenn man ihre Entstehungsgeschichte kennt. Der Bischof von Aosta nämlich gehörte zur Glaubensgemeinschaft der **Arianer,** die die Wesensgleichheit von Christus und Gott nicht anerkannten. Der eigens aus Rom gesandte Erzdiakon *Ursus* gründete deshalb in Konkurrenz zur Kathedrale direkt vor den Toren der Stadt eine neue Kirche. In frühromanischer Zeit wurde sie für ein Kanonikerkollegium unter *Bischof Anselmo* (994–1025) erneuert. Nachdem 1132 die Augustiner die Kirche übernommen hatten, folgte der Bau von Konvent, Kreuzgang und Campanile. Der große romanische **Glockenturm** (46 m)

032pi Foto: sg

Der Kreuzgang von Sant'Orso

ist der höchste der Region, er diente in unruhigen Zeiten auch als Zufluchtsort für die Bevölkerung. Der untere Teil wurde aus römischem Baumaterial errichtet. Der erste frühmittelalterliche Campanile ist heute in die Nordwestecke des Langhauses von Sant'Orso eingebaut.

Rechts von der Kirche liegen die von Prior *Giorgio di Challant* um 1500 errichteten, eleganten **Prioratsgebäude.** Ihre mit Terrakotta aufwendig geschmückten Außenwände und Fensterrahmungen sind eines der wenigen Zeugnisse der **Renaissance** in Aosta.

Durch das gotische Portal, überragt von einem für das Piemont typischen Wimperg, der bis fast unter die Giebelspitze reicht, betritt man den Innenraum der Kirche. Bei archäologischen Ausgrabungen im Chor kam 1999 ein gut erhaltenes, quadratisches, ca. drei mal drei Meter großes **Fußbodenmosaik** zum Vorschein. Im Zentrum eine elegante Darstellung von Samson, wie er den Löwen tötet.

Außer einer fünfschiffigen Hallenkrypta unter dem Chor sind von der ursprünglich von *Bischof Anselmo* errichteten romanischen Kirche die sehenswerten Überreste eines **Freskenzyklus'** aus dem 11. Jh. im Dachraum des Mittelschiffs erhalten. Sie sind den gotischen Modernisierungsplänen *Giorgio di Challants* zu verdanken. Durch eine Einwölbung im 15. Jh. blieben die komplett mit Fresken ausgemalten Wände des Hochschiffes zwischen Gewölbe und Dach vor den Umbau- und Sanierungsmaßnahmen der folgenden Jahrhunderte verschont. Auf der Wetterseite im Norden waren die Fresken mehr der Feuchtigkeit ausgesetzt, sie sind deshalb in einem schlechteren Zustand. Ihre Besichtigung sollte man sich auf keinen Fall entgehen lassen. Wann hat man schon einmal Gelegenheit, auf den Dachboden einer Kirche zu klettern und sich die Gewölbe von oben anzuschauen? Vom linken Seitenschiff aus gelangt man über eine Treppe hinauf. Die Fresken sind ausgeleuchtet und können von einem breiten Laufsteg aus in aller Ruhe betrachtet werden. Unter einem breiten Mäanderfries ist ein Freskenzyklus dem Leben Jesu und seiner Apostel gewidmet. Das genaue Programm ist nicht eindeutig zu rekonstruieren. Auf der Nordseite sind nur wenige Szenen erhalten. Dargestellt sind von Westen nach Osten Szenen des Jüngsten Gerichts mit zwei Posaune blasenden Engeln und Erzengeln, dann die Hochzeit von Kana. Auf der Südseite sind Episoden aus dem Leben der Apostel dargestellt. Die Malereien ähneln in ihrer byzantinischen Darstellungsweise den 1979 erstmals auf dem Dachboden der Kathedrale zum Vorschein gekommenen Fresken. Die Figuren sind stark stilisiert dargestellt. Trotzdem ist es dem Künstler gelungen, den Szenen Leben einzuhauchen. So bläst der Sturm die Apostel in ihrem Boot kräftig über den See Genezareth. Die Fresken wurden bereits in der ersten Hälfte des 19. Jh. entdeckt und ab 1968 restauriert.

Vom rechten Seitenschiff aus gelangt man in den um 1150 vollendeten

Kreuzgang. Dieser ist mit seinen romanischen, figürlichen **Kapitellplastiken** einzigartig in Italien. Anstatt italienischer Vorbilder macht sich hier der durch die Savoyer entstandene französische Einfluss bemerkbar. Auffällig ist die Ähnlichkeit mit berühmtem romanischen Kapitellschmuck in der Provence und im Burgund, wie z.B. in der Kathedrale Saint-Lazare im burgundischen Autun.

Auf den kunstvollen geschwärzten Kapitellen wechseln sich Szenen aus der Bibel mit Heiligengeschichten und Angst einflößenden Ungeheuern ab; auch die Legenden zur Entstehungsgeschichte des Klosters und die jahrhundertelangen Auseinandersetzungen mit der Bischofskirche sind hier eingeflossen. Am deutlichsten ist dieser Konflikt am dritten Kapitell auf der Südseite dargestellt. Zwei Figuren stellen die beiden Kirchen dar. Sie sind durch eine Palme, die den jeweiligen Besitz versinnbildlicht, voneinander getrennt. Ein Kapitell auf der Südseite trägt Reliefszenen zur Legende des heiligen Ursus.

Der mittelalterliche Bilderreichtum ist wahrscheinlich in seiner ursprünglichen Programmfolge nicht mehr erhalten. Als im 15. Jh. unter dem Prior *Giorgio di Challant* der gesamte Klosterkomplex umgebaut wurde, wurde auch der Kreuzgang verkleinert. Von den ehemals 52 Marmorkapitellen wurden nur 37 Originale und drei weitere aus dem 18. Jh. in veränderter Reihenfolge wieder aufgestellt. Zwei Kapitelle mit Darstellungen Jakobs wurden 1996 gestohlen.

Gegenüber von Sant'Orso, neben einer 450 Jahre alten Linde, liegt die von außen unscheinbar wirkende **Kirche San Lorenzo.** In ihrem Inneren kamen aber bei Ausgrabungen die Reste einer frühchristlichen Basilika zum Vorschein, die zu besichtigen sind. Die Gegend östlich der Stadtmauer wurde wahrscheinlich bereits in keltischer Zeit für Beerdigungen genutzt. Zu Beginn des 5. Jh. errichtete hier die frühchristliche Gemeinde eine Grabbasilika, Ruhestätte der ersten Bischöfe von Aosta. Über dem Grundriss eines lateinischen Kreuzes endeten die vier Arme in Apsiden. Diese einfache Basilika wurde im 8. Jh. zerstört und im 9. Jh. durch eine kleinere Kirche ersetzt, die dem heiligen Lorenzo geweiht wurde. Erweiterungen und Veränderungen in den folgenden Jahrhunderten veränderten das Erscheinungsbild der Kirche stark. Bis 1793 war sie die Pfarrkirche von Bourg.

Man betritt die Ausgrabungsstätte vom nördlichen Seitenschiff aus und sieht links am Ende des Mittelschiffs die westliche Apsis. In deren Mitte weist eine Schwelle auf den ursprünglichen Eingang der Basilika hin. Auf einem Laufsteg gelangt man in den Chor der frühchristlichen Kirche. Hier fand man die Grabsteine der ersten Bischöfe von Aosta, *Agnello* (gestorben 29. April 528) und *Gallo* (gestorben 5. Oktober 546) sowie den ihres Vorgängers, des heiligen *Grato* (gestorben 470). Eine Legende erzählt, dass San Grato, der Schutzpatron der Stadt, einst den Kopf Johannes des Täufers nach Aosta gebracht haben soll.

033pi Foto: sg

Die Stadtanlagen der Römer

Nach griechischen und etruskischen Vorbildern waren die römischen Städte in regelmäßiger **Schachbrettform** angelegt. Das **Achsenkreuz** der beiden Hauptstraßen, genannt „Decumanus" und „Cardo", bildete das Grundelement. Das **Forum,** zugleich Marktplatz und wichtigstes politisches Zentrum, lag immer in der Nähe des Kreuzungspunktes.

In jeder bedeutenden Römerstadt gab es ein Theater für Komödien und Tragödien und ein **Amphitheater** für die Kämpfe mit wilden Tieren und für die Schaugefechte der Gladiatoren. Die größten Städte besaßen darüber hinaus auch einen **Circus,** eine Bahn für **Wagenrennen** und ein **Stadion.**

Ein regelrechter Kult wurde um das Wasser betrieben. Über zahlreiche **Aquädukte** strömte es in die Stadt, wo es sich vor Nymphäen in Bassins ergoss.

Der Arco di Augusto

- **Sant'Orso/San Lorenzo,** Tel. 01 65 26 20 26, geöffnet 1.10.–28.2. Mo–Fr 10–12.30 und 13.30–17.30 Uhr, So 10–12.30 und 13.30–18.30 Uhr; 1.3.–30.6. und September täglich 9–19 Uhr, 1.7.–31.8. täglich 9.30–12.30 und 14–18 Uhr. Eintritt frei. Für die Besichtigung des Freskenzyklus auf dem Dachboden von Sant'Orso wendet man sich an das Aufsichtspersonal von San Lorenzo. Eintritt frei.

Wieder zurück auf der Via Sant'Anselmo, ist es nicht mehr weit bis zum **Arco di Augusto,** 25 v. Chr. von *Augustus* als Zeichen des Sieges über die Salasser und als Gründungszeichen der Stadt errichtet. In fast jeder größeren Stadt ihrer Provinzen ließen die römischen Kaiser in Anlehnung an Straßentore hellenistischer Zeit einen Triumphbogen errichten.

Bis 1960 wurde der Verkehr durch den Bogen geleitet. Heute führt ein viel befahrener Kreisverkehr um ihn herum.

Östlich des Triumphbogens verbirgt sich eine der drei im Aosta-Tal noch erhaltenen römischen **Brücken.** Die **Ponte Romano** liegt leicht erhöht. Von Ivrea kommend, überquerten die Händler und Reisenden bis ins Mittelalter hier den Fluss Buthier. Die Brücke liegt auf einer Achse mit dem Triumphbogen und dem dahinterliegenden Stadttor, gleich rechts daneben folgt das römische Theater, umrahmt von einer grandiosen Bergkulisse.

Wieder zurück und durch die Porta Praetoria hindurch, gelangt man rechts in wenigen Schritten zu den Überresten des römischen **Theaters.** Es bot bis zu 3000 Zuschauern Platz und lag am Stadtrand in der Nähe des Stadttores,

035pi Foto: sg

um den geregelten Besuch der Vorstellungen zu gewährleisten. Die noch erhaltenen Überreste der 22 Meter hohen Fassade, des Zuschauerraumes, der Bühne und der seitlichen Laubengänge vermitteln einen Eindruck der beachtlichen Größe des Bauwerkes. Das ebene Stadtareal bot keinen natürlichen Hang zur Anlage der gestuften Sitzreihen, und so diente die stattliche Südfassade zugleich als der direkt dahinter absteigenden, im Halbrund geformten, gestuften und ehemals überdachten Sitzreihen, die in einem Bühnenhaus endeten, aus dem die Schauspieler auf die Bühne traten. Beim großen Unwetter im Jahre 2000 wurde auch die Fassade in Mitleidenschaft gezogen; die Restaurationsarbeiten wurden Anfang 2009 abgeschlossen. Nördlich des Theaters schloss sich das **Amphitheater** an. Als Naturkulisse ragt dahinter der schneebedeckte Grand Combin (4314 m) auf, der einzige Viertausender, der von Aosta aus zu sehen ist. Die in der Mitte des 1. Jh. n. Chr. errichtete zweistöckige Arena hatte gigantische Ausmaße und bot bis zu 20.000 Zuschauern Platz, weitaus mehr, als Aosta an

An der Piazza Emilio Chanoux

Einwohnern zählte. Auch dieses Bauwerk sollte eben die Macht der römischen Herrscher demonstrieren. Acht der insgesamt 60 Arkaden sind heute in das Klostergebäude Santa Caterina integriert.

● **Teatro Romano,** Via du Baillage 1, 1.11.–31.1. 9–17 Uhr, 1.2.–28.2. 9–18.30 Uhr, 1.3.–31.3. 9–19 Uhr, 1.4.–31.8. 9–20 Uhr, 1.9.–30.9. 9–19 Uhr; Eintritt frei.

Wieder zurück auf der heutigen Via Porta Praetoria, erreicht man den größten Platz der Stadt, die langgezogene **Piazza Emilio Chanoux.**

Der heutige Stadtmittelpunkt entstand in der ersten Hälfte des 19. Jh. Die Nordseite der großzügig gestalteten Platzanlage nimmt das mit Bogengängen versehene neoklassizistische **Rathausgebäude** ein. Es wird von zwei großen Statuen flankiert, die die Flüsse Dora Baltea und Buthier symbolisieren.

Nicht weit vom heutigen Rathausplatz entfernt, lag das Forum, das politische, religiöse und wirtschaftliche Zentrum der römischen Stadt. Einen Teil davon bedeckt heute die Piazza Giovanni XXIII.

An der Stelle der heutigen **Kathedrale Santa Maria Assunta** errichteten bereits die Römer ihre heiligen Stätten. Die Grundsteine der beiden zentralen Tempel sind im Garten der Kathedrale noch zu sehen. Von hier aus hat man auch Zugang zum sogenannten **Criptoportico,** einem der am besten erhaltenen Überreste der römischen Stadt. Die Gewölbe dieses gedeckten Wandelganges, ein halbunterirdischer, zweischiffiger Tunnel von fast 100 Metern Länge, ruhen auf mächtigen Pfeilern.

● **Criptoportico,** Tel. 01 65 27 59 02, 1.10.–28.2. 11.30–17 Uhr, 1.3.–30.9. 10.30–12.30 und 13.30–18.30 Uhr.

Östlich an das Forum grenzten die römischen **Thermen.** Die Ausgrabungszone liegt unter einer Schule in der Via XXV. Aprile.

Gräber, Treppen, Fundamente, Mosaiken und Fußbodenbeläge einer frühchristlichen Basilika, errichtet auf einem römischen Gebäude aus dem 3. Jh., kamen bei Ausgrabungsarbeiten unter der Kathedrale Santa Maria Assunta zum Vorschein. Durch eine Glasabdeckung auf dem Boden des Mittelschiffs ist das frühchristliche Taufbecken der Vorgängerkirche zu sehen. Bereits vor 451 entstand hier die erste arianische Bischofskirche, die um 1030 durch eine frühromanische Basilika mit fünf Apsiden ersetzt wurde. Diese Choranlage wurde im späten 13. Jh. durch einen Umgangschor ersetzt. Nach 1493 erfolgte die Einwölbung des ursprünglich romanischen Langhauses. Aus der frühromanischen Entstehungszeit stammen noch die beiden Glockentürme, die Krypta und der erst 1979 von dem Kunsthistoriker *Hans Peter Autenrieth* entdeckte, gut erhaltene **Zyklus romanischer Fresken** im Dachraum des Mittelschiffes über der Wölbung, dessen Entstehung auf die Zeit um 1040/1050 datiert wird und der zu besichtigen ist.

Dargestellt sind auf der Südseite die **ägyptischen Plagen** und auf der Nordseite Szenen aus dem Leben des **heiligen Eustachius,** bemerkenswert vor allem, da von diesem Heiligen bislang aus dieser Zeit nur Einzeldarstellungen bekannt sind. Darüber beeindruckt ein perspektivischer Fries mit den **Vorfahren Jesu Christi,** ein für die Geschichte der Wandmalerei einzigartiger Fund.

•**Cattedrale Santa Maria Assunta,** Piazza Giovanni XXIII., Tel. 01 65 40 251; geöffnet: Kathedrale täglich 6.30–12 und 15–19 Uhr, Schatzmuseum 1.4.–30.9. Mo–Sa 9–11.30 und 15–17.30 Uhr, So 8.30–10 und 10.45–11.30 Uhr; 1.10.–31.3. 8.30–10, 10.45–11.30 und 15–17.30 Uhr. Mo und während der Gottesdienste ist das Museum geschlossen; Eintritt 3 €. Die archäologischen Ausgrabungen und die Fresken im Dachraum können nur im Rahmen einer Führung besichtigt werden (4,50 €). Sonst sind Besichtigungen nur nach Anmeldung für Gruppen ab vier Personen möglich; Anmeldung unter Tel. 34 02 80 87 58.

036pi Foto: sg

Eingang zur Kirche
Santa Maria Assunta

Von der Kathedrale aus gelangt man über die Via Forum zur **Piazza Roncas,** wo sich die römische Porta Principalis Sinistra befand. Gegenüber des aus der Renaissancezeit stammenden Palazzo Roncas (1606) ist in einem ehemaligen Konvent das regionale **Archäologische Museum** und das **Archäologische Forschungsamt** untergebracht. Ausführlich sind sämtliche Ausgrabungen in Aosta hier dokumentiert und mit zahlreichen Fundstücken veranschaulicht.

•**Museo Archeologico Regionale,** Piazza Roncas 12, Tel. 01 65 27 59 02, täglich 9–19 Uhr; Eintritt frei.

Über die Rue Croix de Ville, den römischen Cardo Maximus, gelangt man bis an das Südtor der römischen Stadtmauer zur **Porta Principalis Dextera.** Vom römischen Haupttor sind nur wenige Mauerreste erhalten. Daneben, auf den Fundamenten eines alten Wohnturmes, hat sich aber der **Torre Bramafam,** ein von den *Challant* im Mittelalter befestigter Rundturm mit Zugbrücke, erhalten.

Nördlich des Stadtzentrums entdeckte man 1971 eher zufällig bei Bauarbeiten die **Villa Romana.** Sie wird auf die zweite Hälfte des ersten Jh. v. Chr. datiert. Das Gelände wurde von der Stadt angekauft und komplett überdacht. Bei den Ausgrabungen kam der Zentralbereich des Wohngebäudes mit einer Gesamtfläche von 38 mal 45 Metern zum Vorschein. Die Wohn- und Wirtschaftsgebäude dehnten sich aber sowohl nach Westen als auch nach Osten weiter aus. Von einer Galerie aus bekommt man einen guten Überblick über die einzelnen Bereiche Küche, Warm- und Kaltbad und die im Verhältnis kleinen privaten Einheiten von Schlafzimmer und Wohnzimmer. Auf die Gemeinschaftsräume wurde deutlich mehr Wert gelegt, wie die großen Esszimmer, Aufenthalts- und Arbeitsräume beweisen, die sich um ein Atrium gruppieren. Eine Schautafel erklärt zwar die Anordnung der Räume, für Nichtarchäologen wird eine Besichtigung allerdings nur mit Führung interessant.

- **Villa Romana della Consolata,** Via Grand Tournalin, Tel. 01 65 27 59 11. Anfang Okt.–Ende Febr. Mi und Fr 9–13 Uhr, Anfang März–Ende Sept. Mi und Fr 9–13 Uhr, So 14–18 Uhr, Eintritt frei.

Praktische Tipps

Information

- **Büro Ufficio del turismo,** Piazza Chanoux 2, Tel. 01 65 23 66 27, Fax 016 53 46 57, aosta@turismo.vda.it; täglich geöffnet 9–20 Uhr (Hauptsaison), 9–18.30 Uhr (Nebensaison).

Unterkunft

Die Beherbergungsstrukturen der Stadt sind vorwiegend auf Geschäftsleute ausgerichtet, d.h. die meisten der Stadthotels sind eher groß, modern und unpersönlich.

- **Cecchin*****, Via Ponte Romano 27, Tel. 016 54 52 62, Fax 016 53 17 36, www.hotelcecchin.com. Das Cecchin ist ein schönes altes Berghotel mit zehn rustikal eingerichteten Zimmern, auf römischen Grundmauern errichtet; die wohl angenehmste Unterkunft in Aosta. Direkt bei der römischen Brücke und in Gehnähe zur Altstadt. 80–105 €.
- **Roma*****, Via Torino 7, Tel. 016 54 10 00, Fax 016 53 24 04, www.hotelroma-aosta.it. Das Hotel Roma wird sehr freundlich im Familienbetrieb geführt. Die 38 Zimmer sind sauber und ordentlich, verströmen aber den unpersönlichen Charme der 1970er Jahre. Vorteil: zentrale Lage in der Nähe der Porta Praetoria. Die Zimmer gehen nicht direkt auf die laute Via Torino hinaus, sondern liegen alle in einem Gebäude im Hinterhof und sind deshalb für ein Stadthotel angenehm ruhig. 73–82 €.

Essen und Trinken

- **Ad Forum,** Piazza Giovanni XXIII. (Piazza della Cattedrale), Tel. 01 65 54 85 10. Mo Ruhetag. In einem alten restaurierten Gebäude mit großem Gewölbekeller an der Piazza Cattedrale hat sich die **Enoteca Regionale** eingerichtet. Sie kümmert sich um die bessere Vermarktung der Weine aus dem Aosta-Tal. An den Verkaufsraum ist ein Lokal mit einem traumhaft ruhigen Garten angeschlossen, ein idealer Ort für einen Aperitif oder eine *merenda*. Die Weine können hier auch glasweise verkostet werden.
- **La Cave,** Via de Tillier 40, Tel. 01 65 23 01 33. Ruhetag So. Sehr gut besuchte Weinbar mit Terrasse; serviert werden leckere Antipasti-Teller und kleine Snacks. Ein guter Platz für den abendlichen Aperitif. Ausgezeichnete Weinauswahl auch im offenen Ausschank.
- **Pam Pam – Trattoria degli Artisti,** Via Maillet 7, Tel. 016 54 09 60. Ruhetag So und

Mo. Das alteingesessene gemütliche Lokal liegt etwas versteckt in einer kleinen Seitengasse der Via Aubert. Gute, schnörkellose Küche des Aosta-Tals mit valdostanischen Spezialitäten wie *seupa vapellenentse* und *cotechino, carbonade* und *brasato;* ca. 30 €.

• **Osteria dell'Oca,** Via E. Aubert 15 (liegt nicht direkt an der Via Aubert, sondern an einem Innenhof), Tel. 01 65 23 14 19. Mo Ruhetag. Neueres, geschmackvoll eingerichtetes Restaurant mit verfeinerter valdostanischer Küche; 30–37 €.

• **Trattoria Praetoria,** Via Sant'Anselmo 9, Tel. 016 54 43 56, Di abend, Mi Ruhetag. Auch wenn die Trattoria Praetoria - sie liegt nur wenige Schritte von der Porta Praetoria entfernt - mittlerweile in kaum einem Reiseführer fehlt, gehört sie immer noch zu den verlässlichsten Adressen in Aosta; sehr gutes Preis-Leistungsverhältnis; 25 €.

• **Le Pélerin Gourmand,** Via Tillier 9, Tel. 01 65 23 18 50, Do Ruhetag. Etwas versteckt in einem Durchgang zwischen der Fußgängerzone (Via Tillier) und Losanna liegt dieses sympathische Restaurant. Von der Via Tillier gelangt man durch ein Holztor in den Innenhof. Sehr sorgfältig zubereitete Gerichte aus dem Aosta-Tal wie *carbonade* mit *polenta;* ca. 40 €.

• **Pasticceria Nelva,** Via P. Praetoria 15. Ausgezeichnete, traditionsreiche Konditorei und Kaffeehaus in der Fußgängerzone nahe Piazza Chanoux. Schräg gegenüber die dazugehörige Eisdiele.

• Neu sind die empfehlenswerten Eisdielen **Gelateria Pazzo,** Via Losanna 16, Tel. 016 54 34 40 und **Gelateria Grom,** Via de Tillier 70, Tel. 016 54 10 55.

Einkaufen

• **Wochenmärkte** Mo vormittags in der Via Mont Falère, Do morgens auf der Viale della Pace.

Feste

• **Fiera di Sant'Orso,** Infos über www.regione.vda.it. Kunsthandwerksmesse am 30./31. Januar. Einmal im Jahr treffen sich die Kunsthandwerker aus der gesamten Region in der Hauptstadt. Über fast die gesamte Altstadt breiten sich die Stände aus. Verkauft werden die traditionellen Holzschnitzereien wie Sabots (Holzpantinen), geflochtene Körbe, aus Topfstein gefertigte Gerätschaften, schmiedeeiserne Filigranarbeiten, feine Handarbeiten wie die sogenannten *pizzi* aus Cogne, *draps* aus Valgrisenche und die aus Hanf gewebte Wäsche von Champorcher. Einmal im Jahr strömen dann die Anwohner aus der ganzen Region nach Aosta.

• **Bataille di Reines,** am dritten oder vierten Sonntag im Oktober. Abschluss einer Reihe von 19 Kuhwettkämpfen, die in verschiedenen Orten des Tales von Frühling bis Sommer ausgetragen werden. Infos siehe www.amisdesreines.it.

Foto: sg 188pi

Käsevielfalt aus dem Piemont

Valle del Gran San Bernardo ⇗ V/C-D1

Von Aosta aus führt die S 27 in Richtung Norden hinauf zum Großen Sankt Bernhard (San Bernardo) und in die Schweiz. Die landschaftlich reizvolle Strecke mit großartigem Bergpanorama ist dank des Straßentunnels ganzjährig befahrbar. Vor allem im Sommer, wenn sich der Verkehr kilometerlang vor dem Gotthardtunnel staut, bietet sich die **Anreise** von Westdeutschland aus über Bern und Martigny am Genfer See als Alternative an. Von Martigny nach Aosta sind es nur 76 Kilometer.

Die Passhöhe des Gran San Bernardo (2473 m) liegt zwischen den Gipfeln des Grand Combin und denen des Mont-Blanc-Massivs; er ist **einer der ältesten Wege über den Alpenhauptkamm** und wurde bereits von den Römern genutzt. Reste der von ihnen in den Fels gehauenen Trasse und eines Tempels wurden auf der Passhöhe gefunden. Auch *Karl der Große* (775), *Friedrich Barbarossa* (1174) und *Napoleon* (1800) nutzten den Weg über die Westalpen für ihre Feldzüge.

Seit Mitte des 11. Jh. diente auf der Passhöhe, idyllisch an einem kleinen See gelegen, ein **Hospiz** Pilgern, Reisenden und Händlern als sichere Herberge.

Seit 1964 hat der Pass seine Bedeutung verloren. Ein 5,8 Kilometer langer **Straßentunnel** führt östlich unter dem Hospiz hindurch. Im dem Gebäude aus dem 19. Jh. befindet sich heute ein meteorologisches Institut und ein Museum über die Geschichte des Passes mit einer kleinen Sammlung römischer Funde und einer Dokumentation über die berühmte Zucht der Bernhardiner Rettungshunde, die bis heute hier oben von Augustinermönchen aufgezogen werden.

Information

- **Ufficio del turismo,** Strada Nazionale Gran San Bernardo 13, 11014 Etroubles, Tel. 016 57 85 59, etroubles@turismo.vda.it.

Unterkunft/ Essen und Trinken

- **Pizzeria del Borgo,** Rue Albert Deffeyes 22, Etroubles, Tel. 01 65 78 96 42. Zuverlässiges Dorfgasthaus mit Pizzeria im alten Ortskern.
- **Agriturismo Lo Ratele,** Fraz. Ville 2, Allein, Tel. 016 57 82 65, Fax 01 96 78 95 82, www.agriturismoloratele.it. Restaurierter Bauernhof auf 1400 m Höhe mit Restaurantbetrieb (nur mit Voranmeldung), zwei Kilometer außerhalb von Allein, mit acht rustikal eingerichteten Zimmern, einige davon mit Balkon. Betriebsferien von Januar bis Ostern. HP 40–52 €, Menü 25 €, *merenda* 10 €. Zum Frühstück gibt es hausgemachte Marmelade, Milch, Butter und Käse vom eigenen Betrieb.
- **Locanda La Clusaz*****, Fraz. La Clusaz, Gignod, Tel. 016 55 60 75, Fax 016 55 64 26, www.laclusaz.it, Di und Mi Nachmittag Ruhetag (außer im August und über Weihnachten/Neujahr). Direkt an der S 27 hinab nach Aosta liegt dieses kleine, traditionsreiche Hotel, das schon wegen seines ausgezeichneten Restaurants erwähnt werden muss. Die beiden sympathischen Wirtsleute *Maurizio* und *Seri Grange* servieren im gediegenen, gemütlichen Gastraum mit offenem Kaminfeuer mit Sorgfalt zubereitete Spezialitäten aus dem Valle del Gran San Bernardo und Valpelline, dazu passend eine hervorragende Auswahl valdostanischer Weine. Die für das Tal typischen Speck-, Schinken- und Wurstsorten, die auf keiner klassischen Vorspeisenplatte

037pi Foto: sg

fehlen, stammen aus eigener Schlachtung. Der Service ist rundum freundlich. Die 14 Zimmer sind einfach ausgestattet und gehen größtenteils nach hinten raus. Ein idealer Ort, um einen angenehmen Zwischenstopp auf der An- oder Rückreise einzulegen. DZ 68–120 €, HP 52–85 € (günstige Wochenendpauschalen siehe Internet), Degustationsmenü 35–40 €.

Der Weiler Ollomont
im gleichnamigen Tal eignet sich sehr gut als Ausgangspunkt für Gebirgstouren

Valpelline und Valle di Ollomont ⇗ V/D1, VI/A2

Der kürzeste und schnellste Weg hinauf zum Pass bzw. hinunter nach Aosta ist die gut ausgebaute S 27. Eine schöne kleine Panoramastraße auf der östlichen Talseite führt ab Etroubles in das sehr idyllisch gelegene Valpelline, von dem das breite Tal von Ollomont abzweigt. Die landschaftlich besonders reizvolle Strecke führt vor dem Hintergrund einer großartigen Gebirgskulisse durch Wälder, kleine Weiler und vorbei an saftigen Wiesen und Weiden. Nach **Allein** und **Aye** zweigt links ein Panoramasträßchen nach **Doues** ab, ein kleines Dorf oberhalb von Valpelline im gleichnamigen Tal.

Kurz hinter dem Hauptort **Valpelline** mündet von Norden das schöne Tal von Ollomont. Inmitten von saftigen Almwiesen und eingeschlossen von den majestätischen Gletschergipfeln des Mont Velan (3708 m), Grand Combin (4314 m) und Mont Gelé (3518 m) liegen auf ungefähr 1300 m Höhe die verstreut liegenden Weiler von **Ollomont,** ein kleiner, völlig unspektakulärer Fremdenverkehrsort, der sich als Ausgangspunkt für Gebirgstouren hervorragend eignet.

Wieder zurück im Valpelline gelangt man auf der S 28 nach **Bionaz.** Das langgezogene Tal windet sich jedoch zunächst weit hoch. Nach einer Klamm thront auf einer Felsspitze eine Ruine. Hat man diesen Punkt überwunden, erreicht man über einen Tunnel Bionaz, ein völlig untouristisches, typisches Bergdorf und der letzte Ort im Tal. Ungefähr sechs Kilometer weiter oben liegt das **Staubecken** von Place Moulin, das das Landschaftsbild des Tales beherrscht.

Unterkunft/ Essen und Trinken

- **Locanda della Vecchia Miniera,** Fraz. Rey 11, Ollomont, Tel. 016 57 34 14, www.locandavecchiaminiera.it. Ruhetag Mo, auch So abend geschlossen. In dem kleinen Seitental des Valpelline, das früher für seine Minen bekannt war, liegt fast am Talschluss das charmante „Gasthaus zur alten Mine" der beiden jungen Wirtsleute *Laura* und *Filippo Gregorini,* etwas oberhalb vom Hauptort Ollomont. Neben den gemütlichen Gasträumen gibt es in dem alten, sorgfältig restaurierten Haus aus dem 18. Jh. vier unterschiedlich und mit viel Geschmack und Liebe zum Detail eingerichtete Zimmer. Während *Laura* für den Service und als gelernte Sommelier für den Wein zuständig ist, kreiert *Filippo* eine verfeinerte regionale Küche aus dem Valpelline. Der ideale Ort zum Ausruhen, Entspannen und Wandern. Direkt hinter dem Haus führt der Alta Via 1 vorbei. DZ 90–110 €, HP 55–70 €, Menü 20–35 €.
- **Auberge La Batise,** Loc. Plan de Veyne (ca. sechs Kilometer unterhalb des Stausees), Bionaz, Tel. 32 84 87 97 02, Fax 01 65 73 02 14, www.labatise.com; im November geschlossen. Jugendherberge auf 1600 m in einem alten, restaurierten Steinhaus für maximal 36 Personen. Zwei-, Vier- und Sechsbettzimmer und ein Schlafsaal mit 12 Betten. 14–17 €.

Einkaufen

- **Centro Visitatori Cooperativa Produttori Latte e Fontina,** Frissonière di Valpelline, Tel. 016 57 33 09. Von Aosta kommend bei Variney abbiegen, zunächst auf der S 28 in Richtung Bionaz, dann nach Ollomont abbiegen. Nach 1,5 km Abzweigung zum Besucherzentrum im Ortsteil Frissonière. Die Käserei ist nach Anmeldung auch zu besichtigen. Großer angeschlossener Verkaufsraum, guter Fontina-Käse. Öffnungszeiten Sommer 8.30–12.30 und 14.30–18.30 Uhr, Sa/So 9–12 und 15–18 Uhr, Winter 9–12 und 14.30–17.30 Uhr.

Wintersport/Wandern

- Eine schöne, aber anstrengende Tour (Kompasskarte 87, 1:50.000, Breuil-Cervinia, Zermatt), mehr als 1000 Höhenmeter sind jeweils beim Auf- und Abstieg zu bewältigen. Sie geht von **Rey** auf dem Alta Via 1 nach **Ollomont** und dann steil hinauf zur Alpe del Berrio (keine Bewirtung) auf 1932 m. Ab hier geht es, anstatt weiter auf dem Alta Via, in Richtung Close im Valpelline (8. Etappe), weiter bergauf und über den Col Cornet (2354 m) zum schönen **Lago del la Incliousa** (2420 m). Von dort wandert man hinab zu einer schönen hochmoorartigen Landschaft. Die Tour endet in **Glacier** (1571 m) am Ende des Ollomont-Tales (hier Bushaltestelle nach Aosta).
- Im Winter stehen ein **Schlepplift** und eine zehn Kilometer lange **Langlaufloipe** zur Verfügung.

Castello di Sarre

⇗ V/C2

Nicht weit von Aosta entfernt, auf einer Anhöhe mit Blick auf den gegenüberliegenden Eingang ins Cogne-Tal, liegt das Castello di Sarre. Ursprünglich eine **Burg,** deren Entstehung auf das Jahr 1242 zurückgeht, hat sie heute nicht mehr das Aussehen einer mittelalterlichen Befestigungsanlage. Der häufige Besitzerwechsel hinterließ deutliche Spuren. 1708 kaufte ein Privatmann das Anwesen und gestaltete Castello di Sarre nach seinem Geschmack komplett neu. Einzig der Turm blieb erhalten. Der italienische König *Vittorio Emanuele II. von Savoyen* (1820–1878) erwarb 1869 die Burg und baute sie zu einem repräsentablen **Jagdschloss** aus. *Vittorio Emanuele* war leidenschaftlicher Jäger, und sein bevorzugtes Jagdgebiet waren die Steinbockreviere des Gran Paradiso, zugänglich über die Täler von Cogne, Rhêmes und Valsavarenche. Sarre bot sich also als Standquartier für die königlichen Jagdzüge hervorragend an. Seine Trophäen sind im Schloss unübersehbar. Wie man erst auf den zweiten Blick erkennt, besteht der ornamentale Wand- und Deckenschmuck ganzer Raumfluchten aus Hunderten von Steinbockgeweihen.

Auch sein Nachfolger, *Umberto I.* (1844–1900), nutzte Sarre als Ausgangspunkt für seine Jagdausflüge. Nur *Königin Margherita* (1851–1926) scheint es hier nicht sonderlich gefallen zu haben. Sie hielt sich nur einen Monat im Sommer 1880 hier auf. Ihre Leidenschaft war nicht die Jagd, sondern das Bergsteigen, für das sie sich ein eigenes Schloss, das Castel Savoia im Gressoney-Tal, errichten ließ.

Bis 1942 nutzte die königliche Familie das Schloss von Sarre als **Sommerresidenz.** Da das Castello zum Privatbesitz des Königs gehörte, blieb es auch nach dem **Institutionsreferendum** von 1946, das den Sieg der Republik erklärte, im Besitz der Savoyer. *Umberto II.* von Italien verließ das Land mit dem Adelstitel „Graf von Sarre“. Die Königsfamilie durfte nach dem Referendum italienischen Boden nicht mehr betreten.

Seit 1989 ist Castello di Sarre **Eigentum der Region.** Nach jahrelangen Restaurierungsarbeiten, Rekonstruktion der Räumlichkeiten und der Ausstattung mit den Originalmöbeln (ein Teil stammt allerdings aus anderen savoyischen Schlössern) präsentiert sich das Castello heute wieder im königlichen Glanz und als **Museum** zur Erinnerung an die Dynastie der Savoyer. Im Gegensatz zu den piemontesischen Königsschlössern erhält man in Sarre einen Einblick in das **Privatleben** der Königsfamilie. Die Säle im Erdgeschoss sind der Geschichte der Jagd gewidmet. Fotografien dokumentieren die großen königlichen Jagdgesellschaften. Interessant wird es vor allem in den original eingerichteten privaten Wohn- und Schlafräumen im ersten und zweiten Stock. Alle Stoffe wurden anhand von Originalmustern reproduziert und geben den ursprünglichen farblichen Charakter der Räume wieder. Im Königssaal sind Porträts der italienischen Königsfamilie und wichtige

039pi Foto: sg

Mitglieder des Hauses Savoyen vereint, wie man es in keiner der piemontesischen großen Residenzen vorfindet.

1889 kreierte ein neapolitanischer Pizzabäcker anlässlich eines Besuches der Königin *Margherita* in Neapel ihr zu Ehren eine Pizza in den Farben der italienischen Fahne. Die **Pizza Margherita,** bis heute die beliebteste Version, war geboren.

●**Castello di Sarre,** Tel. 01 65 25 75 39, villeneuve@turismo.vda.it, geöffnet: März bis Juli/September 9–18.30 Uhr, Juli/August 9–19.30 Uhr, Oktober bis März 10–12 Uhr und 13.30–16.30 Uhr. An Sonn- und Feiertagen 10–12 und 13.30–17.30 Uhr. Eintritt 5 €, für Kinder und Jugendliche bis 17 Jahren frei.

Architektonischer Stilmix: Castello Saint-Pierre

Castello Saint-Pierre ↗ V/C2

Von Weitem sichtbar beherrscht die Burg von Saint-Pierre von einem Felssporn herab die Ortschaft Saint-Pierre. Im Gegensatz zu den anderen Schlössern im Aosta-Tal erinnert es eher an den **Zuckerbäckerstil** des bayrischen Königs *Ludwig,* wie er ihn in Neuschwanstein verwirklichte. Es wurde erstmals 1191 in der Carta Francigena, die das Steuerrecht des Tales regelte, erwähnt. Im Laufe der Jahrhunderte im Besitz verschiedener Herren, erfuhr das Schloss bis ins 19. Jh. in jeder Epoche **Umbauten** und **Erweiterungen.** Dementsprechend präsentiert sich der heutige Bau als eine Mischung aus den unterschiedlichsten Baustilen. Die letzte Veränderung stammt aus dem Jahre 1873, als dem Hauptturm die vier dekorativen Ecktürmchen und der Zinnenkranz hinzugefügt wurden.

Auch wenn der Bau an sich nichts Aufregendes zu bieten hat, lohnt sich ein Besuch vor allem mit **Kindern.** Der 1905 gegründete Verein Société de la Flore Valdotaine richtete hier 1975 ein **naturkundliches Museum** ein. Das auf sympathische Weise altmodische und nicht durch moderne Didaktik aufgepeppte Museum kommt nicht nur bei Kindern gut an. In den neun Ausstellungssälen vermitteln ausgestopfte Bären, Vögel, Insekten und ein großes Herbarium sehr anschaulich einen Überblick über die vielfältige Flora und Fauna im Aosta-Tal.

- **Museo Regionale di Scienze Naturali della Valle d'Aosta,** www.museoscienze.it. Zum Zeitpunkt der Drucklegung noch wegen Restaurierung geschlossen.

Unterkunft/ Essen und Trinken

- **Agriturismo Les Écureuils,** Fraz. Homené Dessus 8, Tel. 34 79 24 57 46. Über eine serpentinenreiche Straße gelangt man hinauf zum Bauernhof Les Écureuils auf 1500 m, hoch über dem Tal. An Sonn- und Feiertagen wird zum Mittagessen im gemütlichen Gastraum und auf der Terrasse (postkartenverdächtiges Panorama mit schneebedeckter Bergkulisse) ein festes, saisonal ausgerichtetes Menü mit leckeren, herzhaften regionalen Gerichten serviert. Abends nicht geöffnet. Eine zünftige *merenda* wird aber auch noch nachmitttags serviert. Alle Produkte stammen vom eigenen Bauernhof, angefangen von den *salumi* bis hin zum Ziegenkäse aus der eigenen Käserei. Merenda 13–15 €, Menü 20–25 €. Wurst, Käse und Wolle werden auch direkt ab Hof verkauft. Für die Hausgäste der fünf rustikal eingerichteten Zimmer wird natürlich auch wochentags gekocht. HP 38–45 €.

Castello Sarriod de la Tour

↗ V/C2

Seit der Wiedereröffnung im Frühling 2003 gehört die Burg westlich von Saint-Pierre und über der Dora Baltea zu einem der **Höhepunkte auf einer Schlössertour** durch das Aosta-Tal. Sehenswert ist auch die parallel eröffnete **Ausstellung „Fragmenta Picta".** Bis zur endgültigen Sanierung und Eröffnung des Castello von Quart (beides wird noch einige Jahre dauern) sind die dort gefundenen wertvollen Fragmente von **Wandmalereien** aus dem 13. Jh. im Castello Sarriod de la Tour ausgestellt. Das Castello ist das einzige im Aosta-Tal, das seinerseits noch über Malereien aus dem 13. Jh. verfügt. Die ältesten **Fresken** kamen 1978 in der Kapelle zum Vorschein. Der beschädigte gotische Freskenzyklus, unter anderem mit Darstellungen der Heiligen Drei Könige und dem Einzug nach Jerusalem, wird auf 1250 datiert. Die Malereien bieten einen guten Vergleich zu den zeitgenössischen Freskenresten aus der zerstörten Kapelle von Quart.

Ein weiteres Schmuckstück ist die **Sala delle Teste.** Den Ehrensaal im ersten Stock schmückt eine Holzdecke mit insgesamt 171 geschnitzten Köpfen von **Fantasiegestalten** und geflügelten **Monsterfiguren,** die auf die Zeit um 1432 datiert werden. In

041pi Foto: sg

dieser Zeit begann *Jean Sarriod,* die einfache, für die mittelalterlichen Burgen des Aosta-Tals typische Anlage aus einem zentralen Turm (dem sogenannten Donjon) und einer umlaufenden Mauer, zu erweitern und zu einer repräsentativen Residenz umzugestalten.

• **Sarriod de la Tour,** Saint-Pierre, Tel. 01 65 90 46 89; geöffnet: 1.3.–30.9.: 10–12 und 13.30–17.30 Uhr, 1.10.–28.2.: 10–12 und 13.30–16.30 Uhr, Di geschlossen, Sonn- und Feiertage 10–12 und 13.30–17.30 Uhr; Eintritt 3 €, Kinder 2 €.

Zurzeit leider nicht zu besichtigen ist das Castello di Aymavilles

Castello di Aymavilles

⇗ V/C2

Bereits von Weitem präsentiert sich das Castello von Aymavilles auf einem zur Dora hin abfallenden Hügel mit einem sehr **auffälligen Erscheinungsbild:** ein zentraler quadratischer Baukörper mit vier seitlichen runden Ecktürmen, die oben mit einem Zinnenkranz abgeschlossen sind.

Seit mehr als zehn Jahren wird der Bau restauriert. Quellen, die eine genaue Entstehungsgeschichte rekonstruieren lassen, gibt es so gut wie keine. So sind es nur archäologische und dendrochronologische (Altersbestimmung bei Holz) Untersuchungen, die Rückschlüsse auf die Geschichte dieses für das Aosta-Tal ungewöhnlichen Erscheinungsbildes zulassen. Im Zuge der Restaurierungsarbeiten fand man bei archäologischen Ausgrabungen die Reste eines **Donjons** aus dem 12. oder 13. Jh. Zunächst im Besitz der Familie *Amavilla,* erwarben die *Challants* in der zweiten Hälfte des 14. Jh. den Komplex und bauten ihn zu einer Festungsanlage mit Graben, Ringmauer und Zugbrücke aus. Zwischen dem 14. und 15. Jh. wurde der Donjon unter *Aimone di Challant* zerstört und die Burg als **Schlossanlage** mit vier Ecktürmen komplett neu aufgebaut. Untersuchungen ergaben, dass die Hauptarbeiten in den ersten Jahrzehnten des 15. Jh. ausgeführt wurden. Anfang des 18. Jh. wurde die Residenz in einen eleganten **Adelswohnsitz** umgewandelt, die Befestigungsmauern niedergerissen und stattdessen ein **Park** angelegt. Seither hat das Gebäude das heutige rokokohafte Erscheinungsbild.

Castello di Aymavilles ist voraussichtlich noch bis 2010 wegen Restaurierungsarbeiten **geschlossen.**

Nicht weit vom Castello entfernt liegt der überdimensionale Neubau der Cantina Sociale „Cave des Onze Communes", **Genossenschaftskellerei** der Gemeinden Quart, Saint-Christophe, Aosta, Sarre, Saint-Pierre, Villeneuve, Introd, Aymavilles, Jovencan, Gressan und Charvensod.

- **Cave des Onze Communes,** Fraz. Urbains 14, Tel. 01 65 90 29 12, Fax 01 65 92 38 33; Verkaufsraum geöffnet Mo–Fr 14.30–18.30 Uhr, Sa 8.30–12.30 und 14.30–18.30 Uhr, 1.7.–15.9. Mo–Sa 8.30–12.30 und 14.30–18.30 Uhr.

Valle di Cogne

↗ V/D2–3

Oberhalb von Aymavilles beginnt das Cogne-Tal, eine zunächst langgezogene, tief eingezogene Schlucht mit hinabstürzenden, schäumenden Wildbächen, die sich erst bei Cogne nach einer 14 Kilometer langen, serpentinenreicher Fahrt zu einer weiten Mulde öffnet.

Bereits nach wenigen Kilometern lohnt sich jedoch schon der erste Abstecher rechts hinab zu dem kleinen alten Weiler **Pondel,** der eines der interessantesten erhaltenen römischen Bauwerke im gesamten Aosta-Tal zu bieten hat.

Das Auto lässt man am Dorfeingang stehen und legt die letzten Meter zu Fuß zurück. 56 Meter hoch über dem schäumenden Gebirgsbach Grand Eyvia überspannt ein beeindruckender, ungefähr 50 Meter langer steinerner Bogen die tiefe Klamm, zugleich **Brücke** und **Aquädukt.** Sie war Teil der alten römischen Straße, die von Eporedia (Ivrea) nach Augusta Praetoria (Aosta) führte, um sich dort in Richtung der Alpis Graie (Kleiner San Bernardo) und der Alpis Poenina (Großer San Bernardo) zu teilen. Eine Inschrift erinnert an die Errichtung im Jahre 3 v. Chr. durch *Caius Avillius Caimus,* Besitzer der Brücke. Interessanterweise führt ein ca. ein Meter breiter, überdachter Gang, durch schmale Fensterschlitze beleuchtet und belüftet, von der einen auf die andere Seite. Man nimmt deshalb an, dass die Wasserleitung oben auf der Brücke verlief.

042pi Foto: sg

Die römische Brücke von Pondel

Cogne und Umgebung ⇗ V/D3

- **PLZ:** 11012
- **Lage über NN:** 1534 m
- **Einwohnerzahl:** 1481

Das Tal öffnet sich bei Cogne zu einer weiten Mulde, den grünen Wiesen von Sant'Orso, umgeben von dichten Nadelwäldern und einer beeindruckenden Gebirgskulisse. Der hübsche alte Ort wurde nicht vom Haupttal aus **besiedelt,** sondern von Hirten aus dem piemontesischen Canavese und aus dem Val Soana, die im Mittelalter die Berge überquerten.

Die **piemontesischen Einflüsse** machen sich heute noch in den Trachten und in der Küche bemerkbar, so wird beispielsweise das Lokalgericht, die *seupetta cogneintze,* auf der Basis von Reis gekocht, der in der gesamten Bergregion ansonsten natürlicherweise keine Tradition hat.

Cogne, der einzige wirkliche **Fremdenverkehrsort** im Gebiet des Gran Paradiso, zählt heute zu den bekanntesten **Wintersportorten** im Aosta-Tal, nimmt aber eine Sonderstellung ein. Denn im Gegensatz zu anderen valdostanischen Skistationen ist Cogne vor allem ein **Langlaufgebiet.** Das fast gänzliche Fehlen von Seilbahnen, Liften und Hochstraßen schiebt dem Massentourismus einen Riegel vor. Die Anzahl der Hotels und Chalets ist überschaubar. Elegante Shoppingmeilen wie in Courmayeur und Diskotheken fehlen gänzlich. Im Sommer nutzen **Wanderer** Cogne als Ausgangspunkt für Hochgebirgstouren.

Die grauen Schotterhänge am Ortseingang sind Relikte aus einer Zeit, als Cogne nicht wegen seiner landschaftlichen Schönheiten, sondern für seine **Eisenerzgruben** bekannt war. Hier befand sich eine der wichtigsten Eisenerzvorkommen Italiens. Mit Seilbahnen und einer Eisenbahn wurde das Erz bis zu den Stahlwerken von Aosta transportiert. Die alte Werksbahn führte durch einen acht Kilometer langen Tunnel. Die Strecke soll instand gesetzt und als **Museumsbahn** wiedereröffnet werden.

Auch die Besiedlungsgeschichte des Tales ist eng mit den Minen verbunden, die bereits in der römischen Zeit genutzt wurden. Wiederentdeckt wurden die Vorkommen gegen Mitte des 19. Jh. Sie sorgten für einen wirtschaftlichen Aufschwung von Cogne. Die letzte Mine wurde erst 1979 geschlossen. Ein **Besucherzentrum** und das angeschlossene **Museo Minerario Alpino di Cogne** im ehemaligen Viertel der Minenarbeiter dokumentiert anschaulich die Industriegeschichte von Cogne und den komplizierten Transportweg nach Aosta.

- **Centro visitatori del Parco Nazionale Gran Paradiso di Cogne,** Villaggio Minatori, Tel. 01 65 74 92 64, www.grand-paradis.it, Eintritt 3 €.

Les Dentelles – elegante Spitzen aus Cogne

Seit mehr als drei Jahrhunderten fertigen die Frauen aus Cogne feinste **Klöppelspitze.** Die Kunst der Spitzenklöppelei kennt man vorwiegend aus Frankreich und Belgien, von wo sie auch in das Valle di Cogne importiert wurde. 1665 mussten die **Benediktinerschwestern** aus dem französischen Kloster Cluny fliehen und fanden im Aosta-Tal Schutz. Sie brachten den Bauernfrauen das Klöppeln bei. Die Frauen von Cogne entwickelten schnell ihre eigenen Muster, die von Mutter zur Tochter übergingen.

Das runde, mit Stroh und Watte gefüllte Klöppelkissen *(coessin)* wird vom *cavalot,* einer Art hölzerner Schemel, getragen. Mit dem schnellen Spiel der Klöppel werden die kostbaren Spitzen aus Leinenfaden geflochten und mit farbigen Stecknadeln auf dem Klöppelkissen festgesteckt. Die so in sehr mühsamer Handarbeit entstehenden feinen Spitzen schmücken bis heute Hals und die Ärmel der Blusen unter den schwarzen **Trachtenkleidern** aus Walkstoff, den sogenannten Drap.

Heute gibt es in Cogne immer noch zahlreiche **Spitzenmacherinnen.** Sie haben sich zur Genossenschaft Dentellières de Cogne zusammengeschlossen.

- **Cooperativa Dentellières de Cogne,** Via D. Grappein 50, Tel. 01 65 74 92 82, Verkaufs- und Ausstellungsraum je nach Saisonzeit täglich oder nur am Wochenende geöffnet, 9–12.30 und 14.30–19 Uhr.

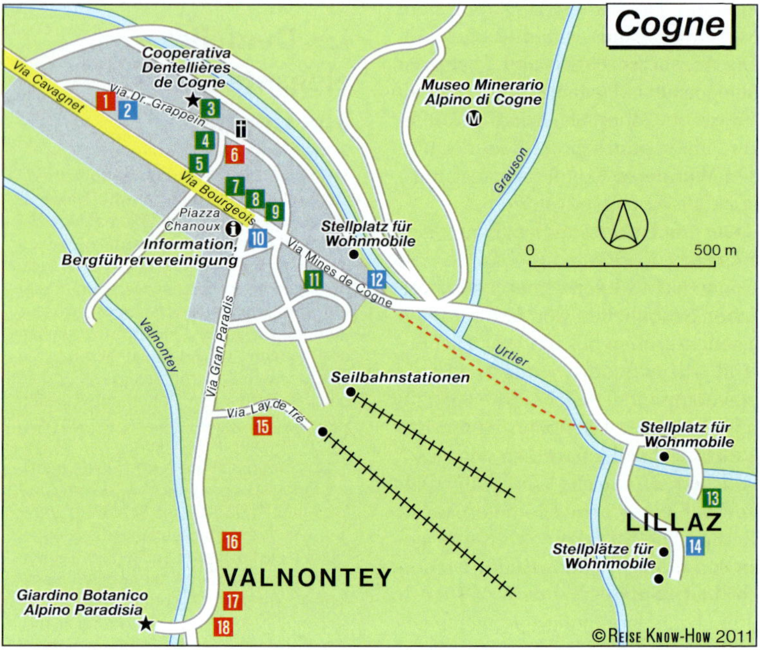

Übernachtung	Essen und Trinken	Geschäfte
1 Petit Hotel	2 Brasserie Les Pertzes	3 Cooperativa Dentellières de Cogne
6 Albergo Grand Paradis	10 Brasserie du Bon Bec	4 Libreria
15 Albergo La Madonnina del Gran Paradiso	12 Ristorante Lou Ressignon	5 Macelleria Marco Jeantet
16 Camping Stambecco	14 Ristorante Lou Tchappé	7 La Cave de Cogne
17 Albergo Petit Dahu		8 Panificio Gerard
18 Albergo Herbetet		9 Pasticceria Perret
		11 Maison du Gout da Ilda
		13 Maison du Fromage

Über das **Valnontey,** ein wunderschönes, bei Cogne abzweigendes Seitental, hat man Zugang zum Gebiet **Gran Paradiso,** das hoch über dem kesselartigen, vergletscherten Talschluss thront. Wenn Mitte bis Ende Mai das erste zarte Grün in der Talsohle zu sprießen beginnt, steigen Gruppen von **Steinböcken** (⇗ Exkurs „Gran Paradiso – Paradies für Steinböcke") bis ins Valnontey ab, um zu grasen, und man hat die Gelegenheit, sich den Tieren vorsichtig bis auf ca. 30 Meter zu nähern; ein einzigartiges Erlebnis. Die hier gelegenen Lokale stellen sogar Salzblöcke in die Wiesen, um die Tiere (und somit auch Gäste) anzulocken.

Eine Rarität ist der **botanische Garten Paradisia** im Valnontey, am Nordrand des Nationalparks. Auf ca. 10.000 Quadratmetern wachsen im Valnontey auf 1700 m Höhe ungefähr 1000 Pflanzenarten unterschiedlicher geografischer Herkunft, hauptsächlich aus dem Alpenraum und dem Apennin, sowie aus europäischen, asiatischen und amerikanischen Bergregionen. Bemerkenswert ist die schöne und seltene Sammlung an **Felsflechten.**

Wahrzeichen des botanischen Gartens Paradisio di Valnontey ist die **Trichterlilie** (Paradisea Liliastrum). Die elegante Paradisia wird 30 bis 60 Zentimeter hoch und zeichnet sich durch auffällige große, weiße Blüten aus. Eine der sehr seltenen Arten, die ausschließlich hier wächst, ist das hellrote Aethionema thomasianum **(Thomas-Steintäschel).**

- **Giardino Botanico Alpino Paradisia,** geöffnet von ca. Mitte Juni bis Mitte September 10–18.30 Uhr, im Juni und September bis 17.30 Uhr. Eintritt 3 €, Kinder bis 11 Jahre frei, 12–18 Jahre 1,50 €.

Das Valle di Cogne endet im kleinen Weiler **Lillaz,** bekannt für seine zahlreichen **Wasserfälle.** Von der Dorfmitte in Lillaz erreicht man in zehn Minuten zu Fuß den 150 Meter hohen Wasserfall am Talschluss.

Information

- **Ufficio del turismo,** Rue Bourgeois 34 (in einem neuen Gebäude an der Piazza Chanoux), Tel. 016 57 40 40, Fax 01 65 74 91 25, www.cogne.org.

Unterkunft

- **La Madonnina del Gran Paradiso*****, Via Lay de Tré 7, Tel. 016 57 40 78 , Fax 01 65 74 93 92, www.lamadonnina.com. Ruhig gelegenes Chalet, 300 m vom Ortszentrum entfernt, an der Straße ins Valnontey. Die Langlaufloipen auf der Prato di Sant'Orso liegen direkt vor dem Haus. 20 komfortabel und mit rustikalen Möbeln freundlich eingerichtete, holzvertäfelte Zimmer. 80–150 €.
- **Grand Paradis*****, Via Dr. Grappein 45, Tel. 01 65 74 070/74 275, Fax 01 65 74 95 07, www.cognevacanze.com. Das älteste Hotel von Cogne, im alten Ortskern gelegen, wurde in den letzten Jahren grundlegend saniert; es verfügt über 30 gut ausgestattete Zimmer und einen schönen Garten. Im Winter erreicht man in wenigen Minuten die Langlaufloipe. 80–168 €.
- **Petit Hotel*****, Viale Cavagnet 19, Tel. 016 57 40 10, Fax 01 65 74 91 31, www.petithotel.net. Das gastfreundliche, im Chaletstil erbaute Haus wird von der sympathischen Familie *Cavagnet* geführt. Alle 24 Zimmer sind komfortabel ausgestattet, etliche davon mit Balkon. Leider liegt das Haus direkt an der Straße hinauf zum Ort und gegenüber der Wiese von Sant'Orso. Wer lärmempfindlich ist, sollte sich in der Hochsaison ein Zimmer nach hinten bestellen. Schwimmbad, Sauna, türkisches Bad und kleiner Kinderspielplatz. 94–140 €.

Wer für einige Tage nichts als Berge und Natur pur erleben möchte, quartiert sich am besten in **Valnontey** ein:

- **Herbetet****, Tel./Fax 016 57 41 80, www.hotelherbetet.com. Rustikales, freundliches Berghotel etwas abseits vom kleinen Ortskern. 22

150pi Foto: sg

Gran Paradiso – Paradies für Steinböcke

Alte, einsam gelegene Dörfer in tiefen Taleinschnitten, steile Felshänge, spitze Berggipfel, kleine Bergseen, das ewige Eis der Gletscher und eine reiche Pflanzen- und Tierwelt kennzeichnen eines der großen Naturparadiese der Alpen. Als *Vittorio Emanuele II.,* erster König von Italien, 1856 die Steinbockreviere im Gebirgsmassiv des Gran Paradiso zu seinem privaten Jagdgebiet erklärte, war der Grundstein für das **älteste Naturschutzgebiet Italiens** gelegt. Die Population des begehrten Alpentieres war allerdings bereits stark dezimiert. Dem „König der Alpentiere" galt des Königs vorrangige Jagdleidenschaft. Revieraufseher sorgten dafür, dass nicht mehr so viel gewildert wurde. Eigens für die groß angelegten königlichen Jagden ließ *Vittorio Emanuele* zwischen den Seealpen und dem Aosta-Tal **Jagdhütten** errichten und zahlreiche **Wege und Maultierpfade** anlegen. Sie bilden heute die Grundlage für das **Netz von Wanderwegen.**

Die **Trophäensammlung** des Königs ist riesig: Ganze Zimmerfluchten im Castello di Sarre sind mit den Geweihen von Steinböcken und Gämsen tapeziert, und eine interessante Dokumentation mit alten Fotografien der privilegierten Jagdveranstaltungen, ebenfalls ausgestellt im Castello, lässt vermuten, dass die Königsfamilie ihren Teil zur fast gänzlichen **Ausrottung** der begehrten *stambecchi* beitrug. Auf einer Jagd 1913 erlegte *Vittorio Emanuele III.* fast 50 Steinböcke und über 40 Gämsen. Der Bestand im Gebiet des Gran Paradiso zählte 1920, als *Vittorio Emanuele III.* das 2100 Hektar große Jagdrevier dem italienischen Staat schenkte, gerade noch an die **100 Exemplare.** Zwei Jahre später wurde der Naturschutzpark gegründet. Strengste **Schutzbestimmungen** sorgten dafür, dass sich der Bestand des Alpensteinbocks wieder erholen konnte. Innerhalb von 80 Jahren stieg die Population wieder auf mehrere tausend Exemplare an, und seit 1990 wird der Bestand sogar wieder durch Jagd reguliert.

Heute erstreckt sich das Naturschutzgebiet des Gran Paradiso über eine Fläche von **70.000 Hektar.** Im Westen grenzt der Nationalpark an den französischen Nationalpark **Vanoise.** Durch die enge Zusammenarbeit beider Parks entstand Europas größter Nationalpark mit einer Fläche von mehr als 1250 Quadratkilometern.

Der **Gran Paradiso** selbst ist mit 4061 Metern der höchste Berg in den Grajischen Alpen. Er erhebt sich südlich der beiden höchsten Alpenmassive des Mont Blanc und des Monte Rosa. Die Südhänge des Gebirgsstocks fallen ohne vorgelagerte Hügellandschaft steil zum piemontesischen Valle di Locana hin ab. Vom Aosta-Hauptal aus gelangt man von den sich fächerartig in das Gebirgsmassiv ziehenden Quertälern Champorcher, Cogne, Rhêmes und Savarenche in den Naturschutzpark.

Auch wenn der Bestand an Steinböcken sich im gesamten Alpenraum wieder erholt hat, ist es nach wie vor eine Seltenheit, diese Tiere mit ihrem gewaltigen, gebogenen Gehörn außerhalb von Wildgehegen, in freier Wildbahn, zu erleben. Im Parco Nazionale Gran Paradiso ist das heute häufig möglich: In der Zeit von Mitte bis Ende Mai, je nach Witterungslage, steigen die **Junggesellenherden** sogar bis in die Talsohlen ab und lassen sich dann beim Grasen nicht mal vom Menschen aus der Ruhe bringen. Problemlos kann man sich ihnen bis auf ca. 30 Meter nähern. Die Herden weiblicher Steinböcke, an den kürzeren Hörnern zu erkennen, bekommen in dieser Zeit ihre Jungtiere und sind nicht zu sehen. Am Talschluss des Valnontey, einem kleinen Seitental von Cogne, und in der Senke von Eaux Rousses im Val Savarenche bietet sich selbst Spaziergängern dieses einzigartige Schauspiel wie selbstverständlich.

Im Nationalpark kann man Steinböcke in freier Wildbahn beobachten

gut ausgestattete Zimmer, von den Zimmern mit Balkon grandioser Bergblick. 2009 fand die Wiedereröffnung nach umfassenden Renovierungsarbeiten statt. 70–124 €.

- **Petit Dahu****, Tel./Fax 016 57 41 46, www.hotelpetitdahu.com. Für echte Bergromantik sorgt im Valnontey das Petit Dahu, ein gastfreundliches Minihotel mit acht kleinen Zimmern, Garten und Restaurant, in zwei restaurierten und miteinander verbundenen Bauernhäusern mitten im Weiler Valnontey. Wer anstatt auf Luxus und den üblichen Hotelkomfort auf eine gemütliche, persönliche Atmosphäre weitab vom Trubel Wert legt, fühlt sich hier rundum wohl. Das Restaurant ist ebenfalls zu empfehlen. HP 45–75 €.

Camping

- Ein großer Stellplatz für Camper mit Strom, Wasser und Entsorgungsstellen liegt **unterhalb von Cogne** am Fluss. Zwei weitere Stellplätze für Camper gibt es in **Lillaz.**
- **Stambecco****, Fraz. Valnontey, Tel. 016 57 41 52, www.campeggiolostambecco.it. Schön am Wald gelegener, terrassierter Platz am Dorfeingang von Valnontey, beim Hotel La Barme (derselbe Besitzer), 130 Stellplätze. Geöffnet von Ende Mai bis Mitte September.

Essen und Trinken

- **La Brasserie du Bon Bec,** Via Bourgeois 72, Tel. 01 65 74 92 88, Ruhetag Mo (nur in der Nebensaison) Das rustikale Lokal, unter der Leitung der Familie *Jeantet-Roullet* liegt im Ortszentrum in einem Eckhaus an der Straße ins Valnontey. Die Brasserie wird vor allem von Skifahrern und Wanderern für einen Imbiss mit *salumi* und Käse und für die deftigen Tellergerichte geschätzt. Gute Auswahl an Weinen aus der Region. 30 €.
- **Brasserie Les Pertzes,** Via Dr. Grappein 93, Tel. 01 65 74 92 27, Di/Mi Ruhetag. Gemütliches Lokal, etwas unterhalb vom Ortszentrum. Nachmittags kann man hier auch nur auf einen Imbiss mit *salumi* und Käse einkehren. Abends werden vor allem valdostanische Gerichte serviert, wie die *polenta alla valdostana, carbonada* mit *polenta,* und je nach Saison Wild- und Pilzgerichte. Die At-

mosphäre in dem rustikalen Gastraum mit Kamin ist gemütlich und zwanglos. 30 €.

•**Lou Ressignon,** Via Mines de Cogne 22, Tel. 016 57 40 34, Mo abend und Di Ruhetag. Seit *Arturo Allera* 1966 die zunächst nur als einfaches Berglokal konzipierte Gaststätte eröffnete („Ressignon" bedeutet im lokalen Dialekt „Imbiss"), gehört sie zum Besten, was Cogne zu bieten hat. Die solide und traditionelle Küche bietet neben den sorgfältig zubereiteten einheimischen Spezialitäten wie *seupetta alla cogneintze,* ein traditionelles Wintergericht aus Cogne mit Reis, Brot und Fontina, je nach Saison auch Pilz- und Wildgerichte an, macht aber auch gelegentliche Ausflüge ins nahe Piemont zu *carne cruda* mit *bagna cauda* oder *stracotto* in Barolo. Gute Wein- und Grappaauswahl. 30–35 €.

•**Lou Tchappé,** Fraz. Lillaz, Tel. 016 57 43 79, Ruhetag Mo (außer im Juli/August). Gemütliches Chalet-Restaurant in sonniger Lage direkt bei der Loipe von Lillaz. Im Sommer wird hier auch auf der Terrasse serviert. Spezialität sind die Forellengerichte und *orzetto,* ein Gerstenrisotto mit Steinpilzen. Guter Platz für einen Einkehrschwung nach einem Tag auf der Piste. Zum Aufwärmen empfiehlt sich der hochprozentige heiße Kaffee aus der typischen *grolla,* einem holzgeschnitzten Trinkgefäß mit mehreren Schnäbeln. 30 €.

Einkaufen

•**Maison du Fromage,** Fraz. Lillaz 104, Tel. 01 65 74 96 36. Die kleine Käserei von Lilliano Gratton liegt am Talende.

•**La Cave de Cogne,** Via Bourgeois 50. Enoteca mit großer Wein- und Grappa-Auswahl und Spezialitäten aus dem Aosta-Tal. Bei Drucklegung noch wegen Renovierung geschlossen. Wiedereröffnung voraussichtlich Juni 2011.

•**Macelleria Marco Jeantet,** Via Dottor Grappein 38. Ausgezeichnete Metzgerei. Sehr zu empfehlen der geräucherte Schinken und die *sanguinacci,* eine Art angeräucherter Blutwurst mit roter Bete und Kartoffeln.

•**Panificio Gerard** (Via Bourgeois 51) und die **Pasticceria Perret** (Via Bourgeois 57, gehört zum Café de Cogne) backen ein gutes Nussbrot und vor allem die Spezialität aus dem Cogne-Tal, das *meculin,* ein süßes Brot aus Hefeteig mit kandierten Früchten.

•**Maison du Gout da Ilda,** Via Mines de Cogne 2. Ursprünglich ein normaler *alimentari,* hat sich das Geschäft der *Gerards* zu einem echten Feinkostgeschäft gemausert. Die Frischetheke mit fertigen kleinen Gerichten, frischen Nudeln, Käse, Wurst und Backwaren ist hervorragend bestückt. Der Keller wurde zur Enoteca ausgebaut und bietet einen schönen Querschnitt valdostanischer Weine.

•**Libreria,** Via Dottor Grappein 56 (bei der Kirche). Buchhandlung mit gutem Sortiment an Wanderkarten.

Wintersport

•Cogne gilt als das **Langlaufzentrum** im Aosta-Tal mit klassischen Loipen und Skatingstrecken, vor allem auf den **Prati di Orso.** Hier finden auch internationale Rennen statt. Insgesamt zehn Rundloipen (3–15 km) in allen Schwierigkeitsgraden. Die kurzen Strecken sind ringartig und in Schleifen auf den *prati* angelegt und nur etwas für Anfänger. Am reizvollsten ist die Spur bis ins Valnontey und nach Lillaz.

•Die **Pista Marcia Gran Paradiso** hat eine Länge von 45 Kilometern und reicht von Epinel über das Valnontey bis nach Lillaz. Geöffnet Dezember bis März 9–17 Uhr. Tageskarte 5 €, Wochenkarte 20 €.

•Die **Marcia Gran Paradiso,** ein internationaler **Wettkampf** der klassischen nordischen Disziplin mit über 1000 Teilnehmern, wird seit 1975 am ersten oder zweiten Sonntag im Februar ausgetragen und ist für Cogne ein echtes Ereignis. Start und Ziel der insgesamt 45 Kilometer langen Strecke liegt auf der Wiese von Sant'Orso. Die ehemalige Weltmeisterschaftsloipe verläuft zwischen Cogne und Lillaz.

•Für **Abfahrtski** bietet Cogne nur ein kleines Gebiet mit einer Seilbahn (bis 2060 m) und zwei Sesselliften. Es gibt zwei rote und eine blaue Piste auf insgesamt neun Pistenkilometern. Tageskarte 21 € (Hauptsaison).

•Die **Seilbahnstation** liegt in der Via Lay-de-Tré. Vom Ortszentrum auch zu Fuß leicht erreichbar. Die Telecabina Pulsè Montseuc fährt auch im Sommer (Anfang Juli bis An-

045pi Foto: sg

fang August), hin und zurück 7 €, Kinder zwischen 6 und 12 Jahren 3,50 €.

- Der Klassiker unter den **Skitouren** ist die Besteigung des Gran Paradiso mit einer langen Abfahrt mit insgesamt 2000 Metern Höhenunterschied. Der **Giro del Gran Paradiso,** eine siebentägige Tour, führt rund um den Berg: Vom Valnontey im oberen Cogne-Tal bis zur Sella-Hütte (2584 m), Aufstieg zum Grand Sertz (3552 m), Chabod-Hütte (2750 m), Besteigung des Gran Paradiso (4061 m), Hütte V. Emanuele II (2735 m), Aufstieg Tresenta (3609 m), Überschreitung des Gran-Paradiso-Passes (3345 m), Abfahrt zur Pontese-Hütte (220 m), Teleccio-Pass (3304 m) und zurück nach Lillaz.

Loipe im Valnontey

- Geführte **Ski- und Klettertouren** (auch Eisklettern auf Wasserfällen). Buchung: Vereinigung der Bergführer. Società Guide Alpine, Rue Bourgeois 33, Tel. 016 57 48 35, Fax 016 57 40 50, www. guidealpinecogne.it.

Wandern

- Cogne ist einer der Etappenorte des **Alta Via 2,** der vom Val di Champorcher über Lillaz, das Valnontey, Valsavarenche, Valle di Rhêmes und Valgrisenche, La Thuile und das Val Veny am Mont-Blanc-Massiv nach Courmayeur führt (⇗„Val di Champorcher").

Die ca. 2½- bis dreistündige Wanderung von Valnontey zur Schutzhütte Viktor Sella gehört zu den bekanntesten Routen im Naturschutzpark. Der schöne Weg führt vorbei an den Hütten von Herbetet mit herrlicher Aussicht auf die Gletscher am Talschluss.

Rifugio Vittorio Sella, Loc. Lauson, Tel. 016 57 43 10, www.rifugiosella.com, geöffnet 1.4.–26.9. Bewirtete Berghütte mit rustikaler Küche (zu empfehlen *carbonada* und *polenta valdostana*).

Zwischen Aymavilles und Introd ⇗ V/C2

In Aymavilles, direkt unterhalb der Kirche Saint Leger, deren Fresken an der Westfassade nicht zu übersehen sind, führt eine kleine Landstraße westwärts vorbei an einer Reihe ausgefallener valdostanischer Burgen durch eine großartige **Landschaft** in Richtung Courmayeur. Der obere Talverlauf wird nun enger und wilder. Wenige Kilometer nach Aymavilles schiebt sich bei Villeneuve ein gewaltiger Felsen hinein ins Tal der Dora Baltea. Es ist nach Bard und Montjovet die dritte **Talenge,** wo sich auch die Richtung des Tales jeweils ändert. Ehemals waren dies wichtige strategische Verteidigungspunkte. Hoch oben auf dem Felsen liegen die Ruinen des **Castello di Chatel-Argent.**

Die Ursprünge dieser Burg gehen bereits auf das 11. Jh. zurück, befestigt war der Felsen aber bereits unter den Kelten und Römern. Im 13. Jh. wurde die Burg, wie zuvor bereits Bard und Montjovet, zu einer **Sperrfestung** ausgebaut. Da Chatel-Argent in den folgenden Jahrhunderten nicht ausgebaut wurde, ist es ein gutes Beispiel für die Burgenarchitektur dieser Zeit.

Die Festungsanlage wird durch einen **Donjon,** den für das Aosta-Tal charakteristischen zylinderförmigen Zentralturm, dominiert. Auf der Rückseite des Felsens führt ein gepflasterter, in den Fels geschlagener Fußweg zur Festung und zur **Kirche Sant'Roch** (10. Jh.) hinauf.

Von hier oben bietet sich ein grandioser Ausblick auf den mittleren Talverlauf. Fährt man durch den Ort **Villeneuve** hindurch, gelangt man auf der S 23, bevor es in Richtung Valsavarenche geht, über eine kurvenreiche Straße nach Introd.

Introd ⇗ V/C2

- **PLZ:** 11010
- **Lage über NN:** 880 m
- **Einwohnerzahl:** 637

Auf einer Terrasse über der Dora Baltea, dort, wo die beiden Täler Valle di Rhêmes und Valsavarenche und die gleichnamigen Gebirgsbäche münden, liegt Introd. Daher erklärt sich auch der **Ortsname** (*entre les eaux* = zwischen den Gewässern). Zunächst fährt man am Ortsteil **Dessous** vorbei, einem alten, typisch bäuerlichen Dorf, mit losen Schieferplatten gedeckte Steinhäuser bilden seinen Kern. Weiter oben gelangt man über eine Brücke nach **Plan d'Introd.**

„Zwischen den Gewässern“: Introd

Auf einer Terrasse mit großartiger Aussicht liegen nebeneinander Burg, Kirche und Friedhof. Vorbei an einem schönen Bauernhof aus dem 16. Jh., L'Ola genannt, das frühere Magazin der Burg, gelangt man zum **Castello,** um die Mitte des 13. Jh. von *Pietro Sarriod d'Introd* erbaut. Der zentrale Turm auf rechteckigem Grundriss existierte bereits 1244. Die zinnenbewehrte Mauer ist allerdings eine Zutat von 1910. *Pietro* gehörte zur Familie *Sarriod de la Tour,* die auch das berühmte Castello Sarriod de la Tour errichtete.

Einige Schritte weiter gelangt man zur **Pfarrkirche.** Vom Friedhof bietet sich ein herrlicher Blick hinunter auf das Haupttal.

Unterkunft/ Essen und Trinken/Wein

- **Avalon,** Loc. Delliod 4, Tel. 016 59 59 44. Mo Ruhetag. Die Pizzeria liegt an der Straße kurz vor der Abzweigung ins Valsavarenche und Valle di Rhêmes. Gute Pizza und typische Gerichte der Region, *merenda* auch zwischendurch.
- **Lo Triolet,** Fraz. Junod 7, Tel. 016 59 54 37. Der zwei Hektar umfassende Weinbaubetrieb (ca. 20.000 Flaschen) von *Marco Martin* liegt auf einer Höhe von 760 m. Spitzenwein des viel versprechenden jungen Weingutes ist der Pinot Gris. Am interessantesten unter den Rotweinen ist der Coteau Barrage, ein Cuvée aus Syrah und Fumin. Das Weingut vermietet auch zwei Ferienwohnungen in einem sorgfältig restaurierten alten Natursteinhaus, jeweils für vier oder fünf Personen, ganzjährig geöffnet. Hunde nicht erlaubt. 40–80 €.

Einkaufen

- **Les Amis du Bois,** Fraz. Villes Dessous 9, Tel./Fax 016 59 55 57. In dem Kunsthandwerksbetrieb werden neben den traditionellen valdostanischen Holzgegenständen wie die Grolla oder die Coppa dell'amicizia auch Teller, Schneidbretter, Mörser, Schalen, Holzspielzeug und Skulpturen gedrechselt und geschnitzt. Die gesamte Produktpalette dieser sympathischen Schreinerwerkstatt ist in einem Verkaufsraum ausgestellt. Reinschauen lohnt sich.

046pi Foto: sg

Valsavarenche

↗ V/C2-3

Das Valsavarenche ist eines der drei tief eingeschnittenen Paralleltäler des Nationalparks Gran Paradiso. Vom Massentourismus genauso unberührt wie das Valle di Rhêmes und Valgrisenche, wird das Valsavarenche mit seinen 15 verstreut liegenden, kleinen **Bauerndörfern** mit ihrer traditionellen Architektur im Sommer nur von Wanderern und im Winter von Skitourengängern besucht. 27 Kilometer, immer entlang des Gebirgsbaches Savara, zieht sich das Tal tief hinein in das Gebirgsmassiv des Gran Paradiso.

Nach 18 Kilometern auf einer gut ausgebauten Straße gelangt man nach **Degioz** (1541 m), dem Hauptort im Tal. Die letzten neun Kilometer verengt sich das Tal, und in zahlreichen Kehren schraubt sich die Straße bis an sein Ende, um nach **Eaux Rousses in** der Senke von **Pont** (1960 m) auf einem großen Parkplatz und vor einer grandiosen Gipfelkulisse der **Alpi Graie** zu enden. Der etwas beschwerliche Anfahrtsweg schreckt viele Tagesausflügler. Nur in den Hauptferienzeiten und an Feiertagen kann es auch hier einmal voll werden.

Wer das Tal Mitte bis Ende Mai besucht, dem bietet sich mit etwas Glück in der Senke von Pont ein besonderes Erlebnis. In diesem Zeitraum, wenn das erste zarte Grün auf den Wiesen von Pont anfängt zu sprießen, steigen ganze Herden von **Steinböcken** und **Gämsen** bis ins Tal hinab, und man hat die Gelegenheit, sich den Tieren vorsichtig bis auf ca. 30 Meter zu nähern.

Information

- **Pro Loco,** Loc. Pont, Tel. 016 59 53 04, www.valsavarenche.com, täglich geöffnet 1.7.-31.8.

Unterkunft/ Essen und Trinken

- **Hostellerie du Paradis*****, Loc. Eaux Rousse, Tel. 01 65 90 59 72, Fax 01 65 90 59 71, www.hostellerieduparadis.it. November und über Weihnachten/Neujahr geschlossen. Das stilvolle Berghotel auf 1661 m, ca. zwei Kilometer hinter dem Hauptort Degioz und nur wenige Kilometer vor dem Talende bei Pont, bietet sich als Ausgangspunkt für Wanderungen und Skitouren an. 14 geschmackvoll eingerichtete Zimmer und einige Apartments, Sauna, Hallenbad, Mountainbike-Verleih. 90 € (HP 60-90 €). Restaurant mit guter traditioneller Küche der Region. Schöner Garten.
- **Genzianella*****, Loc. Pont, Fraz. Donzel, Tel. 016 59 59 34, Fax 016 59 53 97, www.genzianella.aosta.it; geöffnet nur 15.6.-15.9. Rustikales Berghotel auf 1960 m Höhe mit herrlichem Blick auf die Gipfel von Grivola und Herbetet, ca. 200 m vor dem großen Parkplatz am Talschluss. 26 ordentlich ausgestattete Zimmer. 60-84 €, HP 60-70 €. Hunde erlaubt.
- **Agriturismo Lo Mayen,** Fraz. Bien, Tel. 01 65 90 57 35, ganzjährig geöffnet. Großer Bauernhof auf 1700 m mit Kühen, Schafen und Ziegen. Vermietet werden acht rustikale Zimmer, 40-45 € (HP 50-65 €). Empfehlenswerte Gastwirtschaft mit Produkten vom eigenen Hof (nur mit Reservierung). Verkauf eigener Erzeugnisse.

Urige Bergdörfer im Valsavarenche

048pi Foto: sg

Camping

- **Gran Paradiso****, Loc. Plan de la Pesse, Tel./Fax 01 65 90 58 01, www.campinggranparadiso.it geöffnet 1.6.–30.9. Idyllisch unter Tannen gelegener Platz am Fluss Savara, etwas oberhalb von Eaux Rousses.

Wintersport

- Es gibt **zwei einfache Loipen** mit einer Gesamtlänge von 12 Kilometern. Vor allem die fünf Kilometer lange, ringförmig angelegte Loipe von Pont eignet sich gut für Anfänger.

Wandern

- Zahlreiche Wandermöglichkeiten, u.a. eine dreistündige Wanderung von **Pont** über eine Hochebene über das Rifugio Savoia zum **Colle di Nivolet** (2612 m) an der Grenze zum piemontesischen Valle di Locana.
- Auf einem bequemen Weg, einst von *Vittorio Emanuele II.* als königliche Jagdstraße angelegt, erreicht man nach 2 Std. 15 Min. das **Rifugio Vittorio Emanuele II.** auf 2732 m.

Valle di Rhêmes

↗ V/C2-3

Bei Introd steigt die Straße zunächst in Serpentinen hinauf, führt dann, immer parallel zum Fluss Dora di Rhêmes, vorbei an kleinen, urigen Bergdörfern mit ihrer gut erhaltenen bäuerlichen Architektur und endet nach 19 Kilometern in Rhêmes-Notre-Dame.

Man durchfährt das romantische untere Tal bis **Rhêmes-Saint-Georges.** In dem kleinen Ort (1218 m) mit seinen schönen Bauernhäusern aus dem 17. und 18. Jh. leben heute nur noch etwas mehr als 100 Einwohner. Auf einem Felsvorsprung erhebt sich die **Pfarrkirche San Giorgio.**

Vorbei am hübschen Dorf **Melignon** gelangt man zu den alten Weilern von **Rhêmes-Notre-Dame** (1723 m), die heute überwiegend, vor allem im Sommer, als Feriendomizil dienen.

Der Weg in das obere Tal der Dora di Rhêmes führt vorbei an den malerischen Dörfern Pont und Pellaud. Von Thumel aus führt ein Wanderweg zum Rifugio Benévolo (2285 m) unterhalb des Monte Granta Parei (3387 m).

Unterkunft/ Essen und Trinken

- **Boule de Neige*****, Loc. Chanavey 27, 11010 Rhêmes-Notre-Dame, Tel. 01 65 93 61 66, www.bouledeneige.net. Sehr schöner alter Bauernhofkomplex, mit viel Holz und Stein gekonnt saniert. Das Boule de Neige verfügt über 13 sehr geschmackvoll und behaglich eingerichtete Zimmer, Sauna und Restaurant. Ab 70 €.
- **Le Boton d'Or,** Fraz. Proussaz, 11010 Rhêmes-Saint-Georges, Tel. 33 31 39 42 23 oder 01 65 90 76 59, geöffnet Januar bis Mitte Mai und Mitte Juni bis Oktober. Typisches rustikales Chalet auf 1500 m mit drei Zimmern, 50–60 € (HP 35–40 €). Restaurant nur mit Reservierung.
- **Le Vieux Créton,** Fraz. Créton, 11010 Rhêmes-Saint-Georges, Tel. 01 65 90 76 12, geöffnet April bis Oktober. Altes saniertes Natursteinhaus (Ende 17. Jh.) im kleinen Weiler Créton auf 1500 m, einige Kilometer oberhalb von Rhêmes-Saint-Georges. Vier Zimmer 34–70 €).
- **Agriturismo Lo Sabot,** Fraz. Bruil, 11010 Rhêmes-Notre-Dame, Tel. 01 65 93 61 50, ganzjährig geöffnet. Haus im Chaletstil mit viel Naturstein und Holz auf 1725 m. Vier Zimmer, 50–60 € (HP 35–40 €). Gasthaus sonntags geöffnet, wochentags nur mit Reservierung, Menü 15–25 €.

Valgrisenche

↗ IV/B3, V/C2

In Arvier zweigt eine schmale, abenteuerliche Gebirgsstraße in die enge, 16 Kilometer lange Schlucht der Dora di Valgrisenche ab; dies ist einer der verwunschenen Seitenarme des Aosta-Tals, eingebettet zwischen Rutor-, Grande- Rousse- und dem französischen Grande-Sassière-Massiv. Einziger Wermutstropfen in dieser Bergidylle ist die Staumauer des vier Kilometer langen Stausees am Talschluss auf 1770 m. Die gewaltige Betonmauer des **Lago di Beauregard** hat ihren Zweck nie erfüllt. Bereits kurz nach der Fertigstellung 1957 stellte man fest, dass der Untergrund allzu großem Wasserdruck nicht standhält.

Etwas unterhalb des Sees liegt **Valgrisenche** (1664 m), umgeben von Wiesen und Wäldern. Der sympathische Hauptort des Tals zählt nur knapp 200 Einwohner. In Valgrisenche wird die traditionelle Herstellung des **Draps** gepflegt. Aus gewalkter und mit Holzspachteln geklopfter Wolle werden auf Webstühlen die Stoffe noch von Hand gewebt. In der Cooperativa kann man bei der Herstellung zusehen und die Stoffe, gefertigte Kleidungsstücke, Tischdecken und Kissenbezüge kaufen.

Information

- **Pro loco,** Loc. Capoluogo 1, Tel. 016 59 71 93, www.prolocovalgrisenche.com, geöffnet 1.7.–7.9., Di geschlossen.

Blick auf Arvier im Valsavarenche

049pi Foto: sg

Unterkunft/ Essen und Trinken

•**Perret****, Loc. Bonne, Tel. 016 59 71 07, Fax 016 59 72 20, www.hotelperret.it. Oberhalb des Stausees Beauregard liegt der gemütliche Hof von *Luigi Cerbelle* und seiner Frau *Bruna,* der Köchin des Hauses. Ein Berggasthof, wie man ihn sich vorstellt, abseits jeglicher Hektik. Im Sommer ein guter Ausgangspunkt für Wanderungen ins Hochgebirge, im Winter unternimmt man Spaziergänge im Schnee rund um den See und lässt sich von der bodenständigen, unverfälschten Küche von *Signora Bruna* verwöhnen. Die Atmosphäre ist herzlich und familiär. Die Bar im Haus ist auch Treffpunkt für einheimische Gäste, mit denen man schnell ins Gespräch kommt. Im Winter sorgt ein Kamin in der gemütlichen großen Stube für eine angenehme Atmosphäre. Alle 18 Zimmer gehen zur Talseite hinaus, wurden renoviert und mit rustikalen Möbeln neu eingerichtet. Alles in allem eine echte Oase mit optimalem Preis-Leistungsverhältnis. 66–72 € (HP 58–62 €, unbedingt zu empfehlen!).

Wandern

Oberhalb des Stausees kann man vom Sommer bis in den frühen Herbst schöne **Bergtouren** unternehmen. Von Surier (1785 m) am Ende des Sees gelangt man nach ca. vierstündigem Anstieg auf den Col du Mont (2639 m) an der Grenze nach Frankreich, einem der alten Übergänge ins Val d'Isère.

Die Täler des Monte Bianco IV/A-B1-2

Bei **Morgex,** hier gedeihen übrigens die höchstgelegenen Weinreben Europas, weitet sich das Tal und man gelangt in das **obere Aosta-Tal,** das sogenannte **Valdigne.**

Von **Pré-Saint-Didier** aus erreicht man über eine steile Klamm das **Valle del Piccolo San Bernardo.** Das 23 Kilometer lange Tal des Kleinen Sankt Bernhard war einst einer der wichtigsten Übergänge der Westalpen.

Kurz vor der französischen Grenze trifft man auf ein keltisches Relikt aus der Bronzezeit, den sogenannten **Cromlech,** einen aus 46 Menhiren bestehenden Steinkreis.

Heute ist das Tal vor allem für sein hervorragendes **Skigebiet** bekannt, das durch eine Skischaukel mit La Rossiere in Frankreich verbunden ist. Touristisches Zentrum ist **La Thuile** mit altem Ortskern.

Nur fünf Kilometer nach Prè-St.-Didier erreicht man im oberen Aosta-Tal den Ort Courmayeur. Wenige Kilometer danach endet das Aosta-Tal vor dem Mont-Blanc-Massiv, einem imposanten Wall aus Fels und Eis. Hier zweigen die letzten beiden unberührten Täler ab, nach Südwesten das **Val Veny** in Richtung Frankreich und im Nordosten das an die Schweiz angrenzende **Val Ferret.** Die Straße ins Val Veny ist nur von Juni bis Oktober geöffnet.

Courmayeur ⇗ IV/B1

- **PLZ:** 11013
- **Lage über NN:** 1224 m
- **Einwohnerzahl:** 2923

Courmayeur liegt in einem Talbecken zu Füßen des Mont-Blanc-Massivs; es ist neben Zermatt und Chamonix der **älteste Luftkurort** der Alpen und auch einer der teuersten. Von Mondänität ist jedoch nur wenig zu spüren. Die reiche Oberschicht aus Turin, Mailand und Genua, die in Courmayeur ihren Winterurlaub verbringt, trägt ihren Reichtum nicht offen zur Schau.

Courmayeur besitzt ein kleines autofreies **historisches Zentrum.** Mittendurch verläuft die hübsche Via Roma mit Geschäften, Boutiquen, zahlreichen Juweliergeschäften, Cafés und Restaurants. Rund um den Ortskern gruppieren sich über 60 Hotels, einige Pensionen und Ferienresidenzen in der typischen alpinen Architektur.

Ein Wermutstropfen in dem ansonsten halbwegs normal gebliebenen Ort ist der **Durchgangsverkehr** in Richtung Mont Blanc, der direkt unterhalb des Zentrums vorbeiführt.

Die Ursprünge des örtlichen **Tourismus** gehen bereits auf das späte 17. Jh. zurück. Lange bevor der Alpinismus den Ort berühmt machte, entdeckte der am savoyischen Hof tätige Naturforscher *Montendon* im Jahre 1680 rund um Courmayeur vier **Thermalquellen.** Die Quelle von La Saxe war schwefelhaltig und legte den Grundstein für den elitären Bädertourismus. Zu dieser Zeit waren die Thermalbäder von Pré-Saint-Didier bereits bekannt. Die Quelle von Dolonne erhielt zu Ehren *Vittorio Amadeos* den Namen „Vittoria" und wurde auch als Mineralwasser abgefüllt. Von der Bäderkultur ist in Courmayeur nichts mehr übrig geblieben. Einzig in Pré-Saint-Didier versuchte man mit der Restaurierung des alten Thermalgebäudes wieder an diese Tradition anzuknüpfen.

Mitte des 19. Jh. bescherte der **Alpinismus** dem Ort einen nachhaltigen wirtschaftlichen Aufschwung. Kein Wunder, dass die ersten englischen Bergsteiger bereits vor 1900 in Courmayeur ihr Winterdomizil aufschlugen.

Die **Bergführer** von Courmayeur gehören zu den berühmtesten der Alpen. Bereits 1850 gründeten sie die erste italienische *Società delle Guide Alpine Maestri di Alpinismo.* Ihrer Geschichte ist das Museum des Herzogs der Abruzzen gewidmet.

Das **Museo delle Guide Duca degli Abruzzi** existiert seit 1929 und liegt bei der **Pfarrkirche Santi Pantaleone e Valentino** (1722) mit ihrem gut erhaltenem romanischen Glockenturm.

Verkehrsverbindung

- Die **Zugstrecke** endet in Pré-Saint-Didier. Anfahrt über Chamonix und durch den Mont-Blanc-Tunnel (hin und zurück 41,40 €, einfach 33,20 €) oder über Martigny und den Großen Sankt-Bernhard-Tunnel.

Information

- **A.I.A.T. Monte Bianco,** Piazzale Monte Bianco 13, Tel. 01 65 84 20 60, Fax 01 65 84 20 72, www.aiat-monte-bianco.com.

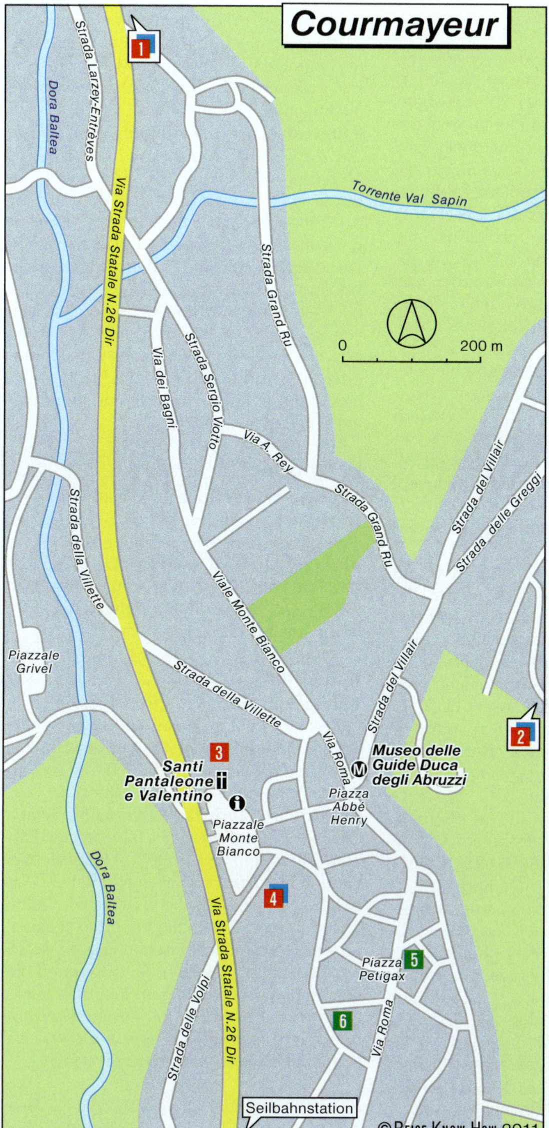

Übernachtung
1 La Grolla
2 Baita Ermitage
3 Albergo Bouton d'Or
4 Ristorante Le Vieux Pommier

Essen und Trinken
1 La Grolla
2 Baita Ermitage
4 Ristorante Le Vieux Pommier

Geschäfte
5 Pastificio Gabriella
6 Fratelli Panizzi

Unterkunft/ Essen und Trinken

•**Bouton d'Or*****, Strada Statale 26, Tel. 01 65 84 67 29, Fax 01 65 84 21 52, www.hotelboutondor.com. Seit Generationen wird das gediegene Berghotel professionell und freundlich von der Familie *Casale Brunet* geführt. In den Vitrinen der Empfangslobby erzählen alte Chroniken von der Geschichte Courmayeurs. Besonders reizvoll ist die Sammlung französischer Modemagazine aus den 1920er Jahren. Die Großmutter von *Andrea Casale* arbeitete als Köchin in Frankreich und brachte mit den Magazinen den Hauch der großen weiten Welt und die dazugehörigen Mode mit in das abgeschiedene Tal. Das Bouton d'Or liegt etwas zurückversetzt von der lauten Landstraße. Trotzdem sollte man, solange das letzte Stück des Autobahntunnels noch nicht fertiggestellt ist, unbedingt ein Zimmer nach hinten buchen. Die 27 Zimmer und drei kleine Apartments sind geschmackvoll und komfortabel eingerichtet. 95–160 €.

•**Baita Ermitage,** Loc. Ermitage, Tel. 01 65 84 43 51, Mi Ruhetag (außer Juli/August). Etwas schwierig zu finden, liegt die Baita Ermitage wenige Kilometer außerhalb von Courmayeur in Richtung Entrèves (nach Villair Plan Gorret abbiegen). Gasthof in einer ehemaligen Einsiedelei mit grandiosem Blick auf den Mont Blanc. Aufmerksamer, freundlicher Service und schöne Terrasse. Hausmannskost mit Polenta und deftigen Eintopfgerichten. Im Herbst Wildgerichte. 30 €.

•**La Grolla,** Loc. Pendeint (etwas oberhalb von Notre Dame de la Guérison am Anfang des Val Veny), Tel. 01 65 86 90 95, www.lagrolla.it. Im Winter ist der urige Berggasthof, je nach Schneelage, nur mit Ski oder Motorschlitten erreichbar. Von der Terrasse herrlicher Blick auf den Mont Blanc. Traditionelle Küche mit Reis- und Polentagerichten und *seupa valpellenentse*, je nach Saison abwechslungsreiche Pilzgerichte. Als Hauptgericht Carbonade, Wild und *sorca*. 35 €.

•**Le Vieux Pommier,** Piazzale Monte Bianco 25, Tel. 01 65 84 22 81, Fax 01 65 84 63 05, www.levieuxpommier.it. Ruhetag Mo (außer Mai bis August und Weihnachten). Mitten im Speiseraum steht ein alter Apfelbaum. Je nach Saison Wildgerichte. *Polenta concia, carbonade, seupetta,* Raclette und gebackener Mont d'Or. Empfehlenswerte Desserts mit Äpfeln. 35 €. Das Gasthaus vermietet auch einige Zimmer (74 €).

•**Jugendherberge Valdigne Mont Blanc,** Loc. Arpy, 11017 Morgex, Tel./Fax 01 65 84 16 84, www.ostellodiarpy.it. Die Jugendherberge liegt in einem kleinen Bergdorf auf 1700 m Höhe, ca. acht Kilometer von Morgex entfernt in Richtung La Thuile. Zahlreiche Wandermöglichkeiten in der Umgebung. Im Winter führt eine Langlaufloipe am Haus vorbei. Acht Kilometer sind es zu den Skipisten von La Thuile. Unterkunft für max. 130 Personen in Zwei-, Vier- und Sechs-Bett-Zimmer oder in Schlafräumen für zehn bis 15 Personen. Bar und Restaurant. HP im Doppelzimmer mit Bad 30–60,50 €.

Berghütten

•**Rifugio Walter Bonatti,** Malatrà-Val Ferret, Tel. 01 65 86 90 55, Fax 01 65 84 63 63, www.rifugiobonatti.it. Berghütte auf 2150 m.

•**Rifugio Monte Bianco CAI-UGET,** La Fodze 2, Val Veny, Tel. 01 65 86 90 97, Fax 01 65 77 86 02, www.rifugiomontebianco.com. Berghütte auf 1700 m.

Einkaufen

•**Fratelli Panizzi,** Via Circonvallazione 41. Große Auswahl an Käse- und Wurstspezialitäten. Darunter auch eine interessante Auswahl an Ziegenkäse, Lardo und *mocetta,* Joghurt. Di geschlossen (So geöffnet).

•**Pastificio Gabriella,** Via Roma 81. Sympathisches Delikatessengeschäft an der Ecke zum Passaggio dell'Angelo. Hauptsächlich werden hier Nudeln in allen Formen und Farben hergestellt. Verlockend ist die Frischetheke mit kleinen Gerichten, frittierten Leckereien wie *semola dolce,* frischen Salaten, gefüllten Pepperoni, Pasteten, Sardellen und vielem mehr. Wer Geduld mitbringt oder telefonisch vorbestellt, kann sich frische Crespelle oder Lasagne machen lassen. Gebäckspezialität von *Gabriella* ist die *torta di mele.*

Wintersport

•**Kabinenbahn** zum Plateau des Plan Chécrouit. Von hier aus eine Kabinenbahn und vier Sessellifte, einfache bis schwere Abfahrten. Vom Lago Chécrouit Verbindung ins abwechslungsreiche Skigebiet von Entrèves.

• Klassische **Langlaufloipen** und **Skatingspuren** mit 3, 5, 10 und 11 Kilometern Länge im Val Ferret.

Funivia Monte Bianco – auf dem „Dach Europas" ↗ IV/B1

Nur bei schönem Wetter lohnt sich die kostspielige Fahrt mit der **Seilbahn** auf das Mont-Blanc-Massiv, mit 4810 Metern das **höchste Gebirgsmassiv Europas.** Die Talstation liegt in **La Palud** (1370 m) am Eingang ins Val Ferret. Mit einer größeren Seilbahn geht es zunächst hinauf zum **Pavillon du Mont Fréty** (2173 m), einem schönen Aussichtspunkt mit Berghütte, Sonnenterrasse und Liegestühlen und Blick hinab auf Courmayeur, links ins Val Ferret und rechts ins Val Veny. Mit einer zweiten Kabinenbahn gelangt man hinauf zum **Rifugio Torino** auf 3375 m Höhe (keine Aussichtsterrasse!). Eine kurze, sehr steile und sehr kleine Kabinenbahn führt hinauf zur **Punta Helbronner** (3462 m), bei schlechtem Wetter nichts für schwache Gemüter! Nur im Sommer (ab Juni) ist die vierte Seilbahn auf die **Aiguille du Midi** (3842 m) mit Bar und Aussichtsterrasse in Betrieb. In 3800 Metern Höhe überqueren die Kabinen der Seilbahn die Grenze zwischen Italien und Frankreich. Wahrhaftig spektakulär ist der Ausblick auf die majestätischen Gipfel von Mont Blanc, Grandes Jorasses, Matterhorn und Monte Rosa. Übrigens: Auch im Hochsommer sollte man sich winterlichen Temperaturverhältnissen gemäß **anziehen.**

051pi Foto: sg

• **Funivia Monte Bianco,** Fraz. La Palud (von Courmayeur aus ungefähr vier Kilometer in Richtung Mont-Blanc-Tunnel, in Entrèves rechts abbiegen), Tel. 016 58 99 25, www.montebianco.com. Ganzjährig in Betrieb sind die Seilbahnen bis zur Punta Helbronner, Abfahrt ab 8.30 Uhr alle 20 Minuten, keine Fahrt zwischen 13 und 14 Uhr. In der Nebensaison von 1.–14. Juni und vom 6. September bis zum 1. November: La Palud – Pavillon 14 €, La Palud – Rifugio Torino 31 €, La Palud – Punta Helbronner 35 €, Punta Helbronner – Aiguille du Midi 24 € (Tickets auf der Punta Helbronner).

Nichts für schwache Nerven:
Blick aus der Funivia Monte Bianco

058pi Foto: sg

Lago Maggiore und nördliches Piemont

253pi Foto: sg

142pi Foto: sg

Schiffsanleger in Pallanza

Sacro Monte –
Wallfahrtsberg oberhalb von Ghiffa

Eine der schönsten Gartenanlagen
weit und breit: Villa Taranto in Verbania

Der Lago Maggiore

↗ III/D2-3, IX/D1-3

Von Norden über den Gotthard kommend, erreicht man bei Locarno im Schweizer Kanton Tessin den nördlichsten Zipfel des Lago Maggiore. Bis nach Ascona ist die Landschaft dicht bebaut, und erst nach Brissago, kurz vor der italienischen Grenze, öffnet sich der Blick auf das oft und hymnisch gerühmte Landschaftsbild des zweitgrößten italienischen Sees.

Berühmt ist der See vor allem für seine üppig blühende und duftende mediterrane **Vegetation** entlang der schmalen Ufer vor dem Hintergrund **hoher Bergketten.** Im Winter schützen diese Berge die Seeufer vor den kalten Winden aus dem Norden. Die großen Wassermengen verhindern allzu große jährliche Temperaturschwankungen, und der See fungiert dabei als **Wärmespeicher.** Deshalb gedeihen hier am Westufer des Lago Maggiore Palmen und Zitrusfrüchte, Mimosen, Magnolien, Glyzinien, Bougainvilleen und Kamelien, Oleander, Hibiskus und Rhododendren in solch einer Fülle, wie man sie hier in einer mitteleuropäischen subalpinen Landschaft eigentlich nicht erwartet hätte.

Entlang der **„Riviera"** des Lago Maggiore, dem Abschnitt zwischen Cannero und Stresa, reihen sich prächtige **Villen** aus dem 19. Jh. aneinander, berühmt für ihre großen Gärten und Parkanlagen. Sie stammen größtenteils noch aus den Anfängen des Tourismus, als die reiche **englische Oberschicht,** ihrem heimatlichen tristen Regenwetter entfliehend, den See als Winterdomizil für sich entdeckte. Die englische Upperclass zog die **literarische Elite** nach sich, und die Reisebeschreibungen berühmter Literaten, angefangen bei *Stendhal,* sorgten rasch für weiteren Zulauf.

Eckdaten Lago Maggiore

Fläche	212 km²
Länge	66 km
Breite	4 km/Durchschnitt
Tiefe	175 m/Durchschnitt
Maximale Tiefe	370 m
Meereshöhe	194 m
Länge der Uferlinie	170 km
wichtigster Zu- und Abfluss	Ticino (Tessin)
Verwaltung	Piemont (Westufer) Lombardei (Ostufer) Tessin (Nordufer)

Heute gehört der Elitetourismus längst der Vergangenheit an. Vom Glanz vergangener Zeiten zeugen aber neben den vielen herrschaftlichen Grandhotels und Villen die kilometerlangen **Seeuferpromenaden,** auf denen es sich auch heute noch wunderbar flanieren lässt, und die **Parkanlagen,** die in Form englischer Landschaftsgärten angelegt sind.

Als Reiseziel lohnt sich der See **das ganze Jahr über.** Während Frühling, Sommer und Herbst mit ihrer Farbenpracht punkten, zeigt sich der Lago Maggiore im Winter von einer ganz anderen, nicht weniger reizvollen Seite. Die Orte sind noch nicht auf die Touristenanstürme eingestellt. Alles geht seinen gemächlichen Gang. Es

regnet zwar häufiger, aber das Thermometer sinkt selten unter die 10-Grad-Marke, und bei Sonnenschein kann man den Seeblick von den Straßencafés aus genießen, als Kontrast die weißen, schneebedeckten Bergen im Hintergrund. Geruhsame Spaziergänge, „lungolago", und eine Entdeckungstour rund um die beiden idyllischen kleinen Nachbarseen **Lago d'Orta** und **Lago di Mergozzo** gehören dann zu den stillen Höhepunkten.

Der Touristenansturm beginnt Mitte März und endet Ende Oktober. Wem es dann in den Ferienorten unten am See zu voll wird, findet ganz in der Nähe und trotzdem abseits des Massentourismus im **Naturschutzgebiet Valgrande** im bergigen Hinterland herrliche Wanderreviere und abgelegene urige Bergdörfer.

Allgemeine Informationen

Informationsmaterial

- Vor der Reise kann man beim Hauptsitz der Infobüros **Prospektmaterial** über Lago Maggiore, Lago d'Orta, Lago di Mergozzo und das Ossola-Tal bestellen: Distretto Turistico dei Laghi, Corso Italia 18, Tel. 032 33 04 16, Fax 03 23 93 43 35, www.distrettolaghi.eu/de.

Öffentliche Verkehrsmittel

- Nächster **Flughafen** ist Malpensa/Mailand (ca. 35 km bis Arona). Die Orte am Lago Maggiore sind mit dem **Alibus-Dienst** an den Flughafen angeschlossen. Er verkehrt ungefähr von Ende März bis Ende Oktober mehrmals täglich, Fahrtzeit ca. 1 Std. 20 Min., Infos: www.vcoinbus.it.
- Mit der **Bahn** via Simplon-Tunnel von Basel nach Domodóssola.
- Ein gut ausgebautes **Busnetz** verbindet die Orte am See mit den Ossola-Tälern. Fahrpläne über Trasporti Pubblici VCO (Verbano, Cusio, Ossola), Infos: www.vcoinbus.it.
- Das südliche Westufer ab Fondotoce ist gut mit dem **Zug** erreichbar. Die Züge von der Schweiz über den Simplon erreichen über das Ossola-Tal Arona und fahren weiter in Richtung Mailand oder Novara. **Bahnhöfe** am Westufer: Fondotoce (Bahnhof für Verbania), Baveno, Stresa, Lesa, Belgirate, Meina. Fahrtdauer Stresa - Mailand ca. 1 Std. Fahrpläne über die Eisenbahngesellschaft Ferrovie dello Stato, www.ferroviedellostato.it.
- Der **Ortasee** ist an die regionale Zugstrecke Novara - Domodóssola angeschlossen. **Bahnhöfe** in Gozzano, Bolzano Novarese, Orta Miasino, Pettenasco und Omegna. Fahrtdauer Omegna - Novara ca. 2 Std.
- Mit der **Autofähre** gelangt man ganzjährig alle 20 Minuten (5–24 Uhr) von **Intra** nach **Laveno.** Von hier aus gibt es eine Zuganbindung nach Mailand (Fahrtdauer mit dem Zug ca. 1 Std. 30 Min.). Infos über www.navlaghi.it/ita/mag/nlm.html.
- Viele Orte des Sees sind mit dem **Linienboot** erreichbar. Je nach Jahreszeit ändern sich die Fahrpläne und Routen. Aktuelle Fahrpläne gibt es bei den örtlichen Informationsstellen oder vorab direkt bei der Schiffsgesellschaft (www.navlaghi.it).

Das **Sammelticket** für den Besuch der Borromäischen Inseln kostet zwischen 12,20 und 19 €. Da die Isola Madre näher an Pallanza als an Stresa liegt, kostet die Fahrt auf die Isola Madre von Pallanza aus weniger. Links zu den Bootsfahrplänen auf dem Lago Maggiore auch über www.lagomaggiore.net.

Anfahrt mit dem eigenen Pkw

- Auf der **St.-Gotthard-Autobahn** (N 2) bis Bellinzona. Anstatt weiter in Richtung Como/Chiasso, verlässt man bei Bellinzona die Autobahn und fährt weiter auf der gut ausgebauten **Bundesstraße N 13** in Richtung Locarno. Ca. neun Kilometer vor Locarno, bei der Abzweigung ins Valle Verzasca, beginnt wieder ein **Autobahnteilstück,** die Umfahrung der Orte Locarno und der Tunnel bei Ascona. Hinter Ascona beginnt die kurvenreiche, zum Teil in den Fels gehauene Uferstraße mit an den Hang gebauten Villen.

Cannobio

⇗ III/D3

- **PLZ:** 28822
- **Lage über NN:** 214 m
- **Einwohnerzahl:** 4977

Bereits die erste italienische Stadt nach der Grenze von Valmara ist, durchaus zu Recht, **einer der meistbesuchten Orte am See.** Was allerdings nicht beim Durchfahren offenbar wird; der alte Ortskern liegt nämlich unterhalb der Landstraße (S 34) und bleibt Durchreisenden verborgen.

Cannobio liegt an einem sehr langgezogenen Uferstück auf einem Schwemmkegel an der Flussmündung des Gebirgsbaches Cannobino und besitzt einen der **größten Strände** am Lago Maggiore.

Nicht die Nähe zur Grenze, sondern die schöne Lage und vor allem der Charakter des **mittelalterlichen Städtchens** sind ausschlaggebend für den hohen Bekanntheitsfaktor.

Nachdem man die Campingplätze hinter sich gelassen hat, biegt man links ab und lässt den Wagen auf dem großen Parkplatz am Ortseingang stehen, denn **Cannobio ist autofrei.** Über die Seepromenade schlendernd, erreicht man zunächst die **Kirche der Santissima Pietà.**

Die Entstehung der Wallfahrtskirche der Barmherzigkeit im ausgehenden 16. Jh. geht auf ein **wundertätiges Gnadenbild** zurück. Der Entwurf für die in der Spätrenaissance errichtete und in den folgenden Jahrhunderten

252pi Foto: sg

mehrmals umgebaute Kirche stammt von *Pellegrino Tibaldi,* einem lombardischen Renaissancebaumeister. Das wertvollste Stück im prachtvoll ausgestatteten Innenraum ist das **Altarbild** von *Gaudenzio Ferrari* (1536) mit einer bewegten Darstellung der Kreuztragung Christi.

Hinter dem Sakralbau öffnet sich die **Piazza Vittorio Emanuele.** Hier trifft man sich, flaniert und genießt den Blick auf das gegenüberliegende Ufer. Die langgezogene Piazza mit Hafen und Schiffsanleger ist gesäumt von stattlichen **Bürgerhäusern** mit teils von Säulen getragenen Arkadengängen, in denen sich Geschäfte, Cafés und Restaurants mit Seeblick finden.

Sonntags verwandelt sich die gesamte Promenade in einen lebhaften **Marktplatz.** Der Markttag in Cannobio ist ein am ganzen See bekanntes Spektakel, das auch viele Gäste aus der nahen Schweiz anlockt. An den zahlreichen Ständen findet man die ganze Bandbreite, die ein typisch italienischer Markt zu bieten hat, von Lebensmitteln über Billigkleidung, Schuhe und Lederwaren mit gefälschten Designerlabels bis zu Haushaltswaren. Allein sich das Treiben anschauen, ist schon einen Ausflug wert.

Cannobios Promenade

Bereits von den Römern gegründet, nahm Cannobio als freie Kommune im **Mittelalter** eine wichtige Rolle als **Handelsplatz** ein. Aus dieser Zeit stammt noch das Rathaus, der **Palazzo della Ragione** (1294) im oberen Ortsteil, der mit schmalen, gepflasterten Gassen, überwölbten Treppengängen und hohen Häusern, die manchmal den Blick auf blumengeschmückte Innenhöfe freigeben, aufwarten kann. Neben dem für Oberitalien typischen Rathausbau mit einer Säulenloggia im Erdgeschoss, die als Versammlungsraum diente, und dem hohen Wehrturm erhebt sich die barocke **Pfarrkirche San Vittore.**

Information

- **Pro Loco Cannobio,** Via A. Giovanola 25, Tel./Fax 032 37 12 12, www.procannobio.it.

Unterkunft

- **Pironi*****, Via Marconi 35, Tel. 032 37 06 24/032 37 06 24 (im Winter Tel. 032 37 01 49) www.pironihotel.it. Kleines, charmantes Hotel mit nur 12 Zimmern mitten in der Altstadt (Fußgängerzone) Cannobios in einem ehemaligen Klosterkomplex aus dem 16. Jh. Bei der Restaurierung wurden die alten Strukturen wie Gewölbe, Steinsäulen und Wandmalereien erhalten. Einige der teils mit Antiquitäten individuell eingerichteten und komfortabel ausgestatteten Zimmer haben Seeblick. Etwa von Mitte November bis Mitte März geschlossen. 140–180 €, Garage 10 €, Hunde nicht erlaubt.
- **Antica Stallera******, Via P. Zaccheo 9, Tel. 032 37 15 95, Fax 032 37 22 01, www.anticastallera.com. Komfortables Hotel mit 18 gut ausgestatteten Zimmern etwas oberhalb der Uferpromenade, bestehend aus einem alten Teil mit Natursteinfassade, dessen Ursprünge auf eine ehemalige Postkutschenstation zurückgehen, und einem modernen Er-

weiterungsbau. Zu Fuß erreicht man in nur wenigen Minuten über eine Treppengasse die Uferpromenade. Zum hauseigenen Restaurant gehört ein als Garten angelegter schöner Innenhof. 99–108 €, Hunde erlaubt, 5 €.

• **Villa Belvedere*****, Via Casali Cuserina 2, Tel. 032 37 01 59, Fax 032 37 19 91 (Tel. im Winter 032 37 01 49, Fax 032 37 23 98), www.villabelvederehotel.it. Stilvolle, ruhig gelegene Villa am Anfang des Valle Cannobina (in Gehnähe zur Altstadt). Großer, schön angelegter Garten mit Schwimmbad. 140–160 €.

• **B&B Villa Palmira,** Via Domenico Uccelli 24, Tel. 33 56 53 22 50, www.villapalmira.it. Schönes Altstadthaus ca. 200 Meter von der Seepromenade entfernt mit zwei in Pastellfarben gehaltenen, komfortabel eingerichteten Gästezimmern. Das Frühstück wird im Wohnzimmer serviert. Großer Garten mit altem Baumbestand und Liegewiese. 128–148 €.

• **B&B Antico Sempione****, Via Casali Sempione 3, Tel. 032 37 19 20, www.anticosempione.it. Das traditionsreiche Haus am Anfang des Valle Cannobina nutzten bereits im 18. Jh. die Reisenden auf dem Weg zum Simplonpass als Zwischenstation. Nach einer umfassenden Sanierung von Hotel und Nebengebäuden entstanden einige gemütliche Doppelzimmer mit Bad und sieben Ferienwohnungen unterschiedlicher Größe. Jede Wohnung ist individuell und geschmackvoll eingerichtet und verfügt über Balkon, Terrasse oder Garten. Zum Anwesen gehört ein großer Garten mit Freisitzen unter Pergola und Grillplatz. Eine gute Unterkunftsmöglichkeit für Familien mit Kinder. Restaurant ⇗ unten. Preisbeispiel: Wohnung für zwei Personen ca. 330 €/Woche (auch tageweise buchbar), DZ 70–80 €.

Camping

Die Campingplätze sind das Erste, was von Cannobio bei der Anreise auf der kurvigen Uferstraße von der Schweiz her zu sehen ist. Cannobio ist das Camper-Dorado am See.

• **Campeggio Pedro***, Via Darbedo 5, Tel. 032 37 23 36, pedro@campingpedro.com. Der kleine, saubere und preisgünstige Platz liegt oberhalb der Hauptstraße am Ortseingang. Der sympathische Campeggio mit nur 37 Plätzen wird liebevoll betreut von *Marco Ferrari*. Fußweg zum See 10 Minuten.

• **Camping Valle Romantica****, Tel./Fax 032 37 12 49, www.riviera-valleromantica.com. Mitten im Grünen und am Fluss gelegener Platz am Anfang des Cannobina-Tales. Nach Cannobio ca. 2 km. 188 Stellplätze und Vermietung von Ferienwohnungen, Mietcaravans und Mobilhomes. Mit Schwimmbad (Mai bis Mitte September, in der Hochsaison gegen Bezahlung), Cafeteria'. Schöne Badeplätze am Fluss in direkter Nähe.

• **Residence Campagna****, Via Casali Darbedo 20, Tel. 032 37 01 00, Fax 03 23 73 89 91, www.campingcampagna.it, und **Internazionale Paradis****, Via Casali Darbedo 12, Tel. 032 37 12 27, Fax 032 37 25 91, www.campinglagomaggiore.it. Die schattigen Plätze liegen sehr schön in erster Reihe direkt am Seeufer, besitzen einen eigenen Strandabschnitt, und die Altstadt von Cannobio ist gut zu Fuß zu erreichen.

• **Del Sole****, Via Sotto i Chiosi, 81, Tel. 032 37 07 32, Fax 032 37 23 27, www.campingsole.it. Der ebenfalls schattige Platz liegt am Cannobino, ca. zehn Minuten vom See entfernt. Anstatt Strand gibt es hier ein Freibad.

Essen und Trinken

• **Lo Scalo,** Piazza Vittorio Emanuele II. 32, Tel. 032 37 14 80. Mo Ruhetag, Di nur abends geöffnet. Das Restaurant liegt gegenüber dem Schiffsanleger und bietet abwechslungsreiche, saisonal und regional ausgerichtete Küche, die Fischgerichte sind ebenfalls zu empfehlen. schöne Terrasse auf der Piazza. 36–55 €.

• **Ristorante La Streccia,** Via Merzagora 5, Tel. 032 37 05 75. Das Lokal liegt an einer kleinen Treppengasse, die vom Ristorante Lo Scalo an der Seepromenade zur Albergo Antica Stallera hinaufführt. Dreigängiges, oft wechselndes Tagesmenü mit typisch piemontesischen Gerichten wie den klassischen *risotti, agnolotti* und *tagliolini*. 25 €.

Außerhalb Cannobios:

- **Antico Sempione,** Via Casali Sempione 3, Tel. 032 37 19 20, www.anticosempione.it, Mo Ruhetag (im Winter). Das traditionsreiche Lokal wurde vor einigen Jahren saniert. Kreativ zubereitete, je nach Saison wechselnde Gerichte, Mischung aus italienischer und französischer Küche. Schöne Terrasse unter einer Pergola. Menüs zwischen 20 und 30 € (Degustationsmenü, vier Gänge).
- **Mulini del Mater,** Via ai Molini, Tel. 032 37 72 90, Di Ruhetag. Ebenfalls im Valle Cannobina gelegenes erstklassiges Restaurant (ca. fünf Kilometer oberhalb von Cannobio) mit sorgfältig zubereiteter piemontesischer Küche. 36 €, Degustationsmenü mit fünf Gängen 40 €.
- **Osteria Vino Divino,** via Casali Gerra 1, Tel. 032 37 19 19. Empfehlenswerter Landgasthof im Valle Cannobina mit häufig wechselnden saisonalen Gerichten. 37 €.

Einkaufen

- **Enoteca Casa Bava,** Piazza XXVII. Maggio 8, Tel. 032 37 12 47. Seit 1901 führt Familie *Bava* diese gut sortierte Weinhandlung an der Seepromenade. Eine zuverlässige Adresse auch für überregionale Weine und Spirituosen.
- **Wochenmarkt,** jeden Sonntag 8–12 Uhr an der Seepromenade.

Die Täler Cannobina und Vigezzo ⇗ II/B2, III/C 2–3

Ideales Rückzugsgebiet für Stressgeschädigte auf der Suche nach Ruhe und Erholung ist das grüne Valle Cannobina, abseits jeglichen Massentourismus. Gleich hinter Cannobio fängt das gebirgige Hinterland an. Entlang des Flusses Cannobino erreicht man nach ca. drei Kilometern den Weiler **Traffiume.** Von hier lohnt sich ein Spaziergang zum **Orrido di Sant'Anna,** einer tiefen und engen Felsschlucht mit rauschendem Wildbach, über der die kleine **Kirche Sant'Anna** thront. Durch dichte Kastanienwälder, vorbei an saftigen Bergwiesen und kleinen Dörfern, windet sich die kurvenreiche Straße 25 Kilometern bis nach **Malesco** hinauf. Hier mündet das Valle Cannobina ins Val Vigezzo, ein Hochtal, das sich mit seiner Fortsetzung, dem Tessiner **Centovalli,** zwischen Domodossola an der Simplonstraße und Locarno an der Nordspitze des Lago Maggiore erstreckt. Auf einer weiten Hochfläche, umrahmt von Tannen- und Fichtenwäldern und hohen Bergen, liegt Santa Maria Maggiore, Hauptort des Val Vigezzo.

Santa Maria Maggiore ⇗ II/B2

- **PLZ:** 28857
- **Lage über NN:** 816 m
- **Einwohnerzahl:** 1262

Ein sehr ruhiger, vor allem von italienischen Familien frequentierter Ferienort, eine Sommerfrische im wahrsten Sinne. Jedes Jahr am ersten Wochenende im September finden sich **Kaminfeger** aus ganz Europa zu einem internationalen Kaminfegertreffen in Santa Maria Maggiore ein, eine Tradition, die auf das 17. Jh. zurückgeht, als die Armut viele Vigezziner zwang, ihr Tal zu verlassen, um in Frankreich Arbeit zu finden. Ein **Museum** widmet sich der Geschichte dieses Handwerks, das über Jahrhunderte in diesem Tal ausgeübt wurde.

- **Museo dello Spazzacamino,** Piazza Risorgimento 28, Tel. 03 24 90 56 75 (hier auch Infos zu den Öffnungszeiten).

052pi Foto: sg

Der berühmteste Sohn des Ortes ist **Giovanni Maria Farina** (1685–1766), in Köln besser bekannt als *Johann Maria Farina,* Parfümeur und Erfinder des Kölnisch Wasser, der seinen Duft zu Ehren seiner neuen Heimatstadt Eau de Cologne nannte.

Der richtige Ort für eine zünftige Merenda: Villette

Santa Maria Maggiore liegt am höchsten Punkt einer reizvollen **Eisenbahnstrecke.** Seit 1923 verbindet die **„Vigezzina"** Domodóssola (270 m) im Toce-Tal mit Locarno (197 m) in der Schweiz. Für Bahnfreunde ein echtes Vergnügen. Die Panoramazüge der Vigezzina (auf der Schweizer Seite „Centovalli-Bahn" genannt) fahren in eineinhalb Stunden von Domodóssola nach Locarno durch das malerische Val Vigezzo und die „hundert Täler" (wie das Centovalli auf Deutsch heißt), durch kultiviertes Rebland, Kastanienwälder und eine eindrucksvolle Gebirgslandschaft mit Schluchten und

Wasserfällen. Auf der insgesamt 55 Kilometer langen Strecke überquert die Bahn 36 Brücken und Viadukte. Der Zug hält in den wichtigsten Orten Druogno, Santa Maria Maggiore, Malesco und Re. Der Zug fährt mehrmals täglich zwischen 5.30 und 21 Uhr.

• **Direzione SSIF,** Via Mizzoccola 9, Tel. 03 24 24 20 55, Fax 032 44 52 42, www.vigezzina.com oder www.centovalli.ch.

Information

• **I.A.T.-Büro,** Piazza Risorgimento 5, Tel./Fax 032 49 50 91, info@comune.santamariamaggiore.vb.it.

Unterkunft

• **Miramonti*****, Piazzale Diaz 3, Tel. 032 49 50 13, Fax 032 49 42 83, www.almiramonti.com. Ruhiges, familiäres Berghotel mit 31 großzügigen und komfortabel ausgestatteten Zimmern. 115 €.

Einkaufen

• **Cooperativa Agricola Val Vigezzo,** Via Belcastro 1. Verkauf von eigenen Milchprodukten aus dem Val Vigezzo, Käse, Ricotta und Joghurt.
• **Pasticceria Poggini,** Via Cavalli 15. Empfehlenswerte Konditorei.
• **Wochenmarkt,** Mo 8–13 Uhr auf der Piazza Mercato.
• **Non Solo Pane,** Via Mallerio 36, Malesco. Sehr gute Bäckerei mitten im Dorf.

Villette

↗ III/C2

Einige Kilometer von Malesco ins Tal abwärts in Richtung Schweizer Grenze lohnt sich ein Abstecher in den ruhigen Weiler **Villette** (807 m), ein kleines Bergdorf in sonniger Hanglage mit einer sympathisch geführten und rundum zu empfehlenden Gaststätte im Familienbetrieb, der Locanda Lo Scoiattolo.

Unterkunft/ Essen und Trinken

• **Locanda Lo Scoiattolo***, Piazza Emma Brindicci 7, 28856 Villette, Tel./Fax 032 49 70 09. Di Ruhetag. Einfach ausgestattete, ordentliche Zimmer, z.T. mit eigenem Bad. Hier empfiehlt sich in jedem Fall die Halbpension. Die Küche ist bodenständig und lecker. Unbedingt reservieren, da nur frisch gekocht wird. Wer spontan hier Rast macht, kann zumindest bei einheimischem Käse, Salami und Schinken von der Terrasse die Aussicht auf die Berge und ins Tal genießen. Doppelzimmer 45 €.

Santuario della Madonna del Sangue

↗ III/C2

Weiter talabwärts, sieben Kilometer von der Grenzstation Ponte Ribellasca entfernt, trifft man in **Re** unvermittelt auf eine riesige **Wallfahrtskirche,** die nicht so ganz in die Landschaft zu passen scheint. An der Stelle des Santuario della Madonna del Sangue, in seiner jetzigen Form erst 1922 vollendet, stand wohl bereits im 14. Jh. eine kleine Pfarrkirche mit einem Fresko einer stillenden Madonna auf der Fassade. Die Legende erzählt die Geschichte eines jungen Mannes. Im Jahre 1494, nachdem er beim Glücksspiel verloren hatte, schleuderte er im Zorn einen Stein gegen die Madonna. 20 Tage soll daraufhin angeblich Blut aus dem Gesicht der Gottesmutter gequollen sein. Das Bild der blutenden Madonna wird heute im barocken Hauptaltar aufbewahrt.

Cannero Riviera ⇗ III/D3

- **PLZ:** 28821
- **Lage über NN:** 225 m
- **Einwohnerzahl:** 1035

Wieder zurück am Lago Maggiore, geben die beiden kurz vor Cannero gelegenen **Felseninseln** mit den Ruinen der 1519 von *Ludovico Borromeo* erbauten **Castelli di Cannero** einen fotogenen Hintergrund ab. Bis zum Umzug auf die Isola Bella hatte die Familie hier ihren Stammsitz. Eine der vielen Legenden am See berichtet von einer **Räuberbande,** die im Mittelalter von den Inseln aus ihr Unwesen trieb. Die Gebrüder *Mazzarditi* aus Ronco am Nordende des Sees sollen auf den Inseln **zwei Burgen** errichtet und von dort aus Schiffe und die umliegenden Ortschaften geplündert haben. 1414 soll es dann *Filippo Maria Visconti* gelungen sein, die Burg zu belagern und das Räubernest zu zerstören.

Cannero verdankt den Beinamen Riviera seinem **besonders milden Klima.** Durch den Monte Casarza gegen die Nordwinde geschützt, gedeiht hier auch im Winter eine üppige mediterrane **Vegetation.** In den Gärten der prächtigen Villen entlang des schmalen, felsigen Seeufers gedeihen Zitronen-, Orangen-, und Olivenbäume, Mimosen und Kamelien. Jedes Jahr Ende März, Anfang April zelebriert die Società Italiana della Camelia hier eine **Kamelienausstellung.**

054pi Foto: sg

Cannero ist heute an der Uferpromenade **autofrei.** Hier befinden sich auch einige der besten Hotels und der Schiffsanleger. Die Ruhe und exklusive Lage mit Seeblick hat allerdings ihren Preis.

Information

- **I.A.T.-Büro,** Piazza Alpini 1, Tel./Fax 03 23 78 89 43, www.cannero.it.

Unterkunft/ Essen und Trinken

- **Park Hotel Italia*****, Lungolago delle Magnolie 19, Tel. 03 23 78 84 88, Fax 03 23 78 84 98, www.parkhotel-cannero.it. Direkt an der Promenade gelegenes, gediegenes Hotel mit insgesamt 25 Zimmern. Schwimmbad und Terrasse mit Seeblick. Hunde erlaubt. 120–140 €.
- **Cannero******, Lungolago delle Magnolie 2, Tel. 03 23 78 80 46, Fax 03 23 78 80 48, www.hotelcannero.com. Eines der besten Häuser am Platz ist die 1902 eröffnete und in den letzten Jahren stilvoll renovierte Villa am Ende der Promenade beim Schiffsanleger. 45 komfortabel und elegant eingerichtete Zimmer verteilen sich auf mehrere Gebäude. Schwimmbad, Terrasse mit Seeblick und Tennisplatz. Hunde erlaubt. HP 85 €.
- **La Rondinella****, Via Sacchetti 50, Tel. 03 23 78 80 98, Fax 03 23 78 83 65, www.hotel-la-rondinella.it. Reizvolle Villa aus den 1930er Jahren am Ortseingang von Cannero, ca. 100 Meter vom See entfernt. Von den insgesamt 16 Zimmern, die Hälfte mit Balkon, kann man eine herrliche Sicht über den See genießen. Im Sommer wird das Frühstück auf der Panoramaterrasse serviert. Empfehlenswertes Restaurant mit moderaten Preisen. Hunde erlaubt. 100 €.

Blühende Gärten am steilen Ufer von Cannero Riviera

Einkaufen

- **Wochenmarkt,** Fr 8–13 Uhr auf der Piazza Alpini.
- **Panetteria Iaciancio,** Via M. D'Azeglio 54, Tel. 03 23 78 83 87.

Trarego

III/C3

In den Kastanienwäldern oberhalb von Cannero Riviera liegt auf 771 m Höhe das kleine Bergdorf Trarego. Heute leben nur noch ca. 190 Familien ständig in Trarego und **Viggiona,** ein Weiler auf dem Weg hinab nach Cannero. Viele der umliegenden ehemaligen Bauernhäuser wurden jedoch instandgesetzt und zu Wochenendhäusern umfunktioniert. Nur 7 km vom Seeufer entfernt ist vom Tourismus hier oben nur wenig zu spüren. Zu mühsam ist den meisten Tagesausflüglern die Anfahrt auf der schmalen, kurvenreichen Bergstraße. Ein sehr angenehmer Standort für alle, die Ruhe und einsame Wanderwege dem Trubel unten am See vorziehen. Im Ort gibt es ein einfaches Berghotel mit Restaurant und einen Alimentari (ein weiteres kleines Lebensmittelgeschäft und Restaurant im 2 km entfernten Viggiona). Busverbindung 3 x täglich nach Cannero und Cannobio.

Vor ein paar Jahren ließen sich **Bildende Künstler** in Trarego nieder und restaurierten einige der alten Rustici. Sie präsentieren ihr Werke jedes Jahr an Ostern in der *Casetta Elisabetta,* einem typischen Natursteinhaus mit Künstlergarten neben der Dorfkirche. Ostern 2008 wurde der **Sentiero d'Arte** initiiert, ein 20-minütiger Rundweg

189pi Foto: eg

Trarego Cassetta Elisabetta

zu sieben weiteren Künstlerhäusern zwischen Trarego und Cheglio. Die sorgsam restaurierten Häuser verwandeln sich in dieser Zeit zu vielseitigen Ausstellungsräumen in denen Exponate u.a. aus den Bereichen Malerei, Skulptur, Eisenplastik, Keramik, und Schmuckexponate von zahlreichen Künstlern aus vier Ländern zu sehen sind. In der restlichen Zeit des Jahres kann man die Künstlerhäuser nach Anmeldung im örtlichen Informationsbüro besuchen.

Direkt ab Trarego bieten sich schöne **Wandermöglichkeiten.** Die Karte Nr. 12 vom Istituto Geografico Centrale *Laghi Maggiore d'Orta e di Varese* ist zum Teil ungenau, die Wegnummerierungen sind nicht eingezeichnet und deshalb nur bedingt empfehlenswert. Als Ergänzung eignet sich die *Kompaßkarte.*

Trarego – Colle – Cima di Morissolo – Oggiogno – Trarego

Durch den Ort am Albergo La Perla vorbei, bergauf auf schmaler betonierter Straße. Nach einigen Minuten links auf eine alte Mulattiera abbiegen (Wegmarkierung rot/weiß). Weg Nr. 17 folgen. Durch Laubwälder vorbei an alten Rustici immer bergauf bis **Colle** (1238 m), einem Parkplatz an der Straße zwischen Trarego und Premeno, Gehzeit ca. 2 Std. Von hier führt ein bequemer Weg (Nr. 1 in Richtung Manegra, Pollino ausgeschrieben) entlang eines Bergkamms vorbei an einer alten Militärstraße auf den **Cima di Morissolo** (1313 m), Gehzeit ca. 30 Min. Der letze steile Anstieg lohnt sich. Man wird mit einem grandiosen Blick über den ganzen See und die umliegenden Gipfel des **Monte Pian Bello** (1325 m), **Monte Spalavera** (1534 m), **Monte Vada** (1814 m) und den höchsten Gipfel im Val Grande, dem **Monte Zeda** (2156 m) belohnt. Etwas unterhalb stehen drei Kreuze. Von hier sieht man Trarego, Oggiogno und das auf einer Landzunge vorgelagerte Cannero. Wieder zurück nach Colle nimmt man den Weg Nr. 6 hinunter nach **Oggiogno** (515 m), dann Weg Nr. 10 und trifft dann wieder auf Weg Nr. 17 vom Anfang der Tour. Gehzeit ab Colle etwa 1¾ Std.

Eine **Wanderung auf den Monte Zeda** über die Via Cadorna gehört zu den Höhepunkten im Parco Nazionale della Val Grande. Mit 2156 m ist der markante Monte Zeda der höchste Berg der Region. An Sonn- und Feiertagen stark begangen.

(Falls nötig, finden Sie eine Karte vom Parco Nazionale della Val Grande unter www.parcovalgrande.it/foto/mappa.jpeg).

Il Colle – Via Cadorna – Passo Folungo – Alpe d'Archia – Colle

Am besten parkt man das Auto bei Colle (1238 m) und geht zu Fuß weiter auf der Via Cadorna (Weg Nr. 1), einer ehemaligen Verteidigungslinie aus dem 1. Weltkrieg am Südhang des Monte Spalavera. Die geschotterte Straße ist der **offiziele Fahrweg zur Alpe d'Archia,** aber für nicht-geländegängige Autos teilweise schlecht zu passieren. Vorbei an Geschützstellungen entlang der Via Cadorna erreicht man auf 1369 m Höhe den **Passo Folungo** (Gehzeit 1¾ Std.).

Am Passo Folungo gabelt sich der Weg. Rechts führt ein Fußweg nach Archia (Weg Nr. 1/10), links geht es weiter auf den Monte Zeda. Ein steiler Anstieg über die Serpentinen der Militärstraße führt hinauf zur Pian Vada auf 1836 m (Gehzeit 1 Std.). Ein steiler

Linea Cadorna

Eine **Befestigungslinie an der Nordgrenze zur Schweiz** sollte Italien zwischen dem Großen Sankt Bernhard und dem Veltlin während des 1. Weltkrieges vor einem Angriff Österreichs und Deutschlands schützen. Zwischen 1916 und 1918 wurden nach Plänen von Generalstabschef *Luigi Cadorna* aus Pallanza 296 km für Lastwagen befahrene Straßen, 398 km Maultierpfade, zahllose Gefechtstationen, Schützengräben, Lazarette und Baracken gebaut. Im Gebiet des Lago Maggiore mussten bis zu 1800 Meter Höhenunterschied überwunden werden. Zeitweise waren rund 30.000 Arbeiter am Bau dieser gigantischen militärischen Befestigungsanlage im Einsatz. Genutzt wurden die Anlagen jedoch nie.

Pfad mit einem kurzen Stück Seil als Aufstiegshilfe kürzt die Strecke ab. Bis zum Gipfelkreuz auf dem Monte Zeda sind noch 320 anstrengende Höhenmeter zu bewältigen (Gehzeit 1 h). Wieder zurück am Passo Folungo nimmt man den Weg nach Archia (Gehzeit 20 Min.) mit Einkehrmöglichkeit in der Alpe von Archia. Von den gemütlichen Holzbänken eröffnet sich der Blick hinüber auf das Valle Cannobina. Die Alpe hat von ca. Mitte Mai bis Mitte Oktober geöffnet und bietet Wanderern eine zünftige Merenda und deftige Polentagerichte. Nach ca. 25 Min. erreicht man wieder die Via Cadorna und erreicht nach rd. 70 Min. wieder den Parkplatz von Colle.

Trarego – Pian Bello – Monte Carza – Cannobio oder Trarego

Auf dem Fußweg Nr. 14 hinauf bis zur Straße, die von Trarego nach Colle führt (Gehzeit 1 Std.). Der Straße folgt man ein kurzes Stück und biegt dann auf den Pfad zum **Monte Pian Bello** (1325 m) hinauf ein. Oben auf dem Höhenkamm geht es zunächst links auf den Gipfel des Pian Bello (Gehzeit 45 Min). Rechts erreicht man über eine freie Bergkuppe auf 1116 m Höhe den **Monte Carza** (Gehzeit 45 Min). Vom Gipfel herrliche Sicht auf Arona und Locarno. Unterhalb des Gipfels kann man entweder einen steilen Weg bergab nach **Cannobio** nehmen (Gehzeit ca. 1½ Std., Bus zurück nach Trarego). Alternativ erreicht man auf einem Schotterweg die Straße nach Trarego. Nach dem Grotto Monte Carza (Ruhetag Di.) biegt man auf den Weg Nr. 15 ab und erreicht wieder Trarego.

Information

- Pro loco Trarego Cheglio Viggiona, Via Passo Piazza 2, Tel. 03 23 79 79 65, www.traregoviggiona.com. Nur saisonal geöffnetes **Informationsbüro** (voraussichtlich Juni bis Ende August täglich 8–12.30/15–17 Uhr). Infos zu Ausflugsmöglichkeiten, Verkauf von Bustickets und deutschen Zeitungen.

Unterkunft/ Essen und Trinken

- **Albergo/Ristorante La Perla,** Via Passo Piazza 6, 28826 Trarego, Tel./Fax 03 23 78 81 46, www.laperlatrarego.it. Stattliches, in die Jahre gekommenes Hotel mit familiärer Atmosphäre. Die 14 Zimmer sind zwar klein, und das Mobiliar verströmt den Charme der 1960er und 1970er Jahre, aber alles ist ordentlich und sauber, und der Preis spricht für sich. Die Küche im La Perla ist bodenständig und gut. Halbpension ist hier oben also nicht nur mangels Alternative zu empfehlen. Große Terrasse mit herrlicher Aussicht über den Lago Maggiore. HP (Doppelzimmer mit Bad) 46 €, ohne Bad 42 €.

Zwischen Cannero Riviera und Ghiffa

Bis nach Intra folgt die mittlerweile gut ausgebaute Uferstraße in zahlreichen Kurven dem unregelmäßigen Verlauf des Sees; einer der schönsten Uferabschnitte am Lago Maggiore. Das klimatisch besonders begünstigte Gebiet zwischen Cannero und Stresa, gerne auch als die **„Riviera“** des Lago Maggiore bezeichnet, ist von einer einzigartigen Anmut. Zur Bergseite hin beeindrucken prächtige **Villen** aus dem 19. Jh., inmitten von großen, farbenprächtigen Gärten und Parkanlagen.

Dahinter erhebt sich in geschwungenen Linien das **Mittelgebirge,** in der Ferne zeigen die **Alpen** bei klarem Wetter ihre schneebedeckten Gipfel. Und auf der Seeseite reicht der Blick über den See bis zu den bewaldeten Hügeln am gegenüberliegenden lombardischen Ufer.

Bis nach Intra findet sich am schmalen Ufer für Ortszentren kein Platz. Unter dem Namen **Oggebbio** vereinen sich insgesamt 15 Dörfer, die verstreut am Seeufer und in den Hügeln liegen. Wanderwege mit schönen Ausblicken auf den Lago Maggiore verbinden einige Dörfer untereinander.

Ghiffa

↗ IX/D1

- **PLZ:** 28823
- **Lage über NN:** 201 m
- **Einwohnerzahl:** 2405

Auch das Erscheinungsbild von Ghiffa, der letzten Ortschaft vor Intra und fast schon mit dem industriellen Zentrum am See zusammengewachsen, ist von eleganten **Villen** aus dem 19. Jh. geprägt, darunter die des russischen Fürsten **Pietro Troubetzkoy.**

Zwei Faktoren bestimmten im 19. Jh. die Entwicklung Ghiffas: der **Ausbau der Straße in die Schweiz** und die Herstellung von **Filzhüten** aller Art. 1879 eröffnete der Hutmacher *Giovanni Panizza* aus Biella eine Manufaktur am Ufer von Ghiffa. Nachdem sie 1981 ihren Betrieb einstellen musste, wurde in einem Teil der ehemaligen Hutfabrik Panizza ein privates **Museum der Hutmacherkunst** eingerichtet, das auch die 100-jährige Firmengeschichte dokumentiert. Die übrige Manufaktur wurde zu einer Jachtclubresidenz umfunktioniert.

- **Museo dell'Arte del Cappello,** Corso Belvedere 279, Tel. 032 35 92 09, www.comune.ghiffa.vb.it. April bis Oktober Sa/So 15.30–18.30 Uhr. Eintritt frei.

Nicht weit von der Hutfabrik entfernt, führt ein Sträßchen hinauf in den Ortsteil **Ronco.** Hier begegnet man einer piemontesischen Spezialität auf dem Gebiet der Baukunst, den **Sacri Monti.** Diese „Heiligen Berge" finden sich im ganzen Piemont, allein drei im Gebiet des Lago Maggiore. Die **Gegenreformation,** beginnend mit den Reformen des Konzils zu Trient (1545–63), wurde von den Jesuiten getragen und führte zu einer neuen jenseitsgerichteten **Frömmigkeit,** die im Piemont des 17. Jh. ihren Ausdruck in groß angelegten **Wallfahrtsstätten** fand.

Der **Sacro Monte della Santissima Trinità** (Heiliger Berg der Dreifaltigkeit) liegt auf 390 m Höhe mit schönem Blick auf den See inmitten eines 200 Hektar großen **Naturschutzgebietes.** Das groß angelegte Projekt eines Sacro Monte wurde nie vollendet. Entstanden sind ab Mitte des 17. Jh. nur drei kirchengroße **Kapellen** und die **Kirche Santissima Trinità,** alle mit säulengetragener Vorhalle. Ein ebenfalls von Granitsäulen getragener Portiko mit den Stationen der Passion Christi bildet den Abschluss der Gebäudegruppe.

Ein Besuch der Wallfahrtsstätte lässt sich gut mit einer **Rundwanderung** auf schattigen Waldwegen **durch das Naturschutzgebiet des Sacro Monte** verbinden.

Sacro Monte della Santissima Trinità – Caronio – Pollino – Sacro Monte di Ghiffa

Der Prospekt zum Sacro Monte enthält eine Zeichnung mit den markierten Wegen im Naturschutzgebiet. Sie reicht für diese Wanderung aus. Die Karte vom C.G.I. ist noch ungenauer.

Vom Parkplatz des Sacro Monte zunächst auf einem Hangweg (Nr. 1, Markierung rot/weiß) nach **Caronio** (Gehzeit 40 Min). Kurz vorher an einer Schranke links abbiegen. Ab hier immer bergauf (Markierung Punkt orange) und eine zweite Schranke passieren, der Weg ist auch als *itinerario archeologico* ausgewiesen und führt zu vorzeitlichen Felsritzzeichnungen. Der Abstecher lohnt sich aber nur für Kenner. Bei einer Kapelle, der **Cappella di Monte** (Gehzeit 45 Min.) trifft man rechts wieder auf Weg Nr. 1 der durch Caronio führt, einen Bach überquerend geht es weiter bis nach **Pollino** (Gehzeit 40 Min.), einem Straßendorf mit etlichen Wochenendhäusern. Auf der Hauptstraße rechts in den Weg Nr. 18 abbiegen. Der Weg endet am ehemaligen Hotel Belvedere, an der Straße die nach Intra führt. Man folgt der Straße rechterhand ein Stück. Bei einem Sendemast zweigt ein steiler, mühsamer Weg ab, der wieder beim Santuario hinunterführt (Gehzeit rund 1 Std.).

Unterkunft

- **Ghiffa*****, Corso Belvedere 88, Tel. 032 35 92 85, Fax 032 35 92 59, www.hotelghiffa.com. Herrschaftliche Jugendstilvilla am Ufer mit traumhaft schöner Terrasse und eigenem Strand sowie Schwimmbad. Einige der 39 geschmackvoll eingerichteten Zimmer mit Balkon oder Terrasse liegen auf der Seeseite. Hunde erlaubt. 150–170 €.
- **Castello di Frino****, Via Cristoforo Colombo 8, Loc. Frino, Tel. 032 35 91 81, Fax 032 35 97 83, www.castellodifrino.com. Im Ortsteil Frino oberhalb von Ghiffa mit herrlichem Blick auf den See liegt dieses sympathische, im Stil einer toskanischen Villa erbaute Hotel, dessen Ursprünge auf ein Schloss aus dem 17. Jh. zurückgehen. Insgesamt 14 stilvoll mit Antiquitäten eingerichtete Zimmer, fast alle mit Seeblick. Schwimmbad im Park und Restaurant mit Aussichtsterrasse. 140 €.
- **Villa Goiosa****, Corso Risorgimento 236, Loc. Frino, Tel./Fax 032 35 92 18, www.villagioiosa.com. Ebenfalls im Ortsteil Frino oberhalb von Ghiffa gelegene altmodische Villa mit schönem Seeblick unter der Leitung des Hotel Ghiffa. Neun ordentlich ausgestattete Zimmer, großer Garten und Restaurant. 84 €.

Verbania

⇗ IX/D1

- **PLZ:** 28900
- **Lage über NN:** 202 m
- **Einwohnerzahl:** 31.157

Ghiffa geht direkt in den Ortsverbund von Verbania über, die größte Stadt am Lago Maggiore und **Hauptstadt** der 1992 gegründeten Provinz Verbano-Cusio-Ossola. Unter *Mussolini* kam es 1939 zum Zusammenschluss der bis dahin eigenständigen Ortschaften Intra, Pallanza und Suna. Den Namen Verbania leitete *Mussolini* von der römischen Bezeichnung für den Lago Maggiore, „Verbanus“, ab. Die Orte nehmen das Vorgebirge an der Nordseite des Golfo Borromeo ein. Auf der gegenüberliegenden Seeseite liegen die Orte Laveno und Stresa.

Intra

↗ IX/D1

Intra, das industriell geprägte **Wirtschaftszentrum** des Lago Maggiore, breitet sich in der Ebene zwischen den beiden Gebirgsflüssen San Bernardino und San Giovanni aus. Dieser Lage verdankte die Stadt den römischen Namen „Intra duo flumina“. Mit Beginn des 19. Jh. schossen entlang der Flüsse Hutfabriken, Druckereien, Papiermühlen und Glashütten wie Pilze aus dem Boden. Nach dem Zweiten Weltkrieg galt Intra als wichtiger Standort der Textil- und Kunststoffindustrie. Seit der schweren Wirtschaftskrise Anfang der 1970er Jahre nahmen Handel, Handwerk, Gärtnereien und allen voran der Tourismus stärker an Gewicht zu.

Entlang der **Uferpromenade** mit dem alten Schiffsanleger, in der Zeit des Jugendstils errichtet, und in der sich anschließenden kleinen Fußgängerzone, der **Altstadt** von Intra, lässt es sich nett bummeln und einkaufen. An der **Piazza Ranzoni** mit seinen Cafés, beliebter Treffpunkt für die *passeggiata* am späten Nachmittag, führen einige Gassen mit kleinen Geschäften hinauf zur **Pfarrkirche San Vittore.**

Nicht versäumen sollte man den **Markttag** in Intra. Im neueren Teil rund um die Piazza Mercato breitet sich jeden Samstag einer der schönsten Märkte der Region aus. Im Gegensatz zum sehr touristischen Markt von Cannobio lohnt sich hier vor allem ein Gang durch den hinteren Teil, wo Bauern und kleinere Erzeuger die ganze Bandbreite von frischem Gemüse, Früchten, Brot, Nudeln, Fleisch, Wurst, Fisch und Käse verkaufen.

Nach **Pallanza,** dem schönsten Ortsteil von Verbania, sollte man unbedingt auf der verkehrsberuhigten Uferstraße fahren. Gegenverkehr gibt es keinen mehr. Die Gegenfahrbahn wurde komplett für Autos gesperrt und ist sozusagen die verlängerte Promenade von Intra.

056pi Foto: sg

Auf dem Markt von Intra

Verbania
Miazzina
1
Via Cuboni
S. Giovanni
V. di Sasso Pala
Via Repubblica
Via Repu
Via Batt
Via Renco
Via per Cossogno
Via per Santino
S. Bernardino
0
1 km
16
SUNA
15
Via Nazioni Unite
Via Troubetzkoy
Via Troubetzkoy
LAGO MAGGIORE
Übernachtung
1 Il Campanile
7 Grand Hotel Majestic
11 Albergo Belvedere e San Gottardo
12 Albergo Pallanza
15 Hotel Pesce d'Oro
16 Agriturismo Il Monterosso
Essen und Trinken
1 Il Campanile
2 Restaurant Le Volte
4 Osteria del Castello
5 Gelateria d'altri Tempi
9 La Bottega di Pallanza
10 Pizzeria Bolongaro
13 Ristorante Il Monastero
14 Trattoria Boccon di Vino
Geschäfte
3 La Casera
6 Markt
8 Pasticceria Baudo
9 La Bottega di Pallanza
©Reise Know-How 2011

Lago Maggiore und nördliches Piemont

Essen und Trinken

- **Osteria del Castello,** Piazza Castello 9, Tel. 03 23 51 65 79, So Ruhetag. Eine typische Osteria mit rustikalem Ambiente, wie man sie nicht mehr oft findet. Als Antipasti werden Salami, Schinken und Käse aus dem Ossola- und Sésia-Tal serviert. Unter den Hauptgerichten ist die Polenta mit Ragout zu empfehlen; große Weinauswahl. Tische auch auf der Piazza. 25 €.
- **Le Volte,** Via San Vittore 149, Tel. 03 23 40 40 51. Eine gepflegte Atmosphäre und eine sorgfältig zubereitete piemontesische Küche, an manchen Abenden mit Spezialitäten aus Ligurien, Toskana und Umbrien. 30–35 €.

Essen und Trinken/Unterkunft außerhalb von Intra

- **Il Campanile,** Via V. Emanuele 39, Loc. Miazzina, Tel. 03 23 49 42 60. Miazzina ist ein kleines Dorf auf 736 m Höhe hoch über Intra (ca. zehn Kilometer). Die etwas mühsame Fahrt über ein kurvenreiches Sträßchen wird mit einem herrlichen Panoramablick über den See belohnt. Das bodenständige Lokal serviert zu sehr zivilen Preisen (Menü ca. 20 €) regionaltypische Küche. Das Restaurant vermietet auch einige ordentliche, einfach ausgestattete Zimmer, 40–50 €, HP 30–40 €. Im unteren Stockwerk lockt eine Bar mit herrlicher Aussichtsterrasse.

Einkaufen

- **Wochenmarkt,** ganzjährig jeden Samstag von 9 bis 17 Uhr auf der Piazza Mercato und den benachbarten Piazza Fratelli Bandiera und Piazza Don Minzoni.
- **La Casera,** Piazza Ranzoni 19. Gut sortiertes Feinkostgeschäft im Ortszentrum mit einer hervorragenden Auswahl an regionalen Käse- und Wurstwaren wie z.B. dem luftgetrockneten Bressaola-Schinken aus dem Val Formazza, Trüffelsalami aus Alba und Käse aus den Ossola-Tälern.
- **Gelateria d'altri Tempi,** Via San Fabiano 38, Tel. 03 23 40 26 68. Fruchteis, das noch richtig nach Früchten schmeckt, Sahneeis mit zartestem Schmelz und ausgezeichnete Semifreddi (Halbgefrorenes); eine der besten Eisdielen am See.

Verkehrsverbindungen

- Der nächste **Bahnhof** liegt bei Fondotoce, acht Kilometer westlich von Intra.

Villa Taranto

Gleich zu Anfang der Uferstraße in Pallanza lohnt sich ein Spaziergang durch die Gärten der Villa Taranto. Zusammen mit den Gärten auf den Borromäischen Inseln zählen sie zu den **schönsten Gartenanlagen** der Region. Ihre Entstehungsgeschichte begann 1931 mit einer Anzeige in der „Times". Eine italienische Gräfin bot darin ein Grundstück samt Villa in Pallanza zum Verkauf an. Der schottische Kapitän **Neil McEacharn** erwarb den Besitz und begann das waldreiche Anwesen in einen Landschaftspark umzuwandeln; er gab ihm den Namen eines seiner Vorfahren, dem Herzog von Taranto. Von seinen zahlreichen Reisen brachte *McEacharn* tausende Pflanzenarten aus der ganzen Welt mit. Durch das milde, mediterrane Klima am Lago Maggiore gelang es, viele in dieser Region nicht beheimatete Arten zu akklimatisieren.

Durch ein Pumpensystem wird der gesamte Park mit Wasser aus dem See bewässert, der Terrassengarten mit seinen künstlichen Wasserläufen, der Lotusteich, der Sumpfpflanzengarten sowie die Springbrunnen und Wasserspiele werden ebenfalls mit Seewasser gespeist.

Vermächtnis eines schottischen Pflanzenliebhabers: die Gärten der Villa Taranto

Lange bevor *McEacharn* 1964 starb, schenkte er den gesamten Besitz dem italienischen Staat, unter der Bedingung, sein Lebenswerk zu vollenden. Heute gedeihen in dem 16 Hektar großen Park **über 20.000 Pflanzenarten.** In der Zeit von April bis November gleicht der Park einem Blütenparadies. Im Frühling eröffnen Anemonen, Veilchen, Narzissen, Krokusse, Magnolien, Mimosen, Glyzinien, Eriken, Tausende von Tulpen und über 500 verschiedene Rhododendren und Kamelien die Saison. Die Hauptblütezeit von Hibisken, Gardenien, Oleander, Petunien und den ansonsten in Mitteleuropa unbekannten Kaffee-, Tee-, und Baumwollsträuchern liegt im Juli. Den ganzen Sommer über gedeihen in einem großen Weiher Lotusblumen, Wasserrosen und die Victoria amazonica. Im Herbst ist der farbenprächtige Dahliengarten mit über 300 Arten eine der Hauptattraktionen des Parks.

Auf dem Hanggrundstück führen kilometerlange Wege, eingerahmt von Azaleen, Ahorn, Rhododendren und Kamelien, vorbei an Terrassen, Rasenflächen und verspielten Brunnen mit Wasserspielen.

Die 1875 von einem italienischen Grafen errichtete **Villa** ist nicht zu besichtigen. Seit 1995 hat die Präfektur der neuen Provinz Verbano-Cusio-Ossola hier ihren Sitz.

050pi Foto: sg

• **Giardini di Villa Taranto,** Via Vittorio Veneto (der Garten hat einen eigenen Bootssteg), Tel. 03 23 55 66 67, www.villataranto.it, Öffnungszeiten: April–September 8.30–18.30, Oktober 8.30–17 Uhr. Eintritt 9,50 €, Kinder 6–14 Jahre 5,50 €, Hunde an der Leine erlaubt.

Pallanza und Suna ⇗ IX/D1

Pallanza und seine kleinere Schwester, das dörfliche Suna, liegen windgeschützt an der Südseite einer Landzunge, die eine tief eingeschnittene Bucht, den Golfo Borromeo, formt. Auf der gegenüberliegenden Seite der Bucht liegt Stresa, die ein wenig in die Jahre gekommene Königin unter den Ferienorten am Lago Maggiore. Abends strahlt die lange Lichterkette der Grandhotels entlang der Uferpromenade bis nach Pallanza hinüber.

Pallanza und Suna sind die **Urlaubsoasen** von Verbania. Eine lange Uferpromenade bis nach Suna, eine einladende, zur Seeseite offene Piazza mit herrlichem Blick über den Golfo Borromeo, Villen zwischen Barock und Jugendstil inmitten prächtiger Gärten, einige gute Hotels und Restaurants und ein kleines Altstadtviertel durch das es sich gemütlich schlendern lässt, machen Pallanza zu einer angenehmen Urlaubsadresse. In der Hochsaison sind die Cafés und Restaurants entlang der Uferpromenade und auf der Piazza Giuseppe Garibaldi allerdings schnell überfüllt.

Außerhalb der Hauptferienzeiten, vor allem im Winter, herrscht hier aber eine traumhafte Ruhe. Kurz vor Pallanza liegt, nur 200 Meter vom Ufer entfernt, die ehemals mit einer Burg befestigte kleine **Isola di San Giovanni.** 1632 kam sie in den Besitz der Borromäer. Hinter einer dichten Vegetation verbirgt sich der **Palazzo Borromeo,** in der der Komponist *Arturo Toscanini* oft zu Gast war. Die Insel ist in Privatbesitz und kann nicht besichtigt werden.

Von der Piazza Garibaldi, hier liegt auch der Schiffsanleger, führt die Via Ruga, seit jeher die wichtigste Geschäftsgasse Pallanzas, durch die kleine **Altstadt.** Im Palazzo Viani-Dugnani lohnt sich der Besuch des **städtischen Museums.** Es umfasst eine Sammlung mit archäologischen Fundstücken aus der Umgebung, eine Abteilung mit Gemälden piemontesischer und lombardischer Maler aus dem 19. und 20. Jh. und eine Gipsoteca. In ihr sind Plastiken und Gipsentwürfe von *Paolo Troubetzkoy* zu sehen. Der Bildhauer wurde 1866 als Sohn eines russischen Fürsten und einer amerikanischen Tänzerin in Pallanza geboren.

• **Museo Storico Artistico del Verbano e del Paesaggio,** Palazzo Dugnani, Via Ruga 44, Tel. 03 23 50 24 18 oder 03 23 55 66 21, Fax 03 23 50 79 54, www.museodelpaesaggio.it. Mo Ruhetag, Anfang April bis Ende Oktober 10–12 und 15.30–18.30 Uhr, Eintritt 2,50 €, Kinder 6–14 Jahre 2,50 €.

Information

• **Informationsbüro,** Corso Zanitello 6/8, Pallanza, Tel. 03 23 50 32 49, Fax 03 23 50 77 22, verbania@distrettolaghi.it.

• **I.A.T.-Büro,** Viale delle Magnolie 1, Pallanza, Tel./Fax 03 23 55 76 76, prolocoverbania @distrettolaghi.it.

057pi Foto: sg

Unterkunft

Pallanza:

- **Grand Hotel Majestic******, Vittorio Veneto 32, Tel. 03 23 50 43 05, Fax 03 23 55 63 79, www.grandhotelmajestic.it. Beeindruckende Nobelherberge aus der Gründerzeit mit Blick auf die Isola San Giovanni, 117 Zimmer. 190–275 €.
- **Pallanza*****, Viale Magnolie 8, Tel. 03 23 50 32 02, Fax 03 23 50 51 94, www.pallanzahotels.com. Stilvolles, komfortables Haus neben dem Belvedere. 48 Zimmer, Hunde erlaubt. 110–145 €.
- **Albergo Belvedere e San Gottardo*****, Viale Magnolie 4–6, Tel. 03 23 50 32 02, Fax 03 23 50 44 66, www.pallanzahotels.com. Die beiden Traditionshäuser Belvedere und das kleinere San Gottardo sind unter einer Leitung und liegen gegenüber dem Schiffsanleger von Pallanza. 90–110 €.
- **Agriturismo Il Monterosso,** Via al Monterosso 30, Tel. 03 23 55 65 10, Fax 03 23 51 97 06, www.ilmonterosso.it. Im Grünen gelegener Agriturismo-Betrieb in den Hügeln oberhalb von Pallanza, mit elf komfortabel ausgestatteten Zimmern; Reitmöglichkeit. 70–80 €.

Suna:

- **Pesce d'Oro*****, Via Troubetzkoy 132–136, Tel. 03 23 50 44 45 oder 03 23 50 44 46, Fax 03 23 55 72 24, www.hotelpescedoro.it. Zuverlässiges, von der Familie *Piazza* geführtes Haus in einem ehemaligen Klostergebäude aus dem 17. Jh. an der Seepromenade. 47 modern ausgestattete Zimmer. In der 2002 eröffneten Dependance weitere acht geschmackvoll eingerichtete Zimmer. 72–100 €, in der Dependance 62–86 €.

Der belebte Mittelpunkt Pallanzas: die Piazza Giuseppe Garibaldi

Foto: sg

Werbeschild für Schokolade in der Via Ruga

Essen und Trinken

Pallanza:

- **Agriturismo Il Monterosso,** ⇗„Unterkunft". Frische Küche mit Obst und Gemüse aus dem heimischen Garten. Das Fleisch stammt ebenfalls von Tieren aus eigener Aufzucht. Schattige Freiplätze. Menü 21 €.
- **Bolongaro,** Piazza Garibaldi 9, Tel. 03 23 50 32 54. Gute Pizza gegenüber vom Schiffsanleger, Terrasse. Untere Preislage.

Suna:

- **Boccon di Vino,** Via Troubetzkoy 86, Tel. 03 23 50 40 39. So und Mo abend Ruhetag. 1998 eröffneten *Mauro Sala* und *Giovanni Passera* diese Trattoria an der Seepromenade im touristisch am wenigsten frequentierten Ortsteil Suna. Die Karte ist klein und überschaubar, die Gerichte aus der Langhe stets frisch und sorgfältig zubereitet. Einige Tische an der Uferstraße. 25 €.
- **Il Monastero,** Via Castelfidardo 5 (gegenüber dem Schiffsanleger), Tel. 03 23 50 60 70. Mo und Di Ruhetage. Gehobenes Restaurant in einem alten Palazzo aus dem 18. Jh. mit kreativer piemontesischer Küche, je nach Saison unterschiedliche Vor- und Hauptspeisen mit Trüffel oder Fisch. Die Pasta ist hausgemacht. Schöne Weinauswahl, auch offene Flaschenweine. 55 €.

Einkaufen in Pallanza

- **Pasticceria Baudo,** Via Ruga 47. Bäckerei mit sehr guten Amaretti aus Pallanza.
- **La Bottega di Pallanza,** Via Ruga 9, Tel. 03 23 50 19 00. Auch nach einem Besitzerwechsel ist die Weinhandlung eine verlässliche Adresse für piemontesische Weine und Spirituosen. Neben den großen und renommierten Weingütern führt sie auch immer eine schöne Auswahl an kleineren und oft auch etwas preisgünstigeren Erzeugern.
- **Wochenmarkt,** Fr morgens auf der Piazza Garibaldi.

Valgrande ⇗ II–III/B–C3

Ideale Rückzugsmöglichkeiten aus der manchmal etwas hektischen Betriebsamkeit in den Ferienorten am Ufer des Lago Maggiore bietet der 14.598 Hektar große **Naturschutzpark** des Valgrande. Ein gut ausgebautes Netz an Wanderwegen durchzieht die wilde Bergwelt mit Schluchten, Weiden, dichten Wäldern und verlassenen Bergdörfern.

Bis ins letzte Jahrhundert lebte man im Valgrande von der **Alm- und Waldwirtschaft;** auf den Gebirgsbächen wurde das Holz zu Tal geflößt.

Von Miazzina, Caprezzo und Intragna oberhalb von Intra führen ausgeschilderte Wanderwege auf den **Pian Cavallone** (1564 m). Entlang der Gebirgsbäche mit klarem Wasser finden sich immer wieder kleine Becken mit Felsplateaus, herrlich erfrischende **Badeplätze** im Vergleich zur sommerlichen Wärme unten am See.

Etwas weiter dauert die Fahrt nach **Cicogna,** einem kleinen Bergnest auf 732 m Höhe. Ein schmales, kurviges Sträßchen führt von Intra zunächst nach Rovegro. Nach weiteren sieben Kilometern landet man am sprichwörtlichen Ende der Welt. Von Cicogna gehen mehrere Wanderrouten aus. Über zum Teil in den Fels geschlagene Maultierpfade gelangt man hinauf zur Alpe Pogalla im gleichnamigen Tal oder auf die Alpe Prà. Im ehemaligen Schulhaus wurde ein **Besucherzentrum** für den Naturschutzpark eingerichtet.

- **Centro Informazioni Casa del Parco,** geöffnet Anfang August bis Anfang September Do–So 8.30–12.30 und 14.30–18.30 Uhr.
- Sitz der **Parkverwaltung und Informationsstelle:** Ente Parco Nazionale Valgrande, Piazza Pretorio 6, Vogogna, Tel. 032 48 75 40, www.parcovalgrande.it (informative Website der Parkverwaltung in italienischer und englischer Sprache, mit sämtlichen Unterkunftsmöglichkeiten im Gebiet des Naturschutzparks).

Lago di Mergozzo ↗ IX/C1

Bevor man die mit Schilf bewachsene Flussebene des Toce in Richtung Stresa überquert, zweigt bei Fondotoce eine kleine Landstraße rechts ab in Richtung Lago di Mergozzo. Nur wenige Kilometer vom Trubel am Lago Maggiore entfernt, herrscht an seinen dünn besiedelten Ufern Stille und Beschaulichkeit. Rund um den kleinen See mit seinem schönen Bergpanorama, ungefähr einen Kilometer breit und 2,35 Kilometer lang, verteilen sich kleine **Strände.**

Ursprünglich war der See ein Teil des Lago Maggiore; im 9. Jh. sorgten angeschwemmte Geröllmassen aus dem Toce für die Abtrennung des Lago di Mergozzo. Der See ist heute durch einen 2,5 Kilometer langen natürlichen **Kanal** mit dem Lago Maggiore verbunden.

Seit Jahren gilt der Lago di Mergozzo als einer der **saubersten Badeseen** Oberitaliens. In seinem fischreichen Gewässer tummeln sich Forellen, Felchen, Hechte, Barsche, Karpfen und Schleien.

Mergozzo ↗ IX/C1

- **PLZ:** 28802
- **Lage über NN:** 96–204 m
- **Einwohnerzahl:** 2144

Am Eingang zum Ossolatal an einer sanft geschwungenen Bucht liegt Mergozzo, ein in seinen ursprünglich mittelalterlichen Strukturen gut erhaltenes und vom Massentourismus verschontes Dorf.

Der **Ortskern** überrascht mit einem verwinkelten Labyrinth an gepflasterten Gassen, durch das kein Auto mehr passt, kleinen Plätzen, alten Häusern, der kleinen romanischen Kirche S. Marta und der Pfarrkirche mit romanischem Glockenturm; unten am Seeufer liegen die beiden Plätze Cavour und Vittorio Veneto.

An die Lage Mergozzos am alten **Handelsweg** von Italien über den Simplon-Pass ins Wallis erinnert heute nur noch der Verkehr, der sich nach wie vor mitten durch den Ort quält.

Sehenswert ist die archäologische Sammlung des städtischen Museums. Das **Museo Civico Archeologico** umfasst zwei Abteilungen. Im ersten Stock sind die traditionellen Steinwerkzeuge, wie sie zur Bearbeitung von Granit und Marmor in den bei Mergozzo liegenden Steinbrüche von Montorfano und Candoglia benutzt wurden, und romanische Grabinschriften von Montorfano und vier große römische Stelen aus dem 1. Jh. v. Chr. zu sehen. Im zweiten Stock führt der Rundgang chronologisch durch zwei Säle mit archäologischen Fundstücken aus der Gegend vom Ende der Steinzeit bis ins Bronzezeitalter und Gegenständen aus der römischen Besiedlungszeit.

• **Civico Museo Archeologico,** Via Roma 8, Tel. 032 38 02 91, www.mergozzo.it. 16.9.–15.9. Di–So 16–19 Uhr, 15.9.–1.6. Sa 16–18 Uhr, So 15–19 Uhr.

Seit einigen Jahren wird in Mergozzo an einem Sonntag Ende September ein unterhaltsames **Dorffest** mit Degustation regionaler Produkte gefeiert, an dem alle Einwohner von Mergozzo teilnehmen. In den Lokalen werden **regionale Spezialitäten** serviert, wie Crespelle mit der Käsespezialität Bettelmatt, Brasato mit Polenta, Käse und Wurst, alles zu moderaten Preisen. Am Abend verkaufen Winzer und Bauern auf der Piazza am See und in den verwinkelten Gassen des alten Zentrums ihre Produkte (Käse, Honig, Brot, Salami und Wein). In den Gassen, Hinterhöfen und auf den Plätzen wird gesungen und getanzt, und das ganze Dorf von Jung bis Alt ist auf den Beinen. Eintritt 5 €. Offiziell dauert das Fest von 16 bis 22 Uhr.

Ein Spaziergang führt von Mergozzo hinauf zum kleinen alten Bergdorf **Mont'Orfano** auf 325 m Höhe. Der gleichnamige Berg (794 m) trennt den See von Mergozzo vom verkehrsreichen Toce-Tal. Inmitten des in völliger Abgeschiedenheit liegenden Weilers erhebt sich ein romanisches Kleinod, die eindrucksvolle **Kirche San Giovanni.** Ausgrabungen im Kirchenschiff zeigen die Überreste eines frühchristlichen Taufbeckens aus dem 5./6. Jh. Dass hier bereits in dieser Zeit eine Kirche stand, beweisen die Grundmauern einer Vorgängerkirche, die hier ausgegraben wurden.

Wieder zurück am Ufer des Lago Maggiore, fährt man zunächst an **Feriolo** vorbei, einem kleinen idyllischen Örtchen, auf dem Schwemmland des Toce erbaut. Von Feriolo aus wurde früher der Granit aus den umliegenden Steinbrüchen von Candoglia und Montorfano am Lago di Mergozzo und von Baveno verschifft. 1867, beim Bau eines neuen Hafens, versank eine ganze Häuserzeile im See. Entlang der schönen Uferpromenade mit Cafés und einigen Restaurants geht es ruhiger zu als im Nachbarort Baveno.

Information

● **Pro Loco,** Via Roma 20, Tel. 03 23 80 09 35, Fax 03 23 80 09 35, proloco@mergozzo.it, nur von Mai bis September geöffnet.

Unterkunft

● **Le Oche di Bracchio*****, Via Bracchio 50, Loc. Bracchio, Tel. 032 38 06 92, www.leochedibracchio.com. Kleines, stilvolles Hotel in Panoramalage oberhalb von Mergozzo im kleinen Weiler Bracchio, großer Garten, ruhige komfortable Zimmer. Hunde erlaubt. 65–80 €.

● **La Quartina*****, Via Pallanza 20, Tel. 032 38 01 18, Fax 032 38 07 43, www.laquartina.com. Schön gelegenes am Ufer mit zehn gemütlich eingerichteten Zimmern, direkt am Lago di Mergozzo. Herrliche Terrasse direkt am See, Privatstrand. Gutes Restaurant (↗ unten), Hunde erlaubt. 90–110 €.

Camping

● **Lago delle Fate,** Via Pallanza 22, Tel. 032 38 03 26, Fax 03 23 80 09 16, www.lagodellefate.com. 5000 qm-Platz direkt am Seeufer.

Essen und Trinken

● **La Quartina,** Adresse ↗„Unterkunft". Elegantes Restaurant mit sehr guter gehobener Küche und herrlicher Seeterrasse. Spezialität sind die Gerichte mit heimischem Fisch. Das Restaurant gehört zum gleichnamigen Hotel, wird aber auch viel von auswärtigen Gästen frequentiert. Allerdings steht das La Quartina etwas im Schatten der Sterne des benachbarten Feinschmeckerlokals Piccolo Lago. 50 €.

● **Piccolo Lago,** Via Filippo Turati 87, Tel. 03 23 58 67 92, www.piccololago.it. Mo Ruhetag. Das Piccolo Lago am Seeufer gehört zu den besten Restaurants der Gegend und trägt seine zwei Michelinsterne durchaus zu Recht. Küche und Service sind auf höchstem Niveau. Gegenüber liegt das dazugehörige Hotel. Allerdings entspricht dessen Standard bei Weitem nicht dem Niveau der Küche. Die Zimmer gehen alle zur Straße raus, und der Komfort der Zimmer strahlt den Charme der 1980er Jahre aus. Kein Frühstücksservice. Degustationsmenüs ab 70 €.

● **Ristorante Toscano Da Dino,** Via Cominazzini 20 (an der SS 34), Tel. 03 23 88 01 10, Candoglia, Do Ruhetag. Da der Besitzer und Koch aus der Toskana stammt, stehen hier vor allem toskanische Gerichte auf der Karte. Das wechselndes Tagesmenü zu sehr reellen Preisen wird angesagt. 25 €.

Einkaufen

● **Il Vecchio Fornaio Pasticcere,** Via Frattini 6 (im Zentrum von Mergozzo), Tel. 032 38 01 36, www.fugascina.it. Die alteingesessene Bäckerei stellt das traditionelle Gebäck von Mergozzo her. *Fugascina* heißt das auf der Zunge zergehende Buttergebäck, das ursprünglich nur am Patrozinium der heiligen Elisabeth (am Sonntag nach dem 2. Juli), dem wichtigsten Fest des Ortes, gebacken wurde.

● **Wochenmarkt,** Di 7.30–13 Uhr auf der Piazza della Resistenza.

Baveno

↗ IX/C1

- **PLZ:** 28831
- **Lage über NN:** 210 m
- **Einwohnerzahl:** 4920

Zu Beginn des 19. Jh. entwickelte sich Baveno zur Hochburg des britischen Elitetourismus. Aus dieser Zeit stammen noch zahlreiche herrschaftliche Villen wie die **Villa Branca,** in der *Kronprinz Friedrich* (1877) und *Königin Victoria von England* (1879) logierten. Von der Seepromenade geht der Blick von den Borromäischen Inseln bis hinüber nach Laveno. Landeinwärts erheben sich der Monte Mottarone und der Monte Zucchero.

Bekannt ist Baveno seit dem 18. Jh. auch für seine **Granitsteinbrüche.** Heute noch wird am Monte Camoscio der harte rosafarbene Stein abgebaut, mit dem Großbauten wie die Galleria Vittorio Emanuele in Mailand gebaut wurden.

Von der Promenade führt die Via Monte Grappa hinauf zur Piazza della Chiesa mit der im Ursprung romanischen **Pfarrkirche Santi Gervasio e Protasio** mit Campanile und einer oktogonalen Renaissance-Taufkapelle.

Information

- **I.A.T.-Büro,** Piazza della Chiesa 8, Tel. 03 23 92 46 32, turismo.baveno@ruparpiemonte.it.

Unterkunft

- **Elvezia****, Via Monte Grappa 15, Tel. 03 23 92 41 06, Fax 03 23 91 66 82, www.elveziahotel.com. Kleines, familiär geführtes Hotel im Zentrum von Baveno, unweit der Pfarrkirche und in Nähe der Seepromenade. 15 einfach ausgestattete Zimmer, einige davon mit Seeblick oder Balkon. 60–82 €.
- **Villa Azalea*****, Via Domo 6, Tel. 03 23 92 43 00, Fax 03 23 92 20 65, www.villaazalea.com. Ruhige Lage in einem renovierten Gebäude in der Altstadt, ungefähr 150 Meter von der Seepromenade entfernt. Einige der 27 modern eingerichteten Zimmer haben Balkon mit Seeblick. Garten mit Pool. 72–88 €, mit Frühstück 75–110 €.

Einkaufen

- **Wochenmarkt,** Mo 8–13 Uhr in der Via XVII. Martiri.

Die Borromäischen Inseln

↗ IX/D1

Zu Beginn des 16. Jh. erwarben die aus Mailand stammenden Grafen *Borromei* drei felsige Fischerinseln im Golfo Borromeo. In Form eines Dreiecks liegen sie zwischen Pallanza und Stresa und bilden heute die Hauptattraktion der Gegend. Zwei dieser Inseln wurden zu prächtigen **Palastinseln** ausgebaut. Der karge, felsige Boden wurde mit mühsam herangeschaffter Humuserde vom Festland bedeckt, die Ufer mittels Pfählen und Rosten im See abgestützt. Die Terrassen ruhen teilweise auf großen, im Wasser liegenden Gewölben.

Am bekanntesten ist die Isola Bella mit dem Stammsitz der Borromäer und einem als Gesamtkunstwerk konzipierten prächtigen Barockgarten. Nicht versäumen sollte man einen Spaziergang über die stillere Isola Madre mit ihrer überwältigenden Blü-

063pi Foto: sg

tenpracht. Die Isola Madre liegt näher an Pallanza als an Stresa. Wer also nur die Isola Madre besuchen möchte, kann dies auch zu günstigeren Preisen von Pallanza aus tun.

Isola Madre und der Palazzo und die Gärten auf der Isola Bella sind heute noch im Besitz der Borromäer, die heute in Mailand leben. Im Sommer nutzen sie einen Teil des Palazzo zu privaten Anlässen.

Die Terrassenanlage auf der Isola Bella, gekrönt von einer Einhorn-Skulptur

Isola Bella

Auf der westlichen, vor Stresa gelegenen Insel begann *Carlo Borromeo III.* um 1630 mit dem bereits von seinem Ahnen *Lanzilotto* geplanten Bau einer repräsentablen **Sommerresidenz** mit Gartenanlagen. Er widmete die Insel seiner Frau *Isabella d'Adda* und gab ihr den Namen „Isola Isabella". Sein Sohn *Vitaliano* führte die Arbeiten fort. 40 Jahre nach Baubeginn war der Garten fertiggestellt. Die meisten der **Fischerhäuser** mussten den ehrgeizigen Bauplänen weichen. Übrig geblieben sind nur noch einige Häuser und die Kirche unweit der Landungsstelle. Die gesamte Westspitze nimmt das weitläufige Schloss ein.

Die Säle des **Palazzo Borromeo** besitzen größtenteils noch die Originalausstattung, darunter flandrische Gobelins, Tische und Schränke mit Florentiner Einlegearbeiten sowie eine Gemäldesammlung mit Werken von *Giovanni Battista Tiepolo* und *Anthonis van Dyck*. Das Zimmer, in dem 1797 der berühmteste Besucher, *Napoleon Bonaparte,* übernachtete, ist ebenfalls zu besichtigen.

In einer Achse zum Palazzo Borromeo liegt der **Barockgarten,** der zu den großartigsten Anlagen Italiens zählt, mit einer nahezu tropischen Vegetation, an dessen anderem Ende eine mit zehn Terrassen angelegte **Pyramide** emporragt, dicht bewachsen und mit Putten und Nymphen geschmückt. Als bizarrer krönender Abschluss bäumt sich ein **Einhorn,** das Wappentier der Familie *Borromeo,* über der Anlage auf. Die Terrassenanlage formt das Heck der in Form eines Schiffes angelegten Gesamtkomposition.

● **Palazzo Isola Bella,** Tel. 032 33 05 56, www.borromeoturismo.it. Eintritt: Erwachsene 12,50 €, Kinder 6–15 Jahre 5,50 €, Kombiticket Isola Bella und Isola Madre 17,50 €, Kinder 6–15 Jahre 7 €. Geöffnet Mitte/Ende März bis Mitte/Ende Oktober, 9–17.30 Uhr, Hunde nicht erlaubt.

Essen und Trinken

● **Elvezia,** Tel./Fax 032 33 00 43, www.elvezia.it. Das Elvezia oberhalb der Schiffslände wird seit fünf Generationen in konstanter Qualität von der Familie *Marcacci Rossi* geführt. Trotz der Größe der Restaurants wird auf die Qualität und die Frische der Produkte viel Wert gelegt. Die hausgemachten *tajarin,* je nach Saison verschieden zubereitet, und die Fischgerichte sind besonders zu empfehlen. Schöne Terrasse mit Seeblick. 25–35 €.

Isola Madre

In mehreren Terrassen baut sich die größte der Inseln auf; *Gustave Flaubert* beschrieb sie einst als „Garten Eden“. Die ganze Insel ist ein einziger **botanischer Garten** nach englischem Vorbild, in dem in fast schon verschwenderischer Fülle duftende Kamelien, Azaleen und Rhodendren, viele seltene Pflanzenarten und alte Bäume wachsen. Dieser romantische Park wirkt weniger künstlich als jener auf der Isola Bella.

Der direkte Weg führt von der Landungsstelle über eine Treppe zur höchsten Terrasse und zum **Palazzo Borromeo** hinauf (die Palazzi auf den Inseln sind alle nach ihren Besitzern benannt). Man sollte sich dem Palast jedoch in einem großen Bogen, wie von den Architekten geplant, auf romantisch verschlungenen Pfaden mit frei herumspazierenden Pfauen und Fasanen, von hinten nähern.

Betont wird die ansonsten schnörkellose und einfach gegliederte Schauseite auf der linken Seite durch eine elegante, zweigeschossige Loggia, die ganz den Zeitgeschmack der Spätrenaissance widerspiegelt. Das Pendant dieses Gebäude-Elements auf der rechten Seite fehlt, und wie um diese Asymmetrie zu vertuschen, zieht in der Mitte des kiesbestreuten Vorplatzes eine über 200 Jahre alte, majestätische **Himalaya-Zeder** den Besucherblick auf sich.

Betritt man nun durch die Loggia del Kashmir den Palazzo, scheint auch in den Innenräumen die Zeit stehen ge-

064pi Foto: sg

blieben zu sein. Zu sehen ist die vollständige Einrichtung einer spätbarocken Ferienresidenz, die den passenden Rahmen für die reizvollsten Ausstattungsstücke, die hier ausgestellten **Marionettentheater** aus dem 18. und 19. Jh., bildet.

Brunnenanlage auf der Isola Madre

• **Isola Madre,** Tel. 032 33 12 61, www.borromeoturismo.it. Eintritt: Erwachsene 10,50 €, Kinder 5,50 €. Kombiticket Isola Bella und Isola Madre Erwachsene 17,50 € und Kinder 8 €. Hunde nicht erlaubt.

Isola dei Pescatori

Sie ist die einzige nicht von den Borromäern zum Kunstwerk umgestaltete Insel. Die nur 300 Meter lange und 100 Meter breite Insel gleicht einem schwimmenden, dicht bebauten **Dorf,** ein Kontrast zur kunstvollen Isola Bella und zur idyllischen Isola Madre. An das einstige Fischerdorf erinnern heute nur noch die malerisch drapierten Fischerboote am Ufer. Die ursprüngliche Struktur eines eng bebauten Dorfes mit kleinen, eng aneinandergelehnten Häusern, verwinkelten Treppengässchen und Durchgängen sowie die spätromanische **Kirche Sant'Albino** sind jedoch erhalten geblieben.

Heute leben alle Einwohner der Insel vom **Tourismus.** Auf jedem freien Meter befinden sich ein Restaurant oder ein Souvenirstand. An Ostern und Pfingsten gleicht die Insel schon fast einem Jahrmarkt, und erst am Abend, wenn das letzte Ausflugsboot die Insel wieder verlassen hat, kehrt endlich wieder Ruhe ein.

Unterkunft/ Essen und Trinken

• **Verbano*****, Via Ugo Ara 2, Tel. 032 33 04 08, Fax 03 23 33 129, www.hotelverbano.it. Charmantes kleines Hotel mit 12 Zimmer, direkt am See, empfehlenswertes Restaurant. Aussichtsterrasse mit Blick auf den Palazzo Borromeo auf der gegenüberliegenden Isola Bella. Hunde erlaubt. 150–185 €.

Stresa

↗ IX/D1–2

- **PLZ:** 28049
- **Lage über NN:** 200 m
- **Einwohnerzahl:** 5213

Dank der bevorzugten Lage gegenüber den Borromäischen Inseln und am Fuß des sanft ansteigenden Monte Mottarone entwickelte sich Stresa zum **bekanntesten und meistbesuchten Ferienort** am Lago Maggiore. Seit dem 19. Jh. reihen sich wie Perlen an einer Kette die herrschaftlichen Grand Hotels an der kilometerlangen Uferpromenade auf. Abends wirft die Lichterkette ihren Glanz bis hinüber nach Pallanza. Allen voran die berühmte Fünf-Sterne-Luxusherberge **Iles Borromées,** 1861 errichtet, einstiger Treffpunkt des europäischen Hochadels und vieler Berühmtheiten; *Ernest Hemingway* hielt sich beispielsweise häufig hier auf. Ein Teil seines Romans „In einem anderen Land", 1957 mit *Rock Hudson* verfilmt, spielt in Stresa und im Iles Borromées.

Heute ist die einstige Königin am Lago Maggiore ein wenig in die Jahre gekommen und der Glanz etwas verblasst; schließlich trifft sich der internationale Jetset schon längst nicht mehr in Stresa. Mittlerweile lebt das Städtchen vor allem von den zahlreichen **Kongressen,** für die Stresa eine hervorragende Infrastruktur besitzt.

Hinter der Promenade versteckt sich ein kleiner, sympathischer **Ortskern** mit einer schönen Fußgängerzone,

068pi Foto: sg

Geschäften und der zentralen Piazza Cadorna mit Restaurants und Cafés.

Information

- **Distretto Turistico dei Laghi,** Corso Italia 18, Tel. 032 33 04 16, Fax 03 23 93 43 35, www.distrettolaghi.it.
- **I.A.T.-Büro,** Piazza Marconi 16, Tel. 032 33 01 50, Fax 03 23 31 308, stresa@distretto laghi.it.

Unterkunft

- **Primavera*****, Via Cavour 39, Tel. 032 33 12 86, Fax 032 33 34 58, www.stresahotels.net. Solides Mittelklassehotel in der Altstadt mit 29 gut ausgestatteten Zimmern. 74–100 €.
- **Fiorentino****, Via Bolongaro 9, Tel. 032 33 02 54, www.hotelfiorentino.com. Freundliches, kleines Hotel bei der Piazza Cadorna in der Fußgängerzone, 14 ordentliche Zimmer, Restaurant. Hunde erlaubt. 75–88 €.

Essen und Trinken

- **Piemontese,** Via Mazzini 25, Tel. 032 33 02 35. Mo Ruhetag. Zentral in der Altstadt gelegenes, gepflegtes Restaurant mit traditioneller piemontesischer Küche, empfehlenswert sind die Risottogerichte. 45 €.
- **Osteria degli Amici,** Via Bolongaro 33, Tel. 032 33 04 53. Lokal in der Altstadt in der Nähe der Piazza Cadorna mit guter Holzofenpizza, Tische in einem Innenhof.
- **L'Angolo del Gelato,** empfehlenswerte Eisdiele an der Piazza Cadorna.

Der Schiffsanleger am meistbesuchten Ort des Lago Maggiore

Einkaufen

- **Enoteca Cambusa,** Via Cavour 27 und **Enoteca Francesca,** Via Cavour 23. Weinhandlungen mit einem stattlichen Wein- und Grappasortiment.
- **Formaggeria Coppola,** Via de Vit 3. Kleines Käsegeschäft mit einer breiten Auswahl an lokalen Spezialitäten wie z.B. Raschera d'Alpeggio, Taleggio vom Ortasee, Castelmagno, Toma und Gorgonzola.
- **Pasticceria Gigi,** Corso Italia 30. Spezialität sind hier seit über 50 Jahren die *Stresa margheritine.*
- **Wochenmarkt,** Fr 7.30–14 Uhr auf der Piazza Edmondo Capucci.

Veranstaltungen

- **Settimane Musicali di Stresa e del Lago Maggiore,** klassische Musikwoche im August/September mit bekannten Kammer- und Symphonieorchestern im neuen Kongresszentrum. Weitere Konzerte in Santa Caterina del Sasso, in den Gärten der Isola Madre und im Palast der Isola Bella. Informationen in der Via Carducci 38, Tel. 032 33 10 95 oder 032 33 04 59, Fax 032 33 30 06, www.stresafestival.eu.

Ausflüge von Stresa

Die Fahrt mit der Seilbahn auf den **Monte Mottarone** (1491 m), den Hausberg von Stresa, dauert ca. 20 Minuten. Vom Gipfel hat man einen traumhaften Panoramablick auf die umliegenden Bergketten und die beiden Seen Lago Maggiore und Lago d'Orta. Die Talstation liegt in Richtung Baveno am Seeufer, im Ortsteil Carciano. Wer bereits auf der Mittelstation Alpino (802 m) aussteigt, kann, vorbei am **Giardino Alpinia,** einem botanischen Garten mit Hunderten von Alpenpflanzen, die letzten 600 Höhenmeter auf gut ausgeschilderten Wegen bewältigen.

Stresa und Borromäische Inseln
CAMPINO
Monte Mottarone
Isola Madre
Giardino Alpinia (Botanischer Garten)
Seilbahn (Piazzale Lido – Monte Mottarone)
SOMERARO
LEVO
Isola dei Pescatori
Statale del Sempione
Piazzale Lido
CARICANO
ALPINO
Torrente Roddo
A26
E62
Isola Bella
Viale Duchesa di Genova
Corso Umberto I.
Via C. Fulgosi
Via P. Canonica
Piazza S. Ambrogio
STRESA
V. Principe Tomaso
Piazza Marconi
Piazza Cadorna
Piazza Possi
Via Gignous
Piazza Matteotti
Piazza Capucci
GIGNESE
VEZZO
Via Rosmini
Corso Italia
Museo dell'Ombrello e del Parasole
Parco Zoologico della Villa Pallavicino
BINDA
VEDASCO
BRISINO
PASSERA
Statale del Sempione
nicht maßstabsgetreu
©Reise Know-How 2011

Übernachtung	**Geschäfte**
1 Hotel Verbano	2 Enoteca Cambusa
3 Albergo Primavera	6 Wochenmarkt
7 Albergo Fiorentino	8 Formaggeria Coppola
	10 Enoteca Francesca
Essen und Trinken	11 Pasticceria Gigi
2 Enoteca Cambusa	
4 L'Angolo del Gelato	
5 Osteria degli Amici	
9 Ristorante Piemontese	
10 Enoteca Francesca	

- **Seilbahnstation,** Piazzale Lido 8, Tel. 032 33 02 95, www.stresa.net/funivia, hin und zurück 17 €. Die Straße auf den Gipfel ist mautpflichtig.

Mit **Kindern** lohnt sich im Süden von Stresa ein Besuch der **Villa Pallavicino.** Seit 1856 ist der 16 Hektar große Park mit uralten Bäumen und einem kleinen **Zoo** öffentlich zugänglich.

- **Parco Zoologico della Villa Pallavicino,** Via Sempione Nord 61, Tel. 032 33 24 07, Fax 032 33 15 33, www.parcozoopallavicino.it. Geöffnet von März bis Oktober täglich 9–18 Uhr, Eintritt: Erwachsene 9 €, Kinder 4–13 Jahre 6 €.

Eine schöne, kurvenreiche Panoramastraße führt vom Bahnhof durch die Hügel des Vergante hinauf nach **Gignese.** Die kleine Gemeinde in den Hügeln oberhalb von Stresa beheimatet seit dem 19. Jahrhundert die Zunft der **Schirmmacher,** die im Dialekt hier „lusciatt" genannt werden. Das Handwerk erlernten sie von wandernden französischen Schirmmachern. Einer der Schirmmacher aus Gignese eröffnete gegen Mitte des 19. Jh. das erste Schirmgeschäft in Turin.

In einem eher unscheinbaren modernen Gebäude ist ein ungewöhnliches **Museum** mit einer interessanten Sammlung an seltenen Regen- und Sonnenschirmen sowie Gerätschaften und Werkzeugen, mit denen diese Schirme hergestellt und repariert wurden, untergebracht.

- **Museo dell'Ombrello e del Parasole,** Via Panorama Golf 2, Tel. 03 23 20 80 64, www.gignese.it/museo/ombrello. Geöffnet Anfang April bis Ende September 10–12 und 15–18 Uhr, Mo geschlossen. Eintritt 2,50 €.

Arona

↗ IX/D3

- **PLZ:** 28041
- **Lage über NN:** 212 m
- **Einwohnerzahl:** 14.555

Im Mittelalter gehörte die Stadt mit ihrer Burg wechselweise den Erzbischöfen von Mailand und dem Adelsgeschlecht der *Visconti.* 1493 kamen Stadt und Burg als Lehen unter die Herrschaft von *Vitaliano Borromeo.* Die **Burg** von Arona bewachte zusammen mit der gegenüberliegenden Burg von Angera den südlichen Teil des Lago Maggiore. Sie wurde von *Napoleon* zerstört.

Hier wurde 1538 **Carlo Borromeo** geboren, der berühmteste Spross der Mailänder Adelsfamilie; ihm wurde oberhalb der Stadt eine beeindruckend große Statue gewidmet (↗„Der Koloss San Carlone").

Wie in den meisten Orten am Lago Maggiore, liegt auch in Arona der Hauptplatz an der Uferpromenade. Wichtigstes Gebäude an der **Piazza del Popolo** ist der mit Arkaden versehene **Palazzo del Podestà** (um 1500), Symbol der freien Stadt Arona. Hier beginnt die lange Uferpromenade.

Der See ist hier weniger als einen Kilometer breit, und man hat einen herrlichen Blick auf die Rocca di Angera auf der gegenüberliegenden Seeseite. Sehenswert sind noch die **Kirchen Santi Graziano e Felino** und **Navità di Maria Vergine.**

Information

- **Ufficio del turismo,** Piazzale Duca d' Aosta, Tel. 03 22 24 36 01, turismoarona@comune.arona.no.it.

Essen und Trinken

- **Campagna,** Via Vergante 12, Tel. 032 25 72 94, Mo abends und Di geschlossen (Juli/August nur Di Ruhetag). Rundum zu empfehlende Osteria mit regionaler Küche in konstanter Qualität im Ortsteil Campagna in der Nähe der Statue San Carlone. Die Karte wechselt je nach Saison und Marktangebot, verführerische Käseauswahl. Tische im Garten, Menü 35–40 €.
- **Gelateria del Corso,** Via Cavour 71, Tel. 032 24 74 50. Gute Eisdiele mit hervorragendem Walnusseis.

Einkaufen

- **Wochenmarkt,** Di 8–12.30 Uhr auf dem Corso Repubblica.
- **Enoteca Grappolo,** Via Pertossi 7. Gut sortierte Weinhandlung mit einer großen Auswahl an piemontesischen Weinen.
- **Formaggi Luigi Guffanti,** Via Milano 140. Alteingessenes Käsegeschäft, seit fünf Generationen im Familienbetrieb; mehr als 200 Käsesorten regionaler und überregionaler Erzeuger.
- **Pasticceria Aliverti,** Corso Cavour 15. Spezialität dieser Konditorei sind die butterweichen Amaretti del San Carlone.

Der Koloss San Carlone ↗ IX/D3

Zwei Kilometer nördlich vom Zentrum Aronas erhebt sich auf einem Hügel die **Kolossalstatue Carlo Borromeos,** wegen ihrer gigantischen Größe von insgesamt 36 Metern auch „San Carlone" genannt. Der Neffe von *Papst Pius IV.* durchlief bis zu seinem frühen Tod 1584 eine beeindruckende Karriere. 1560, mit nur 22 Jahren, war *Carlo Borromeo* bereits Kardinal und mit 27 **Bischof von Mailand.** Er gründete Schulen und soziale Einrichtungen und soll bei der Pestepidemie 1576 in Mailand gewirkt haben. Als entschiedener Gegner der Reformation war er am **Konzil von Trient** (1545–1563) beteiligt, mit dem die Gegenreformation eingeläutet wurde. Schon im Jahre 1610 wurde *Carlo Borromeo* unter *Papst Paul V.* **heilig gesprochen.** Allein in Rom sind ihm drei Kirchen und in Wien die Karlskirche geweiht.

Die Statue wurde schon bald nach der Heiligsprechung, 1614, von seinem Cousin *Federico Borromeo,* ebenfalls Bischof von Mailand, in Auftrag

067pi Foto: sg

gegeben und von *Giovanni Battista Crespi* (um 1557–1633), genannt *Cerano,* entworfen. Erst 84 Jahre später konnte sie eingeweiht werden.

Heiliger Koloss: San Carlone

Die Statue zeigt den Heiligen mit der rechten Hand segnend und mit der linken die Schlussakte des Konzils von Trient haltend. Im Inneren der Statue kann man über eine steile Treppe bis in den Kopf hinauf klettern. Im Hohlraum des Kopfes haben bis zu sechs Personen Platz, und durch die Öffnungen der Augen und Nase und die Fenster im Umhang bietet sich ein ungewöhnlicher Blick über den unteren Lago Maggiore bis nach Solcio und hinüber auf die lombardische Seeseite.

Die Kolossalstatue steht an der Stelle eines unvollendeten **Sacro Monte.** Von den ursprünglich 15 geplanten Kapellen sind nur drei realisiert.

• **Statue San Carlone,** Öffnungszeiten: 1.1.–29.2. geschlossen, 1.3.–30.3. Sa und So 9–12.30 und 14–18.30 Uhr, 31.3.–5.10. 9–12.30 und 14–18.30, 6.10.–26.10. Sa und So. 9–12.30 und 14–18.30 Uhr, 27.10.–30.11. Sa/So 9–12.30 und 14–16.30 Uhr, 3,50 €. Kindern ist der Eintritt erst ab 8 Jahren erlaubt.

Lago d'Orta

↗ IX/C2

Cusio, vom lateinischen Namen „Lacus Cusius" abgeleitet, wird der Ortasee hier auch genannt. Westlich vom Lago Maggiore, durch die schmale Hügelkette des Mergozzolo mit dem höchsten Gipfel des Monte Mottarone von ihm getrennt, erstreckt sich der 13 Kilometer lange und 1,5 Kilometer breite See. Kaum über die Hügelkette des Monte Mottarone hinüber, verlässt man auch die hektische Betriebsamkeit am Lago Maggiore. Landschaftlich steht der Ortasee seinem großen Bruder in Schönheit kaum nach. Ringsum von mäßig hohen Bergzügen umgeben, kennzeichnen **Ruhe und Beschaulichkeit** die ursprünglich gebliebenen Dörfer an den bewaldeten Ufern des Ortasees. Nur in Orta San Giulio, dem malerischen Hauptort, kann es in der Hauptsaison schon mal etwas voll werden.

Omegna

↗ IX/C2

Omegna, größtes und auf den ersten Blick wenig attraktives Städtchen am See, nimmt den nördlichen Zipfel am Ausgang des Stronatals ein. Bekannt ist Omegna als **Industriestandort** der metallverarbeitenden Industrie, die im Stronatal auf eine lange Tradition zurückgeht, dienten doch die Wassermengen der herabstürzenden Gebirgsbäche als Energielieferant. Drei Kilometer vom Zentrum entfernt, im Ortsteil Crusinallo, liegen die Produktionsstätten führender italienischer Hersteller von hochwertigen **Haushaltswaren aus Edelstahl,** allesamt mit Fabrikverkauf. *Carlo Lagostino* erfand 1933 in Omegna die erste rostfreie Pfanne. Im gleichen Jahr ging die einfach funktionierende Espressokanne „Moka Express" von Bialetti in Produktion, von der bis heute weltweit über 200 Millionen Exemplare verkauft wurden und die auch in Deutschland in vielen Haushalten anzutreffen ist.

Am bekanntesten ist die weltweit berühmte Firma **Alessi,** heute ein Markenzeichen für klares, italienisches Design, gepaart mit hoher Funktionalität und Qualität. Alessi ist ein Familienbetrieb in vierter Generation; was 1921 mit der kleinen Werkstatt von *Giovanni Alessi* anfing, ist heute eines der größten Werke der Region. Seit Jahrzehnten entwerfen namhafte Architekten und Designer wie *Michael Graves* (von ihm stammt das Design für eines der bekanntesten Alessi-Produkte, den Wasserkessel mit dem flötenden Vogel), *Philippe Starck* und *Aldo Rossi* die eleganten Gerätschaften.

- **Spaccio Alessi, Casalinghi e Accessori per la Casa** (Fabrikverkauf), Via Privata Alessi 6, Loc. Crusinallo, Tel. 03 23 86 86 48, Fax 03 23 64 16 05; geöffnet Mo–Fr 9.30–18 Uhr, Sa 10–18 Uhr, So geschlossen, www.alessi.it.
  Anfahrt: Von Gravellona Toce in Richtung Omegna, ca. 500 m hinter dem Ortsschild von Crusinallo geht es rechts die Via Casale hoch. Die Preisersparnis für Waren erster Wahl liegt im Schnitt bei 30 Prozent, für zweite Wahl bei bis zu 50 Prozent. Da die Mängel meist minimal sind, sollte man immer nachfragen, ob der Artikel auch als zweite Wahl erhältlich ist (mehrsprachiges Verkaufspersonal).

Wer sich für **Industrie- und Designgeschichte** interessiert, sollte unbedingt in Omegna das **Forum** besuchen. Auf einem ehemaligen Industriegelände wurde ein Kulturzentrum mit integriertem Museum eingerichtet. Die Sammlung besteht aus Gegenständen, die von den örtlichen Firmen produziert wurden und gibt einen Überblick über die Industriegeschichte, die Entwicklungsgeschichte von modernem Design, von Materialien und Technologien über einen Zeitraum von 100 Jahren.

- **Forum Museo Arti e Industria,** Parco Rodari, Pasquale Manlini 1, Tel. 03 23 86 61 41, Fax 03 23 86 70 27, www.forumomegna.org, geöffnet Mi–Do 14.30–18 Uhr, Fr–So 14.30–18.30 Uhr; Eintritt frei. Der Shop verkauft eine Auswahl von Gegenständen der ausgestellten Hersteller zu Fabrikpreisen.

Alter Marktplatz am Seeufer von Orta San Giulio

Orta San Giulio IX/C2

- **PLZ:** 28016
- **Lage über NN:** 394 m
- **Einwohnerzahl:** 1160

Auf einer hügeligen Landzunge am Ostufer liegt Orta, der stimmungsvolle **Hauptort** am gleichnamigen See. Die Gassen und Treppenwege, die in den mittelalterlichen Ort hinunterführen, münden alle auf den alten Markplatz am Seeufer. Seit jeher ist die **Piazza Mario Motta** Zentrum des öffentlichen Lebens.

Schöne alte **Bürgerhäuser** aus der Zeit der Renaissance und des Barock, unter den Arkaden einladende Cafés, und der **Palazzo Comunale** (1582)

Übernachtung
1 Albergo San Rocco
3 Albergo La Contrada dei Monti
5 Piccolo Hotel Olina
8 Albergo Santa Caterina
9 Camping Verde Lago

Essen und Trinken
7 Ristorante San Giulio

Geschäfte
2 Salumeria Rovera
4 Il Buongustaio
6 Wochenmarkt

mit Fresken, Außentreppe und Glockentürmchen säumen den Platz. Zur Seeseite gibt er den Blick auf die malerisch im See liegende **Isola di San Giulio** frei, zu jeder Jahres- und Tageszeit eines der schönsten Fotomotive rund um den Lago Maggiore. Die schmalen Gassen im alten Borgo führen direkt zum Seeufer hinunter.

Auf einem breiten, gepflasterten Weg gelangt man hinauf zur barocken **Pfarrkirche Santa Maria Assunta,** rechts und links von schönen Bürgerhäusern flankiert.

Von hier aus lohnt sich nicht nur der schönen Aussicht wegen ein ca. 40-minütiger Spaziergang auf den **Sacro Monte,** einen der vier bedeutenden Wallfahrtsberge des Piemonts (die drei anderen sind Varallo, Oropa und Crea). Nach Ideen des Paters und Architekten *Cleto da Castelletto Ticino* entstand der heilige Berg ab 1591 in Konkurrenz zum Bergheiligtum Varallo in der Nachbardiözese Vercelli. Der Bischof von Novara, *Carlo Bascapè,* beauftragte neben lokalen Künstlern auch Maler aus Mailand und Novara für dieses Großprojekt. Ursprünglich waren 50 überkuppelte Wegkapellen in Form von Zentralbauten der Spätrenaissance geplant. Heute besteht der Kreuzweg aus **20 Kapellen,** einer **Kirche** und einem **Konvent.** Die Innenräume der Kapellen sind dem Leben und Werk des heiligen Franz von Assisi gewidmet. Bühnengleich agieren vor freskiertem Hintergrund 376 lebensgroße bemalte und zum Teil mit Kleidung versehene **Terrakotta- und Gipsfiguren.** Die letzte Kapelle wurde erst im späten 17. Jh. fertiggestellt. Die lange Entstehungsphase spiegelt auch die kunsthistorische Entwicklung im Laufe der Epochen wider. Beginnend mit der Spätrenaissance mit klar beschriebenen Darstellungen geht sie Mitte des 17. Jh. in den üppigen Barock über und endet im Überschwang des Rokoko.

Mit den Linienbooten ab Piazza Motta gelangt man in wenigen Minuten hinüber zur **Isola di San Giulio.** Ein Rundweg führt vorbei an dicht gedrängten Villen und dem ehemaligen **Priesterseminar** aus dem 17. Jh., das die gesamte Insel beherrscht.

Unweit der Anlegestelle sollte man auf keinen Fall einen Besuch der **Basilica San Giulio** versäumen. Der Legende nach soll der heilige Julius bereits 390 an dieser Stelle mit dem Bau einer Kirche begonnen haben, nachdem es ihm zuvor gelungen war, Schlangen und einen Feuer speienden Drachen von der Insel zu vertreiben. Der heutige Kirchenbau stammt aus dem 12. Jh. Prächtigstes Ausstattungsstück im dreischiffigen Innenraum ist die vierpassförmige romanische **Kanzel** (um 1140) aus schwarzem Marmor am nordwestlichen Vierungspfeiler. Sie wird von Säulen mit skulptierten Kapitellen getragen. Zwei der Säulen sind mit Flechtornamentik versehen. Qualitativ hochwertige Reliefs mit kämpfenden Fabeltieren und dem heiligen Julius sowie die vier Evangelistensymbole schmücken den Kanzelkörper. In der Krypta unter dem Hochaltar liegen die Reliquien des heiligen Julius in einem kunstvoll geschmiedeten Silberschrein.

Wieder oben beim Parkplatz angelangt, lohnt sich ein Abstecher in den Ortsteil **Legro** (hier liegt auch der Bahnhof). Auf den Hausfassaden Legros wurden Szenen aus bekannten italienischen Kinofilmen abgebildet, die entweder direkt am Ortasee oder an einem anderen Ort im Piemont spielten, unter anderem Klassiker wie „Riso Amaro" (dt. „Bitterer Reis") von *Giuseppe De Santis* mit der berühmten *Silvana Mangano.*

073pi Foto: sg

Beliebtes Fotomotiv:
die Isola di San Giulio

Information

● **A.T.L.-Büro,** Via Panoramica, Tel. 03 22 90 51 63, Fax 03 22 90 52 73, www.comune.ortasangiulio.no.it, www.orta.net.

Unterkunft

● **San Rocco******, Via Gippini 11, Tel. 03 22 91 19 77, Fax 03 22 91 19 64, www.hotelsanrocco.it. Eines der schönsten Häuser am Platz: Die noble Herberge liegt direkt am Seeufer, mitten in der kleinen Altstadt von Orta. Ein Teil des Gebäudekomplexes, die heutige Villa Gippini, befindet sich in einem ehemaligen Kloster aus dem 17. Jh. Hier liegen die teils freskierten und stuckierten Luxuszimmer. Alle 74 Zimmer des Hotels sind elegant eingerichtet und komfortabel ausgestattet. Gehobenes Restaurant. Pool mit großer Terrasse am Seeufer. Ab 157 €.

● **Santa Caterina*****, Via Marconi 10, Tel. 03 22 91 58 65, Fax 032 29 03 77, www.ortainfo.com. Freundliches, komplett renoviertes Haus am Ortseingang von Orta mit insgesamt 30 unterschiedlich und geschmackvoll eingerichteten Zimmern. Das Santa Caterina vermietet auch Ferienwohnungen in einer Dependance am Seeufer und auf dem Sacro Monte. 99–115 €.

● **La Contrada dei Monti*****, Via Contrada dei Monti 10, Tel. 03 22 90 51 14, Fax 03 22 90 58 63, www.lacontradadeimonti.it. Ebenfalls in der Altstadt von Orta gelegenes, sehr individuell gestaltetes Hotel in einem alten Palazzo. Unter Beibehaltung der alten Strukturen wie den offenen Holzbalken und Natursteinmauern wurde das Hotel gekonnt restauriert. 17 Zimmer, Kaminzimmer und begrünter Innenhof. 100–110 €.

• **Piccolo Hotel Olina****, Via Olina 40, Tel./ Fax 03 22 90 56 56 oder Tel. 03 22 90 55 32, Fax 03 22 90 85 70, www.orta.net/olina. Einfaches, aber ordentliches Hotel in der zentralen Altstadtgasse mit 16 gut ausgestatteten Zimmern. Zum Hotel gehört das gleichnamige, ebenfalls empfehlenswerte Restaurant. 95–102 €.

Camping

• **Verde Lago****, Pettenasco, Via Roma 76, Tel. 032 38 92 57, www.campingverdelago.it, geöffnet von April bis Oktober. Kleiner, ca. 7000 m² großer Campingplatz direkt am See zwischen Pettenasco und Orta. Insgesamt 60 schattige Stellplätze. Eigener Badestrand.

Essen und Trinken

• **Ristorante San Giulio,** Via Basilica 4, Tel. 032 29 02 34. Mo Ruhetag (Juni/Juli/August jeden Tag geöffnet). Nicht zu verfehlendes Lokal auf einem Rundgang über die Isola di San Giulio. Schöne Atmosphäre, zum Teil stammt die Einrichtung des Speisesaals noch aus dem 18. Jh. Von der Aussichtsterrasse hat man einen wunderbaren Ausblick auf den See (abends Bootsverkehr).

• **Sacro Monte,** Via Sacro Monte 5, Tel. 032 29 02 20. Di Ruhetag. Das Landgasthaus mit Blick auf den Ortasee liegt inmitten des Naturschutzgebietes von Sacro Monte. Piemontesische Küche, schönes Ambiente mit offenem Kamin. Plätze im Freien.

Einkaufen

• **Wochenmarkt,** Mi 8–13 Uhr auf der Piazza Motta.

• **Salumeria Rovera,** Largo del Gregori 15. Schöne Auswahl an Salami, luftgetrockneten Schinken sowie der örtlichen Spezialität, der Mortadella Ossolana.

• **Il Buongustaio,** Piazza Ragazzoni 8, Tel. 03 22 90 56 26. Feinkostgeschäft mit ausgezeichnetem Brotsortiment sowie regionalen Käse-, Salami- und Schinkenspezialitäten.

Feste und Veranstaltungen

• **Processione di San Giulio.** Jedes Jahr am 31. Januar auf der Isola di San Giulio eine Prozession zu Ehren des Inselheiligen in Verbindung mit der Aufführung historischer Szenen.

• **Festival Cusiano di Musica Antica.** Jedes Jahr im Juni auf der Isola di San Giulio eine der am meisten beachteten Konzertreihen klassischer Musik in der Region.

Bootsverkehr

• Die **Bootsanlegestelle** von Orta San Giulio liegt an der Piazza Mario Motta.

• Öffentliche Motorbootverbindung zur **Insel San Giulio** und mit anderen Orten am Ortasee mit der **Navigazione Lago d'Orta,** www.motoscafipubbliciorta.it, www.navigazionelagodorta.it. Orta San Giulio – Insel San Giulio, Tel. 03 22 84 48 62, 2,50 €.

Anfahrt

• Das Zentrum und die Zufahrtsstraße von Orta San Giulio ist **für Autoverkehr gesperrt.** Dies ist die einzige Möglichkeit, den Besucherandrang in den Ferienzeiten besser kanalisieren zu können. Wer nicht laufen möchte, kann auch mit einer kleinen **Touristenbimmelbahn** ins Zentrum hinabfahren; Abfahrt ist am Parkplatz bei der Touristeninformation, Hin- und Rückfahrt Erwachsene 4 €, Kinder 2 €. Zu Fuß braucht man etwa 15 Minuten.

Valli d'Ossola

↗ II/B1–3

Im nördlichsten Zipfel des Piemont liegt das Gebiet der **Ossola-Täler.** Das Val d'Ossola selbst erstreckt sich entlang des 83 Kilometer langen Flusses Toce vom Hauptort Domodóssola bis an den Lago di Mergozzo. Nördlich von Domodóssola geht es über in das **Antigorio-** und **Formazza-Tal** bis zum Passo San Giacomo (2313 m) an der italienisch-schweizerischen Grenze. Mehrere urwüchsige Seitentäler münden in das Val d'Ossola. Das schöne **Val Vigezzo** ist das einzige große Tal, das sich Richtung Osten öffnet; es endet bei Locarno. Im Westen münden die Täler **Divedro, Bognanco, Antrona** und **Anzasca** ins Val d'Ossola.

Das Divedro-Tal ist eng mit der Geschichte der **Simplonstraße** und mit dem Bau des **Eisenbahntunnels** durch den Simplon von 1898 bis 1905 verknüpft. Bereits von den Römern als Durchgangsstraße genutzt, entwickelte sich der Weg über den Simplon (it. Sempione, 2005 m) bereits im 17. Jh. zur wichtigen **Handelsroute.** Auf Anordnung von *Napoleon* wurde von 1800 bis 1805 die heutige Fahrstraße (nur von ungefähr Mitte Mai bis Mitte Oktober befahrbar) durch die Gondoschlucht angelegt, heute einer der bekanntesten **Alpenübergänge,** der das Walliser Rhonetal mit dem Lago Maggiore verbindet. Mit der Eröffnung der **Simplonbahnstrecke** 1912 von Brig nach Domodóssola hat der Verkehr auf dieser vor allem zwischen Gondo und der Passhöhe landschaftlich sehr reizvollen Strecke stark abgenommen. Der **Tunnelbau** beschäftigte von 1898 bis 1905 konstant an die 25.000 Bergleute, Maurer und Arbeiter. Fast 100 Jahre lang war er mit einer Gesamtlänge von 19.814 Metern der längste Tunnel der Welt.

Bei Piedimulera beginnt im Tal der Anza eines der bekanntesten Seitentäler der Ossola, das **Valle Anzasca.** Das enge und waldreiche Tal endet nach ca. 30 Kilometern in Macugnaga am Osthang des Monte-Rosa-Massivs. Mit 4637 Metern ist die Punta Dufour der höchste Gipfel dieses Massivs.

Macugnaga

↗ VII/D1

- **PLZ:** 28876
- **Lage über NN:** 1327 m
- **Einwohnerzahl:** 611

Das schönste Dorf im Tal breitet sich am Talschluss des Valle Anzasca am Fuße der Ostseite des gewaltigen Monte-Rosa Massivs aus. Von hier aus bietet sich ein einzigartiges Bergpanorama mit den höchsten Gipfeln Punta Gnifetti (4554 m), Punta Zumstein (4561 m), Punta Dufour (4637 m) und Punta Nordend (4612 m).

Zur Gemeinde von Macugnaga gehören die verstreut liegenden, von den Walsern gegründeten Siedlungen **Borca** (1195 m), **Staffa** (1327 m) und **Pecetto** (1389 m). Wie das Val di Gressoney im Aosta-Tal wurde auch das Anzasca-Tal im 13. Jh. von Bauern aus dem Saas-Tal im **Wallis** besiedelt und urbar gemacht, was sich in den Trachten, der Bauweise der Häuser und der Sprache bis heute bemerkbar macht. Einige Begriffe des so gut wie ausgestorbenen deutschen Walserdialekts gehören heute noch zum alltäglichen Sprachgebrauch.

Ein Rundgang beginnt beim zentralen **Rathausplatz** von Staffa. Durch die alte Walsersiedlung, bis heute als „Dorf" bezeichnet, gelangt man, vorbei an saftigen grünen Weiden, hinauf zum oberen Ortsteil Pecetto.

Vorbei an traditionellen **Walserhäusern** mit einer Basis aus Stein und darüber in Blockbauweise errichteten Gebäuden aus Lärchenholz, den typischen, im Sommer mit Blumen ge-

077pi Foto: sg

schmückten Holzbalkonen und den mit Schiefer gedeckten Dächern gelangt man zur **Chiesa Vecchia,** der alten romanisch-gotischen Pfarrkirche aus dem 13. und 14. Jh. und zum alten Friedhof.

Das schönste Dorf weit und breit: Macugnaga, hier die Chiesa Vecchia

Vor der Kirche steht eine **700 Jahre alte Linde,** der „Alte Lindebum", gepflanzt von den Walsern, nachdem sie vom Wallis über den Moropass ins Anzasca-Tal gelangten und sich hier ansiedelten.

Die denkmalgeschützte **Casa Pala** ist eines der ältesten Walserhäuser, sie geht auf das Jahr 1677 zurück.

Macugnaga ist sowohl im Winter als auch im Sommer ein vor allem bei italienischen Familien **beliebtes Urlaubsziel.** Im Winter lockt eine kleine, sehr angenehme **Skistation,** die zwar nicht mit der großen Skischaukel auf der anderen Seite des Monte-Rosa-Massivs im Aosta-Tal zu vergleichen ist, aber trotzdem über ein attraktives Pistengebiet mit ca. 40 Kilometern Ab-

Macugnaga
4559 m Punta Gnifetti
4561 m Punta Zumstein
4633 m Punta Dufour
4612 m Punta Nordend
Mon Mor 2998
1932 m
Sessellift (Pecetto – Belvedere)
Gondelbahn (Alpe Bill – Passo Moro)
PECETTO
1389 m
Alpe Bill
Gondelbahn (Staffa – Alpe Bill)
Orlovono
Anza
Chiesa Vecchia und Friedhof
Tambac h
STAFFA
1327 m
1
2
3
4
5
P
0
500 m

fahrten verfügt. In Staffa führen zwei **Seilbahnen** hinauf zum **Monte Moro** auf fast 3000 m Höhe. Auf der anderen Seite des Passes liegt Saas Fee in der Schweiz. Am Talende im Ortsteil Pecetto erreicht man mit einigen **Sessel- und Skiliften** das Gletscherskigebiet von **Belvedere.**

Im Sommer bieten sich ringsum zahlreiche **Wandermöglichkeiten.**

Die **Architektur** ist zurückhaltend und gut in die Landschaft eingepasst. Moderne Bettenburgen wie in den großen Skigebieten verschandeln hier nicht die schöne Gebirgslandschaft.

Im unteren Ortsteil Borca wurde ein altes Bauernhaus liebevoll mit originalen Möbeln, Gerätschaften, Kleidung und alten Fotos und Büchern als **Casa Museo Walser** eingerichtet, das sehr anschaulich das harte Bergbauernleben der Walser widerspiegelt. Zentraler Raum über dem gemauerten Stall war immer die **„Stube".** Vor allem in den kalten Monaten spielte sich im einzig beheizbaren Raum das gesamte häusliche Leben ab. Hier stand der große Ofen, der von einem Nebenraum aus befeuert wurde. Nur die Frauen und Kleinkinder durften in der warmen Stube schlafen. Die Schlafräume und die Lagerräume für das Korn lagen darüber. Ein spezielles kleines **Fenster,** „la finestrella dell'anima", fehlte in keinem Walserhaus. Es wurde nur im Todesfall geöffnet, damit die Seele in den Himmel steigen konnte.

Im Winter war das Dorf durch die Schneemassen vom unteren Tal komplett abgeschnitten, wodurch ein starker sozialer Zusammenhalt entstand.

078pi Foto: sg

Wichtigstes Beispiel für das soziale Leben der Walsergemeinden waren die **Brotbacktage.** Brennholz war sehr kostbar, und so wurde nur einmal im Jahr, im November, der Jahresvorrat für das ganze Dorf gebacken. Jedes Jahr war unter Mithilfe des ganzen Dorfes eine andere Familie zuständig, in deren Haus mehr als eine Woche lang gearbeitet wurde. Alle der dafür benötigten Gegenstände, vom Tisch mit einer großen Lade, in der Teig geknetet wurde, bis hin zu den Holzständern, auf denen die Brotlaibe getrocknet wurden, sind im Walserhaus zusammengetragen. Das getrocknete Brot wurde dann das ganze Jahr über unter dem Dach aufbewahrt. Nur mit speziellen arretierbaren Brotmessern konnte das steinharte Brot in Stücke gebrochen werde. In Suppe wurde es dann wieder aufgeweicht.

Hier erfährt man eine Menge Wissenswertes über das harte Bergbauernleben der Walser: Casa Museo Walser

- **Casa Museo Walser,** www.museowalser.it. Öffnungszeiten: Juni Sa/So 15.30–17.30 Uhr, im Juli täglich 15.30–17.30, August Mo–Fr 15.30–18.30, Sa und So 10–12 und 15.30–18.30 Uhr. Außerhalb der Öffnungszeiten telefonische Anmeldung bei der Kustodin *Carla Bettineschi*, Tel. 34 79 84 23 29 oder *Alda Lanti*, Tel. 032 46 51 68, Eintritt 2,50 €.

Nicht weit von der Casa Walser entfernt, bietet sich ein Abstecher in den kleinen Weiler **Guia** an. Im Sommer kann man hier ein **Museumsbergwerk** in einer alten Goldmine besichtigen, eine der vielen Minen, die die Täler Anzasca, Antrona, Antigorio und Formazza durchziehen. Im 18. Jh. erlebte der **Goldabbau** im Valle Anzasca geradezu einen Boom. Bis zu 1000 Arbeiter, die bis aus Bergamo und Brescia kamen, waren in dieser Zeit in den Minen beschäftigt. Am ergiebigsten waren die Funde in den Jahren 1937 und 1945. Noch 1948 lag der Ertrag bei 580 Kilogramm reinem Gold. Bis in die 50er Jahre des vorigen Jahrhunderts fanden hier bis zu 300 Arbeiter Lohn und Brot. 1961 mussten die Minen wegen Unrentabilität geschlossen werden. Die Mine von Guia besteht aus insgesamt elf Gängen auf verschiedenen Ebenen. Während der 40-minütigen Führung in einem etwa 800 Meter langen Tunnelabschnitt können die Besucher Minenwerkzeuge besichtigen.

- **Antica Miniera Aurifera della Guia,** Tel. 032 46 55 70 oder 34 74 72 25 83 *(Herr Bossone)*, www.minieradoro.it. Juni und September Di–So 10–11.30 und 14–17.30 Uhr, Juli und August täglich 10, 11.30 14, 15.30, 17 Uhr, Eintritt 6 €, Kinder 4,50 €.

Information

- **Ufficio informatione,** Piazza Municipio 6, Tel. 032 46 51 19, Fax 032 46 57 75, www.comune.macugnaga.vb.it.

Unterkunft/ Essen und Trinken

- **Cristallo*****, Pecetto 22, Tel. 032 46 51 39, Fax 032 46 56 00, www.hotelcristallomacugnaga.com. Das familiär geführte Haus mit der rustikalen Atmosphäre eines Berghotels liegt ruhig etwas außerhalb des Zentrums im Ortsteil Pecetto in der Nähe der Liftanlagen am Fuße des Monte Rosa. Das Cristallo wird vor allem von Familien gern besucht. Insgesamt 21 einfach und rustikal eingerichtete Zimmer, zum Teil mit Balkon. Ganzjährig geöffnet, Betriebsferien im November. 80 €.
- **Flora*****, Piazza Municipio 7, Loc. Staffa, Tel. 032 46 59 10, Fax 032 46 50 37, www.albergoflora.com. Direkt am Dorfplatz (Parkplatz) gelegenes, kleines sympathisches Hotel mit zehn neu und freundlich eingerichteten Zimmern, auch Familienzimmer auf zwei Ebenen. Restaurant. Ganzjährig geöffnet, 110–150 €.
- **Zumstein*****, Via Monterosa 63, Loc. Staffa, Tel. 032 46 51 18, Fax 032 46 54 90, Zentral im Hauptort Staffa gelegenes, gediegenes Berghotel mit 44 ordentlich ausgestatteten Zimmer (unbedingt Balkonzimmer mit Blick auf den Monte Rosa reservieren!). Sauna und Garten mit Liegewiese. 120–140 €.
- **Ristorante Macugnaga,** Via Monte Rosa 27, Tel. 032 46 50 05, Di Ruhetag. Einfache, rustikale Gaststätte an der Straße durchs Dorf, mit typischen Spezialitäten der Region, z.B. Wild mit Polenta oder Wurstwaren als Antipasti. 25 €.

Einkaufen

- **Azienda Agricola Pella,** Loc. Fornarelli (bei Borca), Tel. 032 46 53 51, www.agricolamacugnaga.com. Biohof mit eigener Käserei und Verkauf (gegenüber vom Walsermuseum rechts ab). Im Winter werden die Erzeugnisse im Dorf verkauft.
- **Macelleria Fracei,** Via Ferdinando Imseng 2, Tel. 032 46 51 22. Metzgerei mitten im

Zentrum von Staffa, die etliche Preise für ihre geräucherten, luftgetrockneten Spezialitäten aus Hirsch, Ziege und Schaf erhalten hat.

Feste und Veranstaltungen

- **Madonna di Chiesa Vecchia.** Am 12. August richtet der Walser Verein Z'makana ein Heimatfest im „Dorf" aus. Jedes Jahr steht eine andere Walsertradition im Mittelpunkt, zum Beispiel das traditionelle Brotbacken oder das Spinnen von Wolle.

Weitwanderung Monte Rosa – Matterhorn

- **Infos** unter **www.tmr-matterhorn.com. Stationen** sind Breuil-Cervinia, St. Jacques, Gressoney-La-Trinité, Alagna und von Macugnaga aus über den Monte-Moro-Pass nach Saas Fee, Saas-Grund, Saas-Balen, Eisten, Stalden, Grächen, St. Niklaus, Herbriggen, Randa, Täsch, Zermatt. Die Gehzeiten der Etappen liegen zwischen vier und 7,5 Stunden, die meisten Etappen bei sechs bis sieben Stunden.

Domodóssola

↗ II/A2

- **PLZ:** 28845
- **Lage über NN:** 277 m
- **Einwohnerzahl:** 18.464

Mitten im Ossolatal liegt die **Handelsstadt** Domodóssola, sozusagen das alte Eingangstor zur Schweiz. Obwohl 40 Kilometer südlich der Schweiz, liegt hier die Grenzstation der Simplonbahn. Das lebhafte, unspektakuläre Provinzstädtchen bietet sich als Ausgangspunkt für Ausflüge in die Seitentäler des Val d'Ossola oder für einen Samstagsausflug auf den Markt vom nahen Lago Mergozzo (ungefähr 25 km entfernt) aus an.

Mittelpunkt der Altstadt ist die **Piazza Mercato.** Der unregelmäßig angelegte Marktplatz stammt aus der Renaissancezeit und ist von Arkaden, Loggien und mit Balkonen versehenen **Patrizierhäusern** aus dem 15. und 16. Jh. umgeben. Die Arkadengänge werden von Säulen aus Granit getragen, deren Kapitelle mit Wappen oder floralen Mustern geschmückt sind. Der **Palazzo Silva,** ein herrschaftlicher Renaissancebau, wurde von *Paolo Silva,* einem Söldnerführer des französischen Königs *Franz I.,* 1518 erbaut und von *Guglielmo Silva* 1620 im Stil des Barock vollendet. Er beherbergt heute das städtische **Museum** mit einer kleinen archäologischen und lokalgeschichtlichen Abteilung, einer Waffensammlung und einer angeschlossenen Gemäldegalerie.

Außerhalb der Altstadt, am westlichen Stadtrand, gelangt man von der Kirche Madonna della Neve über einen Kreuzweg mit 15 Kapellen, jede ein Schmuckstück frühbarocker Architektur, zum **Sacro Monte Calvario,** einem der Bergheiligtümer Piemonts. Die Wallfahrtsstätte, in der zweiten Hälfte des 17. Jh. auf dem Hügel Mattarella auf fast 400 m Höhe begonnen, beherrscht von hier oben einen großen Teil des Toce-Tals. Am Ende des Kreuzwegs steht oben auf dem Berg die Wallfahrtskirche.

Information

- **Ufficio informazione,** Piazza Matteotti 24, Tel./Fax 03 24 24 82 65, www.prodomodossola.it.

Verkehrsverbindungen

- **Bahnhof,** Piazza Matteotti, hier startet auch die Vigezzinabahn ins schweizerische Locar-

152pi Foto: sg

Die Piazza Mercato in Domodóssola

no. Großer Parkplatz vor dem **Bahnhof.** Von hier aus erreicht man die Altstadt zu Fuß in ca. zehn Minuten.

Unterkunft

- **B&B Il Tiglio,** Via Deseno 5, Tel. 034 97 76 56 79, www.cappef.com/b&b_tiglio. Bed & Breakfast mit einigen freundlich eingerichteten Zimmern etwas außerhalb der Stadt zwischen den Weilern Mocogna und Caddo, 65–80 €.

Essen und Trinken

- **Osteria Divin Porcello,** Masera, Fraz. Cresta 11 (am Eingang des Vigezzo-Tals), Tel. 032 43 50 35, Fax 032 43 59 44, www.divinporcello.it. Mo Ruhetag. Die Osteria ist für ihre *salumi* aus eigener Produktion und die hausgemachte Pasta bekannt. Unbedingt die *gnocchetti all'ossolano* aus Kastanienmehl probieren. Eine weitere traditionsreiche Spezialität aus dem Ossolatal ist die „Lausciera" 30 €.

Einkaufen

- **Wochenmarkt,** Sa 8–15 Uhr auf der Piazza Mercato, Via Rosmini und auf der Piazza Repubblica dell'Ossola.

Das untere Valsésia

↗ VIII/B2-3

Vom Ortasee bietet sich ein Ausflug in das benachbarte **Walsertal,** ins Valsésia, an. Die landschaftlich reizvolle Strecke führt von Orta San Giulio hinauf nach **Vacciago,** einem kleinen Weiler oberhalb des Sees. Vom Aussichtsbalkon der Dorfkirche hat man einen herrlichen Blick hinab auf den Ortasee und die Insel San Giulio. Die kleine Landstraße (SP 87) verläuft zunächst oberhalb des Sees. Vorbei am Weiler Corconio geht es hinab nach Gozzano und auf die **S 229,** die südwärts Richtung Novara führt. Die Landschaft ist durch zahlreiche Industrieansiedlungen geprägt. Über die S 142 gelangt man nach Romagnano Sésia und biegt hier ins Valsésia ab. Der untere Talverlauf öffnet sich nach Süden zur Ebene von Novara hin.

Rund um die kleinen Ortschaften Borgosésia und Quarona liegt ein wichtiges **Industriezentrum.** Zahlreiche **Textilunternehmen** haben hier ihre Produktionsstätten. Sie siedelten sich bereits ab der zweiten Hälfte des 19. Jh. entlang des breiten Flussbettes an, um das Wasser der Sésia für die Herstellung hochwertiger Wollstoffe zu nutzen. Fast alle Unternehmen besitzen einen **Fabrikverkauf.** Aber für Schnäppchenjäger lohnt sich ein Bummel durch die verschiedenen Outlets nur bedingt. Mit Ausnahme von Loro Piana, bekannt vor allem für seine exklusiven, hochwertigen Textilien aus Wolle und Kaschmir (↗„Einkaufen“), stellen die meisten Firmen eher konventionelle und auf italienische Weise klassische Stoffe und Bekleidung her.

Noch bevor man Varallo erreicht, den Hauptort im Sésiatal, werden die Hänge steiler und felsiger.

Essen und Trinken

- **Alla Torre,** Via I. Maggio 75, Romagnano Sésia, Tel. 01 63 82 64 11, Mo Ruhetag. Freundliches Restaurant mit regionaler Küche in einem alten Turm im Zentrum. 30–40 €.
- **Al Castello,** Piazza Marconi 3, Prato Sésia, Tel. 01 63 85 21 49, Di Ruhetag. Trattoria mit hausgemachter Pasta, guter regionaler Weinauswahl, saisonal wechselnder Wochenkarte. Degustationsmenü 20–25 €.
- **Casa Galloni,** Via Cairoli 42/44, Borgosésia, Tel. 016 32 32 54. So abend und Mo geschlossen. Betriebsferien im August. Elegantes Restaurant mit gehobener Küche. Spezialität sind im Sommer die mit Minze und Ricotta gefüllten Zucchiniblüten, hausgemachte Pasta wie die Agnolotti mit Thymian und Stracotto aus Ochsenfleisch. 35–40 €.
- **Osteria del Moro,** Piazza Parrocchiale 4, Borgosésia, Tel. 016 32 25 78. So Ruhetag. Rustikales Lokal im Zentrum von Borgosésia mit saisonal wechselnder regionaler Küche. Im Sommer auch Tische im Freien. 25 €.
- **Trattoria del Belvedere,** Via Solferino 31, Borgosésia, Tel. 016 32 40 95, Di Ruhetag, Betriebsferien im Juni. Etwas außerhalb gelegene, rustikale Trattoria mit sehr guter regionaler Küche. Tipp: *carne cruda;* je nach Saison variierende, hausgemachte Pastagerichte, Forelle und *caponet* (gefüllte Wirsingbällchen) Im Sommer Tische im Freien. 30 €.
- **Salumeria Antonio Degiorgi,** Via San Grato 9, Borgosésia, Tel. 016 32 23 25. Spezialität *cotechino, lardo, mortadella di fegato.*

Einkaufen

- **Fabrikverkauf Loro Piana,** Via Novara 484, Romagnano Sésia, Tel. 01 63 82 68 75, geöffnet täglich 10–19 Uhr. Modernes, großes Outletgebäude an der S 229 von Novara ins Valsésia kurz nach Ghemme (A 26, Ausfahrt „Romagnano Sésia“).

- **Fabrikverkauf Ragno – Manifattura di Valduggia,** Via Matteotti 115, Prato Sésia, geöffnet Mo–So 10–19 Uhr. Hochwertige Damen- und Herrenwäsche zu günstigen Preisen.

Varallo

↗ VIII/B2

- **PLZ:** 13019
- **Lage über NN:** 450 m
- **Einwohnerzahl:** 7587

Von **Arola** am Westufer des Sees aus gelangt man auf kürzestem Weg auf der landschaftlich schönen Passstraße über den Passo della Colma (942 m) und durch **Civiasco** hindurch nach Varallo und dort zu einem der beeindruckendsten **Bergheiligtümer** des Piemont.

In einer weiten Ebene am Zusammenfluss von Sésia und Mastallone breitet sich der geschichtsträchtige **Hauptort im Valsésia** aus. Eingebettet in ein „Amphitheater" aus Bergen, besitzt das lebhafte Provinzstädtchen ein gut erhaltenes historisches Zentrum und die wichtigste Pilgerstätte im Piemont, das Bergheiligtum von Varallo.

Bedingt durch den Aufschwung der Textil- und Schuhindustrie erlebte Varallo im 19. Jh. eine wirtschaftliche Blütezeit. Aus dieser Zeit stammen die herrschaftlichen **Villen** Durio, Barbara und Virginia mit ihren schönen Gärten am **Corso Roma,** und kulturelle Einrichtungen wie die von *Marchese Tancredi Falletti* 1838 gegründete **Kunstakademie Scuola Barolo.** Die Skulpturen dieser Bildhauerschule sind im **Palazzo dei Musei** ausgestellt.

082pi Foto: sg

Gaudenzio Ferrari

Gaudenzio Ferrari, der **bedeutendste piemontesische Maler der Hochrenaissance,** wurde um 1475 in Valdúggia, einem kleinen Dorf in der Nähe von Borgosésia, geboren. Als Maler und Bildhauer verband *Ferrari* die ausklingende gotische Tradition mit dem lombardischen Manierismus. Seine Laufbahn begann er mit den Arbeiten am **Sacro Monte** von Varallo. Die Handschrift *Ferraris* mit seinen lebhaften Kompositionen, dem bewegten Rhythmus und den starken Farbakzenten kommen in den ausdrucksstarken Szenerien in den Wallfahrtskapellen deutlich zur Geltung.

Gaudenzio Ferrari zählt zu den größten und kühnsten Künstlerpersönlichkeiten im Piemont und der Lombardei. Aber da die meisten seiner Werke nicht in den großen Museen der Welt zu sehen sind, sondern nach wie vor an ihrem ursprünglichen Bestimmungsort hängen, sind seine Werke außerhalb der Region so gut wie unbekannt.

Ein absolutes Muss für Liebhaber der Renaissancemalerei ist *Ferraris* großartiger Freskenzyklus in der Kirche **Santa Maria delle Grazie** (Foto, bei der Seilbahnstation auf den Sacro Monte)!

Ferrari **starb** 1546 in Mailand.

- **Santa Maria delle Grazie,** geöffnet Mo–Sa 6.30–12 und 15–18 Uhr, So 7.30–12 und 14.30–18.30 Uhr

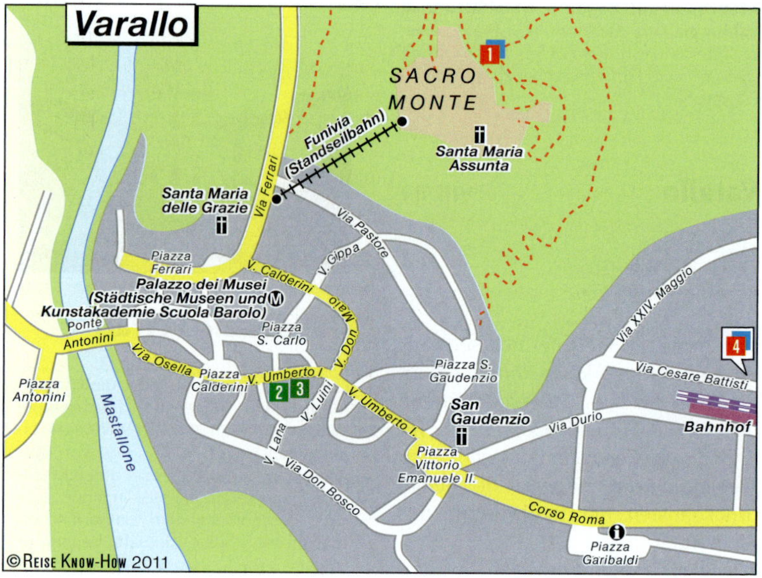

Rundgang

Ein Gang durch die Altstadt lohnt sich. Am besten beginnt man ihn an der **Piazza Vittorio Emanuele II.,** dem Hauptplatz und Mittelpunkt des Städtchens.

Beherrscht wird der Platz durch die **Kollegiatskirche San Gaudenzio** auf einem Felssporn. Sie ist über eine große Freitreppe zugänglich. Der Sakralbau ruht auf einem hohen Unterbau und ist von einem Arkadengang mit weit gespannten Bögen umgeben. Die im 18. Jh. neu errichtete Kirche geht auf einen Vorgängerbau aus dem 13. Jh. zurück. Wichtigstes Ausstattungsstück im barocken einschiffigen Innenraum ist ein mehrteiliges **Tafelbild** (1516–1520) von **Gaudenzio Ferrari** (↗ Exkurs) mit einer Darstellung der mystischen Vermählung der heiligen Katharina im Chorraum.

Seitlich vorbei an der Kirche, über die kleine Via Giacobini, gelangt man auf die **Piazza San Gaudenzio.** Von hier führt ein Fußweg hinauf auf den Sacro Monte.

Die Via Umberto I. führt mitten hinein in die Altstadtgassen von Varallo. Auf dem Weg zur Seilbahn, die zum Sacro Monte hinaufführt, lohnt sich der Besuch der Kirche Santa Maria delle Grazie und der des **städtischen Museums** mit Werken von *Gaudenzio Ferrari.* Über die kopfsteingepflasterte Altstadtgasse Via Don Maio erreicht man den Palazzo dei Musei. In dem

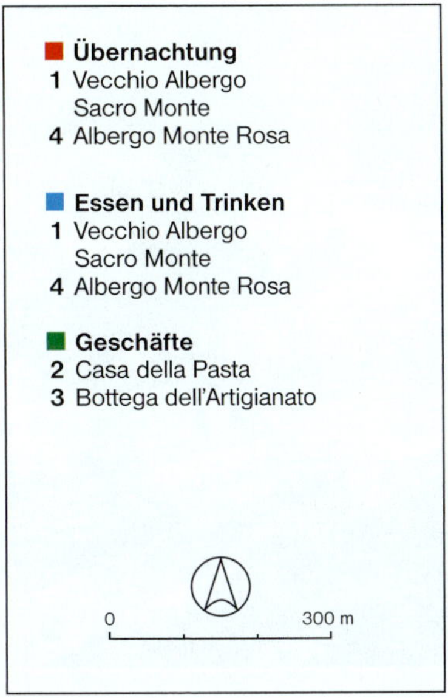

Stadthaus aus dem 19. Jh. sind die Pinacoteca und das naturgeschichtliche Museo Calderini untergebracht. Der Schwerpunkt der Gemäldesammlung liegt auf der Malerei aus dem Valsésia, die in Verbindung mit den Arbeiten am Sacro Monte zwischen dem 15. und 20. Jh. entstand.

• **Palazzo dei Musei,** Via Calderini, Tel. 016 35 14 24. Mo geschlossen, Di–So 10.30–12.30 und 14.30–18 Uhr, Eintritt 5,50 €.

Oberhalb der Piazza Ferrari liegt am Fuße des Wallfahrtsbergs, wenige Schritte von der Seilbahn (Funivia) auf den Sacro Monte entfernt, die Kirche **Santa Maria delle Grazie.** Die von außen eher unscheinbare, spätgotische Franziskanerkirche (erbaut 1487–1501) birgt einen wertvollen Schatz. Im Inneren der Saalkirche schuf *Gaudenzio Ferrari* 1513 auf der Lettnerwand einen großartigen **Freskenzyklus.** Ungefähr seit dem 13. Jh. wurden in Klosterkirchen zwischen Chor und Mittelschiff Scheidewände eingezogen. Diese sogenannten **Lettner** dienten als Schranke zwischen dem nur für die Klosterbrüder reservierten Chorraum und dem öffentlich zugänglichen Kirchenraum für die Gemeinde. Vor allem in der Gotik waren solche Scheidewände weit verbreitet. Erhalten sind jedoch nur noch wenige Beispiele. Wahrscheinlich wurden in nachgotischer Zeit viele Lettner zerstört, da sie den Blick auf das Messopfer verwehrten. In Varallo geben jedoch drei weit geschwungene Bögen den Blick frei auf den Altarbereich. Mit einer besonders eindrücklichen szenischen Komposition und dem für *Ferrari* typischen Farbenreichtum schuf der Künstler auf der dem Volk zugewandten Schauseite 21 Szenen aus dem Leben und der **Passionsgeschichte Christi,** die thematisch das Programm aus den Wallfahrtskapellen auf dem Sacro Monte wiederaufnehmen. Den Mittelpunkt der in gerahmten Feldern aufgeteilten Wand nimmt die figurenreiche, bewegte Kreuzigungsdarstellung ein.

Der bequemste Weg führt Besucher heute mit der Funivia, der steilen Seilbahn, in wenigen Minuten hinauf zu **einer der berühmtesten Wallfahrtskirchen Italiens.** Wie ein Aussichtsbalkon beherrscht der Sacro Monte di Varallo auf 608 m Höhe die Stadt.

Foto: sg

Auf Betreiben des Mailänder Franziskaners *Bernardo Caimo* entstand auf einem Berg nordöstlich des Stadtzentrums gegen Ende des 15. Jh. eine Wallfahrtsstätte, die sich zum Prototyp eines vor allem im Barock typischen Wallfahrtskomplexes entwickelte. Nach diesem Vorbild entstanden in der Folgezeit zahlreiche weitere Bergheiligtümer im Piemont und in der Lombardei. Die Idee dazu entstand in Palästina, wo *Caimi* einen Teil seines Lebens verbrachte. Nach seiner Rückkehr entwickelte er den Plan, in seiner Heimat ein „Neues Jerusalem" nachzubilden. In den dramatischen, zum Teil **Furcht erregenden Darstellungen** sollte den Gläubigen das wahre Christentum vergegenwärtigt werden, um sie vor jeglichem Irrglauben zu bewahren. Vor diesem Hintergrund sind die Sacri Monti vor allem als Reaktion gegen den aufkeimenden **Protestantismus** zu verstehen, den die katholische Kirche mit allen Mitteln zu bekämpfen trachtete.

Blick vom Sacro Monte hinunter nach Varallo

Die „Heiligen Berge“ sind immer nach dem **gleichen Schema** angelegt: Die Wallfahrtskapellen reihen sich stets entlang eines Weges auf, der auf den höchsten Punkt eines Hügels führt. Gegenstand der zumeist lebensgroßen und teils mit richtiger Kleidung versehenen, realistisch dargestellten Skulpturengruppen und der Ausmalungen in den Kapellen ist immer das **Leben Christi** oder die **Marienverehrung.**

Die wichtigsten künstlerischen Anregungen erhielt *Caimi* von *Gaudenzio Ferrari,* der über lange Jahre maßgeblich an diesem Großprojekt beteiligt war. Über einen Zeitraum von mehr als 150 Jahren entstanden insgesamt 45 Kapellen aus Renaissance und Barock mit 600 lebensgroßen Figuren und über 4000 weiteren gemalten Figuren auf den Wänden der Kapellen.

Der Prozessionsweg endet auf einem städtisch anmutenden, mit Barockpalästen umgebenen Platz, an dessen höchstem Punkt die Kirche **Santa Maria Assunta** (1715) steht.

Das neutestamentarische Programm findet hier im Chorraum seinen Höhepunkt mit der sich kaum merklich vom Plastischen zum Malerischen übergehenden Darstellung der **Himmelfahrt Marias.** Das in konzentrischen Kreisen angelegte Werk besteht aus über 500 freskierten Figuren und mehr als 140 Terrakottaskulpturen.

Die Figuren in den Kapellen 5, 6, 7 und 32 und die Fresken in den Kapellen 38 und 40 stammen von *Gaudenzio Ferrari.* Sehenswert sind aber auch die bewegten vielfigurigen Szenerien von Antonio d'Enrico, genannt „Il Tanzio di Varallo“ (Kapelle 27, 28, 34), und *Giovanni d'Enrico* (Kapelle 30, 39). Der kleine Alte, in der Männertracht des Valsésia gekleidet, der in Kapelle 39 zum Kreuz hinaufblickt, zählt zu den bekanntesten Statuen des Sacro Monte. Genauso wie „Il Gozzuto“, der Jude mit dem Kropf von *Giovanni Tabacchetti* (Kapelle 36), der hämisch auf den unter der Last des Kreuzes zusammengebrochenen Jesus zeigt, während Veronika diesem das Blut und den Schweiß mit einem Tuch abwischt.

- **Funivia del Sacro Monte,** Via Ferrari, Tel. 01 63 56 43 91, www.sacromontevarallo.eu, Hin- und Rückfahrt 3 €.

Praktische Tipps

Information

- **A.T.L.-Büro,** Corso Roma 38, Tel. 01 63 56 44 04, Fax 016 35 30 91, www.atlvalsesiavercelli.it.
- **C.A.I. Varallo,** Via Durio 14, Tel. 016 35 15 30, www.caivarallo.it.

Unterkunft/ Essen und Trinken

- **Monte Rosa****, Via Regaldi 4, Tel./Fax 016 35 11 00, www.albergomonterosa.it. Ein sympathisches, altmodisches Berghotel mit freundlicher Atmosphäre, das seit 1908 zuverlässig von der Familie *del Boca* geführt wird. Das für die Region charakteristische, stattliche Haus liegt inmitten eines Parkes mit alten Bäumen, etwas außerhalb des Stadtzentrums in Richtung Civiasco. Die Salons und 15 Zimmer sind größtenteils noch mit den Möbeln, Holzböden und Tapeten aus dem frühen 20. Jh. ausgestattet, was dem Hotel seinen nostalgischen Charme verleiht. Die Preise sind ebenfalls erfreulich bodenständig. Hunde sind erlaubt. 65–70 €.

Programm der Kapellen auf dem Sacro Monte

- **1:** Adam und Eva
- **2:** Mariä Verkündigung
- **3:** Mariä Heimsuchung
- **4:** Josephs erster Traum
- **5:** Die Weisen aus dem Morgenland
- **6:** Christi Geburt
- **7:** Die Anbetung der Hirten
- **8:** Darbietung im Tempel
- **9:** Josephs zweiter Traum
- **10:** Flucht nach Ägypten
- **11:** Der Kindermord von Bethlehem
- **12:** Die Taufe Christi
- **13:** Die Versuchungen Jesu in der Wüste
- **14:** Bekehrung der Samariterin
- **15:** Jesus heilt den Gelähmten
- **16:** Jesus erweckt den toten Jüngling
- **17:** Die Verklärung auf dem Berg Tabor
- **18:** Die Auferweckung des Lazarus
- **19:** Einzug in Jerusalem
- **20:** Das letzte Abendmahl
- **21:** Jesus betet im Garten Gethsemane
- **22:** Jesus weckt die Apostel
- **23:** Die Gefangennahme Jesu
- **24:** Jesus vor Hannas
- **25:** Jesus vor Kaiphas
- **26:** Petrus bereut seinen Verrat
- **27:** Jesus vor Pilatus
- **28:** Jesus vor Herodes
- **29:** Jesus erneut vor Pilatus
- **30:** Die Geißelung
- **31:** Die Dornenkrönung
- **32:** Jesus auf dem Weg zum Prätorium
- **33:** „Ecce Homo", Zurschaustellung Christi mit Dornenkrone vor dem Volk
- **34:** Pilatus wäscht seine Hände in Unschuld
- **35:** Jesus wird zum Tode verurteilt
- **36:** Jesus bricht unter der Last des Kreuzes zusammen
- **37:** Jesus wird ans Kreuz genagelt
- **38:** Jesus stirbt am Kreuz
- **39:** Kreuzabnahme
- **40:** Beweinung Christi. Maria hält den toten Jesus auf dem Schoß
- **41:** Jesus im Leichentuch
- **42:** Tod des heiligen Franz von Assisi (gehört nicht zum Passionszyklus)
- **43:** Jesus im Grab
- **44:** Anstelle einer früheren Kapelle steht heute ein Brunnen als Symbol der Auferstehung auf der Piazza del Tempio.
- **45:** Die Basilika Santa Maria Assunta ersetzt die 45. Kapelle. Im Innenraum die Himmelfahrt Marias

- **Vecchio Albergo Sacro Monte*****, Tel. 016 35 42 54, Fax 016 35 11 89, www.sacromontealbergo.it. Seit dem 16. Jh. befindet sich neben dem Haupttor des Sacro Monte eine Herberge für Pilger, in dem auch die am Sacro Monte tätigen Künstler untergebracht waren. Das heutige, großzügige Hotelgebäude stammt aus den Anfängen des 20. Jh. Bei der neuesten Renovierung sind viele der schönen Jugendstildetails erhalten geblieben. Sehr ruhig gelegen, umgeben von einem schönen Garten, bieten die 24 individuell, teils mit alten Möbeln geschmackvoll eingerichteten, geräumigen Zimmer heute nicht nur Pilgern eine angenehme Unterkunft. 78–90 €. Gutes Restaurant mit zivilen Preisen und schöner Freiterrasse, 30 €.

Einkaufen

- **Wochenmarkt,** Di 8–13 Uhr entlang des Corso Roma, Piazza Garibaldi, Piazza Vittorio Emanuele und via Umterto I.
- **Casa della Pasta,** Corso Umberto, Tel. 016 35 35 53. Täglich frische Nudeln, wie Ravioli mit verschiedenen Füllungen, Agnolotti und Gnocchi und einige Vorspeisen.
- **Bottega dell'Artigianato,** Via Umberto I. 59, Tel. 016 35 20 51, puncetto@libero.it. Mo geschlossen. Das Geschäft verkauft ausschließlich hochwertiges Kunsthandwerk,das eine jahrhundertelange Tradition im Valsésia hat, darunter auch die *scapin,* bunte, von Hand gefertigte Pantoffeln, und *puncetto:* In den langen Wintern entwickelten die ursprünglich aus dem Wallis eingewanderten

021pi Foto: sg

Frauen diese filigrane Handarbeitstechnik, die bis heute Tradition hat. Millimeterdünne Fäden werden dabei mittels einer Nadel verknüpft. Tausende dieser winzigen Knoten bilden ein hauchdünnes Geflecht mit geometrischen oder floralen Mustern. Sie zierten die Kragen und Ärmelenden des ansonsten schlichten Festtagsgewandes der Frauen.

Mit der Funivia geht es steil hinauf auf den Sacro Monte

Verkehrsverbindung

- Der **Bahnhof** liegt an der Piazza Marconi. Die Altstadt ist in ca. fünf Minuten zu Fuß zu erreichen. Mehrmals täglich Verbindung nach Novara.

Val Mastallone

VIII/B2

Von Varallo aus gelangt man in die entlegene Bergregion des Val Mastallone. Der obere Talverlauf ist Teil des **Parco Naturale Alta Valsésia.** Zum Schutz von Gämsen, Steinböcken, Murmeltieren und Adlern wurde 1979 dieser Naturschutzpark am Ende der Täler von Valgrande, Val Sermenza, Val d'Egua und Val Mastallone eingerichtet. **Wanderern** stehen ausgeschilderte Wanderwege und bewirtete Berghütten zur Verfügung.

Die alten Bergdörfer **Sábbia, Cravagliana** und **Fobello** sind Gründungen, die seit dem Mittelalter dokumentiert sind. Das höchstgelegene Dorf **Rimella** auf 1176 m geht auf eine Gründung der Walser zurück. Einige der typischen Walserhäuser sind noch erhalten. Ein kleines **Museum** und das **Centro Studi Walser** in der Pfarrkirche San Michele widmen sich der Geschichte der alten Walsergemeinde, ihrer Kultur und ihrer Sprache.

Einkaufen

- **Caseificio di Fobello,** Fraz. Roy, Tel. 016 35 50 43. Die Käserei liegt mitten im Parco Naturale Valsésia im Val Mastallone. Spezialität ist der außergewöhnliche Käse La Giuncà, hergestellt aus roher Kuhmilch, und ein dem Castelmagno ähnlicher Roy; außerdem schöne Auswahl an frischem und gereiftem Ziegenkäse.

026pi Foto: sg

Das obere Valsésia

↗ VIII/A2

Das **Valgrande,** wie der obere Teil des Valsésia genannt wird, beginnt bei **Balmúccia.** Das kleine Dorf mit nur 116 Einwohnern (560 m) liegt am Eingang zum kleinen Seitental Sermenza. Hier mündet der gleichnamige Fluss in die Sésia.

Will man keinen Abstecher in die Täler Sermenza und Egua (↗ unten) unternehmen, gelangt man über die kleinen Ortschaften **Scopa, Scopello, Piode, Campertogno** und **Riva Valdobbia** nach Alagna.

Unterkunft/ Essen und Trinken

- **Giardini,** Via Umberto I. 9, Piode, Tel. 016 37 11 57, Fax 016 37 11 35, www.ristorantegiardini.it. Mo Ruhetag (außer im Sommer). Ungefähr auf halbem Weg zwischen Varallo und Alagna liegt, nicht zu verfehlen, direkt an der Straße und an der Brücke über die Sésia das Ristorante Giardini, seit Jahren bekannt für seine sorgfältig zubereitete regionale Küche. Spezialität des Hauses sind als Primo die *baci di Piode,* große Gnocchibällchen aus Spinat und Ricotta, mit einer Béchamelsoße im Ofen überbacken. 25–30 €.

  Zum Restaurant gehört eine **Residenz** (***) mit elf Apartments, Ein-Zimmer-Wohnung 450–600 €/Woche, Zwei-Zimmer-Wohnung 650–850 €/Woche.

Einkaufen

- **Consorzio Caseificio Alta Valsésia,** Via Varallo 5, Piode, Tel. 016 37 11 54, Mo geschlossen. Die Käsereigenossenschaft mit großem Ladengeschäft liegt an der Durchgangsstraße mitten im Ort auf der rechten Straßenseite. Nur kleine Bauern zwischen Prato Sésia und Alagna liefern hier ihre Milch von den Almen ab. Besonders geschmacksintensiv ist der würzige, ältere Toma Valsésiana und der reife Piodino. Außerdem Verkauf von Nudeln, Reis, getrockneten Steinpilzen usw.
- **La Trunna,** Corso Umberto I. 11, Campertogno, Tel. 016 37 71 43, Mi Ruhetag; geöffnet: Sommer 8–13 und 16–19.30 Uhr, Winter 8–12.15 und 15.30–19 Uhr. Das Feinkostgeschäft verkauft ausschließlich qualitativ hochwertige Produkte aus dem Valsésia. Unter den Käseprodukten von den umliegenden Almen sind auch die Erzeugnisse der Käserei La Giuncà aus Fobello im Val Mastallone vertreten. Das herzhafte Bauernbrot aus rein biologischem Anbau stammt ebenfalls aus Fobello.
- **Guala Trote,** Via Roma 1, Móllia, Tel. 01 63 73 77 46. Im kleinen Weiler Móllia, kurz nach Campertogno, gibt es bei *Graziella Guala* frische Forellen.

Abzweig ins Val Sermenza und Valle d'Egua

↗ VIII/A1-2

Das Val Sermenza verläuft zwischen Balmuccia und Rima. Bei Rimasco zweigt das Egua-Tal ab. Es endet in Carcoforo. Verlässt man die Straße von Varallo nach Alagna bei Balmúccia, gelangt man zum alten Bergdorf **Boccioleto.** Bald darauf erreicht man an einem kleinen, künstlich angelegten See **Rimasco,** wo der Wildbach Egua in die Sermenza fließt. Hier zweigt rechts eine kurvenreiche Straße ab. Sie folgt dem Wildbach und endet auf 1300 m Höhe am Talschluss des Valle d'Egua in dem idyllisch gelegenen, von hohen Gipfeln umschlossenen Walserdorf **Carcóforo,** ein Dorf wie aus dem Bilderbuch. Die alten Bauernhäuser, die Dächer weit vorgezogen und mit Schieferplatten gedeckt, darunter die sorgsam gestapelten Holzvorräte, gruppieren sich um die Pfarrkirche Santa Croce. Die Naturidylle zieht in den Sommermonaten Wanderer und im Winter einige Langläufer in dieses entlegene Tal.

Unterkunft/ Essen und Trinken

- **Lo Scoiattolo,** Via Casa del Ponte 3b, Carcóforo, Tel. 016 39 56 12, Fax 016 39 56 25, www.ristorantescoiattolo.tk. Ruhetage Mo und Di (außer im Sommer). In dem alten Walserhaus, das *Pieraldo* und *Mariangela Manetta* liebevoll „Eichhörnchen" tauften und nach einer sorgfältigen Restaurierung zu einem gemütlichen Gasthof umbauten, ist die Atmosphäre herzlich und ungezwungen. Der behagliche Gastraum mit nur sechs elegant eingedeckten Tischen lässt ahnen, dass hier nicht nur eine deftige Bergvesper serviert wird. Die Küche von *Mariangela* orientiert sich an den bäuerlichen Gerichten der Region, die sie mit viel Fantasie verfeinert und sorgfältig zubereitet, alles basierend auf heimischen Produkten. Je nach Saison dominieren Pilz- und Wildgerichte, das Gemüse und die Kräuter stammen aus dem eigenen Garten. Das Lokal ist oft ausgebucht, und wer den Weg nicht umsonst machen will, sollte unbedingt vorher telefonisch reservieren. Denn die Qualität hat sich längst bis in die Po-Ebene herumgesprochen und zieht selbst Feinschmecker aus Turin an diesen entlegenen Ort. Degustationsmenü 35 €. Für Gäste, die den Rückweg scheuen oder einfach nur in der abgeschiedenen Bergwelt von Carcóforo ein paar Tage Ruhe und Erholung suchen, stehen auch zwei gemütliche Zimmer zur Verfügung. Doppelzimmer 80 €.
- **Albergo Alpenrose****, Loc. Tetto Minocco 12, Tel. 016 39 56 46, Fax 016 39 56 01. Einfaches, aber ordentliches Berghotel mit familiärer Atmosphäre, ca. einen Kilometer außerhalb Carcóforos. Insgesamt neun Zimmer, alle mit Bad, bodenständiges Restaurant. 60–80 €. Für Wanderer eignet sich auch die angeschlossene kleine Jugendherberge. Sie verfügt über zwei Schlafsäle für jeweils acht Personen. Pro Person 14–16 €. Geöffnet 1.5.–30.9.

Auch im kleinen Weiler Campertogno gibt es kunsthistorische Schätze zu entdecken

Alagna

↗ VII/D2

- **PLZ:** 13021
- **Lage über NN:** 1191 m
- **Einwohnerzahl:** 428

„Im Land" nannten die Einwanderer aus dem **Wallis** den Flecken am Ende des Valgrande, woraus im Laufe der Zeit „Alagna" wurde. Auf der Suche nach neuem Lebensraum überquerten Bergbauern aus dem Wallis im 13. Jh.

028pi Foto: sg

mit Lasttieren den Teodolo-Pass oberhalb von Zermatt. Sie brachten das Wissen um die Bearbeitung **schwieriger Böden in großen Höhenlagen** mit, wodurch es ihnen gelang, die Hochtäler an den Südhängen des Monte-Rosa-Massivs zu besiedeln und zu kultivieren. Es ist ein hartes Los, in Höhen um 1500 Metern kleine Parzellen zu entwalden, von Steinen zu befreien, um mühsam Roggen und Gerste darauf anbauen zu können. Im Sommer waren die Männer, ähnlich wie die Walser im Aosta-Tal, gezwungen, als Maurer und Gipser in den Städten zu arbeiten, die Feldarbeit überließen sie den Frauen.

Der Charme Alagnas liegt in den kleinen **Weilern** rund um den Ortskern, in den typischen, mit Granitplatten gedeckten Holzhäusern, in den mit Geranien geschmückten Balkonen, den schmalen Gassen und Dorfbrunnen. Bis Ende des 19. Jh. wurde in Alagna fast nur **Deutsch** gesprochen, eine Sprachinsel im romanischen Sprachraum. Die italienische Sprache erlernten die Alagnesi erst in der Schule. Noch 1891 schrieb *Giovanni Giordani* ein Wörterbuch „Walserdeutsch - Italienisch".

Der Walserdialekt wird heute nicht mehr aktiv gesprochen, aber viele der alten Bewohner verstehen ihn noch. Um die Traditionen und die Sprache der Walser nicht zu verlieren, wird zwischen November und Mai jeden Freitag für die Einheimischen ein Sprachkurs angeboten.

Im Weiler **Pedemonte** (Z'Kantmud) lohnt der Besuch des **Walsermuseums.** In einem in Blockbauweise errichteten Walserhaus von 1628 wurde mit Sorgfalt und viel Liebe zum Detail ein Heimatmuseum eingerichtet, das die Arbeit und das Leben der Walser originalgetreu wiederzugeben versucht. Zu sehen sind neben alten bäuerlichen Geräten Möbel, Trachten und eine Sammlung der kostbaren Puncettospitzen.

- **Walsermuseum,** Fraz. Pedemonte, Tel. 34 71 37 74 04. Öffnungszeiten: Sa/So 14–18 Uhr, im Juli täglich 14–18 Uhr, im August täglich 10–12 und 14–18 Uhr; Eintritt frei.

Heute gehört Alagna zu den auch außerhalb Italiens bekannten **Winter-**

Walserdeutsch in Alagna

sportorten. Mit Seilbahnen gelangt man bis zur Punta Indren auf eine Höhe von 3200 m hinauf oder hat Anschluss an das große Monterosaski-Gebiet (↗ Kapitel „Stafal") im Valle di Gressoney und Val d'Ayas im Aosta-Tal. Trotzdem ist Alagna auf sehr sympathische Weise geblieben, was es immer war: ein altmodischer, geradezu verschlafener Bergort ohne Aparthotels, Partylärm, Après-Ski und Shoppingmeile.

Unterkunft Montagna di Luce

Praktische Tipps

Information

- **Ufficio turistico,** Piazza Grober 1, Tel. 01 63 92 29 88, Fax 016 39 12 02, www.atlvalsesiavercelli.it, www.comune.alagnavalsesia.vc.it.

Unterkunft

- **Montagna di Luce*****, Fraz. Pedemonte 16, Tel. 01 63 92 28 20, www.montagnadiluce.it. Schmuckes, alpines Hotel in ruhiger Lage, kurz hinter dem Ortszentrum von Alagna in dem kleinen romantischen Weiler Pedemonte. Das alte Bauernhaus wurde unter Beibehaltung der alten Strukturen sorgfältig restauriert und in ein kleines, aber feines Hotel mit acht geräumigen Zimmern mit Restaurant umgewandelt. Alle Zimmer sind mit Holzböden, rustikalen Holzmöbeln und großzügigen Bädern ausgestattet. Von den umlaufenden Balkonen genießt man ein grandioses Bergpanorama. Gutes Restaurant und schö-

043pi Foto: sg

ne Terrasse. „Standard“ 100–120 €, „Superior“ 120–140 € (HP „Standard“ 60–70 €, „Superior“ 70–80 €).

● **Residence Mirella****, Fraz. Bonda, Tel./Fax 01 63 92 29 65, www.residencemirella.com. Kleine, freundlich geführte Pension direkt bei der Gondelstation mit insgesamt acht rustikal eingerichteten Ein- und Zwei-Zimmer-Apartments. Ein-Zimmer-Wohnung/Woche 380–520 €, mit Galerie 580–750 €, Zwei-Zimmer-Wohnung pro Woche 650–980 €. Die Familie *Prato* führt im Erdgeschoss eine hervorragende Konditorei mit Café, Treffpunkt für den ganzen Ort. Spezialität sind die Baci di Dama, Butterkekse mit Nüssen, die auf der Zunge zergehen, und Ciambelle della Nonna.

Campertogno ist ein
Paradies für Wildwasserfahrer

Unterkunft in Berghütten:

Ausgangspunkt für Bergsteiger auf die zentralen Gipfel der Monte-Rosa-Gruppe, Lyskamm und Dufour ist die Berghütte Regina Margherita. Benannt wurde die höchste Berghütte Europas nach der italienischen Königin *Margherita,* die 1893 samt Hofstaat zur Hütteneinweihung den Gipfel Punta Gnifetti bestieg. Die Hütte erreicht man von Punta Indren (Seilbahn ab Alagna) in ca. sechs Stunden oder von der Berghütte Capanna Gnifetti in vier Stunden.

● **Capanna-Osservatorio Regina Margherita** (4552 m), Tel. 016 39 10 39. Die Berghütte wird vom italienischen Alpenverein C.A.I. betrieben (Anmeldung direkt über C.A.I. Varallo, Via Durio 14, Tel. 016 35 15 30) und verfügt über insgesamt 77 Schlafplätze (Etagenbetten), 19 Schlafplätze im Winter, Bar und Restaurant.

- **Capanna Gnifetti** (3647 m), Tel. 016 37 80 15, Mitte April bis Mitte September. Große, ebenfalls vom C.A.I. betriebene Berghütte mit insgesamt 165 Schlafplätzen in Vier- bis Sechs-Bett-Zimmern und großen Schlafsälen, 14 Schlafplätze im Winter, Bar und Restaurant. Die Hütte ist von Alagna aus über Col d'Olen (2881 m) in sieben, von Punta Indren in zwei Stunden zu erreichen.

Essen und Trinken

- **Fum Diss,** Fraz. Dosso, Tel. 01 63 92 29 23; Mo Ruhetag, Betriebsferien im Juni. Das rustikale Berglokal liegt im alten Weiler Dosso oberhalb von Alagna und ist von dort aus über einen bequemen Fußweg zu erreichen. Spezialität des Berglokals sind Polentagerichte wie die Polenta Concia und Wildgerichte; gute Auswahl an Salumi und Käse. Herrliche Terrasse. Das Menü wird angesagt, 20–25 €.
- **Ristorante Bar Unione,** Fraz. Pedelegno, Tel. 01 63 92 29 30, Mo Ruhetag. Von Mai bis Oktober geschlossen. Die Bar Unione im Gemeindehaus ist Dorfmittelpunkt von Alagna. Regionale Gerichte aus dem Valsésia: vorweg Antipasti mit Salumi wie geräuchertem Hirschschinken. Als Primo sind die hausgemachten Nudeln, Gnocchi oder Polenta mit Steinpilzen zu empfehlen, gefolgt von *brasato al barolo.* Gut sortierte Weinkarte. Geführt wird das Lokal vom örtlichen Kulturverein Associazione Unione Alagnese, der unter anderem auch einen Puncettokurs im Winter organisiert. 25–30 €.

Einkaufen

- **Wochenmarkt,** Do 8–13 Uhr auf der Piazzale Circonvallazione, im Sommer außerhalb des Zentrums vor dem Palazzetto dello Sport.

Wintersport

Abfahrtski:

- Das **Monterosa-Skigebiet** umfasst die drei Täler Val d'Ayas, Valle di Gressoney (beide im Aosta-Tal) und Valsésia mit 86 Liftanlagen und 79 Pisten mit 180 Pistenkilometern. Tageskarte 38 €.
- Ein kleineres Skigebiet, ebenfalls mit großartigem Bergpanorama (ca. 30 Pistenkilometer), liegt auf der **Alpe di Mera** (1503 m) oberhalb von Scopello; Sessellift ab Scopello. Tageskarte 20 € (am Wochenende 27 €), Nachmittagskarte 15 €.

Langlauf:

- **Scopello:** ca. 15 Kilometer Rundloipe zwischen Scopa und Scopello, Tageskarte 3 €.
- **Riva Valdóbbia:** mehrere Rundloipen, darunter auch eine Anfängerspur mit insgesamt ca. zehn Kilometern, Tageskarte 5 €.
- **Carcoforo:** Auf den landschaftlich sehr reizvollen Loipen mit zwei, drei und fünf Kilometern Länge entlang des Flusses Egua werden auch Wettkämpfe ausgetragen. Tageskarte 3 €.

Wandern

- Vielfältige Wandermöglichkeiten im Val Mastallone, Val Sermenza, Valle d'Egua, Val Vogna und Valle d'Otro, die durch den **Weitwanderweg GTA (Grande Traversata degli Alpi)** miteinander verbunden sind. Hinter der Bar Unione im Ortszentrum führt ein schöner Pfad auf die Hochebene im Valle d'Otro (Gehzeit 1½ Std.)

Wildwassersport

- Auf der Sésia und den Zuflüssen Sermenza, Egua, Mastallone, Strona und Séssera gibt es ausgewiesene **Kanu- und Kajakstrecken,** auf denen bereits Weltmeisterschaften ausgetragen wurden. Die befahrbare Strecke umfasst 54 Kilometer auf der Sésia und 35 Kilometer auf den Nebenflüssen, teils mit sehr schwierigen Passagen. Die beste Zeit ist im Mai/Juni.

143pi Foto: sg

Biella, Novara und Vercelli

059pi Foto: sg

144pi Foto: sg

Die Weinberge bei Carema

Industriestadt mit versteckten Schönheiten: Biella

Kreuzgang der Konventskirche San Andrea in Vercelli

Biella

↗ XII/A1

- **PLZ:** 13900
- **Lage über NN:** 420 m
- **Einwohnerzahl:** 45.845

Auf den ersten Blick bietet Biella **kein sonderlich attraktives Bild.** Gewerbegebiete, Fabriken, Wohnsilos, verstopfte Straßen und eine hektische Betriebsamkeit stehen in krassem Kontrast zur Landschaft des nahe gelegenen Lago Maggiore, zur gedämpften Kurhaus-Atmosphäre seiner Ferienorte und den mit Palmen und Zypressen bestandenen Seepromenaden vor dem Hintergrund hoher Bergketten. Biella liegt an der Nahtstelle **zwischen Alpen und Po-Ebene,** und wer von den schönsten Seen Oberitaliens her anreist und hier erstmals in die stehende Luft der Po-Ebene eintaucht, wird schnell weiterreisen wollen.

Seit dem 19. Jh. stehen die **Hauptstadt** der gleichnamigen **Provinz** und ihre Umgebung, das Biellese, für **industrielle Entwicklung,** vor allem für die Herstellung von Garnen und wertvollen Wollstoffen; für diese ist Biella über das Piemont hinaus bekannt.

Doch der erste flüchtige Eindruck täuscht. Biella verbirgt seine **Schönheiten.** Es ist eine Stadt für den geduldigen Fährtensucher. Vor allem am **Markttag,** wenn das Leben unter den Arkaden pulsiert, lohnt sich ein Gang durch die moderne **Unterstadt** von Piano. Hier spielt sich laut und geschäftig das tägliche Leben ab. Wem der Trubel zu viel wird, fährt mit der altmodischen **Standseilbahn** in die malerische mittelalterliche **Oberstadt** mit seinen alten Palazzi, herrschaftlichen Stadthäusern und alten Türmen.

Rundgang durch die Stadtteile Piano und Piazzo

Es empfiehlt sich, Biella zu Fuß zu erkunden. Für Autoreisende bietet sich als Ausgangspunkt für einen Rundgang der große Parkplatz auf der Piazza Curiel an. Von hier fährt auch die Standseilbahn hinauf in die Altstadt von Piazzo. Alle Sehenswürdigkeiten sind bequem zu Fuß zu erreichen.

Über die Via Amendola erreicht man das Zentrum Pianos und den ältesten noch erhaltenen Kern Biellas, die **Piazza Duomo.**

Wie archäologische Funde beweisen, war das Gebiet rund um den Platz bereits in **römischer Zeit** besiedelt. Auf dieser Fläche, die heute durch die Straßen Duomo, Seminari, Vescovado und Italia markiert wird, entstand im 10. Jh. die Kirche San Stefano, die dem Bischof von Vercelli unterstand, welcher bereits im Jahre 882 in den Besitz der Stadt gelangte. In nächster Nähe kreuzten sich alte **Handelswege.** In Nord-Südrichtung, auf der heutigen Via Italia, liefen die Wege aus der Po-Ebene zusammen und führten entlang des Flusses nordwärts in die Gebirgstäler; von Osten nach Westen überquerten Straßen hier die Furt des Cervo. Um diesen Bezirk entwickelte sich die Stadt. **San Stefano** unterstanden die Kirchen in einem Umkreis von ungefähr 20 Kilometern. Der Kirchenkomplex bestand im 11. Jh. aus der Kir-

che selbst (1872 zerstört), einer allein stehenden Taufkirche, dem Battistero (hier wurden alle Gläubigen aus dem gesamten Umkreis getauft), aus einem hohen Glockenturm (11. Jh.) und den Häusern der Kleriker. In der nachfolgenden Zeit entstand hier auch die Kirche Santa Maria. Sie wurde 1402 als spätgotische Pfeilerbasilika neu aufgebaut und 1772, als Biella zum Bischofssitz ernannt wurde, als Cattedrale di San Stefano eingeweiht. In der Folgezeit wurde sie mehrmals umgebaut. Die heutige, den Platz beherrschende neugotische Westseite mit breit vorgelagertem Portikus stammt aus dem Jahr 1825. Im Schatten der neogotischen Kirche duckt sich links daneben klein und geradezu unscheinbar das wichtigste Architekturdenkmal der Stadt, das **Battistero.**

Zusammen mit dem mehr als 50 Meter hohen, eleganten Campanile sind dies die einzigen Reste des romanischen Kirchenbezirks. Die kleine **Taufkirche** wurde im frühen 11. Jh. auf einem römischen Begräbnisplatz als Zentralbau aus Kiesel- und Backsteinen mit vier Konchen und einem Tambour auf achteckigem Grundriss errichtet. Die Laterne stammt aus späterer Zeit. Ein römisches Flachrelief aus Marmor ziert das Hauptportal, es stellt

Das Battistero

Biella
Cervo
Via Corradino Sella
Via Milano
Cittàdellarte-Fondazione Pistoletto
RIVA
Via Giov. Battista Serralunga
Via Galileo Galilei
Via Ramella Germanin
Via Salita Cappuccini
Via C.B. Cavour
Viale C. Battisti
Via Italia
Via della Repubblica
Via G. Marconi
Viale G. Carducci
Via Cernaia
Piazza Martiri della Libertà
Piazza Colonnetti
V. S. Filippo
San Stefano
V. Cerino Zegna
P I A N O
Via Amendola
Via del Seminario
Piazza Duomo
Battistero
Via Vescovado
Via Italia
Piazza E. Curiel
Via P. Micca
Costa del Piazzo
Funicolare (Standseilbahn)
PIAZZO
Palazzo dei Principe dal Piazza della Cisterna
Piazza Cucco
Piazza della Cisterna
Casa dei Teccio
Piazza S. Giacomo
Costa della Noci
San Giacomo
Via Vescovado
San Sebastiano
Museo del Territorio Biellese
Vicolo del Bellone
Costa del Piazzo
Via Quintino Sella
Piazza Vittorio Veneto
V. Bertodano
Via Lamarmora
Via Alfonso
Via Lorenzo Delleani
Via Aldo Moro
Via Carl Fecia di Cossato
Via Tripoli
Via delle Rogge
Piazza Cossato
Via Lorenzo Delleani
Via Tancredi Galimberti
Corso Risorgimento
Piazzale Amedeo d'Aosta
Via Fratelli Carlo
Strada Marghero
Via Ivrea
Via Tripoli
Via Addis Abeba
Via Rinaldo Rigola
Via Ivrea
Viale Macallè

Übernachtung
13 Albergo Agata

Essen und Trinken
1 Caffè Cittàdellarte
2 Ristorante Pizzeria Birreria Menabrea
6 Caffè Stazione Cucco
7 Ristorante Pizzeria San Giacomo
9 Ristorante Baracca
10 Enoteca La Mia Crota, Pizzeria Capri
11 Pizzeria La Lucciola

Geschäfte
3 Antiquitätenmarkt
4 Gastronomia Mosca
5 Pasticceria Ferrua
8 Drogheria Carpano
10 Enoteca La Mia Crota
12 Wochenmarkt

0 500 m

zwei Engel dar. Das Relief wurde wahrscheinlich beim Bau der Taufkirche als dekoratives Element wiederverwendet. Im schlichten Innenraum sind Überreste zweier Landschafts-Fresken dem Meister von Oropa zugeordnet (entstanden 1318–1319). Aus der gleichen Werkstatt stammen ein Kopf von Johannes dem Täufer, zwei weitere Heilige und eine Madonna mit Kind. Nachdem Biella eine eigenständige Diözese geworden war, legte man 1791 eine **Krypta** als Begräbnisstätte für die Bischöfe an.

• **Öffnungszeiten:** Das Battistero ist in der Regel geschlossen. Die daneben liegende Sagrestia del Duomo, die Sakristei, öffnet aber auf Anfrage.

Rechts hinter dem Battistero gelangt man über die kurze Via Battistero in die Via Italia, eine belebte **Fußgängerzone** mit vielen kleinen Geschäften, Cafés und Konditoreien.

Folgt man der Via Italia in Richtung Norden, gelangt man bald ans **Ufer des Cervo.**

Hier lohnt sich unbedingt der Besuch eines der **Highlights im piemontesischen Kunstraum.** 1998 kaufte der berühmte Avantgardist *Michelangelo Pistoletto* das Gelände der ehemaligen Weberei Trombetta samt Gebäude, direkt am breiten Ufer des Cervo gelegen, und gründete die private Stiftung **Fondazione Pistoletto.** Er schuf in dem imposanten Industrie-

251pi Foto: rm

denkmal aus der zweiten Hälfte des 19. Jh. eine „Kunstfabrik". Die **Cittàdellarte** versteht sich nicht nur als Kreativwerkstatt für Künstler, sondern auch als Denkfabrik für Wissenschaftler und Politiker. In den Ausstellungshallen, Werkstätten, Gastateliers und im Theatersaal finden **Ausstellungen, Kongresse, Diskussionsforen** und **Workshops** statt. Stipendien ermöglichen jungen Künstlern aus der ganzen Welt, hier frei zu experimentieren. Ihnen stehen auch Unterkünfte zur Verfügung.

Mit der Cittàdellarte realisierte *Pistoletto* sein großes **Spätwerk „Progetto Arte".** Vorangegangen war 1994 ein **Manifest,** in dem er die Mitverantwortung des Künstlers an der Gesellschaft in den Vordergrund stellte und somit eine neue Rolle des Kunstschaffenden definierte. 1999 wurde mit dem **Kongress „Kunst im Zentrum"** die Cittàdellarte eröffnet. Bei diesem großen Event arbeiteten Gruppen aus den Bereichen Kunst, Architektur, Design und Mode in Workshops miteinander. Parallel präsentierte *Pistoletto* in drei Ausstellungen eigene Werke und Arbeiten von jungen Kollegen.

Michelangelo Pistoletto
und eines seiner Spiegelwerke –
Siebdruck auf Edelstahl

In einer Ausstellungshalle sind seither wechselnde Werke von *Pistoletto* ausgestellt, darunter einige seiner „Spiegelbilder" und die Ikone der Arte Povera, die „Venus in Lumpen" („Venere degli Stracci"). Die Installation von 1967 zeigt die Kopie einer klassischen Venusskulptur, die sich vor einem enormen Haufen aus Lumpen und alten Kleidern spiegelt.

Für „Kunst im Zentrum" wurde der offene Dachstuhl zum **multimedialen Zeltdorf** „Tendopoli" umfunktioniert und mit Telefon-, Fax- und Internetanschluss ausgestattet. Einige der luftigen Räume sind heute noch zu besichtigen. Früher diente der Dachstuhl als Trockenboden für die Stoffbahnen. Heute hat man von hier einen herrlichen Blick auf den breiten Fluss Cervo und die gegenüberliegende, ehemals wichtigste Weberei Maurizio Sella.

• **Cittàdellarte – Fondazione Pistoletto,** Via Serralunga 27, Tel. 01 50 99 14 61, www.cittadellarte.it. Die Ausstellungen sind geöffnet: Fr 16.30–19.30 Uhr, Sa und So 10–19.30. Ansonsten auf Anfrage Di–Do, Eintritt 6 €.

Das **Museo del Territorio** hat seinen Sitz in den ehemaligen Klostergebäuden der eleganten Renaissancekirche San Sebastiano. In den restaurierten Klosterräumen präsentieren sich mittelalterliche **Malereien** aus den Kirchen der Umgebung und Renaissancegemälde. Die **archäologische Abteilung** zeigt neben lokalen Fundstücken überraschenderweise auch eine interessante **ägyptische Sammlung.** 1908 erwarb der Bürgermeister von Biella, *Corradino Sella,* ein leiden-

062pi Foto: sg

Meister der Spiegel – Michelangelo Pistoletto

Die Biografie des Künstlers, Film- und Theatermachers *Michelangelo Pistoletto* liest sich sehr spannend. Eine Hochschule hat der **Autodidakt** nie besucht. Aufgewachsen in Turin, begann er 1947 seine berufliche Laufbahn als **Gemälderestaurator** in der Turiner Werkstatt seines Vaters. 1958 versuchte er es zunächst mit lebensgroßen, realistischen **Selbstporträts** vor neutralem Hintergrund, bis er Anfang der 1960er Jahre entdeckte, dass eine reflektierende Leinwand wie ein **Spiegel** funktioniert. In der Folgezeit entstanden stark **reflektierende, lebensgroße Figuren,** die er entweder als Foto oder in Siebdrucktechnik auf verspiegelte Stahlplatten klebte oder druckte und wie einen Spiegel an die Wand lehnte. Ein Teil der Bildfläche blieb frei, und der Betrachter und seine Umgebung wurden Teil der künstlerischen Gesamtkonzeption. Mit der Öffnung des Bildraums verband *Pistoletto* die Kunst mit dem Leben.

Die „Venus in Lumpen"

Seine Spiegelbilder **revolutionierten den Kunstbetrieb** und machten *Pistoletto* weltbekannt. Ebenfalls unter der Leitidee, Kunst mit dem realen Leben zu verknüpfen, entstanden ab 1967 die **„Oggetti in Meno"** (Minus-Objekte), Installationen mit symbolhaften Gegenständen, hergestellt aus billigem Alltagsmaterialien wie etwa die „Mappamondo", eine aus Zeitungspapier angefertigte Kugel, die, eingeschlossen in eine größere Kugel aus Eisendraht, zur Weltkugel wird. Mit diesen Objekten wurde *Pistoletto* zum Wegbereiter und führenden Protagonisten für **einen der größten Kunsttrends der italienischen Nachkriegszeit.** Der Kunstkritiker *Germano Celant* fasste ihn 1967 unter dem Begriff **„Arte Povera"** zusammen; zu ihren Vertretern zählt auch *Mario Merz.*

Seit Jahrzehnten sind die Werke *Pistolettos* in den führenden **Museen der Welt** vertreten. Achtmal wurde er zur Biennale nach Venedig und viermal auf die Documenta nach Kassel eingeladen.

Michelangelo Pistoletto, geboren 1933 in Biella, lehrte lange Zeit an der Wiener Akademie der bildenden Künste und leitete die **Meisterklasse für Bildhauer.** Heute lebt *Pistoletto* wieder in Biella in der Cittàdelarte-Fondazione.

schaftlicher Freund ägyptischer Kunst, eine kleine Sammlung, die den Grundstock für die heutige Sammlung bildete. Beraten wurde *Sella* von dem in Biella geborenen Ägyptologen *Ernesto Schiaperelli,* der jahrelang Ausgrabungen in Ägypten leitete und später als Direktor die Geschicke des Museo Egizio in Turin lenkte. In der nach ihm benannten Sala Schiapparelli ist der Sarkophag der Mumie von *Shepsettaaset* ausgestellt.

● **Museo del Territorio Biellese,** Chiostro di San Sebastiano, Via Quintino Sella, Tel. 01 52 52 93 45, Fax 01 52 43 27 91, www.museodelterritorio.biella.it. Di–Fr 15–19 Uhr, Sa und So 10–12 und 15–19 Uhr.

Die Nordseite der Piazza Martiri della Libertà, dem ehemaligen Marktplatz, nimmt das **Teatro Sociale** (1863) ein. Von hier aus hat man zwei Möglichkeiten, nach **Piazzo** hinaufzugelangen. Bequem und mit schönem Blick über die Stadt geht es in wenigen Minuten mit der **Funicolare** (Standseilbahn) ab Piazza Curiel hinauf. Seit 1885 verbindet sie die beiden Stadtteile miteinander. Zu Fuß erreicht man Piazzo über die malerischen **Coste,** steile gepflasterte Gassen, seitlich von flachen Treppenwegen begleitet. Über die Via Cerino Zegna gelangt man auf die Costa del Piazzo. Sie führt durch die Porta d'Andorna im Norden der Oberstadt hindurch und mündet direkt auf der Hauptstraße. Hier liegen auch die Station der Funicolare und, unter einem schönen Laubengang, die Trattoria Cucco (⇗„Praktische Tipps, Essen und Trinken").

Piazzo liegt auf einem langgezogenen Hochplateau im Westen Biellas. Zum besseren Schutz vor den Ghibellinen gründete *Bischof Uguccione von Vercelli* 1160 eine neue Residenz oberhalb Biellas, die heutige Altstadt Piazzo. Auf einem fast isoliert liegenden Hügel ganz im Süden des Plateaus errichtete *Uguccione* eine **Burg.** Von hier oben konnte auch das Domkapitel von San Stefano besser kontrolliert werden, das immer mehr Unabhängigkeit von Vercelli verlangte. 1377 erhob sich die Bevölkerung Biellas gegen die Fremdherrschaft der Bischöfe von Vercelli, zerstörte 1379 die Burg und stellte sich unter den Schutz von *Amedeo VI. von Savoyen.* Als Anreiz für die Bewohner Pianos, in die neu gegründete Stadt auf dem Hügel zu ziehen, erhielten sie drei wichtige **Privilegien.** Die Gerichtsbarkeit wurde in die Oberstadt verlegt, und sie erhielten das Recht zur Viehschlachtung sowie das Marktrecht. Von einer Stadtmauer umgeben, bevölkerte sich Piazzo recht schnell und wurde rasch zum **wirtschaftlichen und kulturellen Zentrum** Biellas.

In den folgenden Jahrhunderten bauten die einflussreichen Adelsfamilien von Biella wie die *Marchesi Ferrero della Marmora* in Piazzo ihre noblen **Residenzen,** die größtenteils heute noch erhalten sind. In Folge der Industrialisierung wurden der Sitz der **Stadtverwaltung** und der **Markt** 1848 wieder hinunter nach Piano verlegt. Wenige Jahre später, 1856, erhielt Biella eine **Zuganbindung** nach Santhià, und Piazzo verlor endgültig seine Bedeu-

065pi Foto: sg

tung. Dies ist ein Grund, weshalb die mittelalterliche Anlage mit niedrigen Arkadengängen, engen gepflasterten Straßen und schönen Gebäudeensembles, überwiegend aus dem 18. Jh., so gut erhalten blieb, ganz im Gegensatz zur Unterstadt. Hier mussten die Kirche San Francesco und die Kapitelgebäude im Dombezirk San Stefano neuen Plätzen weichen.

Die schöne Platzanlage mit umlaufenden Portici wird im Norden vom mächtigen **Palazzo dei Principe dal Piazza della Cisterna,** einem ehemaligen Adelspalais mit einer schönen Fassade aus der Renaissancezeit, dominiert. Linker Hand liegt das schöne, mit Terrakotta dekorierte ehemalige Palais **Casa dei Teccio.** Im Südosten öffnet sich die Piazzetta San Giacomo mit der gleichnamigen Kirche.

Am Anfang des Corso del Piazzo zweigt rechter Hand der Vicolo del Bellone ab. Die kleine Gasse führte früher zur Porta Bellone und in das **jüdische Viertel** von Biella, deren Ursprünge auf das Ende des 15. Jh. zurückgehen. Das alte Stadttor existiert nicht mehr. In einem der alten Häuser befindet sich bis heute die Synagoge.

An der Piazza Cisterna
im Stadtteil Piazzo

Praktische Tipps

Information

- **A.T.L. Biella,** Piazza Vittorio Veneto 3, Tel. 015 35 11 28, Fax 01 53 46 12, www.atl.biella.it. Zentral in der Unterstadt gelegenes Informationsbüro.

Unterkunft

Für den Individualtourismus geeignete Unterkünfte sucht man in Biella vergeblich. Biellas Hotelstrukturen richten sich vorrangig an **Businessreisende.** Unter den modernen Kongresshotels Agora, Augustus und Astoria bietet das Astoria die günstigsten Preise (78–99 €).

Ein preisgünstigere Alternative ist das kleine Albergo Agata etwas außerhalb vom Zentrum:

- **Albergo Agata****, Strada Fornace 6a, Tel. 015 40 50 17, Fax 01 58 49 26 73, www.hotelagata.it. Modern ausgestattetes und renoviertes Hotel mit 19 Zimmern in einem ehemaligen Landgut; kostenlose Parkmöglichkeit; kleine Hunde erlaubt. 70 €.

Essen und Trinken

Im Stadtteil Piazzo:

- **Caffè Stazione Cucco,** Piazza Cucco 10b, Tel. 01 52 63 42, nur abends geöffnet, Mi Ruhetag. Urige, freundlich geführte Trattoria in der Altstadt Piazzo, direkt bei der Funicolare. Man erreicht das Lokal auch mit dem Auto, stimmungsvoller ist es jedoch mit der Standseilbahn. Auf den alten Tischen wird, wie früher, nur mit Papier eingedeckt. Die lecker zubereiteten Gerichte wechseln täglich, darunter sind vor allem die Antipasti und Risotti zu empfehlen. Im Sommer wird auch unter Arkaden serviert, Menü 25 €.
- **Ristorante Pizzeria San Giacomo,** Piazza Cisterna 17, Tel. 01 52 52 23 92. Gute Pizzeria an der malerischen Piazza Cisterna. Im Sommer wird das Essen auch unter den Arkaden serviert.

Im Stadtteil Piano:

- **Baracca,** Via Sant'Eusebio 12, Tel. 01 52 19 41, Sa/So Ruhetage. Gepflegtes, alteingesessenes Lokal in einem restaurierten Stadthaus. Serviert werden typisch piemontesische Geriche. Empfehlenswert die Risotti, die hausgemachte Pasta, die deftige Suppe Paniscia und Bollito misto, 25–30 €.
- **Caffè Cittàdelarte,** Via Serralunga 27. Das hauseigene Lokal der Fondazione Pistoletto steht auch Besuchern offen. Die sympathische Kneipe mit leckeren Tagesgerichten in Biellas modernem Kunstzentrum ist immer mittags geöffnet, abends nur mit Reservierung. Mittagstisch 7–10 €.
- **Pizzeria La Lucciola,** Piazza San Paolo 12, Tel. 01 58 49 38 01. Große Pizzeria mit guter Holzofenpizza in der Nähe des Hotel Astoria, gegenüber vom Bahnhof.
- **Pizzeria Capri,** Via Torino 35, Tel. 015 40 30 95. Zentral bei der Fußgängerzone gelegene empfehlenswerte Pizzeria.
- **Ristorante Pizzeria Birreria Menabrea,** Via Ramella Germanin 6, Tel. 01 52 52 24 35. Seit 1846 wird in Biella in kleinen Mengen ein ausgezeichnetes Pilsbier gebraut. Seit 1864 leitet die Familie *Menabrea* die Brauerei zwischen Cervo und Stadtzentrum. Erstmals auf einer Ausstellung 1899 in Turin ausgezeichnet, erhielt das „kühle Blonde" seither zahlreiche Preise, darunter auch auf der Weltausstellung in Paris, und wurde bereits dreimal auf der World Beer Championship in Chicago als bestes Lagerpils ausgezeichnet. Im hauseigenen Museum dokumentieren alte Gerätschaften, Flaschen, Etiketten und Fotografien die Brauereigeschichte. Zum Bier wird eine gute Pizza serviert.

Einkaufen

- **Wochenmärkte,** Piazza Falcone und Piazza E. Curiel, Sa ganztägig (Lebensmittel nur vormittags).
- **Mercatino di Riva,** großer Antiquitätenmarkt mit ca. 250 Ausstellern im Stadtteil Riva, immer am letzten Sonntag im März, Juni und September.
- **Drogheria Carpano,** Via Bertodano 6, Tel. 01 52 20 69, Mo vormittags geschlossen. Kleines, altmodisches Geschäft der ausster-

Vor dem zerklüfteten grauen Bergmassiv des Monte Tovo (2230 m) erhebt sich in einer weiten Talmulde in 1180 Metern Höhe das Santuario di Oropa. Die **Wallfahrtsstätte** erinnert mit ihren gigantischen Ausmaßen eher an ein Schloss als an eine Pilgerstätte.

Die Ursprünge der Marienverehrung von Oropa sollen bereits auf das 4. Jh. zurückgehen. Der Legende nach flüchtete **Bischof Eusebio von Vercelli** während den Christenverfolgungen hierher in die Berge. Angeblich brachte er aus Jerusalem **drei hölzerne Marienfiguren** mit, die **Schwarzen Madonnen,** und errichtete der Jungfrau zu Ehren hier in der einsamen, unwirtlichen Bergwelt an der Stelle der heutigen Chiesa Antica eine erste Kapelle. Die beiden anderen Marienfiguren kamen zum Sacro Monte von Crea und nach Sardinien. Der große Pilgerstrom zur Schwarzen Madonna von Oropa seit dem Spätmittelalter führte zum **Ausbau** der Kultstätte. Nach der Pestepidemie in Biella im Jahre 1599 entstand die heutige **Basilica Antica,** in deren Zentrum bis heute eine schwarze Madonna (aus dem 13. Jh.) im mystischen Halbdunkel steht.

Im Karree entstanden um die Kirche eine Reihe repräsentativer Bauten mit zahlreichen **Unterkünften** für geistliche und weltliche Pilger. Ein regelrechter **Pilgerboom** im 19. Jh. löste eine Art „Sakral-Gigantismus" aus. Anders sind die Pläne für eine neue Kirche mit geradezu gigantischem Ausmaß nicht nachzuvollziehen.

Bis 1930 verkehrte von Biella bis nach Oropa sogar eine **Straßenbahn.** Einer der alten Waggons ist heute noch neben den Eingangstoren zu sehen. 1889 wurde der Grundstein für die **Chiesa Nuova** gelegt. Sie konnte erst nach Fertigstellung der Kuppel 1960 eingeweiht werden und ist heute schon wieder stark sanierungsbedürftig. Präsentiert sich die Barockanlage noch als harmonisches Gesamtensemble, so ragt dahinter das graue Ungetüm mit seinen überdimensionalen Proportionen vor der schönen Gebirgskulisse wie ein Störenfried herauf.

- **Santuario di Oropa,** geöffnet täglich 9–24 Uhr, Eintritt frei, www.santuariodioropa.it. **Basilica Antica:** Oktober bis April 8–12 und 14–19 Uhr, Mai bis September 7–19 Uhr. **Chiesa Nuova:** das ganze Jahr über Di/Do, Sa/So 8.30–17 Uhr.

Information/Unterkunft

- **Ufficio Accoglienza Santuario di Oropa,** Tel. 015 25 55 12 00, Fax 015 25 55 12 19, www.santuariodioropa.it, im Sommer täglich 8–20 Uhr, im Winter täglich 8–19 Uhr geöffnet. Über das Informationsbüro kann man eines der insgesamt 300 Zimmer buchen, angefangen beim einfachen Doppelzimmer „Comfort" (49 €) bis hin zu den mit alten Möbeln geschmackvoll ausgestatteten Junior Suiten (66 €) und den geräumigen Suiten mit Salon, TV und Telefon im Herzen des Santuario (97 €).

Die Basilica Antica des ältesten abendländischen Marienheiligtums

066pi Foto: sg

Ghemme

↗ XIII/C1

In den Colline Novaresi, 24 Kilometer nördlich von Novara an der Öffnung zum Valsésia, liegt Ghemme. Bekannt ist der Ort für seinen gleichnamigen **Wein,** der an den Hängen der Endmöranen am Ostufer der Sésia angebaut wird. Bei Weinkennern ist der Ort für eines der renommiertesten piemontesischen Weingüter, das den schönen Namen **Antichi Vigneti di Cantalupo** trägt, berühmt. Das moderne Weingut wird seit Ende der 1970er Jahre von der alteingesessenen Weinbauernfamilie *Arlunno* geführt. Auf 24 Hektar Rebland auf den Hügeln rund um Ghemme werden die traditionellen roten Sorten Nebbiolo, Vespolina und Uva Rara und die weißen Trauben Greco, Arneis und Chardonnay angebaut. Die Weine werden in modern ausgestatteten Kellern ausgebaut.

- **Antichi Vigneti di Cantalupo,** Via Michelangelo Buonarroti 5, 28074 Ghemme, Tel. 01 63 84 00 41, Fax 01 63 84 15 95, www.cantalupo.net.

Ghemme selbst existierte unter dem Namen Aganium bereits in **römischer Zeit.** Zunächst nur ein unscheinbares Dorf, bewahrt es in seinem Zentrum noch seinen **mittelalterlichen Kern,** ein **Castello Ricetto** aus dem 13. Jh., das mit einer Ringmauer befestigt war und die Bevölkerung vor Eroberung und Plünderung schützte. Heute befinden sich im dem fast 13.000 Quadratmeter großen restaurierten Gebäudekomplex Lokale und Läden.

Unbedingt zu empfehlen ist ein Besuch der **Festa Beata Panacea,** dem Patronatsfest von Ghemme am 1. Mai. Die örtlichen Vereine kochen piemontesische Gerichte, es gibt zahlreiche Spezialitäten und Weine zu verkosten, Musik und Tanz.

Novara

⇗ XIII/D2

- **PLZ:** 28100
- **Lage über NN:** 159 m
- **Einwohnerzahl:** 104.303

Novara liegt inmitten einer von Reisfeldern beherrschten Ebene, und **Reis** ist auch das Leitmotiv der gastronomischen Kultur dieses Landstrichs. Die Region stellt zusammen mit der Provinz Vercelli mehr als die Hälfte der gesamten italienischen Reisproduktion. Wenn im Frühling die rechteckigen Felder geflutet werden, gleicht die Landschaft einem spiegelnden Meer an Kästchen, nur unterbrochen von schmalen Pappelalleen und einsam wie auf einer Insel stehenden Gehöften. Kreuz und quer sorgen **Kanäle** für eine optimale Wasserzufuhr. Gespeist werden sie über den Canale Cavour mit Wasser aus dem Ticino und somit vom **Lago Maggiore,** dessen geringer Wasserstand im Sommer direkt damit zusammenhängt. Der Kanal verläuft in einem großen Bogen um die Gebiete von Novara und Vercelli vom Ticino bis zum Po. Damit das Wasser sich stauen kann, sind die Reiskammern mit den sogenannten **Arcini,** Reihen angehäufter Erde, begrenzt.

Ringsum von Landwirtschaft und Industriesiedlungen geprägt, präsentiert sich Novara als lebhafte, durchaus wohlhabende **Provinzhauptstadt** mit **reizvoller Altstadt** und schönen Einkaufsstraßen unter alten Kolonnaden. Was den Tourismus angeht, führt Novara ganz zu Unrecht ein eher stiefmütterliches Dasein. Das Provinzielle hat hier durchaus seinen Charme. Novara eignet sich gut als **Ausflugsziel** vom Lago Maggiore aus, für einen ausgiebigen Rundgang durch die schöne Altstadt mit ihren herrschaftlichen Patrizierhäusern aus der Zeit des Barock und Klassizismus und den engen, verwinkelten Gassen.

Rundgang

Vom großen Parkplatz auf der Piazza Martiri della Libertà gegenüber dem **Castello Sforzesco** aus Backstein (15. Jh.) ist man in wenigen Schritten mitten in der Altstadt.

Die Nordseite des Platzes nimmt der **Palazzo Orelli ein.** In Novara wird das Gebäude (1841 erbaut) mit seinen umlaufenden Arkaden auch „Palazzo Mercato" genannt, denn der imposante Palazzo diente ehemals als Landwirtschaftsbörse. Mitten auf dem Platz steht ein **Reiterstandbild von Vittorio Emanuele II.,** der in Novara gekrönt wurde; er spielte eine zentrale Rolle in der Geschichte der Stadt.

Im Palazzo Mercato lagerte im frühen 19. Jh. auch Seide für den hiesigen Handel, und hier trafen die sogenannten **Mondine** ein, die aus Venetien, der Emilia Romagna, dem Piemont und der Lombardei stammenden Unkrautjäterinnen (*mondare* bedeutet „Unkraut jäten"), um von hier aus auf die Reisfelder verteilt zu werden.

Das restaurierte **Teatro Coccia,** im Jahr 1888 eingeweiht, nimmt die gesamte Ostseite der Piazza Martiri della Libertà ein. Vorbei an der neoklassizistischen Fassade in der Via Rosselli gelangt man in wenigen Schritten zum **Dom Santa Maria Assunta.** Vor allem für die Novaresen ist der Dombau nach wie vor eher ein Fremdkörper. Als Stadtplaner und Architekten wie *Alessandro Antonelli* im 19. Jh. Novaras **Stadtbild** maßgeblich in Richtung eines **klassizistischen Stils** veränderten, passte die romanische Vorgängerkirche aus dem 12. Jh. nicht mehr ins Bild. Der mittelalterliche Dom wurde abgerissen und durch einen kühlen, überdimensionierten Neubau ersetzt. Gegenüber, durch eine klassizistische Vorhalle bis auf den Tambour fast völlig verdeckt, steht das **älteste Baudenkmal** der Stadt.

Der untere Teil des oktogonalen **Baptisteriums** geht auf das 5. Jh. zurück; es wurde während des 10. Jh. aufgestockt. Im Inneren der Taufkapelle wechseln sich halbrunde mit rechteckigen Kapellen ab. Erhalten sind einige bedeutende **Fresken** aus dem 11. Jh. mit Szenen aus der Apokalypse. Die Darstellung des Jüngsten Gerichts stammt aus dem 15. Jh.

• Das **Battistero** ist Sa und So von 15–18 Uhr geöffnet, Tel. 03 21 66 16 35.

Im angeschlossenen **Kreuzgang** sind Kopien einiger interessanter archäologischer Stücke untergebracht, darunter einige bemerkenswerte **Stelen** aus der Zeit des 2. Jh. v. Chr. bis zum 2. Jh. n. Chr. Die Originale werden im ersten Stock des Nordflügels im **Museo Lapidario** aufbewahrt.

• **Chiostro della Canonica/Museo Lapidario,** nur Sa/So 15–18 Uhr geöffnet; Eintritt frei, Tel. 03 21 66 16 35.

Auf der anderen Straßenseite der Via Rosselli betritt man bei der Piazza della Repubblica durch ein Tor den **Broletto,** das einstige politische Zentrum der mittelalterlichen Stadtrepublik. Um einen großen Hof gruppieren sich vier Gebäude. Der älteste Teil, der **Palazzo dell'Arengo** (13. Jh.) mit breitem Arkadengang im Erdgeschoss, nimmt die Nordseite ein, im Süden steht der **Palazzo del Podestà** (14./15. Jh.), östlich der **Palazzo dei Paratici** aus dem 12. Jh. (die vorgelagerte elegante Loggia kam im 18. Jh. hinzu) und im Westen der **Palazzo dei Referendari** (14./ 15. Jh.). Bis die Restaurierungsarbeiten am Castello Sforzesco (voraussichtlich 2012) abgeschlossen sind beherbergt der Broletto das **Städtische Museum** mit einer lokalen archäologischen Abteilung und einer Gemäldesammlung, unter anderem mit Werken von *Ferrari.*

• **Museo Civico,** Broletto, Di–So 9–12 und 15–18 Uhr, Mo geschlossen; Eintritt frei.

Fast am Ende der Via Rosselli liegt die schöne Platzanlage **Piazza Battisti,** einst Piazza delle Erbe, auf drei Seiten von rundbogigen **Arkaden** umgeben,

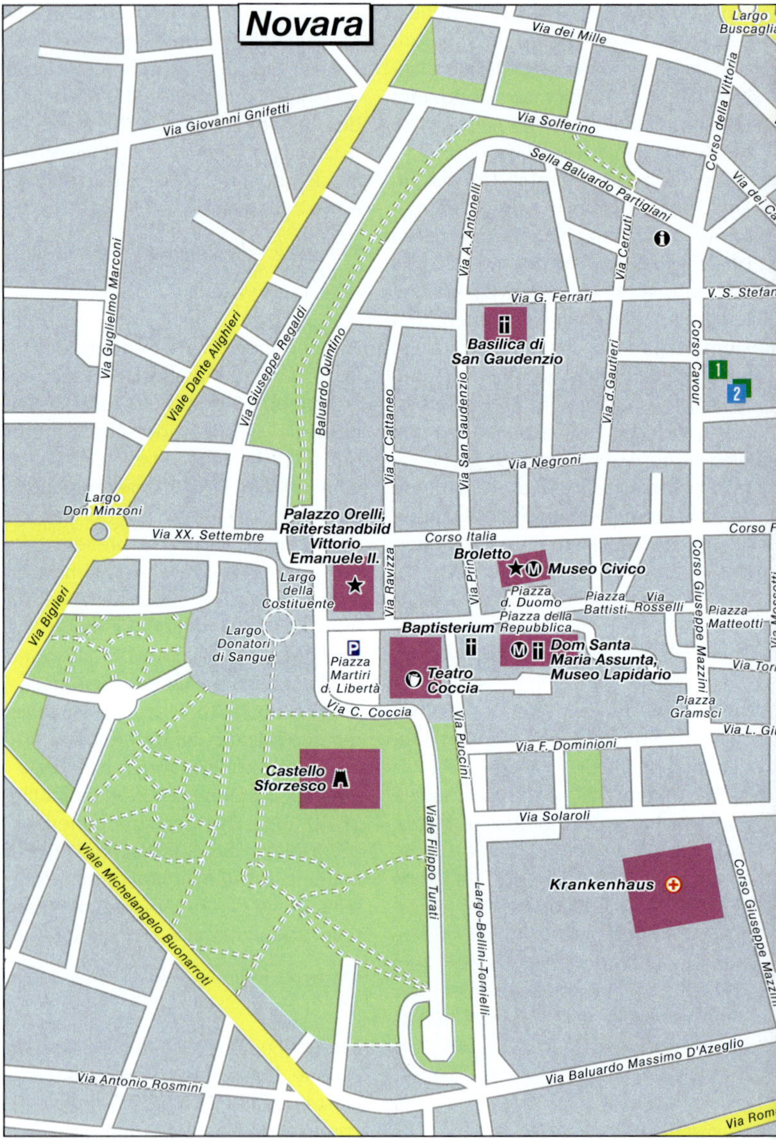
Novara
Largo Buscaglia
Via dei Mille
Via Giovanni Gnifetti
Via Solferino
Corso della Vittoria
Sella Baluardo Partigiani
Via dei Ca
Via Guglielmo Marconi
Viale Dante Alighieri
Via Giuseppe Regaldi
Baluardo Quintino
Via A. Antonelli
Via Cerruti
Via G. Ferrari
V. S. Stefan
Basilica di San Gaudenzio
Via d. Cattaneo
Via San Gaudenzio
Via d.Gautieri
Corso Cavour
Via Negroni
Largo Don Minzoni
Via XX. Settembre
Palazzo Orelli, Reiterstandbild Vittorio Emanuele II.
Corso Italia
Corso F
Broletto
Museo Civico
Largo della Costituente
Via Ravizza
Piazza d. Duomo
Piazza Battisti
Via Rosselli
Corso Giuseppe Mazzini
Piazza Matteotti
Via Mossotti
Via Biglieri
Largo Donatori di Sangue
Baptisterium
Piazza della Repubblica
Piazza Martiri d. Libertà
Teatro Coccia
Dom Santa Maria Assunta, Museo Lapidario
Via Torn
Piazza Gramsci
Via C. Coccia
Via Puccini
Via L. Gi
Via F. Dominioni
Castello Sforzesco
Via Solaroli
Viale Filippo Turati
Largo-Bellini-Tornielli
Krankenhaus
Corso Giuseppe Mazzini
Viale Michelangelo Buonarroti
Via Baluardo Massimo D'Azeglio
Via Antonio Rosmini
Via Rom

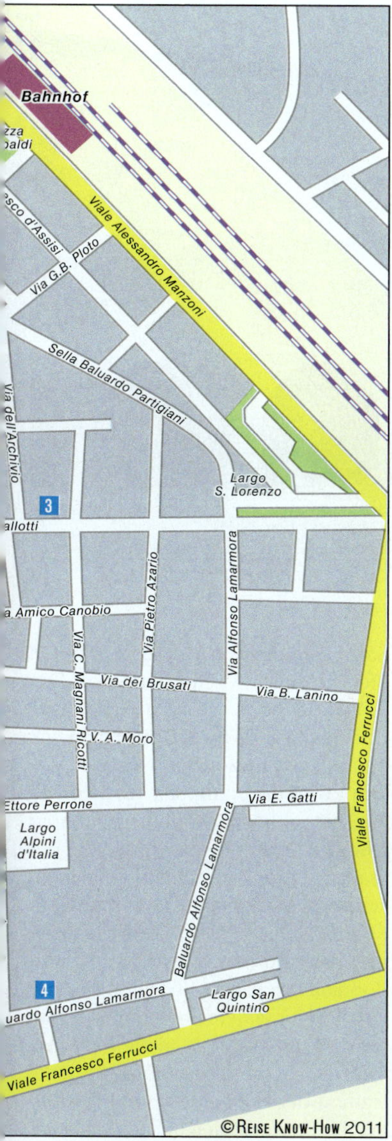

■ **Essen und Trinken**

2 Enoteca Lombardi
3 Osteria I Due Ladroni
4 Ristorante La Granseola

■ **Geschäfte**

1 Pasticceria Camporelli
2 Enoteca Lombardi

deren Säulen teils mit Kapitellen geschmückt sind. Im Mittelalter wurde der „Gemüsemarkt“ nicht seinem Namen gemäß genutzt, denn hier verkauften die Fleischer ihre Ware.

Verlässt man den Broletto durch den Eingang auf der Nordseite, erreicht man über den Corso Italia und die Via San Gaudenzio in wenigen Minuten die wichtigste Kirche der Stadt. Der 121 Meter hohe schlanke Kuppelturm der **Basilica di San Gaudenzio** gilt heute als **Wahrzeichen** Novaras. Gekrönt wird die Spitze seit 1878 von einer vergoldeten, weithin sichtbaren **Christusfigur,** die über das Wohl der Stadt zu wachen scheint. Vielleicht stand die Madonnina, die Symbolfigur Mailands, hier Pate. Allerdings überragt der Christus von Novara die Madonnina um ganze 13 Meter. Die originale Figur wird im Innenraum aufbewahrt. Man mag sich an die Mole Antonelliana von Turin erinnert fühlen, stammt der Kuppelturm (1844–1888) in der Tat vom gleichen Baumeister,

Der Broletto

Alessandro Antonelli, der auch den neuen Dombau ausführte. Die dem Stadtpatron San Gaudenzio geweihte monumentale Kirche wurde von *Pellegrino Tibaldi* 1577 begonnen und 1659 vollendet. Auf *Benedetto Alfieri* geht der Campanile (18. Jh.) zurück.

Auch der **Innenraum** der einschiffigen Kirche beeindruckt durch seine Monumentalität. Bemerkenswert ist in der Capella di Natività das mehrteilige **Tafelbild** von *Gaudenzio Ferrari* (um 1516). Auf der Westseite werden im *scurolo,* einer Art ebenerdigen Krypta, die sterblichen Überreste des heiligen **Gaudenzio,** dem ersten Bischof und Schutzpatron der Stadt aufbewahrt. Da sich unter der Kirche viel Grundwasser befindet, konnten keine unterirdischen Begräbnisstätten errichtet werden. Nur einmal im Jahr, am 22. Januar, dem Todestag des heiligen Gaudenzio, wird der Scurolo für acht Tage geöffnet.

Praktische Tipps

Information

- **A.T.L.-Büro,** Baluardo Quintino Sella 40, Tel. 03 21 39 40 59, Fax 03 21 63 10 63, www.turismonovara.it.

Essen und Trinken

- **I Due Ladroni,** Corso Cavallotti 15, Tel. 03 21 62 45 81, Sa abend und So geschlossen. Zuverlässige, zentral gelegene Osteria mit regionaler Küche. Empfehlenswert in der kälteren Jahreszeit die Panissa und Bagna Cauda. 35 €.
- **La Granseola,** Baluardo Lamarmora 6, Tel. 03 21 62 02 14, So abend und Mo geschlossen. Angesagtes Fischrestaurant der gehobenen Klasse. 45 €.

Gorgonzola

Der berühmte italienische Blauschimmelkäse ist der Legende nach **versehentlich entstanden.** Eine Sennerin traf sich abends mit ihrem Liebsten und soll darüber die sofortige Verarbeitung der frischen Milch vergessen haben.

Der für die Landschaft um Novara typische Käse wird auf ganz herkömmliche Weise hergestellt. Die am Abend gemolkene Milch wird mit der **Morgenmilch** vermischt. Danach wird sie auf ca. 30 °C **erhitzt,** mit **Lab** und **Milchsäurebakterien** versetzt und mit **Penicillin-Pilzen** geimpft, die für die Schimmelbildung verantwortlich sind. Die abgetropfte Masse wird in 14 bis 15 kg fassende **Formen** gefüllt und kommt danach in einen 20 bis 22 °C warmen Raum mit einer extrem hohen **Luftfeuchtigkeit** von 90 bis 95 %. Hier werden die Käselaibe rundherum **gesalzen,** wodurch ihnen auch Wasser entzogen wird. Nach drei bis vier Tagen kommt der Käse in den **Reifekeller,** wo er bei konstanten Temperaturen zwischen 2 und 7 °C und bei einer Luftfeuchtigkeit von 85 bis 95 % entweder 50 oder 80 Tage gelagert wird. Nach drei bis vier Wochen werden maschinell **Löcher** in den Käse gestanzt. Sie sorgen für genügend Luftzufuhr, damit die Pilze sich gut entwickeln können und die unverwechselbare blaugrüne Aderung entsteht.

Der Gorgonzola gehört wie der Parmigiano Reggiano und der Pecorino Romano zu jenen Käsesorten, für die in Italien die geschützte **Herkunftsbezeichnung D.O.P.,** „Dominazione di Origine Protetta" geschaffen wurde. Es gibt ihn in zwei **Reifegraden**, „dolce" heißt der junge und „piccante" der länger gereifte Käse.

Nur in bestimmten **Provinzen** des Piemont und der Lombardei darf der Edelkäse produziert werden. Dabei wird auch nur die Milch hier aufgezogener Tiere verwendet. Im Piemont sind das Novara, Biella, Vercelli, Cuneo, Verbania und das Gebiet um Casale Monferrato.

Einkaufen

- **Enoteca Lombardi,** Vicolo Monte Ariolo 4a, Tel. 032 13 58 15, Mo geschlossen. Weinhandlung mit einem breiten Sortiment an italienischen und ausländischen Weinen und Spezialitäten aus der Region.
- **Pasticceria Camporelli,** Vicolo Monte Ariolo 3/5, Tel. 03 21 62 06 89. Von den einst ca. 60 Pasticcerie, die in Handarbeit die traditionellen Biscottini di Novara herstellten, ist nur noch dieser Betrieb übriggeblieben. Seit 1852 stellt die Familie *Camporelli* nach einem alten Rezept die köstlichen Biskuits her. Sie bestehen nur aus Mehl, Zucker und Eiern und werden, wie der Name „Biscotti" sagt (heute der italienische Oberbegriff für alle Kekse), in der Tat zweimal gebacken. Sie zergehen auf der Zunge; ursprünglich wurden sie nur in Klöstern für den Klerus und die Kranken hergestellt. Unbedingt einen Versuch wert sind auch die dreimal gebackenen Triscotti di Ambrogio, die klassischen Amaretti, Baci di Dama, Krumiri, eine Sorte verführerischer als die andere. Im Verkaufsraum locken auch Spezialitäten aus anderen piemontesischen Gegenden wie z.B. die Anisschnitten aus Refrancore bei Asti.

Feste und Veranstaltungen

- **Festa del San Gaudenzio.** Patronatsfest am 22. Januar.

Abbazia dei Santi Nazzaro e Celso

XIII/C2

In dem kleinen Dorf San Nazzaro Sésia inmitten von Reisfeldern, 17 Kilometer westlich von Novara (S 211), liegt einer der **kunstgeschichtlich bedeutendsten Klosterkomplexe im Piemont,** die Abbazia dei Santi Nazzaro e Celso.

Bereits 1040 von *Bischof Rupert von Novara* gegründet, wurde das **Benediktinerkloster** bei Auseinandersetzungen mit dem feindlichen Nachbarn Vercelli 1230 niedergebrannt und später wieder aufgebaut. Zur besseren Verteidigung während der Kriege zwischen Novara, Vercelli und Mailand wurde der Gebäudekomplex in spätgotischer Zeit (1429–1450) **burgähnlich** mit Wassergraben und Wehrmauern, deren Ecken zusätzliche Türme sicherten, und einem Torturm **befestigt.** Innerhalb des Areals auf trapezförmigen Grundriss flankieren ehemalige **Wirtschaftsgebäude** die frei stehende **Klosterkirche** San Nazzaro. Einen ungewöhnlichen Anblick bieten die der Westfassade rechts und links vorgelagerten zweigeschossigen Gebäudeteile. Es handelt sich dabei um die Überreste einer Vorhalle, der sozusagen der Mittelteil abhanden gekommen ist. Man muss sich die beiden Flügel unter einem gemeinsamen Dach vorstellen, so ergibt sich ein ganz anderes Bild.

Von der romanischen Vorgängerkirche ebenfalls erhalten sind der rechteckige **Glockenturm** und die kreuzgewölbten **Seitenschiffe.**

Ein Rundgang durch die spätgotische **Basilika** und den Kreuzgang lohnt sich auf jeden Fall. Durch die mit Terrakottadekor an Portal und Rosenfenster schön dekorierte Backsteinfassade betritt man den hohen Innenraum, ausgestattet mit **Wandbildern** aus der piemontesischen Frührenaissance (bis ca. 1480). Sehenswert ist die Darstellung des Kirchenpatrons Nazarius zu Pferd und eine thronende Madonna zwischen dem heiligen Sebastian und der heiligen Agathe.

072pi Foto: sg

Durch ein Seitenportal im Süden betritt man den spätgotischen, in seiner Stille geradezu idyllischen, als Garten angelegten **Kreuzgang** des Klosters.

Den Nordflügel ziert ein sehr erzählerischer spätgotischer **Freskenzyklus** mit Szenen aus dem Leben des heiligen Benedikt, der bereits renaissancehafte Züge trägt.

Unter *Napoleon* wurde die Abbazia San Nazzaro geschlossen, sie gelangte 1801 in **Privatbesitz** und wurde als Landwirtschaftsgut genutzt; sie verfiel zusehends. 1958 ging die Abtei in den Besitz der Gemeinde über und wurde **restauriert.**

Für Kunstfreunde ein Muss:
die Abbazia dei Santi Nazzaro e Celso

- **Abbazia dei Santi Nazzaro e Celso,** Tel. 03 21 83 40 73, geöffnet täglich ca. 8–18.30/19 Uhr.

074pi Foto: sg

Reisanbau im Piemont

Reis *(Oryza sativa)* ist nach Weizen das **wichtigste Nahrungsmittel** der Menschheit. Er kommt wahrscheinlich aus China, zumindest stammen die ältesten schriftlichen Überlieferungen aus dem Jahr 2800 v. Chr. von dort.

Um 1000 v. Chr. gelangte das Getreide über Indien und Persien nach **Ägypten.** In Europa war Reis zu *Julius Cäsars* Zeiten als **Medizin** bekannt. Im 16. Jh. begannen die Soldaten *Kaiser Karls V.* in **Oberitalien** mit dem großflächigen Reisanbau.

Man unterscheidet heute weltweit **zwei Sorten Reis,** den langkörnigen **Indica** und den Rundkornreis **Japonica.** In gekochtem Zustand ist Indicareis trocken und körnig, er wird in Asien und Nordeuropa als Beilage gereicht. Japonica zeichnet sich durch ein rundlicheres, milchiges Korn aus. Es nimmt beim Kochen viel Flüssigkeit auf und damit auch den Geschmack der Zutaten am besten an. Klar, dass in Italien für die **Risotti** nur Japonicasorten verwendet werden, die es mittlerweile in einer enormen Vielfalt gibt.

Im Piemont werden vor allem die **Spitzensorten** Carnaroli, Baldo, Roma und Arborio angebaut. Sie gehören in die Klasse „superfino" mit den längsten Körnern und zählen weltweit zu den besten Rundkornreissorten. Sie sind in Norditalien die Grundlage für die in allen erdenklichen Varianten zubereiteten Risotti, für Desserts und Reissuppen.

Natürlich hat jede italienische Hausfrau einen ultimativen Tipp, welche Sorte zu welchem Gericht passt. Sobald es in Italien um die Küche geht, kennt die Fachsimpelei kaum Grenzen, bei denen die deutsche Hausfrau zwangsläufig kapitulieren muss.

Der vor einigen Jahren in Mode gekommene **Vialone Nano** wird mehr in der Lombardei und im Veneto angebaut. Der beste Reis für Risotto ist allerdings für die meisten Piemontesen, und vor allem für Köche, der **Carnaroli.** Er bringt am wenigsten Ertrag und ist deshalb auch der teuerste Reis. Während das Äußere weich und cremig ist, bleibt er innen immer etwas körnig. Wem dieser leichte Biss nicht zusagt, nimmt für Risotto die Sorten Baldo oder Roma.

Die einjährige **Reispflanze** wird bis ca 1,30 Meter hoch und liebt **Wärme** (ideal sind zur Blütezeit 30–35 Grad Celsius) und **Wasser.** Aber Reis ist **keine Wasserpflanze.** Vielmehr schützt das Wasser während der Wachstumsperiode die Pflanzen nur vor allzu hohen Temperaturschwankungen. Das Wasser wird dann zur Blütezeit wieder abgeleitet. Geschützt durch dichte, lederartige Spelzen entwickelt sich das Reiskorn.

Verkaufsraum in der
Azienda Agricola Rapio

Nach der **Ernte,** heute nur noch maschinell betrieben, wird der Reis gedroschen, entspelzt, geschliffen und poliert. Anstatt Hunderte von Saisonarbeitern beschäftigt eine große Riseria heute nur noch wenige Mitarbeiter. Bis in die 1960er Jahre arbeiteten auf den großen Hofgütern Hunderte von Jäterinnen, die **Mondine.** Die Saisonarbeiterinnen waren junge Frauen, die meist aus den ärmeren Gegenden Venetiens während der Sommermonate hier in Unterkünften auf den Gütern lebten und in mühsamer, gebückter Haltung, in praller Sonne und von Mücken geplagt, auf den Reisfeldern das Unkraut jäteten. Dieses Bild dürfte Filmfreunden aus dem Klassiker **„Riso Amaro"** mit *Silvana Mangano* bekannt sein.

Außer den Maschinen ersetzten vor allem **Herbizide** und **Pestizide** die Arbeit der Mondine. Jahrzehntelanger Chemieeinsatz führte zu einer starken **Belastung der Natur.** Heute setzt man Pestizide ein, die nur ganz bestimmte Schädlinge angreifen, und einige Bauernhöfe haben auf umweltverträglichere Anbaumethoden umgestellt. Seither sieht man auf den Reisfeldern auch immer häufiger wieder Reiher und hört abendliche Froschkonzerte.

Einer der kleineren Betriebe, die den Einsatz von Unkrautvertilgungsmittel stark reduzierten und chemische Düngemittel durch natürliche Produkte ersetzen und auf Insektenvertilgungsmittel gänzlich verzichten ist die **Azienda Agricola Rapio.** Geführt wird der Betrieb von *Vincenzo Rapio,* der lange Jahre am nationalen Reisforschungsinstitut arbeitete, und seiner engagierten Frau *Kity,* die bereitwillig Auskunft zum Thema Reis gibt. Die Hauptreissorten werden in Pfund- und in preisgünstigeren Ein-, Zwei- und Fünf-Kilo-Paketen verkauft. Teilweise sind sie vakuumverpackt. Es lohnt sich, einen Vorrat mitzunehmen!

- **Azienda Agricola Rapio,** Via Gramsci 9, Vespolate (Nähe Kirche und Friedhof), Tel./Fax 03 21 88 22 27, www.risorapio.it. Verkauf Mo–Fr 9.30–12 und 14.30–18 Uhr, Sa 9.30–12 Uhr.

Vercelli

↗ XIII/C3

- **PLZ:** 13100
- **Lage über NN:** 130 m
- **Einwohnerzahl:** 46.967

Nur 23 Kilometer liegen zwischen Novara und ihrer alten Kontrahentin Vercelli. Dazwischen prägen endlose Reisfelder die flache Landschaft. Die lebhafte Provinzhauptstadt ist zusammen mit Novara Mittelpunkt und Umschlagplatz des größten europäischen Reisanbaugebiets, und ähnlich wie Novara besitzt Vercelli eine sympathische **Altstadt,** die sich zu entdecken lohnt. Allerdings möglichst nicht im Sommer, denn dann herrscht in den Reisgebieten eine **Mückenplage,** die selbst die Vercellesi davon abhält, abends auf den Freiterrassen der Restaurants zu speisen.

Namensgeber der ältesten Diözese im Piemont soll ein im 4. Jh. zerstörter **Venustempel** *(Veneris cella)* gewesen sein. Zu Bedeutung gelangte die Stadt am Ufer der Sesia als **Bischofssitz** während des Hochmittelalters. Als freie Kommune konnte sich Vercelli bis 1335, als die Stadt unter den Einflussbereich der *Visconti* geriet, behaupten. 1427 fiel sie den Savoyern zu. Auf fünfeckigem Grundriss, mit Bastionen verstärkt, entstand seit dem 16. Jh. die heutige Altstadt. Anstelle von Befestigungsanlagen umsäumen heute breite grüne Alleen das historische Zentrum.

Die beiden Türme der **Konventskirche San Andrea** beherrschen die Stadtsilhouette im Norden.

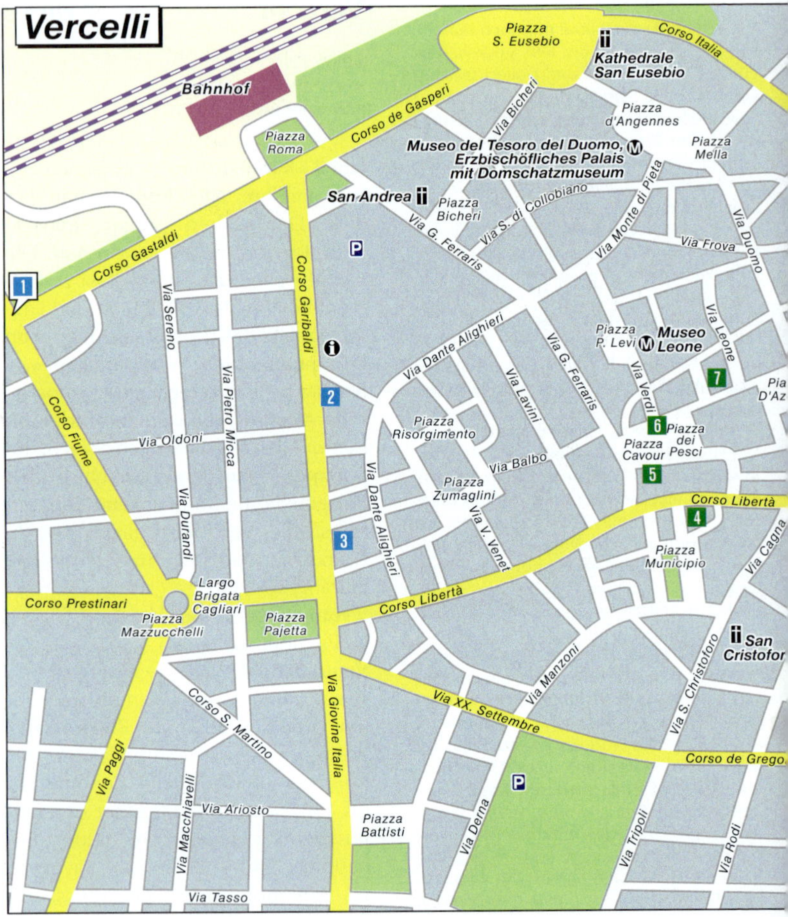

1219 war Baubeginn für den ersten großen gotischen Kirchenbau im Piemont. Auftraggeber war *Guala Bicchieri,* Kardinal von Vercelli, der als päpstlicher Legat nach **England** reiste und dort von *Heinrich III.* für seine Dienste reich belohnt wurde. Außer neu erworbenen Reichtümern brachte *Bicchieri* wahrscheinlich aus England auch einen Baumeister mit. Bereits nach acht Jahren Bauzeit war die kreuzförmige Basilika vollendet und der Leitung eines französischen Augustinerkonvents unterstellt. Vor dem Hin-

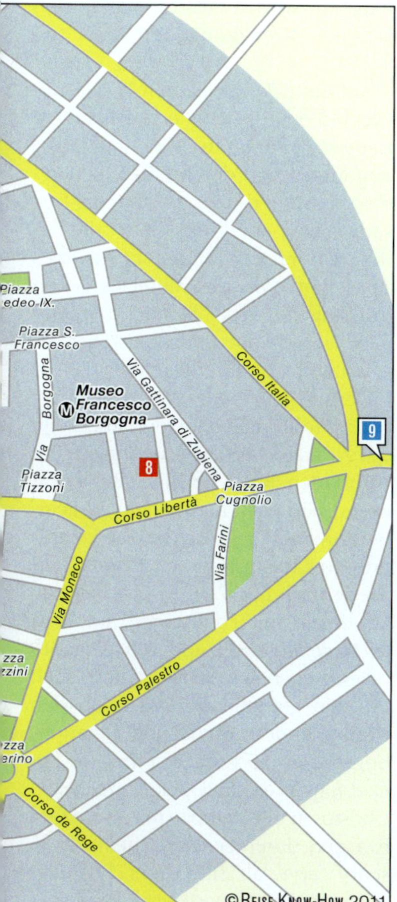

Übernachtung
8 Hosteria del Capel Rosso

Essen und Trinken
1 Osteria Gaia
2 Ristorante Il Paiolo
3 Gelateria Pagni
9 Locande del Bue Rosso

Geschäfte
4 Pasticceria Taverna & Tarnuzzer
5 Pasticceria Follis
6 Wochenmarkt
7 Marucchi Formaggi

0 300 m

tergrund dieser Entstehungsgeschichte erklären sich auch die Anleihen aus der englischen und französischen Kathedralgotik und Ordensarchitektur im Innenraum, während das Äußere noch die traditionelle Formen der lombardische Romanik erkennen lässt.

Errichtet wurde Sant'Andrea aus **Backstein,** dem die ganze Po-Ebene prägenden Baumaterial. Nur die von zwei Türmen flankierte Westfassade ist mit grünem **Marmor** verkleidet. Die tiefen Gewände der drei Westportale weisen bereits auf französische Einflüs-

Foto: sg 075pi

se hin. Das Tympanon des Hauptportals schmückt ein hochwertiges **Relief** mit einer Darstellung des gekreuzigten heiligen Andreas, Patron der Kirche.

Hoch und luftig mit harmonischen Proportionen zeigt sich der dreischiffige **Innenraum** nach Vorbild französischer Kathedralen. Über das Querhaus im Norden gelangt man in den schönen **Kreuzgang** der Abtei (ab 1219).

Auf der nahe gelegenen Piazza San Eusebio erhebt sich die gleichnamige Kathedrale. **San Eusebio** wurde 1570 abgerissen und durch einen Neubau ersetzt. Mitte des 18. Jh. kam die Fassade hinzu, und 1860 erhielt die Kathedrale mit der Kuppel ihr heutiges Aussehen. Von der mittelalterlichen Vorgängerkirche blieben nur der Glockenturm und ein herausragendes Ausstattungsstück erhalten.

Das mit getriebener Silberfolie bezogene **Hohlkreuz** (auf der Rückseite gut zu erkennen) zieht im Innenraum sofort den Blick auf sich. Beeindruckend sind nicht nur die fein ausgearbeiteten Gesichtszüge der überlebensgroßen Christusfigur am Kreuz (3,27 Meter hoch und 2,36 Meter breit), eine Krone mit Edelsteinen auf dem leicht geneigten Haupt, die weit geöffneten Augen aus Email, sondern auch die fein getriebenen Reliefs an den Kreuzesenden. Maria und Johannes begrenzen die Kreuzesarme. Als Sockel fungieren die Darstellungen von Christus in der Vorhölle mit Adam und Eva und darunter wahrscheinlich *Bischof Leone* als Stifterfigur, begleitet von einem Engel und dem heiligen Eusebius. Den oberen Abschluss bildet die Himmelfahrt mit Sonne und Mond.

Hinter der Kirche, an der Piazza d'Angennes, liegt das Erzbischöfliche Palais, Sitz des **Domschatzmuseums.** Mehrere qualitativ hochwertige Reliquienkästen (8.–13. Jh.), eine Weltkarte aus Pergament (13. Jh.) und zahlrei-

Der erste große gotische Kirchenbau in der Region: Sant'Andrea

che kostbare Handschriften mit Miniaturen, darunter auch das berühmte „Vercelli Book“ mit 23 Predigten und sechs Gedichten in altenglischer Sprache zählen zu den Museumsschätzen.

• **Museo del Tesoro del Duomo,** Piazza d'Angennes, Tel. 016 15 16 50, www.tesorodelduomovc.it; geöffnet Di 15–18, Mi 9–12 Uhr, Sa 9–12 und 15–18 Uhr, So 15–18 Uhr; Eintritt 5 €.

Auf dem Weg zur Piazza Cavour, dem schönsten Platz Vercellis und Mittelpunkt des städtischen Lebens, lohnt sich ein Rundgang durch die interessanten Sammlungen des **Museo Leone.** Gegründet wurde das Museum 1910, es beherbergt den Nachlass des Notars *Camillo Leone*. Es besteht aus zwei miteinander verbundenen Häusern. Im **Palazzo Alciati** aus dem 16. Jh. sind die archäologische Abteilung, eine Sammlung von Inkunabeln und Dokumente zur Stadtgeschichte untergebracht. Im **Palazzo Langosco** bieten die von *Leone* gesammelten Majolika-, Glas-, Porzellan- und Silber-Exponate einen Überblick über das italienische Kunstgewerbe des 16.–19. Jh.

• **Museo Leone,** Via Verdi 30, Tel. 01 61 25 32 04; geöffnet Di–Fr 15–17.30 Uhr, Sa 15–18 Uhr, So 10–12 und 15–18 Uhr; Eintritt 5 €.

Die Via Verdi mündet in die **Piazza Cavour** im Zentrum der Altstadt, die von schönen Stadthäusern mit Laubengängen gesäumt wird. Die kopfsteingepflasterte Mitte nimmt ein **Denkmal** *Camillo Graf Benso Cavours* ein. Etwas versteckt liegt in der Nähe die trapezförmig angelegte **Piazza dei Pesci,** auf der früher der Fischmarkt stattfand, mit dem alten **Rathausturm,** dem Broletto von Vercelli.

Über die Via Foa, vorbei an der im maurisch-arabischen Stil aufwendig gestalteten **Synagoge** aus dem 19. Jh., gelangt man zur parallel verlaufenden Via Borgogna. Die Gemäldesammlung des **Museo Francesco Borgogna** verdankt die Stadt, wie das Museo Leone, der Sammelleidenschaft von *Antonio Borgogna*. Die Sammlung umfasst neben italienischen Exponaten, darunter Werke des Renaissancemeisters *Gaudenzio Ferrari* und *Bernardino Luinis,* auch Gemälde deutscher, flämischer und holländischer Künstler wie *Hans Baldung Grien* und *Jan Steen*.

• **Museo Francesco Borgogna,** Via A. Borgogna 6/8, Tel. 01 61 25 27 76, www.museoborgogna.it; geöffnet Di–Fr 15–17.30 Uhr, Sa/So 10–12.30 und 14–18 Uhr; Eintritt 8 €.

Südlich des Corso Libertà, der Haupteinkaufsstraße, liegt die von außen unscheinbar wirkende **Kirche San Cristoforo.** Ursprünglich im 16. Jh. erbaut, wurde sie ab 1704 innen und außen **barock** umgestaltet. Aus der Erbauungszeit erhalten blieben aber einige der schönsten **Fresken** *Gaudenzio Ferraris,* der von 1528 bis 1535 in Vercelli tätig war. Die Fresken mit figurenreicher Darstellung der Kreuzigung und Szenen aus dem Leben Maria Magdalenas und der Jungfrau Maria überziehen großflächig das gesamte Querhaus. Besonders eindrucksvoll sind die szenischen Kompositionen, die Ausdruckskraft und der für *Ferrari* typische Farbenreichtum.

149pi Foto: sg

Ein Hochgenuss für Salamifans

Praktische Tipps

Information

•**A.T.L.-Büro,** Corso Garibaldi 90, Tel. 016 15 80 02, Fax 01 61 25 78 99, www.atlvalsesia vercelli.it.

Unterkunft/ Essen und Trinken

•**Hosteria del Capel Rosso,** Vicolo Santa Chiara 3, Tel. 01 61 50 23 22; Mo geschlossen. Kleine rustikale Osteria in der Nähe des Museums Francesco Borgogna mit traditioneller Küche aus der Region. Zu empfehlen die *panissa vercellese* und die Risottogerichte. 22–35 €.

•**Locanda del Bue Rosso,** Corso Rigola 130, Tel. 01 61 21 87 48; nur abends geöffnet (außer So), Mo Ruhetag. Spezialität dieser kleinen Osteria sind die gegrillten Fleischgerichte, *carne cruda* und *bagna cauda*. 40 €.

•**Osteria Gaia,** Corso Randaccio 17, Tel. 01 61 21 45 15; Mi. Ruhetag. Elegantes Restaurant mit piemontesischer Küche. 30–35 €.

•**Il Paiolo,** Viale Garibaldi 72, Tel. 01 61 25 05 77; Do Ruhetag. Beliebtes Restaurant in der Altstadt. Zu empfehlen *panissa vercellese, stinco di maiale* und die hausgemachten Pastagerichte. ca. 35 €.

•**Gelateria Pagni,** Via Gioberti 11; Mi geschlossen. Kleine und feine Eisdiele mit einem kleinen Sortiment an zartschmelzendem Sahneeis und je nach Saison wechselndem Fruchteis.

Einkaufen

•**Wochenmarkt,** Di und Fr vormittags auf der Piazza Cavour.

•**Marucchi Formaggi,** Via Gioberti 14, Tel. 01 61 25 32 41. Seit 1924 wird in diesem Geschäft in der Nähe des Broletto eine außergewöhnliche Auswahl an hervorragenden Käsesorten verkauft. Neben einheimischen Produkten aus dem Valsesia und dem Biellese, Gorgonzola aus dem Novarese und Fontina aus dem Aosta-Tal gibt es die besten Käse aus ganz Italien.

•**Pasticceria Follis,** Corso Libertà 164, Tel. 01 61 25 11 91. Spezialität bei Follis sind die traditionellen *bicciolani,* Mürbeteigkekse mit Zimt. Seit 1904 werden sie bei Follis hergestellt. Genauso lange steht auch schon die *tartufata,* eine Biskuittorte mit Schokolade und Sahne, auf dem Programm.

•**Pasticceria Taverna & Tarnuzzer,** Piazza Cavour 27, Tel. 01 61 25 31 39; Mo geschlossen. Die historische Pasticceria, 1889 von den beiden Einwanderern *Taverna* und *Tarnuzzer* aus dem Engadin gegründet, hat ihren Sitz am schönsten Platz von Vercelli. Neben den traditionellen *bicciolani* sind hier vor allem die *amaretti* (Mandelgebäck) und die *anicini* (Anisgebäck) einen Versuch wert.

Umgebung von Vercelli

Südöstlich von Vercelli, begrenzt durch den Verlauf des Po, liegt das Gebiet der **Grange,** für die Region charakteristische, große **Landgüter.** Sie entstanden, nachdem es **Zisterziensermönchen** gelungen war, die sumpfige Ebene zwischen den Flüssen Dora Baltea, Po und Sésia urbar zu machen. Die Mönche waren auch die Ersten, die hier mit dem **Reisanbau** begannen. Sie entstammten der **Abtei Santa Maria di Lucedio.** Das beeindruckende Abteigut (15 Kilometer vor den Toren Vercellis), gegründet 1123, wird mittlerweile unter dem Namen „Principato di Lucédio" von der Contessa *Salvadori di Wiesenhoff* geführt, deren Vater 1937 das Gut erwarb. Während die baufällige Abteikirche noch auf ihre Renovierung wartet, wurden die noch erhaltenen Teile des mittelalterlichen Refektoriums restauriert; sie werden heute für **kulturelle Veranstaltungen** genutzt. In einem **Verkaufsraum** liegen alle Produkte von Lucedio mit Erklärungen aus. Allen voran natürlich die auf dem Gut angebauten Reissorten Carnaroli, Arborio, Vialone Nano, Baldo und Sant' Andrea, die zu einem guten Preis auch im Fünf-Kilo-Sack verkauft werden.

- **Principato di Lucedio,** Fraz. Lucedio 8, 13039 Trino, Tel. 016 18 15 19, www.principatodilucedio.com.

Das **Reisgut La Veneria,** ca. 10 Kilometer südwestlich von Vercelli, heute im Besitz der Industriellenfamilie *Agnelli* (Fiat), war 1948 Schauplatz für den Filmklassiker „Riso Amaro" mit *Silvana Mangano* (↗„Novara").

Unterkunft/ Essen und Trinken

- **Da Massimo,** Via Giolito Ferrari 7, 13039 Trino, Tel. 01 61 80 13 25. Im dem kleinen Ort Trino (ca. sechs Kilometer südöstlich von Lucedio) gibt es eines der besten Lokale der Gegend. Hier sollte man im Winter unbedingt die Panissa probieren. Zu den Spezialitäten gehören auch, je nach Saison, die Risottogerichte, die allerdings erst ab zwei Personen angeboten werden, da sie immer absolut frisch gekocht werden. 30 €. Doppelzimmer 50–55 €.

Ivrea und das Canavese

↗ XI/D2

Westlich von Vercelli, in einem Dreieck zwischen den Flüssen **Dora Baltea** und **Stura di Lanzo,** trifft man auf eine Landschaft von eigentümlicher Schönheit. Eine weite **Moränenlandschaft** schiebt sich zwischen Ebene und den ersten Ausläufer der Alpen und bestimmt die liebliche saftig-grüne Hügellandschaft des Canavese. Vor mehr als einer Million Jahren schob sich ein riesiger **Gletscher** vom Aosta-Tal aus in Richtung Po-Ebene und hinterließ beim Abschmelzen halbmondförmige Hügel und den wie mit einem Lineal gezogenen Moränengürtel der **Serra d'Ivrea,** die **größte Gletschermoräne Europas.** Mit Birken, Buchen und Kastanien dicht bewaldet, trennt sie die Landschaft vom Biellese im Osten. Vom höchsten Punkt der Serra d'Ivrea reicht der Blick bis zum Monte Viso und zu den Hügeln von Turin.

Die reizvolle Hügellandschaft des Canavese mit seinen saftigen Wiesen, Wein- und Obstgärten, vielen kleinen Seen, Schlössern auf den Hügelkuppen und kleinen Ortschaften ist **touristisch noch wenig bekannt.**

Erbaluce und Carema sind die beiden bekannten **Weine** des Canavese. Die traditionelle Anbauweise mit Pergola und den charakteristischen *tupiùn* zum Aufbinden der Reben sind vor allem in den terrassierten Weingärten von Carema noch erhalten geblieben. Hier, fast schon am Eingang zum Aosta-Tal ist das Klima rauer; die *tupiùn,* konische Steinkegel, speichern tagsüber die Wärme und unterstützen die Reifung der Trauben.

Ivrea ⇗ XI/D2

- **PLZ:** 10015
- **Lage über NN:** 253 m
- **Einwohnerzahl:** 24.250

Am nördlichen Rand der Po-Ebene, zwischen Turin und dem Aosta-Tal, gründeten die **Römer** 100 v. Chr. unter dem Namen „Eporedia" am Fuße des 25 Kilometer langen Bergrückens Serra und am Flussufer der Dora Baltea ein **Militärlager** zur Verteidigung gegen die aus dem Aosta-Tal in die Po-Ebene eindringenden **Salasser.** Bis zum endgültigen Sieg über den keltischen Stamm, dem 25 v. Chr. die Gründung von Augusta Praetoria, dem heutigen Aosta, folgte, war Eporedia der letzte sichere Ort für Händler und Heere auf dem Weg nach Gallien. Neben seiner militärischen Funktion war Eporedia auch als **Knotenpunkt** für die Wege über die hohen Alpenpässe des Großen und Kleinen Sankt Bernhard von enormer Bedeutung. Es war der letzte sichere Ort, wo die Durchreisenden noch einmal Proviant aufnehmen konnten, bevor sie sich auf den Weg machten, durch unwegsames Gelände die höchsten Alpenpässe zu überqueren.

Nach dem Untergang des römischen Reiches wurde Ivrea unter den **Langobarden** zum **Herzogssitz** und unter fränkischer Herrschaft zum Zentrum der bedeutenden **Mark Ivrea,** die fast das gesamte Piemont umfasste. Unter den Markgrafen gelang es im Jahre 950 *Berengar II.* und 1002 seinem Nachfolger *Arduin,* sich sogar als Könige von Italien krönen zu lassen.

Um die Mitte des 12. Jh. wurde Ivrea in die **Kämpfe** zwischen **Guelfen und Ghibellinen** verwickelt, damit verbunden begannen auch die Auseinandersetzungen mit **Vercelli,** in die auch der Bischof von Biella verstrickt war. Für kurze Zeit gelang es Ivrea, sich als **freie Stadt** mit eigener Verfassung zu behaupten.

Im 13. Jh., in einer Zeit, die von kriegerischen Auseinandersetzungen geprägt war, entstanden rund um Ivrea **neue befestigte Orte** und die Ricetti. Frieden trat erst ein, als Ivrea, Biella und Vercelli 1356 endgültig an die Savoyer fielen.

Das alte Ivrea mit Kastell, Dom und Bischofspalast liegt auf einem Felsrücken. Nur Teile der gotischen Stadtbefestigung sind noch erhalten. Ein Spaziergang hinauf auf den **Altstadthügel** lohnt sich vor allem wegen der

Ruhe und des schönen Blicks, den man vom Castello über die Moränenlandschaft rund um Ivrea genießt. Der Savoyer *Amedeo VI.* ließ ab 1358 das heutige **Castello** als quadratischen Backsteinbau mit vier runden Ecktürmen, deren größter 1676 bei einer Explosion zerstört wurde, errichten. Von 1750 bis 1970 als **Gefängnis** genutzt, blieb von den ursprünglichen Strukturen nicht viel erhalten. Seither steht das riesige Gebäude leer und kann an Sonn- und Feiertagen von Mai bis Oktober von 10 bis 12 und 15 bis 18.30 Uhr besichtigt werden.

Neben dem Kastell liegt der von *Bischof Warmondo* im 10. Jh. in romanischen Formen errichtete **Dom Santa Maria.** Aus dieser Zeit stammen noch die Krypta, der oktogonale Vierungsturm und die beiden Glockentürme. Im Laufe der Jahrhunderte wurde der Kirchenbau vergrößert und mehrmals umgestaltet. Seine klassizistische Fassade erhielt der Dom im 19. Jh.

Enge Gassen führen hinab in das heutige **Zentrum** von Ivrea. Hinter dem Castello gelangt man über einen Treppenweg mitten hinein in das ehemalige **jüdische Viertel** (Via Palma und Via 4. Martiri). Das städtische Leben spielt sich überwiegend auf der Achse Via Palestro und Via Arduino ab. Die lebhafte **Fußgängerzone** mit ihren Geschäften, Cafés und Restaurants verläuft auf dem römischen Decumanus Maximus. Die zweite wichtige römische Achse, der Cardo, verlief in Nord-Südrichtung auf der Via 4. Martiri. Östlich der Piazza Balla liegen die Reste des römischen **Amphitheaters.**

080pi Foto: sg

Eine der interessantesten Kirchen der gesamten Region liegt allerdings auf der anderen Flussseite, und zwar mitten auf dem Firmengelände von Olivetti. Von der Piazza Gioberti aus gelangt man über die Ponte Vecchio, die ehemalige Zollstation, in das Stadtviertel von Olivetti in der Nähe des Bahnhofs. In der **Kirche des ehemaligen Klosters San Bernardino** (15. Jh.) sind die erst kürzlich restaurierten, großartigen **Fresken** des Malers *Giovanni Martino Spanzotti* aus dem spä-

Ivreas Dom Santa Maria mit seiner klassizistischen Fassade

079pi Foto: sg

Ivrea und Olivetti

Die wirtschaftliche und soziale Struktur der Stadt ist eng mit der Unternehmensgeschichte der 1908 in Ivrea gegründeten Firma Olivetti verknüpft. Gründer war der Unternehmer **Camillo Olivetti.** Die innovativen Ideen *Olivettis* und seines Sohnes *Adriano* in Bezug auf eine moderne **Arbeitsgestaltung** in Verbindung mit **Kulturförderung** und modernem **Städtebau** erwiesen sich als sehr erfolgreich. Ihnen verdankte die Firma ihren kometenhaften Aufstieg.

Mit der Umsetzung der städtebaulichen Konzepte wurden junge Architekten beauftragt. Außer einem modernen, nach den Prinzipien des **Bauhauses** errichteten Industriekomplex entstanden in einem **neu angelegten Stadtviertel** moderne Wohnhäuser für die Mitarbeiter, kleine Villen für leitende Angestellte, ein Kindergarten, eine Schule, eine Kantine auf dem Werksgelände und 1960 ein Bürogebäude für die Verwaltung.

Als erster Hersteller von **Schreibmaschinen** in Italien war Olivetti lange Zeit der größte Arbeitgeber der Stadt. Eine schwere Unternehmenskrise Anfang der 1990er Jahre führte zu **Massenentlassungen,** eine Krise, von der sich die Stadt nur langsam wieder erholt. Das ursprünglich nur mit Büromaschinen handelnde Unternehmen ist heute in zahlreiche Betriebe aus den Bereichen Telekommunikation und Informationstechnologie aufgegliedert.

Ein ungefähr zwei Kilometer langer **Parcours** führt an den wichtigsten **Baudenkmälern** von Olivetti vorbei.

Er beginnt beim ehemaligen **Olivetti-Werk** in der Via Jervis und durchläuft auch die angrenzenden Wohngebiete. Wer sich für Bauhausarchitektur interessiert, wird gewisse Parallelen z.B. mit der Weißenhofsiedlung in Stuttgart feststellen. Besonders sehenswert ist die **Unità Residenziale Ovest,** ein in die Hügellandschaft integrierter, halbkreisförmiger Mehrzweckbau mit Veranstaltungsräumen, Cafés und Miniapartments, die heute von Studenten bewohnt werden.

Der Olivetti-Parcours

- **MAAM – Museo a Cielo Aperto dell'Architettura Moderna di Ivrea,** Via Jervis 26, Tel. 01 25 41 03 11, www.maam.ivrea.it.

ten 15. Jh. zu besichtigen. Ein eindrucksvoller Bilderzyklus mit 21 Szenen aus dem Leben Christi bedeckt die gesamte Lettnerwand zwischen dem Kirchenschiff und dem ehemaligen Mönchschor. Den Mittelpunkt der in gerahmte Felder aufgeteilten Wand nimmt die figurenreiche, bewegte Kreuzigungsdarstellung ein.

Information

• **A.T.L.-Büro,** Corso Vercelli 1, Tel. 01 25 61 81 31, www.turismotorino.org oder www.canavese-vallilanzo.it; geöffnet Mo–So 9–12.30 und 14.30–19 Uhr.

Unterkunft

• **Castello San Giuseppe di Chiaverano*****, Tel. 01 25 42 43 70, Fax 01 25 64 12 78, www.castellosangiuseppe.it. Nur fünf Kilometer außerhalb von Ivrea, oberhalb des kleinen Ortes Chiaverano, liegt das Castello di San Giuseppe. Das romantische Hotel, ursprünglich als Konvent in herrlicher Panoramalage oberhalb des Lago Sirio erbaut, verfügt über insgesamt 23 Zimmer und Suiten, geschmackvoll ausgestattet mit Antiquitäten. Gehobenes Restaurant und Garten. 165 €.

Essen und Trinken

• **Aquila Antica,** Via Gozzano 37, Tel. 01 25 42 55 50; So Ruhetag. Das Traditionslokal von Ivrea liegt relativ zentral auf der rechten Seite der Dora Baltea, ca. 150 Meter von der Ponte Vecchio entfernt, im Stadtteil Borghetto. Rundum zu empfehlendes, helles Lokal mit professionellem und freundlichem Service. Das Aquila Antica gehört zu einer Reihe von Lokalen, die sich der Qualität seiner Produkte und der Erhaltung alter piemontesischer Rezepte verschrieben haben. 30–35 €.

• **Vinosteria Solativo,** Corso Re Umberto I. 1, Tel. 01 25 64 45 48; Mi Ruhetag. Die große, modern eingerichtete Weinbar gehört zum Weingut Ferrando und ist vor allem zur Mittagszeit wegen seiner Tagesgerichte sehr beliebt.

Einkaufen

• **Pasticceria Balla,** Corso Re Umberto I. 16; Mo geschlossen. Eine Institution in Ivrea. Spezialität dieser traditionsreichen Konditorei ist die Schokoladentorte Novecento.

• **Giordano 1938,** Via Burolo 22. Kaffeerösterei mit ausgezeichneten Mischungen.

• **Cooperativa Produttori Erbaluce di Caluso,** Piazza Mazzini 4, Tel. 01 19 83 14 47, www.canavese.it/cpec; geöffnet Mo–Sa 8.30–12.30 und 14–18 Uhr. 20 Kilometer südlich von Ivrea, auf der E 26 in Richtung Turin, kommt man durch den Weinbauort Caluso. Die Winzergenossenschaft, 1975 gegründet, hat heute mittlerweile 300 Mitglieder. Auf über der Hälfte der insgesamt 85 Hektar großen Rebfläche wird die im Canavese traditonelle Weißweintraube Erbaluce angebaut. Zu empfehlen ist der leichte, spritzige Spumante (4,70 €) sowie der normale frische und würzige Weißwein Erbaluce di Caluso (3,70 €). Erbaluce di Caluso Baiarda wird acht Monate im Barrique ausgebaut und besitzt eine schöne strohgelbe Farbe und einen leichten Geschmack nach Vanille (4,30 €). Ebenfalls probieren sollte man den Süßwein Caluso Passito (0,5 l/ 12,50 €).

Feste und Veranstaltungen

• Ivrea ist in ganz Italien berühmt für seinen **Karneval,** der hier bereits seit über zwei Jahrhunderten gefeiert wird. Hauptereignis in der närrischen Zeit ist die **Battaglia delle Arance.** Die „Orangenschlacht" bei der in der Tat tonnenweise Orangen verpulvert werden, versinnbildlicht den Kampf des Volkes gegen die Despoten *Guillaume, Marquis de Monferrato* und *Reynier de Biandrate.*

Umgebung von Ivrea ↗ XI/C–D2

Eine Panoramastraße (Strada Panoramica dei Laghi) führt vom östlichen Stadtrand von Ivrea aus zu den **fünf kleinen Seen** nördlich der Stadt (Cinque Laghi di Ivrea): Nero, Pistone, Sirio, San Michele und Campagna, die beim Rückzug der eiszeitlichen Gletscher entstanden.

Die zauberhafte **Hügellandschaft** rund um die Seen mit einigen schönen Bademöglichkeiten eignet sich nicht nur hervorragend zum **Wandern,** sondern auch zum **Fahrradfahren** (angelegte Rundwanderwege, die Karte „Anelli dei 5 Laghi" ist bei den A.T.L.-Büros erhältlich). Von Weitem sichtbar thront über der Seenlandschaft die **Burg von Montalto Dora,** eine wehrhafte Anlage aus Backstein mit umlaufenden Zinnenkranz und Wehrgang. Sie wurde 1890 von *Alfredo d'Andrade* restauriert. Sie ist in Privatbesitz und kann nicht besichtigt werden.

Unterkunft/ Essen und Trinken

●**Azienda Agrituristica La Perulina,** Via San Pietro Martire 35, Tel. 012 54 52 22, www.laperulina.it. Fünf Hektar großer Bauernhof (Obstanbau und Imkerei mit Bio-Zertifikat) mitten im Grünen in der Nähe des Siriosees. Auf dem Hof Pferde, Ponys, Gänse, Straußen, Ziegen und Hasen, gut geeignet für Familien mit Kindern. Einige Campingstellplätze stehen auch zur Verfügung. Entspricht genau den Vorstellungen, die man sich vom Urlaub auf dem Bauernhof macht. Zwei Doppelzimmer und zwei Vierbettzimmer, jeweils mit Bad, 25 €/p.P., Menü 25 €, Reservierung für das Restaurant empfehlenswert.

●**Ristorante Cigno,** Chiaverano, Tel. 012 54 54 76. Direkt an dem kleinen Lago Sirio liegt das Ausflugslokal Cigno mit schöner Aussichtsterrasse. Gute Fischgerichte (Der Besitzer stammt aus Süditalien, weshalb auch überwiegend Meeresfisch auf der Karte zu finden ist.).

081pi Foto: sg

083pi Foto: sg

Nicht weit von den Seen entfernt, noch ein Stück in Richtung Aosta-Tal, lohnt sich ein Ausflug in die reizvolle Weingegend zwischen Carema und Séttimo Vittone.

Nach Borgofranco erreicht man das kleine, etwas verschlafene Weindorf **Séttimo Vittone.** „Séttimo" leitet sich vom lateinischen „ad septium lapidem" („an der siebten Meile") ab. Der Ort lag an der römischen Straße von Ivrea ins Aosta-Tal. Im Mittelalter wurde der Hügel von Settimo Vittone mit einer **Burg** befestigt, von der aber nur noch einige Reste erhalten sind.

Hervorragende Adresse für Weißwein: die Winzergenossenschaft Caluso

Der Lago Sirio ist einer der fünf kleinen Seen nördlich von Ivrea

Nicht weit davon entfernt, in exponierter Lage mit Blick über das Canavese, steht die kleine romanische **Kirche San Lorenzo.** Die Ursprünge der heute durch einen Gang mit der Kirche verbundenen **Taufkapelle** auf achteckigem Grundriss gehen bereits auf das 8./9. Jh. zurück. Im 11. Jh. wurden die Mauern verstärkt und die kleine Apsis an der Ostseite hinzugefügt. Der einschiffige Innenraum, abgeschlossen durch drei rechteckige Kapellen mit Tonnengewölbe, ist reich mit Fresken aus dem 13. bis 16. Jh. ausgestattet. In der Regel ist die Kirche abgeschlossen, sie kann aber nach te-

084pi Foto: sg

lefonischer Anmeldung bei der Gemeinde besichtigt werden.

- **Associazione Turistica Pro Loco,** *Paolo Bollo,* Tel. 01 25 65 84 09.

Unterkunft

- **Bed & Breakfast Il Castello,** L'Ospitalità del Piazza Conte Rinaldo 7, Séttimo Vittone, Tel. 01 25 65 90 83, Fax 01 25 65 81 45, www.lospitalitadelcastello.it. Ruhig gelegenes, familiäres B&B bei der Kirche San Lorenzo. Insgesamt drei liebevoll eingerichtete Zimmer. 60 €.

Fresken im Gewölbe von San Lorenzo

Essen und Trinken

- In der **Bottega del Canestrello** in Borgofranco d'Ivrea (Via Marini 30, Tel. 01 25 75 25 29), stellt *Aldo Ferrando* von Hand in einer winzigen Küche und nach altem Rezept knusperdünne Waffeln her, die es neben den klassischen Geschmacksrichtungen mit Kakao oder Vanille auch mit Haselnüssen, Orangen und Pistazien gibt; Di–Fr 16–19, Sa 9–12 und 16–19 Uhr, Mo geschlossen.

Einkaufen

- **Cantina dei Produttori Nebbiolo di Carema,** Via Nazionale 32, Carema, Tel. 01 25 81 11 60, www.caremadoc.it; geöffnet Mo–Sa 9–12.30 und 14.30–19 Uhr, So 14–19 Uhr. Die klein parzellierten Weinbergterrassen rund um Carema werden von Teilzeitwinzern bewirtschaftet, die sich 1960 zu einer Genossenschaft zusammenschlossen. Spitzenwein ist der aus Nebbiolo-Trauben gewonnene und im Barrique ausgebaute Carema.

212pi Foto: gm

Von den vielen Burgen und Schlössern rund um Ivrea lohnt sich vor allem ein Besuch des **Castello di Masino,** ca. 15 Kilometer südöstlich der Stadt, in der Nähe des Lago Viverone. Der kleine Ort Masino wird überragt von dem imposanten Schloss der Adelsdynastie *Valperga.* Vom Schlosshof hat man eine überwältigende Aussicht über die Hügellandschaft des Canavese, die Serra und die dahinter aufsteigende Hochgebirgskette.

Über zehn Jahrhunderte hatten die *Valperga* in Masino ihren Familiensitz. Der heutige Gebäudekomplex mit großem Park entstand ab dem 16. Jh. gehört zu den **besterhaltenen Adelsschlössern des Piemont.**

Im Inneren sind reich freskierte Salons, Spiel- und Rauchzimmer und eine Bibliothek zu besichtigen. Besonders sehenswert sind die Zimmer der „Madama Reale", ein Vorzimmer, ein Musikzimmer und ein prächtiges Schlafgemach mit chinesischen Tapeten. Sie wurden für *Maria Giovanni Battista von Savoyen,* die Witwe von *Carlo Emanuele II.,* eingerichtet.

- **Castello di Masino,** Caravino, Tel. 01 25 77 81 00, Fax 01 25 77 85 51; geöffnet März bis September 10–18 Uhr, Oktober, November und zweite Februarhälfte 10–17 Uhr; Mo geschlossen; Eintritt Erwachsene 7 €, Kinder (4–12 Jahre) 2,50 €, nur Park 3 €.

Castello di Masino

180pi Foto: sg

Turin und Umgebung

225pi Foto: sg

223pi Foto: sg

La Venaria Reale: Galleria di Diane

Gut 18 Kilometer Arkaden säumen die Straßen einer der schönsten Barockstädte Europas und laden zum Bummeln ein

Turins ältestes Kaffeehaus Al Bicerin

Stadt unter Arkaden

Die **Hauptstadt des Piemont,** mit 865.000 Einwohnern die viertgrößte Stadt Italiens, liegt mitten im Industriedreieck von Mailand und Genua. Landläufig wird Turin mit dem Autokonzern **Fiat** (Fabbrica Italiana Automobili Torini), **Fußball** und **Industrie** gleichgesetzt, Faktoren, die das Image der Stadt bestimmen.

Umrahmt von den schneebedeckten Gipfeln der Alpen im Westen und Norden und von den grünen Hügeln im Osten, präsentiert sich das Zentrum als **Barockstadt** von außergewöhnlicher Schönheit. Weite Plätze, breite Straßenschluchten mit kilometerlangen **Arkadengängen,** die oft über die Querstraßen weiterschwingen, und die nüchtern-strengen Fassaden der **Kirchen und Paläste aus Backstein** verleihen der Stadt ein imposantes Aussehen. Sie verweisen auf eine Zeit, als Turin die erste Hauptstadt des geeinten Italien (1861–1865) war.

Nach einer wirtschaftlichen Krise der Automobilindustrie bemüht sich die Stadt, ihr Image als grauer **Industriemoloch** loszuwerden. Die Umgestaltung der ehemaligen Fiat-Fabrik Lingotto zu einem modernen **Messe- und Kongresszentrum** Mitte der 1980er wurde dabei zum Symbol des neuen Turin. Seither befindet sich die Stadt in einem **ständigen Wandel.** Die alten Plätze, Kirchen und Paläste werden kontinuierlich restauriert. Die Eisenbahnstrecke, die früher mitten durch die Stadt verlief und die beiden Bahnhöfe Porta Nuova und Porta Susa miteinander verband, wurde aufwendig unter die Erde verlegt, stillgelegte Industriekomplexe in Kulturstätten umfunktioniert. Museen, Ausstellungen, Konzerte, Kulturevents, gemütliche Kaffeehäuser, sehr gute Restaurants und die zahlreichen Einkaufsmöglichkeiten unter den Portici machen Turin jetzt schon zu einer faszinierenden Kulturmetropole „al pie di monte", am Fuße der Alpen.

Geschichte

Am Fuße der Westalpen, an der Mündung der Dora Riparia in den Po, siedelte bereits früh der keltisch-ligurische Stamm der **Tauriner.** Noch heute ist das Wappentier der Tauriner, der *toro* (Stier), das Symbol Turins. Sie setzten sich gegen den Eroberungsversuch *Hannibals,* der 218 v. Chr. die Alpen über den Monginevro überquerte, zur Wehr.

Aufgrund der günstigen geografischen Lage am Schnittpunkt antiker Fernstraßen von der Po-Ebene in Richtung Alpen gründete *Kaiser Augustus* 28 v. Chr. hier die **römische Kolonie Augusta Taurinorum,** die sich schnell zu einem wichtigen **Knotenpunkt römischer Straßen** in Richtung Gallien entwickelte. In derselben Zeit gründeten die Römer im Aosta-Tal zur Kontrolle der Alpenpässe Großer und Kleiner Sankt Bernhard die Festungsstadt Augusta Praetoria, das heutige **Aosta.**

In allen vier Himmelsrichtungen wurde die Stadtmauer zusätzlich mit vier doppeltürmigen **Toranlagen** gegen mögliche Angriffe gesichert. Im Norden der Stadt führte die Alpenstraße auf der Achse des zentralen Cardo durch die heutige Porta Palatina in Richtung Eporedia (heute Ivrea) und Augusta Praetoria. Ihr entsprach im Osten am Ende des Decumanus die Porta Praetoria, deren Stelle heute der Palazzo Madama einnimmt.

Nach rund 200 Jahren unter der Herrschaft **langobardischer Herzöge** folgten vom 8. bis zum 10. Jh. die **fränkischen Grafen.** Durch die Heirat *Adelheids,* Tochter des letzten Franken, mit dem Sohn des Savoyers *Umberto Biancomano* zu Beginn des 11. Jh. und mit wechselnder Unterstützung Frankreichs oder Mailands gelang es der Dynastie der **Savoyer,** ihr Territorium auch auf die andere Seite der Alpen auszudehnen. Unter der savoyischen Seitenlinie der Acaja wurde Turin im Jahre **1482** erstmals zum **Sitz des Hauses Savoyen.** Erst unter *Herzog Emanuele Filiberto* (1553–1580) lockerte sich die Abhängigkeit Piemonts von Frankreich. Unter *Emanuele Filiberto* begann schließlich auch der Ausbau Turins zur **Hauptstadt** eines cisalpinen Savoyerstaates. Als sein Nachfolger gelangte *Carlo Emanuele I.* 1588 durch Tausch des Gebietes zwischen Genf und Lyon in die von Frankreich besetzte Markgrafschaft Saluzzo. Neben dem Haus Savoyen verblieb im Piemont nurmehr die Feudalherrschaft Monferrato.

1610 geriet das Piemont in die Auseinandersetzungen zwischen **Frankreich** und den **Habsburgern.** Nach dem Aussterben der *Gonzaga* fiel 1630 das Monferrat an eine französische Nebenlinie. Nachdem *Ludwig XIV.* 1681 das nahe der savoyischen Hauptstadt Turin gelegene Casale Monferrato befestigen ließ, rückte *Vittorio Amedeo II.* (1675–1730) gegen die Franzosen vor.

Im **Spanischen Erbfolgekrieg** geriet Turin von 1701 bis 1714 zunächst wieder unter die Herrschaft Frankreichs. Doch bereits im Jahr 1703 wechselte *Herzog Vittorio Amedeo II.* die Fronten und verbündete sich mit den österreichischen Habsburgern. Mit Hilfe seines Vetters *Eugen* gewann *Vittorio Amedeo II.* 1706 die Schlacht um Turin. Als Verbündeter erhielt er im **Frieden von Utrecht** das Monferrat und im Austausch mit Sardinien 1718 darüber hinaus die Krone Siziliens. Turin wurde 1720 zur **Hauptstadt des Königreichs Sardinien-Piemont.**

Nach dem napoleonischen Intermezzo (1800–1814) wurden auf dem **Wiener Kongress** im Jahr 1815 die alten Machtverhältnisse wiederhergestellt.

Während des **Risorgimento** stand Turin im Mittelpunkt der italienischen Einigungsbewegung und wurde von 1861 bis 1865 Hauptstadt eines fast geeinten Königreichs.

Die königlichen Residenzen des Hauses Savoyen in Turin und Umgebung wurden von der UNESCO 1997 zum **Weltkulturerbe** erklärt.

Stadtbild

Mitte des 17. bis Mitte des 19. Jh. verwandelten die Hofarchitekten *Ascanio Vittozzi* sowie *Carlo* und *Amedeo Castellamonte* und deren geniale Nachfolger *Guarino Guarini* und *Filippo Juvarra* die kleine mittelalterliche Stadt in eine großzügige, in sich komplett geschlossene **Residenzstadt barocker Prägung.** Bei der Planung der großen neuen Straßenzüge orientierten sich die Stadtplaner am einstigen **rechtwinkligen Straßenraster** der Römer. Nur die Via Pietro Micca und die Via Po, die ostwärts aus der Stadt und zu den Colline, einer Hügelkette entlang des Flusses, in die reiche Villengegend Turins führt, fallen aus dem rechtwinkligen Schema heraus. Durch Verlängerung der alten Achsen entstanden in Richtung Süden, Osten und Westen neue prachtvolle Straßenzüge. Auf den beiden römischen Hauptachsen *Decumanus* und *Cardo* verlaufen heute die Via Garibaldi und die Via Porta Palatina. Die regelmäßig angelegten Häuserzeilen erhielten monumental gegliederte Fassaden und weit geöffnete Kolonnaden. Gebäude, die nicht mehr in das Gesamtbild passten, wurden abgerissen. Als **Ausgangspunkt für die zentralen Straßenachsen** Via Roma, Via Po und Via Garibaldi diente das **Schloss der Savoyer** auf der Piazza Castello. Wirkungsvoll in Szene gesetzt, enden die Boulevards in bereits von Weitem sichtbaren **Plätzen.** Turin ist ein einzigartiges städtebauliches Gesamtkunstwerk, das von der Kulisse des Alpenbogens umrahmt ist.

Stadtrundgänge

Problemlos kann man sich in Turin mehrere Tage auf Entdeckungstour begeben und findet immer wieder neue und interessante Ecken. Wer nur einige Stunden Zeit hat und hektische Besichtigungstouren vermeiden will, sollte angesichts der Fülle an Sehenswürdigkeiten gezielt Schwerpunkte setzen. Um Besuchern die Orientierung zu erleichtern, ist der Innenstadtbereich in diesem Reisehandbuch in **fünf Rundgänge** unterteilt.

Alle Wege in Turin führen zur **Piazza Castello,** idealer Ausgangspunkt für ein Bummel durch die verschiedenen Quartiere.

Von der Piazza Castello zur Piazza San Carlo

Palazzo Madama

Im Zentrum des großen, ringsum mit Kolonnaden gesäumten Platzes steht der **Palazzo Madama.** *Markgraf Guglielmo VII. von Monferrat* ließ 1276 das römische Osttor zur **Zwingburg** ausbauen, daher auch der Name „Piazza Castello“. Die *Acaja* erweiterten von 1402 bis 1415 das Gebäude auf quadratischem Grundriss. Aus dieser Zeit stammen noch die Türme und der Ostflügel des Castello d'Acaja, wie der Palazzo Madama auch genannt wird. Um den Palast einmal herumzulaufen lohnt sich, denn am Äußeren lassen sich deutlich die verschiedenen **Bauphasen** ablesen. Während sich der Palazzo auf der Rückseite noch als

191pi Foto: sg

Der Palazzo Madama

düstere Backsteinburg präsentiert, wendet sich auf der dem Schloss zugewandten Westseite eine der schönsten Barockfassaden des Piemont der Stadt zu. Kolossalpilaster wechseln sich mit großen Rundbogenfenstern ab. Die Dachbalustrade schmücken Statuen und Vasen. Der barocke Ausbau des Castello d'Acaja nach 1637 geht auf *Madame Maria Cristina von Frankreich* zurück, die Witwe von *Vittorio Amedeo I.*, die das Castello zu ihrem Wohnsitz machte. Seither wird das Gebäude „Palazzo Madama" genannt. Die Umbauten begannen unter dem Hofarchitekten *Carlo di Castellamonte* und fanden ihren Höhepunkt in der Westfassade und der eleganten doppelläufigen Freitreppe (1718–1721) von *Filippo Juvarra*. Diese nimmt fast die gesamte Breite des Gebäudes ein und entspricht dem repräsentativem Schlossbau im Barock. Die beiden Seitenflügel wurden nie realisiert.

Ein Rundgang lohnt sich auf jeden Fall. Nach jahrelangen Restaurierungsarbeiten erstrahlt der Palazzo Madama seit 2007 wieder in seiner ganzen Pracht. Auf insgesamt vier Stockwerken werden die **Sammlungen des städtischen Museums** sehr anschaulich und publikumsfreundlich in Szene gesetzt. Da die Sammlungen chronologisch geordnet sind, beginnt ein Rundgang am besten im Untergeschoss auf der Ebene der römischen Grundmauern. Unter den hier ausgestellten mittelalterlichen Skulpturen und Bauplastiken sind auch drei interessante **Kapitelle,** die aus der Kirche Sant'Orso in Aosta stammen. Allerdings fand man auf ihrer Oberfläche keine Spuren dunkler Bemalung, wie auf den Kapitellen im Kreuzgang von Sant'Orso. Möglicherweise wurden diese Kapitelle dort niemals aufgestellt und 1887 an die Stadt Turin verkauft. Erwähnenswert sind auch die **Fußbodenmosaiken** aus dem Dom von Aqui Terme. Das Erdgeschoss widmet sich den Kunstwerken aus der Zeit der **Gotik** und der **Renaissance.** In den ehemaligen Wohnräumen der Savoyer im 1. Stock sind Gemälde und die prächtigen, zum Teil original erhaltenen **Möbelstücke aus der Barockzeit** zu sehen. Ein stilvolles, ruhiges Caffè mit kleinen Snacks und gegenüber eine Veranda mit Sitzmöbeln und Ansichtskatalogen befinden sich ebenfalls im 1. Stock. Den Rundgang sollte man aber erst im 2. Stock beenden. Auch wer sich nicht für eine der bedeutendsten Majolika- und Porzellansammlungen Italiens interessiert, der Blick von hier oben auf die Innenstadt lohnt.

• **Palazzo Madama, Museo civico d'arte antica,** Piazza Castello, Tel. 01 14 43 35 01, www.palazzomadamatorino.it. Geöffnet: Di–Sa 10–18 Uhr, So 10–20 Uhr, Mo Ruhetag. Eintritt 7,50 €. Freitreppe und der mittelalterliche Hof: Eintritt frei, Di–Sa. 9–19, So 9–20 Uhr.

Kirche San Lorenzo

Mit einer schlichten Fassade, von außen eher unscheinbar, verbirgt sich linker Hand im verlängerten Westtrakt der Piazzetta Reale, die nördlich an die Piazza Castello angrenzt, die Kirche von San Lorenzo, einer der **Höhepunkte piemontesischer Barockarchitektur.**

Nur die achteckige Kuppel mit Laterne weist von außen auf einen Sakralraum hin. Der vom Theatinerpater *Guarino Guarini* zwischen 1668 und 1687 vollendete Zentralbau entspricht einem streng durchdachten **Schema** ineinandergreifender Raumsegmente. Aus dem quadratischen Grundriss entwickelte *Guarini* durch konvex begrenzte Ecknischen ein Achteck. Auf dem Abschlussgesims über diesen Ecknischen ruhen vier vorschwingende Bogen, und über den Eckelementen steigen Zwickel auf. Die Kuppel ist aus acht Rippen konstruiert, wovon je zwei Paare parallel angeordnet sind. So entsteht eine **sphärische Sternform,** in deren Mitte der Blick auf die lichterfüllte Laterne frei wird. Durch seine Ausbildung als **Mathematiker** war *Guarini* in der Lage, seine Sakralbauten mittels geometrischer Muster in mystische Räume mit schwingendem Linienspiel zu verwandeln.

Palazzo Reale

Die Nordseite der Piazza Castello nimmt der Palazzo Reale ein, das ehemalige **Königsschloss der Savoyer.** Bis ins 17. Jh. bildete der Palazzo den Mittelpunkt der Stadt.

Ein von *Pelagio Pelagi* 1835 entworfenes Eisengitter trennt die Piazzetta Reale von der Piazza Castello, rechts und links bewachen 1846 geschaffe-

206pi Foto sg

nen **Reiterstandbilder** der Zwillingssöhne des Zeus, **Castor und Pollux,** (1846) das Tor.

Der strenge Backsteinbau entstand zwischen 1643 und 1733 nach Entwürfen des Hofarchitekten *Amadeo di Castellamonte* direkt hinter dem Dom an der Stelle des früheren Bischofspalastes, der ersten Residenz *Herzog Emanuele Filibertos I.,* der 1563 den Sitz der Savoyer von Chambéry nach Turin verlegt hatte. Doch zunächst war der Bau einer modernen Festungsanlage weitaus wichtiger als ein repräsentatives Schloss. Erst sein Nachfolger *Vittorio Amedeo I.* begann mit dem Bau des Residenzschlosses.

Palazzo Reale

Östlich der Vierflügelanlage mit an den Ecken erhöhten Gebäudeteilen erstrecken sich die **Giardini Reali,** die königlichen Gärten. 1697 wurde der französische Gartenbaumeister *André Le Notre,* der „Urvater des Barockgartens", mit der Planung eines Gartens zwischen den Bastionen auf der Rückseite des Schlosses betraut. Auf die Entwürfe von *Le Notre* gehen auch die Parkanlagen von Versailles zurück.

Das Äußere des Palazzo Reale steht in starkem Kontrast zu den prunkvoll im Stil des **Barock und Rokoko** ausgestatteten Innenräumen. Wichtigster Raum im Erdgeschoss ist der über zwei Stockwerke reichende **Salone**

degli Svizzeri (Salon der Schweizer), der in polychromem Marmor gestaltet und üppig mit Kaminen, Gemälden und Fresken dekoriert ist. Im südwestlichen Eckgebäude führt eine großartige Treppenanlange hinauf zum **Piano Nobile** mit seinen Prunkräumen.

• **Palazzo Reale,** Piazzetta Reale, Tel. 01 14 36 14 55, Fax 01 14 36 14 57, www.piemonte.beniculturali.it; geöffnet Di–So 8.30–19.30 Uhr, Mo geschlossen; Eintritt 15 €, freier Eintritt in die Giardini Reali (Zugang über Viale Luzio) von 9 Uhr bis eine Stunde vor Sonnenuntergang.

Armeria Reale und Biblioteca Reale

In einem Seitenflügel des Palazzo befinden sich die Armeria Reale und die Biblioteca Reale. Die Armeria Reale (Zeughaus) besitzt eine der größten europäischen **Waffensammlungen** und wurde von *Carlo Alberto* bereits 1837 zum Museum erklärt. Zwei Jahre später gründete *Alberto* die Biblioteca Reale. Sie umfasst heute fast **200.000 Bücher** und **über 4000 Manuskripte.** Der beeindruckende tonnengewölbte Lesesaal mit seiner original erhaltenen Einrichtung ist öffentlich zugänglich und wird nach wie vor als Lesesaal genutzt. Die wichtigsten Stücke sind in der Regel nicht zu besichtigen. Die königliche Bibliothek besitzt drei **Originalblätter** von **Leonardo da Vinci:** das Porträt eines alten Mannes, das ihn vermutlich selbst darstellt, das Porträt einer jungen Frau und ein Kodex mit Zeichnungen über den Vogelflug.

• **Armeria Reale,** Piazza Castello 191, Tel. 011 54 38 89, www.artito.arti.beniculturali.it, **Biblioteca Reale,** Tel. 01 15 38 55; geöffnet Di–Fr 9–14, Sa/So 13–19.30 Uhr, nur mit Führung zu besichtigen. Eintritt 4 €.

Galleria Subalpina

Durch die elegante Geschäftspassage Galleria Subalpina aus dem Jahre 1873, im Südosten der Piazza Castello, gelangt man über die Via Cesare Battisti auf die Piazza Carlo Alberto.

Ähnlich wie in anderen italienischen Großstädten (die berühmte Mailänder Galleria Vittorio Emanuele II. wurde 1867 eingeweiht) entstanden in dieser Zeit in Turin als Zeichen von Modernität und Fortschrittlichkeit **Gebäude als Glas- und Eisenkonstruktionen.**

In der **Galleria Subalpina** scheint seither die Zeit stehen geblieben zu sein; zum Glück ist noch kein Fast-Food-Lokal bis hierher vorgedrungen, und unter den alteingesessenen Geschäften sind elegante Antiquariate, das Restaurant Arcadia und das kleine Cinema Romano zu entdecken.

Palazzo Carignano

Die Westseite der **Piazza Carlo Alberto** nimmt der rückwärtige Trakt des geschichtsträchtigen **Palazzo Carignano** ein. Hier wurden *Carlo Alberto* und sein Sohn *Vittorio Emanuele II.*, der erste italienische **König,** geboren, und hier tagte das erste subalpine (piemontesische) und das erste italienische **Parlament.**

1864–1872 wurde der Palazzo Carignano als Parlamentssitz in Form einer Vierflügelanlage im Stil des Historismus erweitert. An die Stelle der Gärten trat der neue Parlamentstrakt an der Piazza Carlo Alberto. Der große

Palazzo Carignano an der Piazza Carlo Alberto

Saal des italienischen Parlamentes im ersten Stock wurde aber niemals genutzt. 1864 wurde die Hauptstadt Italiens von Turin nach **Florenz** verlegt.

Über die Piazza Carlo Alberto gelangt man in den Innenhof und in den 1679–1685 nach Plänen des savoyischen Stararchitekten *Guarino Guarini* für die Familie *Carignano* (eine Nebenlinie der Savoyer) entworfenen Palast selbst. Das monumentale **Backsteingebäude** bestand ursprünglich nur aus einer langgezogenen Fassade mit geraden Seitentrakten und einem vorschwingenden Mittelteil, das die Strenge der Backsteinfassade mildern sollte.

Direkt hinter der Fassade des konvex hervortretenden Mittelteils steigt eine doppelläufige Treppe zum quer-ovalen **Festsaal** an, der 1860 zum Saal des subalpinen Parlaments umfunktioniert und seither nicht verändert wurde. Die **Parlamentssäle** können bei einem Rundgang durch das **Museo Nazionale del Risorgimento Italiano** besichtigt werden. Gegenstand des Museums ist eine umfassende Dokumentation über die italienische Einigungsbewegung seit dem Ende der französischen Belagerung von Turin 1706.

• **Museo Nazionale del Risorgimento Italiano,** Via Accademia delle Scienze 5, Tel. 01 15 62 11 47, www.museorisorgimentotorino.it. Di–So 9–19 Uhr, Mo geschlossen. Eintritt 7 €.

Piazza Carignano

An der Piazza Carignano, einem der geschichtsträchtigsten und zugleich ruhigsten Plätze Turins, liegen gegen-

192pi Foto: sg

193pi Foto: sg

Sphinx im Museo Egizio

über des ehemaligen Parlamentes **drei Institutionen** der Stadt: die Gelateria Pepino, Erfinder des Eis am Stiel „Pinguino", das berühmte Restaurant Cambio und dazwischen das Teatro Carignano. Das **Cambio,** 1757 gegründet, strahlt noch heute die Atmosphäre vergangener Zeiten aus und ist nach wie vor **eines der elegantesten Restaurants** Turins. Unter den schweren kristallenen Lüstern stehen die mit Silber, Kristall und feiner weißer Wäsche eingedeckten Tische. Über den umlaufenden Polsterbänken aus rotem Samt schmücken große Spiegel und Gemälde mit den ersten Königen die Wände. Man glaubt sofort, dass schon *Graf Cavour* hier Stammgast war.

Museo Egizio und Galleria Sabauda

Mit dem Bau einer Bildungsanstalt (Collegio dei Nobili) für den piemontesischen Adel, heute der **Palazzo dell'Accademia delle Scienze,** betrauten die Jesuiten 1679 *Guarino Guarini.* Im Gegensatz zum Palazzo Carignano, für den der Stararchitekt ebenfalls verantwortlich zeichnete, wirkt das rechteckige Backsteingebäude imposanter und strenger. Die Fassade der großen, dreiflügeligen Anlage ist ebenfalls mit Dekorationsmotiven aus Backstein geschmückt.

In dem Gebäude sind das Museo Egizio, das **Ägyptisches Museum,** und die Galleria Sabauda, die **Pinakothek,** untergebracht. Das Museo Egizio besitzt eine der weltweit **bedeutendsten Sammlungen der ägyptischen Antike** mit insgesamt mehr als 30.000 Exponaten vom 4. Jahrtausend v. Chr. bis zum 5. und 6. Jh. n. Chr. Grundstein für die Gründung des Museums 1824 war der Ankauf der Sammlung des französischen Konsuls in Ägypten durch den Savoyer *Carlo Felice*. Das Sammeln von ägyptischer Kunst war eine Modeerscheinung des 19. Jh. Während der Besetzung Ägyptens brachte Konsul *Bernardino Drovetti* mehr als 8000 Stücke, darunter monumentale Statuen von Göttern, Sphingen und Pharaonen, Mumien und Sarkophage, in seinen Besitz. Die Höhepunkte der Ausstellung begegnen dem Besucher gleich zu Beginn des Rundgangs im Erdgeschoss: Die Statuen von *Ramses II.,* der Prinzessin *Resis* und die Gruppe aus Theben mit *Tutanchamun* und dem Gott Amon auf dem Thron.

Unter neuer Museumsleitung wird auch das **Museo Egizio** nach und nach entstaubt. Der erste Saal wurde bereits völlig neu in Szene gesetzt. *Dante Ferretti,* ein international bekannter Bühnenbildner aus Rom (u.a. arbeitete er für Pier Paolo Pasolini, Federico Fellini, Martin Scorsese und große Opernhäuser) hat sich für Ramses und Co. eine einfache und doch sehr effektvolle Kulisse einfallen lassen. Einzig **Theaterlampen** beleuchten den ansonsten schwarzen Raum. An den Wänden sind **hohe Spiegel** angebracht und zeigen dem Betrachter auch die Rückseiten der Statuen. Im Untergeschoss wurden die römischen Grundmauern freigelegt und dokumentiert.

In der Galleria Sabauda, 1832 von *Carlo Alberto* gegründet, ist eine der bedeutendsten **Gemäldesammlungen** Oberitaliens zu sehen. Grundstein war auch hier die wertvolle savoyische Sammlung niederländischer und flämischer, italienischer und piemontesischer Meister. Während der Sanierung des Palazzo Madama wurde die Galleria Sabauda in die Via Accademia delle Scienze 6 ausgelagert.

- **Museo Egizio,** Via Accademia delle Scienze 6, Tel. 01 15 61 77 76, www.museoegizio.it. Geöffnet: Di–So 8.30–19.30 Uhr, Mo geschlossen; Eintritt 7,50 €.
- **Galleria Sabauda,** Tel. 01 14 40 69 03, www.artito.arti.beniculturali.it; geöffnet Di–So 8.30–19.30 Uhr, Mo. geschlossen; Eintritt 4 €.

Piazza San Carlo

Vom Museo Egizio erreicht man in nur wenigen Schritten die elegante Piazza San Carlo. Im Zentrum des 186 x 76 Meter großen Karrees steht unübersehbar das **Reiterstandbild für Herzog Emanuele Filiberto** (1838), ringsum flankiert von formal gleich angelegten **Barockpalästen** mit offenen Kolonnaden und verputzten Fassaden. Ähnlich wie auf der Piazza del Popolo in Rom, schließen die **Zwillingskirchen San Carlo** (ab 1619) und **Santa Cristina** (ab 1639) die Südseite des Platzes ab.

Ascanio Vittozzi begann 1615 mit der Anlage einer neuen Hauptachse von der Piazza Castello aus durch die

Contrada Nuova. Die Via Roma mündet in die von *Carlo di Castellamonte* 1642–1650 auf den Resten des römischen Amphitheaters errichtete Piazza San Carlo. Seit den 20er Jahren des vorigen Jahrhunderts gilt die Piazza in Turin als der *salotto buono,* die **„gute Stube"** der Stadt. Festlich gekleidet schlendert die gute Gesellschaft nach der Messe in der Kirche Santa Cristina durch die Kolonnaden, um in eines der eleganten **Cafés,** das Torino und das San Carlo, einzukehren. Das San Carlo war das erste Lokal Italiens, das 1832 mit Gaslicht beleuchtet wurde.

Weniger festlich sind hingegen die Treffen der fahnenschwingenden Tifosi, der **Fußballfans** von Juventus Turin, die rund um das bronzene Reiterstandbild (im örtlichen Dialekt „Caval d'Bruns", Bronzepferd), die Siege ihres Clubs feiern.

Von der Piazza Castello ins Stadtviertel Quadrilatero

Kathedrale San Giovanni Battista

Eine schmale Gasse führt westlich der Piazzetta Reale zur Piazza San Giovanni und zur gleichnamigen Kathedrale. An der Stelle einer Vorgängerkirche entstand 1491 bis 1506 die neue Kirche San Giovanni Battista, eines der wenigen **Renaissancebauwerke** der Stadt. *Kardinal Domenico della Rovere* erteilte *Meo del Caprina,* einem Baumeister aus Settignano in der Toskana, den Auftrag für die Planung einer konventionellen Basilika auf kreuzförmigem Grundriss. Insgesamt wirkt die Marmorfassade eher schlicht. Die Gewände der drei Kirchenportale sind jedoch reich skulptiert, und an den wertvollen **Flachreliefs** mit Darstellungen von Johannes dem Täufer zwischen Gottvater und dem thronenden Christus in den Bogenfeldern wird die toskanische Herkunft des Baumeisters erkennbar. Daneben erhebt sich der mächtige spätgotische **Glockenturm.** Das höchste Geschoss wurde in barocken Formen 1721 bis 1723 nach Entwürfen *Filippo Juvarras* hinzugefügt.

Cappella della Sacra Sindone

Überragt wird San Giovanni Battista im Osten von der unverkennbaren Kuppel der Cappella della Sacra Sindone, ein von *Guarino Guarini* eigens für die Aufbewahrung der **wichtigsten Turiner Reliquie,** dem **Leichentuch Christi** (Sacra Sindone), konstruierter Zentralbau mit direktem Zugang zur Kathedrale und zum Schloss. Auf dem Leinentuch sind die Abdrücke der Vorder- und Rückseite eines etwas 1,80 Meter großen Mannes mit Spuren von Verletzungen zu sehen. Die etwa seit dem 14. Jh. als Leichentuch Christi verehrte Reliquie gelangte 1578 durch *Emanuele Filberto* von Chambéry in die neue Hauptstadt der Savoyer nach Turin. Die Sacra Sindone gehört zu

Markthallen an der Piazza della Repubblica

den über 40 aus dem Mittelalter überlieferten Grabtüchern Christi. Seine **Echtheit** ist seit Langem heftig umstritten und lässt sich mit wissenschaftlichen Mitteln nicht eindeutig nachweisen. Der Erforschung widmet sich die 1936 eigens dafür gegründete Vereinigung Centro Internazionale della Sindonologia.

Mit dem Bau der Kapelle, die zugleich **Wallfahrtsstätte** als auch **Grabkapelle der Savoyer** werden sollte, wurde zunächst der Turiner Hofarchitekt *Amedeo di Castellamonte* betraut, der jedoch nur die erste Etage vollendete. *Guarino Guarini* realisierte in grandioser Weise die kühne Konstruktion auf kreisförmigen Grundriss. Sie gipfelt in einer 65 Meter hohen, durch einen zwölfzackigen Rippenstern skelettierten Spitzkuppel mit abschließender Laterne. Umlaufend befinden sich in Wandnischen die Grabmale der Savoyer. Die Mitte des Zentralbaus beherrscht ein **Tabernakelaltar** aus schwarzem Marmor. In dem mit sieben Schlüsseln verschlossenen Schrein wurde bis Juli 1997 das Grabtuch aufbewahrt. Bei einem **Brand** wurde die Kapelle stark beschädigt, sie ist **nicht zu besichtigen.** Nach Abschluss der Restaurierungsarbeiten soll das Tuch, das erst im Frühjahr 2010 wieder ausgestellt wird, wieder an seinen ursprünglichen Aufbewahrungsort gebracht werden.

Archäologische Zone

Auf der Via XX. Settembre, nördlich der Kathedrale, erreicht man die archäologische Zone der Stadt. Hinter einem Zaun liegen, völlig unspekta-

194pi Foto: sg

kulär, die Überreste des **Teatro Romano.** Gegenüber erhebt sich die imposante **Porta Palatina.** Das einzig erhaltene **Stadttor** des römischen Castrum aus dem 1. Jh. n. Chr. führte zur Po-Ebene hinaus und ist das am besten erhaltene Relikt aus der Römerzeit in Turin. Der dreigeschossige Torbau mit drei Durchfahrten wird von neun Achsen überwölbt. Die seitlichen Zwillingstürme auf 16-eckigem Grundriss erreichen eine Höhe von 30 Metern. Während der Langobardenzeit wurde der Torbau als **Herzogspalast** genutzt. Aus dieser Zeit stammt auch der Name „Palatin" (Pfalzgraf).

Am Ende der Via XX. Settembre gelangt man in die **Giardini Reali.** In den ehemaligen Gewächshäusern des Palazzo Reale residiert heute das **Museo di Antichità.** Den Grundstock für die große archäologische Sammlung an Statuen, Bronzeskulpturen, Stelen, Grabbeigaben und Werkzeugen legte *Emanuele Filiberto* bereits 1572.

• **Museo di Antichità,** Via XX Settembre 88c, Tel. 01 15 21 11 06, museoarcheologico.piemonte.beniculturali.it. Geöffnet Di–So 8.30–19.30 Uhr, Mo geschlossen; Eintritt 4 €.

Piazza della Repubblica

Vom ehemaligen Tor aus der Stadtmauer des 18. Jh. hat sich nur der Name „Porta Palazzo" erhalten. Seit Anfang des 19. Jh. wird hier allmorgendlich im Freien und in den zum Teil schmiedeeisernen alten Markthallen auf der Piazza della Repubblica **Markt** abgehalten. Das bunte Spektakel sollte man sich nicht entgehen lassen.

Das Viertel Borgo Dora

Noch bis vor wenigen Jahren galt das nordwestlich an die Porta Palazzo und westlich an den Corso Giulio Cesare anschließende Viertel Borgo Dora rund um die gleichnamige Straße als gefährliche Gegend. Heute hat man dort nichts mehr zu befürchten. Jeden zweiten Sonntag im Monat findet im Borgo Dora ein großer und sehr sehenswerter **Händlerflohmarkt** statt, der **Gran Balôn.**

Beliebte Kneipen, Restaurants und Weinhandlungen haben sich im alten Handwerksviertel Borgo Dora etabliert. Noch in den 1990er Jahren gehörte Borgo Dora zu den **ärmsten Ecken Turins.** Seit den 1950er und -60er Jahren bewohnten **Immigranten** aus Süditalien die abbruchreifen Häuser. An dieses düstere Bild erinnert heute nichts mehr. In die sanierten Häuser ist längst die gut situierte Turiner Mittelschicht eingezogen, und der Großteil des Nachtlebens spielt sich mittlerweile im Quadrilatero ab.

Das Viertel Quadrilatero

Das reizvolle, größtenteils verkehrsberuhigte Viertel mit seinem Labyrinth an schmalen Straßen und engen Gassen, gemütlichen Plätzen und kleinen Kirchen, vielen Kneipen und Restaurants erstreckt sich südlich der Porta Palazzo und Borgo Dora und westlich der Piazza Castello auf dem rechtwinkligen Grundriss des ehemaligen römischen Castrums.

Besonders einladend ist die Gegend rund um die hübsche **Piazza della Consolata.** Die **Kirche,** der Schutzheiligen der Stadt (Consolata) geweiht, hat einen bewegenden Innenraum: Hunderte von Votivtafeln hängen an den Wänden bei der Sakristei, eine kuriose Sammlung naiver Malerei.

Gegenüber sollte man unbedingt im traditionsreichen **Café Al Bicerin** Halt machen. 1763 wurde hier die Kaffeespezialität Bicerin erfunden, ein heißes Getränk aus Kakao, Kaffee und Sahne.

Vorbei am Palazzo di Città, Sitz des Rathauses, und am ehemaligen Gemüsemarkt, **Piazza delle Erbe,** erreicht man die Fußgängerzone Via Giuseppe Garibaldi. Sie liegt auf dem römischen Decumanus Maximus und führt wieder zurück auf die Piazza Castello.

Von der Piazza Castello in Richtung des Po

An der Via Po

Die Via Po verbindet die Piazza Castello mit der für militärische Paraden konzipierten großen **Piazza Vittorio Veneto** am Ufer des Po. Sie wurde nach der Belagerung von 1640 als militärische Verbindungsachse zur damals einzigen **Brücke** (Ponte Vittorio Emanuele I.) über den Fluss konzipiert. Heute ist die Via Po eine der Hauptverkehrsadern und eine der belebtesten **Shoppingmeilen** Turins. In ihrem gesamten Verlauf säumen **Kolonnaden** die Straße, und selbst die einmündenden Seitenstraßen sind mit Arkaden eingefasst, sodass man bei Regen trockenen Fußes von der Piazza Castello bis hinab zum Flussufer gelangt.

Mole Antonelliana

Mitten im Universitätsviertel lohnt sich ein Besuch der unübersehbaren Spitze der Mole Antonelliana, der genialste **Aussichtspunkt** der Stadt. Auch wenn sich bis heute viele Turiner noch nicht mit dem gigantischen Monument anfreunden konnten, so ist dieser *eye-catcher* mittlerweile längst zum **Wahrzeichen Turins** geworden.

Wie eine Nadel überragt der 1863 als **Synagoge** begonnene Turm die Kuppeln der überwiegend im Barock erneuerten Kirchen der Altstadt. Nach Einführung der von *Carlo Alberto* gewährten Religionsfreiheit (Statuto Albertino) plante die jüdische Gemeinde den Bau einer Synagoge. Das 1859 dafür angekaufte Grundstück war nicht sehr groß, sodass der Sakralraum vor allem in die Höhe konzipiert werden sollte. 1863 begann der aus Novara stammende Architekt und als Dozent an der Turiner Accademia Albertina tätige **Alessandro Antonelli** (⇗„Novara") mit dem Bau der Synagoge. *Antonelli* begnügte sich aber nicht mit den ursprünglichen Vorgaben seines Auftraggebers, sondern ließ den Bau gewaltig in die Höhe wachsen. Nach zehn Jahren waren die finanziellen Mittel erschöpft, der Turm erreichte bereits 112 Meter Höhe, und die Gemeinde musste 1878 den Riesenbau *(mole)* an die Stadt verkaufen. *Antonelli* durfte weiterbauen und errichtete sich mit dem 167 Meter hohen Turmbau ein nach ihm benanntes Denkmal. 1889, ein Jahr nach seinem Tod, war die äußere Hülle des kuriosen Baus zwar fertiggestellt, er wurde aber, bar jeglicher Funktion, im Inneren nicht ausgebaut und blieb jahrzehntelang ungenutzt. Von 1964 bis zum Einzug des **Museo Nazionale del Cinema** im Jahr 2000 stand in der Mitte des nackten Bauwerks nichts weiter als ein **gläserner Aufzug,** mit dem man auf die Panoramaplattform oberhalb der Kuppel gelangte. Der gläserne Aufzug im Zentrum ist geblieben. Doch drumherum spielt sich auf spiralförmig angelegten Galerien die Erlebniswelt der bewegten Bilder ab, beispielsweise in interessanten Dokumentationen über die Entstehung von Fotografie und Film. Die einzelnen Schritte einer Filmproduktion werden durch Skizzen, Objekte und Kostüme bekannter Filmklassiker veranschaulicht. In der Aula del Tempio, einer eingezogenen Zwischenetage, kann man es sich auf Chaiselongues bequem machen und mit Kopfhörern die Filme auf zwei Großleinwänden verfolgen. Im Erdgeschoss, ähnlich wie bei einer Kinolobby, befinden sich die Kasse, eine Buchhandlung und eine futuristisch anmutende Bar.

- **Museo Nazionale del Cinema,** Via Montebello 20, Tel. 01 18 13 85 60/61, www.museocinema.it; geöffnet Di–So 9–20 Uhr, Sa 9–23 Uhr, Eintritt 8 € (Museum/Aufzug), 7 € (Museum), 5 € (Aufzug).

Piazza Vittorio Veneto

Am Ende der Via Po öffnen sich die Arkaden auf die Piazza Vittorio Veneto und geben den Blick auf die Hügel der anderen Flussseite frei.

Die von *Napoleon* errichtete **Brücke Vittorio Emanuele I.** führt auf den Platz, zur effektvoll in Szene gesetzten **Kirche Gran Madre di Dio** (1818–1831) und in das **Viertel Borgo Po.** Die nobelste Wohngegend von Turin liegt in bester Hügellage mit herrlichem Blick auf die Stadt. Die **Jugendstilvillen** sind von schönen Gärten umgeben. Als nach dem Wiener Kongress 1815 die Herrschaft *Napoleons* in Turin beendet war und *Vittorio Emanuele I.* wieder in seine alte Residenz zurückkehrte, feierten die Turiner die glorreiche Heimkehr ihres Monarchen mit dem Bau eines pompösen, nach dem **Vorbild des römischen Pantheons** errichteten Gotteshauses im klassizistischen Stil.

Am Po entlang zum Fiat-Werk Lingotto

Stadtpark

Wieder zurück auf der linken Flussseite, erreicht man bei der nächsten Brücke, der Ponte Umberto I., den ca. 50 Hektar großen **Stadtpark** von Turin. Der **Parco del Valentino** existiert bereits seit dem 16. Jh., wurde aber im 19. Jh. mit Straßen, Spazierwegen und großen Wiesenflächen als öffentlicher Park neu konzipiert. Innerhalb des Geländes liegen der ehemals königli-

Futuristisch: Helikopterlandeplatz und Konferenzsaal auf dem Lingotto

che **Botanische Garten** (Orto Botanico) und das **Castello del Valentino,** ehemals Lustschloss von *Maria Cristina,* Ehefrau von *Vittorio Amedeo I.* und Tochter des französischen Königs *Heinrich IV.* 1630 begann *Carlo di Castellamonte* mit den aufwendigen Umbaumaßnahmen, die 1663 von seinem Sohn *Amedeo* vollendet wurden. Nach dem Vorbild französischer Schlossarchitektur wurde das Castello del Valentino zur dreiflügeligen Anlage mit zentralem Corps de Logis und Eckpavillons unter Walmdächern errichtet. Heute hat hier die **Architekturfakultät** der Universität ihren Sitz.

Mit Kindern bietet sich ein Spaziergang durch das sogenannte **Borgo Medioevale** an. Anlässlich der Ausstellung „Esposizione Generale Italiana" 1844 rekonstruierte *Alfredo d'Andrade,* Restaurator und erster piemontesischer Denkmalschützer, einen kompletten mittelalterlichen Borgo mit Festungsmauern, Torturm, Zugbrücke, Burg, Läden und Wohnhäusern, wobei sich *Andrade* als Vorlage der Originalbauten aus dem Piemont bediente.

• **Borgo Medioevale,** Viale Virgilio 107, Parco del Valentino, Tel. 01 14 43 17 01/02, www.borgomedioevaletorino.it; Borgo geöffnet Mo–So 9–19 Uhr (Sommer 9–20 Uhr), Eintritt frei; Burg: Di–So 10-18 Uhr, Mo geschlossen; Eintritt 5 €.

Weiter südlich stadtauswärts, ebenfalls am Po-Ufer, trifft man auf eines der größten Automobilmuseen Europas. Das **Museo Nazionale dell'Automobile** ist allerdings bereits seit längerem

Turin und Umgebung

088pi Foto: sg

wegen Restaurierung geschlossen. Leider ist nicht bekannt, wann es wieder die Pforten öffnet.

Fiat-Werk Lingotto

Nicht weit von den jetzigen Fiat-Produktionsstätten im Industriegebiet Mirafiori steht der Lingotto („Barren"), das erste, 1917 bis 1923 erbaute Fiat-Werk. Nach Vorbild der bahnbrechenden Ford-Werke in Detroit entwarf der Ingenieur *Giacomo Mattè Trucco* eine über fünf Stockwerke vertikal angeordnete, sehr **effiziente Fabrikationsanlage,** die sämtliche Produktionsschritte, Verwaltung und Geschäftsführung in einem Gebäudekomplex vereinte. Lange Zeit galt der Lingotto als die **erfolgreichste Fabrikationsstätte der Automobilindustrie.**

Der Gebäudekomplex besteht aus zwei parallel angeordneten, jeweils 500 Meter langen Hauptgebäuden, durch fünf riegelförmig angeordnete Verwaltungstrakte miteinander verbunden, wodurch eine Reihe von Innenhöfen entstand. Am Ende der Fertigungskette stand die **Testfahrt auf dem Dach.** Über zwei spiralförmige Rampen am Süd- und Nordende, die zugleich die einzelnen Stockwerke miteinander verbanden, erreichten die fertigen Modelle die elliptisch geformte „Pista". Sicherlich stand die Angst vor allzu schneller Nachahmung technischer Neuerungen Pate bei dieser revolutionären Idee einer hausinternen Teststrecke.

Bereits 1939 konnte der Lingotto die massive Nachfrage nach Neuwagen nicht mehr bewältigen, und in der Nähe wurde die **neue Fabrik Mirafiori** errichtet. Die vertikale Anordnung erwies sich bei der Massenfertigung als hinderlich, und die Teststrecke auf dem Dach ließ keine schnellere Geschwindigkeit als 90 Stundenkilometer zu. 1983 wurde die Fabrikationsstätte im Lingotto endgültig **geschlossen.**

Bei einem internationalen Architekturwettbewerb gewann wenige Jahre später *Renzo Piano* mit seinen Plänen zu einer radikalen **Umgestaltung** die Ausschreibung. Aus dem beeindruckenden Industriedenkmal entwickelte sich ein **Messe- und Kongresszentrum** mit Geschäftspassagen, Kinos, Büros und zwei der schönsten Hotels der Stadt. Bekannte **Bauwerke** des aus Genua stammenden und international bekannten Architekten sind das Centre Pompidou in Paris, mit dem er 1977 erstmals für Furore sorgte, das Museum der Fondation Beyeler in Weil am Rhein und der auf einer künstlichen Insel errichtete Kansai-Flughafen in Osaka; auch für die Neugestaltung des Potsdamer Platzes in Berlin zeichnete *Renzo Piano* verantwortlich.

Das futuristische Dach des ehemaligen Fabrikgebäudes krönen heute neben dem Helikopterlandeplatz der Fiatdynastie *Agnelli* eine große blaue „Glasblase", die **Bolla** (1994) mit Konferenzsaal, und der **Scrigno** („Kasten") auf der Nordrampe, in dem die private Kunstsammlung der Familie *Agnelli* mit herausragenden Werken von *Canaletto, Édouard Manet, Amedeo Modigliani, Pablo Picasso, Auguste Renoir, Henri Matisse* und *Giovanni Battista Tiepolo* zu besichtigen ist.

• **Pinacoteca Giovanni e Marella Agnelli,** Via Nizza 230, Tel. 01 10 06 27 13, www.pinacoteca-agnelli.it; geöffnet Di–So 10–19 Uhr, Mo geschlossen; Eintritt 7 €. Erreichbar mit Bus und Straßenbahn (Linien 1, 18, 35, Haltestelle „Lingotto").

Moderne Kunst in Turin und Umgebung

GAM (Galleria Civica d'Arte Moderna e Contemporanea)

Turin besitzt mit der 1864 gegründeten Galleria Civica d'Arte Moderna e Contemporanea die **älteste städtische Sammlung moderner und zeitgenössischer Kunst in Italien.** Die Sammlung umfasst ca. 20.000 Gemälde, Skulpturen, Zeichnungen, Stiche, Radierungen und Installationen, angefangen vom ausgehenden 18. Jh. bis zur Gegenwart, mit überwiegend italienischen Werken. In chronologischer Reihenfolge angeordnet, bieten die Ausstellungsstücke einen Überblick über die **Entstehung und Entwicklung der verschiedenen Kunstströmungen.** Vertreten sind u.a. Arbeiten von *Amedeo Modigliani, Giorgio de Chirico, Otto Dix, Max Ernst, Paul Klee und Fernand Léger.* Repräsentative Werke der **Arte Povera,** eine der wichtigsten Kunstströmungen im Piemont (⇗„Biella"), finden sich im ersten Stock in den Sälen 20 bis 22.

• **GAM – Galleria Civica d'Arte Moderna e Contemporanea,** Via Magenta 31, Tel. 01 14 42 95 18, www.gamtorino.it; geöffnet Di–So 10–18 Uhr, Mo geschlossen; Eintritt 7,50 €. Erreichbar ab Porta Nuova mit den Buslinien 52, 64 und 68 und der Straßenbahnlinie 9 oder zu Fuß ab Piazza Solferino über Corso Re Umberto I., Corso Vittorio Emanuele II. und Corso Galileo Ferraris.

Fondazione Sandretto Re Rebaudengo

Unbedingt sehenswert sind die Ausstellungen und Kulturveranstaltungen der Fondazione Sandretto Re Rebaudengo. Gründerin und Präsidentin der Kunststiftung ist die in Turin geborene Unternehmerin *Patrizia Sandretto Re Rebaudengo.*

Das heruntergekommene Viertel **San Paolo** mit seinen zahlreichen leer stehenden Industriearealen wirkt als Standort für solch ein ambitioniertes Kunstprojekt auf den ersten Blick etwas skurril, passt aber gut ins Konzept und zu den Ideen der dynamischen Kunstmäzenin. Die Stiftung hat sich zum Ziel gesetzt, **zeitgenössische Kunstströmungen** einem **möglichst breiten Publikum** nahe zu bringen und versteht sich also nicht als klassisches Museum für zeitgenössische Kunst, sondern vielmehr als **Kunst- und Kulturzentrum.** Auf dem Gelände einer ehemaligen Fabrik entstand ein schmuck- und fensterloser Quaderbau von 130 Metern Länge und neun Metern Höhe, der sich gut in die Umgebung einfügt. Nach ersten Anlaufschwierigkeiten seit der Eröffnung 2002 (dazu gehörte vor allem die fehlende Akzeptanz der Turiner) hat sich die Fondazione mittlerweile als fester Bezugspunkt für zeitgenössische Kunst in der Stadt etabliert.

Insgesamt 1000 Quadratmeter der insgesamt 3500 Quadratmeter großen Halle stehen **wechselnden Ausstel-**

Mario Merz und die Arte Povera

Mario Merz, 1925 in Mailand als Sohn schweizerischer Eltern geboren, wuchs in Turin auf. Im Zweiten Weltkrieg gab er sein Medizinstudium auf und schloss sich der **antifaschistischen Bewegung Giustizia e Libertà** (Gerechtigkeit und Freiheit) an. Während einer einjährigen **Haftstrafe,** die er im Gefängnis von Turin 1945 verbüßte, entstanden *Merz'* erste experimentelle Grafiken.

Die Galerie La Bussola a Torino widmete ihm erstmals **1954** eine eigene **Ausstellung** mit Zeichnungen und Gemälden. Seit den 1970er Jahren sind seine Werke in den führenden Museen für zeitgenössische Kunst vertreten. Zweimal wurder er zur Biennale nach Venedig und viermal auf die Documenta nach Kassel eingeladen. Zusammen mit *Michelangelo Pistoletto* gilt *Merz* als Wegbereiter und **führender Protagonist der Arte Povera** (⇗„Biella"), einem der größten Kunsttrends der italienischen Nachkriegszeit. Immer wiederkehrend in seinem Werk sind die aus unterschiedlichsten Materialien hergestellten **Iglu-Installationen.**

Merz **starb** am 9.11.2003 in Turin.

Im ehemaligen Fabrikationsgebäude von Lancia (1936), einige Querstraßen westlich der Fontana Igloo, eröffnete 2005 die **Fondazione Merz** (Präsidentin ist die Tochter *Beatrice Merz*) ein **Zentrum für zeitgenössische Kunst.** In dem 3200 Quadratmeter großen Gebäude stehen Interessierten und Kunstschaffenden eine Bibliothek, ein Studienzentrum, eine Buchhandlung und ein Café zur Verfügung. 1400 Quadratmeter werden als Ausstellungsfläche genutzt.

• **Fondazione Merz,** Via Limone 24, Tel. 011 19 71 94 37, fondazionemerz.org; geöffnet Di–So 11–19 Uhr; Eintritt 5 €. Zu erreichen mit den Buslinien 55, 56, 64 und der Straßenbahnlinie 15.

lungen junger Künstler zur Verfügung. In den restlichen Räumen sind **Ateliers** untergebracht, finden **Kongresse, Konzerte, Theater- und Kinoaufführungen** statt.

Dazu gehört eine **Buchhandlung,** ein **Café** mit Außenfläche und ein von den Öffnungszeiten der Fondazione unabhängiges **Restaurant** im Obergeschoss (Ristorante Spazio, ⇗„Praktische Tipps, Essen und Trinken").

• **Fondazione Sandretto Re Rebaudengo,** Via Modane 16, Tel. 01 13 79 76 00 www.fondsrr.org; geöffnet Di, Mi, Fr 14–19 Uhr, Do 14–19.30, 20–23 Uhr, Sa/So 12–19 Uhr, Eintritt 5 €. Erreichbar mit den Buslinien 10, 12, 55, 58, 64 und 66.

Parcours Arte Pubblica sul Passante Ferroviaria

Entlang einer Strecke im Stadtgebiet, auf der früher die Bahngleise verliefen, zwischen Corso Bramante und Corso Vittorio Emanuele II., entsteht seit einigen Jahren der **Parcours** Arte Pubblica sul Passante Ferroviaria. Bislang wurden Installationen von *Mario Merz, Giuseppe Penone, Gilberto Zorio, Michelangelo Pistoletto, Jannis Kounellis, Per Kirkeby, Ulrich Rückriem, Giulio Paolini, Luigi Mainolfi, Giovanni Anselmo* und *Walter Pichler* realisiert. Sehenswert sind die „Fontana Igloo" von *Mario Merz* und die von *Giuseppe Penone* aus gepflanzten Bäumen geschaffene Skulptur „L'Albero" entlang des Corso Lione.

Aktion Luci d'Artista

Seit 1998 erleuchten in der Zeit von November bis Januar **Lichtinstallationen** international bekannter Künstler

209pi Foto: sg

das Stadtgebiet. In einem Spiel der Farben und Lichter werden bei der Aktion Luci d'Artista die alltäglichen Plätze in eine Art Freilichtmuseum verwandelt.

- **Infos** über www.turismotorino.org.

Museo d'Arte Contemporanea im Castello di Rivoli

Oberhalb der kleinen mittelalterlichen **Stadt Rivoli** ließ *Emanuele Filiberto* die ehemalige mittelalterliche Residenz durch *Carlo Castellamonte* zu einem **Lustschloss** umbauen. Es war Teil eines von *Filippo Juvarra* 1716 bis 1726 geplanten großen **Landschaftsprojektes,** das aber nie vollendet wurde. Während der französischen Besetzung wurde das Schloss stark beschädigt. Nach einer langen Restaurierungsphase beherbergt der gewaltige Backsteinbau nun ein Museum für zeitgenössische Kunst.

In den Ausstellungsräumen, wo die Stuckaturen und Fresken nicht mehr erhalten waren, beließ man das nackte Mauerwerk. Die Räume bieten einen faszinierenden Rahmen für die Installationen und Werke u.a. von *Charles Ray, Maurizio Cattelan, Rebecca Horn, Joseph Beuys, Frank O. Gehry, Anselm Kiefer, Per Kirkeby, Jeff Koons, Sol LeWitt* und *Mario* und *Marisa Merz.*

Zum Museum gehören eine **Buchhandlung** und ein einladendes **Aus-**

Museo d'Arte Contemporanea

089pi Foto: sg

flugslokal mit Terrasse in schöner Aussichtslage, ansprechender Paniniauswahl und Mittagsbuffet.

Daneben liegt das Combal.Zero, eines der extravagantesten Restaurants (ein Michelinstern) der Gegend.

• **Infos** über www.combal.org.

• **Castello di Rivoli Museo d'Arte Contemporanea,** Piazza Mafalda di Savoia, Tel. 01 19 56 52 80, www.castellodirivoli.org; geöffnet Di–Fr 10–17 Uhr, Sa/So 10–19 Uhr, Mo geschlossen; Eintritt 6,50 € (Kinder bis 11 Jahre frei). Anfahrt mit der Metro ab Porta Nuova bis zur Haltestelle Fermi Stop. Ab hier täglich Busshuttle bis zum Castello di Rivoli um 9/10.30/11.30/14.25/16 Uhr, Ticket 1,50 € (Torino und Piemonte Card).

Spaß nicht nur für Kinder: eine Fahrt mit der Zahnradbahn La Cremagliera

Turin für Kinder

Laterna magica, indische Schattentheater, optische Zaubereien, Filmanimationen, Rekonstruktionen von Filmsets und Figuren (z.B. King Kong) und die Fahrt mit einem gläsernen Aufzug hinauf auf den höchsten Aussichtspunkt der Stadt – es gibt viel zu erleben im **Museo Nazionale del Cinema.**

Gruselige Mumien können im **Museo Egizio** bewundert werden.

Das **Museo della Marionetta** zeigt neben Aufführungen eine große Marionettensammlung.

• **Museo della Marionetta,** Via Santa Teresa 5, Tel. 011 53 02 38, www.museomarionettelupi.com, Eintritt 4 €, Marionettentheater 5 €. Zu Fuß zu erreichen (z.Zt. geschlossen).

Das **Naturkundemuseum** (Museo Regionale di Scienze Naturali, Via Giolitti 36, Tel. 01 14 32 63 54/65, www.regione.piemonte.it/museoscienzenaturali, geöffnet Mo–So 10–19 Uhr, Di geschlossen. Eintritt 5 €) zeigt mineralogische, geologische, paläontologische und entomologische Sammlungen.

Disneyland im Piemont: **Borgo Medioevale,** Nachbau einer Ritterburg und eines mittelalterlichen Dorfes.

Eine **Bootsfahrt** auf dem Po (ab Piazza Vittorio Veneto und Borgo Medioevale) begeistert Eltern und Kinder; die Fahrt ist in der Torino u. Piemonte Card eingeschlossen.

Mit der altmodischen **Zahnradbahn** geht es hinauf zur Basilica di Superga.

Im **Veranstaltungskalender „Torino Sette“,** der Freitagsbeilage der Zeitung „La Stampa“, gibt es eine eigene Rubrik für Kinder.

Die schönsten Aussichtspunkte

Eine herrliche Aussicht über die Stadt am Po, über die Collina und die Alpen genießt man von der Plattform der **Mole Antonelliana** (Aufzug).

Von Osten her sieht man die durch die Mole geprägte Silhouette Turins und bei klarem Wetter den Gipfel des Monviso vom **Monte del Cappuccini** aus. Der Hügel liegt auf der anderen Flussseite, nicht weit von der Kirche Gran Madre di Dio und der Piazza Vittorio Veneto entfernt.

Alpenpanorama genießt man von der **Basilica di Superga.**

Ein ganz anderer Blickwinkel, vor allem auf die modernen, für die Olympiade errichteten Gebäude und den neuen Bahnhof Lingotto, eröffnet sich von der Rennpiste auf dem Dach des ehemaligen Fiat-Gebäudes **Lingotto** (Zugang über die Pinacoteca Giovanni e Marella Agnelli, siehe Seite 283).

Praktische Tipps

Internetseiten

- www.turismotorino.org;
- www.comune.torino.it/torinoplus;
- www.torinopiupiemonte.com;
- www.torinocultura.it;
- www.extratorino.it.

Anreise

- **Mit dem Flugzeug:** Internationaler Flughafen Aeroporto di Torino Caselle, ca. 16 Kilometer außerhalb, Tel. 01 15 67 63 61/62, www.aeroportoditorino.it. Bustransfer in die Innenstadt von 5.15–23 Uhr (5,50 €, Fahrtzeit 45 Min.). Mit dem Zug über Dora GTT (www.gtt.to.it) halbstündlich in ca. 20 Min. direkt zum Flughafen (3,40 €) oder mit dem Taxi (Festbetrag 30 €).
- **Mit dem Zug:** Porta Nuova, zentraler Hauptbahnhof im Zentrum Corso Vittorio Emanuele II., Zugauskünfte über www.ferroviedellostato.it.

Touristeninformation

- **Informationsbüros Turismo Torino e Provincia:** Piazza Castello/Via Garibaldi, täglich 9–19 Uhr, Hauptbahnhof ‚Porta Nuova', täglich 9.30–19 Uhr, Aeroporto di Caselle, täglich 8–23 Uhr. Unterkünfte online buchbar über www.turismotorino.org. Telefonische Auskünfte über die zentrale Hotline 011 53 51 81 täglich 9.30–21.30 Uhr, info.torino@turismotorino.org.

● Eine hervorragende Übersicht über das komplette **Kulturangebot** bietet der Veranstaltungskalender *Torino Sette,* Freitagsbeilage der Turiner Tageszeitung La Stampa.

Wichtige Telefonnummern

● **Polizei:** Tel. 113
● **Notarzt:** Tel. 118
● **Taxi:** Radio Taxi, Tel. 011 57 30/57 37, Pronto Taxi Tel. 011 57 37, Grundtarif 3,10 €.

Öffnungszeiten

● **Geschäfte:** Mo–Sa in der Regel 9.30–12.30 und 15.30–19.30 Uhr, teils Montagmorgen geschlossen.
● **Banken:** Mo–Fr 8.30–13.30 Uhr.
● **Post:** Via Alfieri 10, Mo–Fr 8.30–18.30 Uhr, Sa 8.30–12 Uhr.

Rabatte mit der Torino- + Piemonte Card

Wer einige Tage in Turin zubringt, sich mit öffentlichen Verkehrsmitteln fortbewegen und einige Sehenswürdigkeiten besichtigen möchte, für den lohnt sich auf jeden Fall die Anschaffung der Torino- + Piemonte Card. Sie gilt 2, 3, 5 (22/27/32 €) oder 7 Tage (37 €) und berechtigt zum Eintritt in über 160 Museen, Ausstellungen, Burgen und Schlösser nicht nur in Turin sondern auch in der Region Piemont. In Turin beinhaltet die Karte auch die **Fahrten mit der städtischen Verkehrsmittel** der GTT, mit dem **Panoramaaufzug** auf die Mole Antonelliana und der **Zahnradbahn** Cremagliera nach Superga. Die Torino- + Piemonte Card gilt für 1 Erwachsenen und 1 Kind bis 12 Jahre. 2-Tage-Junior Card für Jugendliche von 12–18 Jahre 11 €.

Die Torino- + Piemonte Card ist in allen **Informationsstellen** und in den meisten **Hotels** erhältlich.

Stadtrundfahrten/ Sightseeing

● **Navigazione sul Po,** Tel. 01 15 76 47 33 oder 800 01 91 52, Ausflugsboote ab Murazzi und Borgo Medioevale, im Sommer täglich, sonst an Wochenenden und Feiertagen, Di–Fr 2 €, Sa u. So 3 €.

Unterkunft

„Weekend in & around Torino" heißt eine Initiative zur Förderung des Individualtourismus in Turin. Viele Hotels der gehobenen Mittelklasse, unter der Woche von Geschäftsleuten und Kongressteilnehmer gebucht, haben am Wochenende freie Kapazitäten und bieten günstige **Spezialtarife** an (gilt nicht während wichtiger Veranstaltungen und Kongresse). Über www.turismotorino.org/weekend kommt man zu den jeweiligen Angeboten, oder man kontaktiert das jeweilige Hotel direkt. Die Spezialtarife gelten pro Person im Doppelzimmer, inklusive Frühstück und Torino u. Piemonte Card (48 Std.).

Wochentags eine passable Unterkunft in Zentrumsnähe **unter 100 €** zu bekommen, ist fast nicht mehr möglich. Angesichts der Preisentwicklungen in der Messestadt Turin sind Übernachtungsmöglichkeiten im **Umland** (↗„Superga") eine echte Alternative.

Unter 60 €

● **Ostello di Rivoli,** Viale Papa Giovanni XXIII, 25, Rivoli, Tel. 01 19 50 37 28, www.

ostellorivoli.it. Moderne Jugendherberge mit 2 Schlafsälen, 4 Vierbettzimmer, 24 Doppelzimmer und Restaurant außerhalb des Stadtzentrums. Sie grenzt an den Park des Castello di Rivoli. Gut zu erreichen ab Bahnhof Porta Nuova mit der Metro bis Haltestelle Paradiso, dann mit dem Autobus Linie 36 bis Piazza Martiri in Rivoli. Im Doppelzimmer 19 € pro Person, inkl. Frühstück.

- **Open 011 Casa della Mobilità Giovanile e dell'Intercultura,** Corso Venezia 11, Tel. 011 25 05 35, www.openzero11.it. Nördlich vom Bahnhof Porta Susa, im Doppelzimmer 21 € pro Person mit Frühstück.
- **Hotel Mobledor***, Via Accademia Albertina 1, Tel. 011 88 84 45, www.hotelmobledor.it. Haustiere erlaubt. Zentral in einer Seitenstraße zur Via del Po gelegenes einfaches Hotel. 60 €.

60–130 €

- **B&B Vittorio Emanuele****, Corso Vittorio Emanuele II, 62, mobil: 33 14 60 59 57, www.solouna.it. Angenehme Unterkunft mitten in der Stadt, neben dem bekannten Caffè Platti. Obwohl an einer der Hauptverkehrsstraßen gelegen, ist dieses Bed & Breakfast im 3. Obergeschoss eines renovierten Stadthauses recht ruhig, da die Zimmer nach hinten raus gehen. 75–85 €.
- **Bed & Breakfast Casa Marga****, Via Bava 1, mobil: 33 94 37 10 86, casamarga@hotmail.com. In einem Eckhaus an der schönen Piazza Vittorio Veneto in der Nähe des Po vermietet *Signora Margarita* ein Doppelzimmer mit drei Betten und Bad. Kleine Haustiere erlaubt. 67 €.
- **Bed & Breakfast Aprile****, Via delle Orfane 19, Tel. 01 14 36 01 14, www.aprile.to.it. Im Dachgeschoss eines alten Palazzo im Viertel Quadrilatero; drei einfache, aber gemütlich in warmen Farben eingerichtete Zimmer (90 €, als Einzelzimmer 60 €) und eine Ein-Zimmer-Wohnung mit Küchenzeile und Essecke (90 €/Tag).
- **Bed & Breakfast Savoia****, Via del Carmine 1b, Tel. 33 91 25 77 11, www.aisavoia.it. Im Palazzo Saluzzo Paesana, einem eleganten Gebäude von 1730, an der Ecke zur Piazza Savoia im Viertel Quadrilatero, liegt dieses noble Bed & Breakfast, mit Möbeln aus dem 19. Jh. geschmackvoll eingerichtet. 115–125 €.

130–200 €

- **Art Hotel Boston******, Via Massena 70, Tel. 011 50 03 59, Fax 011 59 93 58, www.arthotelboston.it. Ein echtes Designer-Hotel: Möbel, Leuchten, Spiegel, fast alles in diesem komfortablen Haus stammt von bekannten Designern, und die Wände schmücken moderne und zeitgenössische Kunstwerke. 87 geräumige Zimmer, in verschiedenen Stilen eingerichtet, teilweise über zwei Etagen, mit Parkett, raffinierten Sitzmöbeln und Spiegeln an der Decke. Kleine Hunde erlaubt. 110–350 €.
- **Le Petit Hotel*****, Via San Francesco d'Assisi 21, Tel. 01 15 61 26 26, Fax 01 15 62 28 07, www.lepetithotel.it. Das Hotel verfügt auch über gut eingerichtete Ein-Zimmer-Wohnungen mit Küchenzeile und Essecke (Mindestmietzeit eine Woche). 69–161 €.
- **Conte Biancamano*****, Corso Vittorio Emanuele II. 73, Tel. 01 15 62 32 81, Fax 01 15 62 37 89, www.hotelcontebiancamano.it. Stilvolles Hotel mit 24 geschmackvoll eingerichteten Zimmern, z.T. mit Stuck und Malereien, im dritten Stock eines Altstadthauses aus dem 19. Jh. 85–135 €.

Luxushotels

- **NH Lingotto Tech*******, Via Nizza 230, Tel. 011 66 42 00, Fax 01 16 64 20 04, www.nh-hotels.it. Bei der Umgestaltung des Lingotto-Komplexes in ein Messe- und Kongresszentrum durch *Renzo Piano* entstanden auch zwei der besten Hotels der Stadt, NH Lingotto und NH Lingotto Tech. Für die Gestaltung des Letzteren hat sich *Piano* selbst ins Zeug gelegt. Herausgekommen ist ein wirklich spektakuläres Hotelgebäude mit höchstem Komfort in einer sensationellen Mischung aus Funktionalität, modernster Technik und klarem Design. Alle Zimmer sind mit Internetanschluss, Plasmabildschirmen, antiallergenen Materialien und großen Badezimmern mit Hydromassageduschen ausgestattet. Ab 150 €.

•**NH Lingotto******, Via Nizza 262, Tel. 01 16 64 20 00, www.nh-hotels.it. Ebenfalls im Lingotto-Gebäude liegt die etwas weniger luxuriöse, ebenfalls von Renzo Piano gestaltetet Schwester des *NH Lingotto Tech,* ab 125 €.

Essen und Trinken

Restaurants

•**Antiche Sere,** Via Cenischia 9, Tel. 01 13 85 43 47, nur abends geöffnet, So Ruhetag. Im Arbeiterviertel Borgo San Paolo gelegene, urige Trattoria mit freundlichem Service und sorgfältig zubereiteter Küche. Paniscia und Tajarin gehören zu den Klassikern unter den Primi; schöne Weinauswahl. Im Sommer Tische auch im Innenhof. 30–40 €. Buslinien 33, 55, 68.

•**Dai Saletta,** Via Belfiore 37, Tel. 01 16 68 78 67, So Ruhetag. Wie das Antiche Sere gehört auch diese Trattoria seit Jahren zu den zuverlässigsten Adressen Turins (Reservierung empfohlen). Bodenständig und traditionell zubereitete piemontesische Gerichte. Zu empfehlen sind die Paprika mit *bagna cauda* und *trippa, agnolotti* und *gnocchi, brasato* und *coniglio.* 30–40 €.

•**EATALY,** Via Nizza 230, www.eataly.it. Großer Lebensmittel- und Weinmarkt der gehobenen Art mit Slow-Food-Produkten und vielen kleinen, teils Selbstbedienungsrestaurants auf dem Gelände der ehemaligen Wermutfabrik *Carpano,* direkt neben den Messehallen im Lingotto (Linie 18). Geöffnet täglich von 10–22.30 Uhr, Restaurants von 12–15 und 19–22.15 Uhr.

•**Il Circolo dei Lettori,** Palazzo Graneri della Roccia, Via Bogino 9, Tel. 01 14 32 68 28, www.circololettori.it, Mo–Sa 10–22.30 Uhr. Restaurant 01 14 32 68 28, geöffnet mittags und abends. Ein angenehmer Platz für eine Pause ist der Literaturverein im Palazzo Graneri della Roccia. Er entstand 2006 auf Initiative des Kulturreferats der Region Piemont. Es ist kein Privatclub, sondern die Räume des barocken Palazzo stehen allen offen. Hier kann man bei einem Café oder einem Aperitiv vor allem eines hervorragend: sich gemütlich zurücklehnen und lesen. Zum Circolo gehört im Untergeschoss auch ein elegantes Restaurant. Den piemontesischen Menüs liegen, wie soll es anders sein, literarische Themen zugrunde wie z.B. die Lieblingsspeisen von Beppe Fenoglio oder ein Menü das Cesare Pavese gewidmet ist. 30–40 €.

•**La Badessa,** Piazza Carlo Emanuele II. 17, Tel. 011 83 59 40, www.labadessa.net. Sonntag und Montagmittag geschlossen. Die „Äbtissin" hat ihren Sitz im Palazzo Coardi di Carpeneto an der zentral gelegenen Piazza Carlo Emanuele II. (Piazza Carlina); gepflegte Atmosphäre in einem ehrwürdigen Speisesaal. Das Restaurant verdankt seinen Namen einer adligen Äbtissin, die im 19. Jh. für ihre hervorragenden Kochrezepte bekannt war. Die *cucina dei monasteri* hat das Badessa wieder aufgegriffen. Zu den Besonderheiten zählen die Stockfischgerichte *(baccalà, stoccafisso).* Viele Speisezutaten und Getränke stammen aus umliegenden Klöstern. Im Sommer auch Tische im Freien. 30 €.

•**L'Idrovolante,** Viale Virgilio 105, Tel. 01 16 68 76 02. Das freundlich geführte Ausflugslokal an der Schiffsanlegestelle beim Borgo Medioevale (Parco del Valentino) mit schöner Terrasse über dem Fluss wird vom Ristorante La Badessa betrieben (⇗ oben). 30–40 €.

•**Marco Polo,** Via Marco Polo 38, Tel. 011 50 00 96. Eines der renommiertesten Fischrestaurants der gehobenen Gastronomie (nur mit Reservierung). Kreativ verfeinerte Fischmenüs, basierend auf traditionellen Rezepten des Mittelmeerraumes. 50 €.

•**Mare Nostrum,** Via Matteo Pescatore 16, Tel. 01 18 39 45 43, So Ruhetag. Dieses stilvolle Restaurant gehört seit Langem zu den bekanntesten Adressen Turins. Der Name ist Programm: Täglich fangfrischer Meeresfisch, je nach Marktlage, ist die Stärke des Mare Nostrum. 50 €.

•**Oca Fola,** Via Drovetti 6, Tel. 01 14 33 74 22, So Ruhetag. Sympathische, im Gegensatz zu den vielen schicken Lokalen im Zentrum altmodische Trattoria mit freundlichem Service, serviert wird immer ein festes Degustationsmenü mit mehreren Antipasti sowie mehreren Primi und Secondi. Wer Hunger hat und die überall angepriesene gute piemontesische Hausmannskost *Cucina Casalinga* schätzt, der wird dieses Lokal satt und glücklich wieder verlassen, 35 €.

- **Sotto La Mole,** Via Montebello 9, Tel. 01 18 17 93 98, Mi Ruhetag. Wie der Name schon sagt, liegt das Restaurant von *Simone* und *Rosa Anna Ferrero* direkt bei der Mole Antonelliana. Es ist seit Jahren eine der besten Adressen in Turin für die klassische piemontesische Küche. Highlights unter den Antipasti: *carne cruda* mit Meerrettich, *lardo, culatello* und *caponet di seirass.* Ein Genuss sind die *tajarin* mit Zucchini und Paprika, Risotti und *agnolotti dal plin,* als Hauptgericht *finanziera alla piemontese, coniglio alla canavesana* oder *filetto di maialino in crosta* (Jungschweinebraten mit Kruste). Schöne Käse- und Dessertauswahl. 35–40 €.
- **Spazio,** Via Modane 20a, Tel. 01 13 79 76 30, mittags und abends geöffnet, So 11.30–15 Uhr Brunch, Sonntagabend und Montag geschlossen. Vom Ausstellungsbetrieb der Fondazione Sandretto Re Rebaudengo unabhängiges, elegantes Restaurant mit modernem Ambiente im ersten Stock, mit klassischer piemontesischer Küche und Meeresküche. 30–40 €.

Pizzerien

- **Luna Rossa,** Via Pietro Micca 9, Tel. 01 15 11 98 10. Große, zentral gelegene Pizzeria in modernen Räumen mit ordentlicher Pizza.
- **Spaccanapoli,** Via Mazzini 19, Tel. 01 18 12 66 94. Eine der beliebtesten Pizzerien der Stadt. Auch mit einer Auswahl an *primi* und *secondi;* gute Weinkarte.
- **Fratelli La Cozza,** Corso Regio Parco 39, Tel. 011 85 99 00. Echte neapolitanische Pizza in einem ehemaligen Lagerhaus im Nordosten der Stadt (hinter den Giardini Reali, auf der anderen Seite des Po). Am interessantesten sind die Tische auf der Galerie mit Blick auf das lebhafte Treiben im Gastraum. Außer Pizza, oft als die besten Turins bezeichnet, auch eine Auswahl an empfehlenswerten Muschelgerichten.

Historische Kaffeehäuser

- **Al Bicerin,** Piazza della Consolata 5, Tel. 01 14 36 93 25, Mi geschlossen. 1763 zunächst nur als Süßwarengeschäft eröffnet, gilt das Kaffeehaus Bicerin seit dem 19. Jh. als eine der Institutionen Turins, zu dessen Stammgästen bereits *Camillo Graf Benso di Cavour, Giacomo Puccini* und *Friedrich Nietzsche* zählten. Die Möbel aus dieser Zeit sind noch original erhalten. „Bicerin" ist auch der Dialektbegriff für die kleinen Gläser, in denen seit jeher das Turiner Spezialgetränk Bicerin serviert wird.
- **Baratti & Milano,** Piazza Castello 29, Tel. 01 14 40 71 38, Mo geschlossen. Ehemals Hoflieferant der Savoyer, ist das nach seinen ersten Besitzern benannte Kaffeehaus seit 1875 in Betrieb. Seither scheint sich, auch nach einer kürzlich erfolgten Restaurierung, nicht viel geändert zu haben, abgesehen von der schönen Jugendstilfassade mit Bronzereliefs aus dem Jahre 1911. Durch die Fenster des ehrwürdigen Saals blickt man auf den Eingang der Galleria Subalpina, genießt dazu eine Tasse heiße Schokolade und gönnt sich eine kleine Auswahl an *pasticcini* (Gebäck) oder die kleinen für Baratti typischen dreieckigen *gianduiotti,* Haselnusspralinés.
- **Mulassano,** Piazza Castello 9, Tel. 011 54 79 90. Wohl das schönste der traditionsreichen Kaffeehäuser Turins. Im Gegensatz zum herrschaftlichen Baratti wirkt das Mulassano (eröffnet 1907) klein und familiär. Die schöne Jugendstileinrichtung und -dekoration blieb auch nach der letzten Restaurierung original erhalten. Spiegel zieren die getäfelten Wände, Leuchter die Kassettendecken aus Holz, der Fußboden ist aus rotem und gelbem Marmor, wie auch die kleinen Bistrotische. Ein echtes Juwel. Das Mulassano gilt als das erste Lokal Italiens, das 1925 Toastbrot einführte, und als Erfinder der Tramezzini, die auch heute noch zu den Spezialitäten gehören. Im Sommer wird auch unter den Arkaden serviert.
- **Elena,** Piazza Vittorio Veneto 5, Tel. 011 19 50 33 95, Mi geschlossen. Einst das Lieblingslokal von *Cesare Pavese,* gehört das zwischen 1899 und 1902 von *Giuseppe Carpano,* dem Erfinder des Vermouths, gegründete Lokal direkt an der schönen Piazza Vittorio Veneto mittlerweile wieder zu den Trendlokalen Turins. Im Sommer werden Tische unter den Arkaden aufgestellt.
- **Platti,** Corso Vittorio Emanuele II, 72/Ecke Corso Re Umberto I., Tel. 01 15 06 90 56. Seit 1870 kommt die Oberschicht hierher zum Sehen und Gesehenwerden. Die Ein-

195pi Foto: sg

richtung im Stil Louis-XVI. bietet dazu den richtigen Rahmen. Im Sommer auch Tische unter den Arkaden.

- **San Carlo,** Piazza San Carlo 156, Tel. 011 53 25 86. Zu Beginn des 19. Jh. trafen sich hier Intellektuelle und Protagonisten des Risorgimento wie *Massimo d'Azeglio, Camillo Cavour, Urbano Rattazzi, Alfonso La Marmora* und viele andere. Während des Zweiten Weltkrieges wurde das San Carlo schwer beschädigt, konnte jedoch nach zehnjähriger Restaurierungszeit 1963 wiedereröffnet werden.

Caffè im Palazzo Reale:
Kaffeehauskultur und Museum in einem

- **Torino,** Piazza San Carlo 204, Tel. 011 54 51 18. Nicht weit vom San Carlo entfernt, konnte sich dieses ehrwürdige Lokal seine Jugendstileinrichtung mit den geschwungenen Fensterfronten, vergoldeten Spiegeln und kristallenen Lüstern bewahren.

Weitere Caffès und Bars im Zentrum

- **Taberna Libraria,** Via Bogino 5, Tel. 011 83 65 15. Buchhandlung und Weinhaus in einem, angenehmer Ort, den Abend mit einem typischen Turiner Aperitif zu beginnen.
- **Cabiria Cafè,** Via Montebello 20, Tel. 011 88 17 24 01, Mo Ruhetag. Ausgefallenes Museumscafé in der Mole Antonelliana, einer Filmkulisse würdig. An den beleuchteten Tischen werden laufende Bilder gezeigt.
- **Hafa Café,** Via Sant'Agostino 23C, Tel. 01 14 36 70 91, Mo Ruhetag. Marokkanisches Lokal mit Tee- und Couscous-Spezialitäten. Im angeschlossenen Geschäft Möbel und Kunsthandwerk aus Marokko.

- **Mood Libri & Caffè,** Via Cesare Battisti 3E, Tel. 01 15 18 86 57, www.moodlibri.it. Das Café liegt in unmittelbarer Nähe zur Piazza Carignano in einer verkehrsberuhigten Seitengasse. Es geht nahtlos in eine gut sortierte, moderne Buchhandlung über; eine sehr gelungene Kombination. Tische auch im Freien.
- **Caffè Roma già Talmone,** Piazza Carlo Felice 36, Tel. 01 15 06 92 15. Elegantes Café unter den Arkaden der verkehrsreichen Piazza gegenüber vom Bahnhof Porta Nuova. In Abwandlung des Bicerin wird hier der Talmoncino, ein Kaffeegetränk aus Espresso, heißer Schokolade und Schokosplittern, serviert.
- **Basso 30,** Via Sant'Agostino 30A, Tel. 01 10 67 39 51. Zur Aperitifzeit zu empfehlende Bar direkt gegenüber von *Tre Galli* im Quadrilatero, vom frühen Nachmittag bis spät in die Nacht geöffnet.
- **Vineria Tre Galli,** Via Sant'Agostino 25, Tel. 01 14 31 91 98; So Ruhetag. Seit Jahren gut besuchte Kneipe im Quadrilatero, vom frühen Nachmittag bis in die Nacht geöffnet.

Eis

- **Grom,** Piazza Paleocapa 1, Via Accademia delle Scienze 4 oder Via Garibaldi 11. Eisschlecken ist eine sehr subjektive Angelegenheit, und gerade in Turin gibt es zahlreiche alteingesessene Eisdielen und Cafés, die ein hervorragendes Eis produzieren, wie es bei uns nirgends zu bekommen ist. Grom, eine recht junge Eisdiele, schlägt auch die renommiertesten und ältesten Eisdielen wie Pepino und Fiorio. Den ganzen Tag und sogar nachts steht eine lange Schlange auf der Straße und wartet geduldig. Das Warten lohnt sich!
- **Agrigelateria San Pe',** Via Nizza 230. Neue Konkurrenz für die Gelateria Grom gibt es mittlerweile bei EATALY, der neuen Slow-Food-Markthalle beim Lingotto. Eis vom Feinsten, in Bioqualität.
- Weitere gute Eis-Adressen sind die beiden historischen Kaffeehäuser **Pepino** (Piazza Carignano) und **Fiorio** (Via Po 8), **Vasa Vasa** (Via Amendola 4), **Miretti** (Corso Matteotti 5), **Mondello** (Piazza Emanuele Filiberto 8), **Silvano Gelati d'altri Tempi** (Via Nizza 142) und **Testa** (Corso Re Umberto 56).

Theater und Konzerte

Informationen über Konzerte und Veranstaltungen erhält man bei allen Touristenbüros oder durch den **Veranstaltungskalender Torino Sette,** der in der Freitagsausgabe der Zeitung „La Stampa" beiliegt.

- **Teatro Alfieri,** Piazza Solferino 4, Tel. 01 15 62 38 00. Traditionstheater seit 1855, heute mit einem Theater- und zwei Kinosälen. Operetten-, Musical-, Komödien- und Schauspielaufführungen.
- **Teatro Carignano,** Piazza Carignano 8, Tel. 011 54 70 48. 1711 eingeweihtes Theaterhaus. Neben Aufführungen des städtischen Theaters auch Gastspiele.
- **Teatro Colosseo,** Via Madama Cristina 71a, Tel. 01 16 69 80 34. In dem ehemaligen Filmpalast im Viertel San Salvario südöstlich der Porta Nuova finden Rock-, Pop- und Jazzkonzerte statt.
- **Teatro Regio,** Piazza Castello 215, Tel. 01 18 81 55 57. Das große Opernhaus von Turin wurde 1740 eingeweiht. 1895 wurde *Arturo Toscaninis* „La Bohème" hier uraufgeführt. Beschädigt bei einem Brand 1936 und durch Bombenangriffe während des Zweiten Weltkrieges, wurde das Teatro Regio zwischen 1967 und 1973 wiederaufgebaut.

Einkaufen

Luxuriöse Shoppingmeilen sind die **Via Roma** und die **Via Lagrange.** Weniger hochpreisige Waren bekommt man in der **Via del Po.** Individuellere, kleine Läden, Kunstgalerien und exklusive Designermode findet man in der **Contrada dei Guardinfanti,** einem ehemaligen Handwerksviertel südlich der Via Garibaldi zwischen den Straßen Via Stampatori und Via San Tommaso.

Der Aperitif

Ein Ausflug in **Turins Nachtleben** startet man am besten zur Lieblingszeit der Turiner, zur Aperitifstunde. Der Aperitif gehört in Turin zum sozialen Leben wie der Nebel zum Winter. Er signalisiert das Ende des Arbeitstages und den Beginn der Freizeit.

Zwischen 19 und 21 Uhr trifft man sich in einer der vielen Bars auf ein Glas. Getrunken wird wahlweise trockener Weißwein oder einer der leichteren Rotweine, Sekt, Aperol (leicht bitterer Aperitif mit Auszügen von Orange, Rhabarber, Chinarinde und Enzian, wird entweder mit Soda und Eis getrunken oder mit Weißwein aufgefüllt) oder ein Cocktail. Er soll die Geschmacksnerven und den Appetit anregen. Dazu werden leckere und zumeist aufwendig zubereitete **stuzzichini** (Appetithäppchen) gereicht, in einer solchen Vielfalt, dass man sich wirklich beherrschen muss, um noch Platz für ein viergängiges italienisches Abendessen zu lassen. In vielen Bars werden am frühen Abend ganze Buffets mit den kleinen salzigen Köstlichkeiten aufgebaut, an denen man sich selbst bedienen kann. Die besten Bars scheinen im ständigen Wettstreit um das schönste und größte Buffet zu liegen. Da standhaft zu bleiben, fällt in der Tat nicht leicht. Sich den Teller vollzuschaufeln und nur ein Gläschen Weißwein zu konsumieren ist zwar nicht verboten, zeugt aber nicht von gutem Stil.

Am Ende der Piazza Vittorio Veneto gelangt man über Treppen hinunter ans Po-Ufer und zu den sogenannten **Murazzi.** In den 1830 ursprünglich als Warenlager angelegte Magazinen sorgen im Sommer zwischen Ponte Vittorio Emanuele und Ponte Umberto I. Bars und Diskotheken für Stimmung. Im Winter verlagert sich das Nachtleben von Turin in die zahlreichen Cafés, Bars und Trattorien im „In-Viertel" Quadrilatero.

Märkte und Spezialitäten

- **Wochenmarkt Porta Palazzo,** täglich in den Markthallen; Fisch, Fleisch, Käse. Neben den zahlreichen Händlerständen mit Gemüse und Obst gibt es auch einen kleinen Bauernmarkt im Nordosten des Marktgeländes.
- **Balon,** samstäglicher großer Flohmarkt mit ca. 130 Ständen in der Via Borgo Dora, www.balon.it.
- **Gran Balon,** großer Antiquitäten- und Flohmarkt mit ca. 250 Ausstellern, Piazza Borgo Dora, findet jeden zweiten Sonntag im Monat statt.
- **Oasi dei Prodotti tipici,** Bioprodukte (Salami, Käse, Honig etc. von kleinen Erzeugern) auf der Piazza delle Erbe (Piazza Palazzo di Città) jeden vierten Samstag im Monat (außer Aug./Jan.).
- **Pastificio Giustetto,** Via Santa Teresa 19 (Ecke Via San Francesco d'Assisi), Tel. 011 54 33 53. Seit 1911 bekommt man in dem kleinen altmodischen Geschäft täglich frische Nudeln. Besonders zu empfehlen sind die Agnolotti, Cappelletti und Gnocchi.
- **Rabezzana,** Via S. Francesco d'Assisi 23c, Tel. 011 54 30 70. Sorgfältige Auswahl an piemontesischen Spitzenweinen, auch hervorragende Weine aus biologischem Anbau. Verkostet werden die Weine in einem beeindruckenden Weinkeller.
- Groß ist die Anzahl renommierter Chocolatiers in Turin, allen voran natürlich die bereits oben genannten historischen Kaffeehäuser. Mit dem **Chocopass** hat man die Möglichkeit, sich durch die besten Pasticcerie (darunter auch **Avignano, Bicerin, Platti, Gobino, Peyrano, Stratta**) zu probieren. Chocopass: 2 Tage gültig, 10 Degustationen, 12 €. Dazu gehören nicht nur Pralinen, sondern auch Eiscreme, Kaffeespezialitäten wie Bicerin und heiße Trinkschokolade. Erhältlich bei den Informationsbüros Turismo Torino.
- **Pastiglie Leone.** Wer kennt sie nicht, die kleinen, altmodischen Bonbonpäckchen, die in 28 Geschmacksrichtungen in ganz Italien verkauft werden. 1857 gründete *Luigi Leone* in Alba seine erste Bonbonwerkstatt. Bereits wenige Jahre später zog er mit seiner erfolgreichen Geschäftsidee in die piemontesische

Turin, Hauptstadt der Schokolade

Auf eine jahrhundertealte Tradition geht das Handwerk der Turiner Chocolatiers zurück. **Gianduiotto** heißt das klassische längliche Praliné in seiner typischen Trapezform. 1865 machte der Zuckerbäcker *Michel Prochet* aus der Not eine Tugend. Angesichts der hohen Kakaopreise mischte er unter die Milchschokolade gemahlene **Haselnüsse.** Seither gelten, die im Piemont geernteten Haselnüsse der Sorte „Tonda gentile" als wichtigster Bestandteil piemontesischer Zuckerwarenhersteller. Benannt wurde die süße Erfindung seit dem Karneval im Jahre 1865 nach der bekannten Turiner Commedia-dell'Arte-Figur Gianduia.

Hauptstadt um. Auch heute noch laufen die leckeren bunten Pastillen von Leone in Turin vom Band.

Käse

- **La Baita del Formaggio,** Via Lagrange 36, Tel. 01 15 62 32 24. Hervorragendes, aber auch nicht ganz billiges Geschäft in einer der belebtesten Einkaufsstraßen von Turin mit großer Auswahl an piemontesischen Käsesorten von bekannten Erzeugern bis hin zu kleinen Bauernhöfen in den entlegensten Tälern.
- **Caseificio,** Corso Regina Margherita 120, Tel. 01 14 36 98 52. Kleine Käserei mit angeschlossenem Laden in einer Seitenstraße bei der Porta Palatina.

Ausgefallene Designermode

- **Born in Berlin,** Via delle Orfane 30, Tel. 39 29 27 95 74, www.borninberlin.com. In Berlin haben die sympathischen jungen Designerinnen *Judith* und *Julia* studiert und in Turin genügend praktische Erfahrung bei der Arbeit für Disegni 2 und Fashion Art gesammelt. Mit Kreativität, Mut und viel Beharrlichkeit haben die beiden Berlinerinnen mittlerweile ihre eigene Kollektion auf die Beine gestellt. Ihre Modelle werden in der Boutique You an der Piazza Vittorio Veneto und bei Salvatore e Marie in Mailand verkauft. 2005 eröffneten sie mitten im beliebten Bummelviertel Quadrilatero ihr erstes kleines Geschäft mit origineller, junger Designermode zu erschwinglichen Preisen.

Feste und Veranstaltungen

- **März:** *CioccolaTo,* www.cioccola-to.com. Degustationen und Veranstaltungen rund um die Schokolade.
- **April:** *Torino Marathon,* www.turinmarathon.it.
- **Mai:** *Fiera Internazionale del Libro,* Buchmesse auf dem Lingotto-Messegelände.
- **September:** Musikfestival *Mito Settembre Musica,* www.mitosettembremusica.it.
- **Oktober:** *Salone del Gusto,* von Slow Food jedes zweite (gerade) Jahr veranstalte önogastronomische Messe auf dem Lingotto-Messegelände, www.salonedelgusto.it.
- **November:** *Torino Film Festival,* nach Venedig das wichtigste italienische Filmfest.

Artissima, Via Bertola 34, www.artissima.it. Internationale Kunstmesse für zeitgenössische Kunst.

Luci d'Artista, www.turismotorino.org.
- **Dezember:** *Luci d'Artista.*

Rund um Turin

Basilica di Superga ⇗ XVII/C2-3

Einer der schönsten **Ausblicke** auf die Stadt, die umliegenden Hügel und die Alpenkette bietet sich von der Basilica di Superga.

An der Stelle einer bescheidenen Marienkapelle, in Sichtweite Turins, ließ *Vittorio Amedeo II.* zum Dank für den entscheidenden Sieg über die französischen Truppen eine große Wallfahrtskirche mit angeschlossenem Konvent errichten. Sie ist mittels einer geraden Straßenachse mit dem Castello di Rivoli auf der anderen Seite der Stadt verbunden. Mit der Ausführung wurde *Filippo Juvarra* betraut. Am nördlichen Ausläufer des Hügelgebietes des Monferrato entstand zwischen 1717 und 1731 in 670 Metern Höhe die gewaltige **Barockanlage.** Sie zählt neben dem Jagdschloss von Stupinigi zum **Hauptwerk Juvarras.**

Zwischen den beiden eleganten Türmen schwingt eine Rotunde weit hervor, abgeschlossen durch eine 75 Meter hohe, gewaltige Kuppel. Die Vorhalle gleicht einem antiken Tempel und ist stadtwärts gerichtet. Über die gesamte Fassadenbreite schließen sich im Osten die Konventsgebäude an. 1774 bis 1777 entstand eine **Krypta** mit den Grabmälern von *Carlo Alberto, Vittorio Amedeo* und *Carlo Emanuele III.,* die besichtigt werden kann. Empfehlenswert ist auch ein Rundgang durch die Flügel des Konvents mit den **Stanze Reali,** die Zimmer, in denen sich die königliche Familie während ihrer Besuche in der Basilika aufhielt. Der Rundgang schließt auch die interessante **Sala dei Papi** mit den Porträts aller 240 Päpste ein.

Nur noch eine Hand voll **Pater** der Ordine dei Servi di Maria bewohnen heute noch das Kloster. Sie vermieten im oberen Geschoss in der Foresteria del Convento sehr schöne, geräumige **Zimmer** zu günstigen Preisen (⇗„Unterkunft“).

Im rückwärtigen Trakt war bis 2007 ein Museum ganz besonderer Art untergebracht. Am 4. Mai 1949 prallte bei dichtem Nebel ein Passagierflieger hinter der Basilika gegen den Berg. Bei diesem tragischen **Absturz** kamen alle 31 Insassen ums Leben. Das Unglück kam einer nationalen Katastrophe gleich. In der Maschine befand sich nämlich die komplette **Fußballmannschaft des AC Torino,** samt Trainer, Betreuern und Journalisten. Sie waren auf dem Rückweg von einem Spiel in Lissabon und in Erwartung, zum fünften Mal in Folge die italienische Meisterschaft zu gewinnen.

- **Basilica di Superga,** Tel./Fax 01 18 99 74 56, www.basilicadisuperga.com; geöffnet im Sommer täglich 9–12.45 und 16–18.45 Uhr, im Winter täglich 9–12.45 und 15–17.45 Uhr; Eintritt frei.
- **Krypta und Sala dei Papi:** im Sommer täglich 9.30–19.30 Uhr, im Winter Sa, So und an Feiertagen 9.30–18.30 Uhr; Eintritt 4 €.
- **Kuppel:** Sommer Mo–Fr 10–18 Uhr, Di geschlossen, Sa 9.30–19 Uhr, So 12.45–19 Uhr, Winter Sa 9.30–17 Uhr, So 12.45–18 Uhr; Eintritt 3 €.

Eine Fahrstraße führt hinauf zur Basilica di Superga. Schöner, und vor allem

091pi Foto: sg

ein Erlebnis für Kinder, ist die ungefähr 20-minütige Fahrt mit der **Tramvia a dentiera,** die in Turin „Cremagliera" genannt wird. Seit 1884 fährt vom Vorort Sassi (Buslinie ab 61 ab Porta Nuova) langsam und gemütlich die **Zahnradbahn** die drei Kilometer lange Strecke durch die grüne Collina, vorbei an den Haltestellen Casa Cantoniera, Raddoppio und Pian Gambino. Die heutigen Waggons stammen von 1934. Von der Stazione Superga sind es noch ca. zehn Minuten zu Fuß bis zur Basilica hinauf.

Schöne Ansicht und Aussicht: Basilica di Superga

- **Cremagliera,** Abfahrt ab Sassi Mo/Mi-So stündlich 9-12 und 14-20 Uhr, zwischen 12 und 14 Uhr Busersatzverkehr. Abfahrt ab Superga stündlich 9.30-12.30, 14.30 und 20.30 Uhr, Di Busersatzverkehr ab Sassi Die Fahrt ist im Kaufpreis der Torino u. Piemonte Card inbegriffen, sonst wochentags einfach 2 €, hin und zurück 4 €, So und an Feiertagen einfach 3,50 €, hin und zurück 5,50 €. Die Zahnradbahn fährt im Sommer am Wochenende bis ca. 23 Uhr. Die Aktuellen Abfahrtszeiten über www.comune.torino.it/gtt/turismo.

Unterkunft/ Essen und Trinken

- **Foresteria del Convento,** Basilica del Superga, Tel. 01 18 98 00 83, Fax 01 18 98 70 24. In den weitläufigen Flügeln rund um den als Garten angelegten Klosterhof vermieten die wenigen noch übrig gebliebenen Pater in den oberen Stockwerken insgesamt 19 geräumige, helle Zimmer (Einzel-, Doppel- und

Drei-Bett-Zimmer) mit herrlicher Sicht über die schöne Hügellandschaft, ausgestattet mit Parkettfußboden und großzügigen Bädern und mit stilvollen Möbeln aus dem 19. Jh. eingerichtet. Wer auf TV und Minibar gern verzichtet, findet hier eine sehr schöne, absolut ruhige und im Vergleich zu den Hotels der Stadt sehr preisgünstige Unterkunft, die völlig unabhängig von den Abläufen des Klosters ist. Man kann kommen und gehen, wann man will; das Frühstück wird auf Wunsch in einem stilvollen Saal serviert. Eine Reservierungsanfrage stellt man am besten auf Englisch per Fax. Die Pater kümmern sich selbst um die Foresteria und können meist nur Italienisch. Das englischsprachige Personal der Basilica hilft bei der Beantwortung. 60 €.

- **Agriturismo Ai Guiet,** Via Superga 48/1, 10020 Baldissero Torinese, Tel. 01 19 40 75 60, www.aiguiet.it. Bauernhof mit rustikaler Gaststätte (bodenständige, gut zubereitete piemontesische Küche mit hausgemachter Pasta, Mo Ruhetag, Menü 23 €) und insgesamt drei einfach, aber solide ausgestatteten Doppelzimmern; ab 70 €.
- **Trattoria Bel Deuit,** Via Superga 58, 10020 Baldissero Torinese, Tel. 01 19 43 17 19, Mi, Do Ruhetage. Angenehmes Lokal in der Nähe der Basilika mit der Atmosphäre einer alten Trattoria, die Küche ist einfach und typisch für die Region, mit lokalen Antipasti, Tajarin und Coniglio; 20–30 €.
- **Osteria Il Paluch,** Via Superga 44, 10020 Baldissero Torinese, Tel. 01 19 40 87 50, So abends und Mo geschlossen (außer im Sommer). Zwischen Baldissero und der Basilica di Superga mitten im Grünen gelegen, mit schöner Terrasse und anspruchsvoller Küche. Regionale Bio-Produkte, alles hausgemacht vom Brot bis zum Dessert; schöne Käseauswahl; 35–60 €.

Die Königsschlösser rund um Turin

Zwischen dem 17. und 18. Jh. entstanden rund um Turin die Königsschlösser der **Savoyer.** Alleen verbanden die ländlichen Residenzen mit den städtischen Zentren der Macht. Höhepunkte dieser Schlösserarchitektur, zu denen auch **Rivoli, Agliè** und **Moncalieri** gehörten, waren die Jagdschlösser von **Stupinigi** und die **Venaria Reale.**

Palazzina di Caccia di Stupinigi ⇗ XVI/B3

Als weithin sichtbares Zeichen seiner Bestimmung krönt die Kuppel über dem Festsaal des prächtigen Barockschlosses von Stupinigi ein bronzener Hirsch.

Bis 1919 galt das ehemalige **Jagdschloss** zehn Kilometer südlich von Turin als Lieblingsresidenz der Savoyer. Das königliche Gefolge erreichte das Schloss auf direktem Wege vom Palazzo Reale aus über die Porta Nuova auf einer ungefähr zehn Kilometer langen, mit Bäumen gesäumten Allee. Heute ist sie eine stark befahrene Ausfallstraße (Corso Unione Sovietica), die von Wohnkomplexen und Industrieanlagen geprägt ist.

Vittorio Amedeo II., der zweimal wöchentlich hier seiner Lieblingsbeschäftigung, der Jagd, nachging, gehörte einem für karitative Zwecke gegründeten **Ritterorden** an, dem **Ordine Mauriziano,** in dessen Besitz sich der bewaldete Grund befand, auf dem *Filippo Juvarra* 1729 bis 1730 die Barockanlage erbauen ließ. Der Orden besitzt heute noch einige der herausragendsten Kulturdenkmäler im Piemont, neben dem Schloss von Stupinigi etwa die Abbazia von Staffarda oder die von San Antonio Ranverso. Leider, muss man sagen, denn der ausschließlich im Gesundheits- und Sozialbereich tätige Orden (viele Krankenhäuser werden von den Mauriziani betrieben) hat mit erheblichen **finanziellen Schwierigkeiten** zu kämpfen. Die Mittel für die Erhaltung und notwendige Restaurierung ihrer historisch bedeutenden Liegenschaften sind beschränkt. In Stupinigi wurde das Aufsichtspersonal stark reduziert, und die **Sicherheitsmaßnahmen** sind **unzureichend.** Im Februar 2004 gelang es Dieben problemlos, Kunstgegenstände im Wert von Millionen Euro zu entwenden.

Die ehemals königliche Allee mündet effektvoll in einen majestätischen **Ehrenhof** auf sechseckigem Grundriss, in der Mitte quer zur Allee das Hauptgebäude der Anlage, flankiert von Seitenflügeln. Als Grundidee diente *Juvarra* die Form des **Andreaskreuzes,** das Symbol des Ordens.

Von einem **ovalen Zentralbau** mit einer durch Bögen und Rundungen bewegt gestalteten Fassade gehen X-förmig die vier kurzen **Wohnflügel** ab. Ein Rundgang durch die zahlreichen, im Stil des Rokoko mit Stuckaturen, Spiegeln und Fresken reich dekorierten Räume und Säle lohnt sich auf jeden Fall. Im **Spiegelsaal** (Sala degli Specchi) installierte *Pauline Bonaparte* die erste Badewanne von Turin. Die Lieblingsschwester *Napoleons* residierte zu Beginn des 19. Jh. mit ihrem Mann *Camillo Borghese* im Jagdschloss von Stupinigi. Besonders schön sind die **chinesischen Räume** mit den original erhaltenen Tapeten. Den zentralen **Ballsaal** beherrscht ein gigantischer Kristallkronleuchter. Im Ost- und Westflügel liegen die königlichen Gemächer.

Der Palazzina di Caccia di Stupinigi ist voraussichtlich bis Oktober 2011 wegen Restaurierung geschlossen.

Bela Rusìn – Bauerstochter und Mätresse

Vittorio Emanuele II., König von Sardinien-Piemont (1849) und König von Italien (1861), liebte die Jagd, Pferde und Frauen. Einer seiner zahlreichen **Geliebten** gelang es, dauerhaft das Herz des Frauenhelden zu erobern.

Die Umstände dieser unstandesgemäßen Beziehung könnten einem Märchen entspringen. Im Jahre 1848 ließ *Vittorio Emanuele* die für ihre Schönheit in der Gegend bekannte 14-jährige **Bauerstochter** *Rosa Vercellana,* genannt „Bela Rusìn", **entführen.** Aus dieser Verbindung ging wenige Zeit später die Tochter *Vittoria* hervor und nach zehn Jahren Liaison der Sohn *Emanuele Alberto.*

In fast allen königlichen Residenzen hatte auch die schöne *Rusìn* ihre Gemächer. Damit sie und ihre Kinder ein eigenes Auskommen hatten, machte *Vittorio Emanuele* ihr das **Landgut Fontanafredda** in der Nähe von Serralunga d'Alba zum Geschenk. Sohn *Emanuele Alberto* machte daraus eines der größten und bekanntesten **Weingüter** des Piemont.

Nach dem Tod seiner Ehefrau *Maria Adelaide* **heiratete** *Vittorio Emanuele* seine Mätresse und bezog mit ihr das Castello della Mandria auf dem Gelände des königlichen Reitgestüts.

Reggia di Venaría Reale ↗ XVI/B2

In den Bauphasen von 1659 bis 1767 leiteten verschiedene Baumeister dieses gewaltige Großprojekt eines **barocken Jagd- und Lustschlosses.** Die

196pi Foto: sg

La Venaria Reale: Galleria di Diana

Anlage, 9 km nordwestlich von Turin, wurde mehrmals zerstört, geplündert, wieder aufgebaut und immer wieder baulich verändert. Auftraggeber *Carlo Emanuele II.* folgte damit dem Beispiel seiner Vorgänger und erweiterte den Kranz an Königsschlössern rund um Turin. Mit den Plänen wurde der Hofarchitekt *Amedeo di Castellamonte* betraut. Nach seinen Plänen sollten Schloss, Gärten, Park und das später in Venaria Reale umbenannte Dorf Altessano Superiore, in einer Hauptachse liegen. Nach der Zerstörung durch die Franzosen 1693 beauftragte *Vittorio Amedeo II.* seinen Hofarchitekten *Michelangelo Garove* mit dem Bau einer monumentaleren Residenz nach französischem Vorbild. Als Garove 1713 stirbt, ist nur die Südseite realisiert, ein Teil des Castellamontebaues steht noch. Neuer Hofarchitekt wird *Filippo Juvarra.* Ihm verdankt die Venaria einen seiner Höhepunkte, die **Galleria di Diana,** eine durch die zahlreichen Fenster, die in zwei Reihen übereinander angeordnet sind, perfekt ausgeleuchteter langer Flur mit prächtigen Stuckdekorationen in den Dimensionen eines Baalsaales, dessen raffinierte Wirkung durch das geometrische Muster des Bodens noch verstärkt wird. Ab 1739 arbeitet *Benedetto Alfieri,* Hofarchitekt von *Carlo Emanuele III.* an der Venaria. Die Pläne von Garove werden nicht mehr vollendet. Stattdessen konzeptiert Alfieri eine funktionellere Anlage mit neuen Stallungen und einer Reitbahn. Nach dem Einzug der französischen Truppen 1798 wird das Schloss nicht mehr als Hofresidenz genutzt und die gesamte Schlossanlage verfällt. Viele der Ausstattungsstücke gelangen in andere Residenzen. Wieder unter Herrschaft der Savoyer von 1814–1945 wird die Venaria Reale nur noch als Kaserne genutzt und dementsprechend zweckmäßig umgebaut. Die Barockdekoration ging dabei größtenteils verloren. Nach 1945 wurde die Anlage nicht mehr genutzt und verfiel zunehmend. 1961, mit der Hundertjahrfeier zur Einheit Italiens, wurde das Denkmalschutzamt mit der Bestandserhaltung beauftragt. Mit Hilfe europäischer Mittel begannen 1998 die Sanierungsarbeiten. 2007 waren die Restaurierungsarbeiten am Schloss abgeschlossen. In insgesamt 60 Sälen wird die Geschichte der Savoyer ausführlich dokumentiert.

• **La Venaria Reale,** Tel. 01 14 99 23 33, Ticketverkauf in Via Mensa 34, Venaria Reale, www.lavenaria.it. 17.3.–2.6. und 19.9.–20.11. Mo 9–16 Uhr, Di–Fr 9–18 Uhr, Sa 9–21.30., So 9–20 Uhr, 3.6.–18.9. Mo geschlossen, Di–Fr 9–18 Uhr, Sa 9–21.30 Uhr, So 9–20 Uhr, ab 22.11. Di–Fr 9–17 Uhr, Sa/So 9–20 Uhr. Eintritt 10 €.

Castello di Racconigi ↗ XX/A1

Unübersehbar beherrscht die monumentale Anlage des königlichen Schlosses das Zentrum von Racconigi. Das Castello bildet den Abschluss einer Reihe von barocken Königsresidenzen, die sich wie ein Kranz rund um das ehemalige Machtzentrum der Savoyer legen.

Die **Ursprünge** gehen bereits auf eine spätgotische Wohnburg der Markgrafen von Saluzzo zurück. 1418 gelangte es in den Besitz der in Pinerolo residierenden Familie *Acaia* und später mit den Fürsten von Carignano, Nebenlinien der Savoyer, dauerhaft in **savoyischen Besitz.**

Von der einstigen quadratischen Burganlage, mit vier Ecktürmen um einen Innenhof angeordnet, ist nichts mehr erhalten. 1677 beauftragte *Filiberto di Carignano* den Hofarchitekten *Guarino Guarini* mit dem **Ausbau** der einfachen Wohnburg zu einer repräsentativen Residenz. Zur gleichen Zeit war *Guarini* auch mit dem Palazzo Carignano in Turin beschäftigt, und von seinen Plänen wurde nur die Parkfront realisiert. Der zentrale Saal des nahezu quadratischen Mittelbaus entstand 1719 durch Überdachung des ehemaligen Burghofs. Erst 1755 kamen Vorderfront mit Vorhalle und seitlich vortretenden Gebäudeteilen im neoklassizistischen Stil hinzu.

Carlo Alberto machte Racconigi zu seiner bevorzugten **Sommerresidenz,** ließ die Seitenflügel um zwei Innenhöfe erweitern und beauftragte 1831 *Pelagio Palagi* mit der Renovierung und der Ausstattung der Prunkgemächer nach dem damaligen Zeitgeschmack im Stil von **Klassizismus** und **Historismus.** Zu den schönsten Räumen zählen der **Salone di Diana** mit Kaminen aus Marmor und aufwendigen Stuckaturen, das **Appartamento Cinese** mit den original erhaltenen chinesischen Tapisserien und das Badezimmer von *Carlo Alberto.*

Hinter dem Castello breitet sich ein großer **Park** aus. Wie bei den Giardini Reali in Turin, wurde die Erweiterung der Parkanlage und die Umgestaltung in einen Barockgarten vom Gartenbaumeister *André Le Notre* geplant. Unter *Carlo Alberto* wurde daraus, ganz im Sinne der Romantik, ein Garten mit Wasserspielen, kleinen Seen und Grotten. Hinzu kam das noch heute betriebene **landwirtschaftliche Versuchsgut La Margaria** mit Kapelle und Treibhäusern.

Ein Anblick ganz besonderer Art und vom Erscheinungsbild des Schlosses nicht mehr wegzudenken sind die **Storchenpaare,** die seit Jahren auf

092pi Foto: sg

In der privaten Storchenaufzuchtstation LIPU

den steinernen Vasen, krönender Abschluss der hofseitigen Dachbalustrade, nisten. Sie stammen aus der nahe gelegenen Storchenaufzuchtstation LIPU (⇗ unten); für Kinder ein echtes Highlight.

Eine geeignete Unterkunft findet sich in Santa Rosalia (⇗„Savigliano").

•**Castello/Parco di Racconigi,** Via Morosini 3, Racconigi, Tel. 017 28 40 05, www.ilcastellodiracconigi.it; geöffnet Mo–So 9–18.30 Uhr, Gärten Di–So 8.30–Sonnenuntergang; Eintritt 5 €, Castello und Park 6 €, nur Park 2 €. Anfahrt: Autobahn A 6 Turin – Savona, Abfahrt „Carmagnola", dann die S 20 nach Racconigi.

Immer entlang der Schlossmauer aus Backstein, erreicht man nach ungefähr drei Kilometern die **Oasi LIPU.** Die Naturoase wurde 1985 als private **Aufzuchtstation für Störche** gegründet, mit dem Ziel, die in Italien seit etwa 1700 durch die Jagd fast ausgestorbenen Zugvögel wieder hier anzusiedeln. Später kam eine Station für vom Aussterben bedrohte **Entenspezies** hinzu. Die ersten zehn Storchenpaare kamen aus dem Storchenzentrum im schweizerischen Altreu. Seither hat sich die Population auf dem ca. sechs Hektar großen, naturbelassenen und teils sumpfigen Gelände stetig vergrößert. Die in Racconigi aufgewachsenen Zugvögel **überwintern in Afrika** und kehren dann instinktiv wieder nach Racconigi zurück, vermischen sich mit wilden Zugvögeln und bilden eine eigene Storchenkolonie.

•**Centro Cicogne e Anatidi LIPU,** Via Stramiano 30, Racconigi, Tel./Fax 017 28 34 57, www.cicogneracconigi.it; geöffnet an Sonn- und Feiertagen von 10 Uhr bis Sonnenuntergang; Eintritt 5 €, Kinder 3 €.

Valle di Susa und Val Chisone ⇗ XIV–XV/B–C2–3

Zum Piemont gehören die Berge, und zu Turin der **Wintersport.** Die alpine Begeisterung der Turiner bestimmt heute das Gesicht der nahe gelegenen Westalpentäler Valle di Susa und Val Chisone. Am westlichen Ende beider Täler liegen die Wintersportorte Sestriere, Clavière, Cesana Torinese, San

093pi Foto: sg

Sicario, Sauze d'Oulx und Bardonécchia. Der **größte Skiverbund Italiens** mit insgesamt 400 französischen und italienischen Pistenkilometern und 91 Aufstiegsanlagen firmiert unter dem Namen **Vialattea** („Milchstraße"). In den wichtigsten Skistationen fanden vom 10. bis 26. Februar 2006 die **Olympischen Winterspiele** statt, mit **Sestriere** als Hauptaustragungsort.

Bereits in den 1930er Jahren startete die Fiatdynastie *Agnelli* mit den beiden runden Wohntürmen das „Unternehmen Sestriere" und legte damit den Grundstein für den winterlichen Massentourismus. Seither entstand auf der bis dahin nur als Sommerweide genutzten Hochfläche eine **Retortenstadt** mit Apartmentblocks im Einheitsstil, vergleichbar mit den aus den Boden gestampften Skistationen in Frankreich. Die letzten Freiflächen verschwanden mit den neu errichteten Unterkünften für die Olympischen Winterspiele.

Im Sommer, wenn kein Schnee die architektonischen Bausünden entlang der „Milchstraße" gnädig verhüllt, lohnt sich ein Ausflug trotz des schönen Alpenpanoramas nur bedingt. Die

Sestriere war Austragungsort
der Olympischen Winterspiele 2006

verwaisten Orte wirken **trostlos,** die Hotels und Restaurants sind geschlossen, und Wanderungen durch eine weitgehend zerstörte Natur lassen wenig Urlaubsfreude aufkommen.

Für eine Besichtigung bieten sich nur die beiden gigantischen Festungsanlagen **Exilles** im oberen Susa-Tal und **Fenestrelle** im Val Chisone an. In strategisch wichtiger Position fungierten sie jahrhundertelang als **Grenzfestungen.**

Den **Colle del Monginevro,** mit 1850 Metern einer der niedrigsten Alpenübergänge zwischen Italien und Frankreich, nutzten bereits die **Römer** als Verbindung nach Südfrankreich.

Ein **römischer Triumphbogen** und die spärlichen Reste eines **Amphitheaters** sind in dem kleinen Provinzstädtchen **Susa,** dem ehemaligen „Tor Italiens", noch erhalten.

Die Passstraße über den **Moncenisio** war bis zur Eröffnung des Fréjus-Tunnels (1871) ein wichtiger Übergang in Richtung Grenoble. Im Mittelalter zogen Händler, Pilger und Soldaten durch das Susa-Tal. Entlang der sogenannten Via Francigena entstanden große **Kirchen** und **Klöster** wie die Abbazia San António di Ranverso und die Klosteranlage Sacra di San Michele im unteren Susa-Tal, zwei kunstgeschichtliche Highlights im Piemont. Die erst 1995 fertig gestellte **Autobahn,** die das gesamte Susa-Tal in Richtung des Fréjus-Tunnels durchläuft, kann man getrost meiden. Von Rívoli aus erreicht man das untere Susa-Tal am schnellsten auf der Staatsstraße 25.

San António di Ranverso ⇗ XVI/A3

Dort, wo der Pilgerweg bei Turin die Po-Ebene erreicht, gründete im Jahre 1188 *Humbert III. von Savoyen* am Südufer der Dora Riparia das **Leprosenspital** San António di Ranverso. Die zunächst bescheidene Anlage wurde ab 1430 gotisch umgestaltet und vergrößert. Aus dieser Zeit stammt die mit drei Portalen geöffnete Vorhalle, die heute zu den **Höhepunkten piemontesischer Backsteingotik** zählt. Regionale Besonderheit und ein Zugeständnis an den Höhendrang der Gotik sind die drei steilen Wimperge über den Portalen mit den fantasievollen Terrakottadekorationen in den Gewänden, ein architektonisches Element, das im Piemont immer wieder zu sehen ist. Die im „weichen Stil" gemalten, expressiven **Fresken** (1430) im Kirchenschiff und in der Sakristei gehen größtenteils auf den Hofmaler der Savoyer, *Giacomo Jaquerio,* zurück.

● **Abbazia di San António di Ranverso,** Loc. Buttigliera Alta – Rosta, Avigliana, Tel. 01 19 36 74 50; geöffnet: im Sommer 9–12 und 14.30–17.30 Uhr, im Winter 9–12.30 und 14–16.30 Uhr; Eintritt 2,60 €, Kinder bis 6 Jahre frei.

Sacra di San Michele ⇗ XV/D2

Eindrucksvoll und bereits von Weitem sichtbar, thront auf der Spitze des Monte Pirchiriano (962 m) , hoch über dem Tal, das **Benediktinerkloster** Sacra di San Michele. Für die Anfahrt sollte man sich Zeit lassen. Man er-

094pi Foto: sg

Turin und Umgebung

reicht die spektakuläre Anlage mit dem Auto nur über die beiden **Seen von Avigliana.** Eine reizvolle kleine Panoramastraße führt zwischen dem Lago Grande und dem Lago Piccolo auf einen Bergkamm.

Nach 14 kurvenreichen Kilometern erreicht man die mächtige, ursprünglich wie eine Burg befestigte Klosteranlage Sacra di San Michele, **eines der bedeutendsten Heiligtümer Europas,** dem Erzengel Michael geweiht. Vom Parkplatz aus gelangt man zu Fuß in fünf Minuten auf das Felsplateau und passiert die von den Franzosen im 17. und 18. Jh. zerstörten Konventsgebäude. Damit der riesige Komplex Platz und Halt fand, wurde mittels eines gigantischen Unterbaus das **Bergplateau** seit dem 11. Jh. **erweitert.**

Im Inneren des Unterbaus führt die **Scalone dei Morti,** die (in der Tat unheimlich anmutende) gigantische „Treppe der Toten", als einziger Zugang zur Kirche hinauf, gesäumt von in den Fels eingelassenen Sarkophagen. Durch die **Porta dello Zodiaco,** die fein gearbeitete romanische Kapitelle schmücken, unter anderem Darstellungen der Tierkreiszeichen, gelangt man unterhalb der Apsis wieder ins Freie.

Der Lago Grande

Die spätromanische Basilika mit gestaffelten Apsiden wurde um 1190 erbaut, das Mittelschiff nach 1250 erhöht und gotisch überwölbt.

•**Abbazia Sacra di San Michele,** Via alla Sacra, San Ambrógio, Tel. 011 93 91 30, Fax 011 93 97 06, www.sacradisanmichele.com; Öffnungszeiten: 16.3.–15.10. Di–Fr 9.30–12.30 und 14.30–18 Uhr, Sonn- und Feiertag 9.30–12 und 14.40–18.30 Uhr, 20.6.–31.8. auch Mo, 16.10.–15.3. Di–Fr 9.30–12.30 und 14.30–17 Uhr, Sonn- und Feiertag 9.30–12 u. 14.40–17 Uhr; Eintritt 5 €, Kinder unter 6 Jahren frei, von 6 bis 14 Jahren u. Senioren 3 €.

Valli di Lanzo

↗ XVI/A1

Im gebirgigen Hinterland, ca. 30 Kilometer nordwestlich von Turin, liegen die touristisch noch wenig bekannten Valli di Lanzo. Aufgrund der Nähe zu Turin hat sich die Bergregion zum **Naherholungsgebiet** entwickelt. In ehemaligen Bergbauerndörfern lassen sich immer mehr Städter nieder, die der hohen Mietpreise in Turin überdrüssig sind und die Bergidylle dem Lärm und Hektik der Stadt vorziehen. Sie setzen alte Bauernhäuser wieder instand und pendeln allmorgendlich zur Arbeit.

Der untere Talverlauf wird vom Lauf der Stura di Lanzo bestimmt, die im Norden von Turin in den Po mündet. Nach dem Hauptort **Lanzo Torinese,** einem sympathischen alten Städtchen mit kleinen Geschäften und Wochenmarkt, teilt sich das Tal in die gebirgigen **Seitenarme** Val di Viù, Val di Ala und Val Grande auf.

Bereits kurz nach Lanzo Torinese zweigt das **Val di Viù** ab, ein schmales und enges Tal, das sich bei Viù, Lémie und Usséglio zu einer grünen Hochebene weitet. Beim Ort Viù zweigt eine Passstraße auf den Colle del Lis (1311 m) hinauf. Über diese Strecke gelangt man ins Valle di Susa.

Bei **Céres,** am Zusammenfluss von Stura di Ala und Stura di Val Grande, schraubt sich eine serpentinenreiche Straße zwischen steilen Abhängen durch das enge **Val di Ala.** Dieses öffnet sich bei Pian della Mussa (1752 m) zu einer weiten **Hochebene,** um abrupt vor den imposanten Wänden des Gletschers Ciamarella zu enden.

In **Balme** (1432 m) sollte man den Wagen auf dem Parkplatz stehen lassen und die letzten 3,5 Kilometer zu Fuß zurücklegen. Im Mai kann man auf dieser Strecke Gruppen von **Steinböcken** begegnen, die im Frühling auf der Suche nach dem ersten zarten Grün in die Täler hinuntersteigen. Ausgangspunkt für Bergtouren und idealer Ort für eine Rast ist das Rifugio Città di Ciriè.

Information

•**Tourist Information,** Via Umberto I. 9, 10074 Lanzo Piano Torinese, Tel. 012 32 80 80, Fax 012 32 80 91, www.turismotorino.org.

Unterkunft/ Essen und Trinken

•**Grand Hotel Ala di Stura*****, Via Pian del Tetto 2, Ala di Stura, Tel. 012 35 51 89, www.grandhotelaladistura.it. 1906 als Grand Hotel mit 200 Zimmern erbaut, sind heute lediglich noch 22 einfache, aber ordentliche Zimmer übrig geblieben. Der restliche Gebäudekom-

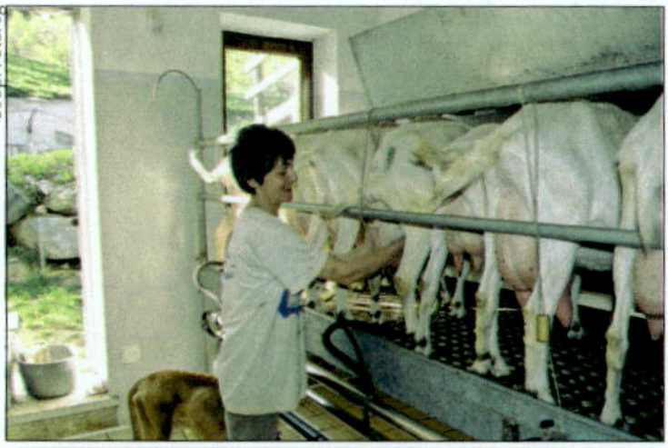

plex wurde zu Apartments umfunktioniert. Die glanzvolle Zeit des Grand Hotels, als hier eine vorwiegend adlige Klientel zur Sommerfrische abstieg, ist schon lange vorbei. Nur der Name „Grand Hotel" ist geblieben. Das Haus wird bereits seit über 20 Jahren professionell von der Familie *Vannelli* geführt. Der angenehme Service und die Herzlichkeit der Besitzer machen den mangelnden Charme der Ausstattung durchaus wett. In der Küche sorgt nach wie vor der Seniorchef für eine konstant gute Qualität der Speisen. Da die Familie aus der Toskana stammt, stehen neben regionalen Spezialitäten auch toskanische Gerichte und Weine auf der Karte. 75-95 €.

• **Rifugio Città di Ciriè,** Piano della Mussa, mobil: 34 06 76 99 84, www.rifugiocirie.it. In der urigen Berghütte von *Virgilio Bergero* bekommt man zu jeder Tageszeit eine hervorragende *merenda.* Käse, Salami und Butter stammen von Produzenten aus dem Tal. Vor der Hütte einladende Sonnenterrasse mit herrlichem Bergpanorama. Im Winter erreicht man die Hütte nur mit den Langlaufskiern oder zu Fuß. Schlafplätze im Matratzenlager. 10-24 €.

Einkaufen

• **Wochenmarkt** Di vormittags in Lanzo Torinese auf der Piazza Penadotto.

• **Pasticceria Dolce Antico,** Via Celso Miglietti 58, Germagnano, Tel. 012 32 78 20. Empfehlenswerte Konditorei. Spezialität sind die für die Gegend typischen Torcetti, köstliche in Zucker gewälzte Kekskringel.

• **Macelleria Bruno Tetti,** Fraz. Martassina 53, Tel. 012 35 54 10. *Bruno Tetti* stellt in seiner Metzgerei hervorragende *salame di turgia* her, eine einheimische Spezialität aus dem Fleisch von Milchkühen. Das Fleisch für seine Ziegensalami bezieht er vom Ziegenhof Cà du Roc, der von seiner Ehefrau *Cinzia* geführt wird.

• **Formaggeria Cà du Roc,** Fraz. Cresto 73, Loc. Pian della Pietra, Tel. 01 23 55 01. Auf dem Weg von Ala di Stura hinauf nach Balme zweigt bei Cresto eine kleine Straße rechts ab. Sie führt zum Ziegenhof von *Cinzia* und *Renata.* In der angeschlossenen Käserei bekommt man ausgezeichneten Ziegenkäse, Ricotta und Joghurt. Öffnungszeiten: Februar bis Oktober Mo, Di, Do 8-9.30 und 17-18 Uhr, Mi, Fr, Sa 8-11.30 und 17-18.30 Uhr, November bis Januar Mo-Fr 8-9 und 17-18 Uhr, Sa, So 8-10 und 16-18 Uhr.

Urige Hütte in traumhafter Lage: das Rifugio Città di Ciriè

Der Hof Cà du Roc stellt ausgezeichnete Produkte aus Ziegenmilch her

097pi Foto: sg

Das südwestliche Piemont

102pi Foto: sg

099pi Foto: sg

Die Abbazia di Staffarda ist einer der wichtigsten Sakralbauten des Piemont

Natur pur: Pian delle Gorre (Valle Pésio)

Die Piazza Santorre di Santarosa in Savigliano

Abbazia di Staffarda

In der Nähe von Revello und des Flusses Po liegt die beeindruckende ehemalige **Zisterzienserabtei** Staffarda, einer der **wichtigsten mittelalterlichen Sakralbauten** des Piemont.

Die Zisterzienser forderten äußerste **Einfachheit** in der Lebenshaltung sowie strenge geistige und körperliche **Arbeit.** Dies war sicherlich auch der Grund, weshalb *Manfredo I.,* Markgraf von Saluzzo, um 1135 das unfruchtbare Sumpfland bei Revello dem Orden schenkte. Laienbrüder legten die Sümpfe trocken, holzten die Wälder ab und bewirtschafteten erfolgreich das **neu gewonnene Ackerland.** Unter der Schutzmacht der Markgrafen von Saluzzo erlebte das große Abteigut, zu dem auch etliche weitere große Landgüter, die sogenannten Grange (⇗ „Umgebung von Vercelli") zählten, zwischen dem 12. und 13. Jh. seine Blütezeit.

Um die Mitte des 15. Jh., noch vor dem Untergang der Markgrafen, verließen die Mönche Staffarda, und es begann eine Zeit des Niedergangs. Bei einer Schlacht zwischen Frankreich und den Savoyern 1690 wurde die Abtei **stark beschädigt** und im 18. Jh. unter Leitung der **Ordine Mauriziano** (⇗„Stupinigi") wieder aufgebaut, in deren Besitz sie bis heute ist.

Dem mönchischen Ideal der Einfachheit entsprach auch die bewusste **Beschränkung der Baukunst** auf das Notwendige. Dem eindrucksvollen Gesamteindruck, der allen Zisterzienserbauten gemein ist, liegt gerade der Verzicht auf jegliche Ablenkung vom Wesentlichen zugrunde.

Abweichend von den Prinzipien der zisterziensischen Ordensbaukunst, mit dreischiffigem Langhaus und Kreuzrippengewölbe, einem um Seitenschiffbreite vorspringenden Querschiff und plattem Chorschluss wurde die **Klosterkirche Santa Maria,** entsprechend der lombardischen Bautradition, von 1150 bis 1220 als Stufenhalle mit halbrunden Apsiden ausgeführt. Im Süden schließen sich die um einen Kreuzgang (um 1250) gruppierten **Konventsgebäude** an.

Außerhalb der Klostermauern liegen das ehemalige Gästehaus, die **Foresteria,** mit doppelschiffigem Refektorium zur Aufnahme von Pilgern, und eine Markthalle.

Die Anlage ist in schlechtem Zustand und wartet auf ihre Restaurierung.

- **Abbazia di Staffarda,** Revello, Tel. 01 75 27 32 15; Öffnungszeiten: Di–So 8.30–12.30 und 14.30–18 Uhr (Sommer), 8.30–12.30 und 14– 17 Uhr (Winter); Eintritt 5,20 €. Audioführungen auch auf Deutsch.

Saluzzo

⇗ XXII/B1

- **PLZ:** 12037
- **Lage über NN:** 395 m
- **Einwohnerzahl:** 16.877

Ganz am Westrand der Po-Ebene entwickelte sich im Mittelalter die **Markgrafschaft Saluzzo,** deren Grenzen bis an die Riviera reichten. Bis 1588, als das Gebiet endgültig den Savoyern zufiel, stand das Saluzzese im Spannungsfeld zwischen der Markgraf-

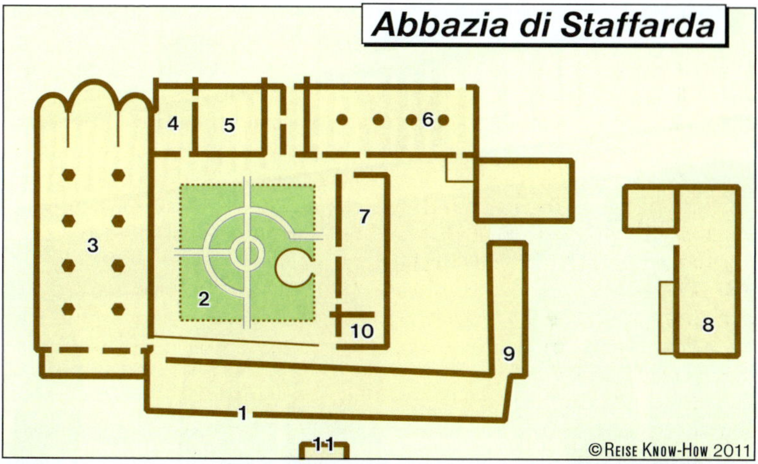

1	Eingang	5	Kapitelsaal	10	Küche
2	Kreuzgang	6	Wohntrakt	11	Markthalle
3	Klosterkirche Santa Maria	7	Refektorium		
4	Sakristei	8	Foresteria		
		9	Ställe		

schaft Monferrato und dem Hause Savoyen. Ihre **Blütezeit** erlebte die Stadt Saluzzo im 15. und 16. Jh. In dieser Zeit entstanden die meisten Kirchen und Paläste.

Am höchsten Punkt der Altstadt erhebt sich die einstige **Burg,** die lange Zeit als Gefängnis genutzt wurde. Hinauf führt die gepflasterte Salita al Castello, flankiert von spätgotischen **Arkadenhäusern.** Die meisten Arkaden wurden zugemauert, sie sind aber noch gut am Mauerwerk zu erkennen. Einige Fassaden schmücken Reste von **Renaissancefresken.**

Ursprünglich bereits im 13. Jh. errichtet, bauten die Markgrafen *Ludovico I.* und *Ludovico II.* von 1472 bis 1507 die **Kirche San Giovanni** zur Grablege ihrer Dynastie aus. Sehenswert ist das spätgotische Hochgrab von *Ludovico II.* Es stammt wahrscheinlich aus einer Werkstatt im Burgund. Ab 1466 folgte der Anbau der Konventsgebäude.

Ebenfalls in der Via San Giovanni trifft man auf die interessanteste Sehenswürdigkeit der Stadt. Die restaurierte **Casa Cavassa** ist ein typisches Beispiel eines Saluzzeser Herrenhauses aus dem 15./16. Jh.

In den restaurierten Räumen ist heute das **Städtische Museum** mit Einrichtungsgegenständen, Fresken und Gemälden untergebracht. Wichtigstes Stück der Sammlung ist ein **Tafelbild**

Typisches Beispiel der
Saluzzeser Architektur: Casa Cavassa

von 1499 mit der Darstellung einer Schutzmantelmadonna und den Stiftern *Ludovico II.* und *Margherita di Foix*. Das Werk wird dem flämischen Maler *Hans Clemer* zugeschrieben.

• **Museo Civico Casa Cavassa,** Via San Giovanni 5, Tel. 017 54 14 55; Öffnungszeiten: April bis September Di, Mi nur mit Anmeldung 12.30–14.30 Uhr, Do–So 10–13 und 14–18 Uhr; Oktober bis März Di, Mi nur mit Anmeldung 10–13 und 14–17 Uhr, Do–So 10–13 und 14–17 Uhr; Eintritt 5 €.

Information

• **I.A.T-Büro,** Piazzetta dei Mondagli 5, Tel. 017 54 67 10, Fax 017 54 67 18, iat@comune.saluzzo.cn.it; Öffnungszeiten: Di–Sa 9–12.30 und 14–17.30 Uhr, So 9–12.30 und 14–18 Uhr.

Unterkunft/ Essen und Trinken

• **Bed & Breakfast Santa Rosalia,** Strada Santa Rosalia 1, Savigliano (ca. zwei Kilometer in Richtung Racconigi), Tel. 01 72 72 63 86, www.santarosaliacamere.it. Ein sorgfältig und mit viel Liebe zum Detail restauriertes Landgut, dessen Ursprünge ins 16. Jh. zurückgehen. Sechs großzügige und geschmackvoll eingerichtete Zimmer. Außer dem charmanten Ambiente und der angenehmen ruhigen Atmosphäre sollte man sich in Santa Rosalia auf keinen Fall die Küche der Besitzerin entgehen lassen. Schließlich ist bei *Signora Loredana* so gut wie alles hausgemacht, vom eingelegten Gemüse bis zur Frühstücksmarmelade. Alle anderen Produkte werden sorgsam ausgewählt. *Loredana* und ihr Mann stammen aus dem Valle Máira, und so beziehen sie auch für ihr Restaurant vor allem Käse von dort und aus dem Val Grana, darunter ein hervorragender Castelmagno und der rare Testun. 72 €. Degustationsmenü 25 €.

• **Bed & Breakfast La Canonica,** Via Provinciale 20, Pagno (Val Bronda), Tel. 017 57 63 33, Fax 017 57 63 33, www.lacanonicadipagno.it. Bed & Breakfast in einem ehemaligen Pfarrhaus aus dem 18. Jh. mit vier geräumigen Zimmern und Garten. Kleine Hunde erlaubt. 75–90 €.

• **La Torre,** Via Villa 35, Brondello, Tel. 017 57 61 98, Mo abend und Di Ruhetag. Das Restaurant liegt ca. zehn Kilometer südwestlich von Saluzzo in Richtung Val Bronda auf dem Weg ins Valle Varáita. Familiärer Landgasthof mit kreativ verfeinerter und saisonal ausgerichteter Küche auf der Basis regionaler Traditionen. Der Wein stammt aus eigenem Anbau. 30 €.

• **San Bernardo,** Via San Bernardo 63, Verzuolo (sechs Kilometer südlich von Saluzzo),Tel. 017 58 58 22; Di und Mi Ruhetage. Angenehme Trattoria mit freundlichem Service und klassischer piemontesischer Küche. Tische im Freien. 28 €.

Castello della Manta

Das Castello wurde von den Markgrafen von Saluzzo im 13./14. Jh. zur Verteidigung ihres Stammsitzes errichtet. Von außen ein schlichter Bau mit Rundturm, besitzt das Castello im Inneren **bedeutende Wandbilder.** 1416 erbte Valerano, Sohn von Markgraf Tommaso III. von Saluzzo das Anwesen und verwandelte die Burg in ein elegantes Herrenhaus. Aus dieser Zeit stammt die außergewöhnliche malerische Ausstattung im Stil der höfischen Gotik. Höhepunkte sind die Wandbilder in der sala baronale (1416–1426). Idealisierte Darstellungen des Rittertums mit großen elegant gekleideten Figuren schmücken die Wände des großen Festsaales. Vorlage für die 18 dargestellten Helden und Heldinnen lieferte das Figurenrepertoire aus dem Versroman ‚Libre du Chevalier Errant' von Tommaso III. 1984 erwarb der Fondo per l'Ambiente Italiano, eine private Nonprofitorganisation zur Erhaltung italienischer Kulturgüter, den Besitz.

• **Castello della Manta,** Tel./Fax 017 58 78 22, www.fondoambiente.it/beni/castello-della-manta-beni-del-fai.asp, geöffnet März–September Di–So 10–18 Uhr, 2. Februarhälfte 10–17 Uhr, Eintritt 5 €.

Savigliano

↗ XXIII/C1

Zwischen den Po-Zuflüssen Máira und Mellea liegt das sehenswerte Landstädtchen Savigliano mit gut erhaltener **Altstadt.** Erstmals 981 schriftlich erwähnt, entwickelte sich Savigliano im Hochmittelalter zu einer freien Kommune; es gehörte ab dem 14. Jh. zur Markgrafschaft von Saluzzo und war ab 1325 unter der Herrschaft der Savoyer. Mittelpunkt der Altstadt ist seit dem 12. Jh. die **Piazza Santorre di Santarosa.** Der autofreie Marktplatz wird von einem Ensemble schöner **Arkadenhäuser** aus dem 13. bis 15. Jh. gesäumt und vom **Stadtturm** auf der linken Seite beherrscht.

Valle Máira

↗ XXII/A2

Westlich von Saluzzo führen tief eingeschnittene Täler hinauf in die einsame **wilde Bergwelt** der Westalpen. Ziel dieser Tour sind nicht die Haupttäler Varáita und Po, sondern das Hochgebirgstal Máira, das wildeste und einsamste Tal von allen und eines der ärmsten dazu. Außer einer grandiosen Landschaft kann man in einigen abgeschiedenen Weilern erstaunliche **Kunstwerke** entdecken.

Seit einigen Jahren hat sich im Valle Máira ein sanfter **Wandertourismus** etabliert, der auch in Deutschland schon längst seine Fangemeinde gefunden hat. Auf gut ausgezeichneten Höhenwegen, die so alt sind wie die kleinen Dörfer, durch die sie führen, zogen früher die Saisonarbeiter in Richtung Frankreich.

Viele der kleinen **Bergbauerndörfer** sind heute verlassen oder werden nur noch von einigen Alten bewohnt. Die kleinräumige Almwirtschaft kann schon seit Langem keine Familie mehr ernähren. Seit Anfang des 20. Jh. wanderten viele Bergbauern ab, zogen ins nahe Frankreich oder hinab in die Po-Ebene.

Wie seine Nachbartäler gehört auch das Máira-Tal zum **okzitanischen Kulturraum,** der sich einst von Südfrankreich bis hinab in die Po-Ebene erstreckte. Die alte Sprache der Minnesänger und Troubadoure ist so gut wie ausgestorben und wird nur noch von wenigen verstanden.

In Erinnerung an die kulturellen Wurzeln im Tal wurde ein **Rundweg** mit insgesamt 13 Etappen und zahlreichen Querverbindungen, der **Percorsi Occitani,** angelegt.

Unten im Tal gibt es einige Hotels und Campingplätze, in den hoch gelegenen Dörfern betreiben die Gemeinden Etappenunterkünfte, die sogenannten **posto tappa,** meist einfache Matratzenlager mit Verpflegungsmöglichkeit. Mit dem Sherpa-Bus gelangt man wieder hinab ins Tal oder kann das Gepäck von einem *posto tappa* zum nächsten befördern lassen.

Am Eingang zum Valle Maira liegt der Hauptort **Dronero** (621 m), ein gemütliches kleines Städtchen mit einer zinnenbekränzten Brücke (1428) über das breite Flussbett der Máira.

Talaufwärts zweigt in **Macra** links ein Seitental ab. Ein kleines, kurviges Sträßchen schraubt sich hinauf bis nach **Celle di Macra** auf 1270 Metern Höhe und bietet traumhafte Ausblicke auf weitläufige Wälder, kleine Felder, Obstgärten, Almwiesen und Weiden und vereinzelte Weiler auf grünen Anhöhen. Im Ort Celle di Macra gibt es ein Rathaus, ein Gasthaus und ein Lebensmittelgeschäft sowie die sehenswerte **Pfarrkirche San Sebastiano.** Ein Blick hinein lohnt sich. Rätselhafterweise schmückt ein für diese entlegene Gegend ungewöhnlich wertvolles fünfteiliges **Polyptychon** (1496) mit einer Darstellung einer thronenden Madonna, umgeben von Heiligen, die Wand hinter dem Altar. Das Werk wird

Sensationell: die Fresken von Santa Maria Assunta

100pi Foto: sg

Hans Clemer, Hofmaler der Markgrafen von Saluzzo, zugeschrieben. Den Schlüssel für die Kirche bekommt man im Lebensmittelgeschäft.

Wieder zurück im Haupttal, biegt man nach fünf Kilometern bei **Stroppo,** einem Zusammenschluss verstreut liegender Gemeinden, rechts ab und gelangt über ein kurvenreiches Gebirgssträßchen in das landschaftlich traumhaft schöne **obere Máira-Tal,** ein weites offenes Gebiet. Die Straße führt an Wiesen mit wildem, blau blühenden Salbei vorbei und durch Wälder mit Alpenrosen und Lärchen.

Schließlich erreicht man **Elva.** Der Weiler besteht nur aus ein paar wenigen Häuser, darunter auch ein *posto tappa.* Hier bekommt man den Schlüssel zur **Pfarrkirche Santa Maria Assunta** aus dem 13. Jh., eine weitere kunsthistorische Sensation im Máira-Tal. Die Wände des Chorraumes zieren ausdrucksstarke **Fresken** mit Darstellungen aus der Marienlegende. Die Wand hinter dem Altar nimmt eine bewegte Kreuzigungsszene ein. Die Fresken tragen, wie bereits diejenigen in Celle di Macra, die Handschrift von *Hans Clemer.*

Über die tiefe **Schlucht Vallone di Elva,** durch zahlreiche in den Stein geschlagene Galerien, erreicht man bei **Ponte Marmora** wieder den Talgrund.

Information

- **I.A.T.-Büro,** Piazza XX Settembre 3, 12025 Dronero, Tel. 01 71 91 70 80, Fax 01 71 90 97 84, www.vallemaira.cn.it.
- Informationen vorab im Internet mit kompletten **Verzeichnis der Unterkünfte, Restaurants und Busfahrplan:** www.ghironda.com.

Unterkunft/ Essen und Trinken

- **Cavallo Bianco*****, Piazza Manuel 18, Dronero, Tel. 01 71 91 65 90, www.ilcavallobianco.com. Sympathisches kleines Hotel mitten in der Altstadt, empfehlenswertes Restaurant. 60 €; HP 45 €.
- **Bed & Breakfast Casa Conte,** Viale Sarrea 7, Dronero, Tel. 01 71 91 82 68. Familiäre Pension mit drei gemütlich eingerichteten Zimmern in einer Jugendstilvilla mit Park in der Nähe der Altstadt. 65 €.
- **Locanda del Silenzio,** Fraz. Camoglieres, Macra, Tel. 01 71 99 93 05, www.locandadelsilenzio.com. Sechs stilvolle, mit Bauernmöbeln eingerichtete Zimmer in einem alten, mit viel Liebe restaurierten Gehöft aus Naturstein. Restaurant mit exzellenter Küche. Eine echte Oase! Genau das Richtige, um es sich nach einer anstrengenden Wanderwoche gut gehen zu lassen. HP 75 €/p.P.

•**Centro Culturale Borgata,** San Martino Inferiore, Stroppo, Tel. 01 71 99 91 86 oder 01 71 99 91 51, Fax 01 71 99 91 94, www.borgata-sanmartino.com. In dem kleinen Weiler oberhalb von Stroppo haben *Maria* und *Andreas Schneider,* die Initiatoren des „Percorsi-Occitani"-Projekts, in den 1980er Jahren einige verlassene zerfallene Häuser erworben, instand gesetzt und zu einem vor allem bei Deutschen beliebten Treffpunkt für Wanderer mit Pensionsbetrieb (Matratzenlager, Zwei-Bett-Zimmer, Halbpension) ausgebaut. HP 47–64 €. Übernachtung im Matratzenlager (postatappa) mit HP 39 €.

Einkaufen

•**Wochenmarkt,** Mo morgens auf der Piazza della Libertà in Dronero.
•**Azienda Agricola Lo Puy,** San Damiano Macra, Borgata Podio, Tel. 01 71 90 00 32. Die Ziegen weiden auf hoch gelegenen Almwiesen, ihre Milch ist Grundlage für die Herstellung verschiedener hervorragender Käsesorten. Einzige Zutaten sind Rohmilch, Lab und Salz. Verkauf vor Ort.

101pi Foto: sg

Der Torre Civica

•Eine schöne Auswahl an Lo-Puy-Käse bekommt man auch in Cartignano kurz vor San Damiano. Das Feinkostgeschäft **Lou Negoci** liegt unübersehbar direkt an der Durchgangsstraße und hat neben den lokalen Erzeugnissen, darunter auch Salami von kleinen Produzenten, auch Käsespezialitäten aus den Nebentälern im Angebot, so beispielsweise den berühmte Castelmagno aus dem benachbarten Val Grana.

Mondovì

↗ XXIII/D3

•**PLZ:** 12084
•**Lage über NN:** 559 m
•**Einwohnerzahl:** 22.642

Aus welcher Himmelsrichtung man auch kommt, Mondovì erhebt sich inmitten einer Ebene auf einem Hügel, vielmehr einem Berg, dem **Monte Regale.** Von ihm leitete sich der erste Name der Stadt ab und auch die Landschaftsbezeichnung Monregalese; die Einwohner von Mondovi heißen noch heute **Monregalesi.** Nur ca. 30 Kilometer entfernt liegen die über 2000 Meter hoch ansteigenden Gipfel der Seealpen. Die Entfernung sowohl nach Turin als auch an das ligurische Meer bei Savona beträgt jeweils etwa 70 Kilometer.

Wie viele Städte der Gegend, wurde auch Mondovi 1198 als **borgo franco** von den Bewohnern der Dörfer Vico, Bredolo, Carassone und Vasco gegründet. Sie flüchteten während der Machtkämpfe zwischen den Stadtrepubliken zur besseren Verteidigung auf das Plateau des Monte Regale.

Nach 1200 erhielt der Festungsberg die **Privilegien einer freien Stadt,** während das umliegende Gebiet immer noch dem Bischof von Asti unterstand. Die Stadtmauer folgte dem Verlauf des Hügels und wurde in regelmäßigen Abständen durch mächtige Bastionen unterbrochen.

Heute präsentiert sich die **Altstadt** von Mondovi auf **zwei Ebenen.** Auf der Kuppel des Monte Regale liegt die heute sehr ruhige und beschauliche **Oberstadt Piazza.** An ihrem Hauptplatz Piazza Maggiore lagen früher die wichtigsten öffentlichen Gebäude, darunter auch die erste im Piemont gegründete Universität (1560–1566) und die ursprünglich gotischen **Arkadenhäuser** der reichen Adelsfamilien, die über Jahrhunderte die Geschicke der Stadt bestimmten.

Die Arkadenhäuser bestimmen heute noch das Stadtbild. Im Norden, oberhalb der Piazza Maggiore, führt eine gepflasterte Gasse an der **Kathedrale San Donato** vorbei zum schönsten Aussichtspunkt der Stadt. Die **Giardini del Belvedere,** eine kleine öffentliche Grünfläche, bieten eine traumhafte Fernsicht.

Von der Kirche San Andrea, die 1810 abgerissen wurde, blieb der Glockenturm aus dem 13. Jh., der heutige **Torre Civica,** stehen.

Am Fuße des Berges, entlang des Flusses Ellero, hat die Stadt ihre eigentlichen Ursprünge in den Vierteln Breo, Pian della Valle, Carassone und Borgata. Besonders reizvoll ist ein Spaziergang durch die **Unterstadt Breo,** heute der lebhafte Teil der Altstadt mit barocken Kirchen, hübschen Plätzen, Lokalen und vielen kleinen Geschäften. Ab 1880 verband eine **Funicolare,** ähnlich der von Superga bei Turin, die beiden Stadtteile miteinander. Über 30 Jahre war sie außer Betrieb. Nach umfangreichen Wiederinstandsetzungsarbeiten verbindet die neue Bahn seit 2007 den Stadtteil Breo wieder mit der Piazza Maggiore in der Oberstadt.

Information

- **Informazioni Turistiche,** Corso Statuto 16 d, Tel. 017 44 03 89, Fax 01 74 56 79 29, www.comune.mondovi.cn.it.

Essen und Trinken

- **Cantine Bonaparte,** Piazza Maggiore 3 (in der Oberstadt), Tel. 01 74 55 30 74; So Ruhetag. Empfehlenswertes Lokal in den restaurierten Gewölbekellern eines alten Palazzo an der Piazza Maggiore mit gut zubereiteter, typisch piemontesischer Küche. 25–30 €.
- **Terreno Gelateria,** Piazza Cesare Battisti 1. Sehr gutes Milchspeiseeis. Daneben stellt *Paolo Terreno* noch selbst Wassereis am Stiel und Semifreddi her.

Einkaufen

- **Gastronomia Salumeria Marchisio,** Via San Agostino 4, Tel. 017 44 28 51. Großes Feinkostgeschäft in der Haupteinkaufsstraße von Breo mit überzeugenden Frischetheke.

Valle Pésio

↗ XXIII/D3

Auf halbem Weg zwischen Mondovì und Cuneo bietet sich als Erholungs- und Kontrastprogramm ein Abstecher in das landschaftlich reizvolle grüne Valle Pésio an. Der Hauptort **Chiusa di Pésio** im unteren breiten Talverlauf ist von der S 564 (Mondovi – Cuneo) rasch zu erreichen (ca. acht Kilometer). Von dort bis zur **Kartause von Pésio,** fast am Abschluss des Tales, sind es nur zehn Kilometer auf gut ausgebauter Landstraße. Die Certosa di Pésio liegt auf 859 Metern Höhe in den Wäldern des **Naturschutzparks** Parco Naturale Alta Valle Pésio e Tánaro.

Die Kartause wurde 1173 vom heiligen Bruno gegründet und entwickelte sich schnell zu einem reichen Kloster und wichtigen Wallfahrtsort. Heute steht sie unter Leitung der **Padri missionari della Consolata di Torino** und kann ohne Führung besichtigt werden. Durch ein Tor betritt man zunächst den weitläufigen Klosterkomplex mit Kreuzgang aus der Spätrenaissance (16. Jh.). Etwas oberhalb liegt die Abteikirche, die auf dem Vorgängerbau aus dem 12. Jh. errichtet wurde.

- **Certosa di Pesio,** Tel. 01 71 73 81 23, www.certosadipesio.org; Öffnungszeiten: täglich 9–12 und 14.30–18 Uhr.

Ab hier verengt sich das Tal und endet nach wenigen Kilometern am **Pian delle Gorre,** einer idyllischen Lichtung am Fuße des Berggipfels Punta Marguaréis (2651 m), die sich hervorragend zum Picknicken eignet; voll ist es dort an den Wochenenden und in den italienischen Sommerferien.

Unterkunft/ Essen und Trinken

- **La Locanda Alpina,** Fraz. San Bartolomeo 71, Tel. 01 71 33 82 07; Di Ruhetag (nicht im Sommer). Berggasthof im Weiler San Bartolomeo kurz vor der Certosa di Pesio mit gut zubereiteten Gerichten aus der Region. Zu empfehlen Gnocchi mit einer Käsesoße aus Raschera und mit Kastanien gefüllte Ente. 25 €. Die Locanda vermietet sechs einfach ausgestattete, ordentliche Zimmer; 45 €.
- **Bed & Breakfast Le Cabane,** Fraz. Vigna 57, Tel. 01 71 33 82 07 oder über Handy 34 74 20 32 88, www.lecabane.it. Gemütliche Unterkunft in einem kleinen alten Weiler auf 900 Metern Höhe, sechs Kilometer oberhalb von Chiusa di Pesio (drei Kilometer nach Chiusa di Pesio in Richtung Pradeboni abbiegen, links ab über eine teils asphaltierte Schotterstraße, nach ca. zwei Kilometern erreicht man Le Cabane). Drei teils mit alten Bauernmöbeln freundlich eingerichtete Zimmer. 65 €.

Einkaufen

- **Azienda Agricola Cascina Giobbi,** Loc. Beinette, Cascina Gioppi 35, Tel. 01 71 38 43 67. Die Azienda Agricola von *Giuseppe Bottasso* liegt am Eingang ins Valle Pésio. Die kleine Käserei produziert nur Rohmilchkäse *(latte crudo)*. Verkauf Di und Fr auch auf dem Bauernmarkt in Cuneo. Schöne Auswahl an hervorragendem Schafskäse wie z.B. Tuma ed Nonu, unter anderem auch in Öl eingelegt, mit Kräutern oder Peperoncini, Trüffeln oder schwarzem Pfeffer gewürzt.

Cúneo

↗ XXIII/C3

- **PLZ:** 12100
- **Lage über NN:** 534 m
- **Einwohnerzahl:** 55.464

Ihrer malerischer Lage auf einem langen keilförmigen Hochplateau, am Zusammenfluss von Gesso und Stura, verdankt die Provinzhauptstadt Cúneo („Keil") ihren Namen. Bereits 1198 erstmals urkundlich als *borgo franco* erwähnt, galt Cúneo aufgrund der strategisch günstigen Lage und seiner wirtschaftlichen Bedeutung als Knotenpunkt zweier alter Handelswege bis ins 19. Jh. als wichtige **Festungsstadt** und war bis 1800 zahlreichen

Belagerungen ausgesetzt. Auch heute noch ist die Stadt ein **Militärstützpunkt.** In Richtung Süden wurden Waren über den Colle di Tenda (1908 m) nach Ligurien ans Meer transportiert. In Richtung Westen gelangte man über den Colle della Maddalena (1996 m) nach Frankreich. Umgeben von Stadtmauern und Befestigungsanlagen, entstand zwischen den Plätzen Piazza Torino und Piazza Galimberti die historische **Altstadt.** Von 1800 bis 1802 ließ *Napoleon* die Stadtmauern abreißen, und es entstand die südlich der Piazza Galimberti gelegene Neustadt. Das Stadtbild ist heute deshalb auch vor allem von Bauten aus dem 18. und 19. Jh. geprägt. Einziges mittelalterliches Bauwerk ist die Kirche San Francesco.

Idealer Ausgangspunkt für einen Bummel durch die lebhafte Altstadt Cúneos ist die **Piazza Duccio Galimberti.** Der große, langgestreckte Platz, ringsum von Arkaden gesäumt, wurde im 19. Jh. als Paradeplatz angelegt. Hier findet dienstags einer der größten **Wochenmärkte** der Region statt.

Im Nordosten der Piazza führt die breite Hauptstraße Via Roma in den ältesten Stadtteil. Sie endet im spitzen Winkel der ehemaligen Festungsstadt. Rechts und links von **Arkadenhäusern** gesäumt, kann man unter den breiten schattigen Arkaden gemütlich bis zur Piazza Torino bummeln. In Kriegszeiten dienten die Laubengänge als Ställe, und in die darunter liegenden Gewölbekeller konnte sich die Bevölkerung flüchten.

Gleich am Anfang der Via Roma trifft man links auf die wuchtige neoklassizistische Fassade der **Cattedrale Nostra Signora del Bosco** (1662) inmitten der Häuserzeile. Die pompöse Fassade wurde 1865 vorgeblendet.

Gegenüber dem heutigen Rathaus erhebt sich der **Palazzo della Torre,** der Stadtturm aus dem 14. Jh.

Einkaufen

- Cúneo ist vor allem für seinen riesigen **Wochenmarkt** mit Hunderten von Marktständen bekannt. Auf der gesamten Piazza Galimberti, unter den umliegenden Arkaden und auf der Via Roma breitet er sich dienstags aus. Angeboten werden auch Kleider, Schuhe etc.
- Freitagsmorgens findet in der neu restaurierten offenen Markthalle auf der Piazza Seminario der **Lebensmittelmarkt** mit kleinem Bauernmarkt statt.
- **Margherita Musso – Pasta fresca, Riso e Alimenti naturali,** Via Roma 42, Tel. 01 71 60 31 44. Der Name sagt bereits alles. Im Traditionsgeschäft von *Signora Musso* bekommt man eine herrliche Auswahl an frischen Nudeln und Gnocchi. In dem dazugehörigen alten Ladengeschäft nebenan gibt es offenen Reis, Bohnen, Linsen, Gewürze und vieles mehr. Regionale Spezialität sind die Bohnen, die rund um Cúneo unübersehbar auf Stangen gezogen werden.

103pi Foto: sg

Markt auf der Piazza Duccio Galimberti

210pi Foto: sg

Im Herzen des Piemont

197pi Foto: sg

145pi Foto: sg

Wohltat fürs Auge:
die Hügellandschaften der Langhe

Schmucke Burgdörfer in der Langhe

Auf dem Markt in Asti

Überblick

Die meisten Besucher, allen voran die Feinschmecker und Weinkenner, zieht es nach wie vor ins **Monferrato** und in die **Langhe,** zu den berühmten **Weinanbaugebieten** von Moscato, Barolo, Barbera und Barbaresco. Der von *Paul Bocuse* geprägte Satz „Weinland ist Feinschmeckerland" kann jeder bestätigen, der hier schon getafelt hat. Gastronomischer Höhepunkt ist die **Trüffelzeit** im Herbst, wenn die edlen weißen Knollen selbst einfache Rühreier oder Tajarin zur Delikatesse werden lassen. Einige Weine, die hier produziert werden, können durchaus mit den berühmten französischen Burgundern und Bordeaux-Weinen konkurrieren. Betrachtet man jedoch die **Landschaft,** wird schnell klar, warum es so viele Besucher hierher zieht: So weit das Auge reicht, endlos ausrollende Hügelketten, klein parzellierte Weingärten im Schachbrettmuster und unzählige Hügelkuppen, die von alten Burgdörfern gekrönt werden. Kurvige Sträßchen in stetem Auf und Ab ziehen sich durch das Hügelmeer des Monferrato und der Langhe.

Monferrato heißt das weitläufige **Hügelland zwischen Turin und Alessándria,** das im Norden durch den Verlauf des Po-Bogens und im Süden in etwa durch die Bormida abgegrenzt wird. Landschaftlich teilt der Tánaro das Monferrato in die beiden Gebiete Alto und Basso Monferrato. Die Hügelketten mit Höhen bis zu 800 Metern südlich und östlich des Tánaro firmieren unter der Landschaftsbezeichnung **Alto Monferrato.** Unter dem klassischen Monferrato versteht man jedoch die weitläufige Landschaft nördlich des Tánaro. Geprägt wird die niedrige Hügellandschaft des **Basso Monferrato** mit Höhen von ca. 500 Metern von kleinen Waldstücken, Wiesen, gewellten Feldern, Obst- und Weingärten. Nicht jeder Zentimeter ist hier, wie in der Langhe, mit Weinstöcken bepflanzt.

„Monferrato" ist vor allem ein historischer Begriff. Die **Markgrafen von Monferrat** spielten im Mittelalter eine wichtige Rolle und gehörten zu den mächtigsten und reichsten Fürstenfamilien. Hauptstadt des Herzogtums war Casale Monferrato, vom 14. bis zum 18. Jh. eine der stärksten Festungen Europas. Heute ist der wichtigste Ort die im Zentrum des Monferrato gelegene alte Handelsstadt Asti.

Asti

↗ XVIII/B3

- **PLZ:** 14100
- **Lage über NN:** 123 m
- **Einwohnerzahl:** 75.910

Keine Autostunde von Turin entfernt, umgeben von der reizvollen Hügellandschaft des Monferrato, liegt am Zusammenfluss von Borbore und Tánaro Asti. Sie bildet das **wirtschaftliche Zentrum** im Monferrato. Auf den reizvollen Märkten der Provinzhauptstadt wird alles angeboten, was die Bauern im Astigiano erzeugen.

Asti ist vor allem für seine **gute Küche** bekannt. Der Herbst steht ganz im Zeichen von Gastronomie und

198pi Foto: sg

Weiße Trüffel

In vielen Gegenden des Piemont reift eine der edelsten und auch eine der teuersten Trüffelsorten, der weiße **tuber magnatum.** Monferrato und Langhe zählen zu den bekanntesten Trüffelgebieten. Die aromatische Knolle mit der gelblich-grauen Farbe verbreitet für seine Liebhaber einen unvergleichlichen, aufregenden Duft und besitzt ein unbeschreibliches Aroma. Für viele Menschen, die weiße Trüffel zum ersten Mal kosten, ist der **Geruch** nach feuchter Erde, Knoblauch und verdorbenem Eiweiß zunächst eher gewöhnungsbedürftig.

Seit jeher ranken sich die **erstaunlichsten Geschichten** um die unscheinbare Knolle. Bereits die Griechen wussten das Aroma des Trüffels zu schätzen und schrieben ihm eine **aphrodisische Wirkung** zu. Im frühen Mittelalter, als der Aberglaube das Leben der Menschen diktierte, galt er gar als gefährlich und von **teuflischer Herkunft.** Erst im 12./13. Jh. erlangte der Trüffel große Beliebtheit. Auf keinem Bankett des Adels durfte er fehlen; bis heute ist er ein Höhepunkt der Haute Cuisine.

Die Knollen, unterirdisch wachsende Pilze, reifen in **Symbiose** mit ca. 50 Pflanzenarten heran. Die meisten Sorten bevorzugen als Wirtspflanzen Eichen, Pappeln, Weiden, Linden oder Nussbäume. Ungefähr 20 bis 30 Zentimeter unter der Erde vermehren sie sich an deren Wurzeln. In der Trüffelsaison zwischen Oktober und Dezember machen sich die Trüffelsucher, die **Trifolai,** nachts oder frühmorgens mit ihren abgerichteten Hunden an die Arbeit.

Das **Gewicht** der einzelnen Knollen variiert in der Regel zwischen wenigen Gramm und 100 Gramm. Sehr selten sind Trüffel, die mehr als ein Kilo wiegen.

Weiße Trüffel **verlieren sehr schnell an Aroma** und auch an Gewicht und sollten so schnell wie möglich verzehrt werden. Sie werden nicht gewaschen, sondern nur vorsichtig **gebürstet** und mit einem speziellen Trüffelschneider hauchdünn über die fertigen Gerichte **gehobelt.** Man bewahrt sie, eingeschlagen in ein Haushaltstuch, in einem Schraubglas im Kühlschrank auf. Auf gar keinen Fall sollte man ihn in Reis vergraben oder zu Eiern legen. Sie nehmen den Trüffeln den Geschmack.

Vor allem während der regionalen Messen ist nicht jeder Trüffel, der im Verkauf landet, auch ein piemontesischer Trüffel. Die Nachfrage ist in dieser Zeit einfach zu groß, sodass auch Trüffel aus der Toskana, Romagna und aus Istrien als Alba-Trüffel verkauft werden. Ein echter Alba-Trüffel in einem vollen Korb gibt sein Aroma an die anderen Trüffel ab. Nur der wahre Kenner lässt sich davon nicht täuschen.

Ein verlässlicher **Händler,** der Restaurants in aller Welt beliefert, ist *Sandrino.* Ihm gehört der Pavillon mit Weinverkauf in der Nordwestecke des großen Parkplatzes auf der Piazza Campo del Palio. Wer Trüffel bei ihm kaufen möchte, erreicht ihn über Handy (34 77 62 76 38) oder im Restaurant Tartufo d'Oro, Tel. 01 41 35 20 87.

Trüffelmesse in Asti

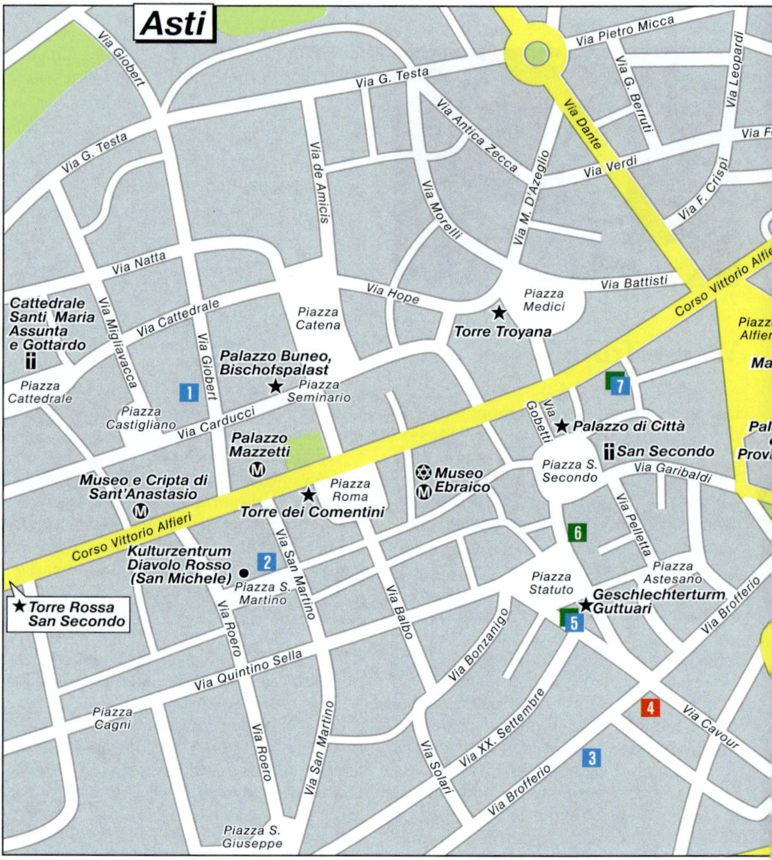

Wein. Als Höhepunkt und Abschluss der Saison findet im November die **Trüffelmesse** statt, ein magischer Anziehungspunkt für das ganze Umland und ein Ereignis, das man sich nicht entgehen lassen sollte. An allen Ecken und Enden kommt einem der intensive Duft frisch ausgegrabener Trüffel entgegen. Unter den Arkaden an der Piazza Alfieri, auf den Plätzen und in den Gassen der schönen Altstadt finden sich außerdem Stände kleiner Produzenten von Käse, Salami, eingelegtem Gemüse, Honig und Süßigkeiten. Auch wenn in der ganzen Welt das kostbare Knollengewächs als „Alba-

Übernachtung
4 Hotel Rainero
9 Lis Hotel

Essen und Trinken
1 Ristorante Aldo di Castiglione
2 Osteria del Diavolo
3 Pasticceria Davide Barbero
5 Enoteca 3 Bicchiere
7 Pasticceria Giordanino
10 Ristorante Il Moro

Geschäfte
5 Enoteca 3 Bicchiere
6 Fucci Formaggi
7 Pasticceria Giordanino
8 Torrefazione Ponchione

0 200 m

Trüffel" bekannt ist, so kommen doch die größten und aromatischsten weißen Trüffel aus dem Umland von Asti.

Geschichte

Unter dem Namen „Hasta" gründeten die **Römer** an der Stelle einer ligurischen Siedlung 89 v. Chr. eine Kolonie. Während der **Völkerwanderung** wurden alle römischen Bauwerke zerstört. Interessant wird die Geschichte Astis erst wieder unter der **Herrschaft der Bischöfe** (ab 932). Als der Bischof von Asti und die Markgrafen von Monferrat sich 1091 um die Stadt Asti strit-

Der Palio von Asti

Der Palio (abgeleitet von *pallium,* „Stoff") wird erstmals im Jahr 1275 urkundlich erwähnt. Nach den Aufzeichnungen eines Chronisten trugen die Einwohner Astis vor den Stadtmauern der feindlichen Stadt Alba den Palio aus, **verhöhnten** damit **ihre Nachbarn** und **verwüsteten deren Felder und Weingärten.**

Heute findet das Pferderennen, bei dem **14 Konkurrenten** aus den Stadtvierteln, den Rioni, und aus den früher zur Stadtrepublik Asti gehörenden Orten San Damiano, Montechiaro d'Asti, Moncalvo, Nizza Monferrato, Baldichieri, Castell'Alfero und Canelli gegeneinander antreten, auf der Piazza Alfieri statt. Gemeinsame Abendessen im Freien, um sich auf den bevorstehenden Sieg einzustimmen, und Probetraining bestimmen die vorausgehenden Wochen in den Rioni.

Am Morgen des Rennens werden Pferd und Reiter in den Kirchen der Stadt feierlich **gesegnet,** und gegen 14 Uhr setzt sich auf der Piazza Cattedrale ein prächtiger **Umzug** mit 1200 Teilnehmern in mittelalterlichen Kostümen in Bewegung. Er wird von Fahnenschwingern und dem von Ochsen gezogenen Carroccio mit dem Palio begleitet und von dem Vorjahressieger angeführt. Über den Corso Alfieri und die Piazza San Secondo gelangt der Umzug zur Piazza Alfieri.

Um 16 Uhr fällt der Startschuss oder vielmehr das straff gespannte, dicke Hanfseil *(canapo),* und die ungesattelten Pferde schnellen los. Bei den drei Vorläufen ist scheinbar **jedes Mittel erlaubt.** Die Reiter behindern sich gegenseitig mit der Gerte, es wird gedrängelt und gestoßen. Die drei jeweiligen Besten nehmen am Schlusslauf teil. **Siegestrophäe** ist die karmesinrote Fahne mit dem Wappen und dem Schutzheiligen der Stadt, der Zweite erhält eine Geldbörse, der Dritte ein paar Sporen, der Vierte einen lebenden Hahn, und der Letzte wird mit einem Strauß Gemüse, garniert mit einer Sardelle, verspottet.

ten, zettelten die Bürger erfolgreich einen **Volksaufstand** an, und der Bischof verlor seine Vormachtstellung. Im 12. Jh. folgte der wirtschaftliche und kulturelle Aufschwung, und Asti stieg zur **mächtigsten Stadtrepublik des gesamten Piemont** auf. Östlich des Bischofssitzes entstand das heute noch gut erhaltene **Recinto dei Nobili,** ein neues Stadtviertel und das Machtzentrum des reichen Bürgertums mit Palästen, Geschlechtertürmen, Kirchen und Plätzen. Die Stadt war so reich und mächtig, dass sie selbst den Eroberungszügen *Friedrich Barbarossas* und denen der Markgrafen von Monferrat widerstand.

Aus Verteidigungs- und Prestigegründen baute sich jede Familie ihren eigenen wehrhaften Wohnturm, die sogenannten **Geschlechtertürme.** Die Turmhöhe war gleichbedeutend mit dem Ansehen der Familie. Bei Auseinandersetzungen konnten die Familien sich in den Türmen verbarrikadieren. Im 13. Jh. war die Zahl der Türme auf 125 angewachsen, von denen heute noch 15 erhalten sind.

An diese glanzvolle Zeit erinnert noch heute der **Palio,** ein historisches **Pferderennen** auf der Piazza Alfieri.

Wie in ganz Oberitalien, setzten gegen Ende des 13. Jh. auch in Asti die **Familienfehden** zwischen den Anhängern des Papstes, den **Guelfen,** und den kaisertreuen **Ghibellinen** ein. Die Kämpfe fanden nun auch innerhalb der Stadtmauern statt, was den Untergang der bedeutenden Stadtrepublik zur Folge hatte.

1342 begab sich der Rat von Asti freiwillig unter den Schutz der mächtigen **Visconti** aus Mailand. Bei ihrer Heirat mit *Ludwig von Orleans,* dem Bruder *Karls VI.,* brachte *Valentine Visconti* 1387 **Asti als Mitgift** mit in die Ehe. 1575 kam die Stadt unter die Herrschaft des Hauses von Savoyen und geriet in Vergessenheit.

Sehenswertes

In der charmanten Altstadt von Asti kann man hervorragend bummeln gehen. Sie ist überschaubar, und auch ohne Stadtplan in der Hand passiert man unweigerlich die schönsten Plätze und wichtigsten Baudenkmäler und entdeckt ganz nebenbei stille Winkel und Plätze.

Die große, in Trapezform angelegte **Piazza Alfieri** am östlichen Rande der Altstadt, markiert den Übergang zwischen neuer und alter Stadt. Etwas südlich davon liegt der Bahnhof und der große Marktplatz, die Piazza Campo del Palio.

Ein Denkmal ist dem Namensgeber der Piazza gewidmet. **Vittorio Alfieri,** 1749 in Asti geboren, gilt immer noch als einer der bedeutendsten italienischen **Dichter** des 18. Jh., und seine Trauerspiele sind bis heute fester Bestandteil der Lehrpläne in Schulen und Universitäten.

Auf drei Seiten wird die weitläufige Piazza durch breite **Kolonnaden** geschlossen. Sie sind Teil der großen **Stadtmodernisierung** im 19. Jh., als die mittelalterlichen Stadtmauern verschwanden, neue Plätze in der Altstadt entstanden und die alten Palazzi modernisiert oder durch Neubauten ersetzt wurden. Auf der Südseite markiert der **Palazzo della Provincia** den Übergang zur Neustadt. Im Norden gelangt man zum **Corso Vittorio Alfieri.** Die größtenteils verkehrsberuhigte Hauptgeschäftsstraße durchzieht die gesamte Altstadt bis zum ehemaligen Stadttor im Westen.

Unwillkürlich schlägt man aber zunächst den Weg in die schmale verwinkelte Via Garibaldi ein. Sie führt in das **Recinto dei Nobili,** das mittelalterliche Viertel der reichen Handelsfamilien, und zur schönen **Piazza San Secondo,** Zentrum der Stadtrepublik des 12. und 13. Jh. In Konkurrenz zur Kathedrale des Bischofs erbaute sich das reiche Bürgertum eine eigene **Stadtkirche,** der Legende nach Schauplatz des Martyriums des Stadtheiligen San Secondo. Auf dem ehemaligen Marktplatz finden bis heute die wichtigsten Veranstaltungen statt. Alljährlich wird er Mitte November zum Mittelpunkt der berühmten **Trüffelmesse** von Asti.

Neben dem **Palazzo di Città** (um 1730), dem alten Rathaus, beherrscht die ausladende Backsteinfassade der gotischen **Kirche San Secondo** den Platz. Das Bürgertum begann mit dem Bau ihrer Stadtkirche in der zweiten Hälfte des 13. Jh. Die Fassade mit den drei Portalen wurde zwischen 1440 und 1462 vorgebaut und ähnelt der Westfassade der Kathedrale. Der weiträumige Innenraum der Stufenhalle präsentiert sich nach einer Restaurierung, die fast alle Spuren der letzten Jahrhunderte beseitigte, wieder als

105pi Foto: sg

In der Kirche San Secondo werden die Fahnentücher des Palio aufbewahrt

harmonischer, lichter Innenraum mit verputzten Wänden und unverputzten backsteinsichtigen Pfeilern, Gurtbögen und Gewölberippen. In den beiden ersten Seitenkapellen rechts werden die **Fahnentücher des Palio** aufbewahrt, sie werden alljährlich dem Schutzheiligen geweiht, und der **Carroccio.** Die Kopie des Fahnenwagens der Stadtrepublik gilt als Symbol der freien Kommune, sie wird während des Palio durch die Straßen gezogen. Links vom Hauptaltar gelangt man über Treppen in die **Krypta** hinab. Die ältesten Kapitelle gehen auf das 6./7. Jh. zurück. Im Zentrum der Unterkirche steht der silberne **Reliquienschrein** mit den Gebeinen des heiligen Secondo.

Am anderen Ende der Piazza gelangt man in wenigen Schritten auf die **Piazza Statuto** mit schönen Arkadenhäusern und dem noch erhaltenen **Geschlechterturm** der Familie *Guttuari* (neben der Enoteca 3 Bicchieri).

Wieder zurück auf der Piazza San Secondo, steht im Westen in der Via dei Cappelai (heute Farmacia Sacco) ein unscheinbares Eckhaus. Es markierte im Mittelalter den Eingang ins **jüdische Viertel.** In der Mitte der Fassade erscheint das wie ein Fenster gerahmte **Wandbild** seltsam fehl am Platze. Doch im Mittelalter durften die an die Stadt angrenzenden Häuser des Ghettos keine Fensteröffnungen besitzen, und so schmückten die Besitzer die Fassade mit einem Wandbild. In der ehemaligen Synagoge hat heute das interessante **Museo Ebraico** mit einer Dokumentation über die Geschichte der jüdischen Gemeinde vom 14. bis ins 18. Jh. seinen Sitz.

• **Museo Ebraico,** Via Ottolenghi 8, Tel. 01 41 59 00 03. Besichtigung nur nach tel. Anmeldung.

Über die Via Gobetti biegt man links in den eleganten Corso Vittorio Alfieri ein und erreicht wenig später die **Piaz-**

221pi Foto: dz

Il Cantautore Paolo Conte

Nicht weit von der Piazza Alfieri entfernt, am Corso Dante, übte der Chansonsänger, Jazzmusiker und Komponist *Paolo Conte* seinen Hauptberuf als **Anwalt für Zivilrecht** aus.

Geboren am 6. Januar 1937, wächst er als behütetes Kind einer Piemonteser Anwaltsfamilie in Asti auf. Angesteckt durch die heimliche Jazzleidenschaft seines Vaters (wie in Deutschland zu dieser Zeit war auch unter *Mussolini* das Senden und Spielen von Jazzkompositionen verboten) entdeckt der Junge schon sehr früh seine Liebe zum Jazz, lernt **Klavier** und **Vibrafon** und das für ihn typische **Kazoo.** Während seines **Jurastudiums** spielt *Paolo Conte* in Jazzkombos und auf Kreuzfahrtschiffen. Nach dem Tod des Vaters übernimmt er zusammen mit seinen Brüdern die Kanzlei des Vaters.

Aus den 1960er Jahren stammen die **ersten Kompositionen** der beiden Brüder *Paolo* und *Giorgio.* Mit dem 1965 für *Adriano Celentano* geschriebenen Schlager **„Azzurro"** wird *Paolo Conte* als Komponist und Liedschreiber erstmals bekannt. Als Interpret der eigenen Lieder *(cantautore)* traut sich *Conte* erst ab 1974 auf die Bühne.

Mit seiner rauen, herben Stimme, seiner einprägsamen, sehr poetischen und ironischen Bildsprache über Menschen und Städte und den eigenwilligen musikalischen Arrangements füllt *Paolo Conte* in den 1980er und 90er Jahren die Konzertsäle Europas. Seine Lieder sind eine ganz eigene Mischung aus **Jazz, Chanson und Tango.** Das Kazoo und eine zirkusartige Akkordeonmusik sind immer wiederkehrende Elemente.

Bereits zu Lebzeiten
eine Legende: Paolo Conte

za Roma mit dem **Torre dei Comentini** aus dem 13. Jh., mit 38,50 Metern der höchste der noch erhaltenen Geschlechtertürme.

Nach jahrelangen Restaurierungsarbeiten erstrahlt der **Palazzo Mazzetti** seit 2010 in neuem Glanz. In den herrschaftlichen Barocksälen ist die städtische **Gemäldesammlung** zu besichtigen.

• **Palazzo Mazzetti,** Corso Alfieri 357, Tel 01 41 53 04 03, www.palazzomazzetti.it. Di–So 10.30–18.30 Uhr.

Unter dem Liceo Ginnasio fand man bei Ausgrabungsarbeiten die **Reste einer romanischen Kirche** (11.–13. Jh.), die Krypta San Anastasio. Bemerkenswert sind die frühromanischen Kapitellplastiken in der dreischiffigen Anlage, die im Osten durch drei Apsiden abgeschlossen wird.

• **Museo e Cripta di Sant'Anastasio,** Corso Alfieri 365, Tel. 01 41 43 74 54; Nov.–März: Di–So 10–13/15–18 Uhr, April–Okt.: Di–So 10–19/16–19 Uhr, Eintritt 3,50 €.

Das Ende des Corso Vittorio Alfieri markiert, vor dem Hintergrund der Kirche Santa Caterina, der **Torre Rossa San Secondo** (1. Jh. n. Chr.). Er wird auch „Torre Romano" genannt und war wahrscheinlich Teil eines mit zwei Türmen befestigten römischen Stadttores. Die beiden letzten Stockwerke des 16-eckigen Turmbaus kamen erst im 11. Jh. hinzu.

Über die Via Varrone und Via Massaia erreicht man die Piazza Cattedrale mit dem monumentalen Backsteinbau der **Cattedrale Santi Maria Assunta e Gottardo.** Sie wurde auf den Resten eines 1095 eingeweihten, romanischen Vorgängerbaus als Stufenhalle errichtet. Wahrscheinlich nach dem Einsturz der alten Kathedrale gab der französische Bischof *Arnault de la Rosette* 1326 den Auftrag zum Bau ei-

107pi Foto: sg

Der Eingang der Cattedrale

ner gotischen Kathedrale. Die durch drei Portale reich gegliederte Westfassade mit tiefen Gewänden und darüber liegenden Fensterrosetten entstand im 15. Jh. Die eigentliche Hauptfassade mit Vorhalle, Querschiff, Apsis, achteckigem Vierungsturm und romanischem Glockenturm liegt jedoch auf der Südseite. Wie bei den umliegenden Häusern und Türmen, wurden auch hier **verschiedene Baumaterialien** verwendet. Der weiße Tuffstein mildert die Strenge und Schwere des Backsteins. Besonders aufwendig ist die 1450 entstandene **Vorhalle** gestaltet. Sie trägt den Namen ihres Stifters *Peletta*. Der adlige Ghibelline heiratete eine reiche Kaufmannstocher aus der Guelfenfamilie *Troya* und stiftete anlässlich seiner Heirat die Vorhalle. Über der Spitze blickt die Figur der Madama Troyana etwas finster daher.

Durch die Vorhalle gelangt man in den dreischiffigen **Innenraum** der Kathedrale. In der Zeit der Gegenreformation (18. Jh.) veranlasste *Bischof Innocenzo Milliavacca* eine **Modernisierung.** Dabei wurden die Bögen aus Backstein entfernt. Seither zieren spätbarocke Heilige, Madonnen und Allegorien die hellen Sandsteinmauern, und dekoratives Blattwerk rankt sich die Säulen hinauf.

Über die Via Carducci, vorbei am Bischofspalast (Palazzo Buneo) aus dem 15. Jh., erreicht man die **Piazza Medici** und den Geschlechterturm der reichen Kaufmannsfamilie *Troya,* den **Torre Troyana.** Heute ist er im Besitz der Stadt und wird als Glockenturm genutzt. Er wurde zwischen 1997 und 1999 restauriert und mit einem Treppengerüst ausgestattet. Über 199 Stufen gelangt man ganz nach oben. Die Anstrengung wird mit einem herrlichen Blick über die Stadt und die umliegende Landschaft belohnt.

- **Torre Troyana,** Öffnungszeiten April–Sept. Sa/So 10–13/16–19 Uhr, Oktober Sa/So 10–13/15–18 Uhr, Eintritt 2 €. Nov.–März: Di–So 10–13/15–18 Uhr, April–Okt.: Di–So 10–13/16–19 Uhr oder nach tel. Anmeldung unter Tel. 01 41 39 94 60, Eintritt 3,50 €.

Am entgegengesetzten Ende des Corso Alfieri lohnt sich der Besuch des **Baptisteriums** der Kirche **San Pietro in Consavia** aus dem 15. Jh. Die achteckige Taufkirche **Rotonda di San Pietro** stammt aus dem 12. Jh. und wurde im Jahre 1280 zum Baptisterium umgebaut. Sie beherbergt heute eine Sammlung **archäologischer Fundstücke** und **Fossilien** aus der Region.

- **Museo Archeologico e Paleontologico,** Corso Alfieri 2, Tel. 01 41 35 30 72. Öffnungszeiten: Nov.–März Di–So 10–13 und 15–18 Uhr. April–Okt. tgl. 10–13 und 16–19 Uhr, Eintritt 3,50 €.

Praktische Tipps

Information

- **Ufficio Informazioni,** Piazza Alfieri 29, Tel. 01 41 53 03 57, Fax 01 41 53 82 00, www.astiturismo.it, www.comune.asti.it.

Parken

- Gebührenpflichtiger Parkplatz auf der **Piazza del Mercato,** hier auch Wochenmarkt und Trüffelkiosk (↗„Einkaufen"), zur Piazza Vittorio Alfieri ist es nicht weit; oder direkt auf der **Piazza Vittorio Alfieri** parken.

199pi Foto: sg

Unterkunft

Hotels für den Individualreisenden mit Charme und persönlicher Atmosphäre zu moderaten Preisen finden sich in Asti nicht. Die vorhandene Hotelstruktur richtet sich vorrangig an **Geschäftsreisende.** Zur Weinmesse „Douja d'Or" und zur Trüffelmesse ist es praktisch unmöglich, ohne langfristige Reservierung ein Zimmer in der Stadt zu bekommen. Am besten weicht man auf das Umland z.B. nach Refrancore aus.

Auf der Durchreise sind unter den Stadthotels das **Rainero** in der Via Cavour 85 (DZ 75–100 €, Garage 10 €) und das freundlich geführte **Lis Hotel** (Via Fratelli Rosselli 10, 95–115 €), zentral gegenüber des Parco della Resistenza gelegen, zu empfehlen.

Fröhliches Tafeln in der Cascina Madonna, Refrancore

Umland:

- **Bed & Breakfast Cascina la Gioia,** Via Cascina La Gioia 48, Refrancore, Tel./Fax 01 41 67 09 18, Handy 33 58 06 19 80, www.

cascinalagioia.it. 18 Hektar großes Landgut (Weinanbau, Pfirsiche, Aprikosen, Birnen und Äpfel) mit kontrolliert biologischen Anbau, besonders schön zur Pfirsichblüte im Frühjahr, mit schönem großen Pool am Rande der Weinberge. Im sorgfältig renoviertem Hauptgebäude drei geräumige, mit alten Bauernmöbeln gemütlich eingerichtete Doppelzimmer mit eigener Dusche/WC. Geschmackvoller Aufenthalts- und Frühstücksraum mit Kamin. Reichhaltiges Frühstücksbuffet mit Produkten aus eigener Herstellung (z.B. Kuchen und Marmelade). *Aldo* und *Marisa* kümmern sich mit italienischer Herzlichkeit um das Wohl ihrer Hausgäste. *Marisa* spricht Deutsch, Französisch und Englisch. 65 €.

• **Locanda dei Musici,** Via al Castello 40, Castagnole Monferrato, Tel. 01 41 29 22 83 oder Handy 33 58 32 74 50, Fax 01 41 29 22 83, www.locandadeimusici.com. Mitten im Weinbaugebiet des Ruché befindet sich diese charmante, ruhig gelegene Locanda in einem Landhaus aus dem 17. Jh. Von den Terrassen der fünf individuell und mit viel Geschmack eingerichteten Zimmer genießt man einen herrlichen Blick über die Hügel des Monferrato. Reichhaltiges Frühstücksbuffet. Den Gästen steht eine große, gut ausgestattete Küche zur Verfügung. Die Besitzerin *Chiara Zumaglini* spricht Englisch und Französisch. Kleine Hunde sind erlaubt. 75–85 €.

• **Agriturismo Cascina Villa,** Via Santa Caterina 24 (10 Kilometer südöstlich des Ortszentrums im kleinen Weiler Santa Caterina in Richtung Montegrosso d'Asti), Rocca d'Arazzo, Tel./Fax 01 41 40 84 56 oder Handy 34 70 03 08 61, www.cascinavilla.it. Auf einer Anhöhe mit herrlichem Blick über die umliegenden Weingärten und Kastanienwälder liegt das restaurierte Bauernhaus mit Pool der Cascina Villa aus dem 19. Jh., idealer Aufenthaltsort für Familien mit Kindern. Im Haupthaus vermietet die junge Familie *Maggiorotto* drei geräumige und behagliche, teils mit alten Bauernmöbeln eingerichtete Zimmer. Gemeinsamer Frühstücksraum. 60–65 € (inkl. reichhaltigem Frühstücksbuffet) mit Skonto bei Aufenthalt ab drei Tagen, Kinder unter sechs Jahren müssen nicht bezahlen.

• **Bed & Breakfast Bricco del Generale,** Via Santa Caterina 21 (Anfahrt ↗„Cascina Villa"), Rocca d'Arazzo, Tel./Fax 01 41 40 83 43 oder Handy 34 88 02 07 40, www.briccodelgenerale.it. Stilvolle Unterkunft in einem alten Landhaus auf einer Hügelkuppe mit herrlicher Panoramasicht über die Landschaft des Basso Monferrato. Drei geschmackvoll und in unterschiedlichen Farben eingerichtete Zimmer, gemeinsamer Frühstücksraum. Verkauf von eigenem Barbera D.O.C. 65 € (inkl. reichhaltigem Frühstücksbuffet).

Essen und Trinken

• **Aldo di Castiglione,** Via Giobert 8, Tel. 01 41 35 49 05; Do Ruhetag. Das einladende Restaurant liegt in einer der kleinen ruhigen Sträßchen im Domviertel; solide, sorgfältig zubereitete piemontesische Küche, unter den Antipasti zu empfehlen *carne cruda,* Paprika mit *bagna cauda,* gefolgt von *agnolotti, risotti, gnocchi, arrosto di vitello, stinco* oder *capretto.* 30–40 €.

• **Il Moro,** Via Lungotanaro 12, Tel. 01 41 59 25 13; Do Ruhetag. Nicht zu verfehlen ist das am Tánaro gelegene Ausflugslokal in der Nähe des einzigen Sterne-Restaurants von Asti, Gener Neuv (Von Asti Zentrum in Richtung Alba, bevor man den Tánaro überquert, links ab). Im Sommer mit Terrasse. Bodenständige piemontesische Küche; Spezialität des Hauses ist der marinierte Aal *(anguilla marinata).* 30–35 €.

• **Osteria del Diavolo,** Piazza San Martino 6, Tel. 014 13 02 21, Handy 33 94 28 68 57, www.osteriadeldiavolo.it; nur abends geöffnet, Mo+Di Ruhetag. Das Lokal hat zwar den teuflischen Namen der Kulturinitiative Diavolo Rosso in der entweihten Kirche San Michele nebenan adaptiert, hat aber ansonsten weder mit dem einen noch mit dem anderen etwas zu tun. 2004 eröffneten *Paola* und *Fabrizio* die einladende Osteria und betreiben seither mit viel Engagement ihr Lokal. Die Qualität der Gerichte, der freundliche Service und das angenehme Ambiente überzeugen. Erfreuliches Preis-Leistungsverhältnis. Häufig wechselnde Karte, je nach Saison- und Markangebot. Neben den klassischen Antipasti steht zur Abwechslung *tonno di co-*

niglio, ein leichter Salat mit Kaninchen, auf der Karte, gefolgt von hausgemachten *tajarin* und *agnolotti al sugo d'arrosto.* Schöne Weinauswahl. Im Sommer Tische auf der gegenüberliegenden Straßenseite mit Blick auf das Geschehen im Diavolo Rosso. 25 €.

- **3 Bicchiere,** Piazza Statuto 37, Tel. 01 41 32 41 37. So Ruhetag. Die Enoteca liegt direkt neben dem Turm. Winzig klein ist der Barbereich. Darüber befindet sich der ebenso kleine Gastraum mit Sitzgelegenheiten und Vitrinen für die Weine. Im Ausschank kann man die Spitzenweine der Region verkosten. Besonders zur Aperitifzeit beliebter Treffpunkt in Asti. Zum Wein steht immer eine große Auswahl an frisch zubereiteten salzigen Appetithäppen, den *stuzzichini,* bereit.

Umland:
(↗ auch Kap. „Zwischen Asti und Casale Monferrato"):

- **Cascina Madonna** (s. Seite 341).
- **Osteria Vineria ai Binari,** Fraz. Mombarone 145 (an der Straße von Asti nach Chivasso gelegen), Tel. 01 41 29 42 28; nur abends geöffnet, Mo + So Ruhetag. Charmantes nostalgisch eingerichtetes Restaurant mit Veranda in einem ehemaligen Bahnwärterhäuschen, ungefähr sechs Kilometer vom Zentrum entfernt. 25–30 €.
- **Agriturismo Cascina del Tiglio,** Via Nalbissano 24, Vigliano d'Asti, Tel. 01 41 95 12 04, www.tiglio.it; nur 1.4.–31.12. am Wochenende geöffnet. Anfahrt: Richtung Alba, Ausfahrt „Isola d'Asti" und weiter in Richtung Nizza Monferrato. Kurz vor Montegrosso rechts abbiegen (ab hier ausgeschildert). Agriturismo-Betrieb in den Hügeln von Vigliano d'Asti und Montegrosso, ca. 12 Kilometer von Asti entfernt. Sieben Hektar großes Landgut, davon drei Hektar Weinberge (Barbera). Stilvolles Restaurant auf dem Land mit Kaminzimmer im Bauernhaus aus dem 17. Jh. Täglich wechselndes Menü mit sorgfältig zubereiteter Küche aus dem Astigiano. Im Sommer Tische im Freien. 28–30 €.

Cafés, Konditoreien, Eisdielen

- **Davide Barbero,** Via Brofferio 84, Tel. 01 41 59 40 04. *Torrone* aus Asti ist gleichbedeutend mit *torrone* aus der Herstellung der Familie *Barbero;* entweder weich *(morbido),* hart und bröckelig *(friabile),* mit Schokoladenüberzug oder mit Rum aromatisiert. Der unschlagbare Klassiker ist aber immer noch der *torrone friabile,* an dessen Rezept sich seit 100 Jahren nichts geändert hat. Mandeln, Honig, Zucker und Eiklar sind die Grundzutaten. 1883 erhielt *Melchiorre Barbero* in Mombercelli erstmals die Lizenz zur Herstellung von *torrone,* bereits zwei Jahre später errang er die erste seiner zahlreichen Goldmedaillen auf einer Ausstellung in Neapel.
- **Giordanino,** Corso Alfieri 254, Tel. 01 41 59 38 02. Seit 1921 scheint sich bei Giordanino nichts geändert zu haben. Die Schaufensterfront aus Holz und Marmor stammt noch aus der Gründerzeit, und allein wegen der eleganten Jugendstil-Ladeneinrichtung sollte man einen Blick hineinwerfen, an der Bar einen hervorragenden Espresso trinken und dazu eine der köstlichen und einzeln von Hand in Stanniol verpackten *cioccolatini Alfierini* kosten. Die gut verpackten Kuchen verführen zum Mitnehmen: *Polentina, torta del Palio* und *pan d'la douja.* Auch für Liebhaber von Nussnougat lohnt sich ein Griff ins Regal.
- **Torrefazione Ponchione,** Corso Alfieri 149, Tel. 01 41 59 24 69. Kaffeerösterei und Caffè in einem. Erlesene Mischungen, bis hin zum weltbesten und teuersten Blue Mountain. Zehn verschiedene Arabicamischungen kann man gleich vor Ort an der Bar testen. Aber bereits die „einfache" Hausmischung ist ein Genuss. Bei Ponchione wird ein hervorragender Espresso serviert!

Einkaufen

- **Wochenmarkt:** Mi und Sa auf der Piazza Campo del Palio und Piazza Alfieri.
- **Markt mit Bio-Produkten:** zweiter Sa im Monat auf der Piazza Alfieri und Piazza San Secondo.
- **Fucci Formaggi,** Piazza Statuto 9. Unter den Arkaden der Piazza Statuto, nur wenige Schritte von der Piazza Secondo entfernt, findet sich das wohl beste Käsegeschäft der Gegend mit einer hervorragenden Auswahl an D.O.P.-Sorten aus der Region. Wer auf der Suche nach besonders seltenen Käsesorten

106pi Foto: sg

ist, wie z.B. *testun* oder *toma di Lanzo,* wird hier zumeist fündig. Kleine Auswahl an Olivenöl und Wein.

Feste und Veranstaltungen

- **Palio degli Sbandieratori** (Palio der Fahnenträger) am dritten Do im September.
- **Palio** am dritten Sonntag im September auf der Piazza Campo del Palio.
- Die **Weinmesse „Douja d'Or"** mit Prämierung der besten italienischen Weine und das **Festival delle Sagre,** ein Volksfest mit Degustation von piemontesischen Spezialitäten und Weinen, findet gleichzeitig immer in der Woche vor dem Palio statt.
- **Fiera Regionale del Tartufo** (Trüffelmesse) am dritten Novemberwochenende.
- Die kleine **Barockkirche San Michele** an der Piazza San Martino wurde entweiht und von einem jungen Kulturverein zu einer **Musikkneipe** umfunktioniert. Der Innenraum wurde nicht renoviert. Anstatt Altar und Kirchenbänken gibt es jetzt eine Bar und eine Bühne, und an einer Wand hängt das rote Rennrad von *Giovanni Gerbi* (1885–1954), „diavolo rosso" genannt, weil er bei Rennen immer ein rotes Trikot trug. Als erster italienischer Straßenmeister, erster italienischer Teilnehmer an der Tour de France 1904 und erster Gewinner der Lombardei-Rundfahrt schrieb *Gerbi* italienische Radfahrgeschichte. Auf ihn sind die Astigiani bis heute besonders stolz. 1982 widmete ihm *Paolo Conte* auf der Platte „Appunti di Viaggio" das Lied „Diavolo Rosso".

In der Pasticceria Giordanino kann man gut süße Mitbringsel kaufen

Rundfahrt zu den romanischen Kirchen im Basso Monferrato

Nördlich von Asti lohnt sich eine Fahrt durch **eine der schönsten Kulturlandschaften** des Piemont. Man fährt auf kleinen, wenig befahrenen Straßen durch scheinbar endlose Hügelketten. Auf den lang gezogenen Hügelrücken staffeln sich bis zum Horizont mittelalterliche Weiler und Städtchen, eng gedrängt um turmbewehrte Burgen oder barocke Kirchen. Der Blick schweift über die sanft gewellte Landschaft mit einem Mosaik an Mais- und Weizenfeldern, Wein- und Obstgärten und vereinzelten Pappelwäldchen. Im Norden werden die Hügel durch den Verlauf des Po begrenzt.

Ab und zu entdeckt man einsam gelegene romanische **Kirchen** auf den Hügelkuppen, die dazugehörigen **Dörfer** sind längst verschwunden. Der Aufschwung der Stadtrepubliken wie Asti im 12. und 13. Jh. brachte lang anhaltende **Kämpfe** mit den Feudalherren mit sich. Darunter zu leiden hatte vor allem die Landbevölkerung. Dörfer wurden zerstört und ganze Landstriche verwüstet und entvölkert. Beide Parteien, auf der einen Seite der Landadel, auf der anderen Seite die freien Städte, gründeten neue, befestigte Orte, die sogenannten *borghi franchi.* Die Bevölkerung wurde umgesiedelt. Von den einstigen Dörfern zeugen heute nur noch die instand gehaltenen ehemaligen Pfarrkirchen auf den Hügelkuppen.

108pi Foto: sg

Von Asti erreicht man auf der S 457 in Richtung Casale Monferrato zunächst Portacomaro und biegt bei Castell'Alfero auf die Landstraße nach Cocconato und Montiglio im Valle Versa ab. Im Mittelalter war dies einer der umstrittenen **Handelswege,** bewacht von den Burgen von Castell'Alfero, Frinco, Montechiaro, Montiglio und Murisengo.

An der Kreuzung nach Montechiaro d'Asti, einem der ehemaligen *borghi franchi,* steht linkerhand isoliert auf einer Hügelkuppe **eine der schönsten romanischen Landkirchen** des Monferrato, Santi Nazario e Celso.

Wunderschön bis in die Details:
Santi Nazario e Celso

Santi Nazario e Celso

Gegen Mitte des 12. Jh. als einfache Saalkirche errichtet, zeigt Santi Nazario e Celso in der Fassade und dem quadratischen, hohen Glockenturm einen für das Monferrato typischen **Streifenwechsel aus rotem Back- und hellem Kalkstein.** Zweifarbige Bänder aus Zacken und Quadraten, aufwendig gestaltete Biforien und das ornamental reich skulptierte Portal lassen französische Einflüsse erkennen. Die Kirche liegt sehr einsam, deshalb ist sie immer abgeschlossen. Der im Barock umgestaltete Innenraum ist aber auch nicht sonderlich interessant. Vor dem stimmungsvollen Hintergrund von Kirche und Landschaft finden im Sommer gelegentlich **klassische Konzerte statt** (Näheres hierzu kann man im Informationsbüro in Asti in Erfahrung bringen).

San Lorenzo bei Montiglio ↗ XVIII/A2

Wieder zurück auf der Straße nach Cocconato, zweigt man kurz darauf links ab nach **Montiglio.** Das alte Burgdorf mit steilen, engen Gässchen wird vom **Castello Borsarelli** dominiert. Das heutige zum Wohnhaus umgebaute Schloss stammt aus dem 15. Jh., geht aber auf einen älteren Vorgängerbau zurück.

Beim Friedhof von Montiglio, ungefähr einen Kilometer entfernt auf der nächsten Hügelkuppe, an der Stelle des ehemaligen Ortes, liegt die ursprünglich romanische Kirche.

Bei der Erneuerung der Kirche im 18. Jh. wurde fast ausschließlich das **Baumaterial der alten Kirche** wieder verwendet. Ausdrucksstarke Szenen, Fratzen und Dämonen zieren die Kapitelle von San Lorenzo; sie sollten den Menschen die Mächte des Bösen vor Augen führen, denen man nur mit Hilfe der himmlischen Kräfte widerstehen konnte.

• **Kirche San Lorenzo,** zu besichtigen nur nach telefonischer Anmeldung, wochentags über die Gemeinde Tel. 01 41 99 40 08, sonn- und feiertags *Dott. Ciravegna,* Tel. 33 56 91 57 03.

Cocconato ↗ XVIII/A2

Über eine Höhenstraße mit wunderbarer Aussicht erreicht man schließlich auf einer Kuppe Cocconato (451 m), 33 Kilometer nordwestlich von Asti. An klaren Tagen tauchen am Horizont hinter der sanft gewellten Hügellandschaft die weiß gepuderten Gipfel der Seealpen auf.

Gepflasterte Gassen führen durch die intakte Altstadt mit ihren dicht gedrängten Häusern bis hinauf zur **Pfarrkirche,** vorbei am restaurierten **Palazzo Comunale** (15. Jh.) mit Arkadengang, einem der wenigen im Monferrato erhaltenen Beispiele bürgerlicher Architektur aus gotischer Zeit.

Cocconato ist in der Gegend auch bekannt für seine gute Salami, den Prosciutto crudo und den **Robiola di Cocconato,** einen milden Frischkäse in flacher runder Form mit zartcremigem Inneren. Man bekommt ihn in der Latteria an der Piazza Cavour.

Unterkunft/ Essen und Trinken

•Entlang der Gasse hinauf in die Altstadt empfehlenswerte **Salumeria** und das kleine, gepflegte **Albergo Cannon d'Oro***** mit acht komfortablen Zimmern und sechs kleinen Apartments, Piazza Cavour 21, Tel. 01 41 90 77 94, www.cannondoro.it.

Abbazia Santa Maria di Vezzolano bei Albugnano

↗ XVII/D3

Die Abteikirche von Vezzolano ist das nördlichste Ziel und zugleich der **Höhepunkt der Tour** zu den zauberhaft gelegenen romanischen Kirche des Monferrato. Von Cocconato geht es zunächst abwärts in Richtung Chivasso, bei Besolo zweigt der Weg ab. Ein kurviges Sträßchen führt hinauf nach Albugnano mit weitem Panoramablick.

In einem stillen Tal, ca. einen Kilometer außerhalb, liegt die romanische Abbazia Santa Maria di Vezzolano. Die wahrscheinlich bereits im 8. Jh. gegründete Abtei wurde 1095 von **Augustinern** erneuert und in ihrer Blütezeit gegen Ende des 12. und Anfang des 13. Jh. erweitert und prachtvoll ausgestattet.

1189 wurde die **Abteikirche** als Basilika aus Backstein mit ehemals drei Apsiden errichtet. In den mehrgeschossigen, vorgeblendeten Bogenreihen und dem für das Monferrato typischen farblichen Wechsel zwischen Back- und hellem Naturstein wird die **Dekorationsfreude** der hier tätigen mittelalterlichen Steinmetze offensichtlich. Im Inneren beherrscht ein beeindruckender romanischer **Lettner** den Raum. Er wurde wahrscheinlich um 1260 weiter nach Westen in das dritte Joch vorgezogen und mit einem **Reliefzyklus** der Krönung Marias, umgeben von Tod, Himmelfahrt und Evangelistensymbolen über einem **Fries** mit den 40 Königen von Judäa, ausgestattet. Weshalb dieser Lettner versetzt wurde oder ob er vielleicht gar nicht für Vezzolano, sondern für eine andere Kirche geschaffen und später hierher gebracht wurde, bleibt rätselhaft.

Trotz Niedergang und der endgültigen Auflösung des Klosters zu Beginn des 17. Jh. zählt Santa Maria di Vezzolano zu den schönsten mittelalterlichen Klosteranlagen in Piemont.

•**Santa Maria di Vezzolano,** Tel. 01 19 92 06 07; Öffnungszeiten: im Sommer Di–So 9–12 und 14–18.30 Uhr, im Winter Di–So 9.30–12 und 14–18.30 Uhr.

San Secondo bei Cortazzone

↗ XVIII/A3

Auf dem Rückweg nach Asti lohnt sich ungefähr auf halber Strecke ein Halt auf einem Hügel oberhalb des Burgdorfes Cortazzone bei der letzten bedeutenden Kirche der Romanik im Monferrato, der Kirche San Secondo.

Die Basilika wurde wahrscheinlich in der ersten Hälfte des 12. Jh. als Pfarrkirche erbaut. Aufgrund des unterschiedlichen Materials erkennt man deutlich die später erfolgte Erhöhung. Wie bei San Lorenzo in Montiglio fällt auch hier die **unterschiedliche Behandlung von Süd- und Nordseite** auf. Fantasievolle **Reliefs** mit geometrischen Mustern, Pflanzen, Vögeln und

110pi Foto: sg

menschlichen Gestalten überziehen großzügig die gesamte Südseite. Den Schlüssel für die Kirche erhält man im letzten Haus vor der Kirche (Tel. 01 41 99 51 71).

Fantasievoll verziert ist die romanische Kirche San Secondo bei Cortazzone

Zwischen Asti und Casale Monferrato

Von Asti aus bietet sich ein Ausflug nach Casale Monferrato an. Auf der S 457 erreicht man die Stadt auf direktem Weg nach ca. 36 Kilometern. Abseits der Hauptroute bietet sich die Gelegenheit, in einem der ausgezeichneten **Landgasthöfe** von Refrancore, Scurzolengo, Portocomaro oder San Desiderio di Calliano einzukehren.

In **Altavilla Monferrato** lohnt sich für Freunde des guten **Grappa** ein Besuch in der Antica Destilleria mit sehenswertem Museum zur Geschichte des Grappa.

Altavilla liegt nicht direkt auf dem Weg; man fährt über Montemagno und Grana wieder bei Calliano auf die 457 zurück. Entlang einer landschaftlich besonders schönen Strecke, vorbei am mittelalterlichen Burgdorf Moncalvo, erreicht man schließlich **Serralunga di Crea** an der nördlichen Grenze des Monferrato. Oberhalb des Ortes breiten sich auf einem markanten Hügelrücken auf 443 Metern Höhe die Kapellen, die Kirche und das Kloster des **Sacro Monte di Crea** aus.

Ein Besuch lohnt sich allein wegen der **traumhaften Aussicht.** Umgeben von Wäldern und Weinbergen, öffnet sich der Blick auf die von den Hügeln des Monferrato, den Alpen und dem ligurischen Apennin umrahmte Po-Ebene.

Der Legende nach soll auf dem Wallfahrtsberg, wie auch in Oropa, bereits der heilige Eusebius um 350 n. Chr. eine erste Kapelle zu Ehren der Mutter Gottes errichtet haben, in der eine der aus Jerusalem mitgebrachten **Madonnen** aufbewahrt wurde. Um das Jahr 1000 übernahmen die Chorherren von Vezzolano (⬀„Albugnano") die Leitung des Heiligen Berges, gefolgt von Serviten und lateranischen Mönchen. Heute ist der Wallfahrtsort im Besitz **der Diözese von Casale Monferrato.**

Im Zentrum der Anlage steht die **Wallfahrtskirche Santa Maria Assunta,** die man unbedingt besichtigen sollte. Im Innenraum beeindruckt ein erzählerischer **Freskenzyklus** mit höfischem Figurenrepertoire aus dem

111pi Foto: sg

15. Jh. an den Wänden der Kapelle der heiligen Margarethe mit Szenen aus deren Märtyrium.

Ein **Rundweg** vorbei an 23 Kapellen führt um den Berg und bietet sich als Spaziergang an. Am höchsten Punkt beschließt die Kapelle mit der Krönung der Jungfrau Maria den Wallfahrtsweg.

Unterkunft/ Essen und Trinken

- **Bed & Breakfast Cascina la Gioia,** Via Cascina La Gioia 48, Refrancore, Tel./Fax 01 41 67 09 18, Handy 33 58 06 19 80, www.cascinalagioia.it. Beschreibung ↗ „Asti, Praktische Tipps, Unterkunft".
- **Locanda dei Musici,** Via al Castello 40, Castagnole Monferrato, Tel. 01 41 29 22 83 oder Handy 33 58 32 74 50, Fax 01 41 29 22 83, www.locandadeimusici.com. Beschreibung ↗„Asti, Praktische Tipps, Unterkunft".
- **Cascina Madonna,** Via Alessándria 35 (Ortsausgang), Refrancore, Tel. 01 41 67 456, Fax 01 41 65 882, www.agriturismocascinamadonna.it. Unbedingt reservieren! Der schöne Landgasthof am Ortsausgang gehört zum ca. 22 Hektar großen Landgut Madonna. Hier kann man in Gerichten einer authentischen, regionalen Tradition schwelgen, aufgefrischt durch moderne Akzente. Hühner, Kaninchen, Enten, Schweine und Rinder stammen aus der eigenen Aufzucht, Gemüse und Obst aus den Gärten der Cascina, und die Pasta ist hausgemacht. Das Lokal mit seinen Deckengewölben aus Backstein hat Charme, der Service ist aufmerksam. *Bagna cauda* und *fritto misto piemontese* gibt es nur auf Bestellung. Menü 35 €, inkl. Wein. Verkauf der eigenen Erzeugnisse. DZ 70 €.
- **La Raviola Galante,** Via Maiocco 4, Scurzolengo, Tel. 01 41 20 30 15; Do–Sa abends, So mittags und abends geöffnet. Rustikales, gemütliches Lokal mit gutem Service, nicht zu verfehlen an der Piazza von Scurzolengo. *Giulio Ferraris* hat hier sein Hobby zum Beruf gemacht. Seine besondere Liebe gilt den Pastagerichten. Die Rezepte stammen aus bäuerlichen und bürgerlichen Kochbüchern des 18. und 19. Jh. Seine Spezialität sind die unterschiedlich zubereiteten Agnolottigerichte. Alle Nudeln bei *Giulio* sind selbstverständlich hausgemacht. 25–35 €.
- **Ristorante Bandini,** Via Cornapo 135, Portacomaro-Cornapo, Tel. 01 41 29 92 52; Mo Ruhetag. Ganz im Gegensatz zur schlichten, schnörkellosen Einrichtung des Restaurants stehen die Qualität der Gerichte und die sorgfältig ausgewählte Weinkarte. Beide Degustationsmenüs, Fisch oder Fleisch, sind empfehlenswert. 25–35 €.
- **Ristorante Santisè,** Strada Castelletto 2, Fraz. San Desiderio di Calliano, Tel. 01 41 92 87 47; Mo Ruhetag. In dem kleinen Weiler zwischen Calliano und Scurzolengo entstand 2004 in einem restaurierten ehemaligen Seniorenstift dieses einladende Restaurant mit schönem, großzügigem Gastraum, Garten und aufmerksamem Service. Der Schwerpunkt der Küche liegt auf den typischen Gerichten aus dem Astigiano. Unbedingt einen Versuch wert ist die *bagna cauda*. Der Knoblauch für die Sardellensoße wird hier zuerst in Milch gekocht und ist so leichter verdaulich (nur auf Vorbestellung). Menü 25–35 €.

Einkaufen

- **Weingut Cantina Goggiano,** Via Alessándria 43, Refrancore, Tel./Fax 014 16 71 43, www.goggiano.it. Seit 50 Jahren führt die Familie *Goggiano* diesen kleinen Weinbaubetrieb. Während sich der Seniorchef um Organisation und Verkauf kümmert, ist für die Arbeit im Keller mittlerweile sein Neffe *Stefano*

Die Fresken in der Kirche Santa Maria Assunta zeigen die heilige Margarethe

Scassa, gelernter Önologe, zuständig. Hervorzuheben sind die beiden Barbera d'Asti Superiore „Piasí" und „Bricco Meli", Moscato d'Asti, Piemonte Brachetto Spumante D.O.C. und der spritzige Spumante Brut Monferrato „La Crus" aus Chardonnay-Trauben. Sehr gutes Preis-Leistungsverhältnis.

- **Wochenmarkt in Refrancore,** freitagsmorgens auf der Via Umberto I.
- **Pasticceria Rosanna Bianco,** Via Umberto I. 39, Refrancore, Tel. 014 16 73 93. Allein wegen der *finocchini* lohnt sich bereits ein Abstecher nach Refrancore. In der kleinen Konditorei von *Rosanna Bianco* bekommt man die leckeren Anisbiskuits, in Handarbeit und nach einem jahrhundertealten Rezept hergestellt. In ein Glas Moscato oder in Zabaione getaucht sind sie ein echter Genuss!
- **Antica Distilleria di Altavilla,** Altavilla Monferrato (s. Infokasten rechts).
- **Azienda agricola Oreste Buzio,** Via Piave 13, Vignale Monferrato, Tel./Fax 01 42 93 31 97. Ca. 3 km nordöstlich von Altavilla Monferrato liegt in Vignale Monferrato in exponierter Lage oberhalb des Ortes das Bioweingut von Oreste und Daniela Buszio. Besucher sind immer willkommen. Ausgebaut werden auch die beiden immer seltener werdenden autochtonen Rebsorten Grignolino und Freisa. Gutes Preis-Leistungsverhältnis.

Casale Monferrato

↗ XIX/C1

- **PLZ:** 15033
- **Lage über NN:** 116 m
- **Einwohnerzahl:** 35.993

Unter dem römischen Namen „Casal San Vaso" baute das Geschlecht der **Paläologen,** Markgrafen von Monferrato im 14. Jh., den Ort am Po-Ufer zum **Zentrum ihrer Markgrafschaft** aus. *Guglielmo III.* verlegte seine Residenz 1435 von Chivasso nach Casale.

Aus dieser Zeit stammt die **Burg** der Markgrafen am nordwestlichen Rand der Altstadt, ein großer sechseckiger Bau, von vier großen Eckbastionen eingefasst und mit umlaufendem Graben. Unter Herrschaft der Fürstenfamilie *Gonzaga* aus Mantua (ab 1559) wurde die Festung umgebaut. Durch den Friedensvertrag von Utrecht fiel Casale 1713 schließlich unter die Herrschaft der Savoyer und verlor seine Rolle als Hauptstadt.

Sehenswertes

Von der Piazza Castello aus gelangt man über die Via Saffi in die autofreie **Altstadt** mit ihren zahlreichen Kirchen, kleinen Plätzen und guten Einkaufsmöglichkeiten.

Man überquert die einladende Piazza Mazzini und erreicht den **Dom San Evasio.** Vermutlich gehen seine Ursprünge auf die langobardische Zeit zurück. Von der romanischen Kirche, 1107 eingeweiht, blieb die Vorhalle erhalten. Mitte des 19. Jh. wurde der baufällig gewordene Dom restauriert.

Die Stufenhalle wurde im ausgehenden 12. Jh. auf fünf Schiffe erweitert, sodass das Querhaus nicht über das Langhaus hinausreicht. Herausragendster Baukörper ist die großartige romanische **Vorhalle.** Sie geht über drei mal drei Joche mit doppelt gekreuzten Gurtbögen (um 1150). Die ungewöhnliche Gewölbeform erinnert an die Bauweise **armenischer Kirchen.** Man vermutet, dass dieser Einfluss durch den zweiten Kreuzzug bis nach Casale gelangte. Die Vorhalle wird von Emporen flankiert, in denen sich Vierbogenfenster mit romanischen Kapitellen öffnen. Über einige Stufen geht es hinab in den breit gelagerten Kirchenraum. Im offenen Chorumgang sind interessante Überreste romanischer **Fußbodenmosaike** aus dem 12. Jh. mit biblischen Darstellungen sowie Skulpturen aus dem 14. und 15. Jh. ausgestellt.

• **Dom San Evasio,** Öffnungszeiten: täglich 9.30–12 und 15.30–19 Uhr (Sommer), 9.30–12 und 14.30–18 Uhr (Winter).

Westlich des Domes wurde unter *Markgraf Guglielmo VIII.* mit dem Bau der **Kirche San Domenico** als Dominikanerkloster und als Grabstätte der Paläologen an der gleichnamigen Piazza begonnen. Die Fassade wurde erst Anfang des 16. Jh. mit dem Renaissanceportal vollendet.

Prachtvolle **Adelspaläste** aus dem 18. Jh. prägen die Via Mameli. Der **Palazzo Gozani di Treville** (1710–1740) mit Deckenfresko im doppelläufigen Treppenhaus gehört zu den schönsten Barockanlagen der Stadt.

Im ehemaligen **Konventsgebäude der Augustiner** von Santa Croce sind gleich zwei **Museen** untergebracht. Die fünf Säle im Erdgeschoss sind dem aus Casale stammenden Bildhauer **Leonardo Bistolfi** (1589–1933) gewidmet, dessen große Plastiken den Übergang zwischen Realismus und Symbolismus veranschaulichen. Interessanterweise sind auch die dazugehörigen Modelle und Gussformen ausgestellt.

In den eleganten Räumen im Obergeschoss sind wertvolle Gemälde und Skulpturen von **heimischen Künstlern** des 15. bis 20. Jh. ausgestellt.

Grappa

Bereits von Weitem erkennt man den hohen Backstein-Schornstein der **Antica Distilleria di Altavilla.** Seit 1846 brennt die Familie *Mazzetti* einen der besten piemontesischen Grappe. Zur Weinernte werden die Trester (aus Grignolino, Barbera, Freisa, Malvasia, Moscato, Ruchè, Brachetto, Bonarda und Chardonnay) angeliefert und noch frisch und sortenrein in den großen **kupfernen Destillierkolben** gebrannt. Nach dem Ausscheiden von Vorlauf *(testa)* und dem Nachlauf *(coda)* wird der Grappa in **Fässern aus slawonischer Eiche** gelagert.

Im Verkaufsraum sind alle Grappe von Mazzetti ausgestellt und können auch **verkostet** werden. Interessant sind die Grappe aus den autochthonen Sorten, beispielsweise der edle Riserva di Ruché von 1990.

Wer genug Zeit mitbringt, sollte sich unbedingt noch durch die alten Keller führen lassen. Familie *Mazzetti* hat hier ein **Museo della Grappa** eingerichtet. Neben den alten Gerätschaften, wie den mit Dampf betriebenen Destillierkolben, ist auch die über sechs Generationen andauernde Familiengeschichte dokumentiert. Darunter befindet sich auch eine interessante Sammlung über die historische Ballsportart Pallone.

• **Antica Distilleria di Altavilla,** Loc. Cittadella 1, Altavilla Monferrato, Tel. 01 42 92 61 85, Fax 01 42 92 61 17, www.altavilla.com.

• **Museo Civico/Gipsoteca Bistolfi,** Ex-Convento di Santa Croce, Via Cavour 5, Tel. 01 42 44 43 09; Öffnungszeiten: Mi, Do 8.30–12.30 und 14.30–16.30 Uhr, Sa, So 10.30–13 und 15–18.30 Uhr. Eintritt 3,20 €.

Übernachtung
5 Albergo Principe

Essen und Trinken
1 Ristorante La Torre
4 Hostaria Il Galletto

Geschäfte
2 Pasticceria Portinari
3 Markt

0 300 m

113pi Foto: sg

Von der ehemaligen jüdischen Gemeinde in der Via Cavour ist noch die **Synagoge** erhalten. Das Gebäude wurde 1595 erbaut und in den folgenden Jahrhunderten mehrmals verändert und erweitert. Seit der Restaurierung 1969 erstrahlt der Innenraum (1700–1800) mit der Dekorationsfreude von Barock und Rokoko in vollem Glanz. Auf den Galerien fand eines der größten **jüdischen Museen** seinen Platz. Seine Gold- und Silberschmiedearbeiten, Kleidungsstücke und Kultgegenstände stammen überwiegend aus Vercelli, Asti und Turin.

Die Fußgängerzone in Casale Monferrato

- **Museo della Comunità Israelitica e Sinagoga,** Vicolo Salomone Olper 44, Tel. 014 27 18 07; Öffnungszeiten: So 10–12 u. 15–17 Uhr.

Information

- **I.A.T.-Büro,** Piazza Castello, Tel./Fax 01 42 44 43 30, www.comune.casale-monferrato.al.it; Öffnungszeiten: Mo–Sa 8–14, So 10–12.30 und 15–18.30 Uhr.

Unterkunft

- **Principe*****, Via Cavour 55, Tel. 01 42 45 20 19, Fax 01 42 71 174, www.principehotel.eu. Zentral gelegenes, familiär geführtes Hotel in der Innenstadt mit 26 solide eingerichteten Zimmern. 83 €.

Essen und Trinken

- **Hostaria Il Galletto,** Via XX. Settembre 115, Tel. 01 42 43 51 59, Sa Ruhetag. Einladendes Lokal, freundlicher Service, bodenständige piemontesische Küche. Menü 28 €.

Krumiri Rossi – die königlichen Kekse

Es begann an einem Abend im Jahre 1878, so die Geschichte. *Domenico Rossi* verbrachte seine Abend wie gewöhnlich im Caffè della Concordia und trank den Likör Krumiro. Einer plötzlichen Eingebung folgend, beschloss er, einen dazu passenden **Keks** für sich und seine Freunde zu kreieren. Im selben Jahr starb *König Vittorio Emanuele II.*, und im Andenken an ihn erhielten die Kekse die **geschwungene Form** seines charakteristischen Schnurrbartes.

In kürzester Zeit wurde das zarte Buttergebäck im ganzen Piemont bekannt und *Domenico Rossi* zur **Weltausstellung 1884** in Turin eingeladen und mit einer Bronzemedaille ausgezeichnet. Kurz darauf stieg der erfolgreiche Zuckerbäcker in den Rang eines **Hoflieferanten** der Fürsten von Aosta, Genua und dem italienischen Königshaus auf. Die Wappen zieren noch heute die im alten Design gehaltenen nostalgischen Blechdosen. Seit 1953 wird die Pasticceria *Rossis* in alter Tradition von der Familie *Portinaro* weiter geführt.

Eigentlich sind es ganz einfache **Butterkekse** aus Mehl, Butter, Zucker, Vanille und Eiern. Das Erfolgsrezept sind die gute Qualität, die Frische der Zutaten und die sorgfältige Verarbeitung in Handarbeit. Auch heute noch werden die Kekse mit ihrem typisch gezackten Muster von Hand geschnitten, gebogen und auf die Backbleche gelegt.

- **Pasticceria Portinari,** Via Lanza 19, Tel. 01 42 45 30 30.

- **Ristorante La Torre,** Via Candiani d'Olivola 36, Tel. 014 27 02 95. Di und Mi Abend geschlossen. Elegantes Restaurant mit zuvorkommendem Service in einer Villa auf einem Hügel über der Stadt. Vom Garten schöner Blick über die Hügel des Monferrato und die Po-Ebene. Serviert wird kreativ verfeinerte Küche des Piemont. 50 €.

Einkaufen

- **Großer Wochenmarkt** mit über 200 Ständen, Di und Fr 7.30–13 Uhr, Piazza Castello.
- **Mercatino Antiquariato,** jeden zweiten So im Monat und am darauf folgenden Sa, Piazza Castello.
- **Il Paniere,** jeden dritten Sa (außer August) im Monat **Bauernmarkt** ausschließlich mit Bio-Produkten, Piazza Mazzini, 9–19 Uhr.

Hier lässt es sich hervorragend bummeln: das Zentrum von Alessándria

Alessándria

XIX/D3

- **PLZ:** 15100
- **Lage über NN:** 95 m
- **Einwohnerzahl:** 94.191

Übersicht

Die Hauptstadt der Provinz Alessándria bietet auf den ersten Blick kein sonderlich attraktives Bild. In erster Linie steht die **drittgrößte Stadt des Piemont** für Industrie und Handel. Sie ist von einer endlosen Peripherie und zu viel Verkehr im Stadtzentrum geprägt. Als Wirtschaftsfaktor rangiert der Tourismus in Alessándria sicher auf den allerletzten Plätzen, und die touristischen Höhepunkte lassen sich an den Fingern einer Hand abzählen. Doch trotzdem oder gerade deswegen lohnt sich ein Tagesausflug. Wer seinen Urlaub in einem der kleinen, ländlich geprägten mittelalterlichen Orte im Monferrato oder der Langhe verbringt, findet in Alessándria mit seinen großen, symmetrisch angelegten Plätzen, Gebäuden im barocken Stil und Straßenzügen savoyischer Prägung zur Abwechslung eine angenehme, **städtische Atmosphäre** vor, hervorragende Einkaufsmöglichkeiten, gute Cafés, Bars und Restaurants.

Geschichte

Am Zusammenfluss des Tánaro und Bórmida und am Übergang der ausrollenden Hügel des Monferrato in die Po-Ebene gelegen, war dieser strategisch wichtige Ort seit der **Römerzeit** besiedelt.

Um sich von der Feudalherrschaft der Markgrafen von Monferrato zu befreien, gründete 1168 der **Lombardische Städtebund** die nach *Papst Alexander III.* benannte Stadt Alessándria. Als mächtige Festungs- und Handelsstadt kontrollierte sie den neuen Handelsweg von Genua in den Norden. Auch heute noch gilt Alessándria als wichtiger Verkehrsknotenpunkt im Dreieck Turin–Mailand–Genua.

Jahrhundertelang heiß **umkämpft,** geriet Alessándria nacheinander unter die Herrschaft der *Visconti, Sforza* und unter die spanische Herrschaft *Karls V.,* bis es Anfang des 18. Jh. von den **Savoyern** erobert und als neue piemontesische Provinz zur **Militärstadt** ausgebaut wurde. Die neuen Herren errichteten 1728 auf der anderen Seite

114pi Foto: sg

des Tánaro eine mächtige Zitadelle mit einem System an Bastionen und Wassergräben. Sie machten aus dem mehr von der Lombardei und Ligurien geprägten Alessándria eine typische Stadt des savoyischen Staates, und so präsentiert sie sich auch in heutiger Zeit noch. Das mittelalterliche Zentrum verschwand, und große, symmetrisch angelegte Plätze, Gebäude im barocken Stil und schöne Straßenzüge entstanden.

Nach der Schlacht von Marengo am 14. Juni 1800 begann die **französische Besatzung,** die bis zum Jahr 1814 andauerte.

Einen wirtschaftlichen Aufschwung erlebte die Stadt erst wieder mit dem Beginn der **Industrialisierung** Mitte des 19. Jh. Es entstanden Fabriken für Hüte, Schuhe, Fahrräder und Metallurgie und vor allem der weltbekannte Markenname **Borsalino.** Seit 1857, als der 18-jährige *Giuseppe Borsalino* den Grundstein für die legendären Hutmanufaktur legte, gilt sein Name als Synonym für den Hut der Hüte.

Der Borsalino-Hut

Der Filz für den echten Borsalino wird auch heute noch aus dem feinen, Wasser abweisenden Haar des nordamerikanischen **Bibers** und in allen Produktionsschritten **von Hand** gefertigt, ein entsprechend teures und mittlerweile auch sehr rares Grundmaterial. Der klassische leichte Borsalino wird **unversteift in einem Stück gearbeitet** und kann geknickt, geknautscht und gerollt in die Tasche gesteckt werden, das Futter ist aus reiner **Seide** und das Schweißband aus feinstem **Leder** gearbeitet. Ein solcher Hut ist eben ein Stück fürs Leben.

Doch die Zeiten, als jeder einen Hut trug, sind schon längst vorbei. Die Firma musste Hunderte von **Mitarbeitern entlassen** und zog von der Innenstadt um in ein kleineres Gebäude im Industriegebiet. Doch die Umstrukturierung rettete das Traditionshaus nicht vor dem **Konkurs.**

Bei einer Zwangsversteigerung 1993 erhielt der Steuerberater **Roberto Gallo** aus Asti den Zuschlag für das Unternehmen Borsalino. Unterstützt von fachkundigen Mitarbeitern gelingt es ihm, die alte Tradition fortzuführen und gleichzeitig neue, modische Kollektionen für eine junge Zielgruppe erfolgreich auf den Markt zu bringen.

In dem ehemaligen Fabrikgebäude mitten in der Stadt am Corso Cannoni residiert mittlerweile die Universität. Im Palazzo Borsalino dokumentieren mehr als 2000 Exponate mehr als 150 Jahre Firmengeschichte.

- **Museo del cappello Borsalino,** Via Cavour 84, Sa, So 16–19 Uhr, Eintritt 2,50 €. Infos beim IAT-Büro.

Die Klassiker und die modernen Kreationen von Borsalino kann man im alten Stammgeschäft in der Hauptgeschäftsstraße (Corso Roma 20, Tel. 01 31 25 43 95) anprobieren.

Angelo Dolci arbeitet seit 37 Jahren bei Borsalino, weiß alles über Hüte im Speziellen und Allgemeinen und findet für Damen und Herren immer die passende Kopfbedeckung.

Ausstellung „Le Stanze di Artù"

Vom alten Borsalinogebäude aus erreicht man über die Via Cavour in wenigen Minuten die interessante Dauerausstellung „Le Stanze di Artù". In der Nähe von Alessándria machte man 1971 auf dem Dachboden eines Turmes der Cascina Alferano-Malfatti in Frugarolo eine ungewöhnliche Entdeckung. Die Wände waren umlaufend mit 15 **Fresken** mit Szenen aus der Legende von **König Artus und den Rittern der Tafelrunde** bedeckt. Um die wertvollen Fresken aus dem 14. Jh. vor weiterem Verfall zu schützen, wurden sie abgenommen, gesäubert und eingelagert. Erst 1999 konnten die in Privatbesitz befindlichen Fresken restauriert werden.

- **Le Stanze di Artù,** Via Macchiavelli, Tel. 01 31 23 47 94 oder 013 14 00 35; Öffnungszeiten: Fr, Sa, So 15–19 Uhr; Eintritt 2,50 €.

Praktische Tipps

Information

- **I.A.T.-Büro,** Via Cavour 39, Tel./Fax 01 31 23 47 94, www.comune.alessandria.it; Öffnungszeiten: Mo–Sa 10–13 und 14.30–17.30 Uhr.

Unterkunft

- **Londra*****, Corso Cavallotti 51, Tel. 013 11 25 17 21, www.londrahotel.info. Zentral gelegenes Stadthotel gegenüber des Bahnhofs. Das Hotel wurde vor einigen Jahren komplett saniert. Viele der geräumigen, komfortabel eingerichteten Zimmer gehen nach hinten raus, und man hört nichts vom Straßenlärm der lauten Durchgangsstraße. 90–120 €.
- **Jugendherberge:** Ostello per la Gioventu, Piazza Santa Maria di Castello 14, Tel. 01 31 28 81 87, www.alessandriaostello.it. Geöffnet 9–12 und 14.30–17 Uhr. Vom Bahnhof ca. drei Kilometer entfernt (Buslinie 2). Die Jugendherberge mit insgesamt 70 Betten ist im restaurierten Kreuzgang von Santa Maria di Castello untergebracht. 22 € pro Person.

Essen und Trinken

- **Asmara,** Corso Romita 35, Tel. 01 31 26 04 84, Sa mittags geschlossen. Einfach eingerichtetes, in einem Wohngebiet am Stadtrand gelegenes Restaurant mit bodenständiger lokaler Küche. Neben den üblichen Pastagerichten auch Reissuppe mit Bohnen *(pasta e fagioli).* In der Pilzzeit unbedingt die Gerichte mit frischen Steinpilzen probieren. 25–30 €.

115pi Foto: sg

Szenen aus der Artuslegende zeigt die Ausstellung „Le Stanze di Artù"

116pi Foto: sg

Für jeden Kopf den passenden Hut findet man bei Borsalino

•**Cappelverde,** Via San Pio V. 26, Tel. 01 31 25 12 65; Di Ruhetag. Gemütliche Trattoria in der Altstadt mit guten wechselnden Tagesmenüs, darunter auch Spezialitäten aus dem nahen Ligurien, der Heimat des Kochs. 25–30 €.

•**Il Grappolo,** Via Casale 28, Tel. 01 31 25 32 17, Mo abends und Di geschlossen. In einem restaurierten Palazzo aus dem 17. Jh. residiert dieses geschmackvoll eingerichtete Restaurant. Zu den Spezialitäten gehören die *rabattoni* (Küchlein aus Kräutern, Gemüse, Eiern, Ricotta- und Parmesankäse, im Ofen überbacken) und *tonno di coniglio,* ein Salat aus Kaninchenfleisch, in Weißwein gekocht, und zum Dessert *pere al braccheto* (Birne in Rotwein). 30–40 €.

•**La Piola,** Via Poligonia 78, Tel. 01 31 22 67 79; Mo Ruhetag. Sympathische Osteria mitten im Viertel Orti. Das Menü wird angesagt. Auch hier sollte man unbedingt die *rabattoni* (↗ oben) probieren. 20–30 €.

•**Antica Pasticceria Zoccola,** Corso Lamarmora 61, Tel. 01 31 25 47 67; Öffnungszeiten: 8–13 und 15–20 Uhr; Mo Ruhetag. Seit 1820 werden in dieser Pasticceria Gebäck, Kuchen und Torten vom Feinsten produziert. Das Ladengeschäft und die dahinter liegende Backstube wurden modernisiert. Die Rezepturen und die traditionelle Herstellungsweise sind aber geblieben. *Funghi, bignole, baci di Dama, crostatine* mit Früchten und die Schokoladentorte La Tartufata gehören zu den Favoriten. Besonders beliebt sind aber die mit Sahne, *crema, zabaione, moscato* oder Nutella gefüllten kleinen *cannoncini.*

• **Pasticceria Gallina,** Via Vochieri 46, Tel. 013 15 27 91; Öffnungszeiten: 8–12.30 und 15–19.30 Uhr, So nachmittags und Mo geschlossen. Spezialität dieser alteingesessenen Konditorei (seit 1900) sind die dunklen, mit Schokolade gefüllten *baci di Gallina,* die den üblichen *baci di Dama* ähneln, aber in Form und der Rezeptur etwas abweichen. Auch hier werden nur die besten Zutaten verwendet: Die Haselnüsse der Marke Tonda e Gentile, Butter und Schokolade stammen aus dem Piemont, und die Nüsse werden bei Gallina täglich frisch geröstet.

Zwischen Asti und Alba

Auf dem Weg von Asti nach Alba reihen sich unübersehbar auf der steilen linken Talseite des Tánaro die **Schlösser** Govone, Magliano Alfieri und Guarene aneinander. Im Mittelalter säumten hier Burgen das Tánaro-Tal zwischen Asti und Alba.

Ein Abstecher lohnt sich allein schon wegen des eindrucksvollen **Landschaftsbildes.** Wie von einem Balkon hoch über dem Tánaro-Tal blickt man auf die Hügelkette der Langhe mit den turmbewehrten kleinen Burgdörfern auf den Hügelspitzen.

20 Kilometer südwestlich von Asti erreicht man das **Castello Reale di Govone,** von 1792 bis 1870 bevorzugte Sommerresidenz der Savoyer. Ab 1097 war das Gebiet von Govone im Besitz der eng mit den Savoyern verbundenen Grafenfamilie *Solaro.* 1792, nach dem Erlöschen der männlichen Linie der Familie, gingen Schloss und Ländereien in Staatsbesitz über. Die Struktur der eleganten Dreiflügelanlage geht auf *Giuseppe Roberto Solaro* (18. Jh.) zurück. Die Südfassade gestaltete der Turiner Hofarchitekt *Guarino Guarini* (1624–1683), die Nordfassade stammt von *Benedetto Alfieri* (1700–1767).

Carlo Felice und *Maria Cristina von Savoyen* veranlassten nach der französischen Besatzungszeit 1816 die Anlage des **Parks, Renovierung und Modernisierung** und die prachtvolle **Innenraumausstattung** der eleganten dreiflügeligen **Barockanlage,** deren Fassaden ringsum aufwendig mit Reliefs und mit ausdrucksstarken Atlanten aus der Werkststatt *Luigi Vaccas* geschmückt sind. Über eine doppelläufige Treppe gelangt man in die prunkvollen Säle der Savoyer. Neben dem eleganten **Ehrensaal,** von *Luigi Vacca* komplett mit mythologischen Szenen ausgemalt, sind das **chinesische Zimmer,** das mit den Originaltapeten mit chinesischen Motiven dekoriert ist, und die **Räume der Königin** erwähnenswert.

• **Castello Reale di Govone,** Tel. 017 35 81 03, turismo@comune.govone.cn.it; Besichtigung nur So im Rahmen einer Führung, vom letzten So im März bis zum letzten So im Oktober 10–12 und 15–18 Uhr, Juli und August 10–12 und 16–19 Uhr. Eintritt 3 €.

Unterkunft

• **Agriturismo Cascina Villa,** Via Santa Caterina 24, Rocca d'Arazzo, Tel./Fax 01 41 40 84 56 oder Mobil 34 70 03 08 61, www.cascinavilla.it. Beschreibung (↗ Kapitel: „Asti, Unterkunft").

• **Bed & Breakfast Bricco del Generale,** Via Santa Caterina 21, Rocca d'Arazzo, Tel./Fax 01 41 40 83 43, Handy 34 88 02 07 40, www.briccodelgenerale.it. Beschreibung (↗ Kapitel: „Asti, Unterkunft").

117pi Foto: sg

Einer der Atlanten
aus der Werkstatt Luigi Vaccas

Über **Magliano Alfieri** erreicht man **Guarene,** beherrscht von einem weiteren Barockschloss, dem **Castello Provano.** Nur acht Kilometer nördlich von Alba sicherte die im Mittelalter bereits bestehende Burg den Zugang zur Stadt; sie war in den Auseinandersetzungen zwischen den beiden Stadtrepubliken Asti und Alba heiß umkämpft. Unter der Herrschaft der Markgrafen von Monferrato wurde die mittelalterliche Festung nicht mehr benötigt und 1725 abgerissen. *Carlo Giacinto Roero* errichtete in Anlehnung an die prunkvollen Wohnsitze der Savoyer eine neue repräsentable Residenz.

Das Schloss ist im Privatbesitz der Familie *Provano* und kann nicht besichtigt werden.

Im Ort bietet der **Palazzo Re Rebaudengo** aus dem 18. Jh., heute Sitz der Fondazione Sandretto Re Rebaudengo (↗„Turin") Raum für interessante Ausstellungen zeitgenössischer Kunst.

• **Palazzo Re Rebaudengo,** Piazza del Municipio, Tel. 01 13 79 76 00, www.fsrr.org; Öffnungszeiten: So 14–19 Uhr oder nach Vereinbarung; Eintritt 4 €.

Canelli ↗ XXI/D2

Im Tal des Belbo zwischen den Hügeln um Asti und der Langhe liegt Canelli, auf den ersten Blick für den Besucher ein wenig reizvolles Städtchen. In der Altstadt haben namhafte **Asti-Spumante-Hersteller** wie Gancia, Bosca, Contratto und Coppo ihren Firmensitz und darüber hinaus große Weinzulieferer-Betriebe, die das Weinland Italien mit Flaschen, Korken und Abfüllanlagen versorgen. In der Altstadt führen steile Gassen zum Schloss hinauf, heute im Privatbesitz der Familie *Gancia*.

Die Schätze Canellis sind jedoch die riesigen unterirdischen **Keller,** die den gesamten Ort wie ein mehrstöckiges Labyrinth untermauern. In den Tuffstein geschlagen, gleichen die aus

118pi Foto: sg

Backstein errichteten Gewölbekeller mehrschiffigen Kirchenräumen. Bei einer konstanten Temperatur von 12 bis 14 Grad lagert hier ein Meer an **Weinfässern und Flaschen.** In Verbindung mit einer Verkostung (nur mit direkter Anmeldung) können die jeweiligen Keller der wichtigsten Erzeuger besichtigt werden. Am einfachsten sind die Keller im Rahmen der „Fiera di San Martino" zu besichtigen. In Verbindung mit der **Trüffelmesse** öffnen die Produzenten kostenlos ihre heiligen Hallen.

Einkaufen

• **Azienda Agricola Scagliola,** Fraz. S. Siro 42, Tel./Fax 01 41 85 31 83. In Calosso, einem kleinen Weindorf ca. zehn Kilometer nordwestlich von Canelli, produziert die Winzerfamilie *Scagliola* unter dem Namen „Volo di Farfalle" (Flug der Schmetterlinge) einen ausgezeichneten, sehr süffigen Moscato d'Asti mit herrlichem Duft nach reifen Pfirsichen und Muskatellertrauben und einem frischen, fruchtigen und anhaltenden Bukett. Ebenfalls zu empfehlen sind die Barbera- und Brachetto-Weine von *Mario Scagliola.* Besichtigung und Verkauf nach telefonischer Anmeldung jederzeit möglich. Gutes Preis-Leistungsverhältnis.

• **Azienda Agricola Caudrina,** Strada Brosia 20, Tel. 01 41 85 51 26, Fax 01 41 85 50 08, www.caudrina.it. Etwas unterhalb vom kleinen Weindorf Castiglione Tinella, mit herrlichem Ausblick auf Coazzolo liegt das Weingut Caudrina. Auch wenn Romano Dogliatti

Asti Spumante und Moscato d'Asti

In Deutschland zählt der von den großen Handelshäusern wie Martini und Cinzano produzierte **Asti Spumante** immer noch zu den **bekanntesten Weinen** aus dem Piemont; in Deutschland allein wurde früher die Hälfte der Produktion abgesetzt. Heute gilt er dagegen als billiger, meist süßer Schaumwein. An seinem schlechten Ruf konnte auch die Aufwertung durch einen D.O.C.G.-Status nichts ändern.

Der **Moscato d'Asti** ist ein vor allem auf Italien beschränktes Produkt und leider bei uns nur wenig bekannt. Dabei ist er ein angenehm fruchtiger, leichter, perlender **Dessertwein** mit fünf bis sechs Prozent Alkoholgehalt. Die Trauben werden früh gelesen und, anders als beim Asti Spumante, in einem Schritt verarbeitet. Früher hat man den zur Hälfte gegorenen Wein durch lange und unten zugebundene Leinensäcke, die wie abgeschnittene Hosenbeine aussahen, so lange filtriert, bis keine Hefe mehr enthalten war; damit stoppte man die Gärung. Heute wird die Gärung meist durch Erhitzung gestoppt; dazu setzt man den Gärbehälter unter hohen Druck, damit die Hefe abstirbt. Das Ergebnis ist mit einem Schaumwein nicht vergleichbar.

mittlerweile auch Barbera ausbaut, der Moscato d'Asti „La Caudrina" und „Galeisa" mit dem Duft weißer Pfirsiche, leicht grüner Note und ausgewogenem Geschmack zählt nach wie vor zu den Besten. Besichtigung und Verkauf sind nach telefonischer Anmeldung jederzeit möglich.

Feste und Veranstaltungen

● **Assedio (Belagerung) di Canelli:** Am dritten Wochenende im Juni spielt ganz Canelli Theater. 2500 Laiendarsteller in historischen Kostümen inszenieren die Belagerung und Schlacht von 1613, bei der die Einwohner von Canelli mit savoyischer Hilfe die Armee des Monferrato besiegten. Das Spektakel zieht jährlich mehr als 50.000 Besucher an. In ca. 20 Restaurants der Stadt werden Gerichte nach überlieferten Rezepten aus dieser Zeit serviert.

● **Antica Fiera di San Martino/Fiera Regionale del Tartufo,** großes Martinsfest mit über 300 Verkaufsständen in Verbindung mit der regionalen Trüffelmesse am zweiten Novemberwochenende.

Le Langhe – zwischen Alba und Barolo

Das geometrische Muster der Rebzeilen, geschwungene Hügelkämme, bekrönt von Burgen, Kirchen und kleinen befestigten Dörfern, die im sommerlichen Dunst wie mit Weichzeichner verschwimmen, im Herbst und Winter aus den Nebelschwaden in den Tälern auftauchen, prägen das Landschaftsbild der Langhe. Die Gipfelkette des Westalpenbogens und die Seealpen liefern die grandiose Kulisse für eine der schönsten, im Laufe von über 1000 Jahren geschaffenen Kulturlandschaften Oberitaliens. Für viele ist diese Gegend der **Inbegriff des Piemont.**

Der Flusslauf des Tánaro trennt das Roero, eine eindrucksvolle Hügellandschaft, die sanft zur Turiner Ebene hin ausläuft, und Anbaugebiet des Weißweins Roero Arneis, von der Langhe. Durch ein besonders mildes Klima, begünstigt durch die vom Meer kommenden Winde, gedeihen hier die besten piemontesischen **Weine.**

Alba

XXI/C2

- **PLZ:** 12051
- **Lage über NN:** 173 m
- **Einwohnerzahl:** 31.272

Von Diano d'Alba schlängelt sich die Landstraße hinab in die Flussebene des Tánaro. Von oben hat man den besten Überblick auf das alte Alba mit seinen roten Dächern und den Türmen der mittelalterlichen Backsteingebäude und auf das neue Alba mit weitläufigen modernen Wohn- und Industriesiedlungen. Bis nach Gallo, einem Vorort drei Kilometer südwestlich Albas, breiten sich die Fabrikationsstätten der **Süßwarenindustrie** aus, die der Stadt nach dem Zweiten Weltkrieg den wirtschaftlichen Aufschwung bescherten. Hier residiert Sebaste, einer der größten Torrone-Hersteller, und vor allem hat **Ferrero,** einer der weltweit größten Süßwarenproduzenten, seinen Hauptsitz in Gallo d'Alba. Eher zufällig erfand der aus Alba stammende Konditor *Pietro Ferrero* 1946 eine in der ganzen Welt bekannte Nussnougatcreme (100 Millionen Gläser werden jährlich allein in Deutschland verkauft) und legte damit den Grundstein für das heutige weltweit agierende Firmenimperium. Er fügte der traditionellen Gianduja-Creme aus Schokolade und Haselnüssen Streichfett hinzu und kreierte damit einen neuen süßen und bezahlbaren Brotaufstrich, den er unter dem Namen „Supercrema" erfolgreich vermarktete. 1964 musste die „Supercrema" umbenannt werden. Ein italienisches Gesetz verbot in Markennamen das Präfix „Super". Ein neuer moderner Name musste her, eine Wortschöpfung aus dem engl. „nut" und der italienischen weiblichen Verkleinerungssilbe „-ella". **Nutella** war geboren.

Im **historischen Zentrum** geht es beschaulich zu, ein angenehmes, mittelalterliches Städtchen mit schönen Plätzen, Kirchen, alten Straßenzügen und verwinkelten Gassen.

Geschichte

An der heutigen Piazza Risorgimento, an der Kreuzung zweier alter römischer Handelswege, der heutigen Via Vittorio Emanuele und Via Cavour, lag das Forum des **römischen Municipiums Alba Pompeia,** 89 v. Chr. gegründet und nach *Kaiser Pompeo Strabone* benannt, eine wichtige Station auf dem Weg an die ligurische Station.

In der Folgezeit zogen die **Langobarden** und die **Franken** durch das Gebiet. Endgültig zerstört wurde Alba Pompeia 892 durch die Horden der **Sarazenen,** die von den nahen ligurischen Häfen aus plündernd über die Langhe herfielen. Gut erkennbar ist heute aber noch der **ringförmig angelegte Grundplan** der römischen Siedlung.

Unter der Herrschaft reicher und mächtiger Handelsfamilien setzte im 12. Jh. der wirtschaftliche und kulturelle **Aufschwung** ein. Alba entwickelte sich zur **freien Stadtrepublik** und zur großen Konkurrentin der Nachbarstadt Asti im Kampf um die Vorherrschaft im Tal des Tánaro.

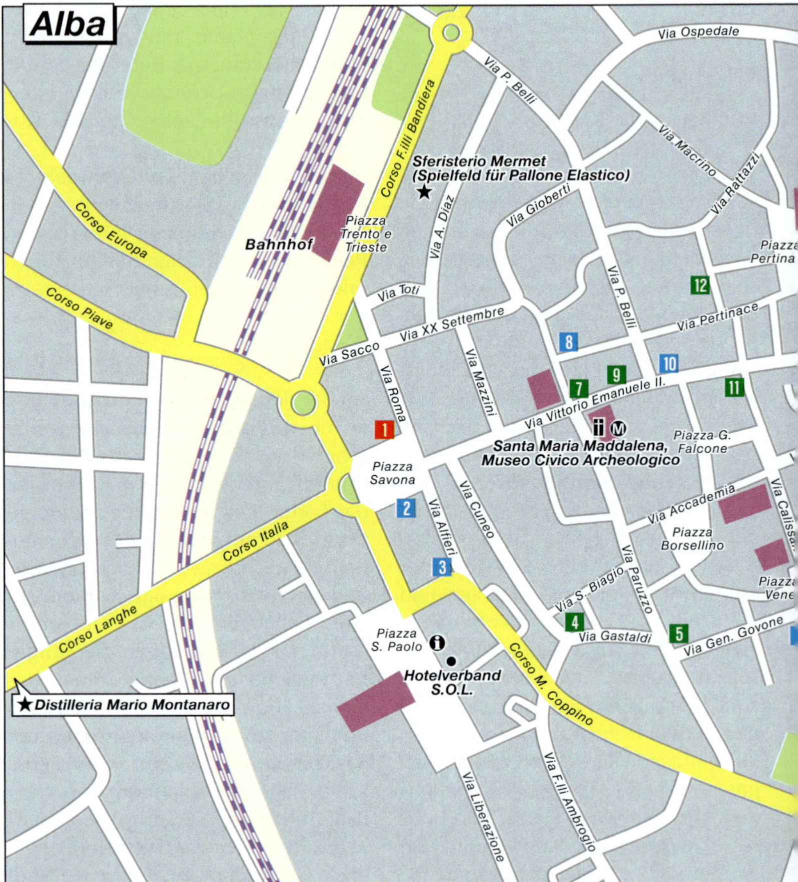

Essen und Trinken

2 Osteria dell'Arco
3 Gastronomia da Ugo
6 Osteria del Teatro
8 Ristorante Lalibera
10 Vincaffè
13 Casa del Caffè
16 Enoteca Fracchia
17 Osteria La Piola
18 Antico Caffè Calissano

Geschäfte

4 La piccola Dispensa
5 Panetteria Tallone
7 Antica Pasticceria Pettiti
9 Enolibreria
11 Ognibene, Grandi Vini (Weinhandel)
12 La Bottega del Vicoletto
13 Casa del Caffè
14 Markt
16 Enoteca Fracchia

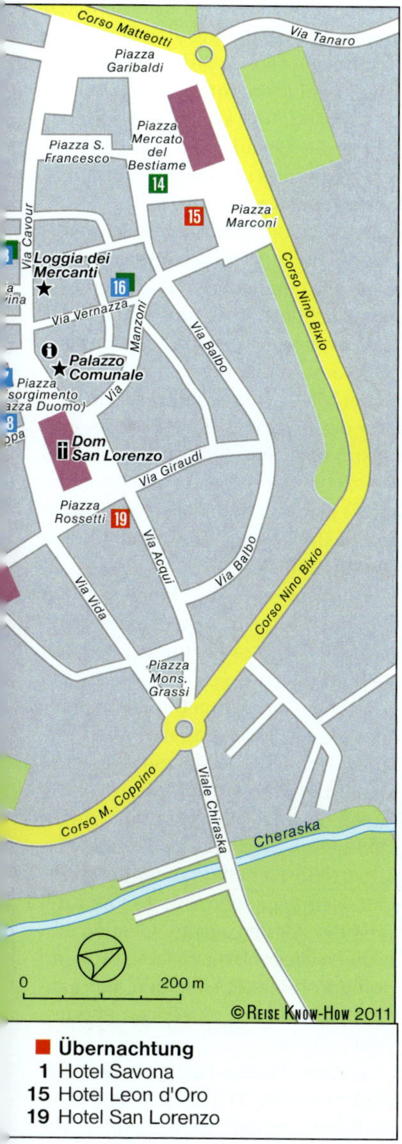

Übernachtung
1 Hotel Savona
15 Hotel Leon d'Oro
19 Hotel San Lorenzo

Sehenswertes

Mittelpunkt der historischen Altstadt ist die **Piazza Risorgimento.** Allerdings ist das nur die offizielle Bezeichnung, in Alba wird sie nur „Piazza Duomo" genannt. Als zunächst wichtigstes Gebäude entstand an der Piazza Duomo als Zeichen der bischöflichen Macht die **Kathedrale.** Der heutige Dombau **San Lorenzo** im Stil der lombardischen Gotik stammt aus dem späten 15. Jh. und wurde in den darauffolgenden Jahrhunderten verändert und erweitert. Vom romanischen Dombau aus dem 12. Jh. sind noch die drei Portale in der Vorhalle erhalten und der ursprüngliche **Glockenturm,** der sich, von außen nicht ersichtlich, als interessantes Detail im Inneren des gotischen Turmes verbirgt. Die Treppe führt zwischen den Außenmauern des alten und neuen Turmes hinauf. Gegen Ende des 19. Jh. wurden neben der Statue des Kirchenpatrons Laurentius auch die den vier **Evangelisten** zugeordneten **Symbole** Engel (Matthäus), Löwe (Markus), Stier (Lukas) und Adler (Johannes) an der Fassade angebracht. Gemäß ihren italienischen Anfangsbuchstaben Angelo, Leone, Bue und Aquila ergeben sie den Namen Alba.

- **Kathedrale San Lorenzo,** Öffnungszeiten: täglich 7–12 und 15–19 Uhr, Fr morgens geschlossen.

Vor dem Dom öffnet sich der Blick in die Via Cavour mit den noch erhaltenen **Geschlechtertürmen** aus dem 15. Jh. Die meisten der ehemals fast

200pi Foto: sg

100 Türme der Stadt wurden entweder gekappt oder ganz in die Häuser integriert. Die linke Seite des Domplatzes nimmt der arkadengesäumte **Palazzo Comunale** ein, Sitz der bürgerlichen Regierung der Stadtrepublik.

Der Palazzo Comunale am Domplatz

Entlang der Via Cavour errichteten die reichen Kaufleute der Stadt ihre turmbewehrten Arkadenhäuser. Die **Loggia dei Mercanti** aus dem 14. Jh., ein Gebäude mit kreuzgewölbten Arkaden, die Fassade mit Terrakottafriesen geschmückt, war einst Versammlungsort der Kaufleute.

Bis zum Domplatz breiten sich samstags die bunten **Marktstände** mit Kleidung, Küchenutensilien und allem nur erdenklichen Krimskrams entlang der Via Cavour und der Via Vittorio Emanuele aus. Markthöhepunkt ist am Ende der Via Cavour auf der Piazza Mercato del Bestiame der Gemüse- und Obstmarkt mit Fisch-, Käse- und Fleischständen. Neben den zahlreichen Händlern finden sich auch Stände der Bauern aus den umliegenden Dörfern und Tälern.

Vor allem samstags lohnt sich auf dem Rückweg ein Abstecher zur nahe gelegenen **Piazza Pertinace,** benannt nach *Publio Elvio Pertinace* (126–193 n. Chr.) aus der Umgebung von Alba. Als *Kaiser Pertinax* ging er in die römische Geschichte Roms ein, vor allem wegen der kurzen Amtsdauer von 87 Tagen. Etwas abseits vom lauten Marktgeschehen auf der Piazza Mercato del Bestiame findet der **Biomarkt** statt. Neben einigen kleinen Gemüse- und Obstständen aus der Gegend gibt es guten Ziegenkäse, Salami, Brot und Honigprodukte aus kleinen alternativen Betrieben der Alta Langa und des Monregalese.

Von der Piazza Pertinace aus gelangt man über die kleine Seitenstraße Via Ravina auf die zweite Hauptachse.

Die **Via Vittorio Emanuele** säumen historische Gebäude mit zahlreichen Feinkost-, Trüffel- und Käsegeschäften, Metzger, Weinläden, Konditoreien, Restaurants und Bars.

An der Straßenecke zur Via Paruzzo erinnert die auffällig geschwungene Fassade der ehemaligen Klosterkirche der Dominikanerinnen, Maria Maddalena, an den von *Guarini* entworfenen Palazzo Carignano in Turin. 1747 wurde *Bernardo Antonio Vittone* mit der Erneuerung der ursprünglich aus dem 13. Jh. stammenden Kirche **Santa Maria Maddalena** beauftragt.

In Anlehnung an den berühmten Kollegen entstand die ungewöhnliche, mit vortretenden Backsteinen akzentuierte **Barockfassade.** Von *Vittone* stammt auch die prächtige Innenausstattung mit farbigem Marmor. Das **Kuppelfresko** stellt die Lobpreisung der *Margherita di Savoia Acaia* dar und verweist auf die Ordensgründerin, die während der Pestzeit in Alba ein Lazarett für die Kranken einrichtete. In der linken Kapelle wird ihr Leichnam in einem silbernen Sarg aufbewahrt.

Im Oktober wird der Hof der Kirche Schauplatz für die wichtigste Veranstaltung der Stadt. Seit 1929 findet im Cortile della Maddalena alljährlich am Sonntag nach dem Palio degli Asini die **Trüffelmesse** mit zahlreichen Gastroständen statt.

In den ehemaligen Konventsgebäuden lohnt das **Städtische Museum** mit seiner **archäologischen und naturkundlichen Abteilung** einen Besuch. Bei Ausgrabungen in und um Alba fand man neben römischen Zeugnissen auch Fossilien aus der Zeit, als das Meer noch bis hierher reichte.

• **Museo Civico, Archeologico e di Scienze Naturali Felice Eusebio,** Via Paruzza 1a, Tel. 01 73 29 24 75, Fax 01 73 29 24 74; Öffnungszeiten: Di–Fr 15–18, Sa, So 10–17.30 Uhr; Eintritt: 4 €.

Am Ende der Via Vittorio Emanuele erreicht man die **Piazza Savona,** die einzige von den Savoyern stammende Platzanlage, welche erst ab 1631 in Alba regierten. Der weitläufige Platz mit Cafés unter den eleganten Arkadengängen entspricht ganz dem Vorbild Turiner Plätze, der ehemaligen Königsresidenz der Savoyer.

Nicht weit davon entfernt treffen sich von April bis Oktober immer montagabends auf dem Sferisterio Mermet in der kleinen Gasse Enrico Toti Spieler und Zuschauer stundenlang zum **Schlagballspiel,** einem der und ältesten Rituale der Langhe (⇗ Exkurs „Il Pallone Elastico").

Information

• **A.T.L. Langhe e Roero,** Piazza Risorgimento 2, Tel. 017 33 58 33, Fax 01 73 36 38 78, www.langheroero.it. Öffnungszeiten: 1.12.–28.2. Mo–Sa 9–13 und 14–18 Uhr; 1.3.–31.3. Mo–So 9–13 und 14.30–18.30 Uhr; 1.6.–18.9. Mo–Sa 9–12.30 und 14.30–18.30, So 9–12.30 Uhr; 19.9.–30.11. Mo–Do 9–12.30 und 14.30–18.30 Uhr, Fr–So 9–20 Uhr.

Unterkunft

Informationen über kleinere private Übernachtungsmöglichkeiten wie Bed & Breakfast, Agriturismo, Ferienwohnung und Zimmervermietung im Gebiet von Langhe und Roero über den **Verband S.O.L.** (Strutture Ospitalità Locale), Piazza San Paolo 3, Tel. 01 73 22 66 11, www.holidaysol.it.

Il Pallone Elastico

Man könnte es als eine Art Tennis bezeichnen, wäre da nicht ein Spielfeld (90 mal 18 Meter) fast gänzlich ohne Linien. Das wichtigste an diesem Spiel ist der elastische **Ball.** Deshalb heißt das Spielfeld auch nicht Campo, sondern „Sferisterio". Die *sfera* ist eine 190 Gramm schwere Gummikugel von 10,5 Zentimetern Durchmesser, die nur mit der **Faust** oder mit der **offenen Hand** geschlagen werden darf, und zwar stets in der Luft oder nach dem ersten Aufprall.

Die **Mannschaften** bestehen immer aus dem stärksten Mann, dem Schläger, einem Spieler zur Rückendeckung und zwei Verteidigern. Die Regeln basieren im Grunde auf der Zählweise beim Tennis (15-30-40-Spiel). Insgesamt müssen **elf Punkte** erreicht werden. Bei jedem Schlag muss die Kugel so nah wie möglich an der **Grundlinie** oder noch besser **im gegnerischen Feld** landen, dem sogenannten Intra. Verkompliziert wird das Ganze durch das zusätzliche System der **Cacce.** Dabei wird, je nachdem, wo der Ball liegenbleibt, die imaginäre Grundlinie verlegt, und die Mannschaften wechseln das Feld.

- **San Lorenzo****, Piazza Rossetti 6/Via Acqui, Tel. 01 73 36 24 06, www.albergo-sanlorenzo.it. Zentral und trotzdem ruhig hinter dem Dom liegt in einem restaurierten Gebäude aus dem 18. Jh. dieses kleine beschauliche Hotel mit elf geräumigen und geschmackvoll eingerichteten Zimmern. 80–85 €, mit Frühstück. 95–100 €.
- Das traditionsreichste Haus von Alba ist das Mittelklassehotel **Savona** **** bei der gleichnamigen Piazza, Via Roma 1, Tel. 01 73 44 04 40, www.hotelsavona.com. DZ 107–127 €.
- Die günstigsten Zimmer in der Altstadt gibt es im einfachen, aber soliden **Leon d'Oro****, Piazza Marconi 2, Tel. 01 7344 05 36, Fax 01 73 44 19 01. 50–65 €.

Essen und Trinken

- **Lalibera,** Via Pertinace 24 a (Ecke Via Gioberti), Tel. 01 73 29 31 55, Mo Mittag und So Ruhetag. Seit Jahren Garant für ausgezeichnete piemontesische Küche mit modernen Akzenten. Die Karte wechselt je nach Saison und Marktlage. Modernes Ambiente und aufmerksamer Service. 30–40 €.
- **Osteria dell'Arco,** Piazza Savona 5, Tel. 01 73 36 39 74; So Ruhetag. Vor ungefähr zehn Jahren zog die Osteria in die neuen Räumlichkeiten des modernen Innenhofkomplexes auf der Ostseite der Piazza Savona um. An der Qualität hat sich nichts geändert, nur das Ambiente ist schicker geworden. Auf der Karte stehen nach wie vor die Klassiker der piemontesischen Küche wie *carne cruda, tajarin, ravioli del plin, gnocchi al raschera* und *brasato in barolo.* 30–35 €.
- **La Piola,** Piazza Risorgimento 4, Tel. 01 73 44 28 00; So Abend und Mo Ruhetag. Junge Osteria mit modernem Ambiente. Das Lokal geht über zwei Stockwerke, im Erdgeschoss die einfachere Trattoria, ideal für mittags (zwei Gänge ca. 17 €). Im ersten Stock das elegante Restaurant. Gehobene piemontesische Küche. 25–35 €.
- **Osteria del Teatro,** Via General Govone 7, Tel. 017 33 42 31; Mi Ruhetag. Beliebtes Lokal in der Nähe des Teatro Sociale, im Viertel hinter dem Dom. Gute piemontesische Küche *(agnolotti del plin, brasato al barolo, tortino al cioccolato).* Im Sommer schöne Plätze im Freien. 25–30 €.
- **Gastronomia da Ugo,** Via Alfieri 4, Tel. 01 73 44 14 54. So und Mo Ruhetag. Aus dem seit Langem als Feinkostgeschäft bekannten Da Ugo hat sich mittlerweile auch ein Lokal entwickelt. Die fertigen Gerichte können nach wie vor auch mitgenommen werden. Ideal für ein mittägliches Tellergericht. Menü 35 €.
- **Antico Caffè Calissano,** Piazza Risorgimento 3, Tel. 01 73 36 12 90. Bekanntestes und eines der ältesten Traditionslokale. Wer auf das Sehen-und-Gesehenwerden keinen Wert legt, findet hier, direkt neben dem Dom, immer noch den besten Platz für einen geruhsamen Aperitif in angenehmen Ambiente, und die dazu gereichten Appetithäppchen können sich sehen lassen.

• **Vincaffè,** Via Vittorio Emanuele 12, Tel. 01 73 36 46 03, Mo Abend geschlossen. Am frühen Abend zur Aperitifzeit (auch kleine Gerichte werden serviert) brummt der Laden, da- für schwächelt allerdings in Hochzeiten durchaus mal die Qualität. Mittags kleines Angebot an Vorspeisen und einige Pasta- und Risottogerichte, schöne Käseauswahl. 20–25 €.

Einkaufen

• **Großer Wochenmarkt,** Sa vormittags auf der Piazza Mercato del Bestiame und in der Via Cavour und Via Vittorio Emanuele.

• **Kleiner Biomarkt,** Sa vormittags 8–13 Uhr auf der Piazza Pertinace.

• **Casa del Caffè,** Via Cavour 11, Tel. 017 33 41 58, www.caffevergnano.com. Kaffeegeschäft von Vergnano, einer seit 1882 bestehenden Kaffeerösterei aus Turin. Hervorragende eigene Mischungen, die auch an der Bar probiert werden können.

• **Ognibene,** Via Vittorio Emanuele 9. Supermärkte finden sich in der Innenstadt nicht. Ognibene ist eines der wenigen Lebensmittelgeschäfte mit Frischetheke, Obst, Gemüse und Brot.

• **La Bottega del Vicoletto,** Via Bertero 6, Tel. 01 73 36 31 96. Hervorragende frische Pasta wie *ravioli del plin, tagliolini,* fertige Soßen zum Mitnehmen, Antipasti, Salumi und Käse.

• **Panetteria Tallone,** Via Paruzza 11, Tel. 01 73 44 09 18. Empfehlenswerte Bäckerei, von Hand gezogene Grissini, verschiedene Foccaccia.

• **Antica Pasticceria Pettiti,** Via Vittorio Emanuele 25, Tel. 01 73 44 16 12. Alteingesessene Pasticceria; Spezialiät sind die mit Rum oder Grappe gefüllten *albesi* und die Torta Campagnola.

• **La piccola Dispensa,** Via Cuneo 13. Kleines gutsortiertes Lebensmittelgeschäft mit zahlreichen Bioprodukten, das etwas abseits der Hauptstraßen im Viertel hinter dem Dom zu finden ist.

• **Enoteca Fracchia,** Via Vernazza 9, und **Grandi Vini,** Via Vittorio Emanuele 1a, bieten eine schöne Auswahl an Weinen aus dem Roero und der Langhe.

• **Enolibreria,** Via Vittorio Emanuele 1A. Buchhandlung mit breitem Sortiment an Wanderkarten aus der Region.

• **Distilleria Mario Montanaro,** Via Garibaldi, Fraz. Gallo (liegt direkt an der Straße, am hohen Kamin zu erkennen), Tel. 01 73 26 20 14, Fax 01 73 23 13 78, www.distilleriamontanaro.com. 1885 gründete *Dottore Montanaro* die kleine, aber feine Grappadestillerie im Vorort Gallo. Im Verkaufsraum können sämtliche Brände auch verkostet werden. Außer dem edlen Grappa aus Barolo sind die Grappe aus Moscato-, Dolcetto-, Barbera-, Barbacesco- und Arneistrester zu empfehlen. Zu den Spezialitäten gehört auch ein leicht herber Barolo Chinato. Wenn sich die Möglichkeit ergibt und gerade gebrannt wird, sollte man unbedingt fragen, ob man einen Blick in die Brennerei selbst werfen darf. Es lohnt sich, die Anlage ist wirklich sehenswert.

Feste und Veranstaltungen

• Seit die Mannschaft von Alba vor fast 70 Jahren vom Palio in Asti ausgeschlossen wurde, machen sich die Albesi mit einem Rennen auf Eseln über ihre Nachbarn lustig. In Verbindung mit einem historischen Umzug findet der **Palio degli Asini** alljährlich am ersten Sonntag im Oktober statt, an den beiden darauffolgenden Sonntagen die **Fiera Nazionale del Tartufo Bianco d'Alba,** die Trüffelmesse.

Das Barbaresco

↗ XXI/C2

Wenige Kilometer nordöstlich von Alba liegt das kleine **Weinanbaugebiet** Barbaresco mit den Weindörfern Néive, Tréiso, dem Ort Barbaresco selbst, dem der Wein seinen Namen verdankt, sowie dem kleinen Vorort Albas San Rocco Seno d'Elvio im südlichsten Ausläufer des Barbaresco-Gebietes. Langgezogene Hügelkämme bestimmen die Landschaft, viele kleine Täler und vor allem Weinberge, wohin man blickt. Am schnellsten erreicht man das Barbaresco über die Schnellstraße von Alba nach Asti, doch das ist eine sehr wenig reizvolle Fahrt durch Industriegebiete. Man kann sich dem Barbaresco aber auch auf landschaftlich schönen Umwegen nähern, nämlich auf den alten **Gemeindestraßen**, die sich über die Hügelkämme ziehen und den Blick freigeben auf Langhe und Roero.

201pi Foto: sg

Fährt man hinter der Piazza Duomo in Alba stadtauswärts Richtung Norden, kommt man an der Piazza Monsignor Grassi zu einem Kreisverkehr. Die Straße geradeaus führt zunächst über den Fluss Cherasca und schlängelt sich dann auf den Hügel von Altavilla hinauf. Ein Blick zurück auf die schöne Altstadtsilhouette Albas lohnt sich. Bis Tréiso fährt man noch durch ein relativ naturbelassenes Gebiet mit zerklüfteten Tuffsteinfelsen, knorrigen Pappeln und Pinien. Ab Tréiso folgt dann jeder Quadratzentimeter der Geometrie der Rebzeilen.

Tréiso

↗ XXI/C2

- **PLZ:** 12050
- **Lage über NN:** 410 m
- **Einwohnerzahl:** 804

Beim Ortsteil Canta in der Nähe des Friedhofs von Tréiso fährt man an durch Bodenerosion entstandenen steilen Abhänge aus weißem Mergel vorbei. Am charakteristischen sind die **Rocche dei Sette Fratelli,** die sich wie die Finger einer Hand nach oben strecken.

Der **dritte Meilenstein** der Römerstraße nach Alba Pompeia soll dem Ort seinen **Namen** gegeben haben, und tatsächlich fanden Archäologen im Ortsteil Pertinace Reste einer gepflasterten **Römerstraße,** die von Néive nach Alba führte. In Tréiso finden

Berühmte Weingüter im Piemont

sich einige der höchsten Weinlagen des Barbaresco. Im Dorf selbst gibt es zwei Kirchen, ein Rathaus, zwei Schulen und drei Gasthäuser. Ein unspektakuläres Dorf, aber mit herrlichen **Ausblicken** auf die großartige Landschaft.

Im Ortsteil Tre Sette teilt sich die Straße. Man folgt zunächst nicht den Schildern nach Barbaresco, sondern nimmt die rechte Straße nach **Néive.** Gegenüber von Néive erblickt man bereits Barbaresco und dahinter die Schlösser von Guarene und Gavone.

Unterkunft

- **Agriturismo Ada Nada,** Via Ausario 12, Fraz. Rombone, Tel. 01 73 63 81 27, Fax 01 73 63 89 21, www.adanada.it. In dem restaurierten Landhaus (18. Jh.), umgeben von den Weingärten des Landgutes Ada Nada; sieben stilvoll mit schönen alten Möbeln eingerichtete Zimmer in verschiedenen Farben. 65-80 €, Frühstück 8,50 €.
- **Agriturismo Il Ciliegio,** Via Meruzzano 21, Tel. 017 36 38 22 67, Fax 01 73 63 89 70, www.ilciliegio.it; geöffnet 1.3.-30.11. In den Weinbergen gelegenes schönes Landgut mit zwei sorgfältig renovierte Landhäusern; drei freundlich eingerichtete Zimmer (50 €) und vier geräumige Ferienwohnungen (Zwei-Zimmer-Wohnung 80-100 € pro Tag), Frühstück 5 €.
- **Agriturismo Villa Ile,** Via Rizzi 18, Loc. Grassino, Tel. 01 73 36 23 33, Fax 01 73 44 26 81, www.villaile.it. Nobler Agriturismo des gleichnamigen Weinguts mit vier großen, stilvoll eingerichteten Zimmern, jeweils mit zusätzlicher Sitzgelegenheit (Sofa) und Balkon. Großer Garten. 78 €.

Essen und Trinken

- **La Ciau del Tornavento,** Piazza Baracco 7, Tel. 01 73 63 83 33; Mi und Do mittags geschlossen. Gehobenes Restaurant mit Sterneniveau neben der Kirche, wöchentlich wechselnde Karte mit zwei Menüs. Im Sommer Tische im Freien. Degustationsmenü ab 60 €.
- **Osteria dell'Unione,** Via Alba 1, Tel. 01 73 63 83 03; Mo Ruhetage. Bodenständige Osteria mit rustikaler, gemütlicher Atmosphäre und *cucina casalingha* (Hausmannskost) Das Menü wird angesagt, eine Auswahl gibt es nur bei den Secondi; ausgezeichnet *frittatine, vitello tonnato, agnolotti del plin* und *tajarin*. 25-30 €.
- **Trattoria Risorgimento,** Viale Rimembranza 14, Tel. 01 73 63 81 95; Mo Ruhetag, Di-Do nur mittags geöffnet. Bodenständige Küche aus der Langhe mit feststehendem angesagten Menü und den klassischen Antipasti und Primi. Darüber hinaus leckeres *fritto misto* (nur mit Vorbestellung). 25-30 €.

Néive

↗ XXI/C2

- **PLZ:** 12057
- **Lage über NN:** 320 m
- **Einwohnerzahl:** 3357

Unten am Fluss Tinella liegt der moderne Stadtteil Néives mit dem Bahnhof und Industrieansiedlungen. Steil hinauf geht es in die schöne **Altstadt.**

Oben gruppieren sich alte **Adelshäuser** und **Kirchen** aus dem 17. und 18. Jahrhundert in konzentrischen Kreisen um den noch erhaltenen Glockenturm der einstigen, zum Schutz vor den Überfällen der Sarazenen errichteten Burg auf der Hügelspitze.

Etwas weiter unterhalb liegt die schmale lange **Hauptpiazza** mit dem alten (16. Jh.) und dem neuen **Rathaus** (Municipio, gleich am Anfang der Piazza) mit dem **Informationsbüro** im Erdgeschoss.

Der **Ortsname** Néives ist, wie der Tréisos, lateinischen Ursprungs; er geht auf die römischen Familien Gens Naevia, zurück. Auch hier fand man Reste der römischen Trasse.

Unterkunft/ Essen und Trinken

•**Agriturismo Dindina,** Via Umberto I, 21, Neviglie, Tel./Fax 01 73 63 01 32, mobil: 33 36 18 97 51. Ca. 5 km südlich von Néive liegt auf einem Hügelkamm der kleine Weinbauort *Neviglie.* Direkt beim Dorfplatz übersieht man fast den Agriturismo-Betrieb der Familie Ternavasio. Das schöne restaurierte Natursteingebäude aus dem 17. Jh. wurde an einen Hang gebaut, und der Eingang liegt sozusagen in der 2. Etage. Die drei Zimmer und die Gemeinschaftsräume mit gemütlichem offenem Kamin sind raffiniert restauriert und geschmackvoll eingerichtet. Auf Vorbestellung kocht die Hausherrin nicht nur für Hausgäste die typischen Gerichte der Region (Menü 25 €). Im Sommer wird im Garten serviert. Alles in allem eine einladende Unterkunft mit herzlicher und familiärer Atmosphäre. Doppelzimmer mit üppigem Frühstück 75–85 €. Es lohnt sich, den Asti Spumante aus der hauseigenen Kellerei zu probieren.

•**La Cantina del Rondò,** Loc. Fausoni 7, Tel. 01 73 67 98 08. Stilvolles Lokal in einem ehemaligen Weinkeller etwas außerhalb. Serviert werden neben raffiniert zubereiteten saisonalen Gerichten wie z.B. Spargelflan auch die piemontesischen Klassiker wie *Finanziera* oder *Brasato al barolo.* Die hauseigenen Weine sind nicht ganz so vielversprechend wie angepriesen. Degustationsmenü 35–40 €.

•**Bottega dei Quattro Vini,** Piazza Italia, Tel. 01 73 67 70 14; Do Ruhetag. Im Keller des heutigen Rathauses in der Altstadt lagern alle namhaften Weine der Winzer von Néive. Ungefähr 30 Betriebe haben sich zur besseren Vermarktung zur Bottega dei Quattro Vini zusammengeschlossen. Die Preise liegen nicht über denen, die man beim Winzer direkt bezahlt. Angeschlossen ist eine freundliche Trattoria mit einer kleinen, aber sehr guten Auswahl regionaler Gerichte, dazu können Flaschenweine auch glasweise verkostet werden. Im Sommer einige lauschige Tische im Hof unter einem Gewölbe. 20 €.

Einkaufen

•**Salumeria Fratelli Cordero,** Via de'Revello 30, Tel. 01 73 67 74 74. Metzgerei mit sehr guten Salami- und luftgetrockneten Schinkenspezialitäten im unteren, neuen Stadtteil von Néive.

Barbaresco

↗ XXI/C2

•**PLZ:** 12050
•**Lage über NN:** 273 m
•**Einwohnerzahl:** 688

Auf dem Kamm eines langgezogenen Hügels inmitten von Weingärten breitet sich das Weindorf Barbaresco aus. „Barbarica Silva" nannten die Römer diesen idyllischen Flecken. Heute scheint hier jeder Quadratzentimeter von Menschenhand bearbeitet zu sein. Auf den insgesamt 320 Hektar Anbaufläche wird überwiegend **Nebbiolo** angebaut, und somit ist jeder Quadratzentimeter hier auch bares Geld wert. Entlang der Straße reiht sich ein **Weingut** an das andere.

Über eine gepflasterte Straße erreicht man am Ende der Hauptstraße den höchsten Punkt des Ortes. Von einem Felsen herab bewacht ein wuchtiger, 36 Meter hoher **Turm** die Flussebene des Tánaro. Von der um das Jahr 1000 zum Schutz vor den Sarazenen errichteten **Burg** ist heute nur noch dieser Turm erhalten, das weithin sichtbare **Wahrzeichen** von Barbaresco.

Auf der anderen Flussseite erkennt man gut das **Schloss von Guarene.**

Unterkunft

•**Agriturismo Cascina delle Rose,** Via Rio Sordo, Loc. Tre Stelle, Tel. 01 73 63 82 92, Fax 01 73 63 83 22, www.cascinadellerose.it. Drei geräumige und freundliche Zimmer und vier Ferienwohnungen in einem renovierten Landhaus im Ortsteil Tre Stelle, mit herrlicher Sicht über das Tal. 100–120 €.

Essen und Trinken

•**Antica Torre,** Via Torino 55, Tel. 01 73 63 51 70; Do Ruhetag. Noch vor wenigen Jahren lag das über Jahre hinweg für seine hervorragende Küche bekannte Lokal der Familie *Albarello* direkt unterhalb der Enoteca regionale (↗ unten). Mittlerweile residiert das Antica Torre im Ortszentrum in neuen stilvollen Räumlichkeiten. Das Ambiente hat sich zwar geändert, aber die Küche bietet immer noch dieselbe Qualität. Hervorragende Klassiker wie *vitello tonnato* und mit dem Messer geklopfte *carne cruda,* nach wie vor werden die *tajarin* täglich frisch gemacht und von Hand geschnitten. 30–35 €.

Einkaufen

•**Enoteca Regionale del Barbaresco,** Via Torino 8, Tel. 01 73 63 52 51, www.enotecadelbarbaresco.it; Öffnungszeiten: Mo, Di, Do-Sa 9.30–18, So 9.30–13 und 14.30–18 Uhr, im Januar geschl. In der ehemaligen Kirche San Donato am Dorfeingang bekommt man in der Enoteca Regionale einen umfassenden Überblick über die Weine des Barbaresco. Über 80 Kellereien sind hier vertreten. Caffè und Bar mit Verkostungsmöglichkeit.

Das Barolo

↗ XX/B2–3

Verduno

↗ XX/B2

•**PLZ:** 12060
•**Lage über NN:** 381 m
•**Einwohnerzahl:** 538

Von Alba aus gelangt man über **Roddi** auf der alten Landstraße in Richtung Bra nach Verduno, eine der insgesamt elf Barologemeinden. An der Hauptstraße liegt die Kellerei Giovan Battista **Burlotto.** Auf der Fassade sind die vielen Auszeichnungen in Medaillenform verewigt.

Carlo Alberto erwarb 1847 das Schloss in Verduno und die umliegenden Weinberge, anscheinend, weil ihm der Barolo der Gegend so gut schmeckte. Die königlichen Weine wurden bis zum Bau des neuen Mustergutes von *Carlo Alberto* in Pollenzo auf der anderen Seite des Tánaro in den Kellern des Schlosses gelagert. Auf den Hügeln von Verduno wird neben Nebbiolo und Dolcetto seit dem 18. Jahrhundert auch die seltene **Pelaverga-Traube** angebaut, aus der ein besonders für den Sommer gut geeigneter leichter, hellrubinroter Wein mit würziger Note gekeltert wird.

Unterkunft/ Essen und Trinken

•**Real Castello****, Via Umberto I. 9, Tel. 01 72 47 01 25, Fax 01 72 47 02 98, www.castellodiverduno.com; Öffnungszeiten: März bis November. Das Schloss wurde im 18. Jahrhundert nach Plänen von *Filippo Juvarra* umgebaut und 1847 von *Carlo Alberto* erworben. Seit 1909 ist es im Besitz der Winzerfamilie *Burlotto.* In den herrschaftlichen Räumen herrscht nach wie vor gedämpfte Schlossatmosphäre. Insgesamt 20 mit Antiquitäten eingerichtete Zimmer und Suiten, ein verwunschener Park und ein hervorragendes Restaurant. 100–135 €. Menü 40–75 €. Besichtigung der Weinkeller mit Degustationsmöglichkeit nach telefonischer Anmeldung (01 72 47 02 84).

•**Agriturismo Cà del Re,** Via Umberto I. 14, Tel. 01 72 47 02 81, Fax 01 72 47 02 81; Öffnungszeiten: 1.3.–15.12. Etwas günstiger als die Unterkunft im Schloss sind die fünf mit alten Bauernmöbeln eingerichteten Zimmer des Agriturismo in den restaurierten ehemaligen Wirtschaftsgebäuden des Real Castello. 70 €, Menü 30 €.

Die wichtigsten Weine der Langhe

Barolo und Barbaresco: Könige der Weine, Wein der Könige

Beide Weine werden aus der **Nebbiolo-Traube,** einer aromatischen Traube mit **hohem Tanningehalt** gewonnen (ein hoher Gerbsäureanteil ist Grundvoraussetzung für den Ausbau lagerfähiger Weine). Schon Mitte des 19. Jahrhunderts galt der **Barolo** als „Wein der Könige". Durch das lange Liegen auf der Maische (bis zu 40 Tagen) entsteht ein **sehr schwerer und wuchtiger Wein**. Traditionell ausgebaute Baroloweine sind sehr verschlossene Weine, die erst nach langer Lagerung ihre Trinkreife erreichen.

In den 60er Jahren des 20. Jahrhunderts begannen die Barolo-Winzer in der Langhe neue Wege einzuschlagen. Um die Dominanz der Tannine einzuschränken, werden die Weine nur noch höchstens zwei Wochen auf der Maische gegärt und die Gärtemperatur kontrolliert (um konstant 30 °C zu halten, werden die Tanks mit Wasser berieselt). Heute sind die meisten Winzer dazu übergegangen, danach die Weine in kleinen **Eichenfässern,** den sogenannten **Barriques,** auszubauen, eine dem traditionellen Ausbau im Bordeaux nachempfundene Methode. Durch diese

250pi Foto: ms

neue Kellertechnik gewinnt man aus der aromatischen, aber schwierigen Nebbiolotraube einen bereits nach fünf bis acht Jahren trinkbaren Wein mit mehr Frucht und weniger Gerbsäure.

Diese veränderte Produktionsweise verhalf den sortenreinen Nebbioloweinen zu einem rasanten **Aufschwung** seit den 1980er Jahren. Seither gilt Barolo wieder in ganz Italien als *der* Festtagswein schlechthin. Wegweisend dafür waren die sogenannten *barolisti,* eine Handvoll engagierter Winzer aus dem Barolo-Gebiet, und vor allem *Angelo Gaja* aus Barbaresco. Die Verkaufszahlen und vor allem die Preise, die diese Winzer für ihre Weine erzielen, sprechen für sich.

Traditionelle Weine werden zum Teil noch in den bekannten Häusern Giovanni Conterno, Bartolo Macarello und auch bei Fontanafredda ausgebaut.

Insgesamt werden jährlich ca. **sieben Millionen Flaschen Barolo** abgefüllt. Der Löwenanteil stammt aus den Hügeln rund um die Orte Castiglione Falletto, Monforte d'Alba, Serralunga d'Alba, Barolo und La Morra, insgesamt knapp 1200 Hektar. Aus der Provinz Novara im Norden des Piemont kommen die eher unbekannten, aber nicht weniger spannenden Nebbioloweine unter der Bezeichnung des jeweiligen Ortes Ghemme, Fara und Gattinara.

Nach den **D.O.C.G.-Bestimmungen** muss der Barolo drei und der Riserva fünf Jahre gelagert werden, davon mindestens zwei Jahre in Holzfässern.

Barbaresco wird in einem kleinen, ca. 450 Hektar großen Gebiet nördlich von Alba, in Néive, Tréiso und Barbaresco selbst produziert. Er gilt als **etwas leichter** und nicht so lange lagerfähig wie sein großer Bruder, der Barolo. Die Fasslagerung ist auf zwei bis vier Jahre vorgeschrieben. Besonders die Weine von *Angelo Gaja* erzielen bei Kennern viel Anerkennung und entsprechend hohe Preise.

Barbera

Barbera wächst fast auf der Hälfte der piemontesischen Weinanbaufläche. Der **säurebetonte Wein** findet sich leider immer noch, durch den zum Teil hohen Ertrag, als Massenwein in den unteren Etagen der Supermarktregale wieder. Dass es auch anders geht, zeigen vor allem die Winzer Gaja, Rivetti und Bologna, um nur die bekanntesten zu nennen. Parallel zur neuen Produktionsweise des Barolo änderten sie auch die **Anbaumethoden** (Ertragsbegrenzung) und die **Kellertechnik** für den Barbera. Hinzu kamen neue, als Tafelwein deklarierte Verschnitte mit anderen Sorten. Sie kommen dem internationalen Geschmack entgegen und verzeichnen durch den Ausbau in kleinen Barriques entsprechende Erfolge.

Die wichtigsten **Barbera-Anbaugebiete** sind die D.O.C.-Zonen Asti und Monferrato. In der Gegend um Alba stehen die Reben in den zweitbesten Lagen, die besten Lagen sind dem Nebbiolo vorbehalten.

Bei der Enoteca Regionale kann man aus einer Vielzahl edler Tropfen wählen

123pi Foto: sg

Die Kirche von Pollenzo im neugotischen Stil

- **Il Falstaff,** Via Schiavino 1 (Hauptstraße Verdunos), Tel. 01 72 47 02 44; Mo Ruhetag. *Luigi Giolitto* kreiert in seinem kleinen Restaurant mit nur sieben Tischen immer wieder neue, mit frischen Kräutern zubereitete Gerichte auf der Basis der piemontesischen Küche. 35–45 €.

Pollenzo

↗ XX/B2

- **PLZ:** 12042
- **Lage über NN:** 198 m

Von Verduno aus lohnt sich ein Abstecher in das nur sieben Kilometer entfernte Pollenzo und nach Cherasco. Beide Orte liegen bereits auf der anderen Seite des Tánaro, der als natürliche Grenze zwischen der Langhe und dem **Roero** verläuft. Man überquert den Tánaro und sieht links den großen Torbau einer ehemaligen Hängebrücke, die *Carlo Alberto* über den Fluss schlagen ließ. Sie diente als schnelle Verbindung zwischen seinem Weingut in Verduno und dem neu gegründeten Mustergut der Agenzia von Pollenzo.

In dem kleinen, unscheinbaren Dorf **Pollenzo** fand man bei Ausgrabungen unter den Häusern zahlreiche Fundamente öffentlicher Gebäude aus der **Römerzeit;** damals fungierte die Stadt Pollentia als wichtiger Knotenpunkt der Handelsstraßen von Turin an die ligurische Küste und von Mailand nach Gallien.

Am Rande des heutigen Dorfes entstand unter *Carlo Alberto* zwischen 1833 und 1849 ein großer, neuer Komplex im neugotischen Stil mit Kirche, Schloss, Gutshof und der sogenannten **Agenzia.**

Die große, vierflügelige Hofanlage diente nicht nur als Verwaltungszentrum für die zahlreichen savoyischen Landgüter, sondern auch als **Forschungszentrum.** 1842 wurde hier der erste **Landwirtschaftsverband** gegründet mit dem Ziel, die Landwirtschaft und die mit ihr verbundenen Berufe zu fördern.

1999 kaufte die Gesellschaft Agenzia di Pollenzo die Anlage. Gründungsmitglieder waren Slow Food, die Regionen von Piemont und Emilia Romagna mit finanzieller Unterstützung einiger Banken und öffentliche Institutionen. Initiator war **Carlo Petrini,** Gründer der Organisation Slow Food zur Förderung des guten Geschmacks aus dem nahe gelegenen Bra. *Petrini* entwickelte die Idee einer kulturellen Anlaufstelle für alles, was Gastronomie betrifft, und initiierte die Gründung einer **privaten Universität der gastronomischen Wissenschaft.** 2004 eröffnete die elitäre Alma Mater für Essen und Trinken ihre Tore. Sie ist die Erste ihrer Art, denn die Studenten lernen hier nicht kochen, sondern sie bekommen eine umfassende Ausbildung in Ernährungswissenschaften, Lebensmitteltechnik, Vertrieb, Marketing und Management vor dem Hintergrund von Geschichte und Kultur. Die fachgerechte Degustation von Weinen, Käse und Schinken steht ebenso auf dem Lehrplan wie Praxismonate bei den Erzeugern. Kulinarischer Genuss und Esskultur wollen gelernt sein. Nach fünfjährigem Studium werden die promovierten jungen Gastronomen in die Welt entlassen. Die Jahresgebühr der ca. 60 bis 70 Studenten beträgt 18.000 Euro einschließlich Unterbringung und Verpflegung, und jeder Schüler wird mit Laptop und Internetzugang ausgestattet.

Das Kapital des zweiten Nonprofit-Unternehmens der Agenzia di Pollenzo liegt in den alten Weinkellern *Carlo Albertos.* Ziel der **Banca del Vino** ist die Einrichtung einer „Nationalbibliothek" italienischer Weine. Es soll ein Ort entstehen, wo es auch noch nach Jahren möglich ist, vertikale Weinproben von Jahrgängen zu veranstalten, die schon längst nicht mehr im Handel sind. Mittlerweile lagern hier bereits an die 100.000 Flaschen. Die Hälfte davon sind piemontesische Weine. Jeder Winzer, dem die Ehre zuteil wird, muss in der Banca del Vino **drei Jahre lang 180 Flaschen** einlagern, was für einen kleinen Winzer eine nicht unerhebliche Summe darstellt. Als Gegenleistung bekommt er dafür aber auch kostenlose Werbung. Nach drei Jahren können die Flaschen abzüglich eines kleinen Teiles, die sozusagen als nationales Erbe in der Weinbank zurückbleiben, wieder zurückgenommen und durch neue ersetzt werden.

• **Banca del Vino,** Piazza Vittorio Emanuele 13, Tel. 01 72 45 84 18, www.bancadelvino.it; Öffnungszeiten: Di–So 10.30–13/15.30–19.30 Uhr. Eintritt 2 €, mit kleiner Verkostung 8 €. Kein Weinverkauf!

Ein **Vier-Sterne-Hotel** im Haupttrakt und ein hervorragendes **Restaurant** in einem der ehemaligen Wirtschaftsgebäude machen die heutige Agenzia di Pollenzo komplett.

Unterkunft

- **Albergo dell'Agenzia******, Via Fossano 21, Tel. 01 72 45 86 00, Fax 01 72 45 86 45, www.albergoagenzia.it. Luxuriöses Hotel mit 44 Zimmern und drei Suiten, Schwimmbad, Restaurant. 156–240 €.

Essen und Trinken

- **Guido,** Via Fossano 19, Tel. 01 72 45 84 22, www.guidoristorante.it. Ganz nach den Prinzipien der Agenzia regiert hier vor allem der gute Geschmack. Ein echter Feinschmeckertempel mit elegantem Ambiente in einem ehemaligen Wirtschaftsgebäude. In einem hohen Raum verteilen sich in großem Abstand runde, weiß eingedeckte Tische, ein edles Design in reizvollem Kontrast mit Backsteinpfeilern und Holzbalken. Auf der Karte wechseln täglich zwei Menüs, eines orientiert sich an den piemontesischen Traditionen, das andere bietet abwechslungsreiche Variationen mit Meeresfisch. Hervorragendes, sehr zartes *vitello tonnato,* gratinierte neue Zwiebeln mit frischen Tomaten und Basilikum, *agnolotti al sugo d'arrosto,* gefolgt von Zicklein aus Roccaverano mit Minze und Sardellen, Kaninchen aus Carmagnola in Haselnusskruste, zum Abschluss eine ausgezeichnete Käseauswahl, alles mit Perfektion und meisterhaft zubereitet. Viergängiges Degustationsmenü 70 €.

Cherasco

↗ XX/B2

- **PLZ:** 12062
- **Lage über NN:** 288 m
- **Einwohnerzahl:** 8428

An strategisch wichtiger Stelle auf einem Plateau oberhalb des Zusammenflusses von Tánaro und Stura lag bereits in römischer Zeit die Siedlung **Clarascum.** Die Geschichte der heutigen Stadt Cherasco beginnt im Jahre 1243 mit dem Bau einer **Festung** durch *Markgraf Manfredi Lancia,* Bürgermeister von Alba. Während der Auseinandersetzungen zwischen Asti und Alba gründeten die Bürger aus Manzano, Sarmatorio und Monfalcone zu ihrem Schutz eine befestigte neue Stadt mit rechtwinkligem Straßennetz.

Hauptachse Cherascos ist die breite **Via Vittorio Emanuele II.,** die an ihren beiden Enden durch zwei Triumphbögen begrenzt und von Arkaden und alten herrschaftlichen **Stadthäusern** reicher Kaufmannsfamilien gesäumt wird. Hinter den schlichten Fassaden verbergen sich Gärten, Innenhöfe, prächtige Treppenanlagen und reich freskierte Innenräume.

Zentrum ist die **Piazza Caduti della Libertà.** Die Fassade des alten Stadtturms schmückt ein **Mondkalender.**

Jahrhundertelang umkämpft, kam die Stadt mit dem Frieden von Cherasco 1631 unter die Herrschaft der **Savoyer.** Einen Eindruck vom ehemaligen Reichtum der Handelsstadt bekommt man bei einer Besichtung des **Palazzo Salmatoris,** auch „Palazzo delle Pace" genannt. Hier wurde der Friedensvertrag zwischen *Napoleon* und den Savoyern geschlossen.

- **Palazzo Salmatoris,** Via Vittorio Emanuele II. 29; Öffnungszeiten: Sa, So 9.30–12.30 und 15–19 Uhr; Eintritt frei.

Die meisten der zahlreichen Kirchen von Cherasco entstanden unter dem Einfluss der Savoyer. In der Via San

Pietro, einer kleinen Straße parallel zur Hautstraße, trifft man auf die **Kirche San Pietro** mit einer gut erhaltenen Fassade aus romanischer Zeit. Unterhalb einer Blendbogengalerie des Giebels entdeckt man eine Reihe von runden, in das Mauerwerk eingelassenen tassenähnlichen Majoliken und darüber, in kleinen Nischen, sogenannte **Spolien.** Die Köpfe, aus Marmor gearbeitet, stammen aus römischen Gräbern, die man im Mittelalter in Pollenzo und in Cherasco selbst fand.

Die Spolien an der Kirche San Pietro stammen aus römischen Gräbern

Information

•**Ufficio del Turismo,** Palazzo Comunale, Tel. 01 72 42 70 50, Fax 01 72 42 70 55, www.comune.cherasco.cn.it. Öffnungszeiten Mo–Fr 9–12.30 Uhr.

Unterkunft/ Essen und Trinken

•**La Torre,** Via Garibaldi 13, Tel. 01 72 48 84 58; Mo Ruhetag. Kleines, relativ junges Lokal mit täglich wechselnder Karte, Angebot je nach Saison und Marktangebot, immer frisch zubereitet. Schnecken, die Spezialität von Cherasco, sind hier besonders zu empfehlen, in verschiedenen Varianten angerichtet. 25–32 €.

•**Pane e Vino,** Reg. Moglia 12, Tel. 01 72 48 91 08; Mo, Di Ruhetage. Das nette Lokal liegt unterhalb der Altstadt an der Straße nach Bra. Die Küche entspricht ganz den Traditionen: Hier gibt es mit dem Messer geklopfte

125pi Foto: sg

Die schönste Aussicht der Langhe hat man von La Morra aus

carne cruda, insalata russa, hausgemachte *agnolotti del plin, tajarin* mit *salsiccia,* Kaninchen. Ein eigenes Menü widmet sich den Schnecken in allen möglichen Variationen. 30–35 €. Vier freundlich eingerichtete Zimmer. 70 €.

Einkaufen/Feste und Veranstaltungen

- Cherasco ist nicht nur die Hauptstadt der **Schnecken** (ihnen wird ein eigenes Fest gewidmet), sondern auch die Stadt der Floh- und Antiquitätenmärkte, die von März bis Dezember, mit Ausnahme von April und August monatlich stattfinden und fast die ganze Altstadt einnehmen. Informationen im Ufficio del Turismo.

La Morra

↗ XX/B3

- **PLZ:** 12064
- **Lage über NN:** 550 m
- **Einwohnerzahl:** 2765

Auf einem der Hügel mit der schönsten Aussicht der Langhe liegt La Morra, einer der Hauptorte im Barolo-Gebiet. Die Straße aus Verduno führt direkt auf die **Via Umberto I.** zu. Die kopfsteingepflasterte Hauptstraße führt hinauf in den fächerförmig angelegten mittelalterlichen Ortskern.

Vorbei an einigen Weinhandlungen und der kleinen Barockkirche Santa Lucia mündet die Straße auf dem Belvedere, der großen **Piazza Castello,** die wie ein grandioser Aussichtsbalkon über der Langhe thront und einen herrlichen Blick auf das gegenüberliegende **Castiglione Falletto** freigibt.

Nur wenige Schritte hinter dem Glockenturm, dem einzigen Überrest einer mittelalterlichen Festung, erreicht man über die Via Alberto die Pfarrkirche San Martino (1675). Daneben lohnt sich ein Besuch in der **Cantina Comunale,** in der auch zahlreiche Prospekte über La Morra und Umgebung ausliegen.

Zwischen Pfarrkirche und der Kirche San Rocco führt die Via Garibaldi, entlang der ehemaligen Festungsmauern hinab. Die Schilder „Sentiero del Barolo" weisen den Weg zu einer der besten Weinlagen von La Morra, nach **Brunate,** einem langgezogenen Hügelrücken in Südostlage.

Bereits von Weitem leuchten die Farben einer bunt angemalten Kapelle aus dem Grün der Reben hervor. Nach ca. drei Kilometern (das letzte Stück ist steiler und nicht asphaltiert) liegt inmitten der Weinberge die **Kapelle Madonna delle Grazie** (oft auch nur nach den Künstlern benannt). Die kleine Kapelle, 1914 von Weinbauern erbaut, wurde nie eingeweiht. Die Brüder *Ceretto* erwarben 1976 die Weinberge von Brunate und beauftragten zwei Künstler mit der Ausgestaltung der Kapelle. Der Engländer *David Tremlett* malte das Innere aus, sein amerikanischer Freund *Sol LeWitt* das Äußere.

Nach dem Belvedere ist hier der schönste Aussichtspunkt von La Morra, geradeaus zeigt sich Castiglione Falletto, dahinter ragen die Burgspitzen von Grinzane Cavour auf, und rechts sieht man die Burg von Barolo.

126pi Foto: sg

Über eine kurvenreiche Straße erreicht man unterhalb von La Morra in Großrichtung Alba zunächst den kleinen Weiler **Borgata Pozzo** und nach ca. drei Kilometern die Frazione Annunziata. Die kleine barocke **Backsteinkirche** rechts an der Straße gehört zur Abbazia dell'Annunziata, einem ehemaligen Benediktinerkonvent von San Martino di Marcenasco. In der Regel steht die Kirche offen. Im Inneren sind die ausgegrabenen Reste großer Säulenbasen unter Glas zu erkennen, die in diesem kleinen Raum überdimensional wirken. Sie verweisen auf einen größeren romanischen Vorgängerbau.

Bunter Fleck im Grünen:
die Kapelle Madonna delle Grazie

Information

•**Ufficio Turistico** in der Cantina Comunale, Via Carlo Alberto 2, Tel. 01 73 50 92 04, www.cantinalamorra.com, täglich geöffnet 10–12.30 und 14.30–18.30 Uhr.

Unterkunft/Einkaufen

•**Agriturismo Azienda Agricola Erbaluna,** Borgata Pozzo 43, Fraz. Annunziata, Tel. 017 35 08 00, Fax 01 73 50 93 36, www.erbaluna.it. Schön gelegenes Weingut im Ortsteil Annunziata unterhalb von La Morra mit angenehm familiärer Atmosphäre. Im Haupthaus vier gemütlich eingerichtete Zimmer und zwei kleine Ferienwohnungen. Den Gästen stehen ein Frühstücksraum, eine Küche und eine 150 Quadratmeter große Panoramaterrasse zur Verfügung. 70–80 €.

•**Cascina del Monastero,** Cascina Luciani 112, Fraz. Annunziata, Tel. 01 73 50 92 45, Fax 01 73 50 08 61, www.cascinadelmonastero.it. Der sorgfältig restaurierte Gutshof liegt unterhalb von Annunziata in der Ebene. Zehn Zimmer und kleine Ferienwohnungen, geschmackvoll mit alten Bauernmöbeln eingerichtet. Schöner Garten mit kleinem Ententeich. Das reichhaltige Frühstück wird stilvoll in einem restaurierten Wirtschaftsgebäude mit Gewölbedecke serviert. 100–110 €.

•**L'Osteria del Vignaiolo,** Fraz. Santa Maria 12, Tel./Fax 017 35 03 35. Direkt unterhalb der Kirche von Annunziata verfügt die Osteria mittlerweile auch über fünf geschmackvoll eingerichtete Zimmer im ersten Stock (↗ auch „Essen und Trinken"). 70 €.

Essen und Trinken

•**Osteria del Vignaiolo,** Fraz. Santa Maria 12, Tel./Fax 017 35 03 35; Mi, Do Ruhetage, im Herbst Mi, Do nur mittags geschlossen. Schönes Landgasthaus mit gepflegtem, rustikalem Ambiente und kleiner überdachter Terrasse mit Postkartenblick (↗ auch „Unterkunft"). Die ausgezeichnete Küche der beiden jungen Wirtsleute *Dino Coccio* und *Luciano Marengo* zeigt sich fest verwurzelt mit den Traditionen der Langhe, lässt aber auch Neuheiten erkennen, die vom saisonalen Marktangebot diktiert werden; die frischen Zutaten werden mit Meisterschaft und Sorgfalt verarbeitet. Beim wöchentlich wechselnden Degustationsmenü stehen zwei Vorspeisen zur Auswahl, gefolgt von jeweils einem *primo, secondo* und *dolce.* Zu empfehlen sind immer die Vorspeisenklassiker wie *carne cruda, vitello tonnato,* gefolgt, von je nach Saison, *fagiottini agli asparagi* oder *tortino di sfoglia ai funghi porcini.* Unter den *primi* brillieren *risotto al raschera, crespelle, funghi fritti* und *ravioli dal plin.* Neben den klassischen *secondi* empfehlenswert: *costolette di agnello dorate, coscie di quaglia al rosmarino* und *sella di coniglio.* Schöne Käseauswahl. Degustationsmenü 30 €.

•**Osteria Veglio,** Fraz. Annunziata 9, Tel. 01 73 50 93 41, Di und Mi nachmittag geschlossen. Unübersehbar liegt dieser geschmackvoll restaurierte Landgasthof in einer Kurve im Weiler Annunziata, wenige Kilometer unterhalb von La Morra. Das Ambiente ist hell und freundlich, der Service professionell und aufmerksam. Die Terrasse mit einem sagenhaften Panorama über die Langhe ist in der ganzen Gegend nicht zu übertreffen. Wie im Vignaiolo stehen auch hier die sorgfältig zubereiteten Klassiker der piemontesischen Küche im Vordergrund, die Karte wechselt je nach Saison. Viergängiges Degustationsmenü 40 €.

•**Vin Bar,** Via Roma 46, Tel. 01 73 50 91 04; Mi Ruhetag. Die sympathische Dorfkneipe von La Morra liegt an der Ecke der Piazza Vittorio. Vor allen an Markttagen trifft sich hier die halbe Gemeinde. Neben einer guten Auswahl an heimischen Weinen wird auch Mittagstisch gereicht.

Einkaufen

•An der **Via Roma,** Durchgangsstraße in Richtung Barolo, liegen Metzgerei, Bäckerei, Supermarkt und zwei Bars. Der kleine **Wochenmarkt** mit Gemüse, Obst, Wurst- und Käsewagen und einigen Haushaltsständen findet Mo morgens auf der Piazza Vittorio Emanuele II. statt.

Wein:

Lang ist die Liste renommierter Weingüter rund um La Morra. Einen Überblick verschafft man sich am besten in der **Cantina**

Comunale, Via Carlo Alberto 2 (nur wenige Schritte vom Belvedere entfernt), Tel. 01 73 50 92 04, www.cantinalamorra.com, auch So geöffnet. Hier wird man sehr kompetent und freundlich (mit Degustationsmöglichkeit) von *Claudio Silvestro* beraten und bekommt Tipps für kleine unbekannte und preisgünstigere Produzenten. Wer sich direkt beim Winzer eindecken möchte, sollte sich immer vorher telefonisch anmelden. In der Regel ist dann ein Besuch mit Kellerbesichtigung kein Problem. Bei den Spitzenweingütern, wie Gaja und Spinetti *(Giorgio Rivetti)* geht es sehr professionell zu, und es fehlt die richtige Winzeratmosphäre. Darüber hinaus verkaufen beide nicht ab Hof, sondern nur an Händler. Ihre Weine stehen in den Regalen aller gut sortierten Weinhandlungen im Piemont.

- **Agriturismo Azienda Agricola Erbaluna,** Borgata Pozzo 43, Fraz. Annunziata, Tel. 017 35 08 00, Fax 01 73 50 93 36, www.erbaluna.it (⇗ auch „Unterkunft"). *Andrea* und *Severino Oberto* gehören zu den wenigen Winzern der Langhe mit biologischem Anbau. Ausgebaut werden die typischen Weine der Gegend, Barolo, Barbera, Dolcetto und Barolo Chinato, die allesamt zu empfehlen sind. Gutes Preis-Leistungsverhältnis.
- Einer der Kleinen mit großem Namen ist **Elio Altare** aus Annunziata, Tel./Fax 017 35 08 35, www.elioaltare.com. Der Großvater von *Elio* baute noch traditionelle Baroloweine aus, die erst nach zehn bis 15 Jahren trinkbar waren. Der Enkel hingegen zählte in den 1970er Jahren zu den Barolisti, die den Baroloausbau revolutionierten. Von La Morra hinab in Richtung Alba, biegt man ungefähr auf halber Höhe in Annunziata links ab und folgt den Schildern zum modernen Familienweingut Altare; es breitet sich in schöner Lage auf einem lang gezogenen Hügelkamm aus. Ringsum verteilen sich fünf Hektar eigene Rebfläche. Mittlerweile sind auch die beiden Töchter *Silvia* und *Elena* in die Fußstapfen ihres Vaters gestiegen. Mit Begeisterung und Engagement zeigen sie ihren Besuchern die Keller, erklären die Herstellungsverfahren, stellen die Weine bei der anschließender Verkostung vor und erklären von der großen Terrasse aus, in welcher Lage welcher Wein am besten gedeiht. Interessant ist, dass an den schlechteren Nordhängen der leicht und jung zu trinkende Dolcetto angebaut wird, während die Süd- und Südostlagen (per Gesetz) dem Barolo vorbehalten sind. Die für die Langhe so charakteristische wellenförmige Anlage der Rebstücke bieten den empfindlichen Nebbiolo-Pflanzen dabei den nötigen Schutz vor zu starkem Wind. Ganz im Gegensatz zum Barbera. Er gedeiht am besten auf Hügelkuppen *(bricco),* Wind und Wetter ausgesetzt. Fünf weitere Hektar wurden in Serralunga und Monforte d'Alba hinzugepachtet. Insgesamt produziert das Weingut nur 45.000 bis 50.000 Flaschen jährlich. Das ist auf den extremen Rückschnitt zurückzuführen. Alle drei Jahre werden die 250-Liter-Holzfässer durch neue ausgetauscht. In Katastrophenjahren wie 2002, als im September ein starker Hagelsturm fast die gesamte Ernte ruinierte, wurde der Rest der Ernte erst gar nicht in den Verkauf gebracht. Eine solche Qualität hat natürlich seinen Preis.

Feste und Veranstaltungen

- Immer Ende August startet in La Morra die **Mangialonga.** Die Wein- und Gastrotour führt auf vier Kilometern durch die Weinberge und die Weingüter rund um La Morra (Anmeldung bei der Cantina Comunale).

Barolo

⇗ XX/B3

- **PLZ:** 12060
- **Lage über NN:** 309 m
- **Einwohnerzahl:** 743

Von La Morra aus führt die Straße abwärts, vorbei am heruntergekommenen Castello della Volta, nach Barolo, einem der wenigen alten Dörfer der Langhe, die nicht auf einer Kuppe, sondern in einer Senke liegen. Vom Ort Barolo selbst sollte man nicht allzu viel erwarten. Es war und ist ein ganz normales Weindorf inmitten der Langhe, von einem mächtigen **Schloss** im Zentrum beherrscht, der einzigen touristischen Sehenswürdigkeit.

127pi Foto: sg

Das Castello Falletti war von Mitte des 13. bis weit ins 19. Jahrhundert im Besitz der reichen Kaufmannsfamilie *Falletti.* Beschützt wurde der Stammsitz durch die Burgen in Serralunga und Castiglione Falletto. Die letzte Marchesa, *Giulia Colbert,* gründete 1875 eine wohltätige Stiftung und baute das Schloss zu einem **Internat und Waisenhaus** um. Aus dieser Zeit, ganz im Geschmack der Neugotik, stammen die romantisierenden Zinnenkränze, die zweibogigen Fenster, Medaillons und Gesimse. Im Rahmen einer Führung kann man sowohl die Innenräume der Marchesa *Colbert* als auch ein kleines **Heimatmuseum** zur Geschichte des Weinbaus mit alten Gerätschaften, einer Sammlung von Weingläsern und Fotografien besichtigen. In den tiefen Weinkellern hat seit 1971 die **Enoteca Regionale** ihren Sitz.

Das Örtchen Barolo

- **Enoteca Regionale del Barolo,** Piazza Falletti 1, Tel. 017 35 62 77; Öffnungszeiten: täglich 10–12.30 und 15–18.30 Uhr, Do Ruhetag, im Januar geschlossen.

Monforte d'Alba ↗ XX/B3

- **PLZ:** 12065
- **Lage über NN:** 528 m
- **Einwohnerzahl:** 2075

Das **südlichste Dorf im Barologebiet** ist das kleine Monforte. Bereits wenige Kilometer weiter östlich beginnen bei

Roddino die bis zu 900 Meter hoch ansteigenden Hügel der Alta Langa. Sie bieten ein angenehm abwechslungsreiches Bild mit Wäldern, endlosen Wiesen, alten Trockensteinmauern und Haselnuss-Sträuchern. Der Ortsname Monforte lässt sich auf das lateinische *mons fortis*, „mächtiger Berg, zurückführen. In „Der Name der Rose" lässt *Umberto Eco* den Ketzer Fra Dolcino in Monsfortis sein Hauptquartier aufschlagen, und tatsächlich erzählt die Geschichte Monfortes von der Glaubensgemeinschaft der Katharer, die im Mittelalter als Ketzer in Mailand auf dem Scheiterhaufen verbrannt wurden.

Schmale gepflasterte Gassen führen in die kleine **Altstadt** mit zwei stattlichen Kirchen, hübscher Dorfpiazza und einem alten romanischen Glockenturm. Am höchsten Punkt errichtete die Familie *Scarampi del Cairo* 1706 an der Stelle der alten Festung ein neues **Schloss.**

Essen und Trinken

- **La Salita,** Via Marconi, Tel. 01 73 78 71 96; Mo, Di Ruhetage. Bodenständige Osteria mit einfachen, aber sorgfältig zubereiteten traditionellen Gerichten der Region. 32 €.
- **Osteria da Gemma,** Via Marconi 6, Roddino, Tel. 01 73 79 42 52. Mo und Di Ruhetag. Authentische Osteria mitten im kleinen Ort Roddino in ländlicher Idylle, ca. fünf Kilometer östlich von Monforte d'Alba am Übergang in die Alta Langa gelegen. Jahrelang führte *Gemma Boeri* ein kleines einfaches Lokal mit Garten am anderen Ende des Ortes. Mittlerweile ist sie in ein kürzlich restauriertes Dorfhaus mit etwas mehr Komfort umgezogen. Anstatt Garten gibt es jetzt eine schmale Terrasse, die sich über die gesamte Hausseite zieht und traumhafte Ausblicke bietet. Die Qualität der Speisen, die aus der Küche von *Signora Gemma* kommen, ist konstant geblieben. Das feststehende Menü wird angesagt, angefangen bei einer Auswahl an heimischer Wurst und Salami, die auf dem Brett serviert werden, gefolgt von einer Portion *carne cruda,* die auch für zwei Personen reichen könnte, hausgemachte *tajarin al ragu, coniglio arrosto* oder *stinco di vitello al forno.* 25 €.

Serralunga d'Alba

↗ XXI/C3

- **PLZ:** 12050
- **Lage über NN:** 414 m
- **Einwohnerzahl:** 527

Über Roddino erreicht man auf einer landschaftlich sehr reizvollen Straße Serralunga d'Alba, eines der malerischsten und am besten erhaltenen mittelalterlichen Burgdörfer der Langhe. Schon von Weitem erkennt man das unverwechselbar hoch aufragende **Kastell.** *Pietro Falletti* errichtete diese schwer einnehmbare Festung 1340 zum Schutz seiner im Tal liegenden Güter und des Stammsitzes in Barolo zu rein militärischen Zwecken. Angreifer mussten zunächst die spiralförmig angelegte Dorfstraße überwinden, bevor sie vor die hohen Mauern des Kastells gelangten. Ein Rundgang durch die Burg lohnt sich. Zahlreiche versteckte Falltüren und Vorsprünge, von denen heißes Pech herabgegossen wurde, sind heute noch erhalten, und der Ausblick von ganz oben ist einzigartig.

- **Castello di Serralunga d'Alba,** Tel. 01 73 61 33 58; Öffnungszeiten: Sommer Di–So 9–12 und 14–18 Uhr, Winter Di–So 10–12 und 14–17 Uhr, Mo Ruhetag.

128pi Foto: sg

Ein pittoreskes Dorf: Serralunga d'Alba

Von Serralunga sieht man bereits die massiven Türme von **Castiglione Falletto,** das bereits um das Jahr 1000 zum Schutz vor den Sarazenen auf einer Hügelspitze errichtet wurde. Im 13. Jahrhundert bauten die *Fallettis* es zu einer Wehrburg aus.

Unterkunft/ Essen und Trinken

- **Italia*****, Piazza M. Cappellano 3, Tel. 01 73 61 31 14, Fax 01 73 61 31 14, www.anselmaitalia.com. Unterhalb der Burg gelegenes kleines Hotel mit acht geräumigen, erst kürzlich sanierten Zimmern, einige mit eigenem Balkon. 75–80 €. Gutes Restaurant mit herrlicher Panoramaterrasse. 25 €.
- **Antico Asilo,** Via Mazzini 13, Tel. 01 73 61 30 16, Fax 01 73 61 39 56, www.anticoasilo.com. Direkt unterhalb des Schlosses wurde das ehemalige Schulhaus restauriert und zu vier elegant eingerichteten Zimmer umgestaltet. 100 €.
- Kleine **Weinbar und Caffè** unterhalb der Burg, Via Roma 6, Tel. 01 73 61 32 03, Mo Ruhetag, mit einigen kleinen Gerichten, Panini, Käse und Salami.

Das Schloss von Grinzane Cavour

↗ XXI/C2

Im Schloss von Grinzane Cavour, einem imposanten Gebäude mit stattlichem quadratischen Turmbau residiert heute die **Enoteca Regionale** mit großem Verkaufsraum und Degustationsmöglichkeit der besten piemontesischen Weine und Schnäpse, beliebter

Anlaufpunkt für amerikanische und japanische Touristen.

Der Bürgermeister von Grinzane, *Camillo Benso Graf von Cavour,* einer der wichtigsten Politiker der italienischen Einigungsgeschichte, bewohnte von 1832 bis 1849 das Schloss. Während des Rundgangs durch ein kleines **Heimatmuseum** kann man auch einige seiner privaten Möbelstücke, Fotografien und Schriftstücke besichtigen.

- **Castello di Grinzane Cavour,** Via Castello 5, Tel. 01 73 26 21 59, www.castellogrinzane.com; Öffnungszeiten Enoteca Regionale: im Sommer 9.30–19 Uhr, im Winter 9.30–18 Uhr, Di geschlossen; Führungen durch die Räume Cavours und des Heimatmuseums um 10, 11, 12, 14.30, 15.30, 16.30 und 17.30 Uhr. Eintritt Museum 3,50 €, Enoteca Eintritt frei.

Essen und Trinken

- **Nonna Genia,** Loc. Borzone, Via Borzone 1, Tel. 01 73 26 24 10; Mi Ruhetag. Freundlich geführtes Landgasthaus, etwas abseits der Touristenströme. Serviert wird beste Küche der Langhe, für den großen Hunger geeignet. Festes Menü, bestehend aus sieben *antipasti,* zwei *primi,* zwei *secondi,* Käse- und Dessertauswahl. 25 €.

Sitz der Enoteca Regionale: das Schloss Grinzane Cavour

202pi Foto: sg

Anhang

147pi Foto: sg

148pi Foto: sg

Die Spitzenlagen des Barolo:
Brunate bei La Morra

Getrocknete Funghi porcini (Steinpilze)

Auf dem Flohmarkt in Turin

Literaturtipps

- *Umberto Eco*, **„Baudolino"**, Hanser Verlag 2003. In diesem historischen Roman verewigt *Eco* seine Heimatstadt Alessandria. Protagonist ist Baudolino, armer Bauernssohn, ein Protegé *Friedrich Barbarossas*.
- *Davide Longo*, **„Der Steingänger"**, Wagenbach 2008. In den rauen Bergen des Piemonts spielt diese fesselnde Kriminalgeschichte des jungen in Carmagnola bei Turin geborenen Autors, eine echte Entdeckung in der italienischen Gegenwartsliteratur.
- **Turin, eine literarische Einladung**, Wagenbach 2005. Anthologie italienischer Autoren wie *Carlo Levi, Cesare Pavese, Natalia Ginzburg, Italo Calvino, Fruttero & Lucentini, Andrea Camilleri, Primo Levi* mit hervorragend geschriebenen Geschichten über Turin.
- *Volker Reinhardt*, **„Geschichte Italiens. Von der Spätantike bis zur Gegenwart"**, München 2006.
- *Alice Vollenweider* (Hrsg.), **„Italienische Reise"**, Wagenbach Verlag. Literarischer Reiseführer durch das heutige Italien mit Erzählungen und Gedichten über Landschaften und Orte, Un- und Lebensarten italienischer Autoren wie *Gadda, Bassani, Moravia, Eco, Ginzburg, Calvino, Fellini, Sciascia* und *Tabucchi*.
- *Sergio Rizzo, Gian Antonio Stella*, **La Casta**, RCS libri 2008. Die Untersuchung der beiden Journalisten führte 2007 mit mehr als einer Million verkaufter Exemplare die Bestsellerlisten Italiens an und löste eine breitangelegte Diskussion über die politische Elite aus.

Küche und Wein

- *Burton Anderson*, **„Italiens Weine"**, Hallwag-Taschenführer. Über 2000 Weine und Produzenten.
- *Chiellino/Marchio/Rongoni*, **„Italien"**, Becksche Reihe Länder.
- *Reinhardt Hess, Sabine Sälzer*, **„Die echte italienische Küche"**. Typische Rezepte und kulinarische Impressionen aus allen Regionen Italiens. Nachkochen leichtgemacht.
- *Martina Meuth/Bernd Neuner-Duttenhofer*, **„Piemont und Aosta-Tal, Küche, Land und Leute"**. Hervorragend illustrierter Bildband zur piemontesischen Küche mit einer anspruchsvollen Rezeptsammlung.
- *Alice Vollenweider*, **„Italiens Provinzen und ihre Küche, eine Reise und 88 Rezepte"**, Wagenbach Verlag. Kulinarischer Reiseführer durch Italiens Provinzen mit den jeweils typischsten Gerichten. Alle Rezepte eignen sich hervorragend zum Nachkochen.
- **„Vini d'Italia 2011"**. Von *Gambero Rosso* und Slow-Food herausgegebener, umfassender Weinführer mit über 2000 Produzenten.
- **„Der kleine Johnson für Weinkenner"**. Ein Hallwag-Taschenführer mit Informationen zu 12.000 Weinen, Produzenten, Jahrgängen und Trinkreife.

Glossar

- **Ädikula** (lat. *aedicula*, „Tempelchen"): ursprünglich Wandnische für Statuen, später Bezeichnung für die Umrahmung von Fenstern, Nischen und Portalen mit Säulen und Pilastern.
- **Allegorie** (griech. *allegorein*, „anders sagen"): Bildliche Darstellung eines abstrakten Begriffs, oft in Form einer Personifikation.
- **Apsis** (griech. „Bogen") halbkreisförmiger oder polygonaler Raumabschluss und Teil des Chores, meist an der Ostseite der Kirche.
- **Aquädukt:** Wasserleitung in Gestalt einer zumeist mehrgeschossigen Bogenbrücke, auf der eine Wasserleitung verläuft. Aquädukte gehören zu den hervorragendsten Bauwerken der Römer und werden zum Teil heute noch genutzt. Beispiele: Pont du Gard, Nimes, 1. Jh. und Segovia, 1. Jh.
- **Atlant:** kräftige männliche Gestalt, die an Stelle einer tektonischen Stütze das Gebälk auf dem Haupt oder den emporgehobenen Armen trägt, von Atlas dem mythischen Himmelsträger, abgeleitet.
- **Basilika** (griech. „Königshalle"): Kirchenraum, der nach antikem und frühchristlichem Vorbild mit Säulen und Pfeilern in drei oder mehrere Schiffe unterteilt ist.
- **Bastion:** vorspringendes Bollwerk einer Festungs- und Verteidigungsanlage.
- **Campanile** (ital. *campana*, „Glocke"): meist frei stehender Glockenturm ital. Kirchen.

- **Cardo** (lat. „Scheidlinie"): Nord-Süd-Achse des römischen Castrums und der römischen Stadtanlagen, die quer zum Decumanus verläuft.
- **Casa forte:** befestigtes Wohnhaus im Mittelalter.
- **Chor:** Ursprünglich war der Chor ein für den Chorgesang der Geistlichen bestimmter Platz in einer Kirche. Später wurde damit das Quadrat bezeichnet, das beim Überkreuzen von Mittelschiff und Querschiff entstand. An dieses Chorquadrat schloss sich im Osten das Chorhaupt, auch Apsis genannt, an. Gewöhnlich wird der gesamte östliche Teil der Kirche samt Apsis als Chor bezeichnet.
- **Corps de logis** (frz.): mittlerer Hauptbau eines Barockschlosses.
- **Decumanus** (lat.: „Zur Zehnten gehörig"): Ost-West-Achse eines römischen Castrums oder einer Stadt, die quer zum Cardo verläuft
- **Dom** (von lat. *domus Dei,* „Haus Gottes"): Bischofskirche, gleichbedeutend mit Kathedrale und Münster. Häufig wird die Hauptkirche einer Stadt, in der es keine Bischofskirche gibt, auch Dom genannt.
- **Donjon** (lat. *dominatio,* „Herrschaft"): mächtiger Wohnturm der mittelalterlichen Burg, (hauptsächlich in Frankreich) von Mauern umgebener, mittelalterlicher viereckiger Wehrturm.
- **Geschlechterturm:** mittelalterlicher Wohnturm in einer befestigten Stadt.
- **Groteske:** Ornamentmotiv aus dünnem Rankenwerk, in das Darstellungen von Menschen, Tieren, Blumen und Früchten eingebunden sind.
- **Ikonografie** (griech. „Bildbeschreibung"): In der Kunstwissenschaft die Lehre vom Inhalt und Sinn bildlicher Darstellungen, insbesondere der christlichen Kunst.
- **Investiturstreit:** Bezeichnung für den zwischen Papsttum und Königtum seit 1075 geführten Streit um die Einsetzung (Investitur) von Bischöfen und Äbten, der zum grundsätzlichen Konflikt zwischen geistlicher und weltlicher Gewalt wurde. Vor dem Investiturstreit wurden die Bischöfe und Äbte von Landesherren eingesetzt.
- **Kapitell** (lat. „Köpfchen"): geometrisch oder figürlich geschmücktes steinernes Kopfstück von Säulen oder Pfeilern.
- **Kragstein:** ein vorspringender, während des Baues eingelassener Stein für Gebälk, Bogen, Gesims, Gewölbe usw.
- **Krypta:** unterirdischer Kultraum mit Grab- und Reliquienkapellen unter dem Chor und dem Altar.
- **Langhaus** (auch Längsschiff genannt): der langgestreckte Gebäudeteil einer Kirche zwischen Fassade und Chor.
- **Laterne:** runder oder polygonaler Zierturm auf einer Kuppel.
- **Loggia:** gewölbte, offene Bogenhalle
- **Lünette:** (franz. „kleiner Mond"): halbkreisförmiges Feld über Türen, Fenstern oder Gebälk.
- **Manierismus:** Stilrichtung zwischen Renaissance und Barock, etwa zwischen 1530 und 1600.
- **Maßwerk:** steinernes Bauornament zur Gliederung großer gotischer Fenster mit geometrischen und dekorativen Mustern.
- **Mezzogiorno** (ital. „Mittag, Süden"): Süditalien ab Rom.
- **Mulattiera:** teilweise gepflasterter Maultierpfad.
- **Nymphäum:** ein ursprünglich mit Quellen verbundenes Nymphenheiligtum, in der Kaiserzeit sehr üppig mit Nischen, Säulenfassaden und Wasseranlagen ausgestattet, an der Mündung von Wasserleitungen in die Stadt.
- **Oktogon:** Zentralbau auf achteckigem Grundriss.
- **Oratorium** (lat. „Bethaus"): im frühen Mittelalter Bezeichnung für ein kleines Gotteshaus, später für einen nicht öffentlichen oder halböffentlichen Betraum.
- **Palas:** Wohnbau einer mittelalterlichen Burg.
- **Pass:** gleichbedeutend mit Zirkel, zusammengesetzte Waßwerkfigur; man unterscheidet nach der Anzahl der im Winkel gleichen, durch Nasen getrennten Kreisteile in Dreipass, Vierpass, Fünfpass, Sechspass und Vielpass.
- **Pfeiler:** bogentragende Mauerstütze mit rechteckigem, quadratischem oder rundem Grundriss.
- **Piano nobile:** in Frankreich Beletage („schönes Geschoss"), bezeichnet seit der Barockzeit meist das erste Geschoss, in dem sich die Repräsentationsräume befinden.

- **Pieve:** (lat. *plebs*, „Volk"): romanische Pfarrkirche auf dem Land, dem Bischof unterstellt.
- **Polyptychon:** mehrteiliges Tafelbild (Diptychon: zwei Tafeln, Triptychon: drei Tafeln).
- **Portikus** (lat. „Halle"): Vorhalle an der Fassade von Tempeln, Kirchen und Palästen, die meist von Säulen getragen werden.
- **Prätorianer:** persönliche Schutzgarde römischer Feldherren und Kaiser.
- **Ricetto:** im Mittelalter regelmäßig angelegte Magazinstraßen, zum Schutz vor Plünderungen mit Mauern und Türmen befestigt.
- **Risorgimento:** italienische Einigungsbewegung von ungefähr 1815 bis 1870.
- **Sagra:** regionale Volksfeste im Sommer, meist unter einem kulinarischen Motto.
- **Spolien:** archäologischer Begriff für Werkstücke, die ursprünglich für andere Kunstwerke geschaffen und wiederverwendet wurden.
- **Stiftskirche:** Kirche eines ursprünglich zu geistlichen Zwecken bestimmten Stiftes. Die Mitglieder bilden das Stiftskapitel. Klosterkirchen werden ab und zu auch als Stiftskirche bezeichnet.
- **Terrakotta:** (ital. „gebrannte Erde"): Baukeramik und Plastik aus gebranntem Ton.
- **Tympanon:** Bogenfeld mit plastischem Schmuck über dem Portal.
- **Vierung:** Raumquadrat, das durch Überkreuzung von Lang- und Querhaus entsteht.
- **Weicher Stil:** vorherrschende Stilstufe in der spätgotischen Bildhauerei und Malerei von etwa 1390 bis um 1430. Zu den typischen Merkmalen gehört die Vorliebe für stoffreiche Gewänder mit rhythmisch bewegtem, fließenden Faltenwurf und der Sinn für das Anmutige, Liebliche und Zarte.
- **Widerlager:** festes Mauerwerk, das dem Seitenschub von Gewölben oder Stützmauern entgegenwirkt.
- **Wimperg:** gotischer Ziergiebel über Portalen und Fenstern. Er verstärkt die vertikale Stoßkraft des Spitzbogens über dem er sich erhebt.
- **Zentralbau:** Baukörper, dessen sämtliche Hauptachsen gleich lang sind.
- **Zwerggalerie:** eine der Mauer vorgelagerte Arkadenreihe mit dahinter liegendem Laufgang, oft unter dem Dachgesims von Kirchen, Zierform des romanischen Stils ohne konstruktive Eigenschaften.

Kleine Sprachhilfe

Die im Reise Know-How Verlag erschienenen Kauderwelsch-Bände **„Italienisch"**, **„Italienisch kulinarisch"** und **„Italienisch Slang"** vermitteln Sprachkenntnisse, zugeschnitten auf typische Reisesituationen. Begleitendes Tonmaterial ist erhältlich, ebenso eine Kombination von Buch und Audiomaterial auf CD-Rom für den heimischen PC, Kauderwelsch digital.

Wichtige Wörter/Ausdrücke

Auf Wiedersehen	arrivederci
Bitte	prego/per favore
Danke	grazie
Entschuldigen Sie	scusa/scusi
Entschuldigung, kann ich mal durch	permesso ...
Frau	Signora
Geld	i soldi
groß/klein	grande/piccolo
Guten Abend	buona sera
Guten Morgen/Tag	buon giorno
Gute Nacht	buona notte
Hallo/Tschüss	Ciao
Herr	Signore
heute	oggi
ja/nein	si/no
mit/ohne	con/senza
morgen	domani
offen/geschlossen	aperto/chiuso
Rechnung	il conto
Sprechen Sie Deutsch?	Lei parla tedesco?
Toilette	il gabinetto/il bagno
verboten	vietato/proibito
Wann?	quando?
Warum?	perché?
Wie bitte?	prego, come?
Wie geht's?	come va?
Wie lange?	per quanto tempo?
Wieviel kostet ...?	quanto costa ...?
Wo ist?	dov'è?
zahlen	pagare
Es ist heiß	fa caldo
Es ist kalt	fa freddo

Gibt es/haben Sie	c'e ...?
Ich brauche	ho bisogno
Ich hätte gern	vorrei
Ich heiße	mi chiamo
Ich spreche kein Italienisch	non parlo italiano
Ich suche nach ...	cerco ...
Ich verstehe nichts	non capisco niente
Macht nichts	fa niente
Sprechen Sie Deutsch/ Englisch?	parla tedesco/ inglese?
Tut mir leid	mi dispiace
Von wo kommst du?	di dove sei?
Warten Sie!	aspetti!
Was bedeutet das?	che cosa significa?
Was ist das?	che cos'è?
Wie alt bist du?	quanti anni hai?
Wie geht es Ihnen/dir?	come sta/stai?
Wie heißt das?	come si chiamo?
Wo ist die nächste Haltestelle?	dov'è la prossima fermata?

Bank, Post, Telefon

Wo ist eine Bank?	dov'è una banca?
Brief	lettera
Briefkasten	buca delle lettere
Briefmarke	francobollo
Briefpapier	carta di lettera
Briefumschlag	busta
Post	posta/ufficio postale
Postkarte	cartolina postale
Telefon	telefono
Telefonkarte	carta telefonica

Einkaufen

Apotheke	farmacia
Bäckerei	panificio
Buchhandlung	libreria
Drogerie	drogheria
einheimisch	nostrano/nostrale
Fischhandlung	pescheria
Fabrikverkauf	spaccio
Geschäft	negozio
Gramm	grammo
100 Gramm	un etto
Metzgerei/Fleisch	macelleria
Metzgerei/Wurstwaren	salumeria
Pflaster	cerotto
Reinigung	lavanderia
Schreibwarengeschäft	cartoleria
Seife	sapone
Shampoo	shampoo
Sonnenmilch	crema solare
Supermarkt	supermercato
Tampons	tamponi
Toilettenpapier	carta igienica
Waschmittel	detergente
Zahnpasta	pasta dentifricia/
Zahnbürste	spazzolino da denti
Zeitungskiosk	edicola
Viertelliter	un quarto litro
halber Liter	mezzo litro
Kilo/zwei Kilo	un chilo/due chili
Kann ich es anprobieren	posso provarlo?
Geben Sie mir bitte ein Kilo von ...	per favore mi dia un chilo di...
Danke, das ist alles	Grazie, è tutto

Gesundheit

Apotheke	farmacia
Arzt	medico
Bauchschmerzen	mal di stomaco
Durchfall	diarrea
Erkältung	raffreddore
Erste Hilfe	pronto soccorso
Fieber	febbre
Halsschmerzen	mal di collo
Hilfe!	aiuto!
Kopfschmerzen	mal di testa
Krankenhaus	ospedale
Schmerzen	dolori
Stich	puntura
verstaucht	lussato
Zahnarzt	dentista
Zahnschmerzen	mal di denti
Ich bin krank	sto malato
Ich brauche einen Arzt	ho bisogno di un medico

Im Restaurant

Abendessen	cena
Aschenbecher	portacenere
Beilage	contorno
Dessert	dolce
Erster Gang	primo piatto

Frühstück	prima colazione
Gabel	forchetta
Gedeck u. Service	coperto e pane
Kellner	cameriere
Löffel	cucchiaio
Messer	coltello
Mittagessen	pranzo
Trinkgeld	la mancia
Vorspeise	antipasto
Weinkarte	lista dei vini
zweiter Gang	secondo piatto
Zaben Sie einen Tisch für zwei Personen?	c'è una tavola per per due persone?
Die Speisekarte, bitte	la lista, per favore
Ich hätte gern einen Kaffee	vorrei un caffè
Es war sehr gut	era buonissima
Die Rechnung bitte	il conto, per favore

Getränke

Bier/vom Fass	una birra/alla spina
Cola	una coca
Ein Glas ...	un bicchiere di ...
Eine Flasche ...	una bottiglia di ...
Espresso	caffè
Kaffee, kalt	caffè freddo
Kaffee mit Schnaps	caffè corretto
Mineralwasser	acqua minerale
mit/ohne Kohlensäure	con/senza gas
Milch	latte
Milchkaffee	caffè latte
Milchshake	frappè
Saft	succo di ...
Sekt	prosecco
Tee mit Zitrone	un tè con limone

Wein

coltivatore/produttore	Anbauer/Erzeuger
consorzio	Erzeuger-zusammenschluss
degustazione	Weinprobe
dolce	süß
enoteca	Weinhandlung
ettolitro	Hektoliter
fattoria/tenuta	Weingut
fusto	Fass
gradazione alcoolica	Alkoholgehalt
imbottigliato da ...	abgefüllt von ...
profumo	Duft
riserva	Zusatzbezeichnung für DOC und DOCG: Weine mit vorgeschriebener Lagerzeit
rosso/bianco	rot/weiß
sapore	Geschmack
secco	trocken
semisecco	halbtrocken
uva	Traube
vendemmia	Weinlese/Jahrgang
vigna, vigneto	Weinberg
viticoltori	Winzer

Nahrungsmittel

aceto/olio	Essig/Öl
brodo	Brühe
burro	Butter
farina	Mehl
formaggio	Käse
gnocchi	Kartoffelklößchen
marmellata	Marmelade
minestrone	dicke Gemüsesuppe
pane/panini	Brot/Brötchen
pasta	Nudeln
prosciutto crudo	roher Schinken
prosciutto cotto	Kochschinken
salame	Salami
uovo	Ei
zucchero	Zucker
zuppa/minestra	Suppe

Fisch und Meeresfrüchte

acciughe/alice	Sardellen
aragosta	Languste
baccalà/stoccafisso	Stockfisch
calamari/seppie	Tintenfische
cozze	Miesmuscheln
gamberi	Garnelen
granchio	Krebs
merluzzo	Kabeljau
orata	Goldbrasse
ostriche	Austern
pesce spada	Schwertfisch
polpo	kleine Krake
razza	Rochen
salmone	Lachs
sgombro	Makrele
sogliola	Seezunge

tonno	Thunfisch
triglia	Barbe
trota	Forelle
vongole	Muscheln

Fleisch

agnello	Lamm
anatra	Ente
bistecca	Beafsteak
capretto/caprettino	Ziege/Zicklein
cervo	Hirsch
cinghiale	Wildschwein
coniglio	Kaninchen
fagiano	Fasan
fegato	Leber
lepre	Hase
lingua	Zunge
maiale	Schwein
manzo	Rind
pernice	Rebhuhn
pollo	Huhn
polpette	Hackklößchen
trippa	Kutteln
vitello	Kalb

Gemüse

asparago	Spargel
carciofi	Artischocken
carote	Karotten
cavolfiore	Blumenkohl
ceci	Kichererbsen
cetriolo	Gurke
cipolla	Zwiebel
fagiolini	grüne Bohnen
fagioli	Bohnen
funghi	Pilze
funghi porcini	Steinpilze
finocchio	Fenchel
insalata mista	gemischter Salat (meist grüner Salat mit Tomaten)
lenticchie	Linsen
melanzane	Auberginen
patate	Kartoffeln
piselli	Erbsen
polenta	Maisbrei
pomodori	Tomaten
riso	Reis
risotto	Reisgericht
sedano	Sellerie
spinaci	Spinat
tartufo	Trüffel
zucchini	Zucchini

Obst

albicocca	Aprikose
ananasso	Ananas
arancia	Orangen
banana	Banane
ciliege	Kirschen
dattero	Datteln
fichi	Feigen
fragole	Erdbeeren
lamponi	Himbeeren
limone	Zitrone
mandarino	Mandarine
mela	Apfel
pera	Birne
pesca	Pfirsich
pompelmo	Grapefruit
uve	Weintraube

Gewürze

aglio	Knoblauch
alloro	Lorbeer
basilico	Basilikum
capperi	Kapern
origano	Oregano
pepe	Pfeffer
prezzemolo	Petersilie
rosmarino	Rosmarin
sale	Salz
salvia	Salbei
senape	Senf
timo	Thymian

Nudeln

cannelloni	gefüllte Teigrollen
farfalle	Nudeln in Schleifenform
fettuccine	breite Nudeln
Lasagne	überbackene Nudeln
maccheroni	Makkaroni
penne	Nudeln in Röhrenform
tagliatelle	Bandnudeln
tortellini	runde, gefüllte Teigtaschen

tortelloni	große Tortellini
ravioli	rechteckige, gefüllte Teigtaschen
Spaghettini	dünne Spaghetti

Zubereitungsart

affumicato	geräuchert
ai ferri	gegrillt
al forno	überbacken
alla griglia	gegrillt
alla panna	mit Sahne
allo spiedo	am Spieß
arrosto	gebraten
bollito/cotto/lesso	gekocht
casalinga	hausgemacht
duro	hart
fresco	frisch
fritto	frittiert
grasso	fett
in umido	in Soße
morbido	weich
piccante	scharf
tenero	zart

Orientierung

Ampel	semaforo
Bahnhof	stazione
Bushaltestelle	fermata
Flughafen	aeroporto
Kreuzung	incrocio
links	a sinistra
oben/unten	superiore/inferiore
rechts	a destra
Wie kommt man nach ...?	Come si arriva a ...?
Wo finde ich ...	Dov'è trovo ...
Gibt es hier in der Nähe einen Parkplatz?	Scusi, c'è un parcheggio qui vicino?
immer geradeaus	sempre diritto
in Richtung ...	in direzione di ...
Ist es weit?	è lontano?
Es ist nah	è vicino

Rund ums Auto

Auto	macchina
bleifrei	senza piombo
Bremsen	freni
Diesel	diesel/Gasolio
Fahrzeugschein	libretto di circolazione
Führerschein	patente di guida
Kupplung	frizione
Lichtmaschine	dinamo
Mechaniker	meccanico
Motorrad	la moto
Panne	guasto
Parkhaus	autosilo
Reifen	gomme
Tankstelle	stazione di benzina
Super	benzina super
Unfall	un incidente
Vergaser	carburatore
Werkstatt	officina
Zündung	accensione
Volltanken, bitte	pieno, per favore
Wir hatten einen Unfall	Abbiamo avuto un incidente
... funktioniert nicht	... non funziona

Wandern

Abzweigung	bivio
Alm	malga
Bach	torrente
Berg	monte
Bergrettung	soccorso alpino
Bergrücken	costa
Biwak	bivacco
Brücke	ponte
Burg	castello
Ebene	piano
Fluß	fiume
Führer	uida
Gasthaus	albergo, locanda, trattoria
Gipfel, Spitze	cima
Haltestelle	fermata
Hilfe	aiuto
Höhle	caverna
hoch	alto, alta
Hügel	col, colle
Klamm	gola
Klettersteig	via ferrata
Pass	passo
Quelle	sorgente
Route	via
Saumpfad	mulattiera
Schutzhütte (bewacht)	rifugio custodito
See	lago

Seilbahn	funivia
Steinschlag	caduta sassi
Straße	strada
Tal	val, valle
Wald	bosco
Wasser	acqua
Wasserfall	cascata
Weg, Pfad	sentiero
Wiese	prato

Strandleben

Kies	ghiaia
Liegestuhl	sdraia
sauber	pulito
schmutzig	sporco
Sonnenbrille	occhiali da sole
Sonnencreme	crema solare
Sonnenschirm	ombrellone
Steine	pietre
tief	profondo

Unterkunft

Anzahlung	caparra
Bad	bagno
Betttuch	lenzuola
Bettwäsche	biancheria
Einzelzimmer	camera singola
Doppelzimmer/ mit Ehebett	camera doppia/ matrimoniale
Dusche	doccia
Frühstück	prima colazione
Handtücher	asciugamani
Halbpension	mezza pensione
Vollpension	pensione completa
Hochsaison	alta stagione
Nebensaison	bassa stagione
ruhiges Zimmer	camera tranquilla
Schatten	ombra
Schlafsack	sacco a pelo
Schlüssel	chiave
Zelt	tenda
Zimmervermietung	affittacamere
Ich suche ein Hotel	cerco un albergo
Zimmer zu vermieten	affittasi camere
Haben Sie noch ein Zimmer frei für eine Nacht/Woche	Ha ancora una camera libera per una notte/ settimana?
Ich habe ein Zimmer reserviert	Ho prenotato una camera
Kann ich mit Kreditkarte zahlen?	Posso pagare con la carta di credito?
Wir nehmen es	la prendiamo

Zahlen

0	zero
1	uno
2	due
3	tre
4	quattro
5	cinque
6	sei
7	sette
8	otto
9	nove
10	dieci
11	undici
12	dodici
13	tredici
14	quattordici
15	quindici
16	seidici
17	diciasette
18	diciotto
19	diciannove
20	venti
21, 22	ventuno, ventidue ...
30	trenta
40	quaranta
50	cinquanta
60	sessanta
70	settanta
80	ottanta
90	novanta
100	cento
101	centuno
102	cento e due
200	duecento
1000	mille
2000	duemila
100.000	centomila
1.000 000	un milione
der erste	il primo
der zweite	il secondo
der dritte	il terzo
einige	alcuni
einmal	una volta
ein Paar von ...	un paio di ...

ein Viertel von ...	un quarto di ...
halb	mezzo
zweimal	due volte

Zug/Fähre/Bus

Abfahrt von .../nach ...	partenza da .../per ...
Ankunft	arriva
Ausgang	uscita
Autobus	la corriera
Bahnhof	stazione
Einfache Fahrt	corsa semplice
Eingang	entrata
entwerten	convalidare
Fahrkarte	biglietto
Fähre	traghetto
Gepäckaufbewahrung	deposito bagagli
Gleis	binario
hin und zurück	andata e ritorno
Schiff	barca
Schiffslände	Imbarcadero
sonn- und feiertags	festivo
Stadtbus/Überlandbus	il bus/il pullman
Tunnel	galleria
Verspätung	ritardo
wochentags	feriale
Zug	il treno
Ich möchte eine Fahrkarte von A nach B	vorrei un biglietto da A a B
Wann fährt der nächste/letzte Zug nach ...?	quando parte il prossimo/l'ultimo treno a ...?

Zeit

Abend	sera
Morgen	mattina
Nachmittag	pomeriggio
Nacht	notte
gestern	ieri
heute	oggi
jetzt	adesso
morgen	domani
sofort	subito
später	più tardi
übermorgen	dopodomani
vorgestern	l'altro ieri
Januar	gennaio
Februar	febbraio
März	marzo
April	aprile
Mai	maggio
Juni	giugno
Juli	luglio
August	agosto
September	settembre
Oktober	ottobre
November	novembre
Dezember	dicembre
Montag	lunedi
Dienstag	martedi
Mittwoch	mercoledi
Donnerstag	giovedi
Freitag	venerdi
Samstag	sabato
Sonntag	domenica
Tag	giorno
Woche	settimana
Monat	mese
Jahr	anno
Frühling	primavera
Sommer	estate
Herbst	autunno
Winter	inverno

Aussprache

- c vor e und i immer „tsch" ausgesprochen (centro/tschentro = Zentrum), vor a, o und u immer „k" (caldo/kaldo = heiß)
- cc vor e und i wird ebenfalls wie „tsch" ausgeprochen, nur mit härterer Betonung (faccio/fatscho = ich mache), vor a, o und u immer „k" (toccare/tokare = anfassen)
- ch/cch immer „k" (chiuso/kiuso = geschlossen oder vecchio/wekio = alt)
- g/gi vor e und i „dsch" (gelato/dschelato = Eis und giorno/dschorno = Tag)
- g vor a, o und u immer „g" (gusto/gusto = Geschmack)
- gh immer „g" (ghiaccio/giatscho = Eis)
- gl wird zu einem „lj"-Laut zusammengezogen (aglio/aljo = Knoblauch)
- gn wie „nj" (gnocchi/njoki = Kartoffelnocken)
- h am Wortanfang nicht mitgesprochen (ho/o = ich habe)
- v wie „w" (vacanze/wacanse = Ferien)
- z immer wie ein weiches „ts" (zucchero/tsukkero = Zucker)

sound))trip®
in cooperation with
(((piranha)))
Musik im
REISE KNOW-HOW Verlag
REISE KNOW-HOW
East Africa
Northern Africa
South Africa
The Andes
Argentina
Australia
The Balkans
Baltic States
Barbados
Oriental Belly Dance
Northeast Brazil
Canada
Chile
China
Colombia
Cuba
Finland
Iceland
India
Ireland
Israel
Japan
Mexico
New Zealand
Norway
Russia, St. Petersburg
Scotland
Switzerland
Turkey
Uruguay
Die Compilations der CD-Reihe sound))trip stellen aktuelle, typische Musik eines Landes oder einer Region vor.
Im Buchhandel erhältlich | Unverbindl. Preisempf.: EURO 15,90 [D]
Kostenlose Hörprobe im Internet.
www.reise-know-how.de

HILFE!

Dieser Reiseführer ist gespickt mit unzähligen Adressen, Preisen, Tipps und Infos. Nur vor Ort kann überprüft werden, was noch stimmt, was sich verändert hat, ob Preise gestiegen oder gefallen sind, ob ein Hotel, ein Restaurant immer noch empfehlenswert ist oder nicht mehr, ob ein Ziel noch oder jetzt erreichbar ist, ob es eine lohnende Alternative gibt usw.

Unsere Autoren sind zwar stetig unterwegs und versuchen, alle zwei Jahre eine komplette Aktualisierung zu erstellen, aber auf die Mithilfe von Reisenden können sie nicht verzichten.

Darum: Schreiben Sie uns, was sich geändert hat, was besser sein könnte, was gestrichen bzw. ergänzt werden soll. Nur so bleibt dieses Buch immer aktuell und zuverlässig. Wenn sich die Infos direkt auf das Buch beziehen, würde die Seitenangabe uns die Arbeit sehr erleichtern. Gut verwertbare Informationen belohnt der Verlag mit einem Sprechführer Ihrer Wahl aus der über 220 Bände umfassenden Reihe „Kauderwelsch". Bitte schreiben Sie an:

Reise Know-How Verlag Peter Rump GmbH, Postfach 140666, D-33626 Bielefeld, oder per e-mail an: info@reise-know-how.de

Danke!

Anhang

Register

A

B

C

D

E

F

G

H

I, J

K

L

O

P, Q

R

S

T

U

V

Kartenverzeichnis

Stadtpläne:

Lageplan:

Atlas:

Die Autorin

001api Foto: ak

Sibylle Geier, Jahrgang 1962, studierte in Freiburg Romanistik, Geschichte und Kunstgeschichte. Einen Teil ihres Studiums verbrachte sie in Mailand, wo sie ihre Vorliebe für Land und Leute entdeckte. Seit mehr als 20 Jahren bereist sie – beruflich und zum Vergnügen – die verschiedenen Regionen Italiens. Im Reise Know-How Verlag ist außer dem vorliegenden Reiseführer der Band „Ligurien" erschienen.

Fotonachweis

eg	Elisabeth Gerster
ak	Annette Krimmer
gm	Castello Masino/Giorgio Majno
rm	Rolf Müller
ms	Martin Schneider
ko	Klaus Oettle
dz	Daniela Zedda

Wir bedanken uns bei den Fotografen
für die freundliche Abdruckgenehmigung.

A1 S71 E78
Straßennummern
Road numbers
Numérotation des routes
Número de carretera

Autobahn / mit Anschlussstelle / gebührenpflichtig
Motorway / with junction / toll
Autoroute / avec échangeur / sections à péage
Autopista / con conexión / de peaje

Autobahn / im Bau / Tunnel
Motorway / under construction / Tunnel
Autoroute / en construction / Tunnel
Autopista / en construcción / Túnel

Schnellstraße / mit Anschlussstelle / Tunnel
Expressway / with junction/ Tunnel
Voie rapide / avec échangeur / Tunnel
Autovía / con conexión / Túnel

Schnellstraße im Bau / geplant
Expressway under construction / planned
Voie rapide en construction / en projet
Autovía en construcción / en proyecto

Fernstraße / Tunnel
Major route / Tunnel
Route grande circulation / Tunnel
Carretera nacional / Túnel

Fernstraße im Bau / geplant
Major route under construction / planned
Route grande circulation en construction / en projet
Carretera nacional en construcción / en proyecto

Hauptstraße / Tunnel
Main road / Tunnel
Route principale / Tunnel
Carretera principal / Túnel

Hauptstraße im Bau / geplant
Main road under construction / planned
Route principale en construction / en projet
Carretera principal en construcción / en proyecto

Nebenstraße / im Bau / geplant
Secondary road / under construction / planned
Route secondaire / en construction / en projet
Carretera secundaria / en construcción / en proyecto

Sonstige Straße / im Bau / geplant
Other road / under coonstruction / planned
Autre route / en construction / en projet
Otro tipo de vía / en construcción / en proyecto

Fahrweg / Fußweg
Track / Path
Piste / Sentier
Pista sin asfaltar / Senda

40 18
Entfernung in Kilometern
Distance in kilometres
Kilométrage
Distancia en kilómetros

Eisenbahn / Tunnel / geplant
Railway / Tunnel / planned
Voie ferrée / Tunnel / en projet
Vía férrea / Túnel / en proyecto

Seilbahn / Sessellift
Ropeway / ....
Téléphérique / ....
Funicular / ....

Fähre
Ferry
Transbordeur
Transbordador

Fluss / Wasserfall
River / Cascade
Rivière / Cascade
Río / Cascada

Staatsgrenze mit Übergang
International boundary with checkpoint
Frontière nationale avec passage douanier
Frontera internacional con paso fronterizo

Verwaltungsgrenze
Administrative boundary
Frontière administrative
Límite administrativo

Berg (Höhe in m)
Mountain (height in m)
Mont (altitude en mètres)
Montaña (altitud en metros)
M. Saláncia
2088

Höhenpunkt (Höhe in m)
Spot elevation (height in m)
Sommet (altitude en mètres)
Cima (altitud en metros)
•701

Pass (Höhe in m)
Pass (height in m)
Col (altitude en mètres)
Puerto de montaña (altitud en metros)
235

Nationalpark / Naturpark
National park / Nature reserve
Parc national / Parc naturel
Parque nacional / Reserva natural

Internatl. Flughafen / Flughafen / Flugplatz
Intl. airport / Airport / Airfield
Aéroport int. / Aéroport / Aérodrome
Aeropuerto int. / Aeropuerto / Aeródromo

Hafen / Ankerplatz / Jachthafen
Harbour / Anchorage / Yachting harbour
Port / Mouillage / Port de plaisance
Puerto / Fondeadero / Puerto deportivo

Leuchtturm / Turm, sehenswert
Lighthouse / Tower of interest
Phare / Tour exceptionelle
Faro / Torre de interés turístico

Strand / Thermalbad
Beach / Spa
Plage / Station thermale
Playa / Baño termal

Botanischer Garten / Golfplatz
Botanical garden / Golf course
Jardin botanique / Golf
Jardín botánico / Campo de golf

Aussichtspunkt
Viewpoint
Poind de vue
Mirador

Landschaftlich schöne Strecke
Scenic route
Itinéraire aux paysages pittoresques
Ruta panorámica

Festung / Höhle
Fortress / Cave
Forteresse / Grotte
Fortaleza / Cueva

Kirche / Kapelle, sehenswert
Church / Chapel of interest
Église / Chapelle exceptionelle
Iglesia / Capilla de interés turístico

Kloster / Fort, sehenswert
Monastery / Fort of interest
Cloître / Fort exceptionelle
Monasterio / Fuerte de interés turístico

Burg, Schloss / Ruine, sehenswert
Castle / Ruin of interest
Château / Ruine exceptionnel
Castillo / Ruina de interés turístico

Archäologischer Fundort / Denkmal
Archeological site / Monument
Vestige archéologique / Monument
Yacimiento arqueológico / Monumento

Feriendorf / Campingplatz
Holiday camp / Campsite
Camp de vacance / Camping
Complejo vacacional / Cámping

Villa, Palast, sehenswert
Villa, palace of interest
Villa, palais exceptionnels
Villa, palacio de interés turístico

Sehenswürdigkeit / Berghütte
Point of interest / Mountain hut
Curiosité / Refuge
Lugar de interés turístico / Refugio de montaña

> 3000 m
2000 - 3000 m
1500 - 2000 m
1000 - 1500 m
700 - 1000 m
500 - 700 m
200 - 500 m
100 - 200 m
0 - 100 m
0 - 10 m
10 - 50 m
50 - 100 m
100 - 200 m
200 - 500 m
500 - 1000 m
> 1000 m

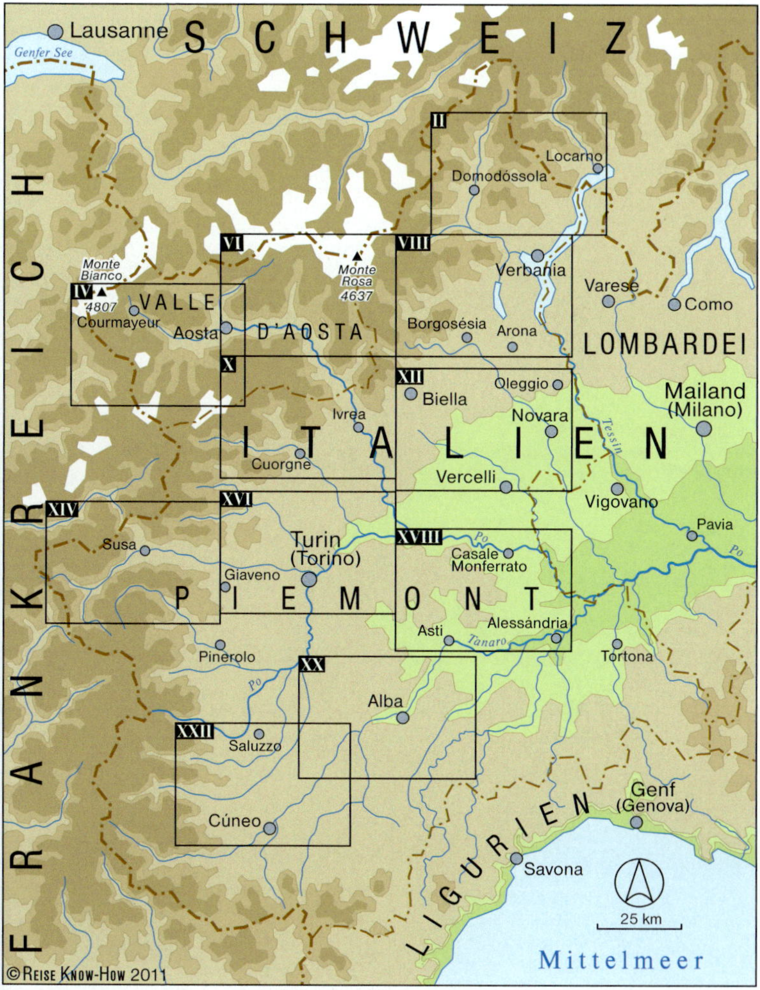

Atlas: Maßstab 1:250.000

0 km 2,5 5 7,5 10 12,5 15 17,5 20 km

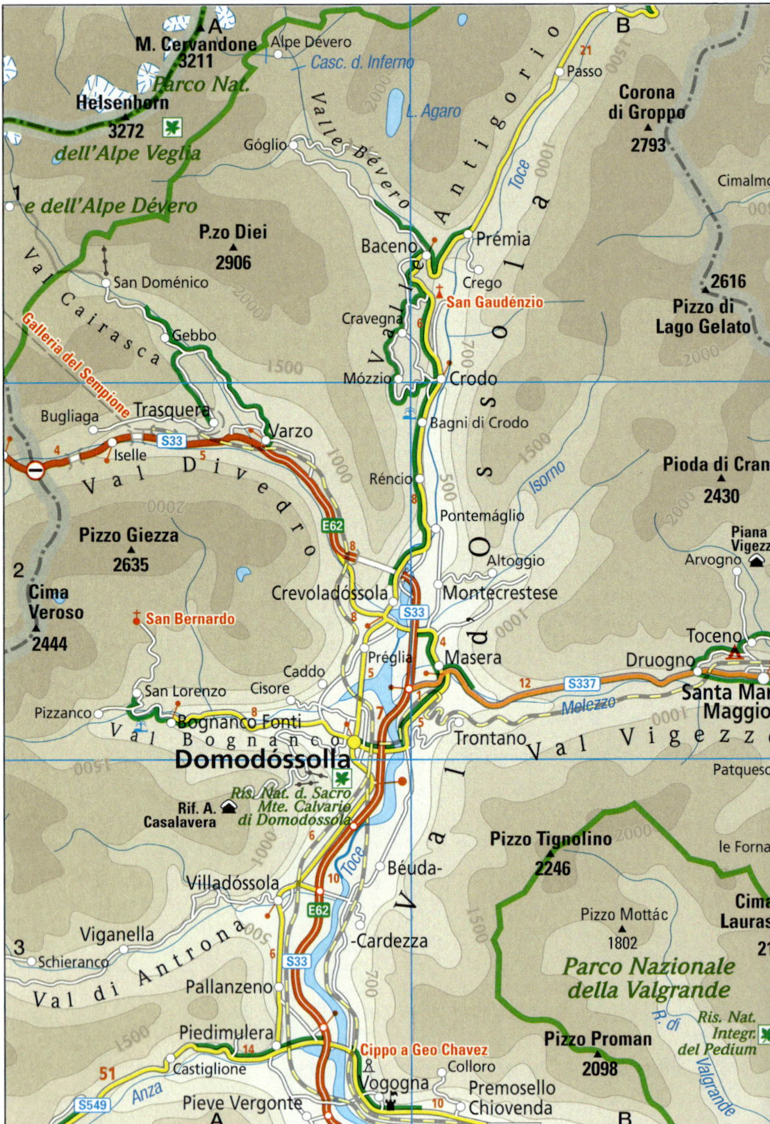
M. Cervandone
3211
Alpe Dévero
Casc. d. Inferno
Helsenhorn
3272
Parco Nat. dell'Alpe Veglia e dell'Alpe Dévero
L. Agaro
Valle Bévero
Góglio
Valle Antigorio
Passo
Corona di Groppo
2793
Cimalmo
P.zo Diei
2906
Baceno
Prémia
Crego
San Gaudénzio
San Doménico
Val Cairasca
Galleria del Sempione
Gebbo
Cravegna
Mózzio
Crodo
2616
Pizzo di Lago Gelato
Bugliaga
Trasquera
Varzo
Bagni di Crodo
Iselle
S33
Val Divedro
Réncio
Isorno
Pioda di Crana
2430
Pontemáglio
Pizzo Giezza
2635
E62
Altoggio
Piana Vigezzo
Arvogno
Cima Veroso
2444
Crevoladóssola
Montecrestese
San Bernardo
Val d'Ossola
Toceno
Préglia
Masera
Druogno
Caddo
S337
Santa Maria Maggiore
San Lorenzo
Cisore
Melezzo
Pizzanco
Bognanco Fonti
Trontano
Val Bognanco
Val Vigezzo
Domodóssolla
Patquesco
Ris. Nat. d. Sacro Mte. Calvario di Domodossola
Rif. A. Casalavera
Pizzo Tignolino
2246
le Forna
Toce
Béuda-
Villadóssola
Pizzo Mottác
1802
Cima Laurasca
Viganella
-Cardezza
Schieranco
Val di Antrona
Parco Nazionale della Valgrande
Pallanzeno
Ris. Nat. Integr. del Pedium
Piedimulera
Pizzo Proman
2098
R. di Valgrande
Cippo a Geo Chavez
Castiglione
Colloro
Vogogna
Premosello
Anza
S549
Pieve Vergonte
Chiovenda
⇩ VIII

⇩ IX
⇩ Oggébbio

Atlas

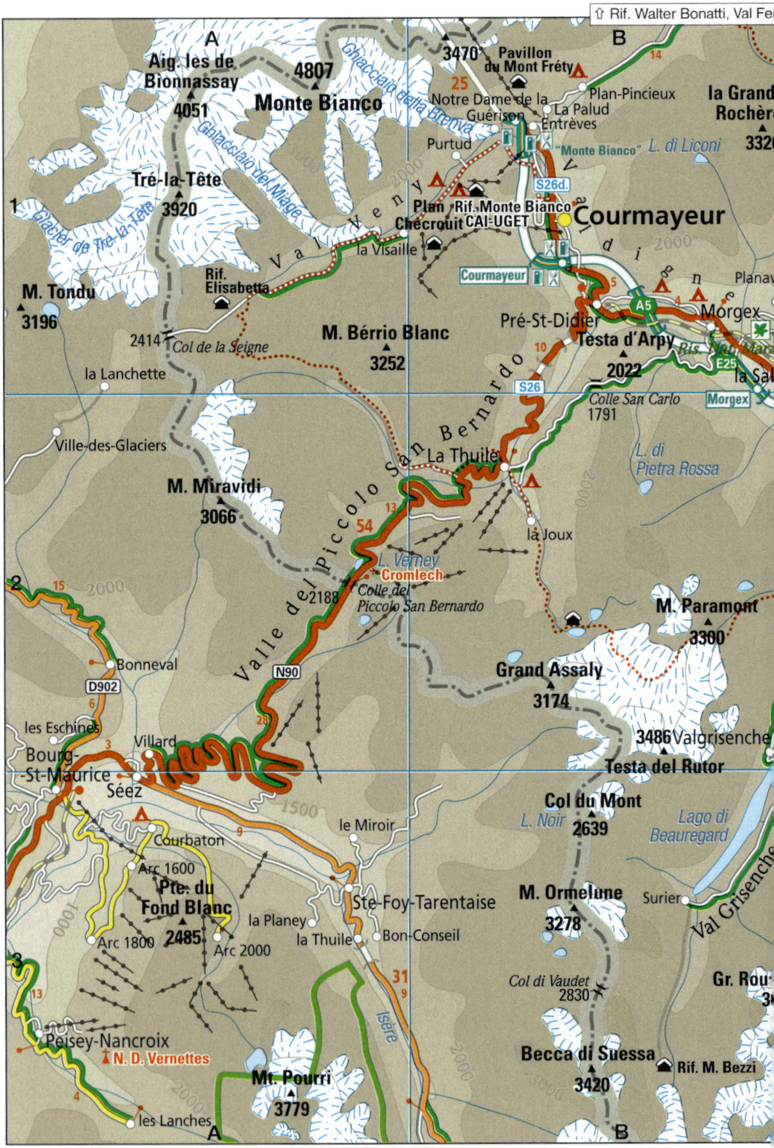

Rif. Walter Bonatti, Val Fe
A
B
Aig. les de Bionnassay
4051
4807
Monte Bianco
Ghiacciaio della Brenva
Ghiacciaio del Miage
3470
Pavillon du Mont Fréty
Notre Dame de la Guérison
Plan-Pincieux
La Palud
Entrèves
la Grand Rochère
3326
Purtud
"Monte Bianco"
L. di Liconi
S26d.
Tré-la-Tête
3920
Glacier de Tré-la-Tête
Plan Chécrouit
Rif. Monte Bianco CAI-UGET
Courmayeur
Val Veny
Val di Bargne
la Visaille
Rif. Elisabetta
M. Tondu
3196
Courmayeur
A5
Planav
Morgex
Pré-St-Didier
2414
Col de la Seigne
M. Bérrio Blanc
3252
Testa d'Arpy
2022
E25
la Sal
la Lanchette
S26
Colle San Carlo
1791
Morgex
Ville-des-Glaciers
La Thuile
L. di Pietra Rossa
M. Miravidi
3066
Valle del Piccolo San Bernardo
la Joux
54
L. Verney
Cromlech
2188
Colle del Piccolo San Bernardo
M. Paramont
3300
Bonneval
D902
N90
Grand Assaly
3174
les Eschines
Villard
3486
Valgrisenche
Bourg-St-Maurice
Séez
Testa del Rutor
Col du Mont
L. Noir
2639
Lago di Beauregard
le Miroir
Courbaton
Arc 1600
Pte. du Fond Blanc
2485
Ste-Foy-Tarentaise
M. Ormelune
3278
Surier
Val Grisenche
la Planey
la Thuile
Bon-Conseil
Arc 1800
Arc 2000
Col di Vaudet
2830
Gr. Rou
Isère
Peisey-Nancroix
N. D. Vernettes
Mt. Pourri
3779
Becca di Suessa
3420
Rif. M. Bezzi
les Lanches

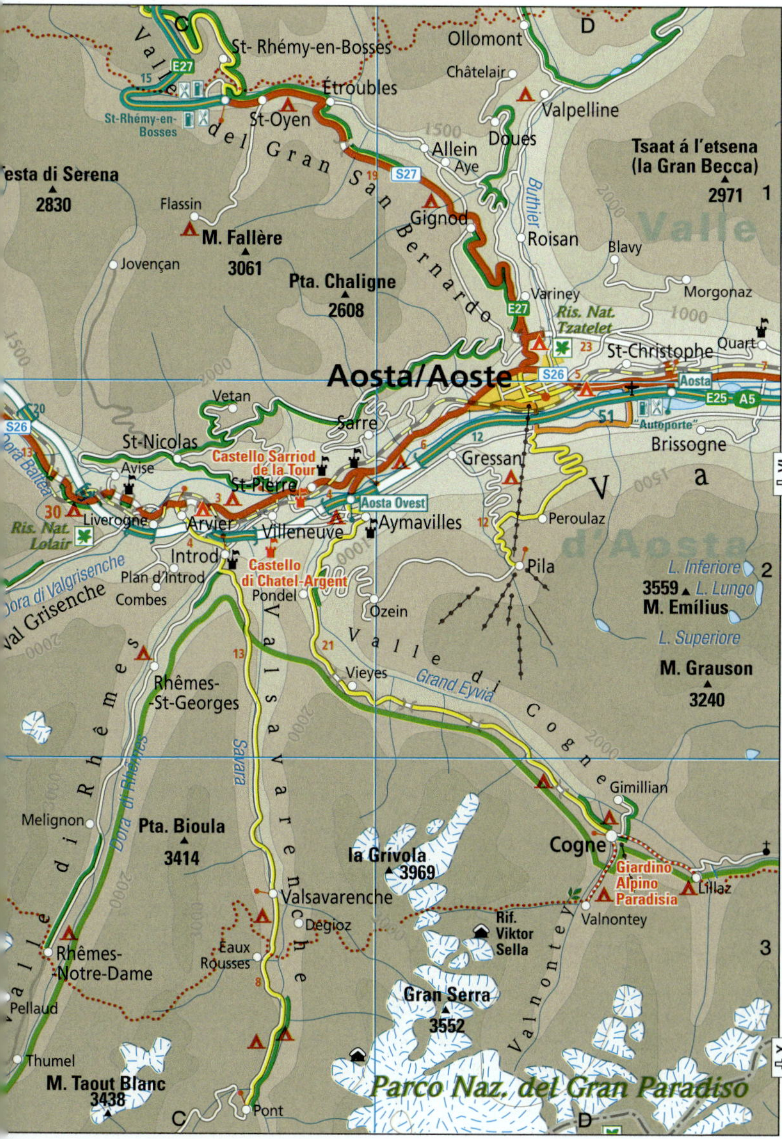
C
D
St- Rhémy-en-Bosses
Ollomont
Châtelair
Étroubles
St-Oyen
St-Rhémy-en-Bosses
Valpelline
Doues
Allein
Aye
Valle del Gran San Bernardo
Tsaat á l'etsena (la Gran Becca)
2971
Testa di Serena
2830
Flassin
Gignod
Butthier
Roisan
Blavy
M. Fallère
3061
Jovençan
Pta. Chaligne
2608
Varine y
Morgonaz
Ris. Nat. Tzatelet
St-Christophe
Quart
Aosta/Aoste
Aosta
Autoporte
Brissogne
Vetan
Sarre
St-Nicolas
Castello Sarriod de la Tour
Gressan
Avise
St-Pierre
Aosta Ovest
Aymavilles
Peroulaz
Valle d'Aosta
Liverogne
Arvier
Villeneuve
Ris. Nat. Lolair
Introd
Castello di Chatel-Argent
Pila
L. Inferiore
L. Lungo
3559
M. Emílius
L. Superiore
Plan d'Introd
Dora di Valgrisenche
Val Grisenche
Combes
Pondel
Ozein
Valle di Cogne
Vieyes
Grand Eyvia
M. Grauson
3240
Rhêmes-St-Georges
Valle di Rhêmes
Dora di Rhêmes
Valsavarenche
Savara
Gimillian
Melignon
Pta. Bioula
3414
la Grivola
3969
Cogne
Giardino Alpino Paradisia
Lillaz
Valsavarenche
Dégioz
Rif. Viktor Sella
Valnontey
Rhêmes-Notre-Dame
Eaux Rousses
Pellaud
Gran Serra
3552
Thumel
M. Taout Blanc
3438
Parco Naz. del Gran Paradiso
Pont
VI
X
1
2
3

Atlas

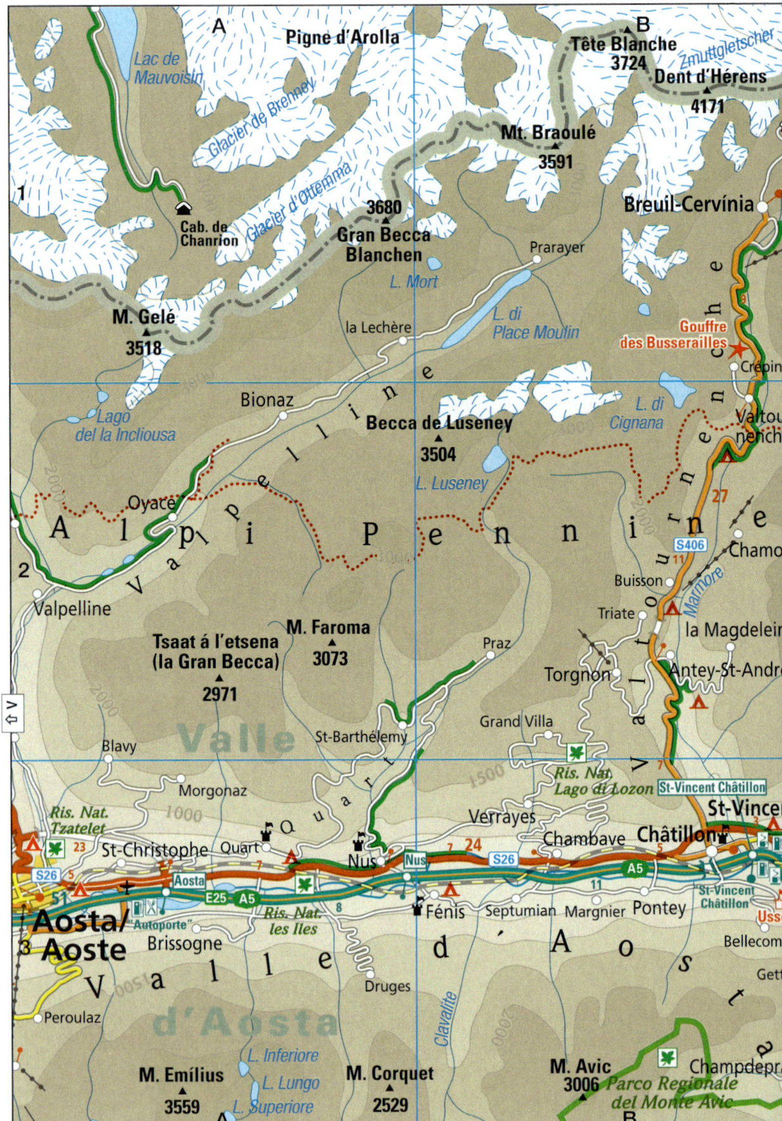
Pigne d'Arolla
Lac de Mauvoisin
Glacier de Brenney
Glacier d'Otemma
Cab. de Chanrion
3680
Gran Becca Blanchen
Tête Blanche
3724
Zmuttgletscher
Dent d'Hérens
4171
Mt. Braoulé
3591
Breuil-Cervínia
Prarayer
L. Mort
M. Gelé
3518
la Lechère
L. di Place Moulin
Gouffre des Busserailles
Crépin
Bionaz
Becca de Luseney
3504
L. di Cignana
Valtournenche
Lago del la Incliousa
L. Luseney
Oyace
Alpi Pennine
Valpelline
S406
Chamois
Buisson
Triate
Marmore
la Magdelein
Tsaat á l'etsena (la Gran Becca)
2971
M. Faroma
3073
Praz
Torgnon
Antey-St-André
Grand Villa
St-Barthélemy
Blavy
Valle
Quart
Ris. Nat. Lago di Lozon
St-Vincent Châtillon
Morgonaz
Verrayes
St-Vincent
Ris. Nat. Tzatelet
Chambave
Châtillon
St-Christophe
Nus
S26
A5
Aosta
E25
Fénis
Septumian
Margnier
Pontey
"St-Vincent Châtillon"
Aosta/ Aoste
"Autoporte"
Brissogne
Ris. Nat. les Iles
Usse
Bellecom
Valle d'Aosta
Druges
Gett
Peroulaz
d'Aosta
Clavalite
L. Inferiore
L. Lungo
L. Superiore
M. Emílius
3559
M. Corquet
2529
M. Avic
3006
Parco Regionale del Monte Avic
Champdepra

⇧ V
⇩ X

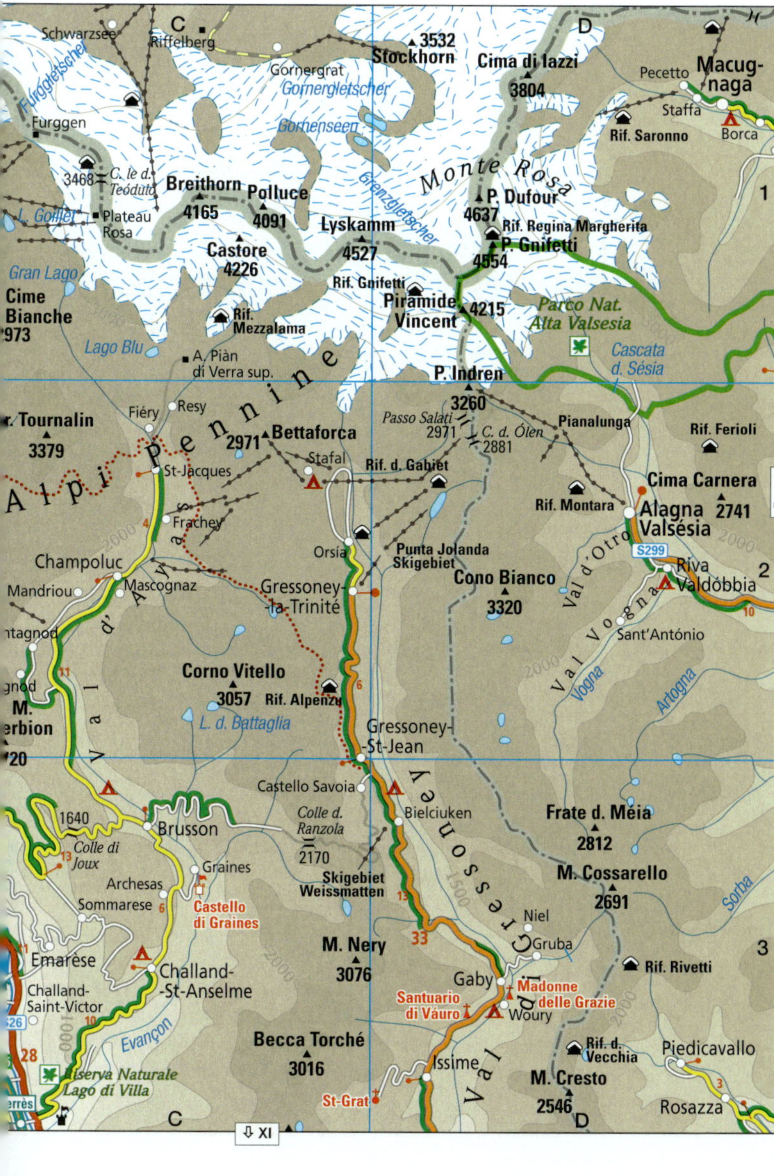
Schwarzsee
Riffelberg
Gornergrat
Gornergletscher
Gornensee
Furggletscher
Furggen
Stockhorn 3532
Cima di Iazzi 3804
Pecetto
Macugnaga
Staffa
Rif. Saronno
Borca
Monte Rosa
Grenzgletscher
C. le d. Teódulo 3468
Breithorn 4165
Polluce 4091
Lyskamm 4527
P. Dufour 4637
Rif. Regina Margherita
P. Gnifetti 4554
Plateau Rosa
L. Goillet
Castore 4226
Gran Lago
Rif. Gnifetti
Cime Bianche
Piramide Vincent 4215
Parco Nat. Alta Valsesia
Rif. Mezzalama
Lago Blu
A. Piàn di Verra sup.
Cascata d. Sésia
P. Indren 3260
Resy
Fiéry
Alpi Pennine
Passo Salati 2971
C. d. Ólen 2881
Pianalunga
Rif. Ferioli
Tournalin 3379
Bettaforca 2971
Stafal
Rif. d. Gabiet
St-Jacques
Cima Carnera 2741
Rif. Montara
Alagna Valsésia
Frachey
Orsía
Punta Jolanda Skigebiet
Val d'Otro
S299
Champoluc
Cono Bianco 3320
Riva Valdóbbia
Mandriou
Mascognaz
Gressoney-la-Trinité
Val Vogna
Val d'Ayas
Sant'António
Vogna
Artogna
Corno Vitello 3057
Rif. Alpenzu
L. d. Battaglia
Gressoney-St-Jean
Castello Savoia
Frate d. Méia 2812
Colle d. Ranzola 2170
Bielciuken
Brusson
Colle di Joux
Graines
Archesas
Skigebiet Weissmatten
M. Cossarello 2691
Sommarese
Castello di Graines
Sorba
Niel
Valle di Gressoney
M. Nery 3076
Gruba
Emarèse
Rif. Rivetti
Challand-St-Anselme
Gaby
Challand-Saint-Victor
Santuario di Váuro
Madonne delle Grazie
Woury
Evançon
Becca Torché 3016
Rif. d. Vecchia
Piedicavallo
Riserva Naturale Lago di Villa
Issime
M. Cresto 2546
St-Grat
Rosazza
VIII
XI
Atlas

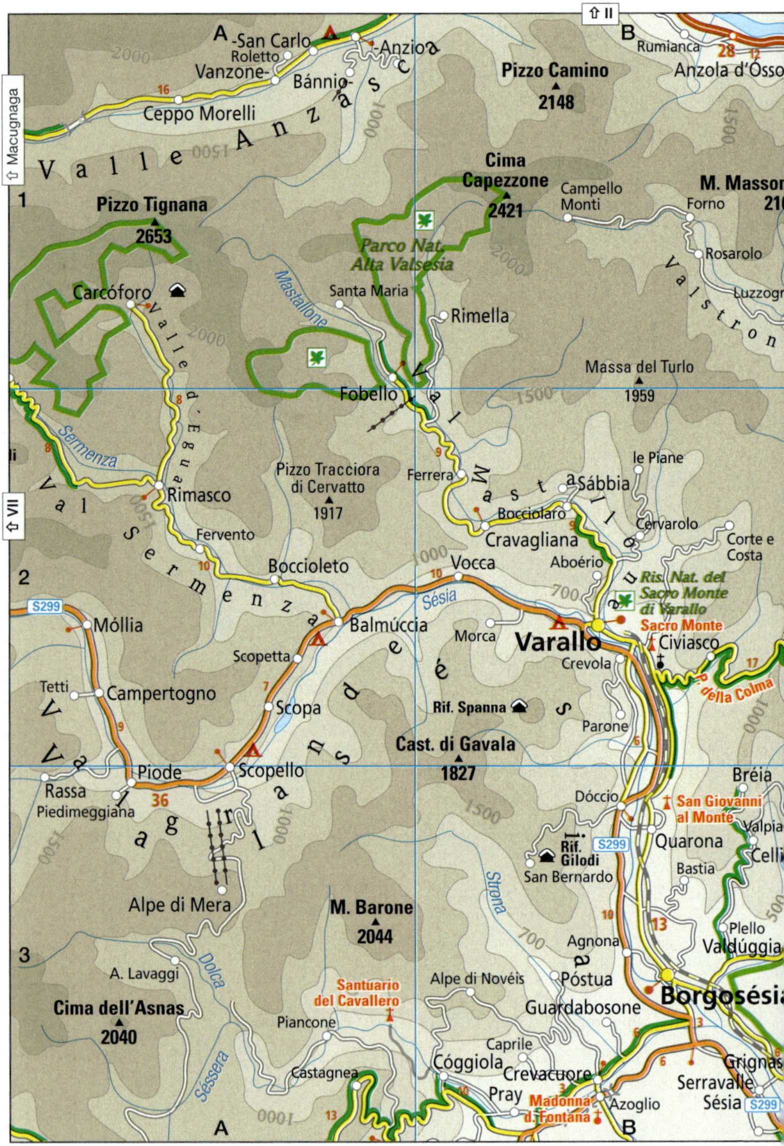
⇧ II
⇧ Macugnaga
⇧ VII
A
B
1
2
3
San Carlo
Roletto
Vanzone
Anzino
Bánnio
Ceppo Morelli
Valle Anzasca
Pizzo Camino
2148
Rumianca
Anzola d'Ossola
Cima Capezzone
2421
Campello Monti
Forno
Rosarolo
M. Massone
Valstrona
Luzzogno
Pizzo Tignana
2653
Parco Nat. Alta Valsesia
Carcóforo
Valle d'Egua
Mastallone
Santa Maria
Rimella
Fobello
Val Mastallone
Massa del Turlo
1959
Sermenza
Pizzo Tracciora di Cervatto
1917
Ferrera
le Piane
Sábbia
Rimasco
Val Sermenza
Bocciolaro
Cervarolo
Fervento
Cravagliana
Corte e Costa
Boccioleto
Vocca
Aboério
Ris. Nat. del Sacro Monte di Varallo
Sacro Monte
S299
Sésia
Móllia
Balmúccia
Morca
Varallo
Civiasco
Scopetta
Crevola
Tetti
Campertogno
Scopa
Rif. Spanna
P. della Colma
Parone
Val Sesia
Valle Sesia
Cast. di Gavala
1827
Piode
Scopello
Rassa
Piedimeggiana
Bréia
Dóccio
San Giovanni al Monte
Valpiana
Val Grande
Rif. Gilodi
Quarona
San Bernardo
Bastia
Strona
Alpe di Mera
M. Barone
2044
Plello
Valdúggia
A. Lavaggi
Dolca
Agnona
Póstua
Cima dell'Asnas
2040
Santuario del Cavallero
Alpe di Novéis
Borgosésia
Guardabosone
Piancone
Caprile
Sèssera
Cóggiola
Crevacuore
Grignasco
Castagnea
Pray
Serravalle Sésia
Madonna d. Fontana
Azoglio

⇧ III
⇧ Oggébbio
C
D
Rif. Fantoli
Candóglia
Miazzina
Caprezzo
Ungiasca
Premeno
Ornavasso
Rif. Legnano
Bracchio
Mergozzo
Rovegro
Ghiffa
Madonna del Boden
L. di Mergozzo
Cossogno
Trobaso
Bee
Ris. Nat. d. Sacro Mte. Ss. Trinità di Ghiffa
Porto Valtravaglia
Toce
Rif. Oliva
Montorfano
Fondotoce
Caldè
Rif. Adámoli
Gravellona Toce
A26
Feriolo
Golfo Borromeo
Suna
Intra
Lago
Pallanza
Verbánia
Casale Corte Cerro
Baveno
Laveno-
Cittiglio
Granerolo
Ísole Borromee
Montebuglio
M. Zucchero
1230
Mottarone
Stresa
Cerro
Crusinallo
1491
Mombello
Quarna Sopra
Reno
Leggiuno
Omegna
Cireggio
Alpino
Sta. Caterina d. Sasso
Gemónio
Sangiano
Quarna Sotto
Gignese
Magognino
Arolo
Monvalle
Madonna di Luciago
Carpugnino
Maggiore
Besozzo
Nonio
Agrano
Calogna
Belgirate
Coiromonte
Massino Visconti
Césara
Ronco inf.
Lesa
Brébbia
Armeno
S. Salvatore
Lago d'Orta
Solcio
Ispra
Pettenasco
Ris. Nat. Sacro Mte. d'Orta
Nebbiuno
Monate
Árola
Fosseno
Travedona
Miasino
Ranco
Pisano
Alzo
Orta
Cadrezzate
L. di Monate
Ameno
Méina
Madonna del Sasso
S. Giulio
Osmate
Ris. Nat. d. Mte. Mesma
Dagnente
Angera
Lombardia
R. N. Colle Torre di Buccione
Meina
S. Maurizio d'Opaglio
Bolzano Novarese
Taino
Comábbio
San Carlone
Berzonno
Arona
Ris. Nat. dei Canneti di Dormelletto
Invório
Paruzzaro
Pogno
Marcallo
Bugnate
Gozzano
Oléggio Castello
Soriso
Vergante
Sesto Calende
Barquedo
Mad. d. Gelata
Briga Novarese
Parco Nat. dei Lagoni di Mercurago
Gargallo
Dormelletto
Soliva
Maggiate Superiore
Comignago
Parco Nat. del Monte Fenera
Castelletto sopra Ticino
Vergano Novarese
Gáttico
Sesto Calendo Vergiate
Castelletto Ticino
Borgomanero
Veruno
Borgo Ticino
Golasecca
Maggiora
Revislate
Agrate-Contúrbia
Boca
Baraggia
Cureggio
Arborio
S33
S34
S229
S394d
S629
S142
S32d
S32
S336
E62
A26
1
2
3

⇧ VI
⇧ V
A
B
1
2
3
M. Grauson
3240
Parco Regionale del Monte Avic
Gran Lago
P. Tersiva
3513
Chardonney
Champorcher
Château
Mellier
Val di Champorcher
Dondena
Laris
Gimillian
Cogne
Notre Dame des Neiges
L. Miserin
Giardino Alpino Paradisia
Lillaz
Valnontey
L. Vercoche
P. Nera
3063
M. Rosa d. Banchi
3164
M. Marzo
2756
Piamprato
S. Besso
Parco Nazionale del Gran Paradiso
Campíglia Soana
L. Liamau
Valprato Soana
M. Giavino
2766
Tressi
L. Gelato
L. di Telessio
L. di Valsoera
Ronco Canavese
L. Lasin
M. Colombo
2848
Soana
L. d'Eugio
Pta. di Quinseina
2344
Íngria
Berchiotto
Sant'Elisabetta
San Giacomo
San Lorenzo
Santuario di Prascondù
Frasinetto
Ribordone
Rosone
Valle di Locana
Pont Canavese
Chiesanuova
Locana
Bardonetto
Orco
Alpette
Borgiallo
Sparone
Salto
Priacco
Cuorgné
M. Bellavarda
2345
Caníschio
Valperga
M. Soglio
1971
Santuario di Belmonte
Cima dell'Angiolino
2168
Prascorsano
Ris. Nat. del Sacro Monte di Belmonte
Forno Canavese
Piàn d'Áudi
Cimapiássole
Cantóira

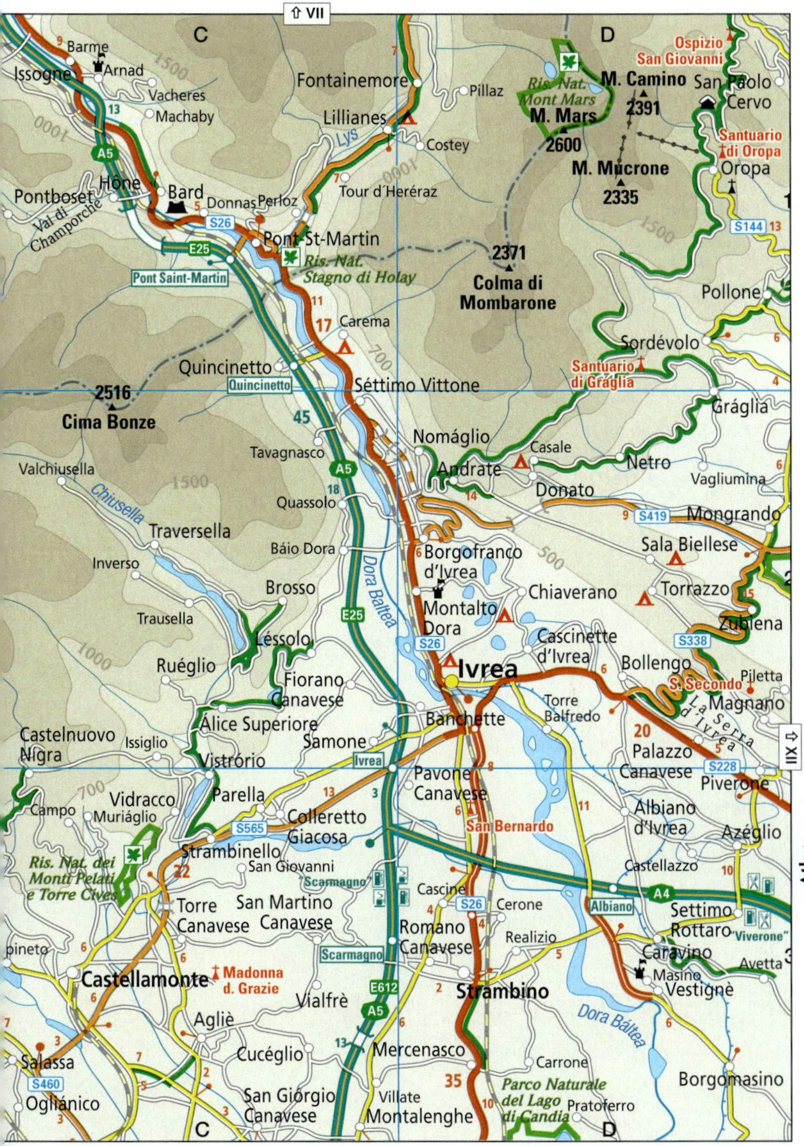
⇧ VII
C
D
Barme
Issogne
Arnad
Vacheres
Machaby
Fontainemore
Pillaz
Lillianes
Costey
Lys
Ris. Nat. Mont Mars
M. Mars
2600
M. Camino
2391
Ospizio San Giovanni
San Paolo Cervo
Santuario di Oropa
Oropa
M. Mucrone
2335
Pontboset
Hône
Bard
Donnas
Perloz
Tour d'Heréraz
Val di Champorche
S26
Pont-St-Martin
E25
Pont Saint-Martin
Ris. Nat. Stagno di Holay
2371
Colma di Mombarone
S144
Pollone
Carema
Sordévolo
Quincinetto
Quincinetto
Santuario di Gráglia
2516
Cima Bonze
Séttimo Vittone
Gráglia
Nomáglio
Tavagnasco
Casale
Andrate
Netro
Valchiusella
A5
Vagliumina
Donato
Chiusella
Quassolo
S419
Mongrando
Traversella
Báio Dora
Borgofranco d'Ivrea
Sala Biellese
Inverso
Brosso
Dora Baltea
Chiaverano
Torrazzo
Trausella
Montalto Dora
E25
Zubiena
Léssolo
S26
Cascinette d'Ivrea
S338
Ruéglio
Ivrea
Bollengo
Piletta
Fiorano Canavese
S. Secondo
Magnano
La Serra d'Ivrea
Álice Superiore
Banchette
Torre Balfredo
Castelnuovo Nigra
Issiglio
Samone
Palazzo Canavese
XII ⇨
Vistrório
Ivrea
Pavone Canavese
S228
Piverone
Vidracco
Parella
Campo
Muriáglio
Colleretto Giacosa
San Bernardo
Albiano d'Ivrea
Azéglio
S565
Strambinello
Ris. Nat. dei Monti Pelati e Torre Cives
San Giovanni
Castellazzo
Scarmagno
Cascine
A4
Torre Canavese
San Martino Canavese
S26
Cerone
Albiano
Settimo Rottaro
Viverone
Romano Canavese
Realizio
Caravino
pineto
Scarmagno
Avetta
Castellamonte
Madonna d. Grazie
Masino
Vestignè
E612
Strambino
Vialfrè
Agliè
A5
Dora Báltea
Cucéglio
Mercenasco
Carrone
Salassa
Borgomasino
S460
Parco Naturale del Lago di Candia
Ogliánico
San Giórgio Canavese
Villate
Montalenghe
Pratoferro
C
D

Atlas

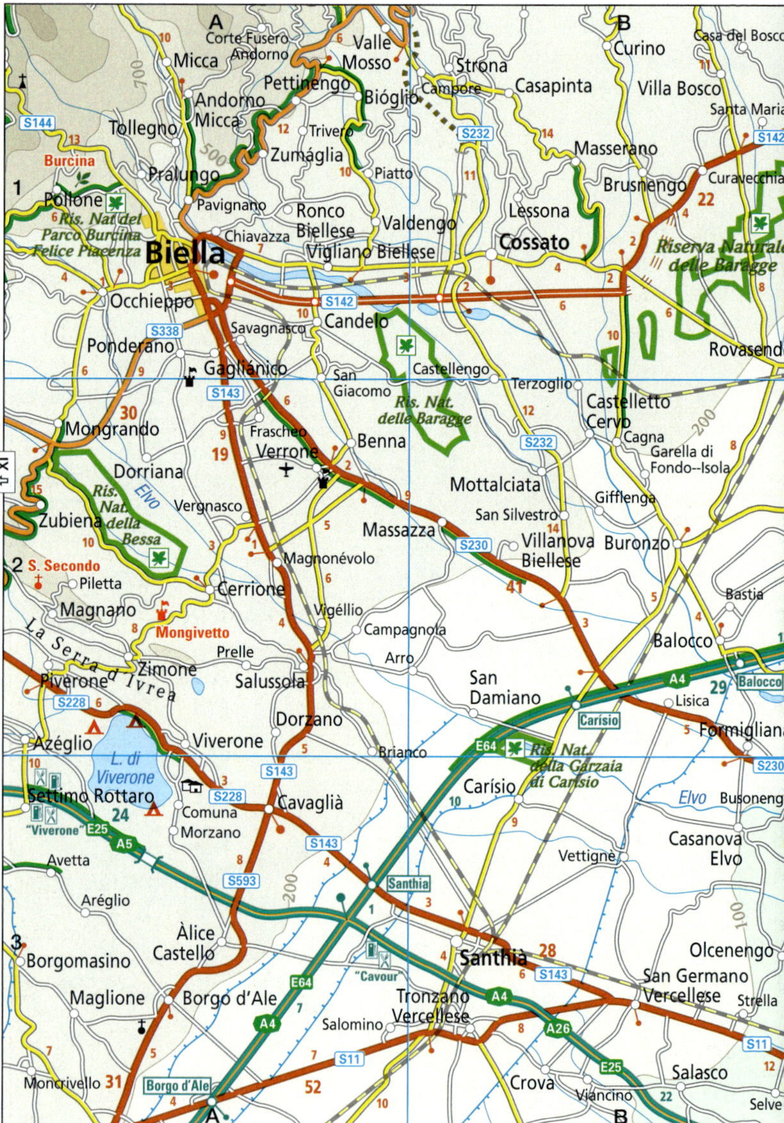
A
B
1
2
3
Corte Fusero
Andorno
Valle Mosso
Strona
Curino
Casa del Bosco
Micca
Pettinengo
Bióglio
Campore
Casapinta
Villa Bosco
Santa Maria
Andorno Micca
Tollegno
Trivero
S144
S232
S142
Burcina
Zumáglia
Masserano
Pralungo
Piatto
Brusnengo
Curavecchia
Pollone
Pavignano
Ronco Biellese
Lessona
Ris. Nat. del Parco Burcina Felice Piacenza
Chiavazza
Valdengo
Biella
Vigliano Biellese
Cossato
Riserva Naturale delle Baragge
Occhieppo
S142
Candelo
S338
Savagnasco
Ponderano
Gagliánico
San Giacomo
Castellengo
Terzoglio
Rovasenda
S143
Ris. Nat. delle Baragge
Castelletto Cervo
Mongrando
Frascheo
Benna
S232
Cagna
Garella di Fondo--Isola
Verrone
Dorriana
Mottalciata
Elvo
Ris. Nat. della Bessa
Vergnasco
Gifflenga
San Silvestro
Zubiena
Massazza
S230
Villanova Biellese
Buronzo
S. Secondo
Magnonévolo
Piletta
Cerrione
Bastia
Magnano
Vigéllio
Mongivetto
Campagnola
Balocco
La Serra d'Ivrea
Prelle
Zimone
Arro
Piverone
Salussola
San Damiano
A4
Balocco
Lisica
S228
Dorzano
Carísio
Formigliana
Azéglio
Viverone
E64
Ris. Nat. della Garzaia di Carisio
Brianco
S230
L. di Viverone
Settimo Rottaro
S228
Cavaglià
Carísio
Elvo
Busonengo
Comuna
"Viverone"
E25
Morzano
A5
S143
Casanova Elvo
Vettignè
Avetta
S593
Santhia
Aréglio
Àlice Castello
Olcenengo
Borgomasino
"Cavour"
Santhià
S143
San Germano Vercellese
Maglione
Borgo d'Ale
E64
Tronzano Vercellese
A4
Strella
A4
Salomino
A26
S11
S11
E25
Salasco
Moncrivello
Borgo d'Ale
Crova
Viancino
Selve
XI

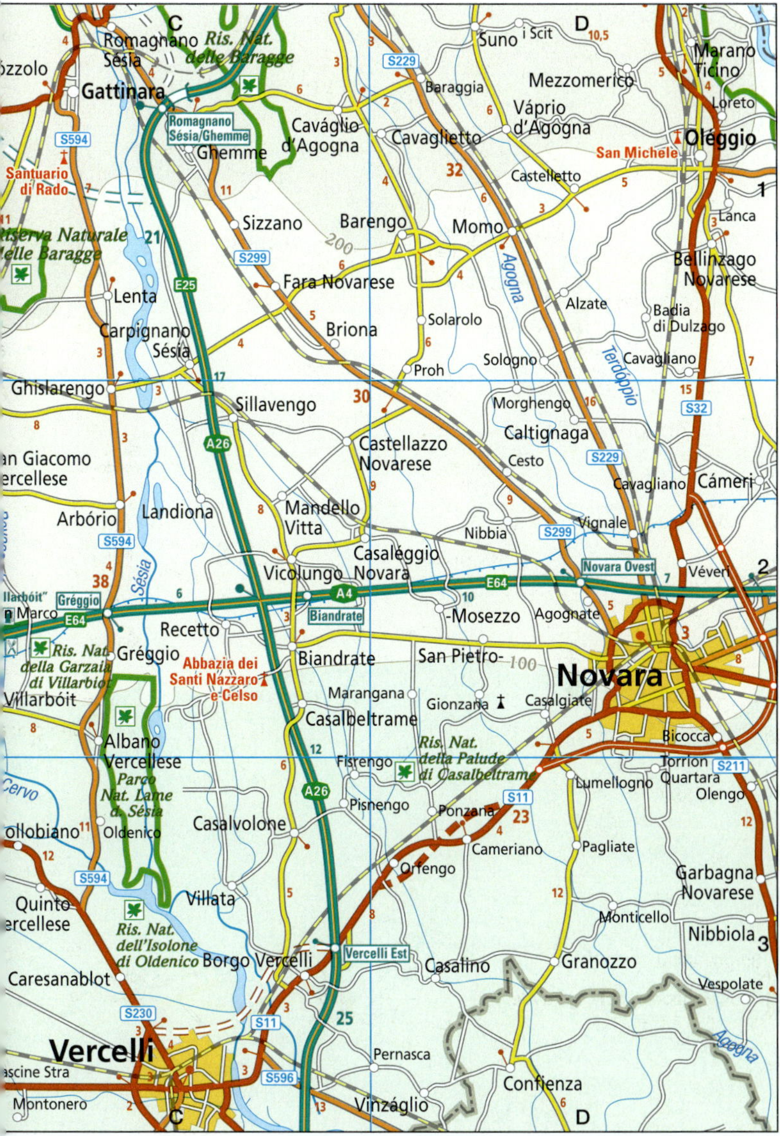
Gattinara
Romagnano Sésia
Ris. Nat. delle Baragge
Ghemme
Cavàglio d'Agogna
Cavaglietto
Suno
Mezzomerico
Vàprio d'Agogna
Marano Ticino
Oléggio
San Michele
Castelletto
Santuario di Rado
Sizzano
Barengo
Momo
Riserva Naturale delle Baragge
Lenta
Fara Novarese
Bellinzago Novarese
Briona
Carpignano Sésia
Solarolo
Alzate
Badia di Dulzago
Proh
Sologno
Cavagliano
Ghislarengo
Sillavengo
Morghengo
Caltignaga
Castellazzo Novarese
Cesto
San Giacomo Vercellese
Cámeri
Arbório
Landiona
Mandello Vitta
Nibbia
Vignale
Casaléggio Novara
Vicolungo
Novara Ovest
Véveri
Gréggio
Recetto
Mosezzo
Agognate
Ris. Nat. della Garzaia di Villarbóit
Biandrate
San Pietro
Novara
Abbazia dei Santi Nazzaro e Celso
Villarbóit
Marangana
Gionzana
Casalgiate
Casalbeltrame
Albano Vercellese
Ris. Nat. della Palude di Casalbeltrame
Bicocca
Fisrengo
Torrion Quartara
Parco Nat. Lame d. Sésia
Lumellogno
Olengo
Pisnengo
Ponzana
Collobiano
Oldenico
Casalvolone
Cameriano
Pagliate
Orfengo
Garbagna Novarese
Quinto Vercellese
Villata
Monticello
Nibbiola
Ris. Nat. dell'Isolone di Oldenico
Borgo Vercelli
Vercelli Est
Casalino
Granozzo
Caresanablot
Vespolate
Vercelli
Pernasca
Confienza
Montonero
Vinzáglio
Sésia
Agogna
Terdóppio
Cervo

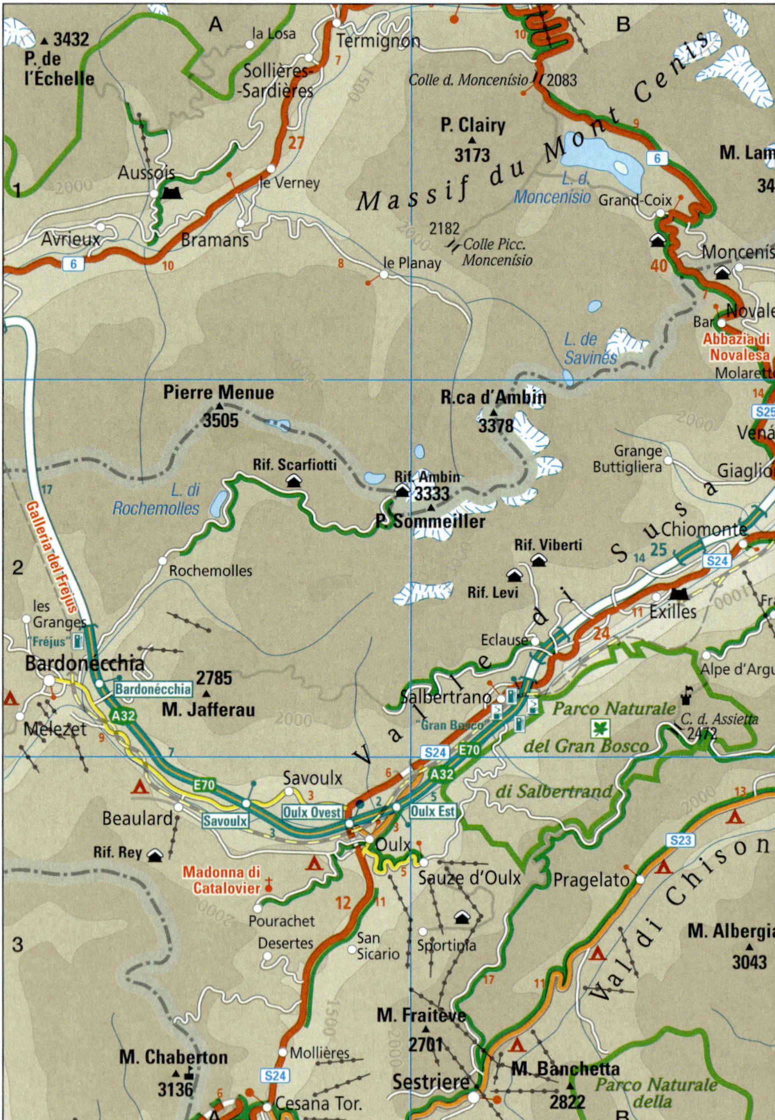
A
B
1
2
3
3432
P. de l'Échelle
la Losa
Termignon
Sollières-Sardières
Colle d. Moncenísio
2083
P. Clairy
3173
Massif du Mont Cenis
Aussois
le Verney
L. d. Moncenísio
Grand-Coix
Avrieux
Bramans
2182
Colle Picc. Moncenísio
le Planay
Novalesa
Abbazia di Novalesa
L. de Savines
Pierre Menue
3505
R.ca d'Ambin
3378
Grange Buttigliera
Rif. Scarfiotti
Rif. Ambin
3333
P. Sommeiller
L. di Rochemolles
Galleria del Fréjus
Rochemolles
Chiomonte
Rif. Viberti
Rif. Levi
Exilles
les Granges
"Fréjus"
Bardonécchia
Eclause
Alpe d'Argu
2785
M. Jafferau
Salbertrano
Melezet
"Gran Bosco"
Parco Naturale del Gran Bosco di Salbertrand
C. d. Assietta
2472
Valle di Susa
Savoulx
Beaulard
Oulx Ovest
Oulx Est
Oulx
Rif. Rey
Madonna di Catalovier
Sauze d'Oulx
Pragelato
Val di Chisone
Pourachet
Desertes
San Sicario
Sportinia
M. Albergia
3043
M. Fraitève
2701
M. Chaberton
3136
Mollières
M. Banchetta
2822
Sestriere
Cesana Tor.
Parco Naturale della

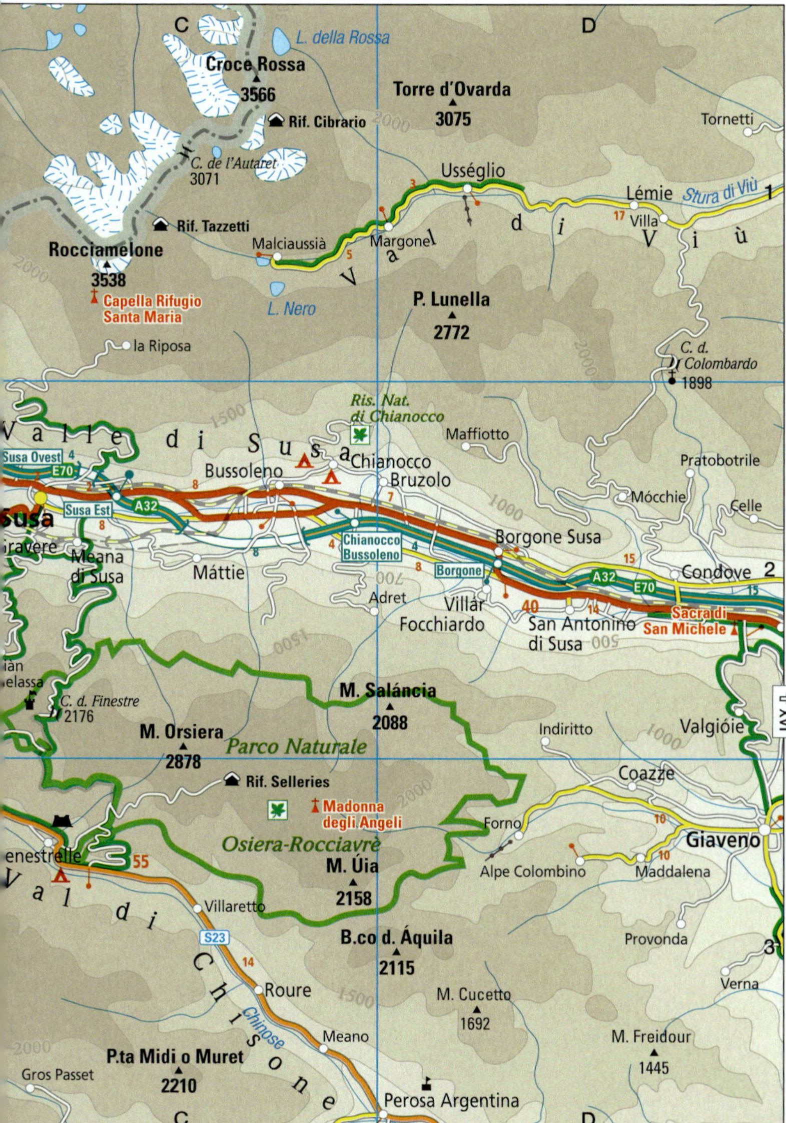
C
D
L. della Rossa
Croce Rossa
3566
Torre d'Ovarda
3075
Rif. Cibrario
Tornetti
C. de l'Autaret
3071
Usséglio
Lémie
Stura di Viù
Villa
Rif. Tazzetti
Malciaussià
Margone
Val di Viù
Rocciamelone
3538
Capella Rifugio
Santa Maria
L. Nero
P. Lunella
2772
la Riposa
C. d. Colombardo
1898
Ris. Nat. di Chianocco
Valle di Susa
Maffiotto
Susa Ovest
E70
Bussoleno
Chianocco
Bruzolo
Pratobotrile
Mócchie
Celle
Susa
Susa Est
A32
Borgone Susa
Gravere
Meana di Susa
Máttie
Chianocco Bussoleno
Borgone
Condove
Adret
Villar Focchiardo
San Antonino di Susa
Sacra di San Michele
C. d. Finestre
2176
M. Saláncia
2088
Indiritto
Valgióie
M. Orsiera
2878
Parco Naturale
Osiera-Rocciavrè
Coazze
Rif. Selleries
Madonna degli Angeli
Forno
Giaveno
Fenestrelle
Alpe Colombino
Maddalena
M. Úia
2158
Val di Chisone
Villaretto
S23
B.co d. Áquila
2115
Provonda
Roure
M. Cucetto
1692
Verna
Chisone
Meano
M. Freidour
1445
P.ta Midi o Muret
2210
Gros Passet
Perosa Argentina
XVI

⇧ Val di Ala, Balme
⇧ XV
Mezzenile
Passinetto
Coassolo Torinese
Lanzo Torinese
Bogliano
Monti
Pugnetto
Germagnano
Tese
Area Attrezzata del Ponte del Diavolo
Tornetti
Viù
Stura di Viù
M. Druina 1516
Vallo Torinese
Zona di Salvaguardia della Stura di Lanzo
Cafasse
Balangero
Mathi
Benne
Remondato
Boschi
Barbania
Front
Vauda Canavese
Riserva Naturale della Vauda
San Carlo Canavese
Ciriè
Nole
San Francesco al Campo
San Maurizio Canavese
Borche
Rossignoli
Aerop. Internaz. di Torino-Caselle
Robassomero
Caretta
Stura di Lanzo
Fiano
Grange
Moncolombone
M. Colombano 1658
Bertesseno
Colle d. Lis 1311
Ris. Nat. Madonna della Neve sul Monte Lera
la Cassa
Parco Regionale la Mandria
Caselle Torinese
Borgaro
Givoletto
Piemonte
Regia Mandria
Val della Torre
San Gillio
Rubiana
Celle
Brione
Druento
Venaría Reale
Almese
Caselette
Venaria Stadio
Corso Regina Margherita
Sacra di San Michele
Avigliana Ovest
Avigliana Est
San Ambrógio di Torino
Alpignano
Dora Riparia
Pianezza
S.S.24
Collegno
Avigliana
Rivoli
Valgióie
San António di Ranverso
Area Attrezzata della Collina di Rivoli
"Rivoli"
Parco Natur. dei Laghi di Avigliana
Buttigliera Alta
Rosta
Ríivoli
Corso Francia
Grugliasco
Corso Allamano IV Novembre
Tetti Neirotti
S.I.T.O.
TORINO
Giaveno
Trana
Villarbasse
Rivalta di Torino
Sangone
Bruino
Beinasco
Mirafiori Drosso
Mirafiori
Colletta 610
Cappella della Colletta
Orbassano
Stupinigi
Borgaretto
Nichelino
Verna
Allivellatori
Villa Reale
Stupinigi
Cumiana
Piossasco
Parco Nat. di Stupinigi
Debouché
Gandiolo
Gerbole
A32
E70
S24
S589
S23
A
B
1
2
3

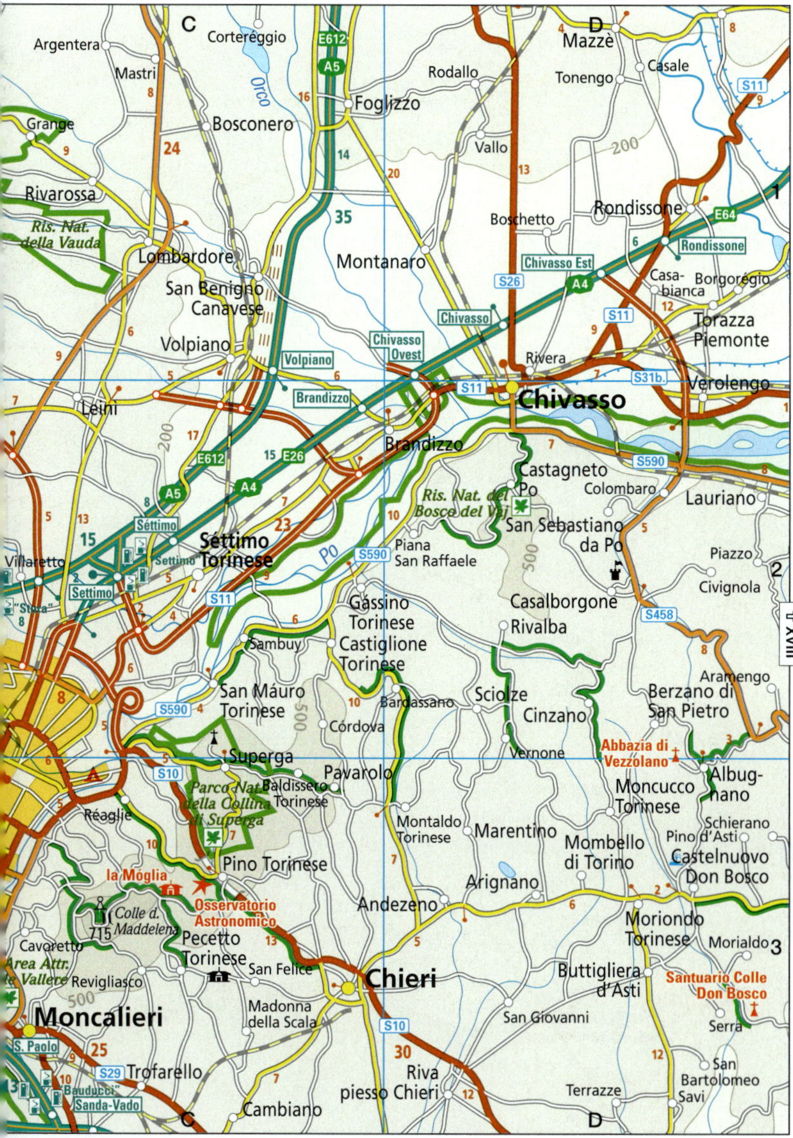
C
D
Argentera
Cortereggio
Mastri
Orco
E612
A5
Foglizzo
Rodallo
Mazzè
Tonengo
Casale
S11
Grange
Bosconero
Vallo
200
24
Rivarossa
35
Boschetto
Rondissone
E64
1
Ris. Nat. della Vauda
Lombardore
Montanaro
Rondissone
Chivasso Est
S26
A4
Casa-bianca
Borgoregio
San Benigno Canavese
Chivasso
S11
Torazza Piemonte
Volpiano
Chivasso Ovest
Volpiano
Rivera
S31b.
Verolengo
Brandizzo
S11
Chivasso
Leinì
Brandizzo
S590
E612
E26
Castagneto Po
Colombaro
Lauriano
A5
A4
Ris. Nat. del Bosco del Vaj
Séttimo
15
Séttimo Torinese
23
San Sebastiano da Po
Villaretto
Settimo
Po
S590
Piana San Raffaele
500
Piazzo
2
Settimo
Civignola
"Stura"
S11
Gassino Torinese
Casalborgone
S458
Rivalba
XVIII
Sambuy
Castiglione Torinese
Aramengo
San Mauro Torinese
Bardassano
Sciolze
Berzano di San Pietro
S590
Cinzano
Cordova
500
Superga
Vernone
Abbazia di Vezzolano
Pavarolo
Albugnano
S10
Baldissero Torinese
Moncucco Torinese
Parco Nat. della Collina di Superga
Reaglie
Montaldo Torinese
Marentino
Schierano
Pino d'Asti
Mombello di Torino
Castelnuovo Don Bosco
Pino Torinese
la Móglia
Arignano
Osservatorio Astronomico
Andezeno
Colle d. Maddelena
715
Moriondo Torinese
Pecetto Torinese
Morialdo
3
Cavoretto
Area Attr. le Vallere
Revigliasco
San Felice
Chieri
Buttigliera d'Asti
Santuario Colle Don Bosco
500
Madonna della Scala
Moncalieri
San Giovanni
Serra
S10
S. Paolo
25
30
S29
Trofarello
Riva presso Chieri
San Bartolomeo
Savi
Terrazze
"Bauducci"
Sanda-Vado
Cambiano

A
B
1
2
3
Campagna
Crescentino
San Silvestro
Fontanetto Po
Palazzolo Vercellese
Trino
S455
S31b.
36
Santa Maria
Fascia
Po
Fluviale
del Po
Moncestino
Gabiano
Cantavenna
Camino
Verrua Savoia
Brusasco
Indústria
San Fede
S590
Seminenga
Mincengo
Sessana
Zenevreto
Ostra
Pontestura
Fabiano
Marcorengo
Cervoto
Villamiróglio
Pozzengo
Solonghello
Brózolo
Cerrina Monferrato
Mombello Monferrato
Cocconito
Vignaretto
Cortiglione
Odalengo Grande
Robella
Stura
Serralunga di Crea
Montaldo
Sacro Monte di Crea
Santuario di Crea
Cocconato
Tuffo
Pozzo
44
Ponzano Monferrato
Castellazzo
Cereseto
Cortanieto
Murisengo
S457
Castelletto Merli
Marmorito
Passerano-
Villadeati
Castellino
Montiglio
Guazzolo
Patro
Ottiglio
Anselmi
Gallareto
Piova Massáia
Zanco
Alfiano Natta
Moncalvo
Cúnico
Colcavagno
Grazzano Badóglio
S458
53
Piéa
Tonco
Penango
29
Casorso
Santa Maria
Montechiaro d'Asti
Valle Versa
Calliano
Bolla
Bagnasco
Sóglio
Villa San Secondo
Frinco
Grana
Valleversa
Versa
Montafia
Camerano Casasco
Montemagno
Cortazzone
Castell' Alfero
Mombarone
Porta-comaro Stazione
Scurzolengo
Cortandone
Callianetto
Séttime
Portacomaro
Castagnole Monferrato
Montegrosso
Maretto
Serravalle
Malandroni
Monale
Madonna di Viatosto
Refrancore
Ris. Nat. della Valleandona e Val Botto
Castiglione
Baldichieri d'Asti
Valenzani
46
Villafranca d'Asti
A21
Asti Ovest
E70
Asti Est
Valleandona
Asti
Bordo
Quarto Inf.
Cantarana
25
S10
Bramairate
Castello di Annone
Tigliole
Valperosa
Monferrato
XVII

C
D
Torrione
Villanova Monferrato
Motta de Conti
Mántrie
Cozzo
Zeme
S494
Bálzola
Cándia Lomellina
Garzaia di San Alessandro
Casale Monferrato N.
Terranova
Garzaia della Rinalda
Popolo
S596d.
Morano sul Po
S31b.
Lombardia
Po
Valle Lomellina
Vialarda
Frassineto Po
Garzaia del Bosco Basso
Casale Monferrato S.
Fascia
Casale Monferrato
Breme
Santa Maria del Tempio
A26
San Giórgio Monferrato
Sartirana Lomellina
S457
Ozzano Monferrato
San Germano
i Dossi
Ticineto
Valmacca
Treville
Terrúggia
E25
Rivalba
Fluviale
Montariolo
Cella Monte
Borgo San Martino
Vallare
S494
Rosignano Monferrato
Bózzole
Sala Monferrato
S31
"Monferrato"
San Martino
Pomaro Monferrato
Stevani
Occimiano
38
Giarole
Torre Beretti
Monte
Roncáglia
Frassinello Monferrato
Mirabello Monferrato
Villabella
Frascarolo
Monferrato
Bonina
San Giovanni
del Po
Conzano
Camagna Monferrato
Fosseto
Valenza
Vignale Monferrato
Lu
Madonna del Pozzo
Pellizzari
Altavilla Monferrato
Grana
San Salvatore Monferrato
S494
Pecetto di Valenza
Viarigi
Casazze
Cúccaro Monferrato
E25
Castelletto Monferrato
Valmadonna
Fiondi
il Giardinetto
Franchini
Fubine
Gerlotto
Montecastello
Pergatti
Valle San Bartolomeo
Cornaglie
A26
S31
Accornei
Alessándria Ovest
Nani
Quargnento
Pietra Marazzi
Arróbbio
San Michele
Piepasso
26
A21
E70
Alessándria
Felizzano Quattordio
Solero
S10
Mezzano
S10
Marengo
Quattórdio
Falizzano
Casalbagliano
S30
Bórmida
Villa del Foro
Cabanette
Spinetta
36
Lungafame

Atlas

A
B
1
2
3
Carmagnola
San Michele e Grato
Salsásio
Santa Maria
Torino Carmagnola
Ternavasso
L. di Ternavasso
Pralormo
Cellarengo
Madonna della Spina
L. di Spina
San Rocco
S29
35
Berteri
San Vito
Virani
San Lorenzo
Cantarelli dei Boschi
Motta
San Bernardo
San Giovanni
Crocetta
Borretti
S20
Gangaglietti
S661
Ricchiardo
Ceresole Alba
Madonna delle Grazie
Montà
Madonna del Pilone
Caramagna Piemonte
Bosco-Parco di Racconigi
Oasi LIPU
Racconigi
Sommariva del Bosco
A6
33
Monteu Roero
Paolório
Montaldo Roero
Vezza d'Alba
Tagliata
Agostinassi
Sanfrè
20
Baldissero d'Alba
Roero
25
Canapile
Maniga
Cavallerleone
Sommariva Perno
Corneliano d'Alba
Piobesi d'Alba
Foresto
Motta
Case del Bosco
Bandito
Monticello d'Alba
49
E717
Pocapáglia
Castel Roero
"Rio Colore"
Madonna dei Fiori
San Vittória d'Alba
Cavallermaggiore
Falchetto
Castiglione
Madonna del Pilone
Riva
Bra
Borgo Nuovo
Pollenzo
S231
E74
Véglia
Tánaro
Roddi
Sprina
Bergoglio
Verduno
Marene
S662
Marene
S231
Roreto
Rivalta
Cappellazzo
A6
Cherasco
Santa Maria
Savigliano
La Morra
Canavera Alte
Montarossa
Cervere
Stura di Demonte
S661
E74
Berri
Barolo
S20
Apparizione
Castiglione Falletto
Grinzano
Vergne
Perno
San Giovanni
Barolo
22
Gabetti
San Lorenzo
Genola
Sant'Antonino
Narzole
Novello
Monforte d'Alba
14
S. Nazário
Salmour
Lucchi
Manzoni
Santuario di Cussanio
S28
S231
E717
Ris. Nat. dell'Area di Augusta Bagiennorum
Podio
Monchiero
San Bernardo
"Rio Ghidone"
Lequio Tánaro
Augusta Bagiennorum
Bene Vagienna
37
Fossano

⇧ XXIII

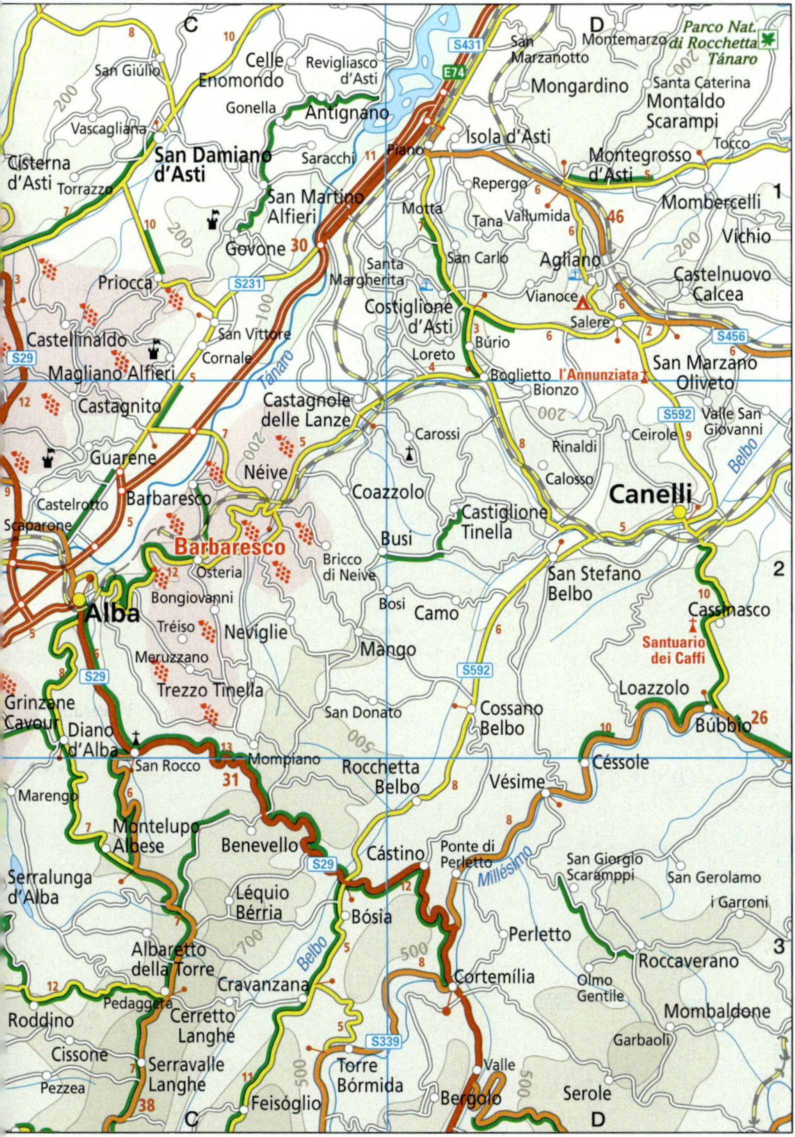

C
D
Parco Nat. di Rocchetta Tánaro
San Marzanotto
Montemarzo
Celle Enomondo
Revigliasco d'Asti
San Giúlio
Vascagliana
Gonella
Antignano
Mongardino
Santa Caterina
Montaldo Scarampi
Ísola d'Asti
Cisterna d'Asti
Torrazzo
San Damiano d'Asti
Saracchi
Piano
Montegrosso d'Asti
Tocco
Repergo
San Martino Alfieri
Motta
Tana
Vallumida
Mombercelli
Vichio
Govone
Santa Margherita
San Carlo
Agliano
Castelnuovo Calcea
Priocca
Costigliione d'Asti
Vianoce
San Vittore
Salere
Castellinaldo
Cornale
Búrio
Loreto
Magliano Alfieri
Tánaro
Boglietto
l'Annunziata
San Marzano Oliveto
Bionzo
Castagnito
Castagnole delle Lanze
Valle San Giovanni
Carossi
Rinaldi
Ceirole
Belbo
Guarene
Néive
Calosso
Canelli
Castelrotto
Barbaresco
Coazzolo
Scaparone
Castiglione Tinella
Busi
Osteria
Bricco di Neive
San Stefano Belbo
Alba
Bongiovanni
Bosi
Camo
Cassinasco
Tréiso
Neviglie
Santuario dei Caffi
Meruzzano
Mango
Trezzo Tinella
Loazzolo
Grinzane Cavour
San Donato
Cossano Belbo
Búbbio
Diano d'Alba
Mompiano
San Rocco
Rocchetta Belbo
Céssole
Marengo
Vésime
Montelupo Albese
Benevello
Cástino
Ponte di Perletto
San Giorgio Scarampi
Millésimo
Serralunga d'Alba
San Gerolamo
Léquio Bérria
i Garroni
Bósia
Perletto
Albaretto della Torre
Roccaverano
Cravanzana
Cortemília
Olmo Gentile
Pedaggera
Roddino
Cerretto Langhe
Mombaldone
Garbaoli
Cissone
Serravalle Langhe
Torre Bórmida
Valle
Pezzea
Serole
Feisóglio
Bergolo
S431
E74
S231
S29
S456
S592
S339
1
2
3

Atlas

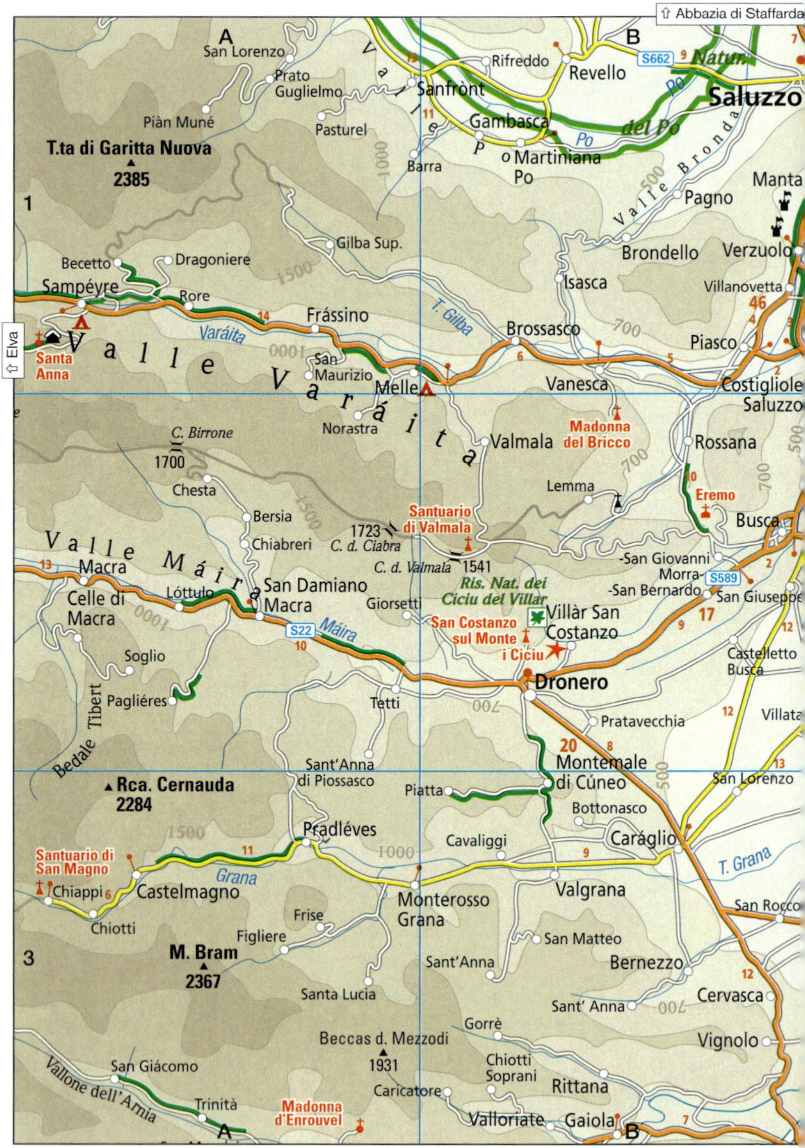
Abbazia di Staffarda
A
B
San Lorenzo
Prato Guglielmo
Piàn Muné
Pasturel
T.ta di Garitta Nuova
2385
Rifreddo
Revello
S662
Sanfrònt
Saluzzo
Gambasca
Po
Barra
Martiniana Po
Valle Po
Valle Bronda
Manta
Pagno
Gilba Sup.
Brondello
Verzuolo
Becetto
Dragoniere
Sampéyre
Rore
Isasca
Villanovetta
Frássino
Brossasco
Piasco
Elva
Santa Anna
Valle Varáita
Varáita
T. Gilba
San Maurizio
Melle
Vanesca
Costigliole Saluzzo
Norastra
Madonna del Bricco
C. Birrone
1700
Valmala
Rossana
Chesta
Lemma
Eremo
Bersia
Santuario di Valmala
1723
C. d. Ciabra
Busca
Chiabreri
C. d. Valmala
1541
San Giovanni
Morra
S589
Valle Máira
Macra
Celle di Macra
Lóttulo
San Damiano Macra
Ris. Nat. dei Ciciu del Villar
San Bernardo
San Giuseppe
Giorsetti
Villàr San Costanzo
San Costanzo sul Monte
i Ciciu
S22
Máira
Castelletto Busca
Soglio
Dronero
Pagliéres
Tetti
Bedale Tibert
Pratavecchia
Villata
Montemale di Cúneo
Sant'Anna di Piossasco
Rca. Cernauda
2284
Piatta
San Lorenzo
Bottonasco
Pradléves
Cavaliggi
Caráglio
Santuario di San Magno
Chiappi
Castelmagno
Grana
T. Grana
Valgrana
Monterosso Grana
San Rocco
Chiotti
Frise
Figliere
M. Bram
2367
San Matteo
Sant'Anna
Bernezzo
Santa Lucia
Sant' Anna
Cervasca
Gorrè
Beccas d. Mezzodi
1931
Vignolo
San Giácomo
Vallone dell'Arnia
Chiotti Soprani
Rittana
Caricatore
Trinità
Madonna d'Enrouvel
Valloriate
Gaiola

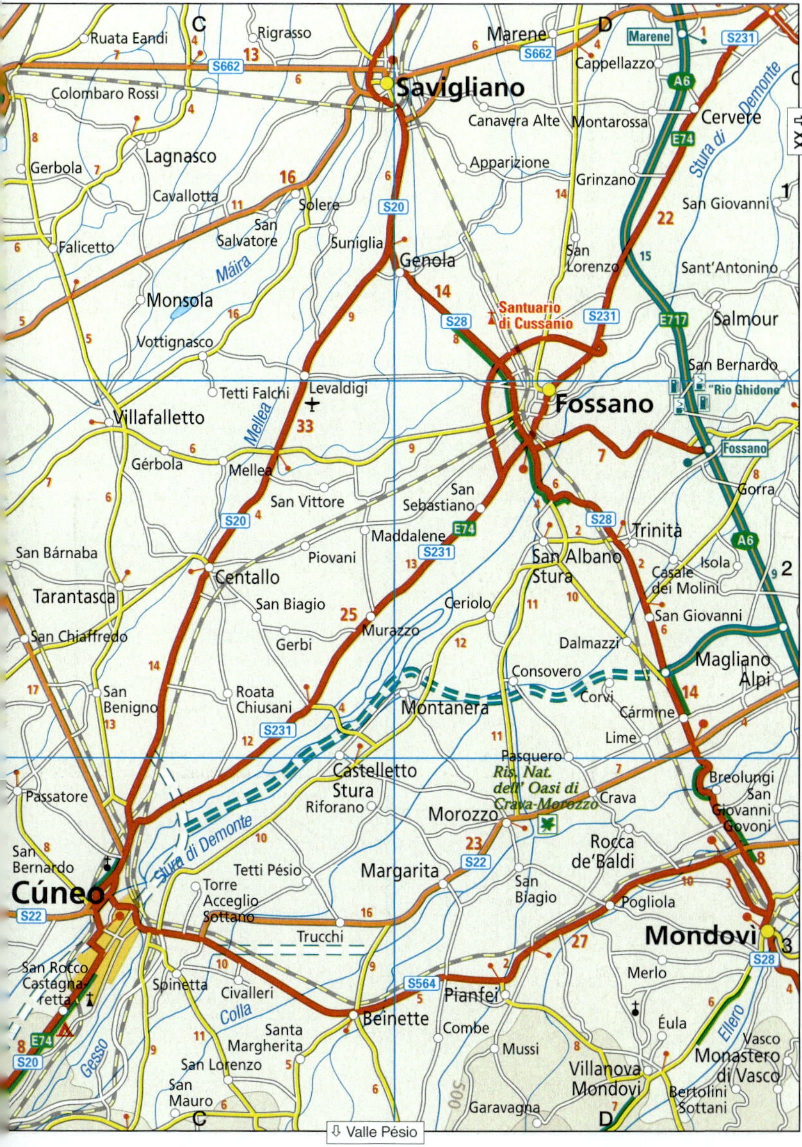
Savigliano
Fossano
Cúneo
Mondovì
Ruata Eandi
Rigrasso
Marene
Cappellazzo
Colombaro Rossi
Canavera Alte
Montarossa
Cervere
Stura di Demonte
Lagnasco
Gerbola
Apparizione
Grinzano
Cavallotta
Solere
San Salvatore
Suniglia
Genola
San Giovanni
San Lorenzo
Sant'Antonino
Falicetto
Máira
Monsola
Santuario di Cussanio
Salmour
Vottignasco
San Bernardo
"Rio Ghidone"
Tetti Falchi
Levaldigi
Villafalletto
Mellea
Gérbola
San Vittore
San Sebastiano
Gorra
Maddalene
Trinità
San Bárnaba
Piovani
San Albano Stura
Isola
Tarantasca
Centallo
Casale dei Molini
San Biagio
Murazzo
Ceriolo
San Giovanni
San Chiaffredo
Gerbi
Dalmazzi
Magliano Alpi
Consovero
San Benigno
Roata Chiusani
Montanera
Corvi
Cármine
Lime
Pasquero
Castelletto Stura
Ris. Nat. dell' Oasi di Crava-Morozzo
Breolungi
Passatore
Riforano
Morozzo
Crava
San Giovanni Govoni
San Bernardo
Rocca de'Baldi
Tetti Pésio
Margarita
San Biagio
Torre Acceglio Sottano
Pogliola
Trucchi
San Rocco Castagnaretta
Spinetta
Civalleri
Pianfei
Merlo
Colla
Beinette
Combe
Éula
Ellero
Gesso
Santa Margherita
Mussi
Vasco
Monastero di Vasco
San Lorenzo
Villanova Mondovì
San Mauro
Garavagna
Bertolini Sottani
S662
S20
S28
S231
S22
S564
A6
E74
E717
Marene
Fossano
XX ⇨
⇩ Valle Pésio
Atlas

Übernachtung

1 Ostello di Rivoli
3 Open 011
7 Bed & Breakfast Savoia
8 Bed & Breakfast Aprile
20 Le Petit Hotel
33 Mobledor
36 Bed & Breakfast Casa Marga
40 Bed & Breakfast Vittorio Emanuele
42 Conte Biancamano
50 Art Hotel Boston
52 NH Lingotto Tech
53 NH Lingotto

Geschäfte

4 Pastiglie Leone
5 Balon
6 Gran Balon
10 Contrada dei Guardinfanti
11 Boutique Born in Berlin
16 Caseificio
18 Oasi dei Prodotti tipici
19 Enoteca Rabezzana
20 Pastificio Giustetto
26 Mood Libri & Caffè
47 La Baita del Formaggio
56 EATALY

M Metro

Essen und Trinken

2 Oca Fola
9 Al Bicerin
12 Hafa Café
13 Vineria Tre Galli
14 Basso 30
15 Gelateria Mondello
17 Fratelli La Cozza
21 San Carlo
22 Torino
23 Stratta
24 Luna Rossa
25 Cambio, Gelateria Pepino
26 Mood Libri & Caffè
27 Mulassano
28 Baratti & Milano
29 Gelateria Caffé Fiorio
30 Taberna Libraria
31 Il Circolo dei Lettori
32 La Badessa
34 Sotto La Mole
35 Cabiria Café
37 Mare Nostrum
38 Elena
39 Antiche Sere
41 Platti
43 Gelateria Miretti
44 Gelateria Vasa Vasa
45 Gelateria Grom
46 Caffè Roma già Talamone
48 Marco Polo
49 Spazio
51 Gelateria Testa
54 Silvano Gelati d'altri Tempi
55 Agrigelateria San Pe'
56 EATALY
57 Dai Saletta
58 Spaccanapoli
59 L'Idrovolante